T0243554

SUECIA

NORUEGA

Oslo

Estocolmo

Mar
del Norte

DINAMARCA

Copenhague

Nella Last

REINO UNIDO

Barrow-
in-Furness

Dublín

IRLANDA

John Bushby

Anne Somerhausen

PAÍSES
BAIOS

John Amery

Ernst Jünger

Hannover

Berlín

Wyton

Londres

REICH ALEMÁ

Ausch

Vera Brittain

Bruselas

BÉLGICA

Ursula von Kardorff

Praga

BOHEMIA-MORAVIA

Hélène Berr

París

Ulm

Brest

Lorient

NORTE DE FRANCIA

SUIZA

Múnich

Bratislava

U-604

Lyon

Sophie Scholl

Albert Camus

Turín

Zagreb

RÉGIMEN DE VICHY

Génova

CROA

Marsella

ITALIA

PORTUGAL

Madrid

ESPAÑA

Roma

Lisboa

Ned Russell

Mar

M

John Parris

Gibraltar

Argel

Bona

Tabarka

Tebourba

Túnez

MALTA
(Británica)

e

d

i

Orán

TÚNEZ
(RÉGIMEN DE VICHY)

Casablanca

Rabat

ARGELIA

MARRUECOS

(RÉGIMEN DE VICHY)

(RÉGIMEN DE VICHY)

Trípoli

LIBIA

Sirte

Noviembre 1942

Noviembre 1942

Una historia íntima del momento decisivo
de la Segunda Guerra Mundial

Peter Englund

Traducción de
Pontus Sánchez

Papel certificado por el Forest Stewardship Council®

El coste de esta traducción ha sido sufragado por una subvención
del Swedish Arts Council (Kulturrådet), al que se le reconoce con gratitud

Título original: *Onda Nätters Drömmar. November 1942 och andra
världskrigets vändpunkt i 360 korta kapitel*

Primera edición: octubre de 2023

© 2022, Peter Englund
Publicado por acuerdo con
Casanovas & Lynch Agencia Literaria
© 2023, Penguin Random House Grupo Editorial, S.A.U.
Travessera de Gràcia, 47-49. 08021 Barcelona
© 2023, Pontus Sánchez Giménez, por la traducción

Penguin Random House Grupo Editorial apoya la protección del *copyright*.
El *copyright* estimula la creatividad, defiende la diversidad en el ámbito de las ideas y el conocimiento,
promueve la libre expresión y favorece una cultura viva. Gracias por comprar una edición autorizada
de este libro y por respetar las leyes del *copyright* al no reproducir, escanear ni distribuir ninguna
parte de esta obra por ningún medio sin permiso. Al hacerlo está respaldando a los autores
y permitiendo que PRHGE continúe publicando libros para todos los lectores.
Diríjase a CEDRO (Centro Español de Derechos Reprográficos, http://www.cedro.org)
si necesita fotocopiar o escanear algún fragmento de esta obra.

Printed in Spain – Impreso en España

ISBN: 978-84-19399-17-5
Depósito legal: B-14.690-2023

Compuesto en M.I. Maquetación, S.L.
Impreso en Rotoprint By Domingo, S.L.

C399175

En memoria de Józef Lewandowski
y de todas las personas que he conocido a lo largo de los años
que estuvieron allí y participaron de los hechos

Índice

Nota al lector

Este libro trata del mes de noviembre de 1942, el periodo que marcó el punto de inflexión de la Segunda Guerra Mundial: al comienzo de dicho mes, eran muchos los que creían que los poderes del Eje iban a salir vencedores; al terminar, era evidente que su derrota era solo una cuestión de tiempo. Sin embargo, no es esta una obra que pretenda describir qué fue la guerra durante aquellas cuatro semanas críticas —circunstancias, planes, transcurso y consecuencias—, sino más bien una que trata un poco de cómo fue.

En cierto modo, un fenómeno como la Segunda Guerra Mundial siempre se nos va a escapar. En gran parte es una cuestión de magnitud. Casi habla por sí solo: un conflicto que se alargó tanto tiempo, que se extendió por tanto territorio en el mundo, que causó tanta destrucción y se cobró tantas vidas es imposible de abarcar en su totalidad. Además, se desconocen todavía muchos aspectos de los hechos, pues tuvieron lugar cosas tan repulsivas que nuestra capacidad de comprensión, nuestros valores e incluso nuestras palabras resultan insuficientes. Y a eso se le añade una complicación adicional. Primo Levi escribe que «los que vieron el rostro de la Gorgona no regresaron, o regresaron mudos». Mi impresión, después de todos estos años conociendo a muchas personas que estuvieron presentes, es que todas cargaban con secretos, reprimidos o callados, y que estos secretos murieron con ellas.

Pero que lo sucedido resulte imposible de comprender no es argumento para no intentar explicarlo. Más bien al contrario. Hay que hacer un esfuerzo, tanto por nosotros mismos como por todos aquellos que perecieron en esa catástrofe. Este libro representa esa clase de intento. Puedo justificar su existencia alegando que pretende hacerlo de una manera distinta. A diferencia de otras obras, esta carece de marco general, busca evitar lo que Paul Fussell llamó «the adventure-story model», el modelo de relato de aventuras, que atribuye «una causa y un propósito claros, y en general nobles, a sucesos accidentales o denigrantes». Igual que mi obra anterior sobre la Primera Guerra Mundial, tiene la forma de un trenzado de biografías. Y también en esta ocasión ocupa una posición central el individuo, sus experiencias y, cuando menos, sus sentimientos, todo eso que quizá se pueda encontrar en las notas a pie de página o que a veces aparece como una pincelada fugaz en el denso flujo del relato principal, pero que por lo general no se observa en absoluto. Y si el lector se pregunta qué es lo que he añadido a estas descripciones a menudo indiscretas, la respuesta es simple: nada. Las fuentes que he empleado son ya lo bastante ricas por sí solas.

Esta forma resulta experimental en el género historiográfico, pero nace de la idea de que la complejidad de los acontecimientos se refleja con mayor claridad desde la mirada individual. Hay una oscura paradoja en ello. Muchos de los que fueron a la Primera Guerra Mundial estaban motivados por un idealismo que carecía de anclajes en la realidad: luchaban por fantasías. En la Segunda Guerra Mundial este idealismo apenas existía, aun habiendo esta vez muchísimo más en juego. Esto generó una singular tensión entre lo que la guerra perseguía y la manera en que se vivió, entre sus elevadas aspiraciones y una realidad que no pocas veces era, tal y como escribiría más adelante el premio nobel John Steinbeck al tratar de resumir sus propias experiencias, un «caos loco e histérico».

Al mismo tiempo, no todo fue de esa manera, sin duda. Sabemos que, realmente, supuso una batalla entre la civilización y la barbarie, y que en noviembre de 1942 esa lucha alcanzó su cénit. Probablemente, gran parte de los implicados lo comprendieron ya entonces. Era evidente qué víctimas se cobraría. Dar por sentado el resultado de esa lucha es un error, no solo porque convierte a las víctimas en una suerte de tecnicismo histórico, sino también porque transforma algo que en aquel momento era una catástrofe humana desconocida, impredecible y opaca en una épica emocionante pero inofensiva. Además, puede alimentar la peligrosa ilusión de que todo aquello no podría repetirse de nuevo a día de hoy, incluso con el resultado opuesto.

Uppsala, una mañana nublada de marzo de 2022
P. E.

Soñábamos en las noches feroces
sueños densos y violentos
soñados con el alma y con el cuerpo:
volver, comer, contar lo sucedido.
Hasta que se oía breve, sofocada
la orden del amanecer:
«Wstawać»;
y el corazón se nos hacía pedazos.

Ahora hemos vuelto a casa,
tenemos el vientre ahíto,
hemos terminado de contar nuestra historia.
Ya es hora. Pronto escucharemos de nuevo
la orden extranjera:
«Wstawać».

PRIMO LEVI*

---

* Levi escribió el poema el 11 de febrero de 1946, cuando se acercaba el primer aniversario de su liberación de Auschwitz. En el poema empleó el término polaco para «despertar» o «levantarse» que se usaba en el campo: «Wstawać».

Dramatis personae

Mansur Abdulin,
soldado raso en
las afueras de
Stalingrado, 19 años.

John Amery,
fascista y desertor
en Berlín, 30 años.

Hélène Berr,
estudiante
universitaria
en París, 21 años.

Ursula Blomberg,
refugiada en
Shanghái, 12 años.*

Vera Brittain,
escritora y pacifista
en Londres,
48 años.

John Bushby,
artillero en un
bombardero
Lancaster, 22 años.*

* Foto tomada después de la guerra.

Paolo Caccia Dominioni, mayor de paracaidistas en África del Norte, 46 años.

Albert Camus, escritor de Argelia, ahora en Le Panelier, 29 años.

Keith Douglas, teniente tanquista en África del Norte, 22 años.

Edward «Weary» Dunlop, médico militar y prisionero de guerra en Java, 35 años.

Danuta Fijalkowska, refugiada y madre de una criatura en Międzyrzec Podlaski, 20 años.

Lidia Ginzburg, profesora de universidad en Leningrado, 40 años.

Vasili Grossman,
reportero del
Krasnaja Zvezda
en Stalingrado,
36 años.

Tameichi Hara,
comandante de
destructor frente
a Guadalcanal,
42 años.

Albert Holl,
teniente de
infantería en
Stalingrado,
23 años.

Vera Inber, poeta
y periodista en
Leningrado,
52 años.

Ernst Jünger,
capitán del ejército
y literato, de camino
al frente oriental,
47 años.

Ursula von
Kardorff, periodista
en Berlín, 31 años.

Nella Last, ama
de casa en
Barrow–in–Furness,
53 años.

John McEniry,
piloto de
bombardero
en picado en
Guadalcanal,
24 años.

Okchu Mun,
esclava sexual en
un burdel japonés
en Mandalay,
18 años.

Nikolai Obrinba,
partisano en
Bielorrusia,
29 años.

John Parris,
periodista que cubre
el desembarco en
Argelia, 28 años.

Poon Lim,
marmitón en un
barco mercante
británico, 24 años.

Lechiel «Chil» Rajchman, prisionero en el campo de exterminio de Treblinka, 28 años.*

Willy Peter Reese, soldado raso en el frente oriental, 21 años.

Dorothy Robinson, ama de casa en Long Island, 40 años.

Ned Russell, periodista que cubre los combates en Túnez, 26 años.

Sophie Scholl, estudiante universitaria en Múnich, residente en Ulm, 21 años.

Elena Skriabina, refugiada y madre de dos criaturas en Piatigorsk, 36 años.

* Foto tomada después de la guerra.

Anne Somerhausen, oficinista y madre de tres hijos en Bruselas, 41 años.

Leonard Thomas, maquinista en un buque de uno de los convoyes árticos, 20 años.

Bede Thongs, sargento de infantería en Nueva Guinea, 22 años.

Vittorio Vallicella, soldado raso conductor de camión en África del Norte, 24 años.

Tohichi Wakabayashi, teniente de infantería en Guadalcanal, 30 años.

Charles Walker, alférez de infantería en Guadalcanal, 22 años.

Kurt West, soldado raso en el frente de Svir, 19 años.

Leona Woods, estudiante de doctorado en Física en Chicago, 23 años.

Zhang Zhonglou, funcionario del Estado en viaje de inspección en Henan, edad desconocida.

Del 1 al 8 de noviembre
Planes, grandes y pequeños

«La compasión y la brutalidad pueden darse en el mismo individuo y en el mismo instante, contra toda lógica; y la compasión en sí no sigue ninguna lógica en absoluto».

«La muerte se puede suprimir con éxito precisamente porque no se puede experimentar».

«Una semana antes habría llevado medio día derrotar a un batallón, ahora todo el regimiento fue exterminado en tres cuartos de hora».

Fuertes vientos entran desde el mar de China Oriental y el río Huangpu, se deslizan por los juncos, los barcos de vapor y los veleros del muelle, por el bullicio de gente en el ancho paseo marítimo, entre animales y vehículos, *rickshaws*, carros, ciclistas, montones de ciclistas, tranvías desbordados y autobuses impulsados por gas y camiones militares, continúan por delante de las filas de edificios altos e imponentes de estilo occidental de la calle Bund —*The Million Dollar Mile*—, esquivando sus columnas, cúpulas, cornisas, balaustradas y chapiteles, se meten por Pootung Point para colarse entre las calles estrechas y las casas bajas de Hongkou, de las que no pocas eran meras ruinas hace cinco años, continúan hacia Zhabei, buscan por dónde subir hasta las murallas y los tejados almenados de madera de la antigua ciudad china, atraviesan el hipódromo vacío con sus torres de diez alturas y gradas de varias plantas, calladas y abandonadas, se meten en la parte internacional de la ciudad, recorren calles rectas y avenidas bordeadas de árboles (Gordon Road, Bubbling Well Road, avenida Foch, avenida Joffre, avenida Petain, etc.) y pasan sobre el gentío que allí se acumula, y por delante de templos y catedrales, hospitales e institutos, grandes almacenes y teatros, controles policiales y barreras de alambre de púas, cafeterías, bares y burdeles, suben por parques donde los árboles lucen cada vez más negros y desnudos a medida que el gélido viento arrastra consigo sus hojas rojizas, para finalmente desaparecer en dirección este y siguiendo el río Wusong, hacia las zonas rurales, con sus pequeñas ciudades, pueblos y campos de arroz, en dirección a las lejanas Jiangsu, Anhui y Henan. En Shanghái el otoño da sus últimos coletazos.

Bajo las nubes grises de otoño, en la parte sur de la concesión francesa, hay una niña que se llama Ursula Blomberg. Acaba de cumplir doce años y vive con sus padres en la planta baja de una casa rodeada de un muro en la pequeña Place de Fleurs, justo al lado de la rue de Kaufman. Es una familia de refugiados de Alemania, y le alquilan una habitación con cocina a una mujer rusa. En el primer piso viven otros refugiados, de Leipzig, y en una habitación que da al patio viven dos hombres de Berlín, pero casi nunca están. Ella y sus padres se sienten afortunados: el barrio es seguro, la calle tranquila, la estancia luminosa y espaciosa, la cocina está limpia y equipada con dos fogones y una nevera. Incluso tienen acceso a un cuarto de baño con azulejos donde por tan solo un par de monedas de cobre pueden darse un baño caliente. (Esto queda muy lejos de los campos de refugiados en Hongkou, donde siguen viviendo muchos de los que llegaron en el mismo barco que ellos, entre malos olores, suciedad y desorden, hacinados, tras sábanas tendidas y sobre suelos de hormigón).

Igual que otros tantos millones de personas, la familia sigue el curso de la guerra en varios mapas colgados. Los han arrancado de distintos periódicos y los han pegado a un trozo de tela de algodón blanco que tienen en el recibidor. Ursula ha hecho banderitas de papel de colores con alfileres, y las emplean para marcar los avances o retiradas de los distintos bandos: rojas para Reino Unido, azules para Estados Unidos, verdes para Países Bajos, amarillas para Japón, etc. (En las memorias que escribió mucho más tarde no menciona el color que tenían las banderas de Alemania, así que adivinémoslo. ¿Negras?). En el último año, esas banderitas se han ido desplazando una y otra vez, porque las novedades han sido devastadoras, *devastating*, tal y como escribe ella misma en su diario. (Emplea este adjetivo repetidas veces para describir el efecto que los relatos de los acontecimientos de la guerra tienen sobre ella). Ha tenido que buscar islas cuya existencia desconocía, topónimos que no sabe muy bien cómo pronunciar. Corregidor. Rabaul. Kokoda. Alam Halfa. Maj-kop. Sta-lin-gra-do. Gua-dal-ca-nal. Las banderas verdes han desaparecido.

Las líneas de pequeños orificios en los mapas de papel muestran cómo el área bajo dominio de las fuerzas del Eje no ha parado de crecer. Entre los refugiados se habla de si Australia no será la siguiente en ser invadida. Hay tres conjuntos de banderas que les tienen especialmente asustados: el de África del Norte, que apunta hacia Egipto;

el del Cáucaso, que apunta hacia Persia e Irak, simpatizante del Eje;[1] y el de Birmania, que apunta hacia el oeste, a India. Si las potencias del Eje siguen acumulando victorias, esas líneas de banderas se juntarán en alguna parte. La pregunta es dónde. ¿En Afganistán? ¿En la India Occidental?[2]

«Teníamos miedo. ¿Era posible que un país tan diminuto como Japón, y Alemania, con su ego henchido [...] ganara una guerra contra todo el mundo occidental? ¿Incluyendo Estados Unidos?».

Así parece ser. La vida en la ajena Shanghái es una «experiencia de ensueño» para Ursula. Viven en un aislamiento asfixiante, separados del mundo, en la cara oculta de la luna, no saben más que lo que cuentan los tan censurados periódicos y la radio japoneses, y los rumores prevalecen. Por eso, durante mucho tiempo les fue posible hallar consuelo en la idea de que esas noticias tan terribles eran propaganda, meras exageraciones y desinformación. Pero un amigo de un amigo logró esconder una radio, y tras la pared de ruidos e interferencias y sonidos silbantes y retorcidos, a veces consiguió captar alguna noticia de la BBC. «Ya no eran rumores, muchos de los devastadores informes sobre la guerra eran ciertos, y el futuro nos asolaba a todos».[3]

* * *

1. El año anterior había tenido lugar en Irak un golpe nacionalista de inspiración nazi, que recibió apoyo militar directo por parte de Italia y Alemania. (También provocó masacres entre la población judía en Bagdad). Sin embargo, las fuerzas británicas, en una breve guerra cuyo resultado no estaba para nada decidido, consiguieron restablecer el antiguo régimen probritánico.

2. En esta época había un acuerdo entre Japón y Alemania que consistía en dividir Asia y la Unión Soviética a lo largo del meridiano 70. Para ello existía también un plan militar alemán, Fall Orient, que consistía en que justo después de la victoria en Egipto y el Cáucaso, y tras asegurar los yacimientos de petróleo de Oriente Próximo, continuarían hacia el este, hasta Afganistán, donde conectarían con las Fuerzas Armadas japonesas.

3. Si tenías acceso a los medios de comunicación controlados, era fácil sacar la conclusión de que la adhesión a Japón era amplia en Asia. A principios de año, Tailandia se había aliado con Japón. En China había dos estados satélite bastante grandes, Manchuria —que por aquel entonces hacía diez años que existía—, así como Mengjiang. Otros estados satélite estaban formándose en Filipinas y Birmania, a la vez que el movimiento de independencia indio era más fuerte que nunca. (Tanto las tropas birmanas como las indias luchaban entonces a favor de Japón, para conseguir la independencia de los británicos para sus respectivos países). Y en todos los países ocupados había muchos oportunistas, dispuestos a colaborar con lo que parecía ser el imperio invencible.

La humedad está en todas partes. Los pantalones y el abrigo del soldado están igual de mojados que el pan; el moho los amenaza por igual. A cada paso que da, las botas se hunden, pero él y todos los demás van avanzando por la trinchera enfangada «como funámbulos». Su nombre es Willy Peter Reese, y cuenta:

> Nos encontramos las trincheras encharcadas y, a menudo, inundadas. En los búnkeres provisionales y las primitivas aspilleras se colaba el agua, y los caballos se desplomaban en los caminos. Un caballo valía más que un soldado, pero aceptábamos nuestro destino tal y como viniera, vivíamos en nuestros recuerdos y soñábamos con regresar a casa. Enseguida nos volvimos a acostumbrar, como si nada hubiese cambiado desde la temporada de lluvias del año anterior.

Reese vive con el resto de su grupo en una trinchera ensanchada, con un trozo de tienda de campaña a modo de puerta, bajo un techo de vigas goteantes y tierra, obtienen el calor de una estufa de hierro colado, se alimentan con un hornillo que está escondido muy lejos, en una zanja, hacia donde los encargados de la comida van corriendo al cobijo del anochecer. No tiene ninguna posibilidad de lavarse, ni siquiera puede cambiarse las botas y los calcetines mojados. A los ratos de sol les siguen nuevos chubascos. El paisaje arbolado está cada vez más vacío, desnudo, empapado, descolorido, como en acuarelas diluidas. El agua de la lluvia corre por los caminos blandos. La hierba alta se ha doblado, como a la espera de la escarcha y de la nieve.

De día, Reese y los demás cavan en la trinchera encharcada, o limpian las armas de fuego o la munición o alguna de las ametralladoras o ese cañón antitanque que el grupo tiene que manejar. De noche hace guardia, más o menos durante una hora: después puede descansar unas tres. De hecho, eso es lo único que hace: guardia. «Muerto de cansancio y de frío, anhelante, impotente». Así se van haciendo añicos las noches, y la falta de sueño aporta una capa más al agotamiento que va anestesiando su cuerpo y su alma. Las cosas que hace un año casi lo mataban del susto, hoy apenas le afectan. Más bien es como si una bendita indiferencia hubiese arraigado en él. Reese no sabe si esa sensación nace del «fatalismo o de la fe en Dios». El peligro de morir se ha convertido en algo cotidiano. La muerte en sí, también.

Willy Peter Reese tiene veintiún años, es soldado raso en la 95.ª División de Infantería alemana, 279.° Regimiento, 14.ª Compañía. Es flacucho y lleva gafas sin patillas, lo cual refuerza un aspecto ya de por sí un tanto tímido. (Además, lee mucho, o escribe, y puesto que ambas ocupaciones requieren luz, suele ser esto un motivo frecuente de quejas por parte de sus compañeros, que le piden que la apague para que puedan dormir. A veces, lee o escribe con el resplandor de la brasa de un cigarrillo). Tanto el casco como el uniforme dan la impresión de ser una talla más grande de lo que le corresponde a su delgado cuerpo. Aún tiene acné juvenil. Sus ojos son duros y vigilantes, y parecen mucho más viejos que su rostro.

A unos trescientos metros de distancia, al otro lado de una profunda hondonada, por detrás de remolinos de alambre de espino y entre abetos y arbustos pelados de alisos, asoman las filas soviéticas. El lugar se llama Tabákov, en referencia al pueblo desolado que hay un poco más atrás y donde queda poco más que cúmulos de piedra coronados por chimeneas con madera tiznada y huertos con verduras heladas y mustias.

* * *

Cuando a Willy Peter Reese le toca explicar su ubicación a alguien, dice que se encuentran «en Rzhev».[4] Ahora mismo la cosa está tranquila, lo cual significa que no está habiendo ningún ataque masivo por parte de los soviéticos, pero se hallan sometidos al constante fuego de los francotiradores y los morteros ligeros. No pueden usar la estufa durante el día, porque el humo de la leña húmeda captaría enseguida la atención de los artilleros enemigos. Y cuando están en las trincheras no tienen protección alguna contra los proyectiles que caen en picado, sobre todo si lo hacen demasiado cerca. Un compañero de

---

4. «En Rzhev» es una suerte de abreviatura taquigráfica para designar una gran convexidad de más de doscientos kilómetros de largo en las líneas alemanas, un resto del fallido intento de ocupar Moscú en 1941, y tan visible también en los mapas a gran escala que siempre atraía la atención de los estrategas de ambos bandos, reales o imaginarios. La cercanía de Moscú hizo que Hitler quisiera aferrarse a aquella anomalía geográfica, y el mismo motivo hizo que Stalin quisiera eliminarla, y ambos exigían que se llevara a cabo «a cualquier precio», un cliché militar que en estos dos dictadores se materializó de la forma más completa y horrible.

Reese ya corrió la suerte de recibir uno de esos impactos directos, lo que dejó la trinchera tapizada con vísceras congeladas, trozos de tela, cerebro y carne, de modo que resultaba completamente imposible reconocer al muerto.

Una noche más, lo que Reese llama «el dios de los sueños» lo ha llevado momentánea y traicioneramente de vuelta a casa, lejos de todo esto. (Es fácil imaginarse el momento de despertar). La noche se torna mañana. Un nuevo amanecer en tierras de nadie, sobre arboledas y suelos empantanados y hierba de verano amarilla. Reina el silencio. Reese escribe: «La belleza de esas horas compensa las noches llenas de terror y esfuerzo».

* * *

Volvemos a Ursula Blomberg. Aunque ella y sus padres solo estén viviendo en Shanghái de forma temporal, lo cierto es que no tienen demasiadas opciones, a la espera de que se declare la paz y les sea posible continuar el viaje hasta su destino final, Estados Unidos. El hecho de que llegaran a Shanghái no tiene nada de raro. Cuando la familia comenzó su travesía por mar, la primavera de 1939, esta metrópolis cosmopolita era prácticamente el único puerto en todo el mundo que seguía aceptando sin reservas a refugiados judíos de Alemania. Y en aquel momento la reputación de corrupta, pecaminosa, desconcertante y peligrosa que tenía la urbe jugaba un papel más bien exiguo: en los últimos años habían llegado cerca de dieciocho mil personas.

A veces la invaden los pensamientos oscuros. Por ejemplo, cuando se acuerda de todos los civiles británicos, estadounidenses, holandeses y franceses que han desaparecido y que los japoneses han internado en un gran campo de camino a Wuzhong; o cuando piensa en sus parientes que se han quedado en Alemania. Se pregunta cómo estarán. Al recordar esa época años después, ya de adulta, se da cuenta de que «durante un tiempo, nuestras vidas continuaron sin interferencias externas, y nos mecimos en una falsa sensación de pura satisfacción egoísta». Ayuda el hecho de que aquí reine la paz más profunda, y que los soldados japoneses los tratan con respeto, incluso con cortesía. Al fin y al cabo, son alemanes, aliados.

Pero la intranquilidad se esconde bajo la superficie.

En mitad de todo esto, Ursula disfruta de una libertad inesperada y paradójica. El hecho de que sea finales de otoño no la importuna en absoluto. Le gusta haber dejado atrás el calor pesado y húmedo del verano. La empresa de pintura que su padre acaba de abrir funciona bien y su madre hace trabajos de costura en casa. Por su parte, Ursula aporta algunas monedas a base de intentar enseñarles inglés a tres jóvenes asiáticas guapas y risueñas, hermanas de un chino acaudalado. O mejor dicho, lo que aquí llaman «hermanas»: con el tiempo, Ursula ha entendido que son sus concubinas. Cuando el clima lo permite, juega a croquet y a ping-pong con las «hermanas»; cuando hace frío o llueve, como al comienzo de este mes, juegan a cartas.

* * *

Intermezzo musical: ha comenzado a refrescar, y están de pie bajo el sol oblicuo del desierto cantando salmos, acompañados —algo singular— por un saxo. A las voces les falta práctica, oscilan inseguras, la canción se va apagando y en su lugar reaparecen sonidos mucho más familiares: el ruido de motores, el tañido de metal contra metal, el retumbo sordo de detonaciones lejanas. La oración del coro toca a su fin. El delgado párroco con su pulcra vocalización alza la mano y reparte la bendición del Señor. Las nucas se doblegan. El hombre ve que el coronel se ha acercado, y cabría pensar que lo observa un poco a escondidas. Como de costumbre, el coronel va impoluto, con botones, condecoraciones y distintivos brillantes, una fusta bajo el brazo, bigote encerado. Parece que incluso el coronel agacha la cabeza, pero más bien se está mirando las botas, hechas de ante y atadas con tal exactitud que los cordones cuelgan a ambos lados de los pies a proporciones iguales.

La persona que está estudiando a su comandante con tanta atención es un teniente de veintidós años con nariz aguileña, sonrisa tímida y anteojos gruesos. Su nombre es Keith Douglas. Tiene motivos para mirar con curiosidad a su alrededor, pues es nuevo en la unidad, ha llegado hace tan solo unos días. En realidad pertenece al cuadro de mando de la división, que está perdida a más de treinta kilómetros de allí, pero ya no aguantaba más la inactividad, la cuadriculada burocracia militar, las tareas de escritorio sin sentido y la vergüenza de no tener experiencia en combate, sobre todo ahora que han iniciado una gran operación. «La experiencia de la batalla es algo que necesito sí o sí». Así que hace tres días abandonó su puesto, sin permiso, se puso un uniforme recién lavado, cogió un camión y ahora está aquí plantado, tras conseguir a base de mentiras que lo designen jefe de una tropa con dos carros de combate.[5] No le ha resultado demasiado difícil, pues el regimiento ya ha tenido tiempo de perder a muchos oficiales de menor rango desde que empezó todo, nueve días atrás. Hoy es domingo 1 de noviembre.

El jefe de regimiento empieza su discurso:

> Mañana vamos a salir a ejecutar la segunda fase de la batalla de El Alamein. La primera fase, la de alejar al enemigo de sus posiciones a lo largo de todo su frente de batalla, ha quedado concluida. En esa fase, esta división, esta brigada, ha efectuado un trabajo brillante. El general de la división y el general de la brigada están muy satisfechos.

Se nota que es un orador acostumbrado. (También es diputado del Parlamento. Del lado de los conservadores). Va colando comentarios personales dirigidos a individuos determinados.

¿Y qué sentimiento le despierta a Douglas su jefe? Una mezcla contradictoria de admiración y envidia, orgullo e irritación. El jefe de regimiento representa lo que él nunca ha tenido: dinero, tradición y una familia distinguida, escuelas privadas, partidos de cricket y caza de zorro en chaquetas rojas, sin olvidar el carisma y la seguridad en sí mismo que vienen de regalo cuando naces en la élite. El coraje y la fuerza física del jefe de regimiento también tienen su reputación.

Al mismo tiempo, el jefe de regimiento no deja de ser un representante de todo lo que resulta anacrónico, zopenco y obsoleto en el ejército británico. Lo cual supone una explicación importante de por qué no han hecho más que perder, una y otra vez, desde 1940. Sin duda, a menudo de forma heroica y elegante, pero sin ser menos derrota por eso. Cuando la unidad llegó a Oriente Próximo, hace más de dos años, aún era un regimiento de caballería montada; en el cuerpo de oficiales del regimiento hay muchos que se aferran a esas tradiciones, lo cual, entre otras cosas, se manifiesta en un firme desprecio hacia cualquier conocimiento demasiado pronunciado en cuestio-

---

5. No está instruido para el tipo de carro de combate que utiliza el escuadrón, los Crusader Mk III. Como mucho, ha echado un vistazo a una versión más antigua.

nes tecnológicas. Esto ha sido un palo en las ruedas para Douglas desde el primer día que llegó a la unidad y a Oriente Próximo, hace un año. Ya en aquel momento estaba formado como oficial de carro de combate, mientras que el resto de la unidad apenas había visto nunca ninguno, de modo que enseguida, y no sin razón, le pusieron la etiqueta de sabelotodo insoportable. Con su pasado humilde, Douglas no solo tenía dificultades para aguantar el esnobismo y los modales de la clase alta, sino que a menudo se mostraba porfiado y le costaba mantener la boca cerrada.

Douglas es un poco raro. Escribe poesía modernista, y durante las instrucciones más de una vez lo han pillado sentado escribiendo en lugar de prestar atención.

El jefe de regimiento llega al final de su discurso:

> Esta vez, en la segunda fase, no tenemos tanto trabajo que hacer, ya que otros... ehm... van a participar. El general Montgomery va a dividir las fuerzas enemigas en pequeños sectores. Esta noche, los neozelandeses atacarán, y a ellos les seguirá la 9.ª Brigada de Caballería Blindada y otras formaciones blindadas. Cuando el general Montgomery esté preparado, nosotros entraremos detrás de ellos, para asestarle a los blindados alemanes el toque de gracia. Es un gran honor, y podéis adjudicaros el mérito de que le haya sido concedido a esta brigada. Cuando hayamos aplastado los blindados enemigos y hayamos ahuyentado a sus tropas, regresaremos a El Cairo y... ehm... nos tomaremos un baño, y dejaremos que los otros pobres prosigan la caza por nosotros.

El discurso es bien recibido por las tropas y los oficiales. Incluso Douglas está un poco más animado, pese a su escepticismo.

El grupo se disipa en el rápido anochecer. Queda mucho trabajo por hacer antes de que estén preparados para atacar, a primera hora de la mañana. Hay que echar gasolina y aceite a todos los carros de combate, así como cargarlos con agua, munición y comida. Una señal de que ahora la cosa va en serio: el oficial de suministros reparte calcetines, abrigos y otras prendas de uniforme sin exigir una firma en ningún formulario. Les espera otra noche llena de estrellas.

* * *

La pregunta es si, en cierto modo, Douglas no es igual de anacrónico que el jefe de regimiento, aunque sea de otra manera. Muchas de las premisas psicológicas para esta guerra vienen definidas por lo que ha pasado antes. Esto puede verse, sobre todo, en un temor hacia las hermosas pero archiconocidas ilusiones de la guerra anterior. No obstante, el joven teniente de veintidós años se parece más a los hombres de 1914 que a sus coetáneos. Desea la batalla, es una experiencia que necesita tener, una prueba que necesita superar. Y para él la guerra es, hasta cierto punto, un fenómeno estético, que cobra sentido a través de las imágenes literarias y poéticas que la preceden. Douglas ve con claridad las absurdidades de la guerra, pero su naturaleza compleja se muestra también abierta a la dualidad de la misma de una manera que antes, pongamos veinte años atrás, era mucho más habitual que ahora, en esta época tanto más desilusionante.[6]

Douglas escribe:

> Es emocionante y asombroso ver a miles de hombres, la mayoría de ellos sin entender demasiado por qué luchan, soportando dificultades, viviendo en un mundo antinatural y peligroso pero no del todo horrible, obligados a matar y morir, y aun así afectados por un sentimiento de compañerismo con los hombres que los matan y a los que matan, puesto que estos soportan y experimentan las mismas cosas. Es completamente ilógico; leer sobre ello no puede transmitir la impresión de haber atravesado el espejo que experimenta cualquier hombre que haya ido a la batalla.

* * *

Ese mismo domingo ha sido un día de otoño bastante caluroso pero un poco lluvioso en Berlín. Ya ha caído la tarde, y en la cuarta planta de la calle Rankestrasse número 21 vuelve a haber fiesta. El edificio es de estilo neorromántico, con paredes de espejo y cariátides de már-

---

6. Existe una interesante conexión con el pasado. Su supervisor en Oxford era Edmund Blunden, autor de las poéticas y convulsas memorias de la Primera Guerra Mundial *The Undertones of War*. Blunden animaba a Douglas a escribir poesía y mostró algunos de sus poemas a T. S. Eliot.

mol en la entrada. Queda en el centro de la ciudad, a tan solo un par de manzanas del jardín zoológico y la iglesia del káiser Guillermo y su altura vertiginosa. El piso en sí también es bonito, con suelo de parqué pulido, muebles pesados, retratos con marcos dorados y montones de libros. Ahora está lleno de gente, habrá más de cincuenta personas, y entre la penumbra y la nube de humo se oyen risas, conversaciones y música alegre de gramófono. En el gran salón han apartado la gran mesa para que la gente pueda bailar. A ella le encanta bailar, y adora las fiestas.

Su nombre es Ursula von Kardorff y tiene treinta y un años. Sus dos hermanos también están presentes, el pequeño es Jürgen y el mayor Klaus, ambos vestidos con el uniforme de oficial del ejército. Muchos de los hombres que han acudido a la fiesta también llevan uniforme, entre los cuales se encuentran seis convalecientes. A uno le han amputado el brazo a la altura del hombro, otro camina con muletas, hay un tercero que tiene dificultades para sentarse y siempre debe hacerlo sobre un cojín hinchable, al cuarto aún le falta mucho para recuperarse después de que le hayan amputado gran parte de los pies por heridas de congelación, pero aun así intenta bailar. Sin embargo, los uniformes y las muletas no son lo único que nos recuerda que estamos en guerra, sino también la forma de la fiesta. A estas alturas ya se ha vuelto costumbre que la anfitriona —en este caso, Ursula— solo ponga las copas. Los invitados ponen la bebida. Y no faltan las botellas. Otro detalle: todas las ventanas están tapadas con láminas de cartón y cortinas. Es obligatorio que haya oscuridad en la calle desde las 17.30 hasta las 6.29.[7] Si a alguien le diera por mirar fuera, no se encontraría gran cosa para ver en una Rankestrasse minuciosamente oscurecida, excepto los pequeños puntitos de luz oscilante de las linternas de algún que otro transeúnte, y el resplandor azul verdoso y fantasmagórico de los tranvías que pasan metiendo ruido.

Esas ventanas tan bien tapadas no son solo un recuerdo de lo que está aconteciendo en Europa y el mundo, sino que también reflejan

7. Incluso aquí las reglas se corresponden con nuestros estereotipos de la minuciosidad alemana: del 3 al 4 de noviembre, el plazo temporal equivalente es de las 7.28 a las 18.31. El oscurecimiento se cumplía con bastante rigor; por el contrario, ese mes hubo quejas oficiales por la «disciplina deficiente en las calles» mostrada por peatones y ciclistas: a oscuras, no todas las normas de tráfico se respetan.

una actitud. Igual que muchos alemanes, Ursula von Kardorff prefiere mantener la guerra y la política a un brazo de distancia. Deja estos fenómenos fuera y se retira a la vida privada. Su intención es que esta sea otra fiesta alegre, alejada de las preocupaciones del mundo.

Aun así, el ambiente no termina de cuajar. Nota con decepción que muchos de los presentes se abstienen de bailar. Prefieren retirarse a alguna de las habitaciones para debatir. En gran medida, son esos jóvenes oficiales los que imponen el tono, un tono que es desilusionado y crítico de una manera nueva y más explícita. Y es así en general. Tan solo dos años atrás, después del triunfo en Occidente, seguro que muchos de estos hombres jóvenes en uniforme seguían siendo unos entusiastas. Igual que muchos otros en su situación, en aquel momento se sentían reforzados por su fe en el Líder, en Alemania y en la Victoria Final gracias a su rápido y brutal avance. (Y, añadamos, objeto de envidia para muchos hombres de la misma generación que no habían participado y que empezaban a temer que la guerra terminara antes de tener la oportunidad de hacerlo).

A lo mejor cabría pensar que estos jóvenes oficiales, igual que la mayoría de sus paisanos, habían visto algo mellada su confianza en el Líder porque no se había derrocado —tal y como él había pronosticado públicamente— a la Unión Soviética en 1941. Sin embargo, dicha confianza había sido restablecida, temporalmente, gracias a aquel famoso discurso que dio en marzo, en el que prometía la victoria este verano. Porque hasta la fecha, el *Führer* siempre había acertado. Pero el verano ya hace tiempo que ha quedado atrás, el invierno está al caer, y la incerteza va en aumento.[8] Si bien no entre los fieles: para ellos la fantasía siempre es más fuerte que la realidad.

Los civiles como Ursula von Kardorff, que viven en una ciudad donde los edificios derruidos por las bombas siguen siendo una excepción, pueden refugiarse en sus vidas privadas y diversiones. Pero

---

8. Como Detlev Peuker e Ian Kershaw han demostrado, el llamado mito de Hitler —que hizo posible que muchos fueran críticos con el partido nazi y a la vez confiaran en el *Führer*— se basó en gran medida en que este había augurado una y otra vez en sus proclamas radiofónicas cosas que después habían acontecido; cuando empezó a ocurrir lo contrario y Hitler se equivocaba, el mito empezó a desvanecerse. Así que cuando Hitler, en contra de toda la lógica militar, insistió en que había que invadir Stalingrado, no solo estaba tratando de mantener su prestigio personal, sino también de preservar el del régimen. Los dos estaban conectados.

es distinto para estos hombres jóvenes en uniforme. Y no es solo la experiencia vivida y el alcohol lo que los empuja a hablar con un tono crítico. También pueden hacerlo porque, en cierto modo, sus cicatrices los protegen, así como sus medallas y su estatus de «luchadores del frente».[9] No cabe duda de que a Ursula le afecta la amargura que muestran. Hasta la fecha había sido al revés: los soldados que volvían a casa eran los portadores de optimismo, mientras los civiles cargaban con el peso de la incertidumbre. ¿Qué está pasando?

* * *

La fiesta pasa rápidamente de desilusión a fracaso en cuanto Hans Schwarz van Berk toca el timbre. Se trata de un viejo conocido de los Von Kardorff. Se conocen desde la época en que ella trabajaba en el periódico nazi *Der Angriff*, y es una persona que Ursula respeta y aprecia. Schwarz van Berk, de cuarenta años, es desde hace tiempo uno de los chicos de Goebbels, reconocido periodista, pero nazi convencido y miembro de la Waffen-SS. En una de las habitaciones no tarda en levantarse un intercambio de réplicas cada vez más acaloradas entre el hombre de las SS y algunos de los jóvenes oficiales. Alguien dice: «Somos todos como ratas en un barco que se hunde, pero con la diferencia de que ya no nos podemos bajar». Schwarz van Berk se pone nervioso, pero aun así trata de discutir con serenidad, contenerse. Sin embargo, cuando alguien le dice «hacéis todo lo posible por esconder la verdad», se le acaba la paciencia, se levanta preso de la rabia y se dirige a la puerta. Ursula y Klaus, su hermano mayor, salen corriendo tras él, intentan disculparse y restarle importancia a lo ocurrido. Finalmente lo consiguen, pero no sin esfuerzo.

Después, esta mujer por lo general tan segura de sí misma, siente miedo. «Ese tipo de conversaciones pueden ser peligrosas para todos los implicados». También está decepcionada. Sigue hablando: «La mejor parte de la noche ha sido antes de que llegaran los invitados, cuando me iba turnando para bailar con mis dos hermanos en el salón vacío».

9. «Luchadores del frente» (*Frontkämpfer* en alemán) es uno de los términos de más alto nivel del vocabulario nazi, al lado de conceptos como, por ejemplo, «preparación de las víctimas», «comunidad», «voluntad», «total», «pureza», «fanatismo», etc.

Al día siguiente, Schwarz van Berk llama por teléfono para quejarse a la madre de Ursula, Ina, una fiel y entregada partidaria del régimen. Le dice estar «asqueado por haber oído toda aquella cháchara derrotista».

* * *

A nadie le gusta el olor de la victoria por la mañana. Sobre todo si dicha victoria tuvo su final cuatro días atrás y hace un calor tropical, tanto de día como de noche.

Los soldados japoneses estuvieron atacando durante tres noches seguidas, y cada noche fueron repelidos. Nadie sabe con exactitud cuántos japoneses muertos yacen esparcidos y retorcidos delante de ellos. Alguien comenta que debe de haber más de mil. Charles Walker, a quien todo el mundo llama Chuck, es un alférez alto y con gafas de la Compañía H, 2.º Batallón, 164.º Regimiento de Infantería del ejército estadounidense. Ha oído la cifra de tres mil quinientos, pero nadie puede ni quiere contarlos todos. En algunos sitios están apiñados en montones, hasta tres o cuatro, de cualquier manera, por capas. Los cuerpos han comenzado a hincharse por el calor, a llenar los uniformes, y van cambiando de color, se ennegrecen, les salen unos gusanos grisáceos de cada orificio y los rostros se retuercen en muecas grotescas. El lugar hace honor a su nombre: Bloody Ridge.

* * *

Walker y su batallón se encuentran en Guadalcanal desde el 13 de octubre. Para él y los demás es un mundo nuevo, desconocido, curioso y aterrador. La mayoría de los hombres del batallón vienen de Dakota del Norte, otros tantos de Minnesota —hay muchos con nombres escandinavos—, muchos de ellos son mineros, leñadores, vaqueros, carpinteros, mecánicos, agricultores; son altos, fuertes y jóvenes. Cuando una fría noche de febrero de hace un año se subieron al tren de Fargo que los llevaría a un campo de entrenamiento en Luisiana, donde iban a pasar de soldados de la Guardia Nacional a convertirse en una unidad de combate, había nevado. Y ahora se encuentran en una isla tropical en los Mares del Sur. Es como si estuvieran en otro planeta.

Sus sentidos han quedado abrumados por todas las impresiones nuevas. Sobre todo los olores. Un bosque tropical está cargado de vegetación húmeda y recalentada al sol, aguas estancadas cubiertas de algas verdes, moho y podredumbre. Han tenido que aprender rápidamente a aguzar los sentidos de una forma nueva, por una cuestión de supervivencia. La vista y el oído, por supuesto, pero también el olfato. Porque cuando la noche es oscura como la boca del lobo o cuando la hierba verde es demasiado tupida, a veces pueden oler si hay soldados japoneses cerca, porque sus equipos nuevos de cuero desprenden un vaho peculiar y dulzón.[10] Y los soldados japoneses vivos tienen un olor corporal distinto al de los estadounidenses, eso ya lo han aprendido. No queda claro si es la situación o el terror, pero después de semanas apretujados en estrechas trincheras, muchos incluso han aprendido a distinguir el olor de cada compañero. Lo cual a veces puede marcar la diferencia entre la vida y la muerte.

No obstante, ahora todos los olores han desaparecido, subsumidos bajo el hedor espeso y nauseabundo de los caídos. Ya han comenzado las labores de limpieza del campo de batalla. Walker y los demás no lo aguantan. Hay que meter los cuerpos bajo tierra. Delante de la posición que la compañía de Walker ha estado defendiendo —y que, probablemente, reciba ahora el apodo de Coffin Corner— hay más muertos que en otras zonas.

* * *

Los japoneses estuvieron atacando durante tres noches,[11] una ola tras otra, gritando, aullando, bramando, con las bayonetas encajadas, los oficiales con los sables desenvainados, cargando escalerillas de madera para superar las alambradas, firmemente decididos a abrirse paso por la fuerza y tomar ese nuevo aeródromo que acababan de construir[12] un poco más atrás de la posición de Walker,

---

10. El fenómeno existía también en el bando contrario. Los japoneses podían oler que los soldados estadounidenses estaban cerca por el aroma de sus cigarrillos de calidad.

11. Las noches del 24 al 25, 25 al 26 y 26 al 27 de octubre. Hubo francotiradores y enfrentamientos con pequeños grupos de japoneses extraviados también los siguientes días, pero la batalla había quedado zanjada.

12. En un caso típicamente propio del ejército japonés de sobrevalorar su propia capacidad, y a la vez subestimar la del enemigo, el comandante japonés en el lugar

y que es la razón por la que están todos aquí y por la que tiene lugar todo esto.

Que la cosa terminara en semejante masacre se debe a una combinación de dos factores. Aquello que había hecho a la infantería japonesa tan formidable en la defensa —la disciplina, la resiliencia, el desprecio a la muerte— puede suponer su práctica autodestrucción en caso de ataque. Así que, sin dejarse amedrentar por las bajas, habían seguido llegando, empujados por la valentía, la temeridad, el coraje de la desesperación, como si buscaran demostrar con sus cuerpos la idea de que el espíritu triunfa por encima de la materia.[13] Por otro lado, sus adversarios eran soldados inexpertos que nunca antes habían entrado en combate. Lo dicho: originarios de la Guardia Nacional y, por tanto, novatos por definición.[14]

La mayor parte de las unidades estadounidenses recién formadas que en esta época se están desplazando hacia Gran Bretaña, África del Norte o el océano Pacífico comparten el mismo origen, y en general su formación ha sido demasiado corta y a sus oficiales les ha faltado experiencia para limarles el carácter de soldados aficionados. (Algo que pagarán caro). El 164.º Regimiento de Infantería podría haber estado más preparado que la media, pero el anterior jefe de batallón de Walker siempre estaba borracho, y recortaba las prácticas de tiro porque quería acaparar la munición y guardarla para demostraciones ante sus superiores.[15]

---

había garantizado que el campo de aviación sería tomado el 25, e incluso lo había informado así, por lo que aquella mañana algunos aviones japoneses realizaron algunos intentos de aterrizaje. Los pilotos fueron sacados rápidamente de su engaño.

13. Esto de que la voluntad triunfa por encima de la materia es una idea propia del fascismo y militarismo abrazada por los tres poderes del Eje. Con un éxito cada vez menor.

14. En especial si se compara con los expertos soldados de la Marina que mantenían la línea directamente a la derecha de la compañía de Walker. El hecho de que este batallón del 164.º Regimiento de Infantería fuera destinado a ese lugar (para reemplazar a un batallón de la Marina) se debía también a que los comandantes en Guadalcanal calculaban que el siguiente ataque japonés contra el aeródromo tendría lugar en un punto completamente distinto, por lo que se consideró un «sector seguro» y, por tanto, adecuado para los recién llegados. Cabe decir que el batallón de Walker fue la primera unidad del ejército estadounidense que participó en una batalla formal.

15. Sin embargo, también les dio tiempo de hacer algunas maniobras de entrenamiento en terreno selvático, en Nueva Caledonia.

Muchos de los viejos oficiales habían obtenido sus puestos gracias a contactos políticos, y o carecían de experiencia o eran unos ineptos, o ambas cosas a la vez. Ha habido mucha rotación los meses previos a la llegada a Guadalcanal. El anterior jefe de regimiento era banquero en la vida civil, pero lo ha sustituido un oficial de oficio. El antes citado jefe de batallón borracho ha sido sustituido a toda prisa por uno de los jefes de compañía. El anterior jefe de compañía era un tirano incompetente y violento, pero tras peleas y motines entre las tropas ha sido degradado y reemplazado por un capitán que acaba de llegar. Y el último recorte tuvo lugar cuando llegó la notificación de que los trasladaban a la isla: once oficiales descubrieron entonces, de golpe y porrazo, que padecían distintas dolencias graves y corrieron a pedir la baja por enfermedad. Entre otros, el ya citado jefe de batallón, así como su ayudante. Ver tanta cobardía e incompetencia entre los mandos fue desmoralizante.

Sin embargo, el batallón de Walker va bien armado: antes de partir a la isla se les hizo entrega de doce ametralladoras pesadas, dos lanzagranadas extra, así como cierta cantidad de armas ligeras especialmente diseñadas para el combate cuerpo a cuerpo en la selva, como metralletas y escopetas de corredera. Y todos los soldados tienen —a diferencia de los soldados de infantería de Marina, situados a su derecha en la colina— esos nuevos fusiles semiautomáticos M1.[16] (Y una gran parte de los soldados son excelentes tiradores ya desde la vida civil). Además, la posición que los han mandado vigilar está bien construida y pensada, por no decir que es ejemplar, con grandes franjas de alambre de espino a unos sesenta metros por delante de sus puestos de tiro.

Así que los curtidos japoneses[17] habían estado abalanzándose una y otra vez contra lo que ya durante la guerra anterior había hecho

16. Eran muy codiciados, sobre todo por parte de los soldados de la Marina, que aún iban equipados con rifles antiguos de 1903 tipo Springfield. Así que se los robaban a los soldados del Ejército de Tierra. Que el batallón de la Marina que tenían al lado —inmortalizado con considerable libertad poética en la serie de televisión *The Pacific*, con la Medalla al Honor a John Basilone como lógico punto central— en realidad estuviera a punto de colapsar bajo la presión se debió a que ya estaban debilitados, sin duda, pero también a que disponían de menos armas automáticas y a que el terreno que defendían era más escabroso y, por ende, el rango de tiro era mucho más corto: tan solo cien metros.

17. No eran en modo alguno unos polluelos. La división había luchado en China, primero en 1931 y luego desde 1937 en adelante, y había participado en la infame masacre de Nankín, entre otras.

que los ataques resultaran casi imposibles: cinturones sucesivos de fuego desde los flancos. Una tormenta nunca vista de fuego automático y semiautomático, junto con montones de granadas de mano, botes de metralla y una lluvia de proyectiles de mortero de calibres variados habían demostrado y sentenciado con dureza que la materia siempre triunfa sobre el espíritu, independientemente del poderío de este. A veces, especialmente a causa de ese poderío.

Pero esto no quitaba que había sido una dura batalla, y en la oscuridad y el desconcierto algunos grupos aislados de soldados japoneses habían logrado cruzar la línea enemiga y, por el estrecho camino para todoterrenos que corre poco más allá de las posiciones de Walker, habían logrado alcanzar el aeródromo. Allí los encontraron por la mañana, después de que, a causa de una ausencia de órdenes y de su absoluta extenuación, se hubieran echado a dormir. A veces los remataban sin despertarlos. De vez en cuando aparecían nuevos soldados japoneses desorientados. Los perseguían como conejos y les disparaban sin más ceremonias.

Ahora ya se ha acabado. Lo único que queda es el hedor.

En la fosa común que los soldados del batallón de Charles Walker han abierto a pico y pala en el duro suelo fangoso delante de Coffin Corner caben más de ciento cincuenta cuerpos. No da para mucho. Hay que cavar más fosas.

Este día abren un cráter gigantesco mediante explosivos más al oeste. A Walker y los demás cada vez les da más asco esta tarea de arrastrar restos despedazados de lo que horas antes habían sido personas. Por ello, delegan la labor a los trabajadores esclavos coreanos que los japoneses han llevado a la isla para preparar el nuevo aeródromo, y que habían sido abandonados tras el desembarco de los estadounidenses.[18]

Sí, se ha terminado. Se da cuenta de ello porque ahora empiezan a aparecer cazadores de suvenires de la unidad de abastecimiento y altos mandos que vienen de visita turística, muchos de ellos con cámaras.[19]

---

18. Los coreanos habían sido utilizados para esos menesteres ya tras la batalla del río Tenaru, a finales de agosto.

19. Nótese bien que incluso a los que batallaban les gustaba atesorar suvenires: pistolas, espadas, banderines de la suerte, relojes de pulsera. Las cámaras de los altos cargos oficiales despertaban malestar, ya que estaban totalmente prohibidas y los soldados habían tenido que desprenderse de las suyas.

* * *

La base aérea de Wyton se encuentra en Huntingdonshire, en el oeste de Inglaterra, unos veinticinco kilómetros al norte de Cambridge, y siempre que se les brinda la oportunidad cogen el autobús a la hermosa ciudad universitaria para salir de fiesta y perseguir a las chicas. Después, cuando terminan la noche contentos, muy embriagados y quizá incluso sexualmente satisfechos, siempre hay algún taxista de dudosa moral que puede llevarlos de vuelta. Sale caro, porque tiran de gasolina comprada de estraperlo, pero merece la pena. Nadie lo dice abiertamente, pero todos saben que mañana podrían estar muertos. Aunque nadie emplea esa palabra. El término oficial es *missing*, «echado en falta». Las expresiones que ellos mismos utilizan cuando alguien ha caído en combate o regresa conforman toda una carta de eufemismos: alguien ha «*got the chop*», «*bought the farm*», «*bought it*», «*hopped the twig*», «*gone for six*», «*gone for a Burton*», etc.

Su nombre es John Bushby, artillero de veintidós años perteneciente al 83.º Escuadrón del Mando de Bombardeo de la RAF. Interesado por la aviación desde niño, tipógrafo en la vida civil, hizo su primer servicio como paracaidista, pero gracias a una notable persistencia consiguió ser trasladado a un puesto de combate: artillero en un bombardero. Que le esperaban peligros en abundancia era algo que ya tenía claro de antes. (Todos lo tienen, y todos son voluntarios). Tal como él mismo cuenta: «Supongo que fue a partir de ese instante[20] cuando adopté el estado mental que protege a todos los combatientes de pensar en su propia muerte: "Claro que pasa, pero nunca me pasará a mí"».

Por ahora, se ha salido con la suya. Hace apenas diez meses Bushby emprendió su primera misión de combate. La suerte ha estado de su lado en varias ocasiones. No solo en forma de motores que daban problemas, condiciones climáticas adversas, un aterrizaje forzoso, cargas antiaéreas que han estallado temerosamente cerca o algún caza nocturno que le ha pasado rozando a tan solo unos metros de distancia, sino también literalmente hablando: una vez, él y otro artillero

---

20. Cuando presentó su solicitud para ser tirador de ametralladora en un bombardero.

se jugaron a cara o cruz quién de los dos se iba a cierta misión, porque ambos querían, Bushby perdió y el bombardero despegó sin él. El avión fue derribado y todos los tripulantes murieron. (Ha conservado esa moneda). O cuando en mayo lo enviaron a un curso y, para su gran frustración, se perdió aquellas dos primeras «incursiones de mil aviones» contra Colonia y Essen, solo para regresar a la base tres semanas más tarde y enterarse de que el bombardero que él solía tripular había sido derribado y todos habían muerto.

John Bushby se lo ha quitado de encima como los hombres jóvenes suelen hacerlo, pero también porque eso es lo que se espera que haga. Forma parte de la cultura del Mando de Bombardeo, igual que el beber, la broma, las constantes canciones, el sexo ocasional —ninguna categoría de las fuerzas armadas está tan duramente afectada por las enfermedades de transmisión sexual como las tripulaciones de los bombarderos—,[21] del mismo modo que nunca se presume de condecoraciones, nunca se cuestiona una orden, nunca se muestra el miedo.

Así que Bushby ha seguido volando, aparentemente impasible, por norma intranquilo, a menudo asustado, pero sin dejarlo entrever jamás ni darle demasiadas vueltas. Es una existencia que puede parecer irreal por sus contrastes tan absolutos: una noche, borracho y aullando de alegría; la noche siguiente, expuesto a peligros mortales. Luego, de nuevo en casa, arropado por la seguridad de una fiesta o en el regazo desnudo de alguien.

* * *

No hace demasiado tiempo se vio alcanzado por la realidad. Fue durante una instrucción sobre una nueva misión de bombardeo en Alemania. Miró a su alrededor en la sala, observó las caras de todos los presentes, comenzó a contar y cayó en la cuenta de que, de todos los pilotos y tripulantes del 83.º Escuadrón de Bombarderos con los que había co-

---

21. Este hecho intranquilizaba tanto al jefe del Mando de Bombarderos que unos meses más tarde, en enero de 1943, instauró la norma de que si alguien del cuerpo de aviadores contraía una enfermedad venérea antes de acabar su «gira» de treinta misiones, el aviador en cuestión debería empezar desde cero, lo cual en esta época era casi sinónimo de pena de muerte. Cuando el Ministerio del Aire oyó hablar de aquella directiva draconiana la anuló de inmediato.

menzado su servicio en el mes de enero, ahora solo quedaban… dos. Uno es su piloto, Bill Williams, un hombre joven de la edad de Bushby, fácilmente reconocible por su bigote refinado y encerado; el otro, él mismo. Bushby explica:

> Nunca me había azotado tan fuerte como en aquel instante, y casi me sentí apresado por el pánico, por la sensación de estar atrapado, de estar siendo asfixiado por algo que se estaba ciñendo a mi alrededor sin que yo pudiera impedirlo. Aquello no podía continuar. Estaba allí, con la sangre corriendo por mis venas, con los sentidos funcionando y las fibras, los músculos y el cerebro ilesos. Estaba vivo, pero había tantísimos que no lo estaban. Aquello no podía continuar. Las probabilidades solo jugaban en contra.[22] ¿Por qué yo? ¿Por qué yo, cuando tantos otros, iguales que yo, habían partido para no volver?

¿Está dudando de si continuar o no? Posiblemente. ¿Ha seguido volando? Por supuesto. Incluso se ha presentado voluntario a otras quince misiones.

Ahora están a comienzos de noviembre. Han tenido un tiempo pésimo los últimos días. Mucha lluvia, vientos fuertes, incluso alguna tormenta. Así que los grandes bombarderos de cuatro motores, con sus bajos pintados de negro, están ahí esperando en los tres hangares y alrededor de la larga pista de despegue, brillando por efecto de la lluvia como animales prehistóricos. A lo mejor Bushby y los demás aprovechan para ir de fiesta una vez más, a uno de los pubs llenos de humo en alguno de los pueblos que hay cerca de la base, St. Ives o Huntingdon, o quizá a una sala de baile en Cambridge. A lo mejor juegan a cartas o duermen en aquella pequeña barraca de madera con siete camas que es su hogar, porque cuando no hay nada más que hacer, siempre está el olvido del sueño. John Bushby sabe que en cuanto amaine, será de nuevo la hora.

* * *

22. Justo durante este periodo las probabilidades eran tremendamente adversas. Durante la guerra mataron al 46 por ciento de la tripulación del Mando de Bombardeo, pero de cien tripulantes de aviación que iniciaron su servicio en el Mando de Bombardeo durante los años 1941-1942, solo unos doce hicieron su primera «gira» de treinta misiones, «y de esos doce solo unos tres sobrevivían a treinta más».

Hay varias maneras de medir la gravedad de la situación para el ejército italiano en el frente de El Alamein. Un claro indicador es que los turistas de los campos de batalla han empezado a desaparecer. Todos, incluso la gente en casa, conocen el fenómeno: los jefes de mayor o menor rango del partido fascista suelen recibir órdenes imprecisas de ir al frente cuando se huelen la victoria, y se pasean por un tiempo en sus uniformes nuevos e impecables, para luego, cuando los periodistas ya les han sacado la foto en poses heroicas y tras haber recibido también —bajo pretextos un tanto insostenibles— esa medalla que les hace tanto bien a sus egos y sus carreras, enseguida hacer las maletas y volver a casa. Ahora parece que se los ha llevado el viento. Así de mal está la cosa. Suelta un bufido.

El hombre que resopla se llama Paolo Caccia Dominioni, comandante de cuarenta y seis años, delgado, que pese a pertenecer oficialmente a una unidad de paracaidistas, la división de élite Folgore, siempre lleva uno de esos sombreros de cazador alpino, con una pluma. A menudo fuma en pipa. Desde que comenzó la ofensiva británica, el 23 de octubre, el 31.º Batallón de Pioneros, junto con el resto de la división Folgore, ha estado sometida a mucha presión en el sector sur, mucha presión y muy dura.

Igual que todos los altos mandos de ambos bandos, Caccia Dominioni es un veterano de los años 1914-1918 —condecorado, herido varias veces, y además en uno de los campos de batalla más terribles de todos: el frente de Isonzo— y, sin duda, aquí en El Alamein hay muchas cosas que le recuerdan a la guerra anterior en su peor momento: la posición bloqueada e inmóvil, la alambrada, las trincheras, todo aún más bloqueado e inmóvil por efecto de las cientos de miles, millones, de minas que ambos bandos han plantado en elaborados intentos de defender sus líneas. Y luego, una vez iniciada la batalla, las oleadas de fuego, la lluvia de granadas, la tormenta de metralla, la peor y más concentrada que se haya visto desde 1918, y, por último, las olas de infantería apoyadas por colosos de acero cubiertos de polvo.

Por el momento han logrado defenderse sorprendentemente bien, allí enterrados en una colina alargada. La infantería atacante ha sido masacrada, también de una manera que recuerda más a la guerra anterior que a la actual. A pesar de una grave escasez de armamento pesado, incluso han conseguido mantener alejados los carros de combate, sobre todo gracias a la ayuda de bombas de gasolina, lanzallamas, minas y a la artillería alemana. Pero han pagado su debido precio. Las pérdidas han sido elevadas también para el 31.º Batallón de Pioneros. (Recuerda tres en especial: Rota Rossi, el alférez acompañado de un perro grande que murió a solas en una misión extremadamente peligrosa en uno de los campos de minas en tierra de nadie; Santino Tuvo, el caporal barbudo que, a pesar de estar gravemente herido en la garganta y el abdomen, había arrastrado más de un kilómetro a un hombre a quien le habían volado ambas piernas; Carlo Biagioli, el oficial de suministros que, cuando de nuevo estaban siendo atacados desde el aire, por alguna razón incomprensible había salido de un salto de su refugio y se había puesto a disparar a un caza con su pequeña ametralladora. Evidentemente, había sido aniquilado de inmediato bajo una nube de balas, «erguido y orgulloso, con un cigarrillo metido entre los labios con actitud desafiante»).

Sí, Caccia Dominioni ya ha visto esto antes. Se trata de un ataque por extenuación, un ataque contra lo material, un ataque de desgaste. Aquí no hay ninguna finura, ninguna táctica inteligente. Solo es cuestión de martillar, martillar y martillar. ¿Quién aguantará más tiempo?

Por otro lado, ahora mismo reina bastante la calma, aquí en el sur. Hasta el momento, todos los ataques han sido repelidos. ¿Qué será lo siguiente? ¿Es posible que hayan vencido? Caccia Dominioni pasea la mirada por la tierra de nadie, donde los carros de combate británicos siniestrados relucen como oro bajo los rayos entrecortados de la puesta de sol.

* * *

Esto es otro mundo: oscuro, estrecho, cerrado, claustrofóbico. Es un mundo dominado por dos sentidos: el olfato y el oído. El olfato, porque el aire está cargado del hedor de cuerpos sin lavar, sudor y comida, mezclado con el olor pegajoso y graso del gasóleo. El oído, porque un submarino sumergido es ciego en todos los sentidos. Y del mismo modo que el oído busca compensar la pérdida de la vista en una persona, aquí cualquier sonido que provenga de fuera viene lleno de significado, es objeto de interpretación, miedo o esperanza. Todos guardan silencio, atienden, escuchan, se mueven con cuidado.

El operador del hidrófono informa desde su cuartucho de que oye el zumbido apagado y perecedero de las hélices de un carguero de vapor, mezclado con un creciente sonido de hélices en un tono más agudo. Esto solo puede significar una cosa, que la eventual presa se retira y un destructor se aproxima. El operador informa de ello al comandante del submarino, el *Kapitänleutnant* Horst Höltring, pero no emplea el término «destructor», sino que dice «vehículo», el eufemismo que ambos suelen utilizar en este tipo de situaciones para no inquietar a la dotación de forma gratuita. Porque que se acerque un destructor siempre es una mala noticia.

Es domingo 1 de noviembre, y en el Atlántico, en algún punto entre la costa portuguesa y las Azores, el submarino alemán U-604 lleva sumergido desde las 8.23, hora a la que se ha visto obligado a descender con motivo de una nueva alarma aérea, pues a medida que el convoy que habían atacado continuaba en dirección norte siguiendo la costa africana, se han ido presentando cada vez más aviones aliados.

Durante cinco días, el U-604 y otros siete submarinos han estado rodeando una y otra vez a un convoy como lobos alrededor de un rebaño de ovejas. (También es una metáfora que las tripulaciones de los submarinos utilizan con gusto, cargada como está del pensamiento neodarwinista del ideal nazi: en la naturaleza reinan los fuertes, y los débiles no solo pueden perecer, sino que deben perecer. A los ataques en grupo los llaman *Wolfrudeltaktik*, «táctica de la manada de lobos», y en alemán los periódicos se refieren a los submarinos como los *graue Wölfe*, «lobos grises del mar»).[23] Por lo que al U-604 respecta, recientemente ha mandado al fondo del mar tres naves de dicho convoy. La primera, un petrolero, torpedeado el 27 de octubre al sudoeste de las islas Canarias, y tres días más tarde, con unas condiciones climáticas poco favorables, un gran transportador de tropas y un barco de vapor más pequeño. No pueden saber cuántas personas han

23. A cada «manada de lobos» que se instruye se le da también un código propio con nombre temporal. A esta se la llama *Streitaxt*, «hacha de guerra». El nombre del convoy era, como ya hemos visto, SL 125, lo cual significaba que estaba haciendo el trayecto desde el punto de encuentro en Sierra Leona hasta Liverpool. Iba cargado con mercancía diversa de Sudamérica, India y África, como mineral de hierro y carne congelada.

muerto a bordo.[24] Y la pregunta es si les importa siquiera. La batalla contra el convoy SL 125 ha sido un nuevo éxito para los submarinos franceses. De las treinta y siete naves, han hundido doce, y esto sin contar pérdidas. Pero ahora han recibido órdenes del *BdU*[25] de interrumpir los ataques.

El agudo sonido de las hélices calla. Höltring ordena ascender a profundidad de periscopio. Hay un destructor aguardando en el océano a unos mil metros de distancia. Poco después, todos oyen el leve ping del sónar de búsqueda del enemigo. Como dice el cliché, el cazador se ha convertido en presa. Y entonces ocurre. La ola sonora choca contra el casco del submarino, se convierte en un bing más grave y sordo. Los han descubierto. Höltring da la orden de inmersión, como es debido.

Tanto la orden como los procedimientos están bien ensayados. El timón de inmersión de proa «casi apuntando hacia abajo», el timón de popa en «cero»; se abren las compuertas de expulsión de aire; el agua penetra en los acumuladores; el morro de la nave desciende, y desciende, y desciende; todos se sujetan para no resbalar por culpa del agudo ángulo de inmersión; están «bajando al sótano», como se dice en su jerga; mientras tanto, el sónar del destructor va haciendo ping y bing a intervalos cada vez más cortos: va directo hacia ellos.

El comandante del submarino, Horst Höltring, lleva en la armada apenas dos años, y no es uno de los «ases de los submarinos» más conocidos ni idolatrados que aparecen en los noticieros cada dos por tres. Pero es competente y querido por la dotación, pues no corre riesgos innecesarios, algo que sí es bastante habitual entre los comandantes jóvenes, fervorosos de ganar fama y la tan codiciada Cruz de Hierro. Por otro lado, Höltring es inquieto y bebe un poco demasiado, lo cual refleja una tensión interior importante. Una particularidad

24. Pero nosotros sí podemos. En el petrolero Anglo Maersk sobrevivió toda la tripulación, y lo mismo en el pequeño barco de vapor Baron Vernon. El buque de tropas —cuyo nombre era Président Doumer— llevaba un pasaje de 345 personas, entre tripulación y civiles, de los cuales murieron 260, entre ellos el capitán, Jean Paul Mantelet, de cincuenta y un años.

25. Iniciales de *Befehlshaber der U-Boote*, es decir, el almirante Karl Dönitz mismo, sentado con su pequeño cuadro de mando en una mansión en Lorient. El motivo principal eran las crecientes hordas de aviones aliados. Además, a esas alturas varios submarinos estaban dañados o sufrían escasez de combustible y torpedos.

que tiene es que siempre va armado, lo cual resulta inusual. Entre la dotación se dice que, durante una borrachera, Höltring se pegó un tiro en el pie.

Pero mientras que Höltring es bastante popular, hay uno de los oficiales al que detestan abiertamente. Su nombre es Herman von Bothmer, es doctor por la Universidad de Berlín, antiguo hombre de las SS y un flautista aficionado muy diestro. Que Bothmer sea un nazi empedernido no es un problema (la mayoría del personal de submarino, desde los puestos más elevados hasta los más bajos, son voluntarios, fieles al régimen y embriagados por sus ideales de la guerra como el bien mayor, etc.). Lo que molesta es su lado pedante y penalista. En el interior apestoso de un submarino, que es tan estrecho que pocas personas pueden caminar erguidas y donde todos viven amontonados unos encima de otros, se genera una convivencia casi democrática, tan forzada como íntima, y que exige indulgencia y buena voluntad para poder funcionar. (La ropa refleja esta situación: son pocos los que llevan el uniforme reglamentario. La indumentaria de la Marina se mezcla con prendas civiles, y las insignias solo se ven de forma excepcional). En un contexto como ese, las broncas constantes por menudencias generan resquemor.

A unos cien metros de profundidad se da la orden de soplar los tanques de inmersión. El archiconocido estruendo del aire a presión ahoga momentáneamente todos los demás sonidos. La nave se equilibra hasta alcanzar el punto neutro. El comandante ordena marcha lenta. Es la decisión apropiada, les conviene ahorrar batería. El destructor pasa una vez por encima de sus cabezas. Suelta cargas de profundidad.

En fotografías de situaciones similares se puede ver a la mayoría de la dotación mirando instintivamente hacia arriba, como si se pudiera ver algo. Luego oyen y notan una, dos, tres, cuatro, siete detonaciones. El ruido es ensordecedor, porque el sonido se propaga mejor en el agua que en el aire. Profundidad, ciento treinta metros. Höltring ordena nuevos giros. El submarino cambia de dirección, se mueve despacio hacia arriba. Los mamparos chirrían. Entonces el destructor regresa. Nuevas cargas de profundidad. Los segundos se dilatan, se tornan tormentosamente largos. Profundidad, ciento diez metros. Una, dos, tres, siete detonaciones más. El estruendo es aún mayor, la onda expansiva aún más fuerte. Algunas bombillas estallan. Las luces parpadean. Silencio. Oscuridad. Todos atienden, escuchan.

El submarino continúa perforando el agua. Un segundo destructor acude al lugar. Más cargas de profundidad.

Cuatro horas más tarde, el U-604 sale a la superficie entero, excepto por una bomba de achique que ha quedado inutilizada y algunos daños menores en las salidas de aire. Los destructores se han retirado. Los hombres sienten un enorme alivio cuando abren la escotilla de la torreta y un poderoso torrente de aire fresco se cuela dentro. Acaban de sobrevivir a su primer ataque con cargas de profundidad.

* * *

Cuando, a comienzos de año, Warner Brothers inició el rodaje de la película, esta no tenía nada de llamativo, ni en cuanto a las expectativas, al presupuesto ni al proyecto. Estaba pensada como otra película de serie B, con actores de serie B como protagonistas, un relato más con romanticismo e intriga como ingredientes principales y la guerra de fondo. Desde abril, la industria cinematográfica estadounidense ha lanzado veintiocho largometrajes sobre espías, saboteadores y traidores, y hay otros diecinueve en marcha. Hollywood se ha sumado a la guerra con ímpetu. Y eso a pesar de que la repentina —e inesperadamente exitosa— reconversión económica de Estados Unidos para ponerse en pie de guerra haya implicado un sinfín de limitaciones, grandes y pequeñas, más o menos relevantes.

Por ejemplo, el racionamiento de gasolina o caucho ha provocado que ni el actor protagonista ni el director vayan en limusina a los rodajes, sino que llegan dócilmente en autobús junto con el resto de trabajadores del estudio. Y el racionamiento de ropa hace que el departamento de vestuario se vea obligado a recortar en telas caras (esta película es la primera en la que todo el mundo, sin excepción, lleva ropa de algodón). La cantidad de película disponible para cada producción se ha reducido en un 25 por ciento, las autoridades han fijado los costes para montar escenarios en un máximo de cinco mil dólares y es engorroso filmar al aire libre —por ejemplo, en los montes áridos que rodean la ciudad y donde infinidad de vaqueros han cabalgado a lo largo de los años delante de las cámaras, hay ahora baterías antiaéreas—, y, con excepción de una escena, la película se ha rodado dentro de un estudio.[26] Además, en mayo, poco después de comenzar a grabar, se declaró el toque de queda entre las ocho de la tarde y las seis de la mañana para ciudadanos extranjeros originarios de países hostiles, como Alemania, lo cual también ha complicado las cosas, pues la mayoría del reparto de la película son inmigrantes de Europa, y no son pocos los que han venido huyendo de Hitler y de la guerra.[27]

Sin embargo, la mayor limitación es que esta película, igual que todas las demás, tiene que ser aprobada por la nueva agencia de censura, llamada Bureau of Motion Pictures.[28] Antes de que una película se produzca, hay que hacerles siete preguntas a los responsables, de las cuales la primera es: «¿Esta película contribuirá a ganar la guerra?»; y la segunda: «¿Qué problema trata de clarificar, dramatizar o interpretar con información sobre la guerra?». Las películas también se clasifican en seis categorías que se consideran útiles, de distintas maneras, para la edificación del público o para el curso de la guerra. La agencia mencionada ha clasificado el tema de la película en cuestión dentro de la categoría III B (es decir, habla de naciones aliadas, «B» significa que estas están ocupadas) con un subtema II C3 («enemigo-militar»).

Ahora la película ya está terminada. Fue proyectada para los inspectores hace más de una semana. La aprobaron, y no sin entusiasmo. En su informe escribieron que, entre otras cosas, la película promovía que «los deseos personales deben subordinarse a la tarea de vencer al fascismo», al mismo tiempo que «ilustraba vívidamente el caos

---

26. De vez en cuando, los avisos de «aviones desconocidos» causaban un oscurecimiento total de Los Ángeles. Por ejemplo, ocurrió la noche del 25 de mayo, el primer día de filmación. Siempre reinaba esta tensión en el ambiente.

27. De los catorce actores cuyos nombres aparecen en los créditos de la película, solo tres eran nacidos en Estados Unidos. Además, casi todos los papeles menores los interpretaban personas inmigrantes o refugiadas de Europa. El director de la película era un húngaro, Manó Kaminer, que se había cambiado el nombre por el de Michael Curtiz, pero su idiosincrásico inglés delataba su origen. Por lo demás, los modales del talentoso Kaminer/Curtiz casi lo dejaban como una parodia de un director de Hollywood, que maldecía y despotricaba vestido con pantalones de montar y botas, y que aprovechaba cualquier oportunidad para presionar a las mujeres bajo su mando a mantener relaciones sexuales con él.

28. Que a su vez estaba bajo el mando de la Office of War Information, la poderosa y recién inaugurada institución de propaganda de Estados Unidos.

y la miseria que el fascismo y la guerra han traído consigo». Más digno de elogio aún era que dejaba a Estados Unidos como «el refugio de los oprimidos y desamparados». También les gustó que el protagonista masculino americano fuera retratado como una persona que había luchado contra el fascismo incluso antes de 1939, lo cual venía a decirle al público que «nuestra guerra no comenzó con Pearl Harbor, sino que las raíces de la agresión vienen de mucho más lejos».

Ningún problema. Luz verde. La película se puede estrenar. Según los planes, esto ocurrirá dentro de dos meses. Entonces habrá pasado casi un año exacto desde que Warner Brothers comprara los derechos de la obra de teatro en la cual se basa la película: *Everybody Comes to Rick's*. No obstante, Hal Willis, el productor de la película, la ha rebautizado con un nombre más corto y, con un poco de suerte, más comercial: *Casablanca*.

* * *

Primero es un camino de tierra normal y corriente que recorre el paisaje abierto entre cercados y casas grises de madera sin pintar, no demasiado ancho pero perfectamente transitable para distintos vehículos a motor. Luego viene un pavimento de troncos, y donde este termina comienza un estrecho sendero lodoso que penetra por un bosque caducifolio lleno de maleza y avanza hasta que se vislumbran los primeros búnkeres, en una cuesta en el bosque de la izquierda. Allí se encuentra el campamento de la compañía.

Ahora el terreno es bajo y bastante abierto, con grandes ciénagas y troncos pelados de abedules que tiritan con el viento gélido. El camino del bosque, cada vez más estrecho, traza un largo arco en dirección a unas lomas bajas, por delante del búnker de mando del jefe de la compañía, y se convierte en un sendero, se bifurca. El de la derecha desaparece en una trinchera que sube hasta un punto elevado, y en esa colina, entre maleza y pinos escuálidos y por encima de un río empantanado, se encuentra la base militar llamada Gallo Lira. Está dotada con la segunda mitad del primer pelotón, unos treinta y cinco hombres, algunos de la 9.ª Compañía de Tiradores, el 3.er Batallón y el 61.º Regimiento de Infantería. Están a principios de noviembre y el invierno ya despunta en el este de Carelia.

Los soldados no utilizan la palabra «frente». Es un término para la gente de prensa y los de casa. Como concepto, «frente» es demasiado vago. «El frente es una comunidad de varios kilómetros de profundidad. Y se divide en muchos otros frentes. La compañía llama frente al batallón, el batallón llama frente al regimiento, el regimiento llama frente a la división, y así sucesivamente, hasta llegar a Helsinki. Sin embargo, hay una palabra que recoge toda la dureza de la guerra, y esa palabra es "línea"».[29] Ellos están en la línea.

Uno de los hombres jóvenes del medio pelotón es Kurt West y ahora ya lleva viviendo en esta colina un mes y medio. El sitio no tiene ningún nombre, excepto Gallo Lira. Al este queda Búho, y al oeste Grévol, Represa, Esclusa, Umbral, etcétera, denominaciones de las bases militares que están ahí como un collar de perlas, separadas por unos pocos cientos de metros, a menudo dentro del rango visual desde Svir, el río bordeado de bosque que le ha dado nombre al frente y donde todo lleva tranquilo cerca de un año, desde el otoño pasado.

Lo que ocurre aquí pocas veces genera más que una noticia breve en los periódicos, o ni eso. Los hombres jóvenes se sienten a menudo olvidados. Decenas de miles de soldados finlandeses llevan una existencia anónima, en muchos sentidos, en estos páramos desolados, muy alejados de las vidas aparentemente despreocupadas que hallarían en casa, con escaparates, tranvías, cines, farsas en los teatros, tango en los restaurantes de baile, cafeterías abiertas de noche, clubs de swing, tardes de debate, conciertos y campeonatos de hándbol, y donde la gente tiene tiempo para preocuparse por cosas como que si habrá suficiente bacalao para Navidad.

Los soldados finlandeses tienen motivos para sentirse abandonados. Los permisos son escasos. Llevan mucho tiempo sin recibir una muda nueva, así que sus uniformes grisáceos del ejército están sucios, rotos y remendados, razón por la cual llevan cada vez más prendas civiles, lo que a su vez puede dar una impresión poco militar. La comida es monótona: por norma general, gachas hervidas con lo que haya a mano. (West ya ha aprendido que todos los víveres buenos, por alguna extraña razón, siempre se quedan por el camino, en las zonas

---

29. Gunnar Johansson, teniente sueco-finlandés y corresponsal de guerra, abatido, precisamente, en Svir el 15 de mayo de 1942.

más retrasadas del frente. Los soldados de primera línea siempre son los que comen peor). Para colmo, el regimiento tiene un jefe nuevo, un teniente coronel apellidado Marttinen, con fama de ser exigente y duro.

El hecho de que el nuevo oficial al mando sea finlandés ha agudizado aún más el silencioso descontento, porque el 61.º Regimiento de Infantería viene de las partes suecoparlantes del oeste de Finlandia, la lengua de mando es sueco, todo el trabajo administrativo se lleva a cabo en sueco, y el sueco es la lengua que se habla tanto en las trincheras como en los búnkeres. Sin ir más lejos, West tiene diecinueve años y es hijo de un agricultor, originario de Esse, en la provincia de Österbotten, igual que sus compañeros de regimiento, sueco-finlandés. La disciplina es bastante informal, igual que la manera de dirigirse a los oficiales. A menudo descuidan la obligación del saludo militar.

* * *

Mandalay, la antigua capital real de Birmania, en la orilla este del río Irrawaddy, ya se hallaba en un declive romántico desde antes, pero la guerra la ha hecho pasar del declive a la devastación. Ahora la ciudad está parcialmente desierta y llena de ruinas.[30] Allí se encuentra Mun Okchu. No es que pueda ver gran cosa de lo que queda de los palacios ornamentados con chapiteles, los monasterios pintorescos, los campanarios budistas y las murallas almenadas. A efectos prácticos, ella y otras diecisiete jóvenes coreanas son prisioneras, aisladas en una casa alicaída de dos plantas en las afueras de la ciudad, sin contacto con el resto de la población. Como si fueran unas apestadas. El lugar tiene un nombre, al mismo tiempo informal y eufemístico: Posada Taegu.

En la planta baja del edificio hay una gran sala de baños y una oficina, donde viven y trabajan los dos representantes de la posada, el matrimonio coreano Matsumoto. (En realidad se llaman Song, pero, igual que muchos otros al servicio de los japoneses, han adoptado un

---

30. Antes de que las fuerzas niponas entraran en Mandalay en mayo de 1942, bombardearon la indefensa ciudad. Murieron unos dos mil civiles y tres quintas partes de los edificios fueron reducidos a cenizas.

nombre japonés). El señor Matsumoto suele vestir al estilo occidental, con traje y corbata y, cuando el tiempo lo permite, zapatos bajos y elegantes de cuero. Mun y las demás mujeres jóvenes comen en la planta baja. La comida, bastante monótona, la prepara una mujer birmana. Nada de *ngapi*, *mohinga*, *gyin thohk* ni otros platos locales por el estilo, sino casi siempre arroz o sopa, a veces con carne, pero normalmente con hortalizas silvestres que buscan en las colinas de los alrededores. Quien controla las provisiones en la despensa común es un tal señor Hondamineo, y como desde su estancia en China Mun sabe que una persona así podría salvarla en caso de darse una situación de emergencia, procura llevarse bien con él.

Al primer piso se llega mediante unas escaleras. Allí arriba hay una sala y dieciocho cubículos. Las paredes entre los cubículos consisten en esteras colgadas que no llegan hasta el techo. Otras telas hacen las veces de puerta. Los cubículos son tan pequeños que apenas cabe más que un cubo, un canasto y un colchón. Hay una botella con un contenido rosáceo. El olor es peculiar, una mezcla un poco penetrante de desinfectante y... ¿qué más?

Mientras desayunan, Mun Okchu y las demás ven que ya se ha empezado a formar una cola de soldados expectantes delante de la casa. Cuando las jóvenes han terminado de comer, todas suben las escaleras hasta su cubículo. A las nueve en punto les abren las puertas a los uniformados. Un hombre entra a ver a Mun Okchu. Le entrega una tarjeta marrón con una cifra. Ella comprueba que lleva condón consigo. Luego, se tumba en el colchón y separa las piernas. Tiene dieciocho años.

* * *

Están en mitad del bosque virgen, el lugar donde van a pasar el invierno. Hace tan solo unas semanas que llegaron a pie hasta aquí. Su anterior ubicación había empezado a ser demasiado peligrosa, por estar demasiado cerca de las guarniciones alemanas. El sitio nuevo se encuentra al sudeste de Antunovo, en el centro de Bielorrusia. Son un grupo grande de partisanos.

Uno de ellos se llama Nikolai Obrinba, exestudiante de arte de Ucrania, exartista en Moscú contratado por el Gobierno, exsoldado en el Ejército Rojo, exprisionero de guerra, ahora guerrillero y enfermero en lo que se conoce como la Brigada Dubrovsky, lo cual no deja de ser un nombre un tanto grandilocuente para una unidad formada por unos pocos cientos de individuos. La mayor parte son hombres, pero hay también bastantes mujeres de distintas edades. Obrinba es uno de los mayores, con sus veintinueve años, pero los hay tan jóvenes que apenas cuentan trece o catorce. La mayoría van vestidos con harapos, una mezcla de prendas civiles y militares. No todos llevan armas.

Pero las apariencias engañan. El grupo es más fuerte que nunca, y la organización se va perfeccionando cada vez más.[31] Hay una pequeña plana mayor, un departamento que se encarga de conseguir información; otro grupo que se encarga de difundir propaganda entre la población; otro que se ocupa de los comités de las juventudes comunistas, ocultos bajo tierra, etc. Están en contacto directo por radio con la plana mayor central de los partisanos, ubicada en Moscú, que a su vez cumple órdenes directas del Stavka, el cuartel general del poder militar soviético.

Lo que se está erigiendo aquí, en el bosque virgen bielorruso, no se parece en nada al búnker subterráneo medio camuflado en el que se escondieron el invierno pasado los supervivientes del grupo original de partisanos, tristemente diezmado. Esto se parece más a un pueblo. Alrededor del camino enarenado que atraviesa el campamento están levantando hileras de chozas de barro, muchas con ventanas, donde la gente vive y duerme, así como varios edificios especiales. Ya hay una forja, una panadería y un comedor con cocina, y están trabajando en una enfermería, una armería y una sauna. Han instalado un generador eléctrico, y en el centro del campamento tienen pensado levantar un arco de acero, decorado con una bandera soviética improvisada. (Huelga decir que la bandera la ha pintado el propio Obrinba, utilizando una vieja sábana). Se oyen los golpes de las hachas y los martillos, y el olor a estufa se cuela entre los árboles.

* * *

31. Esto era también general. La cantidad de partisanos activos en Bielorrusia aumentó en un año de siete mil a más de cuarenta y siete mil, es decir, más del 600 por ciento.

Nikolai Obrinba está de buen humor. Han pasado más de dos meses desde que se fugó del campo de prisioneros de guerra alemán, y no hay nada tan terrible como la vida allí dentro. Las operaciones de guerrilla en las que ha tenido tiempo de participar han sido ejecutadas con cierta torpeza, hay que reconocerlo, pero contabilizan pocas pérdidas, y además el otoño ha sido cálido y, sobre todo, bastante seco. (Detalle importante, si por norma general se vive y duerme al aire libre). Escribe: «Comencé a sentir un convencimiento lleno de alegría de que podríamos recuperar todo cuanto la guerra nos había arrebatado».

El anhelo de volver a tener lo que les habían arrebatado se manifiesta de muchas maneras. Obrinba explica:

> Los partisanos mostraban a menudo cierta ansia por cosas de la época anterior a la guerra, cosas cotidianas —todo aquello que les hiciera recordar un tiempo sin los estragos de la guerra—, y muchos de sus actos, que podrían parecer ingenuos y extraños, se tornan comprensibles cuando tenemos en cuenta su situación. Por ejemplo, cuando fotografiaba a las partisanas de nuestro pelotón de mujeres, preferían ponerse sus blusas y faldas, cuidadosamente conservadas, antes que posar en uniforme de soldado con un arma.

La choza de barro que comparte con otros tres está bien provista. Cuentan con dos catres de listones, en los que duermen por parejas. Junto a la ventana, a la derecha de la puerta, hay una mesita, iluminada por una bombilla eléctrica. Allí suele sentarse a trabajar: dibujar, pintar afiches, falsificar documentos. A la izquierda hay una pequeña estufa de hierro y unos estantes que llegan hasta el bajo techo. En ellos guarda su equipo: armas, ropa interior, papel, tubos de pintura, la cámara.

Obrinba también se ha hecho con un perro, un pastor alemán. Había pertenecido a uno de los alemanes designados como cabeza de pueblo en una localidad que quedaba no muy lejos de allí. Una noche de septiembre secuestraron al hombre y después de interrogarlo lo mataron. No sabemos cuán justificado estaba, y Obrinba tampoco parece haberlo sabido. En cualquier caso, el pastor alemán se fue con ellos. Por las noches, duerme con él en la choza. De nombre le ha puesto Tass.

* * *

Savannah, Georgia, es uno de esos puertos de la costa este de Estados Unidos que tuvo que cerrar una temporada durante la primavera pasada debido a todos los hundimientos que provocaron los submarinos alemanes, varios de los cuales habían podido verse a simple vista desde la playa. Desde entonces, las autoridades han dictaminado que en la ciudad y alrededores no se pueden encender luces. No obstante, la población ha comenzado a cuestionar la medida, porque al mismo tiempo que las zonas residenciales están meticulosamente apagadas por las noches, el astillero de nueva construcción que hay un poco más abajo en el río está muy iluminado por focos y por una titilante vía láctea de pequeños puntitos de luz azules y brillantes provenientes de cientos de equipos de soldadura de oxiacetileno. Porque allí se trabaja las veinticuatro horas del día, de lunes a domingo, semana tras semana, en tres turnos.

En el lugar donde se encuentra ahora este astillero con más de diez mil trabajadores, multitud de edificios grandes y pequeños, grúas gigantescas y kilómetros de vía férrea, hace apenas un año y medio no había más que matorrales y una playa de río con tramos bastante pantanosos. Igual que muchas otras industrias bélicas en Estados Unidos, las enormes instalaciones de la Southeastern Shipbuilding Corporation también se han erguido en un tiempo asombrosamente corto y se han puesto a producir. Y además en cantidades que no paran de ir en aumento. Aquí en el astillero fabrican buques de carga, que al primer vistazo pueden parecer un tanto grises y poco glamurosos, pero que tienen una relevancia decisiva.

La mayoría de los trabajadores del astillero saben lo que está en juego. (Y las manchas de carburante, los escombros y los cadáveres que siguen apareciendo en las playas de Savannah tras todos los hundimientos en primavera lo hacen aún más tangible: *quod erat demostrandum*). Todo se reduce a un simple cálculo, al *tonnage*, la palabra mágica. Este año, los submarinos alemanes han hundido más buques de carga de los que los británicos y los estadounidenses han sido capaces de reponer, y si la cosa continúa en la misma línea, Reino Unido se verá azotado por una hambruna y perderán la guerra. Pero si son capaces de darle la vuelta a la ecuación y construir más transportes de los que los alemanes son capaces de mandar a pique, entonces todo será posible.

Hasta ahora, el cálculo no había augurado nada bueno, por decirlo suavemente. Construir un buque de carga normal y corriente puede llevar hasta un año, pero se hunde en cuestión de minutos. Sin embargo, los que están construyendo aquí en Savannah, y en toda una serie de astilleros más, no son transportes normales. Se ha simplificado tanto la construcción como el método de fabricación, todo con el objetivo de sacar el mayor número de barcos posible al menor coste y en tiempo récord.

Los llamados buques Liberty están conformados, en gran parte, por módulos colosales que se producen en otros lugares y después se ensamblan en el astillero, como si fuera todo un kit gigantesco.[32] Otra novedad es que los buques no se construyen con remaches —que son un método más seguro, si bien más complicado—, sino que se sueldan. Soldar no es solo más rápido, sino que como oficio es también más fácil de enseñar y exige menos fuerza física, lo cual significa que también es más fácil conseguir nueva mano de obra. Muchas soldadoras son mujeres, una innovación tremenda y, para algunos, chocante.

En la grada número 2 está lo que en menos de tres semanas será el primer buque Liberty botado por la Southeastern Shipbuilding Corporation. La quilla fue ensamblada el 22 de mayo, un día en que la prensa informaba sobre nuevos avances de Japón en China y las Filipinas, que se habían intensificado los combates en el frente este, que quince noruegos habían sido fusilados porque pretendían huir a Reino Unido y que los militares estadounidenses estaban descontentos con la prohibición de luz nocturna en Nueva York y alrededores.

El buque estará listo un mes antes de la fecha prevista, lo cual supone una rapidez vertiginosa si se compara con las ecuaciones habituales del mundo de la construcción naval en tiempos de preguerra, e incluso un recorte de casi dos meses comparado con las primeras

---

32. Astilleros como estos, señala Tony Cope, guionista del filme romántico *Swing Shift*, eran en realidad «fábricas de montaje, donde la mayor parte de los trabajadores, apenas instruidos, seguían unas instrucciones muy sencillas y repetían el mismo trabajo una y otra vez hasta ensamblar un buque Liberty, compuesto por más de treinta mil piezas, que se transportaban hasta allí en vagones de mercancías procedentes de quinientas fábricas distribuidas en treinta y dos estados».

construcciones de este tipo de embarcación. Pero la cosa irá aún más rápida: en casos extremos, el tiempo se reducirá a cuarenta y dos días desde que monten la quilla hasta que pasen el buque a grada.

* * *

La razón por la que Kurt West y los demás se hallan aquí en Svir, en este sitio olvidado e inmóvil lleno de maleza y tierras empantanadas entre los lagos Ladoga y Onega, responde en proporciones significativas a los sueños de una Gran Finlandia que hace tiempo lleva gestándose en las mentes de los finlandeses nacionalistas, y que al parecer podrían convertirse en realidad gracias a que el verano pasado Finlandia entró en la guerra del lado de Alemania.[33] Los sueco-finlandeses tenían igual de claro que los finlandeses que tocaba defender el país cuando la Unión Soviética los atacó en 1939, y de la misma manera tienen claro que hay que aprovechar la nueva situación de 1941 para tratar de recuperar las áreas finlandesas que Stalin les robó en 1940. Sin embargo, el fervor por una Gran Finlandia se ha apagado un poco entre los sueco-finlandeses, y lo mismo ocurre con los intentos de finlandizar la tierra, las gentes y la geografía en Carelia del Este.[34] En la zona del 61.º Regimiento de Infantería, son pocos los carteles que se colocan con nombres inventados en finlandés para viejas localidades rusas.

Kurt West tiene su hogar en el búnker de alojamiento número 2, en lo alto de Gallo Lira. Su sitio es un catre basto de tablones de ma-

33. Las ideas sobre una Gran Finlandia alimentadas por ciertos nacionalistas finlandeses a principios de 1900 no eran un irredentismo habitual, ya que hablaban de adherir zonas que nunca estuvieron incluidas, ni en los tiempos en que Finlandia era la mitad occidental de Suecia ni cuando era un gran principado. Tampoco los habitantes de habla finlandesa que vivían en Carelia Oriental demostraban gran entusiasmo ante la idea. Sin embargo, para ser justos, cabe señalar que muchos de los dirigentes en Helsinki veían la ocupación de aquella zona justificable, ya que podría significar una valiosa moneda de cambio ante hipotéticas negociaciones. A la vez, no es osado considerar que, en caso de que Alemania ganara la guerra, aquellas zonas permanecerían en manos finlandesas.

34. Que las ideas de una Gran Finlandia no convencieran a los sueco-finlandeses no sorprende demasiado, pues estaban sometidos a cierta presión por parte de los finómanos, una presión que durante el último año en algunos casos se había intensificado hasta niveles de hostigamiento.

dera en el rincón del fondo a la izquierda. Poco a poco ha ido conociendo a los demás. Todos son sueco-finlandeses, la mayoría un poco
mayores que él, como su jefe de medio pelotón pelirrojo. El otro
medio pelotón está compuesto enteramente por hijos de campesinos,
«sólidos y seguros», pero los que se apretujan con West en las entrañas
de su búnker oscuro y con olor a tierra son una mezcla un tanto más
heterogénea: muchos hijos de campesinos, desde luego, pero también
trabajadores y algunos académicos jóvenes. El hombre que se conver-
tirá en su mejor amigo, Hans Finne, dejó los estudios de Derecho a
medias, y es «un maestro a la hora de discutir y darle la vuelta a las
cosas», y a menudo entra en conflicto con los oficiales. También el
jefe de pelotón, el admirado teniente Kurtén, tiene sus propios planes
de futuro y pasa gran parte del tiempo sumido en libros. El día a día
avanza lentamente. No hay ningún combate. Solo se oye alguna explosión lejana de vez en cuando. Una bonita capa de nieve cubre el
suelo.

* * *

Es el oscuro amanecer del lunes 2 de noviembre y se adentran con el
vehículo en un vacío ensordecedor. La única forma que Keith Douglas tiene de hablar con los otros dos tripulantes es usando la radio de
comunicación interna, pero en los auriculares las voces suenan enla-
tadas y ruidosas, no dan ninguna sensación de proximidad, le parece
a él, por lo que no pueden ni consolarlo ni tranquilizarlo. Y con las
voces de los demás carros de combate es aún peor: son más débiles e
ininteligibles, entremezcladas con bullicio, pitidos, fragmentos de
código morse que se cuelan y el singular zumbido de los inhibidores
del enemigo, parecido al sonido de un órgano.

Cuando hay suficiente luz como para ver algo, y cuando el polvo y el humo del bombardeo artillero se han disipado un poco, se
reduce la sensación de aislamiento, pero solo un poco. Keith Douglas
explica:

Lo que ves desde un carro de combate en movimiento se parece
a lo que ves en la cámara oscura o en una película muda, pues el motor ahoga cualquier otro sonido excepto las explosiones, de modo que
todo el mundo se mueve en silencio. La gente grita, los vehículos se

mueven, los aviones pasan por encima, pero todo sin sonido alguno. Y como el ruido del carro de combate es constante, quizá durante varias horas seguidas, el efecto resultante es el silencio. Pasa lo mismo en un avión, pero a menos que vueles bajo, la distancia compensa la impresión de un espectáculo silencioso. Creo que puede haber sido por el hecho de haberla visto durante tanto tiempo sin oírla que la tierra en la que ahora nos adentrábamos me parecía un terreno completamente ajeno, sin ninguna conexión con la vida real, como las escenas de *El gabinete del doctor Caligari*.

Su unidad forma parte de la segunda ola. Cuanto más avanzan, más restos ven de la primera: material desperdigado, columnas de humo de aceite, carros de combate en llamas. Estos tenían que abrir un hueco en la línea enemiga, pero a lo sumo lo que han conseguido es abollarla.

Hay cuerpos por todas partes. Algunos, desgarrados, ennegrecidos, cubiertos de moscas; otros, aparentemente intactos, como si solo estuvieran durmiendo. De los gritos y mensajes que oye por radio, Douglas deduce que la brigada de tanques que ha entrado primero ha sido casi masacrada. Y ahora les toca a ellos.

La unidad se abre en línea, gira hacia el norte y comienza a alternar disparos contra la polvareda y contra formas angulosas que ve en la distancia. Observa que el nuevo tirador tiene mala puntería, pero de pronto, seguramente por mera casualidad, acierta en un blanco. A estas alturas ya hay bastantes carros enemigos de los que se elevan gruesas columnas de humo negro, y los demás se están alejando en la bruma. La unidad de Douglas continúa hacia el oeste. Allí, en algún lugar, deberían dar con el objetivo del ataque: un camino en el desierto y un pequeño grupo de construcciones: Tel el Aqqaqir.

Douglas se asoma al calor por la trampilla de la torreta y mira abajo, a las trincheras, mientras pasan balanceándose por la defensa. Aún puede haber infantería enemiga. De pronto, mira fijamente a la cara a un neozelandés acurrucado:

Su expresión llena de tormento parecía tan aguda e intensa, y su mirada tan salvaje y desesperada, que por un momento pensé que estaba vivo. Era como una figura de cera habilidosamente colocada, porque su postura daba la impresión de un ataque inminente, un orgasmo de dolor. Parecía retorcerse y doblegarse. Pero estaba rígido. El polvo que cubría su cara como la de un actor se posaba en sus ojos abiertos de par en par, cuya mirada penetrante se clavaba en la mía como *The Ancient Mariner*.[35] Había intentado protegerse las heridas de las moscas tapándolas con toallas. Su mochila, de donde había sacado las toallas y el material de botiquín, estaba abierta. Su botella de agua estaba a un lado, con el tapón quitado. Las toallas y la mochila estaban oscuras por efecto de la sangre seca, aún más oscuras con un enjambre de moscas encima. Aquella imagen contaba una historia, como se suele decir. Me llenó de una lástima inútil.

Sin embargo, su lástima pronto encuentra un objeto viviente. En un hoyo cercano ve a un alférez gravemente herido, débil y a punto de rendirse. Douglas llama por radio a su jefe de regimiento y le pide, quizá con demasiadas palabras, permiso para llevar al hombre herido de vuelta al campamento base de la unidad. El jefe lo corta malhumorado: «Sí, sí, sí, sí, sí. Pero por el amor de dios, deja de hablar. Estoy intentando dirigir una batalla. Cambio y corto».

El aire tiembla de calor sobre la arena del desierto.

Unas horas más tarde, toda la unidad regresa para repostar combustible y munición. Están sometidos a artillería pesada. Douglas y los demás oficiales se reúnen al cobijo del carro de combate del jefe de escuadrón. Cada vez que silba un nuevo mortero, todos se agazapan por acto reflejo; quien estuviera hablando calla de golpe, por norma en mitad de una frase, espera la explosión y luego termina de hablar.

No será hasta mucho tiempo después que Douglas comprenderá que lo que ha vivido en la jornada de hoy es el clímax de la batalla, lo que en los libros de historia aparecerá descrito como el «punto de inflexión».

* * *

Las noches blancas de verano en Leningrado quedaron atrás hace tiempo, también así las tardes doradas y los cielos altos de principios

---

35. Ver la parte 1 del poema de Coleridge, en la que la mirada del anciano marinero hace que el invitado a la boda se detenga y se quede escuchando su historia.

de otoño. Las tormentas otoñales han vaciado de hojas los árboles del parque. La oscuridad ha vuelto.

Lidia Ginzburg sabe que se hallan a las puertas del segundo invierno de asedio. (Hasta ahora nadie había osado siquiera imaginarse que algo así fuera posible). Para todas aquellas personas que, igual que ella, sobrevivieron a aquel primer invierno indescriptible, resulta una realidad deprimente. El frío les arrebata todo motivo de alegría, solo suma a todos los tormentos, multiplica las adversidades, se convierte en un elemento por derecho propio donde vivir y moverse perezosamente. Ginzburg es una judía de cuarenta años, nacida en Odessa, pero afincada en Leningrado desde hace veinte, donde trabaja en la universidad.

Bueno, tanto como trabajar... La escuela más especial y excelsa de teoría literaria a la que en su momento se adhirió y en la que también ha ejercido, conocida como formalismo, lleva más de diez años expoliada por el estado estalinista y sus cohortes de esbirros intelectuales, y los que no se han retractado o han desaparecido en un gulag han guardado silencio y trabajan solo en tareas técnicas, como es el caso de Ginzburg. Su intelecto halla rienda suelta en las notas privadas, en parte secretas, y en una capacidad de observación que, al serle negado su objeto natural —tiempo atrás escribió sobre grandes personajes como Pushkin, Tolstói y Proust—, se ha dirigido a su entorno y a la ciudad que tanto ama y que desde comienzos de septiembre del año pasado lucha por su supervivencia. Literalmente hablando. ¿Cuánta gente ha perdido la vida hasta la fecha en Leningrado? Nadie lo sabe con exactitud. Quizá cerca de un millón.

* * *

Aunque el ambiente en Leningrado está apagado, ya no predomina la silenciosa desesperación de hace tan solo medio año. Esta vez han comenzado a prepararse de cara al invierno, tanto en lo material como en lo psicológico, por poco que les haya apetecido. Tampoco puede llegar a ser tan terrible como el año pasado, ¿no? En los peores momentos, morían alrededor de cien mil personas al mes.[36] La vida que

36. El asedio era un genocidio disfrazado. Hitler no estaba interesado en conquistar la ciudad, sino que el primer objetivo con la operación era matar de hambre a

consideramos civilizada había estado al borde del colapso, nada funcionaba, había quien mataba por comida —para robarle a alguien su carta de racionamiento o, en el peor de los casos, para comérselo—, las calles eran rectas recubiertas de hielo y basura y las personas yacían muertas o moribundas, y los transeúntes solo les dedicaban una mirada, o ni siquiera eso.

Ahora se ha establecido una suerte de normalidad dentro de la anormalidad. Siete líneas ferroviarias funcionan como de costumbre, siempre con vagones repletos; teatros, cines, salas de conciertos, casas de baño y bibliotecas están abiertos; hay electricidad (como mínimo, algunas franjas del día); el comercio privado ha vuelto a las calles del barrio del Bolshói Prospekt, y los limpiabotas y los vendedores de *kvass* aún aguantan en las esquinas; es posible hacerse la permanente en las peluquerías y algunas mujeres, en su afán por recuperar la normalidad, han comenzado a maquillarse de nuevo. Pese a todo, Leningrado continúa siendo un lugar sorprendentemente silencioso para tratarse de una gran ciudad.

Muchas cosas han pasado a formar parte de lo cotidiano. Como los ataques aéreos y los bombardeos de artillería. Ginzburg cuenta:

> En la Leningrado sitiada vimos de todo, pero lo que menos vimos fue miedo. La gente oía con indiferencia los morteros silbando por encima de sus cabezas. Esperar un mortero que sabes que está por venir es mucho más difícil. Pero todo el mundo sabía que si lo oías, esta vez no te caería encima.
>
> Cuantificar los grados de riesgo, o más concretamente, la probabilidad de morir (el grado de probabilidad) es de una relevancia psicológica decisiva. Entre una muerte segura y una muerte casi segura hay una brecha insuperable. En Leningrado el peligro era el pan de cada día, sistemático, y estaba sistemáticamente concebido para poner los nervios a prueba, pero estadísticamente hablando no era demasiado elevado. La experiencia del día a día mostraba que el peligro de las bombas y morteros perdía fuelle frente a la ingente cantidad de víctimas mortales ocasionadas por la desnutrición. [...] En Leningrado no había demasiadas personas que se asustaran con los bombardeos, solo

---

los habitantes. (Por eso «asedio» es también, en verdad, un término erróneo. En ruso se habla de «bloqueo», que resulta más preciso).

las que eran fisiológicamente propensas a sentir miedo. Enseguida fue imposible huir a ninguna parte. Por eso nadie huía, y nadie pensaba: ¿Por qué me estoy quedando, cuando todo el mundo se va? El comportamiento general y mayoritario estaba caracterizado por la serenidad, y desviarse de eso era más difícil y daba más miedo que los peligros fácticos. [...]

La muerte se puede suprimir con éxito precisamente porque no se puede experimentar. Es la abstracción de la no-existencia o del sentimiento de miedo. En el primer caso, formaría parte de la categoría de conceptos que no se pueden representar (como la eternidad, el infinito).

La noche del 2 de noviembre vuelve a sonar la alarma antiaérea. Un cuarto de hora antes de medianoche se oye el toque de final de peligro. El sitio ha durado 429 días.

* * *

Esto es el fin del mundo. Es un lugar que escapa a nuestra comprensión. Para todas las personas que son enviadas aquí, excepto quizá un puñado, no es solo la frontera donde cesa su existencia física, sino también el punto donde se acaban las palabras y los conceptos y se pierden en algo que resulta desconocido en su sentido completo. Y esa incertidumbre es uno de los prerrequisitos de los acontecimientos.

Este lunes 2 de noviembre llega a Treblinka un tren de vagones de carga. En ellos hay 4.330 judíos venidos de Siemiatycze, una pequeña ciudad del este de Polonia. Con excepción de unos pocos, que se salvan para rellenar los crecientes huecos en la plantilla de trabajadores del *Sonderkommando* del campo, todos mueren asesinados antes del atardecer: hombres, mujeres y niños.

Uno de los que hoy participan y se ocupan de los cuerpos de las personas de Siemiatycze es Jechiel Rajchman, un judío de veintiocho años originario de Ostrow Lubelski, otro *shtetl* del este de Polonia, una pequeña ciudad que anteriormente estaba conformada casi al completo por población judía. Pero ahora ya no queda ningún judío en Ostrow Lubelski. Una gran parte de ellos han sido enviados a este sitio hace algo más de tres semanas, el 10 de octubre. Incluido Jechiel Rajchman (a quien la mayoría llama Chil), así como su hermana Rivka, de diecinueve años, y su buen amigo Wolf Ber Royzman con su esposa y sus dos hijos. De las cerca de ciento cuarenta personas que fueron embutidas a golpes y empujones en aquel vagón de carga con el que vino, conocía a casi todas o eran caras familiares de Ostrow Lubelski. Y todas fueron asesinadas en cuestión de horas, excepto un puñado de hombres jóvenes y fuertes, seleccionados en el torrente de personas desnudas. Él era uno de ellos.

Rajchman piensa con rapidez. Cuando el tren se metió por la vía secundaria y se adentró un par de kilómetros en un bosque de pinos para luego detenerse en una pequeña estación, comenzó a sospechar. (Vio los montones de ropa. ¿Vio también que el reloj de la diminuta estación solo estaba pintado, que sus manecillas estaban fijadas en unas eternas seis en punto? Como si fuera este un sitio donde el tiempo se había detenido). Cuando, después de salir del tren y desnudarse, oyó a un alemán preguntando a gritos si había algún peluquero, él se presentó al instante, pese a no serlo. Le ordenaron que se volviera a vestir.

* * *

Durante tres días, Rajchman trabajó cortando el pelo a mujeres, mujeres desnudas, porque acababan de quitarse la ropa al fondo del barracón, pues —tal como cuenta el relato que escribió tras su milagrosa huida, en una Varsovia en ruinas a la espera del Ejército Rojo—: «Los asesinos son tan corteses que no les exigen a las mujeres que se desnuden al aire libre, junto con los hombres». Rajchman lleva bata blanca, igual que el resto de «peluqueros». El corte es basto, mecánico, tan solo cuatro o cinco cortes, tras lo cual el pelo era apisonado en un saco y la mujer era llevada afuera, una nueva se sentaba, él le hacía el corte, tras lo cual también la sacaban, y así sucesivamente, *ad nauseam*. Todas desaparecían por la puerta, rápido, rápido, *schnell, schnell, Tempo*, entre filas de hombres vestidos de negro con látigos, en dirección a una obertura en una alta valla de alambre de púas, en general cubierta con ramas de abeto trenzadas. Allí había gente desnuda haciendo cola. La abertura es el comienzo de algo que los alemanes llaman *der Schlauch*, la Manguera.

Detrás de esa alambrada hay un terraplén de arena, y detrás de este queda el campo superior, un campo dentro del campo. No se puede ver dentro, pero desde su interior se erigen, a intervalos regulares, voces atormentadas, aullantes, inverosímilmente retorcidas. Que cesan de pronto. Entonces suena música alegre de orquesta. Nadie regresa jamás del campo superior. Al tercer día, el 13 de octubre, a Rajchman lo trasladaron allí, al *anus mundi*, «la cloaca final del universo alemán».[37]

Ahora es un *Totenjude*, un judío de la muerte.

* * *

Rajchman forma parte del grupo llamado «comando de cadáveres». Cuando los grandes portones, revestidos con mantas por la cara interior y parecidos a los de un garaje, se abren en la parte de atrás de las cámaras de gas, y tras haberse disipado los vapores más intensos, él es uno de los treinta o cuarenta hombres que cargan los cuerpos de los muertos, uno a uno, aún calientes, sus pieles brillantes por el sudor, la orina, las heces o la sangre, sobre una especie de camillas que parecen escaleras cortas —cada una cargada por dos hombres mediante unas correas de cuero—, tras lo cual los transportan corriendo y en una cadena interminable por el suelo arenoso en dirección a una fosa que queda a trescientos metros de distancia. Allí vuelcan los cuerpos, nunca sin antes arrancarles los eventuales dientes de oro. Todo bajo los gritos y golpes de hombres uniformados (*Schnell, schnell, Tempo!*).

La fosa mide unos treinta por cincuenta metros. Allí abajo, trastabillando en un mar de brazos y piernas y muslos y nalgas y bocas y penes y pelo despeinado y manos de niños de tres años, hay una docena de judíos de la muerte que se encargan de amontonar los cuerpos, meticulosamente, «cabeza contra pies y pies contra cabeza, para que cupieran más». Aquello ya no son personas muertas. El término empleado para referirse a ellas, incluso por parte de los prisioneros, es «cadáver».

El procedimiento está ensayado hasta la exactitud y es el mismo cada vez que llega un «transporte». Incluido el lunes 2 de noviembre. Entre otras cosas, cada vez que se abren las puertas de alguna de las cámaras de gas topan irremediablemente con un pequeño atasco. Rajchman explica:

37. Primo Levi.

Los cadáveres, puestos en pie, están tan compactados que sus manos y pies parecen entretejidos. El comando de cadáveres no puede avanzar hasta que logra arrancar la primera docena de cuerpos. Entonces los montones se vuelven más sueltos y los cadáveres comienzan a caer de la cámara de gas por sí solos. La compactación se debe, en parte, a que meten a las personas a presión dentro de las cámaras, estas entran en pánico y cogen aire para luego ocupar su sitio. Entre la angustia de morir y los empujones, los cuerpos se hinchan, y así los cuerpos muertos se convierten en una sola masa.

* * *

Este día termina igual que el resto. A las seis se oye un golpe de trompeta. Rajchman y los demás miembros del comando de cadáveres corren con sus camillas hasta un pequeño almacén. (Siempre tienen que correr). Las camillas se meten dentro, limpias, en filas ordenadas. («Si no, te llevas un latigazo»). Luego toca recuento: formación y recuento de control, acompañado de las notas tocadas por la orquesta del campo.[38] Después, forman una fila y en grupos de cinco son llevados hasta la ventana de la barraca de cocina, donde cada hombre recibe una taza con un líquido caliente y oscuro al que llaman café y un pedazo de pan para acompañar. Por último, los encierran en unas barracas de madera que quedan cerca de la gran alambrada del campo, y que están rodeadas, a su vez, de una alambrada propia. Es el campo dentro del campo dentro del campo.

Cada noche, cuando Rajchman mira a su alrededor, faltan caras. La merma es enorme. Los alemanes de las SS y los guardias ucranianos, a menudo borrachos, en sus uniformes negros, disparan a gente cada día, de forma distraída, casi como de pasada, por cualquier violación de las normas, porque alguien parece que ya no sigue el ele-

---

38. La mayoría de los campos de concentración tenía sus propias orquestas. Artur Gold dirigía la de Treblinka. En Polonia era un violinista y director de orquesta. Y la muy virtuosa orquesta muy conocido tocó en diversas ocasiones, a veces conciertos para los guardias, normalmente a la hora del recuento. Tras un tiempo les dieron trajes de payaso cosidos especialmente con tela azul oscuro para salir a escena. Gold perdió la vida en el campo, probablemente durante el levantamiento de los prisioneros el 2 de agosto de 1943.

vado y despiadado ritmo que rige, o simplemente porque pueden.[39] Podemos dar por sentado que este día en concreto también ocurrió.

A estas alturas, Rajchman ya está acostumbrado a la imagen. A menudo, los que van a ser ejecutados se dirigen por sí solos al borde del hoyo y se ponen de rodillas, a veces con una predisposición avergonzada que da fe de lo perdidos y destrozados que están. De hecho, en el comando de cadáveres una persona no suele durar más de diez días.[40] El trabajo es pesado, los guardias son brutales. En breve, Rajchman llevará allí tres semanas.

* * *

Los sueños están hechos para olvidarse, pero este se ha aferrado a su memoria:

> Me parecía estar junto a la presencia negra, la que ha estado a mi lado en muchos sueños. Estábamos de pie junto a un curso de agua tan ancho que no se podía ver ninguna playa, tan largo que tampoco se podía ver el principio ni el final. La corriente brillaba y se bamboleaba al pasar por delante nuestro, y era verde, todas las tonalidades de verde. Luego yo veía que su color provenía de hojas, hojas de todas las formas, matices y tamaños. Algunas estaban hermosas y perfectamente colocadas y navegaban en paz, otras estaban apretujadas y sus formas eran imprecisas; algunas estaban resecas y tenían los cantos rizados y rotos, algunas parecían frágiles, otras dentadas y duras. Yo las miraba como embrujada.

39. Los hombres de las SS podían hacerlo porque eran conscientes de que las vacantes se llenarían tan pronto llegara el siguiente transporte. Rajchman explica que el trabajo más temido era llevar arena a la fosa para echarla sobre los cuerpos, no solo porque fuera pesado, sino sobre todo porque el miembro de las SS que dirigía ese grupo era especialmente cruel. «En el recuento suele presentarse él solo, pues ha matado hasta el último de sus trabajadores».

40. Mientras los especialistas del campo tenían una oportunidad de vivir más tiempo, sobre todo los *Kapos* (es decir, capataces) y los llamados *Hofjuden* (artesanos importantes), los que acababan en un *Sonderkommando* estaban irremediablemente condenados a morir. Los asesinaban siempre, para mantener el secreto. Por ejemplo, en Auschwitz fueron aniquilados doce *Sonderkommandos* seguidos.

Esta es la primera parte del sueño. La segunda es más clara. Pero ¿por qué habla de este sueño justo hoy, 2 de noviembre? Eso no lo explica. Quizá porque le hace darse cuenta de algo importante. Quizá porque ahora le recuerda a la mujer que fue en su día. Porque sabe que se ha vuelto más fuerte, más segura de sí misma, más independiente.

He aquí la segunda parte del sueño:

> Entonces vi pequeños remolinos, y cuando los miré más de cerca vi que se debían a hojas que permanecían inmóviles, de canto, entorpeciendo la corriente. Vi sus bordes retorcerse y desgarrarse, y aun así no podían dejar de moverse, sino que eran «arrastradas» en lugar de «fluir». Yo miraba y miraba, ¡y de pronto comprendí que una de las hojas cansadas y marchitas era yo! Me volvía hacia la figura que me acompañaba y le decía: «Pero si esa soy yo, ¿verdad?». Más que oír, pude sentir que me decía que sí.

«Cansada y marchita». Sí, así es como estaba en aquel momento, a menudo al borde del ataque de nervios, quemada, insegura, introvertida y doblegada, un ama de casa tímida y gris, sometida a un marido exigente y dominante, atrapada en una vida de quehaceres siempre repetitivos, y donde los únicos motivos de alegría eran los dos niños, y a veces ni siquiera eso. Pero las cosas han cambiado, ella ha cambiado.

No es que ahora trabaje menos. Más bien al contrario. Forma parte del The Women's Voluntary Service, una rama de la defensa ciudadana, y, además, junto con otro grupo de mujeres lleva una tienda para la Cruz Roja, cuya finalidad es proveer a los prisioneros de guerra británicos en Alemania con paquetes de ayuda. Pero el trabajo fuera de casa,[41] aquella casa elegante y casi exageradamente limpia y ordenada en el número 9 de la calle Ilkley Road, que en su día fue su gran orgullo —y el único—, le ha mostrado a ella y a los demás que tiene talentos inesperados y una fuerza insospechada cuando realmente hace falta. Su nombre es Nella Last y vive en la ciudad astille-

---

41. No era obligatorio para nadie de su edad estar disponible para el trabajo, como sí lo era para las mujeres de entre dieciséis y cuarenta y cinco años sin hijos en el hogar.

ra de Barrow-in-Furness, en la costa noroeste de Inglaterra, al borde del mar de Irlanda. El mes pasado cumplió cincuenta y tres años.

* * *

¿Qué le queda en la memoria a Charles Walker de aquellas tres noches de terror y ruido en Bloody Ridge? Uno de los hombres de su unidad —gravemente herido por una bayoneta en una de aquellas caóticas batallas nocturnas— habla de un estado como de ensueño, donde el tiempo se volvió elástico y los sucesos quedaban fragmentados y se tornaban irreales, imposibles de encajar hasta componer un relato lógico.

En la memoria de Walker se arraciman episodios sueltos con detalles aparentemente irrelevantes. Como cuando tropezó con Flynn, el primero de sus hombres en caer, y no pudo contener el impulso —propio de un civilista— de cubrir el rostro del muerto con su pañuelo. Como cuando los soldados japoneses y estadounidenses se gritaban insultos y obscenidades durante las pausas, algo que continuaba durante los ataques, cuando el *Banzai!* de los japoneses —su grito de guerra— era respondido por el eco de los soldados norteamericanos que gritaban *Kill, kill, kill, kill!* a coro. O la imagen del oficial japonés tendido en el suelo cinco metros más allá y al que una ametralladora le había disparado munición trazadora en los glúteos, tras lo cual había ardido y su cuerpo se había ido consumiendo lentamente hasta reducirse a algo parecido a ceniza gris de cigarrillo.

* * *

Es una escena atemporal. Hay una mujer joven sentada esperando, y anhelando. Va vestida con elegancia pero sobria, se ha maquillado discretamente, tiene el pelo castaño bien ondulado, desprende un leve aroma a lavanda, como de costumbre. Y, tal vez, lleva una rebeca o algo similar, porque fuera hace frío, y este se cuela al interior del viejo edificio de piedra.

Fue aquí donde se conocieron hace casi exactamente un año, en una de las grandes aulas, y él sabe que ahora ella lleva a cabo tareas en la biblioteca, por las tardes, y a menudo se ha sentado donde está ahora tan solo con la esperanza de que él se presente; y muchas veces lo ha hecho, demasiadas como para que sea mera casualidad, o siquiera sincronía.

Hay una mujer joven esperando, cruzando los dedos para que él pase por allí. Esto es lo que ha dominado su vida el último año: un amor que se ha marchitado, entre el tormento y el desconcierto, y otro que ha ido brotando entre el desconcierto y la alegría, o quizá solo ha sido descubierto y luego recibido. Pues el amor no es algo de lo que te hagas merecedora, sino una piedad a la que debes abrirte para poderlo recibir. Desde hace medio año son pareja.

La escena es atemporal, pero también hay algo de atemporal en la mujer. Nos hallamos frente a una persona joven repleta de un optimismo impaciente por el futuro, reforzado por la expectación que surge de la unión de un talento propio y una infancia feliz (y protegida).

Su nombre es Hélène Berr. Tiene veintiún años, y el lugar en el que está sentada esperando a su novio es la biblioteca de la Sorbona. Es el lugar adecuado para ella. Domina tanto el latín como el griego clásico, se sacó el bachiller con las notas más altas, comenzó a estudiar en la universidad hace dos años, inglés y literatura inglesa —tanto ella como su familia son anglófilos: ella suele emplear expresiones en inglés cuando habla y escribe—, y ha redactado un trabajo sobre la interpretación que hace Shakespeare de la historia romana que ha sido recibido con alabanzas.

Berr tiene buena presencia, con ojos castaños e intensos, es sensible, inteligente y bien educada, pero a pesar de su edad hay momentos en los que puede ser un poco infantil. Sus habilidades sociales son palpables y tiene muchas amigas. La música le gusta mucho, ella misma toca el violín. En ocasiones hace puzles, o juega a tenis de mesa, o echa una partida al popular juego de palabras Diamino.

Pero la atemporalidad siempre es una sensación y nunca un hecho, y esto ocurre el lunes 2 de noviembre de 1942, en una París ocupada, y en el abrigo de Hélène hay un pedazo de tela amarillo, una estrella de seis puntas con la palabra *Juif*, «judía», en letras verdes y casi hebreas.

* * *

Cae la noche, y él no llega. Berr regresa a casa en mitad del frío, pasa por los pelados jardines de Luxemburgo, uno de sus lugares preferidos, cruza la antes tan transitada rue de Sèvres —ahora casi solo se ven ciclistas, incluso los taxis han desaparecido—, se aleja hacia Los Inválidos, en dirección a la torre Eiffel, hasta el gran piso que su familia tiene en una calle paralela al Campo de Marte, en el número 7 de la avenida Elisée-Reclus.

No le preocupa tanto perder su romance, sino perderlo a él. Cuatro días atrás, el joven al que ha estado esperando, Jean Morawiecki, de su misma edad, le contó no sin tormento, en un pasillo de la Sorbona, que piensa huir de la zona ocupada y salir de Francia. Su idea es sumarse luego al ejército de la Francia Libre gaullista. De ser así, puede que no se vean durante un tiempo. Quizá nunca más. Desde entonces, Berr ha estado esperando su confirmación. Y ha albergado esperanzas de encontrarse de nuevo con él.

A lo mejor todo aquello esconde una ironía. Su novio anterior, Gérard, por quien poco a poco y llena de turbación ha dejado de sentir lo que sentía, ya ha desaparecido, ha hecho el mismo trayecto que pretende hacer ahora Jean, y se ha alistado, precisamente, a las tropas de Francia Libre. Ella cree que Gérard se encuentra en algún lugar de las montañas argelinas. A veces, se avergüenza de pensar tan poco en él.

* * *

Cuando Keith Douglas, más de un año más tarde, con tan solo unos meses de vida por delante, escribió acerca de sus vivencias en El Alamein, aquel texto contenía varias descripciones detalladas de soldados caídos. (Incluso algunos de sus mejores poemas, como «Vergissmeinnicht», son representaciones de personas fallecidas). ¿Quiere explorar la muerte? Así lo cree Desmond Graham, el biógrafo de Keith Douglas: «Los muertos despiertan en Douglas una y otra vez las ganas de comprender. Representan la discrepancia ulterior entre la apariencia y la realidad, y en ellos Douglas busca un camino para atravesar los enigmas de nuestra percepción del mundo físico. La curiosidad que siente por ellos es tan intensa que, con ella, Douglas parece querer comprender qué significa estar muerto».

También cabe pensar en una explicación más sencilla, como por ejemplo que el shock de verlos le graba las imágenes en la mente.

O quizá solo siente curiosidad por los muertos. Como les ocurre a menudo a las personas que no están acostumbradas a las manifestaciones externas de la muerte y que, una vez se enfrentan al problema, pierden el miedo.

Pero, sin duda, puede haber algo de cierto en la idea de Graham de que esta obsesión por los caídos —que no solo afectaba a Douglas, ni mucho menos— también hace referencia a la singular ambigüedad de los muertos: «Exigían atención y no daban nada a cambio; eran completamente inmunes y habían sido vencidos; y, sobre todo, se callaban un secreto que no eran capaces de transmitir».

* * *

Paolo Caccia Dominioni y Keith Douglas se encuentran, más o menos, en la misma zona al sur de El Alamein, aunque —sobra decirlo— en bandos opuestos. Es un crescendo que va en aumento de forma constante. Caccia Dominioni explica: «Una semana antes habría llevado medio día derrotar a un batallón, ahora todo el regimiento fue exterminado en tres cuartos de hora».

* * *

La mañana del martes 3 de noviembre llega la carta que Hélène Berr ha estado esperando. Y temiendo. Es breve y confirma lo que Jean le dijo la semana pasada. Sí, piensa abandonar la Francia ocupada. Para luchar. El amor es la parte más incierta y frágil de nuestra existencia, pero en algunas situaciones puede ser la más duradera, lo que nos mantiene con vida.

* * *

La nieve está dura. Marchan por las calles mal limpiadas y mal iluminadas, pero resulta difícil caminar erguidos por el suelo pisoteado y helado, y a cada paso patinan o resbalan. Y tienen frío. Para el marinero y maquinista Leonard Thomas es la segunda vez que pisa tierra firme desde que su convoy llegó a Arcángel. Fue a mediados de septiembre. Mira a su alrededor con una mezcla de asombro y desprecio, contempla los «campos de edificios de hormigón tristes y grises, como cajas, todos iguales que el de al lado. Ni chapiteles ni campanarios que aligeren la silueta de tantas cajas de seis plantas, con lluvia o nieve que saturan constantemente esta atmósfera lúgubre, y tan solo un puñado de luces, colgadas como faroles en lo alto de unos palos». Por norma general, las ventanas carecen de cortinas, y en prácticamente cada esquina hay postes con altavoces por los que la radio soviética va gritando noticias, música militar, discursos, misiones y más noticias.

Arcángel es una ciudad cuya existencia ahora se basa por entero en la guerra. Se respira en el aire, aunque no de la manera que cabría esperar, con un matiz de sacrificio, destino común y heroísmo, sino que el ambiente está más bien teñido de paranoia, desdicha y carencia. En repetidas ocasiones, Thomas, de veinte años ha visto grupos de hombres mudos y encorvados, trabajadores esclavos del gulag.[42]

Pese a la fraternidad en las armas que la propaganda proclamaba constantemente en la lucha contra Alemania, ambos bandos se miran con suspicacia. Solo se puede bajar de los barcos en grupo, tras una invitación oficial, y siempre bajo estricta vigilancia. Ahora han recibido una de esas invitaciones. Varias tripulaciones han bajado a tierra para ir a un concierto —Chaikovski— interpretado por una orquesta sinfónica que ha acudido expresamente desde la sitiada Leningrado. La fecha es 3 de noviembre.

Llegan a la gran sala de conciertos, donde son recibidos con largos discursos propagandísticos en un inglés chapurreado. Esto provoca que los hastiados marineros británicos y estadounidenses lancen un buen número de suspiros y, a veces, burlas a viva voz. Se desatan algunas disputas verbales. Hay un momento de especial bochorno cuando uno de los *politruk* en el escenario se hace un lío con la lógica oficial del partido, y presionado por las preguntas acaba diciendo que la ayuda militar que llega al Ejército Rojo a través del Ártico «no es más que una gota de agua en el mar».[43] Eso no era precisamente lo

42. En las afueras de Arcángel se encuentra uno de los muchos campos del archipiélago gulag —Arkhangelsky ITL—, y en la ciudad está Arkhperpunkt, unas instalaciones de tránsito para prisioneros.

43. Lo cual no era cierto. Durante la guerra, los convoyes del océano Ártico transportaron, entre otros, cinco mil carros de combate y siete mil aviones para uso del Ejército Rojo. El fuerte vendaval de propaganda al que estaban sometidos estos

que estos marineros necesitaban oír. Han arriesgado sus vidas en la ruta de convoy más peligrosa de todas y van a volver a hacerlo. Porque, entonces, ¿qué más da que se sacrifiquen o no?[44]

* * *

¿Qué se le queda en la cabeza a Leonard Thomas después de esta velada? Tal vez la orquesta sinfónica, que ha tocado de maravilla y ha levantado una tormenta de aplausos por parte del sector ruso del público. En efecto, la tropa de mujeres ágiles y bien coordinadas que bailaban danzas populares, que han sido las últimas en actuar y a las que les han pedido varios bises. Probablemente, que luego los marineros, mientras se volvían a poner la ropa de abrigo en el gran vestíbulo decorado con banderolas rojas, han oído de boca de un oficial de Marina que se había librado una importante batalla en el norte de África y que los alemanes estaban de retirada. Sin duda, la conversación que ha tenido con algunos veteranos que ya han hecho tres y cuatro convoyes por el océano Ártico, y en la que uno de ellos ha dicho, con desilusión o con cinismo o con fatalismo o quizá solo con resignación: «Si te dan, todo se acaba en un periquete. Diviértete, coge tu dinero, pero no intentes salir nadando cuando llegue la hora. Solo tienes que llevarte las manos aquí arriba, a la cabeza, y deslizarte al fondo. Te quedas dormido al instante».

* * *

Son cientos de millones de personas cuyo máximo deseo es que todo pueda seguir existiendo, cuyo único anhelo es que los dejen en paz.

---

marineros nacía, en parte, de la desconfianza que los dirigentes de la Unión Soviética sentían tras la catástrofe del PQ 17 y el subsiguiente parón temporal de más convoyes hacia aquel destino. Incluso se cuestionó si las pérdidas en realidad habían sido tan graves.

44. Estaba claro que los convoyes del océano Ártico eran los más arriesgados. Debido al hielo, el clima, los submarinos y los aviones de bombardeo alemanes en el norte de Noruega, uno de cada diez buques se perdía en dichos convoyes, mientras que la proporción en el Atlántico quizá fuera un buque de cada cien. Pero esta estadística no aplica a toda la guerra: en 1942, las probabilidades eran mucho peores que eso.

Son aquella mayoría desinteresada y reacia, la mayoría silenciosa y desesperada para la que la historia es algo lejano e incomprensible que ha hecho, que hace y que hará de nuevo uno de sus lanzamientos bárbaros e impredecibles, como si de una fuerza de la naturaleza se tratara, y que de pronto ha irrumpido en el día a día, de forma gradual o inmediata, transformándolo o aniquilándolo, pese a las esperanzas de que quizá las cosas no estén tan mal o que ya pasarán o que afectarán más a otros. Ella es una de esas personas. Su nombre es Elena Skriabina, de treinta y seis años, madre de dos criaturas y refugiada de Leningrado que ahora se encuentra en Piatigorsk, un pintoresco balneario al pie de la cordillera del Cáucaso.

No hay casi ninguna sacudida grande de la historia contemporánea que Skriabina no haya visto o vivido en su propia piel: la Primera Guerra Mundial, cuando todas las familias y conocidos de su entorno perdieron a alguien —uno o varios— en el frente de batalla; la revolución, con los saqueos, la violencia y los arrestos aleatorios; la guerra civil, con caos y anarquía, hambruna y muertes masivas; el terror estalinista, con el pavor y la vigilancia, la claustrofobia y las desapariciones azarosas. Pese a haber procurado en gran medida mantener una postura apolítica, pertenece a una familia que por motivos históricos lleva el sello de «enemigo de clase»,[45] por lo que ella podía verse azotada en cualquier momento por los golpes ciegos de la guadaña. Finalmente, la Segunda Guerra Mundial y el sitio de Leningrado, con más hambruna y aún más muertes masivas, muertes que van más allá de lo que la imaginación es capaz de concebir. (¿Puede haber un lugar peor y una época peor en los que haber nacido que esta ciudad a comienzos del siglo xx?). Ella no ha pedido ni ha buscado nada de todo esto. Todo esto la ha buscado a ella, ha ido a buscarla. Pero ha sobrevivido.

Cierto es que en muchas ocasiones ha sido la pura casualidad lo que ha salvado a Skriabina. Pero dicha casualidad ha recibido el apoyo de su energía, raciocinio y un ojo agudo para juzgar a las personas. Una y otra vez, la casualidad se ha encarnado en forma de gente desconocida que le ha brindado ayuda cuando no tenía por qué hacerlo. Skriabina ha visto de todo, sabe qué clase de actos brutales

45. El padre de Skriabina era un diputado muy conservador en la Duma de antes de la guerra, se unió al Ejército Blanco en la guerra civil, acabó exiliado en París y murió allí.

o abiertamente egoístas es capaz de hacer la gente, sobre todo en momentos de necesidad, pero también sabe que una persona una persona desconocida, su amabilidad, puede salvarte la vida. Elena Skriabina es una superviviente.

Es martes 3 de noviembre y Skriabina escribe en su diario: «La situación ha vuelto a mejorar. El préstamo nos ha salvado. Hemos comprado comida de todo tipo, suficiente para sobrevivir al invierno. Nuestro estado de ánimo general también ha mejorado».

*   *   *

Es fácil tildar la felicidad de Dorothy Robinson[46] como banal. Alberga un sentimiento de serena satisfacción por lo que la vida le ha brindado, combinada con una alegría transparente, casi infantil, por las cosas pequeñas del día a día: el sonido de un crío durmiendo, una habitación limpia y decorada, los olores de la cocina, cachorros de perro, un pastel perfectamente horneado, hacerle la cama a un ser querido, la voz de su marido Jim cuando grita que ya ha vuelto del trabajo, la imagen de caras saciadas alrededor de su mesa de cocina, una casa llena de sonidos y movimiento y risas y vitalidad, y sentarse por las tardes a leer o a escuchar la radio.

Tiene cuarenta años, le cuesta imaginarse otra vida que no sea la de ama de casa, y vive en una de las pequeñas ciudades dormitorio de Long Island, un poco al este de Nueva York, a media hora larga en coche desde Manhattan. Trabaja duro y sin descanso para mantener intacto su idilio. Es martes a media mañana. Fuera hace un día gris muy lluvioso.

Como ocurre con todos los idilios, el de Dorothy Robinson también se basa en los contrastes, en la necesidad de contener la disolución. Por un lado, hay un caos que ella y su familia (y el resto de Estados Unidos) han dejado atrás hace algunos años, la Depresión, pero que perdura como un punto de referencia y un mal recuerdo.[47] Por otro, el

46. Su nombre completo es Dorothy Atkinson Robinson —Atkinson es su apellido de soltera— y su diario está editado bajo el seudónimo de Dorothy Blake.

47. No se debe subestimar el papel de la Depresión en la conformación estadounidense del ideal de mujer: el desempleo, las actitudes endurecidas y las nuevas leyes presionaron a muchas mujeres a volver a sus hogares. En una encuesta de opinión de 1936, el 82 por ciento de la gente encuestada respondió que las mujeres que tuvie-

caos y la oscuridad que se extiende por el mundo y que ella hace un pequeño intento de comprender, al mismo tiempo que alimenta un firme convencimiento de que *hay que* dominarlos. Y que eso solo se puede hacer a base de ganar esta guerra.

Aún recuerda con extraordinaria nitidez aquel domingo de pronto hará un año —tras haber dormido largo y tendido, por una vez en la vida— en que se despertó con el olor a panceta frita (un olor que siempre le levanta el ánimo: durante la Depresión nunca tenían dinero para panceta) y con el sonido lejano de campanarios cuyos tañidos se pisaban unos a otros, y luego oyó las voces en la radio que interrumpían el programa ordinario —en la emisora WOR estaban transmitiendo un partido de béisbol de los New York Giants— para informar que «Pearl Harbor ha sido atacado a la 1.05, hora local, en un ataque sorpresa efectuado por un escuadrón de bombarderos japoneses sin previo aviso», y que ella y su marido Jim y su hijo Art, de dieciocho años, se quedaron pegados al aparato (su hija Peggy ya se había ido de casa, estaba en el *college*) y que Jim, en el silencio consternado que siguió, la había tomado de la mano, se la había acariciado y, después de otro silencio, al final le había dicho: «Bueno, pues ha llegado la hora. Ya empieza».

Hasta ese momento, ella había pensado, creído o esperado que Estados Unidos se mantendría, o debería o podría mantenerse, al margen de todo. Había vivido en una suerte de negación, ella misma lo reconoce. Leía la prensa, oía los noticiarios de la radio, veía las imágenes, por no hablar de todos los reportajes que mostraban en los cines antes de las películas, que durante los últimos cinco o seis años habían hablado en una proporción importante de la guerra o del riesgo de una guerra. Pero de alguna manera, Dorothy había conseguido —igual que muchos de sus compatriotas— apartar esa realidad de su espacio mental. (Un detalle acerca de los mecanismos de negación: algunos dueños de cines protestaron, y proyectaron la película sin este preludio, después de que una parte del público se hubiese quejado, pues no querían que se les recordaran todas esas penurias). Todo eso es allí, no aquí, a nosotros no nos afecta.

Lo único que quería era librarse de esta prueba, que sus seres queridos y sus allegados estuvieran a salvo. «Suena y es tan egoísta

---

ran marido con empleo deberían quedarse en casa, una opinión que casi tres cuartas partes de las mujeres del estudio compartía.

—escribe un tanto avergonzada en su diario—, y al mismo tiempo tan humano, hasta que nos viene una prueba real para hacernos más grandes de lo que somos, más valientes de como nos sentimos».

* * *

El primer impulso de Dorothy Robinson siempre es mantenerse al margen. También este martes de principios de noviembre. Hay elecciones al congreso en todo Estados Unidos, y en Nueva York también toca elegir gobernador. Existe una notable falta de interés en todo el país, pese a que los republicanos hayan argumentado con agresividad y con una clara aprobación ciudadana contra lo que se describe como el fracaso del presidente y los demócratas en la gestión de la guerra. Ella también forma parte de los indiferentes, pero no lo dice abiertamente. Como de costumbre, se esconde detrás de una actitud de autoinfravaloración —«esas máquinas de votos son demasiado complicadas para mí», etc.—, pero cuando Sally, una parienta que ahora vive con ellos, va a votar después de comer, y el tiempo amaina, Robinson la acompaña a la mesa electoral.

Han cambiado tantas cosas en el último año, paso a paso.

Recuerda cuando, a comienzos de año, fue en coche a Manhattan por primera vez desde que estalló la guerra. Quería aprovechar antes de que comenzara a aplicarse el racionamiento de combustible. Observó que todo parecía seguir como siempre, con un tráfico ajetreado y cascadas brillantes de luces de neón, pero con una pequeña excepción: en todas partes se podían ver hombres y chicos mayores en uniforme, y en muchos escaparates incluso los maniquíes llevaban ropa militar.

Así ha continuado, paso a paso. Desde hace más de treinta años, la plaza de Times Square ha sido el lugar donde las masas de gente se reúnen cuando hay elecciones, para apretujarse y participar de los resultados en un ambiente casi festivo, mientras las cifras van apareciendo en los contadores iluminados.[48] Esta tarde Times Square permanece en silencio, vacía y a oscuras. Todos los enormes rótulos de

48. Por supuesto, no solo cuando había elecciones. Por ejemplo, el festejo del Año Nuevo allí ya era una institución, aunque aquel año tomó formas mucho más atenuadas, con un minuto de silencio y campanadas por los caídos.

neón y otras luces están apagados para no atraer a las manadas de submarinos alemanes, que con un éxito tan aterrador siguen cazando delante de la costa. Y después de que la gente que hacía cola delante de cines y teatros se haya metido en el calor de las salas, los trescientos policías desplegados no tienen nada más que hacer que estar allí de pie en las aceras vacías y mojadas por la lluvia.

* * *

De vuelta a Elena Skriabina en Piatigorsk. El dinero del que habla en su diario este martes es un préstamo a corto plazo de cincuenta mil marcos emitido por el jefe del comando local de economía, el *Wi Kdo*.[49] Está destinado a consolidar la pequeña cafetería que Skriabina y sus allegados han abierto en la ciudad. La historia detrás de la cafetería y del préstamo reflejan la iniciativa y la capacidad de hacer contactos que la han ayudado, no, que la han salvado, y en tantas ocasiones. El mero relato de cómo ella y sus dos niños sobrevivieron primero al invierno del sitio en Leningrado y luego recorrieron todo el camino hasta el Cáucaso de una sola pieza es en sí una historia un tanto milagrosa.

A mediados de febrero de este año, un golpe de suerte quiso que Skriabina, sus dos hijos, su madre y otra mujer se fueran en uno de los convoyes de evacuación que atravesaron las vastas extensiones heladas, frías y blancas como el alabastro del lago Ladoga, desafiando las bombas y la artillería alemanas. Sin embargo, la ayuda que los esperaba al otro lado estaba mal organizada, su madre agotó las últimas fuerzas que le quedaban y falleció en un hospital rudimentario. Además, perdió el contacto con su hijo mayor, que estaba en apuros, en el caos de la muchedumbre. Ella misma estuvo a punto de rendirse al

---

49. Aquellos «comandos de economía» —*Wirtschaftskommandos*— eran una parte importante de las maniobras de expoliación de las zonas ocupadas en el Este que se habían organizado de cara a la ofensiva contra la Unión Soviética. (La economía alemana hacía tiempo que era deficitaria, de manera que la guerra y la explotación no solo eran un imperativo ideológico, sino también económico). Todo tenía el objetivo de beneficiar los intereses económicos alemanes, lo cual a veces podía llevar a que se animaran las iniciativas locales. Por ejemplo, en 1942 se empezó a disolver el sistema agrícola llamado *koljós*, lo cual en la práctica llevó a un aumento de la productividad que los alemanes aprovecharon enseguida para aumentar las entregas.

frío, cuando, de nuevo por casualidad —aún más maravillosa— se reencontró con su hijo, tras lo cual ella y los dos chiquillos se pusieron a salvo en un tren hospitalario nuevo y reluciente, bien equipado y calefactado, que apareció de repente.

Durante un tiempo todo había apuntado a que hallarían refugio en Siberia, pero al final Skriabina decidió emprender el largo trayecto al sur, hasta el Cáucaso, donde creía que se encontraba su cuñada Liyaliya. Todo para, a comienzos de mayo, llegar a Piatigorsk, a la casa del número 34 de la calle Kotjura, rodeada de un jardín de árboles frutales en flor, donde encontraron no solo a su cuñada, sino también a la hija de esta, Vera, así como a la suegra de Elena, que estaba sentada en la escalera tomando el sol.

Y allí podría haber quedado todo, de no haber sido por un nuevo giro impredecible de la historia.

A comienzos de agosto, un convoy de tanques de guerra alemanes entró en Piatigorsk con la puesta de sol, pasando por delante de su casa. De nuevo, Skriabina y sus hijos estaban atrapados, ahora tras las líneas alemanas, en tierra ocupada. De nuevo amenazaban el peligro y la escasez. De un día para otro, el sistema de abastecimiento colapsó: por supuesto, las tarjetas de racionamiento soviéticas ya no tenían validez.

Pero una vez más, ella y sus más allegados han conseguido remendar su existencia medianamente bien. De nuevo, gracias a la ayuda oportuna e inesperada de un desconocido, en esta ocasión un soldado alemán que se apiada de ella y sus dos hijos y les da conservas y otros alimentos provenientes de la despensa de su unidad. Y ahora se mantienen gracias a esa sencilla cafetería que ella y otra refugiada de Leningrado han obtenido permiso para abrir, y ese permiso le ha sido concedido por otro alemán.

La capacidad de curación de Skriabina es colosal, igual que su capacidad de albergar esperanzas. Tal vez, la una y la otra estén íntimamente ligadas. Pero mientras la curación es un hecho, la esperanza no es más que fantasía. La vida ha adoptado un carácter de normalidad. El frente queda lejos, y durante el otoño hay momentos en los que casi ha conseguido olvidarse de la guerra. Pero desde hace apenas un mes el ambiente en Piatigorsk ha empezado a cambiar, a ensombrecerse de nuevo.

¿Es posible que no vayan a dejarlos en paz aquí tampoco? Corren rumores. La gente desaparece. A los judíos primero se les ordena registrarse, y después se los llevan en un transporte. Uno de ellos es una costurera muy hábil que suele ayudar a Skriabina con su ropa.

* * *

¿Es esto otra escena organizada para las cámaras? Ayer llegó la primera patrulla australiana a Kokoda, la pequeña localidad de Nueva Guinea que ya se ha convertido en un lugar casi mítico. Por un lado, porque le ha dado nombre a ese sendero de más de noventa kilómetros en el que miles de hombres han bregado, luchado y muerto desde el mes de julio. Porque es poco más que un sendero, casi nunca supera el metro de ancho, que se abre paso por la selva, sube montañas altas y baja por barrancos empinados, rodea pantanos y supera corrientes de agua. Y por otro lado, porque su reconquista se ha convertido en un símbolo lleno de significado, es el objetivo claro y sólido que se ha empleado para animar a los soldados australianos a seguir adelante, semana tras semana, desafiando penurias y horrores. *Kokoda or bust!*, «¡Kokoda o la muerte!», así se han dicho infinidad de veces los unos a los otros. En ocasiones, con ironía; a menudo, en serio.[50]

Como ocurre tantas veces en la guerra, todo terminó en un anticlímax. No hizo falta ni un disparo. Los japoneses habían desaparecido hacia el norte por el mismo camino por el que habían llegado a finales de julio. Y Kokoda resultó ser poco más que un puñado de casas en una llanura abierta, metida entre una gran plantación alargada de árboles de caucho plantados en hileras rectas y algunos cursos de agua. Pero allí está también el pequeño aeródromo que le brinda al lugar un valor más allá de lo simbólico.

Ahora son las tres y media de la tarde del martes 3 de noviembre; llueve, como de costumbre, y está teniendo lugar una ceremonia para celebrar lo ocurrido:

50. El motivo por el que las tropas japonesas interrumpieron sus intentos de avanzar por la fuerza por el sendero de Kokoda hasta Port Moresby es, en primer lugar, lo ocurrido en Guadalcanal. Como ha demostrado Peter Williams, el plan japonés en aquel momento era recular, pero solo temporalmente, a la espera de obtener refuerzos en forma de tropas liberadas cuando la isla hubiera sido recuperada a los estadounidenses.

Tropas australianas en uniformes verdes rotos y manchados de barro, con cascos de acero tiznados de negro que han usado muchas veces en su camino a Kokoda para cocinar carne en conserva, estaban de pie delante del edificio administrativo, reunidos alrededor del palo mientras una bandera australiana [...] se izaba lentamente en el aire inmóvil. No hubo vítores. No hubo orquesta. Lo único que había eran estas filas densas de cientos de australianos exhaustos, demacrados, famélicos, desaliñados, muchos con vendajes sucios y moteados, formando firmes y en silencio bajo la lluvia.

Uno de los hombres que debería haber formado allí es Bede Thongs, de veintidós años, nacido en una familia muy numerosa en una pequeña ciudad de Nueva Gales del Sur, carpintero antes de la guerra, pero ahora sargento en uno de los batallones de milicia del ejército australiano. Esta unidad es una parte de la imagen de auto-complacencia —rozando el pasotismo— que caracterizaba también al país durante la década de los años treinta. Cuando todo se desmoronó en 1941, muchas de estas unidades de soldados voluntarios y temporales disponían de un equipo y de unos oficiales que se habían quedado anticuados, en ambos casos sobrantes de la Primera Guerra Mundial.[51] La gente del ejército regular los mira a menudo con desdén.

Pero el compañerismo en esta unidad reclutada en el ámbito local es fuerte. El batallón de Thongs, el 3.º, está formado por hombres que a menudo se conocen de antes, pues vienen de localidades pequeñas y cohesionadas, como Goulburn, Queanbeyan, Crookwell, Yass, Mittagong, Bowral, Moss Vale, Moruya, Braidwood, Delegate, Dalgety y Adaminaby. (El más joven tiene dieciséis años, y el mayor sesenta y uno y es veterano de la guerra de los bóeres). Han sido bien entrenados. Y cuando, finalmente, el batallón fue enviado por transporte marítimo a Nueva Guinea a mediados de mayo, habían recibido nuevas guarniciones y nuevas armas. Entre otras, unas impresionantes metralletas estadounidenses de la marca Thompson. Era la primera vez que Thongs se hacía a la mar.

La orden de su traslado llegó sin previo aviso, pero Thongs tuvo tiempo de pedirle la mano a Joan, su novia de diecinueve años —que

---

51. Así como vehículos civiles requisados a toda prisa, con el logo de Bill Smith's Bakery y similares.

vive en Queanbeyan—, así como de ir a ver a su padre George. El padre es veterano de la Primera Guerra Mundial, herido en Gallipoli en 1915, pero Thongs recuerda lo tranquilo y sereno que se mostró cuando se despidieron en la estación central de Sídney. (Reg, el hermano de Thongs, consta como desaparecido desde la caída de Singapur, y otro hermano, Alf, también lleva uniforme). Con la objetividad que lo caracterizaba, el hombre se limitó a exhortar a Thongs para que estuviera abierto a nuevos aprendizajes, «porque eso me ayudaría a sobrevivir».

* * *

Desde el 5 de septiembre, el 3.er Batallón ha participado en la marcha por el sendero de Kokoda. En aquella fecha todavía contaban con 560 hombres entre sus filas. Hace poco más de dos semanas, quedaban 372. Y eso fue antes de los largos y costosos combates en Eora Creek, que abrieron el camino a Kokoda.[52]

Los intentos de los australianos de abrirse paso por la fuerza conforman las batallas características de este escenario bélico cubierto de selva y extremadamente accidentado, con desconcierto absoluto, combates cuerpo a cuerpo y miedo de topar con un enemigo al que casi nunca se podía ver; con rodeos, valerosos ataques de bayoneta pero condenados al fracaso, y pelotones que se separan unos de otros; con ataques donde las rocas son más escarpadas, la selva más densa, los barrancos más profundos, y con gente que desaparecía sin dejar rastro en los laberintos de la tupida vegetación; con oficiales que titubean, malinterpretan, discuten entre ellos o dan órdenes imposibles; con lluvia, lluvia y más lluvia; con cobardía, brutalidad, actos heroicos y muerte, muerte aleatoria, como es la muerte la mayoría de las veces en el campo de batalla.

Bede Thongs estuvo presente los primeros días. Tres de sus amigos cayeron, y él mismo encabezó un ataque después de que el jefe ordinario del pelotón resultara herido de gravedad. Pero al final los japoneses se retiraron.

52. Como en todos los enfrentamientos anteriores, los australianos sufrieron más pérdidas que los japoneses también en Eora Creek: 412 muertos y heridos frente a 244 japoneses.

Sí, la escena es un montaje. Un soldado del batallón de Thongs ya izó ayer una bandera australiana en el poblado, pero ahora repiten el número para las cámaras, y para que el nuevo general, que sustituye al jefe de división recién destituido, pueda lucirse.[53] (Por lo demás, el jefe de división anterior es el tercer alto cargo que ha sido etiquetado como deficiente durante las operaciones a lo largo del sendero de Kokoda).[54] Esta misma mañana, un caza estadounidense ha soltado una bandera nueva de nailon.

En cualquier caso, Thongs debería estar presente cuando izan la bandera, junto con el resto del 3.er Batallón, pero se encuentra un poco más allá, entre los árboles de caucho. Entre ellos reina el desánimo porque sienten que les han robado el mérito. Tampoco hay ningún otro batallón de infantería que haya pasado tanto tiempo como el suyo en primera línea en el sendero de Kokoda. Empiezan a estar realmente agotados. Muchos están enfermos. En lugar de premiarlos a ellos, el jefe de brigada ha coronado a una unidad regular como los conquistadores de Kokoda. Esto les dolerá durante décadas.[55] Así es el poder de los símbolos.

Pero aunque la escena esté amañada, aunque el ambiente entre los soldados sea de calma, y aunque la sensación de proeza se mezcle con los sentimientos de amargura, también hay satisfacción. Porque ahora ya han conseguido su primera victoria mesurable contra los japoneses en Nueva Guinea. El triunfo ha sido caro, sin duda, pero demuestra que su enemigo no es invencible, en absoluto. Y las altas montañas se yerguen por fin a sus espaldas.

53. De esta manera, a Vasey, el nuevo comandante, se lo asoció a un éxito logrado por su predecesor, Allen, no sin considerables problemas. Allen (apodado Tubby, pues era bastante pequeño y gordo) había demostrado gran valor durante la Primera Guerra Mundial, pero para muchos de esa generación (y que ahora eran altos mandos en la nueva guerra) la experiencia les llevaba, no pocas veces, a buscar soluciones anticuadas a problemas modernos.

54. También había muchos problemas con jefes reticentes e improductivos en niveles más bajos. Uno de los batallones, 2/25, se había quedado sin dos jefes de batallón en menos de un mes, el tercero cayó víctima de los obuses japoneses el 15 de octubre, y tres días más tarde otro oficial fue retirado de su puesto porque se había negado a atacar.

55. El tema de qué errores se cometieron y si fue acertado despedir a Allen es algo que aún se discute a día de hoy, no sin pasión. El libro *The Kokoda Campaign* de Peter Williams, de 2012, es el que mejor aclara lo que ocurrió y lo que no.

Pero apenas han alcanzado esta meta cuando ya se les presenta un nuevo objetivo. Tan solo una hora después de terminar la ceremonia, los primeros pelotones reemprenden su marcha bajo la lluvia, en hileras largas y ralas, bajando del altiplano en dirección norte para adentrarse en la oscura selva que se extiende allí abajo. Bede Thongs y los dieciséis hombres que quedan del 10.º Pelotón ya se encuentran en el bosque virgen al oeste de Kokoda, en misión de reconocimiento. ¿Dónde se han metido los japoneses?

* * *

Anne Somerhausen vive en el centro de Bruselas, en el número 6 de la calle Vilain XIII. Si al salir del estrecho edificio de tres plantas gira a la derecha, se topa con los árboles teñidos de otoño que bordean los estanques de Ixelles, un destino habitual para salir de excursión los fines de semana. Si gira a la izquierda, en un par de minutos llega a la ancha, recta y moderna avenida Louise, no solo popular para la gente que va de compras, sino también para la Gestapo,[56] que ha ocupado cinco de los grandes edificios y los ha convertido en pequeños bastiones rodeados de guardias y una oscura aura de amenaza.[57]

Esos edificios, con sus banderas de la cruz gamada, estropean buena parte de la forzada normalidad que predomina. Bruselas está a punto de comenzar su tercer invierno de guerra, y si los dos anteriores sirven de referente, el siguiente va a ser otra prueba.

La ciudad está fría, descolorida y cubierta de nubes grises. Las principales preocupaciones son la falta de carbón y gas,[58] sin duda, y todas las consecuencias que eso acarrea. Después de más de dos años de ocupación y escasez, la gente está agotada, tanto física como psicológicamente. Muchas de las personas con las que Anne se cruza han

56. Para ser exactos, la SiPo/SD, es decir, la policía secreta y el servicio secreto, de la cual la Gestapo era una parte.

57. Poco más de dos meses más tarde, Jean de Selys Longchamps, un piloto de combate belga que servía a los británicos, realizó un ataque no autorizado a baja altura a lo largo de la avenida Louise y disparó contra el cuartel general de la Gestapo, un edificio alto *art déco* situado en el número 453, algo que —con la típica inconsecuencia británica— le supuso, por un lado, una degradación y, por otro, una medalla.

58. El suministro de gas para los hogares estaba limitado a dos horas y media al día.

perdido peso y visten ropa vieja, ajada, remendada o dada la vuelta. (Cuesta 95 francos belgas darle la vuelta a un abrigo en un sastre, 175 para los trajes). Y la falta de cuero se puede oír en forma de un repiqueteo constante: cuando una suela de cuero se gasta, por norma general se sustituye por una de madera.

Bruselas se ha convertido en una ciudad más silenciosa. Los coches particulares son una rareza. (Y los que se ven suelen estar equipados con algún tipo de sistema de gas, con tubos en el techo o gasógeno en la parte de atrás). La gente va a pie o en bicicleta. Lo que antes se transportaba en camión se carga ahora en un carro tirado por caballos. Lo único que continúa igual que antes de la guerra son los tranvías amarillo pálido, que traquetean abarrotados por las calles.[59]

Las constantes colas delante de las tiendas de ultramarinos hace tiempo que forman parte de la imagen habitual de la ciudad, igual que los vendedores ambulantes y los policías en sus abrigos largos y oscuros y sus cascos blancos que recuerdan a un salacot, un fenómeno en el que nadie parece reparar. A esta categoría pertenecen incluso los alemanes en sus uniformes gris verdoso. Pocas veces llevan más que un mapa y una cámara, pues solo son turistas que se mueven en grupo y que a menudo se muestran sumamente educados. Para ser una capital ocupada en guerra, no deja de sorprender los pocos ocupantes armados que se ven por la calle. A veces aparece una orquesta militar alemana que se pone a tocar mientras marcha entre los castaños cobrizos de la avenida Louise. Mucha gente les da la espalda y finge mirar los productos de los escaparates.

* * *

Somerhausen sabe bien por qué se cruza con tan pocos alemanes armados en su paseo por las calles de Bruselas. En gran parte, la ocupación está gestionada por los propios belgas. Obviamente, arriba del todo hay un gobernador alemán —el título correcto es *Militärbefehlshaber*—, cuyo nombre todo el mundo conoce por los carteles en las paredes y las proclamas de la prensa: general Von Falkenhausen. Y por

---

59. Aunque no es del todo igual, pues los especialistas alemanes han modificado la red de tranvías. En 1939 había unos 150.000 automóviles privados en uso, mientras que en 1942 la cantidad era de 6.520.

debajo de él está la maraña alemana habitual de personal, equipos especiales, subordinados, grupos, departamentos y bufetes. Pero es la administración belga de la preguerra la que —intacta— se encarga de que las decisiones se lleven a cabo. Durante la Primera Guerra Mundial, cuando se negaron a colaborar, hicieron falta diez mil funcionarios alemanes para administrar las zonas ocupadas de Bélgica hasta el último detalle. Ahora, en noviembre de 1942, basta con 475 personas, 850 contando a todos los equipos subordinados y órganos especiales. Y es que el territorio es notablemente más grande.[60]

Somerhausen ha visto las cifras y la hacen enfurecerse por dentro, pero también avergonzarse. En este sentido, alimenta una ambigüedad que es muy habitual entre los belgas. Por lo menos este arreglo es mejor que el caos, y que un gobierno dirigido por las SS y un *Gauleiter* nazi fanático de esos como Seyss-Inquart, como tienen en Holanda, el país vecino. «Sus métodos —escribe Somerhausen en su diario— son tales que incluso preferimos nuestra administración al estilo Gandhi, que ejerce resistencia pasiva y que mediante su lentitud va asfixiando lentamente a los colaboradores supuestamente enérgicos que osan meterse en su atmósfera de influencia».

Un arreglo temporal, nada más, a la espera de que llegue la paz: eso es lo que parecen pensar tanto ella como la mayoría de ciudadanos. Pero ¿cuándo vendrá la paz? ¿Cuándo acabará el estado de excepción?

A medida que han ido pasando los meses, o los años, la espera ha pasado de ser un método a ser un estilo de vida. Todo el mundo está esperando algo, impaciente, aborrecido o angustiado, a veces incluso sin haber pensado en ello, sin tener muy claro el qué, incluso esperando algo que quizá solo existe en su imaginación. Somerhausen también está esperando. La paz, las buenas noticias, que haya más productos en las tiendas —aunque muchas cierren antes de que ella llegue a casa del trabajo—, a la próxima ganga en el mercado de estraperlo, a la próxima carta de su marido, retenido en un campo de prisioneros del sur de Alemania.

En su paseo por una Bruselas gris como el mes de noviembre, dos fenómenos bastante nuevos captan la atención de Somerhausen.

---

60. La administración incluye también los dos departamentos franceses más cercanos a la frontera.

El primero: pintadas que proclaman la fuerza de los aliados y prometen la caída de los alemanes. El segundo: carteles que indican dónde hay refugios antiaéreos (con el número de personas que caben en cada uno). Desde primavera, a menudo pueden oír los bombarderos sobrevolando la ciudad por las noches.

* * *

Los alemanes y los italianos aún no han cedido. El plan dice que la unidad de Keith Douglas debe tomar cierta carretera por el desierto. Él y los demás pueden ver que ya están cerca de dicho camino, pues detrás de una pequeña colina asoman postes de telégrafo. Pero allí esperan también los carros de combate del enemigo y la artillería antitanque. Todos los tanques de guerra británicos que han intentado alcanzar el otro lado han volado por los aires.

Douglas ha aparcado su Crusader de color arena en una pequeña hondonada junto con algunos carros de combate más de la misma unidad. De vez en cuando avanza un poco para echar un vistazo, pero enseguida se vuelve a poner a resguardo. Esperan. Aguardan. No saben muy bien qué hacer. Un tanque tiene problemas con la caja de cambios, otro con la radio. El gran problema de Douglas es otro. Dado que a su carro de combate le ha salido una fuga de aceite,[61] ayer por la tarde se vio obligado a tomar prestado uno nuevo, un carro con la mecánica intacta, pero en el que acaban de morir dos miembros de la tripulación. Todos los componentes de la torreta están pringosos de sangre y otros fluidos corporales: el suelo, las paredes, la radio, la munición, la ametralladora, la culata del cañón. Huele y atrae a las moscas.

Es primera hora de la tarde del martes día 3 de noviembre. Unas bombas de humo llegan volando con un chisporroteo desde el otro lado de la colina, pero no ocurre nada, excepto que un grupo de carros de combate británicos llegan rodando, aparentemente a modo de refuerzos, en caso de que el humo sea indicio de un contraataque.

---

61. Como ya se ha dicho, su carro de combate era un Crusader Mark III, rápido y bien armado, sin duda, pero más bien poco fiable en cuestiones mecánicas. En general, aparecían manchas de aceite en el bloque del motor después de tan solo dos o tres días de travesía agitada y temblorosa por el desierto.

Pero es una emboscada.

Varios cañones antitanque alemanes, de esos 88 tan odiosos, abren fuego. Siguen el procedimiento con exactitud. Primero, cargas explosivas, que estallan en una nube de humo gris y cuyas detonaciones se van acercando poco a poco a los pesados carros de combate, hasta que los tiradores del otro lado de la colina han determinado la distancia correcta con sus miras Zeiss. Después, unas cuantas cargas aéreas retumbantes para obligar a las tripulaciones a cerrar las escotillas y que, en consecuencia, pierdan visibilidad y capacidad de reacción. Por último, el desagradable sonido palpitante que advierte de que ahora vienen volando los proyectiles perforadores, seguidos de los breves y tintineantes golpes cuando aciertan en el metal, terminando con un ¡zum! Eso significa que la gasolina ha prendido fuego. En cuestión de segundos, tres carros de combate del tipo Grant han quedado fuera de juego. Humo y llamas salen a chorro por las escotillas. Douglas ve a algunos de los supervivientes marcharse corriendo de allí y ayudándose los unos a los otros para mantenerse en pie.

Sin embargo, hay otra cosa que capta enseguida su atención. En la arena ardiente hay un ejemplar sucio de *Esquire*, la revista estadounidense para hombres, con el gracioso señor del mostacho grande y uniforme en la portada, fácilmente reconocible por el colorido. Douglas necesita cogerla sí o sí. Salta de la torreta justo cuando otra pieza de artillería silba por encima de sus cabezas. Pesca la revista del suelo, y, de vuelta en la torre, él y el tirador empiezan a hojear juntos sus páginas rotas y manchadas.

Todo el mundo lee, y mucho. Si no pueden dormir, la lectura puede que sea la mejor manera de pasar el tiempo, de atajar el tedio durante la espera que ahora conforma la mayor parte de sus vidas. Douglas, el devorador de libros y exestudiante de Oxford, incluso ha instalado una pequeña biblioteca en la torreta de su tanque habitual. La mayoría son libros de bolsillo de papel barato de la editorial Penguin —los más populares son las novelas de detectives de tres franjas verde, blanco y verde—, pero tiene incluso libros del oeste, un volumen con los sonetos de Shakespeare y, lo último, un ejemplar de Nietzsche, en alemán.

Pero esta revista para hombres es más que un mero pasatiempo. Es un agujero en el tejido espacio-tiempo, un portal de entrada a otra vida. Podemos dar por hecho que estudian detenidamente a la *Petty girl* de este número, una mujer sonriente, ligera de ropa y de pecho voluptuoso, siempre dibujada con piernas desproporcionadamente largas y cabeza desproporcionadamente pequeña. Estas imágenes pseudopornográficas se han convertido en marca registrada de la revista y una institución para los soldados aliados: se pueden ver en todas partes, en los alojamientos, en los refugios antiaéreos, en las trincheras, en el interior de los tanques de guerra, pintadas en el exterior de los aviones de combate.[62] Sin embargo, lo que más fascina a Douglas es una página con fotos en color de algún tipo de fiesta en Hollywood, con hombres ataviados con esmóquines elegantes y mujeres con vestidos cortos y finos, y por un segundo tiene la sensación de estar allí, en una parte de este multiverso que es 1942, una existencia paralela de luces de neón y fragancias, baile, música jazz y copas de cóctel empañadas, de risas, sonrisas blancas y despreocupadas y bocas sugerentes pintadas de rojo.

Más o menos en ese momento estalla un ruido ensordecedor por efecto del fuego de respuesta de los británicos, y el portal se cierra. Douglas vuelve a la velocidad de la luz al carro de combate con sus paredes pringosas, y en sus auriculares oye la voz estridente del jefe de regimiento dirigiéndose a lo que queda del puñado de tanques pesados que ha empezado a retirarse en el fuego cruzado: «Nadie os ha llamado a retirada. Volved. DAD MEDIA VUELTA, maldita sea, y dadles su merecido a esos desgraciados. Sois unos malditos cobardes». Douglas los ve rodar cautelosamente hacia delante otra vez.

El fuego del otro lado de la colina amaina, cesa. Alguien explica que los alemanes han empezado a retirarse.

---

62. En el año 1944, el servicio de Correos estadounidense detuvo el envío de *Esquire* al extranjero, pues estas imágenes se consideraban demasiado lascivas. El resultado fue una tormenta de ira que llegó hasta el Congreso estadounidense. En el lado británico había algunas revistas semejantes, pero sobre todo estaba «Jane», unas viñetas de *The Daily Mirror*, cuya protagonista tendía a perder partes de su indumentaria. En aquella época se decía que existía una relación entre lo desnuda que salía Jane en el diario y lo bien que les iba a los bombarderos en sus misiones. En cualquier caso, lo que está claro es que cada vez iba más desnuda, a medida que las noticias de la guerra empeoraban, y en relación con la invasión en Normandía, el redactor se encargó de que incluso perdiera las bragas y apareciera por vez primera tal y como Dios la trajo al mundo.

* * *

Es el mismo martes y llegan a Treblinka tres trenes de vagones de carga. En uno de ellos hay cerca de mil judíos provenientes de Gowarczów, en otro unos cuatro mil de Radoszyce y en el tercero alrededor de nueve mil del gueto en Końskie. Con excepción de unos pocos, que se salvan para rellenar los constantes huecos que van quedando libres en la plantilla de trabajadores del *Sonderkommando* del campo, todos mueren asesinados antes del atardecer: hombres, mujeres y niños.

La cifra de catorce mil muertes en el transcurso de un solo día roza el límite de lo que la fábrica de matar puede abarcar. Sin duda, este día los hombres de las SS tienen que utilizar las dos cámaras de gas, por un lado la antigua, de tres salas y una capacidad máxima total de entre 1.350 y mil quinientas personas, y por otro, la nueva, de diez estancias y una capacidad total de 4.000 personas.

Pero el auténtico cuello de botella no se halla en la ejecución en sí, sino en la gestión de los cuerpos. Podemos estar seguros de que los asesinos, como de costumbre, seleccionaron a parte de los hombres jóvenes recién llegados para ayudar con la carga y el transporte. Pero un problema reiterado en este proceso es conseguir arrancar los dientes de oro de los cadáveres. No hay suficientes «dentistas».

Esto le genera a Chil Rajchman un nuevo respiro.

En el recuento de la mañana, el jefe del campo superior, el SS-*Scharführer* Heinrich Matthes, da la orden de aumentar el «comando de dentistas». Rajchman se ofrece voluntario al instante, asegura ser dentista, y aceptan su solicitud. Se coloca en la fila de dentistas y marcha con ellos a su barracón.

El edificio de madera está pegado a la cámara de gas más antigua y pequeña. En él hay una mesa alargada, bancos y, en un rincón, una cómoda cerrada con llave donde se guardan todos los objetos de valor, incluidos los que se han extraído de la vagina de algunas mujeres asesinadas. Hay una pequeña estufa que calienta el ambiente. Entra luz por dos ventanitas pequeñas. A través de ellas, Rajchman ve de refilón algunos de los altos abetos que crecen tanto fuera como dentro del campo. (Entre los abetos reconoce también muchos altramuces marchitados). Y puede ver el edificio de la cámara de gas grande, que también queda cerca. Obviamente, cada vez que se hace un gaseado oyen los gritos.

Rajchman se sienta con los demás. Están muy pegados. A la espera de que «hagan pasar» al siguiente transporte, revisan montones de dientes arrancados y coronas dentales, algunos aún con sangre o restos de encía, y seleccionan todo lo que sea de valor. «Dos especialistas clasificaban los metales, sobre todo oro blanco, oro rojo, platino y metales normales».

Durante media hora, Rajchman intenta dilucidar cómo tiene que hacerlo, prueba los distintos instrumentos. Entonces llaman a la ventana. Las puertas de las primeras cámaras de gas se están abriendo. Mandan salir a seis dentistas. Él es uno de ellos, y le entregan dos tenazas. Primero van a buscar sendas mesas a la carpintería, las colocan en fila. Después, cada uno se llena un cuenco con agua del pozo, vuelven corriendo y dejan el cuenco en la mesa. Entonces comienzan las labores.

Los hombres del comando de rampa llegan corriendo, de dos en dos, como siempre, con un cuerpo aún caliente en la camilla que parece una escalera. Se detienen frente a la línea de mesas. Delante del todo hay un hombre que inspecciona rápidamente la boca del cadáver. (¿Podría tratarse del *Kapo* del campo, el doctor Zimmerman?). Si no ve nada de valor, hace un gesto para ordenarles que sigan hasta la gran fosa. Si ve algo brillante, los envía a uno de los dentistas. Los dos camilleros levantan el cuerpo para que la cabeza quede sobre la mesa. La tarea de Rajchman consiste en arrancar los dientes de oro y los eventuales puentes de un fuerte tirón. Los dientes extraídos se dejan caer en el cuenco con agua, tras lo cual los camilleros continúan su camino a toda prisa con el cuerpo. El trabajo no es fácil. Rajchman explica:

> Los cadáveres de las cámaras grandes, donde la muerte tardaba más en llegar, se habían transformado de una manera horrible, sus caras estaban completamente negras, como si estuvieran calcinadas, los cuerpos estaban hinchados y de color azul, los dientes estaban tan apretados que resultaba prácticamente imposible abrir las bocas y alcanzar las coronas de oro. Entonces había que arrancar algunos de los dientes naturales, si no, las bocas no se podían abrir.

Y sigue así hasta que el trabajo se interrumpe, a las seis en punto y de la forma habitual:[63] un toque de trompeta; recogida de las herramientas de trabajo; limpieza; retirada; formación en la *Appellplatz* al son de la orquesta del campamento; recuento de control; cena en la barraca de la cocina; encerramiento. Así finaliza el martes 3 de noviembre en Treblinka.

* * *

Ese mismo martes, cuando el sol está en su cénit, un camión ligero todoterreno se acerca trazando una curva y cortando la arena del desierto a alta velocidad. Solo eso ya es un mal augurio. ¿Ya ha sucedido? El camión frena. Unos pocos hombres cubiertos de polvo se bajan. Están alterados. Sí, ya ha sucedido.

Vittorio Vallicella escucha sus relatos con horror. La noche del domingo al lunes, la batería de artillería se marchó hacia el sur para dar apoyo a la división blindada Littorio, cuando iban a sumarse a la unidad de carros de combate alemanes que iba a atacar la convexidad que se había generado, por no decir cortarla de cuajo. Pero había sido una carnicería, una auténtica carnicería —esa es la palabra que emplean, *macello*—, porque antes de llegar siquiera lo bastante cerca como para que sus *carro armati*, equipados con armas ligeras, pudieran alcanzar a sus enemigos, los nuevos tanques de guerra y la artillería antitanque británicos los habían ido eliminando uno a uno, y habían visto a los tripulantes saltando de sus vehículos en llamas como antorchas vivientes.

¿Y la artillería? Inutilizada. ¿Las tropas? Muertas. O capturadas. Ellos son los únicos que quedan, junto con Vittorio y los compañeros que recibieron órdenes de quedarse aquí, con el camión de equipaje, cuando los demás se marcharon en plena noche.

¿Qué va a pasar ahora? ¿Deberían tratar de salir? ¿Pueden salir? Son seis hombres jóvenes, sin mando, sin órdenes, sin radio, sin infor-

---

63. Al parecer, era un procedimiento estándar interrumpir el trabajo a las seis en punto, incluso aunque hubiera todavía cuerpos en algunas cámaras de gas y trenes esperando en la estación. Algo que refuerza aún más el cariz industrial de los asesinatos es que a veces ocurría que la gente a la que habían encerrado pero no habían tenido tiempo de gasear se quedaba encerrada toda la noche en las cámaras de gas, y no la mataban hasta que la jornada comenzaba de nuevo a la mañana siguiente a la hora estipulada.

mación fiable, abandonados, solos, naufragados en un mar de arena: Berrà, el Griego, Baruffi, Doliman, Bellini y el propio Vallicella, un camionero de veinticuatro años. Berrà es sargento y, oficialmente, le tocaría asumir el mando, pero Vallicella propone que a partir de ahora todas las decisiones se tomen de forma colectiva, por votación. Así lo hacen.

Toman inventario de las provisiones y las posibilidades. Cuentan con dos camiones ligeros que funcionan: uno es un TL.37 italiano, que con sus enormes neumáticos parece diseñado a partir de un dibujo infantil, pero que es fuerte, fiable y cuenta con tracción en las cuatro ruedas; el otro es el preferido de Vallicella, un camión ligero de la marca Chevrolet, un botín de guerra bien equipado y de fácil manejo.

¿Y las provisiones? Tienen quince bidones de gasolina llenos, lo cual está bien, pero tan solo sesenta litros de agua, lo cual no está tan bien. (Tanto ellos como los vehículos requieren grandes cantidades de agua para poder funcionar). Tienen alimento suficiente, señala Doliman, el cocinero: una caja de fruta en almíbar, una caja de conservas de carne italiana, una caja de *corned beef* inglés, seis cajas de chucrut alemán, tres cajas de biscotes y un buen puñado de té y tabacos de diferentes tipos. (Solo un detalle: en su diario, Vallicella no hace mención alguna ni de armas ni de munición). La falta de agua es un problema, pero no es irresoluble. Todos son veteranos de la guerra en el desierto, y saben que en los vehículos siniestrados que están esparcidos por la arena se suele encontrar un poco de todo, como, agua, gasolina y comida.

La noche es tranquila, excepto por una columna de vehículos que les pasa bastante cerca en la oscuridad. No pueden ver si son aliados o enemigos, así que se esconden. Una y otra vez, el horizonte del norte se va iluminando por los rayos.

* * *

La misma tarde. Anochece en El Alamein. Keith Douglas retrocede un tramo con su carro de combate para repostar, y para tomarse una taza de té y comer algo. Por la noche reúnen sus carros en un campamento improvisado, disfrutan de una generosa ración de ron que reparten a todos (como una especie de recompensa tras una larga y, a juzgar por las apariencias, exitosa jornada), «cuyo efecto», cuenta Douglas, quedó un poco neutralizado porque uno de nuestros morteros de veinticinco libras estaba mal calibrado y se pasó cerca de una hora mandando obuses a nuestra zona cada pocos segundos. Las primeras bombas le perforaron la cabeza al edecán y dejaron ciego a un caporal del escuadrón B. Yo pasé una noche incómoda acurrucado sobre un lecho de sangre pegajosa en el suelo de la torreta de ametralladora.

Cuando salga el sol volverán a atacar.

* * *

El miércoles 4 de noviembre, Dorothy Robinson, de Long Island, puede constatar que las elecciones han deparado una victoria abrumadora a los republicanos. Los demócratas han perdido cuarenta y cinco escaños en la cámara de representantes, junto con sus veinte años en el poder en Nueva York. Robinson está satisfecha: ella votó al joven, enérgico e insobornable exfiscal Thomas Dewey, que es ahora el nuevo gobernador.

Han empezado a cerrar algunas habitaciones en la casa para ahorrar gasóleo. Jim trabaja cada vez más y está fuera de casa cada vez más a menudo, y cuando llega suele estar cansado y hecho polvo. Su hijo Art se ha presentado como voluntario en las fuerzas aéreas. Su hija Peggy se encuentra ahora en la costa oeste, para estar cerca de su prometido, a quien han llamado a filas en la armada. De noche, a menudo Robinson puede oír el sonido de motores que trazan ruidosos arcos por encima de la casa, cuando los cazas de la base más próxima hacen prácticas de vuelo nocturno. Y en una punta de la casa tienen ahora algunos cubos llenos de arena, una pala y una manta gruesa, todo según las reglas, para usarlos en caso de tener que apagar una eventual bomba incendiaria.

* * *

La selva en Nueva Guinea despierta sentimientos contradictorios en el sargento Bede Thongs. Por un lado, la peste, la humedad, la podredumbre, los insectos, la penumbra y la sensación de amenaza que nace del hecho de no poder ver casi nunca más de dos metros por delante. Por otro, puede maravillarse con las flores, la riqueza de las orquídeas y las enormes mariposas de colores. Él y su pelotón, el 10.°, están en misión de reconocimiento al oeste de Kokoda, en busca de los japoneses que se han retirado. Nadie sabe muy bien dónde están.

Han caminado por un auténtico bosque virgen, oscuro y cubierto de musgo y, a veces, por una capa de un metro de grosor de hojas en descomposición. Están inmersos en un mundo con miles de matices de verde, incluida la luz del sol, que aquí y allá se cuela en rayos cargados de insectos que encuentran la forma de esquivar el manto de hojas que se cierra muy por encima de sus cabezas. No han visto ni oído a nadie. Durante largos tramos, el sendero que siguen ha sido casi imposible de distinguir. Los mapas son burdos, tienen manchas blancas, literalmente hablando. Están en tierra desconocida en todos los sentidos. Con suma probabilidad, Thongs y sus dieciséis hombres son las primeras personas blancas que han pasado jamás por aquí. Incluso es posible que sean los primeros en pasar por aquí desde hace muchísimo tiempo. Por las noches, Thongs y los demás tienen frío, y durante el día están empapados de sudor.

* * *

Ya ha despuntado la mañana y la patrulla lleva fuera tres días. Thongs y los demás acaban de abrirse camino hasta salir de la oscura selva de musgo. A lo lejos ven un conjunto de cuatro chozas. Se acercan. Está todo en silencio. No hay nadie. Hacen un alto, encienden un fuego, preparan té, y para acompañar el té comen lo mismo que llevan comiendo desde hace meses: *bully beef*[64] —frío, directamente de las latitas de conserva cuadradas y doradas— y galletas duras del ejército. Kokoda ya no queda lejos. Thongs incluso puede atisbar y oír un avión de mercancías en la distancia, probablemente de camino al aeródromo.

Entonces alguien ve el perro. Si hay un perro, también hay personas.

Thongs da un grito. Los soldados australianos se apresuran a coger sus armas. Y, a poco más de veinte metros, en la densa hierba de

---

64. El *bully beef* era carne cocida en salmuera, molida y después empaquetada en latas de conserva con una pequeña proporción de gelatina.

algodón, se levantan en silencio unos papúes, con poderosos arcos y flechas. Son dieciocho hombres, y rodean a los australianos en un semicírculo. Los australianos apuntan contra ellos, los papúes apuntan contra los invasores. En cierto modo, esto es la definición de lo que es una guerra mundial, un conflicto con una masa viva tan grande, y tan similar a un alud en su forma de crecer, que lo retuerce todo, lo redefine todo, acaba con todo —vida, ideas, valores, circunstancias, miedos, esperanzas, sueños— y lo arrastra todo consigo, incluidos los lugares y las personas que no tienen absolutamente nada que ver con él.

Thongs no sabe qué hacer. Los pensamientos se le agolpan en la cabeza. Piensa que no quiere matarlos. Piensa que, aunque lo hagan, algunos de sus hombres también caerán. Piensa en lo resistentes que son los papúes, comparados con unos chavales blancos de Goulburn, Queanbeyan, Crookwell, Yass, Mittagong, Bowral, etc. Piensa en las dos tumbas que ha visto poco antes de entrar en la aldea. Piensa que a los japoneses que yacen muertos allí dentro deben de haberlos matado los papúes. Piensa en cómo va a poder comunicarse con estos hombres.

Nadie se mueve y no pasa nada, y el tiempo se prolonga mientras permanecen allí de pie, petrificados, dos eras distintas con las armas en ristre. Entonces uno de sus soldados comienza a suplicar, a gritar, rápidamente seguido de otros y de él mismo, en un pidgin improvisado: «*Australians. Australians. Not Japanman. We all bilong friends. Bilong Papua New Guinea bois. Not Japanman. Friends. We're your friends*».[65] Posteriormente, Thongs no sabrá decir cuánto tiempo estuvieron así, «pero me pareció un rato largo». (Thongs no menciona nada de eventuales gestos en su relato, pero seguro que debió de haberlos). Al final, los papúes bajas sus armas. Los australianos hacen lo mismo.

Thongs les ofrece conservas y galletas, pero el hielo se rompe de verdad cuando les ofrece sal. «Me mojé la punta de un dedo con la lengua y la probé, su líder hizo lo mismo. Sonrió y soltó un gruñido de agrado. Los demás arqueros emitieron más sonidos de satisfacción».

---

65. Ambas partes dependían de porteadores nativos para llevar a cabo la guerra a lo largo del sendero de Kokoda, si bien los australianos lo lograban con mayor éxito, pues trataban a los papúes mucho mejor que los japoneses. Sin pensarlo, estos últimos aplicaban la misma fuerza y violencia que se habían acostumbrado a ejercer en China.

El peligro termina. Críos pequeños y mujeres con faldas de hierba se materializan de golpe entre la hierba de algodón. Más tarde, cuando Thongs y los demás abandonan la aldea, se despiden de los papúes alegremente con la mano, y los papúes responden igual de contentos. Por delante tienen un llano abierto y bañado por el sol. No muy lejos de allí les espera Kokoda, los papúes les han indicado el camino. La fecha es 4 de noviembre.

* * *

La mañana del mismo día, Vittorio Vallicella y sus compañeros ven unos cuantos carros de combate alemanes pasar por allí. Sus dotaciones pueden confirmar que se ha iniciado una retirada general para alejarse de El Alamein, hacia el oeste, siguiendo la carretera de la costa. Ahora Vallicella y sus compañeros deben tomar una decisión. El sargento Berrà y algunos más quieren tratar de salir de allí, huir, encontrar de alguna manera un camino hacia el oeste, hacia las propias líneas —dondequiera que puedan estar ahora, en esa situación fluctuante— y, en última instancia, a casa.

Vittorio Vallicella nació en el seno de una familia de campesinos humildes en la provincia de Verona, está acostumbrado a laborar en el campo, a hacer lo que le dicen, lo que siempre ha hecho. Pero aunque estudiar nunca haya sido una opción para él, lee mucho y con gusto, y aunque haya obedecido a la orden de presentarse a filas, su vida en el ejército está marcada por una tangible falta de entusiasmo. No se declara fascista; políticamente hablando, se inclina más bien a la izquierda. Pertenece a ese grupo de millones de personas a quienes la guerra no les interesa pero han descubierto que ellos sí le interesan a la guerra. Las pocas ilusiones que se puede haber hecho ya se han esfumado por completo, desgastadas por los casi veinte meses que lleva en el norte de África. Vittorio Vallicella es bastante bajito pero fibroso, tiene el pelo castaño típico del norte de Italia, ojos profundos, boca marcada y mentón pronunciado. Es poco militar en su manera de pensar y de vestirse. En las fotografías aparece a menudo en camiseta interior de color blanco.

Vallicella ya ha tenido suficiente. Él quiere quedarse aquí, esperar a los británicos y rendirse. ¿De verdad merece la pena el riesgo de lanzarse a un camino tan largo de incertidumbre? Doliman, el cocinero, está de acuerdo. El Griego y Bellini no lo tienen claro, pero Baruffi y Bassi se ponen del lado de Berrà. La cosa queda zanjada. Hacia el oeste. Arrancan los camiones y se marchan por una pista serpenteante entre la arena. El sol se abalanza sobre ellos desde un cielo despejado.

* * *

Lluvia fría. Campos grises que no tienen fin. Un paisaje despojado de colores y personas. Un camino de tierra estrecho y tortuoso. Un carro tirado por un caballo cansado. En el carro van, aparte del cochero, Danuta, una mujer joven con su pequeño en brazos, y Józek, su marido, diez años mayor que ella. Los padres van vestidos con poca ropa, no llevan ni chubasqueros ni abrigos. El bebé está arropado con esmero. Incluso en tiempos de paz esto sería un viaje incómodo.

Danuta y Józek Fijalkowski son ambos oriundos de Varsovia; ella se ha criado en la capital y lleva muchos años enamorada de su luz, sus sonidos y su gentío. El verano lo han pasado en Czemierniki, un pueblo cerca de Lublin, en el este de Polonia, en una casa a medio construir, sin calefacción ni aislamiento. Ahora se acerca el invierno y Józek ha estado buscando hasta encontrar un lugar acondicionado donde puedan instalarse estos meses. Está a treinta kilómetros de distancia, en una pequeña ciudad llamada Międzyrzec Podlaski, un poco al norte de Lublin. Allí es adonde se dirigen en este frío día de otoño.

Sin duda, es una huida, por mucho que Józek no quiera reconocerlo. Las explicaciones que ha dado para pasar el verano en Czemierniki son que es mejor para el pequeño, y que Danuta «necesita unas vacaciones». Cuando empezó el otoño y llegó la hora de encontrar una residencia nueva, ella quería regresar al pisito que tienen en la capital, pero su marido se negó. «En Varsovia es demasiado difícil conseguir comida», fue su principal argumento. Y es cierto, sin duda. Actualmente, la mayoría de los ciudadanos polacos dedican ya el fin de semana a irse al campo con unas maletas vacías para comprar o intercambiar alimentos con los campesinos, en negro, y luego meterlos de contrabando. Esquivando controles y cortes de carretera, evitando los grupos de soldados alemanes vestidos de negro que abundan por todas partes, armados con metralletas y perros.

Pero Józek no se lo explica todo. De vez en cuando desaparece para hacer viajes misteriosos, claramente angustiado, y regresa aliviado con algo de dinero. Pero Danuta puede ver su preocupación y sabe que necesita mantenerse alejado. Resulta que goza de libertad condicional, por lo que tiene la obligación de presentarse ante la Gestapo de forma regular en sus temidos cuarteles generales de Varsovia, el edificio pomposo y neoclasicista del número 25 de la calle Szucha. (Que por cierto es una de esas calles de la ciudad que ahora son *Nur für Deutsche*, solo para alemanes. También ha cambiado de nombre, ahora se llama Strasse der Polizei). Pero ya en primavera dejó de ir. No quiere, no tiene fuerzas, no puede.

Józek es un hombre marcado. Y no solo en el sentido físico —por mucho que tenga una gran cicatriz en una de sus piernas, fruto de las mordidas de un perro mal curadas—, sino mental. Tiene miedo, vive intranquilo, sufre temblores, sudores y taquicardias. Las pesadillas son abundantes.

* * *

Józek no ha hecho nada mal, sino que, simplemente, se cruzó con una de aquellas *razzias* callejeras aleatorias.[66] Entre agosto de 1940 y enero de 1942, Józek estuvo prisionero en lo que antes de la guerra era un complejo militar con casernas de ladrillo al sudeste de Cracovia, en un lugar que en aquel momento llevaba el nombre de Oświęcim, pero que como tantas otras localidades polacas adoptó un nombre alemán y ahora se llama Auschwitz.

Danuta no sabe con exactitud qué fue lo que Józek vivió allí. Y tampoco quiere que le hable de ello, pues le provoca disgusto. Lo que ha oído hasta la fecha ya es lo bastante malo, relatos difíciles de

---

66. Los alemanes buscaban, sobre todo, hombres de entre veinte y treinta años, para trabajos forzados en Alemania. La única protección que podían tener eran documentos que demostraran que ya trabajaban para ellos o que desempeñaban alguna función importante en Polonia. En la práctica, los polacos, con independencia de su religión, carecían de derechos, a la vez que los alemanes en cargos más altos eran notoriamente corruptos, ganaban mucho dinero y podían cometer distintos abusos sin correr riesgo alguno, incluso sexuales. El *Generalgouvernement*, las zonas no anexionadas de Polonia, se abreviaba en GG, lo cual incluso algunos alemanes interpretaban como *Gangstergau*, la «Zona Gánster».

entender sobre formaciones y frío y uniformes a rayas y zuecos y barro y trabajo duro (Józek ha pasado infinidad de veces por debajo de las letras de hierro forjado en la entrada del campo que aseguran que «El trabajo te hace libre») y perros y hombres de las SS que pegan a los prisioneros y prisioneros que pegan a otros prisioneros y hambre y sentencias de muerte aleatorias y nuevos métodos de ejecutar a la gente en masa (gas tóxico, pero no pueden ser más que rumores, ¿no?)[67] y normas y alambrada y torres de vigilancia y silencio y una atmósfera negra de muerte: la muerte como amenaza, la muerte como espectáculo, la muerte como fenómeno, condición y cotidianidad.

Józek es un hombre con el alma marchitada por el terror.

Es un día frío y gris. El paisaje, vacío, pintado de colores nebulosos. Siguen avanzando con el carro. Campos cosechados. Bosques mojados. Pueblos. Y luego entran en una pequeña ciudad. Cuando la plaza se abre ante ellos, presencian una escena que Józek conoce demasiado bien, y se pone a temblar en el acto:

> A un lado de la plaza hay varias docenas de mujeres judías en filas de a cinco, de rodillas y con las manos en alto. En el lado opuesto de la plaza hay hombres judíos agachados en la misma postura. Los hombres de las SS se pasean entre los dos grupos con sus metralletas y los perros de guardia a su lado, y dan patadas y empujones a las personas que no levantan las manos lo suficiente.

Ella le pregunta. Él le dice que no mire hacia allí. Ella ve como él se queda blanco, tiembla y suda. Józek le mete prisa al cochero: tienen que alejarse de allí, rápido. El carro dobla por una callejuela, se aleja a velocidad creciente. Józek empieza a explicar, le cuenta lo

---

67. Durante el tiempo que Józek estuvo en Auschwitz, todavía era un campo de trabajo y de concentración destinado, principalmente, a los presos polacos (cristianos y judíos), sin duda excepcionalmente brutal, pero aún no de exterminio. Por ejemplo, los presos podían recibir correo. Sin embargo, los primeros experimentos de gaseado se llevaron a cabo en agosto y septiembre de 1941, cuando los presos de guerra soviéticos fueron asesinados con Zyklon B en los sótanos del Bloque 11, una de las casernas de ladrillos del Auschwitz original, junto al edificio en el que Józek estaba prisionero. Los gaseamientos masivos de judíos se iniciaron en marzo de 1942 y tuvieron lugar principalmente en Auschwitz II, la parte nueva y extensamente ampliada del campamento.

que está pasando con los judíos, o lo que ya les ha pasado, mejor dicho; le habla de transportes y campos y muerte. Ella le pone un dedo en los labios, le hace callar. ¿Para qué hablar de ello? «No quiero que lo revivas».

Salen al paisaje vacío de otoño. El cielo está cubierto de nubes grises y la lluvia empieza a caer de nuevo. Tienen frío. Pronto llegarán a Międzyrzec Podlaski.

* * *

Ha sido, escribe Vera Brittain con ironía en su diario este miércoles 4 de noviembre, «un típico día para una ama de casa de las afueras de la ciudad». En los grandes almacenes de Marshall & Snelgrove, en Oxford Street, ha encontrado un cuello bordado de oro que ha pensado usar para darle un toque nuevo a su vestido de noche de seda, y ella y su acompañante incluso han comido allí. Luego han bajado por Bond Street, esquivando hoyos parcheados en la acera, por delante de ventanas tapiadas, casas sin tejado, edificios sin fachada, fachadas sin edificio, hasta Truefitt & Hill, la peluquería de toda la vida, donde se ha hecho la permanente. Sí, se preocupa por mantener buen aspecto.[68]

Pero Brittain es cualquier cosa menos una «ama de casa de las afueras», independientemente de que odie las tareas domésticas y deje todo lo posible para la criada. Es una escritora de cuarenta y ocho años, madre de dos hijos, feminista y pacifista. Para la amplia mayoría tanto en Reino Unido como en Estados Unidos, se la conoce por su éxito de ventas *Testament of Youth*, que salió publicado hace apenas diez años y que habla de sus experiencias como enfermera voluntaria durante y después de la anterior guerra mundial.

Apenas quedan más que unos resquicios del movimiento pacifista del que formó parte durante la década de los años treinta, tras verse demolido por el peso tanto de su fracaso como de sus incoherencias internas. (La división era grande: había de todo, desde pragmáticos —como Brittain, que se ven cumpliendo ciertos servicios en la de-

---

68. No se trataba solo de vanidad personal. Dado que muchas de las opiniones de Vera Brittain se consideraban radicales, durante bastante tiempo le dio especial importancia a ir muy bien vestida, para que no fuera fácil tacharla de ser otra bohemia intelectualoide.

fensa civil— hasta fundamentalistas —que se niegan a todo y para los cuales cualquier tipo de paz es mejor que cualquier tipo de guerra—, pasando por auténticos fascistas encubiertos, quienes con inquebrantable estupidez consideran que Hitler está siendo tratado injustamente y que la guerra es el resultado de una conspiración judía). Pero Brittain se niega a renunciar a sus principios.

Ella sigue defendiendo la perspectiva pacifista, algo que requiere valor, fuerza, obstinación y cierta majadería, en una situación en que los bombarderos enemigos pasan zumbando por encima de sus cabezas. Sin embargo, ella no es una de esas figuras intelectuales cuya resistencia heroica contra la guerra y el nazismo las ha llevado a la salvaguarda de Estados Unidos; aunque haya jugado con la idea; aunque haya mandado allí a sus hijos.

Cada quince días, Brittain publica un breve boletín pacifista de noticias, *Letter to Peace-Lovers*, que se envía a algo más de mil suscriptores de todo Reino Unido. El racionamiento de papel complica las cosas, y el trabajo que supone le quita gran parte de su tiempo y también parte de su dinero. Pero por mucho que las opiniones como la suya se hayan vuelto impopulares, por no decir despreciadas, Brittain no se rinde.[69] Hoy mismo ha enviado una carta con instrucciones a la mujer que hace las veces de secretaria para el boletín de noticias, y en casa le espera la correspondencia de otros contactos. Hace apenas una semana salió publicado su último libro, el tratado pacifista *Humiliation with Honour*. Siente curiosidad e impaciencia por conocer las reacciones que va a suscitar.

El día termina con un té de media tarde en Stewarts. Londres está más gris de lo habitual, para ser noviembre, con sus monumentos revestidos de sacos de arena, casas dañadas por las bombas y rótulos apagados. Pero, por una vez en la vida, no ha llovido.

* * *

Ese mismo día por la mañana, Keith Douglas y lo que queda de su escuadrón suben a esa colina, pasando junto a cuerpos y trozos de cuerpos, junto a los cascos calcinados de la batalla del día anterior.

---

69. Vera Brittain también se involucró mucho en los temas de ayuda alimentaria en países ocupados, como Grecia.

Buscan con la mirada mientras avanzan angustiados. Pero no ocurre nada. Lo único que se oye es el rugido de los motores y el chirrido de las orugas. Llegan al camino del desierto con sus postes de telégrafo. Nadie. Los alemanes y los italianos se han retirado, por no decir que han huido. Se cruzan con un desertor solitario que va a su encuentro a la luz de la mañana. Este se lo confirma, señala con el dedo: sí, han desaparecido, hacia el este, ahora ya están lejos. Douglas y los demás se muestran suspicaces, no saben qué pensar, temen que sea una trampa. Siguen avanzando. El paisaje se abre, llano y ancho. Un poco más tarde tienen algún que otro enfrentamiento, pero se acaban enseguida.

* * *

Cuando el tiempo se lo permite, Albert Camus suele sentarse en un banco de piedra que hay delante de la pequeña pensión. Poco a poco se ha ido acostumbrado al paisaje, con sus colores y líneas tan distintos a los de casa, en Argelia. Los sonidos también son diferentes. El eco de los ladridos de los perros se prolonga mucho más en el paisaje abierto del norte de África que aquí, en estas tierras altas francesas, cubiertas de bosque. Aquí él es un desconocido, y al mismo tiempo, no.

La pensión está en Le Panelier, un pueblo en el macizo Central, en Vivarais, a más de noventa kilómetros al sudeste de Lyon. Camus lleva viviendo aquí desde finales de verano, por recomendación de su médico, para intentar sanar el rebrote de tuberculosis. Le Panelier queda a novecientos cincuenta metros de altura, y una altura así, con su aire un poco más ligero, se considera beneficiosa para los pacientes de tuberculosis. Cada dos semanas hace el trayecto de cincuenta kilómetros hasta Saint-Étienne para que le practiquen un tratamiento de neumotórax.[70]

Los huéspedes de la pensión han ido desapareciendo uno tras otro. El mes pasado, su esposa Francine regresó a Argelia para retomar su trabajo de profesora en Orán. Camus está solo. Ya le va bien. Mientras Francine estuvo aquí, les sirvieron las comidas en la habitación, para que Camus no tuviera que relacionarse con los demás huéspedes.[71]

70. Más tarde, la ciencia ha pasado a considerar ineficaces ambas terapias.
71. Quien llevaba la pensión era un pariente lejano de su mujer.

En ausencia de otras personas se siente menos misántropo, al mismo tiempo que la ausencia de mujeres reaviva sus viejas ideas sobre las ventajas del ascetismo. Piensa mucho en el sexo, y la mayoría de las cosas se ven impregnadas de cierta sublimidad. (Cita de su libro de notas de este otoño: «El sexo no lleva a ninguna parte. No es inmoral, pero es improductivo» o «El sexo desenfrenado conduce a una filosofía de falta de significado del mundo. El celibato, en cambio, le brinda sentido»). El silencio, la soledad, el encerramiento, las limitaciones de libertad de movimiento y de vida que la guerra ha traído consigo incluso aquí, en las zonas no ocupadas de Francia, le van paradójicamente bien, al menos a ratos. Está sentado en la pensión vacía y trabaja sumamente concentrado en una nueva novela, una alegoría que pretende tener «un sentido social y un sentido metafísico». Tiene previsto volver a Argelia a finales de mes.

* * *

Para Albert Camus, 1942 ha sido un año productivo. Ha conseguido publicar dos libros. *El extranjero* salió a mediados de junio, y hace poco más de dos semanas se publicó *El mito de Sísifo*. Camus pasa mucho tiempo refunfuñando sobre la acogida que ha tenido *El extranjero*. No han sido pocas las reseñas positivas, pero muchas han sido destructivas, y son estas últimas las que lo carcomen. En conjunto, no lo han recibido en absoluto como se esperaba. «Se tarda tres años en escribir un libro, cinco líneas en ridiculizarlo con citas deformadas». (Por otro lado, el peor revés aún no ha llegado: ya en septiembre Jean-Paul Sartre —quien regresó de su cautiverio alemán hará cosa de año y medio— escribió una reseña excepcionalmente larga de *El extranjero*, favorable en algunas partes pero también aleccionadora en otras; dicho texto no saldrá publicado hasta dentro de unos meses).

La situación es un poco rara. El debut de Camus lo ha dado a conocer, por no decir que lo ha vuelto famoso, y, pese a las reseñas, *El extranjero* se está vendiendo inesperadamente bien. Pero él vive aislado en una pequeña pensión en el macizo Central. Ha solicitado permiso a las fuerzas de ocupación alemanas para viajar a la zona ocupada y hacer una breve visita a París. Por el momento, no ha obtenido respuesta. Así que continúa escribiendo su nueva novela. A veces sale al bosque húmedo de otoño a buscar setas. Su única compañía son tres perros abandonados a los que ha adoptado. Pronto cumplirá veintinueve años.

* * *

De nuevo, una partida; de nuevo, un campo desconocido esperando en alguna parte. Lo cual ya es lo bastante malo de por sí, pero ahora se le suma que ha comenzado la estación de lluvias, aquí en Java, convirtiendo los traslados en una empresa arriesgada y las marchas a pie en una pesadilla. Pero siendo fiel a sí mismo, se niega a dejarse abatir.

Se centra en lo que sí funciona, en lo que está bien, en lo que es fiable, pero de una forma sobria, sin ilusiones. Y busca las ventajas. Ayer en su diario escribió: «Será un gusto no tener que ver más a estos guardias, porque [son] muy sádicos». Su nombre es Ernest Edward «Weary» Dunlop,[72] un médico militar de treinta y cinco años del ejército australiano, y prisionero de guerra de los japoneses desde marzo.

Las últimas semanas han sufrido bastantes malos tratos en este campo, que queda justo en las afueras de Bandung, en la parte oeste de la gran isla. Ha sido lo de siempre: puñetazos, golpes y bofetadas, con la mano abierta o cerrada, con varas u otras armas, a veces con la culata del rifle. (Todo acompañado de gritos y bramidos). Y, como de costumbre, los detonantes han sido pormenores, como no hacer una reverencia debidamente o hacerla demasiado tarde, fumar donde no toca, intentar meter tabaco a escondidas, etc. Hace unos días pillaron a unos prisioneros australianos imitando a uno de los guardias japoneses —en verdad, la mayoría son coreanos—, y el resultado fue «una orgía de bofetones».

Dunlop lleva suficiente tiempo en el campo como para saber que, de vez en cuando, de repente los guardias se vuelven más violentos, sin que los prisioneros puedan identificar una razón aparente, y entonces aprovechan cualquier excusa para dar patadas o golpes. Pero luego la ola se disipa, de manera igual de incomprensible, y los guar-

---

72. El apodo «Weary» se originó cuando iba a la universidad, un juego de palabras con su nombre: Dunlop = *tire* («llanta») = *tired* («cansado») = *weary* (ídem). Su rango era de teniente coronel.

dias se comportan de nuevo con normalidad, por no decir incluso con cortesía. La imprevisibilidad, junto con la impotencia, conforman el núcleo de la existencia en el campo, con la apatía y el deterioro físico como principales consecuencias. (La violencia solo es un medio). Como máximo representante —contra su voluntad— de los prisioneros australianos y británicos del campo, ha hecho muchos esfuerzos para mantener a raya los primeros fenómenos mencionados; como médico, ha hecho todo lo posible para remediar los segundos.

En realidad, la idea era que él y los demás prisioneros australianos se marcharan mañana, el jueves 5 de noviembre, pero se les ha brindado un retraso inesperado. (De nuevo, la imprevisibilidad). Dunlop escribe en su diario de hoy, el día 4: «Los ánimos en el campo son excelentes. Estoy de lo más atareado haciendo el equipaje y repasando el archivo, estoy muy contento con este día extra».

Desde que, antes de ayer, le confirmaran a Dunlop que él y los demás iban a partir a un destino desconocido, ha estado incansablemente activo, fiel a su naturaleza. Más o menos como en primavera, cuando se enteró de que los en Java los holandeses habían depuesto las armas y que, en lugar de huir, se habían quedado con los heridos y los enfermos a la espera de la llegada de los japoneses, pese a saber que en la toma de Singapur estos habían masacrado tanto al personal sanitario como a los pacientes en los hospitales militares que allí había,[73] pero con la diferencia de que en marzo estaba «demasiado ocupado como para estar asustado». (El coraje físico y moral están fusionados en él). Y quizá, también este día de noviembre, tanto las tareas grandes como las pequeñas tengan un efecto de antídoto contra la preocupación por el futuro.

La lista de quehaceres de Dunlop es larga. Hay que repartir conservas de comida; reunir y distribuir el dinero en efectivo; finiquitar

73. Entre las victorias que Japón sumó en los años 1941 y 1942 se contaban pequeñas y grandes masacres. En general, las agresiones abusivas no estaban planificadas, sino que eran meras demostraciones de brutalidad y superioridad por parte de los militares nipones, y se llevaron a cabo como de pasada. A diferencia de otros crímenes de guerra que sí estaban planeados, como por ejemplo Sook Ching, el genocidio étnico de chinos en Singapur, que tuvo lugar aquella primavera y que pudo cobrarse entre veinticinco mil y cincuenta mil vidas. O los experimentos clínicos con personas que realizó en masa la hoy archiconocida Unidad 731.

la contabilidad y firmarla; salvar la biblioteca del campo;[74] revisar los documentos del archivo: «Llevarnos los que podamos» (esto se aplica también a otras cosas: «Material deportivo: llevar poco», «Herramientas: llevar algunas»); las tumbas sin marcar en el cementerio del campo hay que marcarlas; tres de los ocho cerdos hay que sacrificarlos, sin olvidar que medio cerdo es para los oficiales japoneses, una muestra de agradecimiento y un soborno al mismo tiempo; hay que inspeccionar, contar y completar el equipo personal de los soldados, pues esto es lo que se les permite llevar: una camisa y un pantalón corto; una cantimplora; un par de calcetines; una mosquitera; un par de vendas para las piernas; una mochila; un gorro de uniforme; dos mantas; un sombrero; un cinturón; una fiambrera con cubiertos; una esterilla. (El resto del equipo se entrega al almacén del campo).

Ahora todo eso ya está marcado en la lista y completado. Están listos.

En la breve tregua que ha surgido aprovechan para disfrutar de la frágil cotidianidad que Dunlop, entre otros, se ha esforzado tanto por consolidar. Lo hacen por la alegría que este día brinda por derecho propio, pero también porque les ayuda a mantener la cordura en esta imprevisibilidad oscura y cerrada del mundo en el que viven.

* * *

Ayer tarde, el teatro del campo[75] hizo su última función. Tuvo lugar en la sala de gimnasia reformada donde suelen pasar el tiempo, a la que llaman Radio City y que siempre parece estar llena de gente. Allí los prisioneros han podido presenciar un poco de todo, desde obras de teatro (*Otelo, Julio César, Journey's End*) y conciertos de jazz (la pequeña orquesta del campo dispone de tambores y bajo, armónica y violín) hasta revistas locales (siempre entretenidas, con muchas bromas retorcidas, rebuscadas e indecentes, y por supuesto con el elemento imprescindible en todos los números de entretenimiento en el campo: la presencia de prisioneros disfrazados de mujer).[76] Dunlop escribe

---

74. Esto se hacía con cada hombre llevando un libro en su equipaje.

75. Es decir, el formato que tenía entonces. La parte británica del conjunto aún se quedó un tiempo en Bandung.

76. Los japoneses, normalmente tan pudorosos, gustaban de aquel elemento. Uno de los oficiales nipones incluso compró maquillajes caros para los travestis del campo.

acerca de la obra en su diario: «El sargento Wynne y el caporal Abbot iban los dos disfrazados de putas y lo bordaban; Berny Weller y su banda. Algunos soldados japoneses muy simpáticos les dieron dinero a los actores, probaron los instrumentos y volvieron al cabo de un rato con un montón de galletas». (De nuevo, la imprevisibilidad).

Hoy, primero se celebra un examen ceremonioso para todos los que han participado en alguno de los más de treinta cursos que se han organizado en el campo: de idiomas (entre otros, francés y japonés), historia, matemáticas, navegación, técnica, medicina, geografía, agronomía. Cada día se han impartido alrededor de ciento cuarenta clases o seminarios, algunos de nivel realmente avanzado.[77]

Después de que todos hayan recibido sus diplomas —seguramente, diseñados por el grupo de personas con algún tipo de talento artístico que, entre otras cosas, se encargan de elaborar la revista del campo *Mark time!*—, Dunlop se ve obligado a subir al escenario y dar un breve discurso, en el que, entre otras cosas, cuenta lo «profundamente impresionado» que está «ante el espíritu universitario que hemos construido aquí». Acto seguido, juegan un partido de fútbol, el último, entre diferentes equipos de prisioneros, con británicos y australianos por un lado, holandeses y nativos por otro. (Entre las alambradas se ha practicado toda una serie de deportes: boxeo, lucha, baloncesto, voleibol, atletismo, cricket, incluso una especie de minigolf primitivo, pero el fútbol ha sido el más popular). Después, los equipos forman y Dunlop los elogia. Subraya «lo bien que nos lo hemos pasado con el fútbol» y añade, quizá un tanto demasiado generoso, que «sea adonde sea que nos dirigimos, tendremos más posibilidades de vencer que aquí». Los hombres que tiene delante están todos bronceados y flacos.

Eso, ¿adónde se dirigen?

El día termina con el mismo espíritu. Dunlop escribe en su diario:

> Nick organizó una cena discreta y encantadora con L. e I., John Morris, Frank Burdon, Christmas, Ramsay Rae (personal administrativo). Es la situación más hogareña que he podido experimentar, con tarjetitas personalizadas para indicar el asiento de cada uno, ¡y una mesa limpia, hermosamente decorada con flores! Tomamos mucha de

---

77. Por ejemplo, uno de los conferenciantes era un exinvestigador de Historia Antigua en Cambridge.

la cerveza que el sargento había elaborado. Un sabor curioso, como un suave refresco de jengibre.

* * *

Leningrado está equipada para el invierno. La aritmética está del lado de la ciudad.[78] Tras la masacre y las grandes evacuaciones, quizá ahora queden unas ochocientas mil personas en ella (hace algo más de un año, se contabilizaban 3,3 millones). Son muchas menos bocas que alimentar. Hacia finales de mes el hielo comenzará a formarse en el Ladoga, y entonces podrá reabrirse «el camino de la vida». Algo bueno que el frío trae consigo.

Pero el pavor a un nuevo invierno brutal sigue existiendo. Inevitablemente. Sin embargo, de forma paradójica, el hecho de que ahora se hable de comida con tanto nerviosismo y temor es una buena señal. Lidia Ginzburg explica:

> La fijación por la comida, las conversaciones maníacas sobre ella, todo esto se intensificó enormemente durante la tregua. En los días de la gran hambruna, la gente permanecía casi siempre callada. Sus posibilidades estaban tan limitadas que no había espacio para adornar psicológicamente los datos reales ni para recurrir a la eterna tendencia humana de hallar en lo sucedido una confirmación de sus propios valores e ideales.
>
> La cantidad de sufrimiento pasa a adoptar una nueva calidad de experimentación, del mismo modo que las personas que están heridas al principio no sienten ningún dolor, y que los que se mueren de frío, hacia el final caen en un estado de agradable confort. Como todo el mundo sabe, el hambre no se asemeja a las ganas de comer. Tiene diversas máscaras. Solía mostrar una cara de tormento, indiferencia, un frenesí demencial, brutalidad. Sobre todo, el hambre parecía una enfermedad crónica, e igual que en todas las enfermedades, la conciencia jugaba un papel muy importante. Los condenados no eran los que tenían los rasgos más oscuros ni los que estaban más demacrados ni

---

78. Si bien es cierto que el mes anterior había fallado el cuarto intento de romper el bloqueo, desde entonces los sitiadores alemanes se habían mantenido bastante tranquilos.

más hinchados. Condenados estaban los de las expresiones de cara extrañas, los de las miradas singularmente concentradas, los que comenzaban a tiritar ante un plato de sopa.

Tanto la radio como la prensa informan de combates continuados en el distrito industrial de Stalingrado, pero no parecen en absoluto igual de intensos que hace apenas una semana. ¿Significa eso que los alemanes están siendo frenados? La fecha es 5 de noviembre. Se están haciendo preparativos en toda la ciudad para la celebración del Día de la Revolución. Llevan 432 días de asedio.

* * *

Nota que se están acercando. Los sonidos cambian, las vibraciones se reducen, el destructor en el que van pierde velocidad. ¿Nota también el olor? Son muchos los que desde hace tres días han hecho el mismo trayecto, también en destructores veloces que los han llevado al cobijo de la oscuridad en dirección sudeste, muy apretujados, en las cubiertas oscilantes una sola masa de gente, armas, equipo, munición y provisiones, y se dice que cuando llegan y se levanta el viento de la noche suelen percibir el olor de la isla antes de verla. Sobre el agua flota entonces un olor a vegetación caliente y en descomposición. Este olor no solo es poco sugerente, sino también extraño y nuevo, porque la mayoría de los soldados del regimiento son reclutas, chicos de ciudad, estudiantes, extrabajadores de la industria y similares. Tan poco acostumbrados a la selva como los muchachos estadounidenses de más o menos la misma edad y de una procedencia social similar con los que están a punto de encontrarse.

Su nombre es Tohichi Wakabayashi, tiene treinta años, es teniente y jefe de la 10.ª Compañía, del 228.º Regimiento de Infantería de Nagoya. Así que ¿cómo se siente ahora que el destructor reduce la marcha y se acerca la hora de desembarcar en tierra firme? Una mezcla no poco habitual de expectación y preocupación, si nos creemos lo que pone en su diario. «Notaba que me picaba la piel», escribe:

> Ha llegado la hora. El oficial al mando nos invitó a cerveza y dijo: «Si bebéis alcohol la noche antes de salir, los aviones no os localizan, curiosamente», y tal y como nos había explicado comenzamos a aden-

trarnos en la zona de desembarco sin ningún ataque desde el aire, como por obra de un milagro. Cuando iba avanzando a tientas por el oscuro pasillo de cubierta vi las montañas negras y escarpadas a estribor, más adelante, esperándome como un demonio.

Podemos partir de la base de que, a estas alturas, a Wakabayashi se le ha disparado la adrenalina, y que sus sentidos se agudizan en la oscuridad. Oye «el chirrido y estruendo» de la cadena del ancla cuando la sueltan. Oye el murmullo de las piezas de artillería en la lejanía. Ve encenderse un proyectil de iluminación en la cúpula celeste nocturna de color negro azulado. Oye el rumor de los aviones enemigos. Oye y ve cómo las baterías antiaéreas abren fuego; sobre todo, las ve porque los destellos y las momentáneas burbujas de luz de los fogonazos cortan la oscuridad, se reflejan en la superficie de plomo del océano, cogen aire, se extinguen, se encienden, laten, el sonido queda un tanto desacompasado por efecto de la distancia. La oscuridad tiene la misma velocidad que la luz.

La cubierta del destructor es una imagen de lo que se suele definir como coherencia caótica: todos los soldados apretujados y preparándose con prisas para desembarcar. (Brazos, piernas, cuerpos, caras por todas partes, barboquejos que se tensan, cajas que hacen ruido). Wakabayashi se encuentra en estribor, su atención está puesta en la forma oscura de la masa de tierra firme. Y allí, un punto de luz que parpadea. La señal. En su diario escribe: «Es la hora. Partimos. Sin titubear, les di a los hombres la orden de abordar las pequeñas lanchas de desembarco». Le grita un gracias al capitán del destructor, quien se encuentra en lo alto del puente de mando. Este le responde: «¡Rezaremos por vuestra suerte en la batalla!».

El motor de la lancha de desembarco se enciende. El barco chapalea y golpea las olas coronadas con espuma blanca. Wakabayashi oye una explosión a su izquierda. Ve la luz azul de posición de un avión moviéndose hacia ellos en la oscuridad, por encima de sus cabezas, y que pasa de largo. Llegan a tierra. Wakabayashi cuenta:

La lancha llegó a la playa y saltamos en el acto, azotados por olas que venían de todos lados y con la corriente arrastrándonos hacia abajo. Tragué agua varias veces, como si fuera una cata de la amargura que nos aguardaba en Guadalcanal.

* * *

Alrededor de Charles Walker, un nuevo prado de hierba. Al frente, otra selva, también en Guadalcanal. El mar está cerca. Quizá a menos de un kilómetro. Cuando el viento atraviesa la alta y densa pared de vegetación, lleva consigo un fresco aroma a sal. Pero no sabe exactamente dónde. Y no parece que nadie lo sepa. Walker no cuenta con ningún mapa ni ha visto ninguno, y los mapas que circulan presentan muchos errores. Algunos están hechos a mano. Nadie le ha explicado tampoco cuál es el objetivo de todo esto, más allá de unas pocas palabras vagas: los refuerzos japoneses han desembarcado al este y se hallan (supuestamente) en un lugar de la costa llamado Tetere, y el batallón de Walker tiene que ayudar al cuerpo de marines a detenerlos (o eso esperan).

Es primera hora del mediodía del 5 de noviembre. Llevan un día y medio de marcha, abriéndose paso entre hierba de algodón de varios metros de alto y atravesando la selva tupida, subiendo y bajando barrancos, cruzando campos abiertos y, de nuevo, atravesando selva sumida en la penumbra. Allí hay millones de insectos, mosquitos, como siempre montones de mosquitos, hormigas rojas —conocidas por hacerse festines con los cuerpos de los muertos—, ciempiés, escorpiones, arañas. El aire se llena de los graznidos y el alboroto de cientos de cacatúas y loros. La marcha ha sido pesada, porque el pelotón de Walker carga consigo ametralladoras, cureñas, cajas de munición y de todo. Van ataviados con todo el equipo de combate. Les duelen los pies, la espalda, las piernas, las rodillas. El aire es húmedo y ardiente. Como es costumbre en Guadalcanal, de vez en cuando el manto bajo de nubes suelta un aguacero caliente; los temporales surgen de la nada entre truenos y se disipan con la misma prontitud. Por la mañana se han comido las últimas provisiones, e incluso el agua está al límite.

Walker recibe la orden de coger a su pelotón y dirigirse al norte y a la costa (o allá donde creen que se encuentra la costa), en una misión de reconocimiento. Al cabo de quizá medio kilómetro, sus jefes de grupo empiezan a armar follón, a discutir acaloradamente, a decir que no quieren seguir, a decir que esto es una estupidez. (¿Tienen miedo? ¿Están cansados? ¿Tienen hambre? No lo sabemos. Quizá una combinación de las tres cosas). Quizá porque él también tiene miedo o hambre o está cansado, Walker cede. A las cuatro y media ya están de vuelta junto al batallón, en el sitio donde han montado campamento, en el cauce de un río seco. *Mission accomplished. Not.* Con ayuda de los cascos, los hombres cavan febrilmente en busca de agua, y al final esa empieza a aflorar: parduzca y maloliente. Echan unas gotas de yodo y se la beben ávidos.

Cae la noche.

Pero no concilian sueño alguno. Los jefes del pelotón se reúnen. Han recibido órdenes por radio de que todo el batallón debe avanzar ese último tramo hasta el mar. (Es un milagro que la radio siquiera funcione con esa humedad. Por lo general toda la comunicación se realiza mediante teléfono de campaña, o mediante mensajero. Y esos ridículos *walkie-talkies* los han tirado por ser inservibles).[79] Se levantan y continúan, cruzan un nuevo campo, se adentran en un nuevo tramo de selva.

Y entonces ocurre. Las ametralladoras empiezan a martillar. Arcos de munición trazadora atraviesan una de las columnas. Los soldados caen. Muchos. (Desde los combates nocturnos saben qué ocurre cuando la munición trazadora acierta en un cuerpo). Al principio responden al fuego. Después, la gente empieza a gritar y chillar. Por el sonido reconocen que son... ametralladoras estadounidenses. El fuego cesa. El segundo batallón, la unidad de Walker, ha topado con el tercer batallón del regimiento. (Pero ¿no tenían que estar en otro lado? ¿Qué dicen los mapas? ¿Hay algún mapa? Dieciocho soldados han resultado heridos).[80]

Walker se siente mal. Sabe que parte de la responsabilidad de lo ocurrido la tiene él. Incluso sus jefes de grupo, antes tan decididos, se avergüenzan. Sin embargo, la responsabilidad última le corresponde a alguien de más arriba, que dio órdenes para llevar a cabo esta marcha curiosamente corta y a ciegas en plena noche. (Más tarde,

79. Como señala Paul Fussel: «Podían apreciarse las lecciones aprendidas a lo largo del camino tan solo viendo cuántos de aquellos pequeños aparatos tan valiosos yacían tirados en las zanjas». Casi al mismo tiempo, uno de los batallones de la Marina fracasó en su intento de establecer contacto mediante aquellos aparatos de radio, lo cual hizo que la situación se complicara aún más.

80. En este contexto, cabe mencionar que quizá el primer caído del 164.º Batallón fue asesinado por uno de sus compañeros, que había perdido la razón ya la primera noche en el frente.

Walker se enterará de que también uno de los batallones del cuerpo de marines recibió las mismas órdenes de avanzar de inmediato, pero que optaron por ignorarlas, pues consideraron que no tenían ni pies ni cabeza; decidieron esperar al amanecer). Sobre las once de la noche, el pelotón de Walker llega a una playa de arena y al mar. Allí se atrincheran. Pero ¿dónde están los japoneses?

* * *

A la mañana siguiente, todo el batallón continúa la marcha, siguiendo la playa en dirección este. Vadean un pequeño río (¿el Nalimbau, quizá?), vadean otro (el Metapona) y luego otro (el Gavaga). El pelotón de Walker debe dar apoyo con sus ametralladoras pesadas a la Compañía G, y cuando estos se desvían a la altura del último río mencionado, en dirección sur, ellos los acompañan. A un lado oyen disparos que van en aumento. ¿Qué está pasando? ¿Y dónde está pasando?

Walker consigue encontrar un cuartel general, donde espera obtener información. Apenas llega al sitio, el proyectil de un mortero cae en el centro del grupo. Un oficial al que Walker conoce muere, varios quedan heridos, él se salva de milagro. El mortero es norteamericano. Los aviones de combate estadounidenses azotan también en varias ocasiones a sus propias tropas.[81] El desconcierto es absoluto.

Cae la noche.

* * *

Todas las provisiones se acabaron hace veinticuatro horas. O bien el suministro se ha desmoronado o bien alguien se ha olvidado de ese pequeño detalle. Los soldados profesionales desconfían de la Guardia Nacional, la Guardia Nacional mira a los soldados profesionales con suspicacia, el cuerpo de marines los menosprecia a todos. Walker está resentido: «Sea quien sea el que ha organizado esta misión, ha fracasado en todos los aspectos. De las escuelas célebres suelen salir célebres

---

81. El pelotón de Walker estuvo a punto de correr el mismo destino unos días antes, cuando un caza estadounidense pasó rozándoles la cabeza. Si el piloto no los hubiese visto agitar los brazos y los cascos «habríamos acabado hechos pedazos».

cabezahuecas». Poco a poco, ha comenzado a entender la lógica que hay detrás de este deambular de un lado a otro por la selva. Los refuerzos japoneses han desembarcado, en efecto, y la idea es ejecutar un osado movimiento de pinza, arrinconarlos en la costa y aniquilarlos.

Es una operación muy complicada, de esas que quedan muy bien en el papel y en los libros de historia, y que sirve como ejercicio para un seminario llevado a cabo en una elegante aula en West Point, con bonitas flechas de colores que se mueven con una precisión coreográfica sobre un mapa, desafiando desmesuradamente la realidad del terreno.

No es de extrañar que los errores y las equivocaciones se hayan ido acumulando. Esta es la primera operación de ofensiva del ejército estadounidense desde 1918, ejecutada por «novatos y aficionados».[82] Y tal como dijo luego en tono lúgubre otro soldado de la unidad de Walker: «Los americanos tuvieron que aprender una vez más que las operaciones ofensivas contra los japoneses eran mucho más complicadas y engorrosas que ir reprimiendo ataques *banzai*». No obstante, la situación es sumamente compleja. Un mapa sobre la costa norte de Guadalcanal es, tal como escribe otro testigo ocular, «un esperpéntico mosaico de campos rojos (el enemigo) y azules (los propios)».

* * *

Con el corazón en la mano, ¿acaso este instante no es, en gran parte, lo que los llevó a presentarse como voluntarios para la flota de submarinos? La vuelta a casa. La llegada. El regreso celebrado de los héroes. Es casi la una del mediodía del jueves 5 de noviembre, y el submarino U-604 está entrando en el puerto protegido de Brest.

Puede que su jefe, Dönitz, sea un aburrido, pero comprende la insistencia en que, antes de bajar a tierra, las dotaciones de los submarinos sean informadas de las desgracias que traen consigo las enfermedades venéreas y de las ventajas de la abstinencia sexual; estos hom-

---

82. Cita de Paul Fussel, quien también dice: «En general, las operaciones de los aliados se caracterizaban por el error y la confusión». Sobre todo al principio de la guerra, debería añadirse, para ser más justos. Obviamente, mucho se debía a la falta de entrenamiento y experiencia, pero Fussel cree que también era una cuestión de factores culturales, «el trasfondo a menudo individualista y, a veces, anarquista» de estadounidenses y británicos.

bres jóvenes bien pueden dedicarse al deporte. Siempre hay un comité de bienvenida esperando en el muelle, como mínimo con la presencia del jefe de escuadrón, a veces un alto mando y quizá algún politicucho de primera línea que quiere robarles un poco del brillo heroico; casi nunca falta una orquesta; casi siempre hay mujeres, preferiblemente jóvenes.

Las mujeres son importantes, y no principalmente como una especie de marca simbólica de que la dotación a bordo está llegando al final de la abstinencia que conlleva el viaje en submarino —algo importante para todos los hombres jóvenes cuya pasión por el deporte es, en general, menor de la que Dönitz pueda esperar—, sino más bien porque las miradas de admiración de las mujeres son un momento relevante en estos contextos: refuerzan el sentido de lo que esos muchachos acaban de vivir y confirman su papel de vencedores y protectores. A menudo, se trata de *Wehrmachtshelferinnen* que han recibido órdenes de acudir, en uniforme o bata *mufti*, telefonistas y telegrafistas, oficinistas y enfermeras,[83] en algún caso alguna familiar, quizá incluso alguna tropa de bailarinas de ballet que, por coincidencia, están de gira en las proximidades y han sido reclutadas como detalle de entretenimiento.

Tampoco falta la gente en uniforme de alguna PK, *Propagandakompanie*, redactores, fotógrafos, cámaras o gente con micrófono, a veces incluso dibujantes y pintores. Puede que los héroes sean el producto más importante de la insistente propaganda del régimen. (Nunca serán demasiados, no solo porque son la viva prueba de los éxitos de Alemania, sino también porque a intervalos regulares tienden a verse engullidos por el mismo fenómeno del que hace publicidad su mera existencia: la guerra en sí). Y pocas ramas de las Fuerzas Armadas ofrecen tantas epopeyas heroicas como la flota de submarinos. Los exitosos capitanes, «los ases» —Kretschmer, Hardegen, Schepke, Topp, Liebe, Witte, Endrass, Lüth, etc.—, reciben la misma atención que la que antes se les brindaba a las estrellas de cine, y más tarde a los

---

83. No hay que exagerar el factor de obligación de su presencia. En esta época, en general sus servicios eran voluntarios, y a menudo eran una continuación natural de su fuerte compromiso con el equivalente femenino de las Juventudes Hitlerianas, Bund deutscher Mädel, las BdM, un acrónimo que las malas lenguas reinterpretaron como, por ejemplo, *Bubi, druck mich* («Abrázame, muchacho») o *Bedarfsartikel deutscher Männer* («Artículo de primera necesidad para hombres alemanes»).

deportistas de élite. (Cuando no están de servicio, les sacan la misma cantidad de fotos, rodeados y anhelados —incluso eróticamente—, que a los pilotos de combate más reconocidos). Son todos una prueba de que la guerra no es ninguna carnicería sin sentido ni una lucha anónima y desalmada entre máquinas fabricadas en masa, sino una especie de prueba solemne y natural en la que el individuo juega un papel, porque el que vence es el más valiente, el más diestro, el más voluntarioso.[84]

Son cerca de las dos cuando el U-604 pintado de gris, seguido de otros dos submarinos,[85] se acerca al muelle del enorme búnker para submarinos. Hay varias fotografías de este jueves en particular. En los laterales de la torre del submarino se ve el emblema del escuadrón, un pez espada gordo y sonriente pintado en negro; en la parte posterior de la torre ondea al viento la bandera de la cruz gamada, y en el periscopio medio subido hay tres banderolas hechas de sábana, una por cada barco enemigo que han mandado a pique, con su tamaño escrito en tonelaje de registro bruto. En la torre está el comandante de la nave en persona, el mismísimo Höltring, junto con algunos miembros más de la tripulación. (Uno de ellos podría ser, perfectamente, el detestado Von Bothmer). Al contrario que la mayoría de sus hombres, Höltring se ha tomado su tiempo para afeitarse. Tiene veintinueve años, pero parece más joven. El jefe rubio de la nave tiene un aspecto llamativo, rasgos marcados y al mismo tiempo dulces, se le ve contento consigo mismo, pero, a la vez, un tanto incomodado por la situación.

Parece que entra un aire frío del Atlántico. El cielo está nublado, no hace sol. La mayoría lleva guantes, bufanda (de distintos colores y patrones), abrigo gris claro estándar, de media pierna, incluido Höltring. Al cuello lleva una bufanda meticulosamente enrollada. Höltring hace el saludo militar.

Tras atracar en el muelle, el resto de la dotación sale del interior del submarino y forma en cubierta. En total son cincuenta y dos personas. Muchos de ellos llevan tres semanas sin ver la luz del día, pa-

---

84. Una parte del esplendor recae, sin duda, en la tripulación de los submarinos, que a menudo aparece como el personal radiante de alegría al fondo cuando se da la bienvenida a los capitanes, casi siempre en el momento en que regresan de una misión.

85. Por norma, los submarinos salían y entraban en grupos pequeños, guiados por un dragaminas.

recen pálidos y deben de haber perdido peso. Sus caras son de felicidad genuina, ya no es esa alegría pétrea de días atrás. En las fotos se
puede ver lo jóvenes que son la mayoría, poco más que adolescentes:
barbas vellosas, ralas. La música de la orquesta nos la tenemos que
imaginar.

Lehmann-Willenbrock, un satisfecho jefe de escuadrón, sube a
bordo: más saludos militares, apretones de manos. Lehmann-Willenbrock es uno de esos «ases del submarino», muy condecorado, y de
tan solo treinta años. (A sus espaldas lo llaman *der Oberbauerführer*,
porque insiste en llevar los pantalones del uniforme metidos en sus
altas botas, y no pocas veces lleva consigo la mascota del escuadrón,
una cabra). Lehmann-Willenbrock[86] elogia a Höltring, y todos a su
alrededor atienden, manteniendo una postura tensa. Después la cosa
se torna más informal, por no decir desenfadada. Höltring recibe un
gran ramo de flores: crisantemos, dalias, claveles. Algunas de las mujeres jóvenes vestidas de civil bajan del muelle y empiezan a poner
ramilletes de flores en los ojales de las solapas de la dotación. Dan
besos a diestro y siniestro. Podemos suponer que reparten cervezas,
una botella a cada uno. Podemos suponer que cantan, de forma espontánea. Se hacen fotos de grupo. Hay autobuses esperándolos.

* * *

Al alba, Walker recibe la visita del jefe de la Compañía G. El hombre
muestra un comportamiento extraño, no puede mirarlo a los ojos.
Entonces da la orden: el pelotón de Walker debe cruzar el Gavaga y
cubrir una brecha abierta en las líneas estadounidenses. Salta a la vista que ha recibido la orden de hacerlo él con su compañía, pero que

86. Heinrich Lehmann-Willenbrock sirve de referente para el capitán del submarino que interpreta Jürgen Prochnow en la película *Das Boot* de 1981. A su vez, el
filme está basado en la novela del mismo título de 1973, escrita por Lothar-Günther
Buchheim, quien a su vez se basó en sus propias experiencias durante el otoño de 1941,
cuando, vestido con uniforme de periodista de propaganda, siguió al ya famoso Lehmann-Willenbrock y su U-96 en su séptimo *Feindfahrt*. (Hasta marzo de 1952,
Lehmann-Willenbrock hundió veinticuatro buques, y se ha contabilizado que unas
mil doscientas personas murieron a consecuencia de ello). Lehmann-Willenbrock fue
consejero técnico durante la filmación. A Buchheim no le gustó la película, ya que consideró que se había exagerado el aspecto emocional.

no se atreven. En el lugar en cuestión hay varios miles de japoneses desesperados y bien armados que se han replegado contra el agua, y si les da por salir por un punto determinado con todas las tropas, una sola compañía de cien hombres no tendrá ninguna posibilidad de detenerlos —menos aún un pelotón de ametralladora exhausto—. No solo es una orden absurda e irracional: es una sentencia de muerte. Walker se pone furioso —«Sabía reconocer a un cobarde cuando lo veía»—, pero no tiene más opción que obedecer. «Me tocaba ser el cordero del sacrificio».

Equipados hasta los topes (con cureñas, cajas de munición y todo lo demás), se abren paso por la densa y alta selva. Apenas tienen cuatro o cinco metros de visibilidad. Llegan al río, empiezan a vadearlo, hasta que el agua, con todas sus sanguijuelas y bichos, les llega a las axilas. Walker va siempre en cabeza y está muerto de miedo. Todo avanza con lentitud. Paso a paso. Se detienen, aguzan el oído, otean, huelen. La cosa puede estallar en cualquier momento y él va primero, y cuando estalle, si es que estalla, él será el primero en caer. ¿Se dará cuenta siquiera? ¿Va a pasar aquí el resto de la vida que le queda, de esta manera? Walker está vivo y muerto al mismo tiempo.

Salen del agua. Nada. A los lados, selva; por encima, selva; delante, selva; y por todas partes, el alboroto de los pájaros y todos esos ruidos extraños. Tras adentrarse un poco en la densa y vaporosa flora, Walker ve algo que lo hace detenerse. Infinidad de botas han aplastado el suelo hasta abrir un camino que atraviesa de cuajo la vegetación, y el sendero va en dirección norte-sur. Lo siguen hacia el norte, y por todas partes ven material enemigo abandonado. La conclusión es inequívoca: la gran fuerza japonesa ha logrado salir del cerco.

El 12 de noviembre, Walker y sus hombres reciben la orden de regresar a las posiciones de defensa alrededor del aeródromo. Para entonces están tan débiles por la falta de alimento que no son capaces de hacer etapas de más de cien o doscientos metros sin sentarse a descansar. En una ocasión, uno de ellos se niega a ponerse en pie, pero entonces el corpulento Walker lo amenaza con darle una tunda. Sus uniformes están ajados y sucios. En una semana, Walker ha comido poco más que unos trozos de piña y una chocolatina.

* * *

Los ánimos han dado un giro. Tan repentino como inesperado. No es de extrañar. La brigada a la que pertenece la unidad de Keith Douglas se ha vuelto a reunir y ahora avanzan a la luz del amanecer en columnas compactas, en dirección oeste y sudoeste. Ya no se trata de abrir una brecha. Se trata de perseguir, recortar y tomar. Van deprisa, más de lo que Douglas ha visto jamás aquí en el frente, a ratos incluso alcanzan los cincuenta kilómetros por hora.

En cuestión de horas avanzan más de lo que han hecho en total en todos los días previos. Aquí los veloces carros de combate de su escuadrón hacen pleno honor a su nombre:

> Nuestros Crusaders, un poco como perros de caza, corrían por el llano con la panza a ras de suelo e iban reuniendo pequeñas patrullas de enemigos con apenas unos minutos de diferencia. Dotaciones de ametralladoras que trataban frenéticamente de deshacerse de sus armas y vehículos, infantería que capitulaba, conductores de camión —todos italianos— que venían a nuestro encuentro con sus compañeros para capitular.

En todas partes, columnas de polvo. Esto también ocurre el 5 de noviembre.

El avance contundente y organizado a través del paisaje llano del desierto pronto empieza a diluirse, a medida que los carros se marchan por separado en busca de enemigos que huyen, o en busca de presas. Igual que cualquier otro ejército vencido, las Afrika Korps también dejan tras de sí un batiburrillo de suministros perdidos o abandonados, ropa, armas, papel y otra basura. Antes no era posible, pero ahora muchos se detienen junto a vehículos quietos, tiendas vacías o puestos de artillería abandonados, rebuscan, se apropian de lo que encuentran. (Si bien con cuidado, porque todo el mundo sabe que, sobre todo los italianos, tienen por costumbre esconder minas entre las cosas que dejan a su paso. A menudo ponen minas incluso en los cuerpos). Uno de ellos es Douglas, quien enseguida se gana la reputación no solo de poeta, valiente e indisciplinado, sino también de saqueador empedernido.

A lo largo de la jornada se hace con cámaras, prismáticos, brújulas, pistolas —por supuesto, la alemana Luger P08 es el suvenir que va más buscado, seguida de la compacta Beretta M34 italiana; en algún momento llega a tener cuatro o cinco— mantas, emblemas de uniforme, peines, utensilios de afeitado, aceite para el pelo, conservas, una cama de acampada, un colchón hinchable, algunas novelas alemanas, ropa, sobre todo ropa, en especial calzoncillos limpios.

Más tarde se cruza con otro hombre del escuadrón cuyo carro de combate está cargado de cajas con cerezas en almíbar, cajas de tabaco macedonio y cajas de alcohol de todo tipo: chianti en botellas forradas de mimbre, champán, vino Liebfraumilch, coñac. El médico del regimiento de Douglas se topa con unos soldados de infantería escoceses que están a punto de tirar una caja de botellas, después de haber catado el contenido y haber comprobado asqueados que no contenía ni cerveza ni whisky. Sin embargo, el médico ve por la conocida etiqueta amarilla que es champán de la última vendimia. Veuve Clicquot. Las carga él mismo.

* * *

La operación en la que han participado Charles Walker y su batallón en Guadalcanal es un fracaso.[87] Él mismo la describe como «un fiasco» y los soldados la llaman la *Koli Point Rat Race*.[88] Y ello tiene sus consecuencias. El jefe de la compañía, el que mandó al pelotón de Walker a tapar esa brecha en las líneas, recibe una fuerte reprimenda, lo cual a Walker le parece lo correcto. El jefe de batallón de Walker es retirado de su puesto, lo cual a él le parece incorrecto: «Alguien tenía que asumir la responsabilidad de que ese pretencioso plan, elaborado por los mandamases, hubiese fracasado». Le parece identificar un patrón. El 75 por ciento de los oficiales profesionales son incompetentes, a su modo de ver, sobre todo los que se han formado en West Point, pero

87. Unos dos mil quinientos de los soldados desembarcados sortearon la trampa, y luego pudieron juntarse con la fuerza principal japonesa tierra adentro, si bien muy debilitada por culpa de los ataques de los perseguidores estadounidenses (orientados por guías locales) y una tremenda falta de provisiones.

88. Koli Point era el promontorio desde donde esperaban poder rodear primero a los desembarcados.

Es lunes 2/11 y una columna de carros de combate británicos avanza hacia el frente de El Alamein. Este día será decisivo. En primer plano, dos carros Crusader, el modelo bastante mediocre que usaba Keith Douglas. Cuando el sol brillaba como en la fotografía, la temperatura en el interior del vehículo podía alcanzar fácilmente los cincuenta grados.

Stanley Bay, la playa más popular de Alejandría, famosa por sus olas. La foto es de 1942: aun cuando tuvieron lugar los combates más feroces, a tan solo cien kilómetros de allí, el sitio estaba repleto de bañistas.

Perdedores 1: cuatro de los cerca de cuatro mil italianos y alemanes que cayeron en combate en El Alamein. Uno de los cuerpos ha sido arrastrado hasta allí con ayuda de una cuerda. Las moscas se agolpan.

Perdedores 2: prisioneros de guerra alemanes e italianos capturados en El Alamein y reunidos en un campo a las afueras de Alejandría. En la foto se ven muchos recipientes. ¿Podrían estar repartiendo comida?

Es viernes 20/11 y las tropas británicas han llegado a Bengasi. Probablemente, parte del humo proviene de las instalaciones portuarias de la ciudad, que han sido bombardeadas por las tropas en retirada. Militares británicos saludan a civiles curiosos, entre ellos un chiquillo con una chaqueta del ejército italiano que le viene muy grande.

La archiconocida Umschlagplatz en Varsovia, con judíos de camino a Treblinka. Casi todos estarán muertos en cuestión de entre seis y doce horas. Seguramente, ya han comenzado a cargar el tren. Las personas más cerca del fotógrafo se están moviendo y cargan con el equipaje; otras se han puesto de pie y están esperando. Los miembros de la odiada policía del gueto judío los vigilan, con brazaletes y gorras, así como dos alemanes que van menos armados de lo habitual. La fotografía está tomada en 1942; a juzgar por el follaje, probablemente en septiembre. Durante este periodo partían hacia Treblinka dos trenes diarios cargados al completo, y las sombras sugieren que aquí es el turno de la tarde.

Del interior del gueto de Varsovia. La foto está tomada en abril de 1942. Los transportes a Treblinka dieron comienzo tres meses más tarde.

Dos niños hambrientos en el gueto de Varsovia. Parecen ser hermanos. La fotografía está tomada por un alemán que está haciendo turismo.

Un transporte de judíos (alemanes o austriacos, quizá checos) ha llegado a Lodz, seguramente a la estación de mercancías Radegast, para ser encerrados en el gueto de la ciudad. La foto está tomada en primavera de 1942.

Mandalay, agosto de 1942: tres quintas partes de la hermosa ciudad de los templos quedaron destruidas durante los bombardeos japoneses efectuados en mayo, poco antes de que la ciudad cayera. El burdel de campaña en el que Mun Okchu estaba cautiva se situaba fuera del núcleo urbano.

Una cola de soldados japoneses espera delante de un burdel de campaña en Hankow, China (actualmente, Wuhan). Esto es lo que se conocía bajo el eufemismo de *comfort station*, que en Hankow estaba formada por un conjunto de sesenta y ocho edificios, de los cuales se pueden ver algunos en la imagen. (La fotografía está tomada por un soldado japonés llamado Murase Moriyasi, un fotógrafo avezado que con su cámara incluso llegó a documentar las masacres de Nankín).

Soldados japoneses en Birmania en 1942 disparando contra un objetivo lejano en la ribera opuesta del río. Usan una ametralladora pesada del tipo 92, un arma robusta y certera, llamada «pájaro carpintero» por los aliados debido a su lenta cadencia de disparo.

Es martes 24/11 en Londres y la gente está esperando para comprar hortalizas. Hacer cola para conseguir alimento o acceder a otras necesidades básicas para la vida era una tarea para mujeres en todos los países en guerra y que ocupaba muchísimo tiempo. (En esta cola solo se ve a un hombre). La media de edad de la cola es sorprendentemente alta: las mujeres entre dieciséis y cuarenta y cinco años sin hijos estaban obligadas a trabajar. Parece que hace frío: obsérvense los guantes de manopla.

Piccadilly Circus, Londres, 1942. La famosa estatua de Eros está oculta bajo sacos de arena y anuncios que animan a comprar bonos de guerra. Entre los transeúntes se ven muchos hombres uniformados, entre los cuales hay numerosos estadounidenses, que en esta época eran una presencia habitual en las calles.

Destrozos ocasionados por los bombardeos sobre Barrow-in-Furness. La mayoría son de las incursiones alemanas de 1941, cuando las bombas (como de costumbre) caían repartidas un poco por toda la ciudad, en lugar de dar en los objetivos preestablecidos. Aquí vemos las ruinas de la iglesia baptista en Abbey Road, un lugar por el que Nella Last pasaba a menudo con el autobús de camino a casa.

Los militares finlandeses tienen serias dificultades para avanzar a través de la nieve acumulada. Un par de niños rusos observan mientras los soldados intentan desatascar el coche.

Frente de Svir, miércoles 18/11: un vigía finlandés otea las tierras de nadie. El hecho de que tanto el soldado como el fotógrafo se estén exponiendo tan abiertamente es indicio de que la situación no era demasiado hostil.

Artillería ligera finlandesa durante un ataque nocturno en el frente del Svir.

Búnker de alojamiento finlandés en Carelia Oriental, miércoles 25/11. Aunque la foto esté preparada, el interior es auténtico en todos los sentidos, con la estufa enladrillada de fondo, el estante con recipientes de cocina, los calcetines de lana secándose, la vestimenta de los jóvenes soldados, la mezcla de prendas militares y civiles, etc.

Portaaviones estadounidense de camino a dar apoyo al desembarco en el protectorado francés de Marruecos. En el lado izquierdo de la foto, se ven cazas en picado (del mismo modelo que John McEniry estaba pilotando sobre Guadalcanal) y, a la derecha, cazas. Los distintivos de nacionalidad están especialmente acentuados con pintura amarilla, con la esperanza de disuadir a los pilotos de caza franceses para que no atacaran. No fue así.

Es domingo 8/11, se ha iniciado la Operación Torch y los soldados estadounidenses están bajando a las naves de desembarco.

Soldados de infantería estadounidenses marchando en Orán, Argelia. La fotografía fue tomada el jueves 26/11, cuando ya hacía tiempo que había terminado la feroz pero breve resistencia francesa. Los marineros franceses los observan tranquilamente.

Miércoles 4/11. Un submarino acaba de regresar de su misión en el Atlántico y se acaba de repartir el correo postal. De espaldas a la cámara se ve a uno de los oficiales. El correo era un elemento clave en el día a día de todos los combatientes.

Dos marineros alemanes se toman una ducha a bordo de su submarino, lo cual era inusual no solo porque las naves carecían de duchas propias, sino porque tampoco se animaba una limpieza diligente, pues se quería ahorrar en agua dulce.

Son alrededor de las 14.00 horas del jueves 5/11 y el U-604 acaba de atracar en la base de submarinos en Brest. El comandante de la nave, un *Kapitänleutnant* Höltring recién afeitado, hace los honores ante el comité de bienvenida.

Una de las intrépidas víctimas de los submarinos: Poon Lim en la balsa en la que pasó ciento treinta y tres días como náufrago, el único superviviente después de que su nave fuera torpedeada. La foto es una reproducción y se tomó después de su rescate.

Está amaneciendo el domingo 15/11 y el bombardero Dauntless estadounidense ataca con insistencia y éxito los barcos de transporte japoneses varados en la playa en Tassafaronga, en Guadalcanal. Las columnas de humo del fondo muestran la ubicación de tres de ellos, ya destrozados. Este es el modelo de avión que pilotaba John McEniry, justo aquí, justo esa mañana. «Debo de haberme cargado a cientos», escribió más tarde ese mismo día en su diario.

El Amatsukaze, el destructor ultramoderno que Tameichi Hara comandó durante las confusas batallas navales alrededor de Guadalcanal.

Un buque de guerra anclado en la laguna en Truk, la gran base de la flota japonesa en el océano Pacífico. Un grupo de marineros matan el tiempo con luchas de sumo. La foto está tomada en 1942.

Hay muy pocas fotos auténticas que muestren a soldados japoneses luchando en Guadalcanal. Esta es una de ellas. El soldado en la parte superior de la imagen está a punto de lanzar una granada de mano, lo cual significa que sus enemigos estadounidenses deben de hallarse a tan solo veinte o treinta metros de distancia, quizá menos, algo que también se puede deducir de la expresión de su cara.

Otra foto llamativa. Esto es Bloody Ridge, en Guadalcanal, la mañana del 26/10, tras los ataques lanzados por los 16.º y 29.º Regimientos de infantería japoneses. Aún sale humo de los equipos en llamas y los cuerpos. Entre la multitud de soldados caídos se puede ver una bandera japonesa, y fusiles apuntando hacia arriba aquí y allá. La mayoría de los caídos yacen la ladera en sentido ascendente, un indicio de que han sido abatidos en mitad de un paso mientras se lanzaban al ataque. Justo delante de la cámara, tumbado de costado, se ve un soldado estadunidense muerto. Al fondo están algunos de sus compañeros, de pie, mirando hacia abajo. Están guardando las distancias, y varios de ellos parecen tener las armas en ristre, porque el peligro no ha terminado. Probablemente, un soldado japonés que yace bocarriba en la esquina izquierda de la imagen sigue vivo, porque tiene un brazo levantado. Los ataques continuaron la noche siguiente.

Más tarde: se ha restablecido el orden, se ha limpiado el campo de batalla y hay tiempo y energía para posar con suvenires. Obsérvese lo jóvenes que son, e incluso lo delgados que están algunos, porque…

… en noviembre las tropas estadounidenses en Guadalcanal aún tenían problemas con el avituallamiento. Pero muy pronto las fuerzas armadas estadounidenses sobresaldrían en su disciplina más destacada: la logística. Aquí están desembarcando equipo sobre la arena negruzca de la isla.

se cubren los unos a los otros y son muy rápidos a la hora de conce-
derse medallas.[89] Más tarde, el jefe del regimiento sufre una crisis
nerviosa.

* * *

¿Por qué le cuesta tanto dormir? ¿Y por qué tiene sueños tan extraños? Sobre todo ahora, cuando está tan lejos de todo, en casa, en la
antigua rectoría, con su esposa Gretha y sus dos hijos, rodeado de
cosas familiares, todos los libros, las medallas, las colecciones de es-
carabajos.

La noche del 5 de noviembre sueña con un sistema de cuevas
prehistóricas en una isla lejana; pero el tiempo no es entonces sino
ahora, y las cuevas están repletas de soldados que corretean por ellas,
pese a que miles hayan caído muertos por efecto de una imponente
explosión; pero los soldados continúan moviéndose, como si fueran
hormigas. Cuando se despierta cae en la cuenta de que esta isla, Creta, era el emplazamiento del laberinto. ¿Y qué había en el centro del
mismo? El monstruo aquel, mitad persona, mitad animal, que exige
de forma regular un tributo de carne humana.

Su nombre es Ernst Jünger y es capitán del ejército alemán, ahora mismo está de permiso en su casa, en Kirchhorst, un pequeño pueblo al nordeste de Hannover. Dentro de menos de una semana le toca
presentarse en su próximo destino. Le espera el frente oriental. Este
hecho bastaría de sobra para hacer que una persona corriente dur-
miera mal por las noches y tuviera sueños raros. Pero él no lo es. Jünger es cualquier cosa menos una persona corriente.

Esta es su segunda guerra mundial. Sin duda, lo es para muchos.
Todas las personas de mediana edad, hombres y mujeres, casi todos en
alguna posición de autoridad y relevancia, son veteranos o están marcados, para bien y para mal, por sus experiencias de los años 1914-1918.

89. Mucho más tarde, en el momento de escribir la historia de aquella operación, ya se había transformado en un éxito. En el conjunto de documentos del regimiento que se conservan en la Chester Fritz Library, en la Universidad de Dakota del
Norte, y donde se encuentran, entre otros, los importantes informes llamados S-2
(que son una suerte de cuaderno de bitácora que todas las unidades del ejército debían
llevar, y donde sus actividades se registraban día a día), toda la documentación relativa
a esta operación ha desaparecido.

Eso les da nociones e ideas, marcos de interpretación y expectativas. Pero a estas alturas, muchos han comenzado a darse cuenta de que hay algo que chirría. Esto no es solo más de lo mismo; se hallan frente a algo nuevo, incómodo y, cuando menos, incomprensible, puesto que el antiguo marco de referencia ya no es suficiente.

Para Jünger, la Primera Guerra Mundial fue un triunfo. Sus ansias de aventura, su coraje físico, su inteligencia y su naturaleza controladora y distanciada le permitieron superar las situaciones más inimaginables. Y nunca perdió, pese a que lo hirieron catorce veces, la narcótica y barbárica excitación a la hora de lanzarse al combate, una excitación que muchas personas, posiblemente, pueden sentir la primera vez, pero que a la mayoría se le apaga en cuanto comprende lo que está en juego y lo que el dolor puede hacer con el cuerpo y la conciencia. Jünger se mantuvo alejado de las dudas y salió de todo aquello generosamente condecorado.[90] No tardó demasiado en convertirse en una suerte de celebridad, sobre todo gracias a sus propios relatos sobre la guerra, en los que su mirada fría y registradora se mezcló con un sentido estético de lo más elevado.

Eso fue entonces.

Para Jünger, la Segunda Guerra Mundial es una sinecura, al menos hasta la fecha. Cierto es que participó como jefe de compañía en la invasión de Francia en 1940, pero no presenció ningún combate mayor, ni tampoco lo buscó. Desde la primavera pasada, forma parte de la plana mayor del cuartel general del ejército alemán en París, el cual se halla ahora ubicado en el lujoso hotel Majestic, a más de una manzana al sur del Arco del Triunfo. Allí tiene su despacho, en la habitación 202. Oficialmente, Jünger pertenece al departamento Ic/I, el cual, entre otras cosas, se encarga de recopilar información militar secreta, pero más que nada ha estado ocupado con tareas más bien propias de un subalterno, como censurar cartas escritas por soldados alemanes u hojear sin demasiado frenesí prensa y revistas francesas en busca de transgresiones. A menudo, él y otros miembros de la plana mayor juegan al ajedrez.

90. Entre otras cosas, Jünger fue la persona más joven en recibir la más alta condecoración de la Alemania guillerminista, la conocida Pour le Mérite, entregada en septiembre de 1918.

* * *

Ernst Jünger vive en otro hotel, un poco menos lujoso, muy cerca, el hotel Raphael, en la avenue des Portugais, y tiene mucho tiempo libre. Le encanta París. Cuando no está deambulando o buscando libros excepcionales en los puestos que hay junto al Sena, está visitando galerías o asistiendo a eventos a los que acuden intelectuales y artistas. (Antes de la guerra, sus libros lo han ayudado a hacerse un nombre incluso en Francia). Ha conocido a personas como Pablo Picasso, Jean Cocteau, Sacha Guitry y Georges Braque, y se ha movido tanto en círculos de germanófilos, colaboracionistas[91] y antisemitas radicales, como entre grupos con ideas completamente distintas, en los que suelen aparecer insurgentes activos.[92] Jünger es bastante bajito, pese a sus cuarenta y siete años es delgado y atlético, tiene rasgos marcados y distintivos, el pelo rapado en los laterales, siempre elegante. A veces, se presenta en su impecable y calandrado uniforme del ejército alemán, con hileras de galones en el pecho; a veces, en traje hecho a medida.

Jünger tiene devoción por las mujeres guapas. Por eso no sorprende que le haya dado tiempo de tener varios romances. Ahora mismo está haciendo malabares con dos mujeres al mismo tiempo en París: una elegante pediatra judeoalemana y una escritora rusa exiliada con excelentes contactos en los círculos culturales de la ciudad. (No se puede descartar que él y Hélène Berr se hayan cruzado alguna vez por la calle; ambos se suelen mover por el 5.º, 6.º y 7.º distrito; de ser así, incluso puede que él haya posado su mirada en ella; Hélène posee una belleza realmente admirable; pero —de nuevo, una suposición indemostrable— quizá él se avergonzara un poco de su uniforme al ver la estrella de tela que ella llevaba). Y todo el tiempo restante lo dedica a leer y leer y leer, voraz y reflexivamente, sobre todo literatura antigua, francesa e inglesa.

91. O, para ser justos, en muchos casos colaboradores no declarados, sino personas que creen que están construyendo una futura y más o menos equitativa cooperación franco-alemana, y para los cuales «los buenos alemanes» como Jünger son un componente importante. El propio Jünger, francófilo, abriga tales ilusiones.
92. Esto refleja el comportamiento de Jünger en Alemania en la década de los años veinte, cuando con una levedad casi parecida a la de una mariposa podía pasar de unas camarillas de la derecha nacionalista a las equivalentes intelectuales de izquierdas.

Entonces, ¿por qué, en mitad de esa agradable existencia, tiene Ernst Jünger tantos problemas para dormir, y por qué esos sueños tan peculiares? ¿Por qué ha empezado a perder peso? ¿Y por qué cae en el desánimo de forma reiterada?

En Kirchhorst, una mañana nebulosa de jueves pasa a ser un día nebuloso. En la radio, el *WB* —*Wehrmachtbericht*— del día, que empieza con la sintonía tan familiar, resume en tono tenso y lapidario que en el Cáucaso oriental se están librando duras batallas, que en Stalingrado se están llevando a cabo «acciones de limpieza», que en el Don las tropas húngaras han impedido un intento del enemigo de cruzar el río, que junto al lago Ladoga los aviones alemanes han destruido dos trenes y un buque de mercancías, que en El Alamein las tropas alemanas e italianas han repelido los ataques británicos «ininterrumpidos» en «enconados combates», que en el noroeste de Alemania ha sido derribado un bombardero enemigo de cuatro motores, que en el este y sudeste de Inglaterra los cazas alemanes han atacado «objetivos bélicos importantes». Aparentemente, todo continúa yéndoles bien a las fuerzas del Eje.

* * *

Cambio de ánimos el 5 de noviembre, segunda parte: ahora las voces de la radio han adoptado otro tono. Suenan seguras de sí mismas, emocionadas, triunfales. Keith Douglas oye a unos que se han enfrentado a unos carros de combate rezagados del enemigo y le parece que «las voces de los implicados sonaban como si fueran críos en un campo de tiro».

La situación tan incierta y cambiante del momento contribuye a la excitación, y la excitación contribuye aún más a la situación incierta y cambiante. Douglas y los demás miembros del veloz escuadrón siguen cazando prisioneros, botines, nubes de polvo en el horizonte. «La ansiedad de los combates de los días previos pasó a ser la emoción estimulante propia del deporte». De pronto, Douglas se percata de que están completamente solos.

Suben a una colina, ven la polvorienta línea de ferrocarril que, según los planes, la brigada debe reseguir en sus avances, y junto a ella vislumbran una larga columna de camiones, en su mayoría británicos, que se dirigen hacia el este. El miope de Douglas da po-

hecho que se trata de una caravana con el equipaje de la brigada, y da la orden de sumarse al convoy. Su carro de combate traza un elegante arco para acercarse a los camiones en plena marcha y reduce la velocidad para igualar su ritmo. Entonces Douglas echa un vistazo al interior de la cabina del camión que tienen más cerca y descubre, para su gran espanto, que el conductor lleva uniforme alemán. Unos segundos más tarde, ese conductor descubre que el carro de combate que tienen al lado es británico.

A continuación tiene lugar una escena que podría haber escrito Mack Sennett y representado Buster Keaton. El apabullado conductor da un giro abrupto para apartarse, empieza a subir hacia el terraplén de la vía, pero en lugar de frenar salta del asiento mientras el vehículo sigue rodando. De la plataforma de carga empiezan a salir soldados, saltando, tropezando, cayendo, volando, sin orden ni concierto, y corren para cruzar las vías despavoridos; después, los que van a bordo del camión número dos y número tres hacen más o menos lo mismo. Douglas está tan perplejo como los soldados enemigos. Pide, exhorta, maldice, insulta y amenaza en una mezcla de alemán e inglés para que se rindan, pero los alemanes son todos presa del pánico. Apunta con la ametralladora de la torreta a las figuras polvorientas y huidizas, pero se le encasquilla y no consigue efectuar ni un solo disparo. Entonces coge rápidamente su metralleta, apunta, pero también se encasquilla.

Douglas se siente más aliviado que otra cosa. Matar a esos alemanes horrorizados no habría tenido demasiado sentido, piensa. Mientras tanto, los camiones del final de la columna han dado media vuelta y están retrocediendo en dirección este a toda prisa, mientras que los que van más adelante han continuado su tranquilo trayecto, felizmente ignorantes del drama que acaba de tener lugar a sus espaldas.

Douglas y su tirador Evan lanzan unas granadas contra los camiones abandonados para inutilizarlos, pero no surten ningún efecto. Entonces les disparan con el cañón de 57 mm, pero parece que fallan, porque no ocurre nada. Frustrados, terminan bajándose con sus metralletas y acribillan los motores de los camiones. Por último, inspeccionan los vehículos y cogen algunas mantas y una bolsa llena de enseres. Al ver que la radio les empieza a dar problemas y que se están quedando sin combustible, Douglas decide que ya es suficiente. Vuelven al este.

Al cabo de un rato se encuentran con otros dos vehículos alemanes que se dirigen al oeste. Douglas elige hacer caso omiso, y los otros dos vehículos hacen lo mismo, y se cruzan a menos de cincuenta metros de distancia. De pronto, un hombre pasa corriendo por delante, hasta el otro lado del terraplén, y Evan, el tirador, intenta matarlo con su metralleta, pero falla. Douglas se enfada, le dice que lo que ha hecho «no tiene ningún sentido». Él y Evan empiezan a discutir acaloradamente.

* * *

Hay una ambivalencia en Keith Douglas que puede parecer desconcertante, pero que, sin duda, se da con bastante frecuencia. Como estudiante rebelde de Oxford, había escrito ensayos en los que mostraba su desprecio por el militarismo, al mismo tiempo que había participado, y no sin poco entusiasmo, del programa voluntario de entrenamiento de oficiales que había en la universidad. Como hemos visto, ha conseguido un puesto de combate en el frente mediante engaños y ha participado en algunas de las batallas más duras de la operación; su tanque de guerra también ha eliminado un buen número de vehículos enemigos, siempre desde la distancia. No tiene ningún problema en matar de esta forma abstracta, pero es obvio que se muestra reticente a la hora de matar a distancias cortas. Unos meses más tarde escribe un poema que se titula «How To Kill»; algunos de sus versos dicen así:

> En la mira aparece ahora
> el soldado que va a morir.
> Sonríe y se mueve de una manera
> que su madre sabe reconocer.
> El punto de mira le roza la cara: yo grito
> AHORA. La muerte, como un espíritu servil, me oye,
> y mira, ha convertido a una persona de polvo
> en una persona de carne.

* * *

Más tarde ese mismo día, Ernst Jünger se pasea por su huerto en Kirch-horst. Tiene apio, zanahorias, remolachas. Se fija en lo bonitas que quedan las gotitas plateadas de rocío en las hojas de la col rizada.

* * *

La experiencia ayuda, pero ni toda la experiencia del mundo ni nin-gún sistema te pueden garantizar que te salves. La muerte asola de manera arbitraria, y en última instancia quien lleva las riendas es la geometría de la casualidad. El destino, dicen algunos más tarde. La suerte, dicen otros. El destino y la suerte y una orden de una plana mayor han bendecido en el día de hoy a Paolo Caccia Dominioni y su batallón. Las primeras instrucciones ordenaban que se reagruparan en una nueva posición más atrasada, donde iban a reemprender los combates, pero ahora han recibido órdenes nuevas, pasmosas. Con-tinuad hacia atrás. Retirada.

Incluso tienen tanta suerte que pueden retirarse de verdad. Dis-ponen de vehículos. Lo que queda del 31.º Batallón de Pioneros se dirige al oeste en doce camiones cargados hasta los topes. Viajan tan apretujados que la mayoría van de pie, y tienen que vigilar todo el rato para no pisar a alguno de los heridos que yacen en el suelo de la plataforma de carga. Hay soldados colgando en racimos por fuera de los camiones. Algunos van sentados encima de las cabinas. Las mo-chilas y otras pertenencias personales las han tirado, se han quedado sin armas pesadas, el agua se ha terminado. Hace casi veinticinco años exactos, Caccia Dominioni participó, como joven teniente, en la gran y caótica retirada de Caporetto, la madre de todas las retiradas. Pero esto es peor.

El pequeño convoy está siendo perseguido. Un poco más allá se ve la polvareda de una docena de vehículos blindados británicos. Y en la carretera, tres carros de combate. Están atrapados. Delante, los tan-ques; detrás y a la derecha, los vehículos blindados; a la izquierda, una profunda estribación de la depresión de Qattara con sus salinas. Cac-cia Dominioni y los demás oficiales —el capitán, el ayudante, el mé-dico y el sacerdote de campaña— se reúnen en un rápido consejo de guerra. Una nueva porción de maravillosa casualidad, quizá la mayor de todas: Caccia Dominioni conoce el sitio. Khor el Bayat. Estuvo aquí antes de la guerra. Deberían poder salir a través de la depresión.

* * *

En realidad, Caccia Dominioni es ingeniero y arquitecto, pero cuando lo llamaron a filas en 1940 no tardó demasiado en acabar delante de un escritorio en la tercera planta del departamento de Información del ejército en Roma. Allí se pasó catorce meses sentado con un creciente sentimiento de frustración. Luego consiguió esquivar lo que él mismo llamaba la «cloaca» de intrigas, corrupción e ineficiencia de la ciudad, y gracias a sus contactos logró un puesto de combate como jefe de un batallón de pioneros nuevo el 31.º Battaglione Guastatori d'Africa del Genio.

Tiene su lógica, pues antes de la guerra estuvo mucho tiempo llevando una exitosa empresa de arquitectura en El Cairo. (Su empresa sigue existiendo en la capital egipcia, igual que su piso. El Cairo es su hogar). Conoce la región, conoce el desierto, habla árabe. Y se da la maravillosa casualidad de que ya ha estado aquí.

Uno tras otro, los camiones bajan balanceándose por la cuesta vertiginosamente empinada. Polvo, humo, motores rugientes, detonaciones. En pleno desconcierto, la mitad de los camiones desaparecen, mientras que se les suman seis unidades nuevas, desconocidas para Dominioni.

Un poco más tarde, traza un amplio arco hasta incorporarse a la carretera de la costa, que va llena de vehículos en retirada. Paolo Caccia Dominioni escribe en su diario:

> 5 de noviembre de 1942. La marcha continúa. Atacados tanto por aire como por vehículos blindados enemigos. El convoy queda rodeado a las 14.00 h. Sufrimos bajas durante la huida. Faltan: oficiales 6; hombres 243. Presentes: oficiales 12, hombres 239 (97 de la 1.ª, 138 de la 7.ª, 17 de la 8.ª Compañía). Los ingenieros bajo el mando del teniente Procacci faltan al completo. Ningún contacto con el 24.º Ingenieros al mando del capitán Fasano desde el 4 de noviembre.

Mucho más tarde, cuando se hace formar a los supervivientes y se efectúan las cuentas militares, descubren que el batallón de Caccia Dominioni es la única unidad de todo el X.º Ejército italiano que ha logrado salir de la trampa de una sola pieza. Por esta hazaña le será concedida la medalla al valor de plata, algo que él no menciona en su texto sobre lo acontecido.

* * *

Cambio de ánimos el 5 de noviembre, tercera parte: Keith Douglas rueda con su carro de combate siguiendo el terraplén ferroviario de vuelta al este. Se está acercando a la pequeña estación de Galal, el lugar donde debería encontrarse el resto de la unidad. Por radio oyen voces agitadas. El regimiento está en combate. Pero antes de que Douglas y su dotación hayan tenido tiempo de reaccionar, todo termina. Los británicos han destruido veinticuatro carros de combate italianos, sin contabilizar ninguna baja. Es una victoria grandiosa. El suceso quedará registrado en los libros de historia como The Battle of Galal Station.

Los datos no se cuestionan: veinticuatro carros de combate italianos quedaron inutilizados. Sin embargo, hay tres versiones acerca de lo que realmente ocurrió. Según la primera versión, el regimiento repelió una ofensiva enemiga. Según la segunda, el convoy de carros de combate italianos se había quedado sin combustible. Y según la tercera versión, el convoy de carros de combate italiano venía para capitular. (Una posible prueba es que llevaban banderas blancas consigo).

El jefe de escuadrón de Douglas, Stanley Christopherson, que estaba presente, se inclinaría luego por la tercera versión. Señala que «los hicimos carne picada», y cuando todo hubo terminado, el médico del regimiento y unos cuantos más estuvieron tratando de cortar hemorragias y vendar extremidades hechas trizas de forma incansable. El 5 de noviembre, Christopherson escribe en su diario: «Aquello nos hizo pensar en lo ilógica que era la guerra. Primero, hacemos todo cuanto podemos para matar a esos alemanes e italianos a base de dispararles con granadas y ametralladoras, y luego hacemos todo lo posible por salvarles la vida». La única baja que contabilizan es un carro de combate que ha sido destruido por el fuego de la propia artillería antitanque. Un hombre de la dotación ha muerto. El oficial del carro de combate ha sufrido una crisis nerviosa y ha tenido que ser trasladado.

Más tarde, Douglas visita el sitio en busca de más botines. Le ha dado tiempo de lavarse y afeitarse, y toda la ropa que lleva, incluidos los calzoncillos —pero exceptuando las botas y la boina—, son prendas alemanas que ha ido recolectando a lo largo de la jornada. En la distancia puede ver, por primera vez en mucho tiempo, la veta plateada del Mediterráneo.

* * *

Es viernes 6 de noviembre a media mañana y Dorothy Robinson y Claudine están haciendo limpieza general en el salón. Robinson lava las cortinas y otros tejidos, limpia los cristales de las ventanas y quita el polvo de los objetos decorativos. Claudine, su asistenta negra, la ayuda a fregar el suelo y a quitar el polvo de las paredes y los marcos. En cierto modo, Robinson lo hace pensando en sí misma, para mantener a raya el declive. Es tan tentador, piensa, «empezar a pasar de todo, cuando no hay ningún hombre cerca». Pero ella no quiere caer en eso. Prefiere tener la casa limpia y ordenada cuando llegue «la llamada o la carta» diciendo que alguno de ellos está de camino a casa.

«Cuando no hay ningún hombre cerca», a menudo vuelve a esa fórmula. Es uno de los muchos cambios que han acaecido en el último año, y quizá el que más le afecta. Su marido está fuera por un viaje de trabajo, y Robinson sabe que su hijo se halla en algún lugar de Gran Bretaña, junto con su unidad aérea. En su entorno de conocidos y en el vecindario ocurre lo mismo. Muchos maridos e hijos se han esfumado, «mientras dure», como dice otra fórmula. Y una tercera fórmula que también ha empezado a usar: «Cuando los chicos vuelvan a casa», es decir, una vez termine la guerra.

* * *

Ha comenzado algo que se asemeja un poco a un pequeño flujo migratorio, en el que millones de personas han abandonado sus hogares para buscarse acomodo y una nueva vida en alguno de los colosales centros de producción bélica que en menos de un año se han construido por todo Estados Unidos.[93] La industria pide mano de obra a gritos, y los salarios son buenos. Así que aunque Robinson vea que Claudine puede ser un poco descuidada, está contenta de tenerla.

93. Algunos cálculos sugieren que cuando la guerra acabó en 1945, más de quince millones de personas vivían en un condado distinto que en diciembre de 1941.

Hasta la fecha, ha sido fácil y barato encontrar a una asistenta doméstica de color, pero ahora ellas también están siendo solicitadas en la industria de la guerra, que paga mucho mejor.

George, el prometido de Claudine y a quien Robinson tiene mucho aprecio por su predisposición y su buen corazón, es uno de los que se han ido a la fábrica, desafiando así el racismo siempre tan presente, empezando por el de los trabajadores blancos. Hace menos de un mes, George apareció radiante de alegría y le explicó que lo habían cambiado al turno de noche, lo cual supone un 10 por ciento más de sueldo —la mayor parte de la industria de la guerra hace tres turnos, los siete días a la semana— y le enseñó una pequeña insignia metálica de color azul, blanco y rojo en la solapa de su americana: The Army-Navy E, una distinción que se otorgaba a las fábricas con una productividad inusualmente elevada. (Robinson se puso casi igual de contenta que él, y le regaló a George una de las corbatas nuevas de su hijo).

Incluso desde su apacible vida en las afueras, Robinson puede percibir de diversas formas la potencia colosal que la industria armamentística estadounidense está desarrollando. Jim es algo así como un solucionador de problemas ambulante en la industria armamentística, e incluso su hija Peg trabaja ahora en una fábrica, en la costa oeste. Los trenes viajan cargados de trabajadores vestidos con mono, casco en la cabeza y una fiambrera en la mano, que van o vuelven de las cuantiosas fábricas ubicadas en Long Island. Las nuevas factorías se han construido este año o bien se han expandido con fuerza, como la fábrica de Republic Aviation, en Farmingdale (que está a punto de cuadruplicar su tamaño, y de donde ahora sale en un torrente constante un nuevo y poderoso modelo de caza monomotor llamado Thunderbolt), o los grandes fabricantes de instrumentos en Lake Success y Garden City.

Tres de los antiguos compañeros de clase de su hijo están ahora fabricando aviones en Farmingdale. Se pasaron un día por casa para saber cómo le va al muchacho, todos vestidos con ropa de trabajo azul, y entre otras cosas, le contaron que la fábrica es tan grande que la mitad del tiempo que tienen para comer lo pierden en ir y volver al restaurante de los trabajadores. Sus palabras de despedida: «Dile a Art que siga volando, que nosotros seguiremos construyéndolos». Es la guerra de las fábricas.

Por la noche, Robinson y su parienta Sally se sientan a la luz del fuego del hogar, miran satisfechas a su alrededor y olfatean el aire.

Incluso huele a limpio. Ha sido un día ventoso, aunque no frío, con algunos chubascos.

* * *

Es uno de los edificios más distinguidos de Ulm. Tiene unas fantásticas vistas al gran espacio abierto de la plaza Münster y queda justo al lado de la iglesia, más parecida a una catedral, con su campanario vertiginosamente alto; en la misma calle, un poco más abajo, se encuentran también dos de las mejores tiendas de la ciudad, la de menaje y artículos para el hogar WMF y la sombrerería de la modista Berta Kunze. Y allí en la quinta planta, entrada II, en el número 33 de la plaza Münster, hay una mujer joven sentada a solas. Tiene el semblante serio y lleva un corte de pelo de monaguillo hecho sin gracia ni oficio. Está tocando el piano. Suele hacerlo cada tarde. Es probable que también esté cantando, pero no lo sabemos. Las notas plateadas flotan por todo el piso, grande y hermoso. Esto también tiene lugar el 6 de noviembre.

Después, se prepara un baño. Mientras se llena la bañera, enciende unas velas y le prende fuego a unas agujas de abeto. Luego se queda allí pensando, rodeada del buen aroma, el agua caliente y la tenue luz de las velas de parafina. Piensa en él, sin duda, «el que está tan lejos y en peligro».

Esta es su primera vida, y no se diferencia demasiado de la vida de montones de mujeres jóvenes de su generación. En su caso, el hombre en el que piensa se llama Fritz Hartnagel, cuatro años mayor que ella, oficial de profesión, capitán en una de las unidades terrestres de la Luftwaffe, y, como se ha dicho, lejos y en peligro: Hartnagel está en Stalingrado.

Sería una lástima decir que tan solo son una pareja. Se conocieron antes de la guerra en un baile privado, y lo que ha habido entre ellos recuerda, innegablemente, a una especie de baile, en el que ella dirige, él la sigue, con cuidado, ella se retira y después se vuelve a acercar.[94] Hay una tensión erótica entre ellos, pero no hay evidencias

---

94. Por estas fechas, Scholl se ha liberado recientemente de un amor desgraciado, con el apuesto Alexander Schmorell, uno de los amigos cercanos de su hermano Hans.

de que esta tensión haya alcanzado en ningún momento una liberación física. Sus lugares de encuentro son las conversaciones, largas y divagantes, sobre la moral y la religión, el derecho y el arte y el amor y la vida. E incluso aquí es ella la que dirige. Ante esta culta e inteligente joven mujer, Fritz Hartnagel debe esforzarse para seguirle el hilo, pues ella salta con agilidad del Agustinus y la teodicea a conceptos de política contemporánea y el desarrollo de la guerra. También le resulta difícil porque en estas cuestiones ella también trata de abrirle los ojos ante el error de fondo que existe en su elección profesional —oficial— y en sus ideales —su familia son nazis convencidos—. Y ha hecho algunos avances en esto.

Sus argumentos son filosóficos, morales, ontológicos, teológicos; sobre todo, estos últimos, pues ella es creyente, si bien a su manera habitual, seria y autocrítica. Su regalo de despedida para Fritz cuando su unidad se marchó al frente oriental en mayo fueron dos volúmenes de sermones del conocido teólogo anglicano John Henry Newman.

Pero a pesar de no mencionar ni una palabra de esto en la carta que enseguida le va a enviar a Fritz Hartnagel, podemos estar convencidos de que también piensa en otras cosas. Porque ella tiene una segunda vida, una vida secreta, a la que él no tiene acceso. Y en gran medida es para protegerlo. Su nombre es Sophie Scholl.

* * *

En esa otra vida, Sophie Scholl y su hermano Hans pertenecen a un círculo de estudiantes de la Universidad de Múnich que son opositores secretos al régimen. No es ningún movimiento de resistencia en el sentido estricto, con programa, liderazgo, miembros y organización. Se trata de un puñado de jóvenes que son íntimos amigos, personas que comparten un origen burgués de alto nivel cultural, con unos caracteres individualistas e intelectuales parecidos y con un pasado similar de pequeñas revueltas y, sobre todo, una decepción hacia la voluntad del Estado nazi totalitario de controlarlo todo, dominarlo todo y dirigirlo todo, incluidos sus pensamientos y sus vidas.[95] Varios

95. También literalmente. Que el régimen estuviera tan dispuesto, por no decir ansioso, a sacrificar jóvenes en nombre de su proyecto de guerra megalómano era también una considerable fuente de enfado y decepción: Sophie Scholl conocía a

de ellos han sido militantes del régimen en algún momento, en mayor o menor grado. Hans, el hermano de Sophie, fue miembro de las Juventudes Hitlerianas y una vez llevó el estandarte en uno de esos encuentros masivos en Núremberg; Sophie, por su parte, perteneció durante un tiempo a las BdM, Bund deutscher Mädel, el homónimo de las Juventudes Hitlerianas para mujeres jóvenes.

Con el tiempo, esta decepción se ha ido convirtiendo en rabia tras enterarse —de forma directa o indirecta— de lo que el Estado es capaz de hacer, a la hora de la verdad: injusticia, persecución de quienes piensan diferente, asesinato de quienes son distintos; genocidio, directamente. A lo largo de muchos debates susurrados a puerta cerrada o tomando una botella de vino en el Englischer Garten, una de las cuestiones centrales ha sido que esos crímenes se han cometido en nombre del pueblo alemán, en su nombre. La conclusión a la que han llegado es que deben hacer algo. Lo que sea. Si no, ellos mismos cargarán con una parte de la responsabilidad moral.

En verano, durante más de dos semanas hicieron correr cuatro panfletos arduamente trabajados, formulados con precisión y escritos con texto muy apretado, en los que condenaban al régimen por su falta de consistencia intelectual, sus mentiras y crímenes inauditos, y lo comparaban con un tumor canceroso que se extiende por culpa de la falta de resistencia interna. Entre otras cosas, los volantes exhortaban también al sabotaje en todos los ámbitos, y dejaban muy claro que las únicas opciones que el pueblo alemán tenía de purificarse y renacer pasaban por reconocer su culpa y actuar en consecuencia. «Nosotros no callamos, nosotros somos vuestra mala conciencia, la Rosa Blanca no os dejará en paz».

Los textos eran filigranas de una gran riqueza cultural, con referencias a Aristóteles, Schiller, Goethe, Lao Tse, la Biblia. Esto refleja lo que son sus autores: jóvenes intelectuales. Pero también es una elección consciente. Ya no tienen esperanzas en la «masa sin voluntad». Lo que pretenden es, con suerte, influir en otros intelectuales y, a través de ellos, influir de forma indirecta en el pueblo. Al mismo tiempo, los medios a los que pueden recurrir son ridículamente insuficientes. Los cuatro panfletos de verano estaban escritos a máquina, unos doscientos

---

varios de los que habían caído, y parece que este hecho jugaba también un papel importante en su decisión de ponerse en contra.

ejemplares, y los habían enviado a personas elegidas a dedo del listín telefónico, o dejado en cabinas telefónicas y sitios parecidos. Pero por lo menos tienen la sensación de que han hecho algo.

* * *

Después de tomarse el baño, Scholl escribe una breve carta para Hartnagel. Luego la lleva a la estación de tren y la manda desde allí. (Esa carta es de donde sacamos los detalles de esta tarde). Scholl sabe que su hermano Hans volverá cualquier día de estos del frente oriental, junto con varios de los amigos que tienen en común, y está animada. Con Hans y los demás, volverán a trabajar en una nueva ola de volantes, Scholl ya lo ha estado preparando; por ejemplo, ha conseguido un mimeógrafo para poder duplicarlos con el dinero que le pidió prestado a Hartnagel bajo falsas pretensiones.[96] Para Scholl, esto es algo que quiere y tiene que hacer. Al mismo tiempo, la incertidumbre la corroe.

La noche está tapada, pero por detrás de los cúmulos de nubes se pueden ver las estrellas. Scholl piensa en Hartnagel y que en este momento aquellos puntitos de luz los iluminan a ambos, ella en Ulm, él en Stalingrado.

* * *

Ese mismo viernes por la mañana, el médico militar australiano Edward «Weary» Dunlop y más de mil prisioneros de guerra australianos abandonan el laberinto de casitas bajas de madera pintadas de blanco que conforman el campo en las afueras de Nandung, en Java. Durante la noche ha llovido y la mañana es fresca. También aquí las estrellas contemplan la escena. Hay dos versiones de lo ocurrido. Primero, la del propio Dunlop, de su diario, seca y objetiva:

> Toque de diana 0315. Formación 0430 marchamos 0550 llegamos a estación 0625. Gran muchedumbre arriba para despedirnos, incluidos Van, Horobin y Nick.[97]

96. Sophie Scholl es la tesorera informal del grupo.
97. La puntuación, o mejor dicho, la falta de ella, es de Dunlop.

Luego, otra, escrita mucho más tarde y cargada de lo que faltó en la primera: la certeza de lo que les esperaba. Esgrime el bolígrafo el hombre a quien Dunlop llama Van:[98]

> Recuerdo cuando caminaba entre los barracones y los alojamientos, bajo las gotas que caían de los árboles empapados, en dirección a los portones de la prisión. Las estrellas acababan de asomar de nuevo entre las nubes y en los charcos que íbamos pisando se reflejaban constelaciones grandes como Orión, estrellas como Sirio y Aldebarán y el planeta Júpiter, que hacía poco le había quitado a Venus el puesto de estrella mañanera. Y cada vez que pienso en aquella caminata y el instante en el que Weary, quien en un momento tan lúgubre como aquel conseguía hacer reír a sus hombres debilitados, impertérrito y tranquilo, fue a recibirnos al gran portón, todos los adjetivos personificados en el *Pilgrim's Progress*, que a día de hoy se han vuelto tan anticuados, me parecen los únicos lo bastante precisos para la ocasión; adjetivos como «valeroso», «tenaz», «franco», «dadivoso», etcétera, pero a los que cabe añadir también cosas que no se pueden encontrar en el vocabulario de Bunyan, como el implacable sentido del humor de Weary y su empleo clásico y liviano de la ironía para superar la autocompasión y reducir la intrusión del destino en sus vidas, tanto la suya como la de los hombres a su mando, a proporciones humanas tolerables. Los tres que estábamos allí de pie en la oscuridad junto al portón sabíamos que era el final de una fase en nuestra vida de prisioneros y el comienzo de una fase nueva, en la que se nos iba a poner a prueba a todos de una forma que jamás habíamos experimentado antes, sin nada equivalente en nuestras propias vidas, ni en la vida y los recuerdos de las personas que conocíamos.

En la estación de tren aparecen incluso dos de los oficiales japoneses del campo para despedirse de él con toda la amabilidad. Uno de ellos incluso se permite una broma cruel: los llevan a Surabaya,

---

98. Laurens van der Post, de la misma edad que Dunlop, antes de la guerra un periodista desconocido y de éxito mediocre, cuyo mayor mérito había sido escribir una novela (muy crítica con la distinción de razas en su país, Sudáfrica) publicada por la editorial del matrimonio Woolf. Voluntario en el ejército británico en 1940. Después de la guerra desarrolló una magnífica carrera como escritor y presentador de televisión, y como consejero, entre otros, del príncipe Carlos y de Margaret Thatcher. Es más, su nombre sale en un rincón del capítulo 4 de *The Crown*.

para desde allí ser transportados de vuelta a Australia, «¡que ahora está en manos de los japoneses!».

El viaje en tren hasta Batavia[99] dura casi ocho horas. Dunlop, que no tiene que ir en un vagón de ganado como el resto de las tropas, sino que ha sido ubicado en un compartimento propio junto con otros oficiales, fruto del afanoso formalismo japonés, está disfrutando del lento y sinuoso trayecto desde las tierras altas. Tantos meses monocromáticos detrás de alambre de espino y ahora esto. Ve montañas revestidas de selva y sus cumbres asomando; ve valles de color verde esmeralda, borrosos por efecto de la niebla mañanera; ve un pueblo tras otro con casas de nipa seca de color marrón; ve mosaicos perfectos de campos de arroz verde claro. Y allí y entonces se siente de pronto tranquilo; la tristeza por lo que ha vivido y la preocupación por lo que le espera se disipan momentáneamente. Dunlop escribe en su diario: «Me siento animado y contento y no me importa en absoluto lo que vaya a pasar».

* * *

En la Fasanenstrasse, en el centro de Berlín, una calle que cruza entre la gran Kanstrasse y la moderna avenida Kurfürstendamm, está el APC, el Ausland-Presseclub, un club para periodistas extranjeros. Lo dirige el Ministerio de Asuntos Exteriores alemán. El edificio había pertenecido a la sociedad germanobritánica, y está decorado como un club de caballeros inglés, cómodo pero discreto, con montones de camareros sistemáticos y obedientes. (En la vajilla aún se puede ver el emblema de la sociedad). Allí hay todo lo que un periodista en activo puede exigir, como máquinas de escribir, diarios extranjeros actuales y líneas de teléfono y telégrafo abiertas las veinticuatro horas del día. También se puede encontrar casi todo lo que se necesita para desconectar, como un bar en el que sirven *American cocktails* a precios irrisorios, así como una sala en la que se puede jugar al tenis de mesa y a los dardos. El APC, o Chez Paul,[100] como también suelen llamarlo, casi siempre está lleno de gente.

99. Tras la independencia en 1949, como sabemos, rebautizada como Yakarta.
100. «Paul» es el doctor Paul Schmidt, el portavoz del ministro de Asuntos Exteriores, un nazi inteligente, carismático, alegre y sin escrúpulos que casi cada noche anda por el club. A sus espaldas, algunos periodistas extranjeros lo llaman Al Capone, en parte por lo peligroso que es, pero sobre todo por su gordura.

Una de las personas que esta tarde de noviembre se mueve entre la multitud de periodistas extranjeros, funcionarios alemanes (con o sin uniforme), diplomados, hombres de negocios, supervisores, camareros, mujeres jóvenes (en general, sin ninguna función aparente, pero a menudo teñidas de rubio y fáciles de seducir), así como alguna que otra persona un poco sospechosa, es un hombre que debe rondar los treinta años, bien vestido, con americana cruzada y corbata.

El hombre es bastante bajito y delgado, por no decir frágil, y tiene el pelo castaño y lo lleva repeinado hacia atrás. Su cortesía y seguridad en sí mismo sugieren una infancia acomodada, igual que la sonrisita altiva que a ratos asoma en su rostro elegante pero flaco. Hay algo asustadizo en sus ojos. (Probablemente vaya ebrio, de coñac, que es su bebida preferida y que no pocas veces bebe durante todo el día: la primera copa se la toma, por norma, de buena mañana). A su lado hay una joven francesa, guapa, con curvas y de risa fácil, con una cantidad innecesaria de maquillaje. Es su amante. El hombre se llama John Amery.

A lo mejor Amery despierta más interés esta noche, o como mínimo puede que sea objeto de más miradas de lo habitual, porque es nuevo en Berlín. No es solo excepcional por tratarse de un británico elocuente y de opiniones fuertes que se declara abiertamente partidario del bando de los nazis, sino también por ser hijo de uno de los hombres de Churchill en el Gobierno de Londres, Leo Amery. Además, corre el rumor de que John Amery no solo es el típico excéntrico británico de clase alta, de buena familia y con muchos contactos,[101] sino también un productor de cine, fascista, bisexual, bígamo y amante de la velocidad, un alma inquieta y en constante búsqueda. Dicen que ha hecho contrabando de armas para Franco y de diamantes para sí mismo.

El ambiente que se respira en el club de prensa es extraño. Las fiestas, la excelente comida y el café auténtico atraen mucho, así como la posibilidad de relacionarse con otros extranjeros. Pero al mismo tiempo la atmósfera está impregnada de corrupción y suspicacia. Corrupción porque todo el mundo sabe que esto, igual que cualquier otro privilegio material —pisos baratos, viajes baratos, cartillas de

---

101. También de adulto solía llevar a cuestas, igual que Sebastian Flyte, un oso de peluche.

racionamiento extra, etc.— tienen por objetivo hacer que a los periodistas extranjeros les pese un poco más su comodidad que su sentido de la verdad. Suspicacia porque resulta imposible saber qué es sólido y qué es inconsistente en la zona gris que conforman los rumores, la incertidumbre, la desinformación y las medias verdades que se cuentan entre susurros y corren por el club de prensa, donde cualquiera puede ser un informante o provocador, y donde uno de los gestos más habituales es lo que en tono jocoso llaman «la mirada alemana», es decir, echar un vistazo rápido por encima del hombro para ver si hay alguien escuchando. Uno de los periodistas extranjeros que suele frecuentar el club ha comparado el ambiente con el de una novela de detectives: «Todo el rato tienes la sensación de que todos traicionan a todos, siempre tratando de averiguar quién puede ser el gran villano, el "asesino"».

* * *

John Amery se siente muy en casa en la penumbra incierta del club. De un niño degenerado, inteligente y mimado, propenso a los ataques de cólera, ha surgido un vividor degenerado, inteligente y amoral, acostumbrado a camelar y embaucar al mundo de su alrededor, como un personaje de las primeras novelas de Evelyn Waugh, pero con una esvástica en el brazo. Como se ha dicho, Amery es un fascista convencido, así como antisemita,[102] pero al mismo tiempo ansía enriquecerse, entre otras cosas para financiar el lujoso estilo de vida que considera que el mundo le debe y al que está acostumbrado desde la infancia. (Sí, hizo contrabando de armas para Franco durante la Guerra Civil, con lo que demostró una gran valentía, y al mismo tiempo hizo una gran fortuna con la maniobra. Sus intentos de ejercer de productor de cine han terminado en ruina, igual que el resto de sus negocios más o menos turbios). Tras la caída de Francia, Amery se quedó en la parte no ocupada del país, la Francia de Vichy; tiene muchos y muy buenos contactos entre los franceses de extrema derecha; su amante, Jeanine Barde, es una de ellos. Obviamente, Amery no ha podido tener tener las manos quietas, y este mismo año lo detuvieron por comercio ilegal de divisas.

102. Curiosamente, su abuela paterna era de origen judío.

De alguna manera, llegó hasta Berlín la noticia de que Amery estaba detenido, y el ministro de Asuntos Exteriores, Von Ribbentrop, comprendió en el acto que aquel hombre, por su familia y su inclinación ideológica, era un regalo del cielo para sus fines propagandísticos.[103] Así que Amery recibió enseguida una tarjeta alemana de «Salga de la cárcel» y lo montaron en un tren a Berlín junto con un enviado del Ministerio de Asuntos Exteriores. Quieren que salga en la radio.[104]

Por lo demás, Amery no da muchos pasos sin que haya algún funcionario del Auswärtiges Amt allí cerca, no tanto para vigilarlo como para encargarse de que no se emborrache hasta quedar fuera de juego, así como para hacer acopio de las cuentas de restaurantes, gastos de burdel y recibos de hotel, alcohol, coches de alquiler, lavandería, etcétera, que rodean al inglés como una espuma que levanta allá por donde pisa.

Mientras está allí, entre el humo de tabaco y la música jazz[105] del APC, con su acento inglés de clase alta un tanto afectado, ¿de qué habla John Amery? Quizá de su familia, y sin duda de su padre, el ministro de Churchill. Y probablemente reproduzca de nuevo aquel disco rayado de palabras y frases que ha usado tantas veces antes y que seguirá usando una y otra vez: que la alianza de Churchill con Stalin es un crimen, que los ingleses y los alemanes deberían unirse contra la barbarie del comunismo, que el futuro de Europa está en el nuevo orden de Hitler, que en última instancia la guerra es un intento de los judíos de hacerse con el dominio del mundo, que las fuerzas del Eje están a punto de vencer, etc.

Después, Amery y su amante son llevados de vuelta al Adlon, el hotel más lujoso de Berlín, a un tiro de piedra de la puerta de Brandeburgo. Por lo demás, el hotel es el lugar de encuentro de un vulgar

103. Que Ribbentrop, notoriamente desinteresado por los detalles, hiciera tal intervención refleja bastante las expectativas que se tenían con Amery.
104. Amery se estaba preparando voluntariamente para esta aparición. Su propuesta de crear una tropa de voluntarios británicos —reclutados entre los prisioneros de guerra— para la lucha en el frente oriental recibió un rechazo generalizado.
105. En Alemania estaba prohibido el jazz y especialmente el swing desde 1935, bajo la etiqueta *Negermusik*, pero en muchas ocasiones se hacía la vista gorda, entre otros sitios en el APC (y curiosamente, a menudo también a bordo de los submarinos). Se permitía en especial si los músicos eran blancos.

puñado de fascistas, aventureros y oportunistas extranjeros que se han juntado en Berlín a medida que se iban sumando más y más victorias alemanas. En el hotel lo espera su perro Sammy. Dentro de unos días, el inglés emitirá su primer programa de radio.

* * *

El tren de Weary Dunlop y los demás prisioneros de guerra entra en la estación de Batavia a las tres y veinte de la tarde del 6 de noviembre. El ambiente fresco de la mañana se ha visto sustituido por un calor denso y pesado. Los prisioneros se bajan y forman igual que en el momento de abandonar el campo, en columnas de cuatro hombres de ancho, grupos de cincuenta. No los vigilan los japoneses, sino policías javaneses armados con pistolas y sables, todos vestidos con el antiguo uniforme azul grisáceo del viejo poder colonial. (Muchos nativos han cambiado voluntariamente de bando por el mero gusto de ver a los antiguos señores coloniales, todos blancos, siendo obligados a marcharse de forma humillante). Luego parten.

El ritmo de marcha es rápido. Al cabo de un rato el cielo descarga un chubasco tropical. Dunlop lleva mucho peso. Si bien es cierto que, como oficial, tiene la posibilidad de transportar su equipaje en un camión japonés, lo más imprescindible lo lleva encima: dos mochilas en las que, entre otras cosas, tiene una radio, muy bien escondida y cuyos componentes ha desmontado —esos aparatos están prohibidos bajo pena de muerte—, así como una maleta con documentos importantes, órdenes, informes médicos, contabilidad, rollos de película y su propio diario. Dunlop es alto, atlético y fuerte. (Antes de la guerra jugaba al rugby a nivel profesional y practicaba boxeo). Pero incluso él nota el ritmo que llevan y el peso, por no hablar de la humedad. Ve cómo los soldados se esfuerzan, pero cada vez les cuesta más. Justo delante de él, uno de los sargentos de mayor edad dobla las rodillas por el peso de la carga. Muchos llevan también un calzado malo; los hay que no llevan ninguno; además, la lluvia torrencial hace que el camino esté cada vez más embarrado. Al cabo de poco más de cinco kilómetros, la gente empieza a colapsar. Dunlop sufre: «Daba pena ver cómo algunas de aquellas formas demacradas y caras chupadas iban cayendo».

Al final llegan a su destino, el campo número 5, o como lo llaman oficialmente los japoneses: Makasura. Dunlop ve la cerca de alambre de espino. Ve una hilera tras otra de barracas austeras de nipa trenzada. Ve letrinas descubiertas. Ve barro pesado, pegajoso y marrón, barro por todas partes. En ese barro forman para el recuento y esperan bajo la lluvia que sigue cayendo. Los que se han quedado rezagados llegan en camiones escoba japoneses. La espera continúa. (Tal vez los guardias tienen que volver a contarlos a todos. Tal vez no es más que otra humillación premeditada). Están todos acostumbrados a esperar, la espera ocupa la mayor parte de su existencia, siempre están esperando algo, pero ahora están todos exhaustos y empapados, y solo esperan a que la espera llegue a su fin.

Al final aparece el comandante del campo, un mayor de avanzada edad con barba. Ya pueden proceder a «dar la bienvenida». El mayor japonés pronuncia uno de esos discursos que suelen darse en este tipo de situaciones: cortés en la forma, amenazante en el contenido. Ahora, tanto las normas como la etiqueta mandan que todo el mundo lo salude con una reverencia. Pero «algunos zopencos lo hicieron a lo británico, claro», observa Dunlop enfurecido, y hay que repetir todo el procedimiento desde el comienzo.

Después, Dunlop está demasiado cansado para quitarse la ropa empapada. Sus tobillos han empezado a hincharse. La cena consiste en arroz y té. Ya se ha puesto a pensar en las cosas que hay que mejorar en este nuevo campo.

* * *

Ha sido un otoño más bonito de lo habitual en Stalingrado. Es cierto que en las noches ya refresca, pero los días continúan siendo soleados y despejados. Aún no ha caído ni un copo de nieve. Ahora hay neblina y está lloviznando. Parece que el tiempo está cambiando, y Adelbert Holl ha empezado a preocuparse por el tema del equipamiento de invierno. Es el 6 de noviembre.

Holl es un teniente de veintitrés años del 2.º Batallón, 276.º Regimiento de Infantería, 94.ª División de Infantería. En realidad es jefe de la séptima compañía del batallón, pero después de resultar herido otra vez —es su séptima herida, metralla de granada en el brazo derecho— se le ha concedido un puesto temporal en el cuadro de mando del regimiento. Su superior lo ha ordenado así porque Holl es uno de los pocos jefes de compañía que quedan con experiencia,[106] y sus conocimientos pueden ser de provecho para la plana mayor. Pero es obvio que Holl necesita reponerse. Y no solo de su herida, sino también de haber estado combatiendo de forma prácticamente ininterrumpida desde finales de septiembre en Stalingrado, este sitio que el propio Holl, en un instante de claridad poco característica en él, comparó con Moloch, la antigua divinidad que se consideraba sagrada y cuyo apetito por los sacrificios humanos era insaciable.

Holl tiene experiencia, cuenta con ocho condecoraciones, incluida la cruz de hierro de primera y segunda clase. Lleva luchando desde la conquista de Polonia. Sin embargo, nada de lo que ha visto se parece a lo que ha vivido estas últimas más de seis semanas. La 94.ª División de Infantería ha participado desde el primer momento en los intentos de retomar la ciudad, empezando por las afueras calcinadas, con sus bosques y chimeneas tiznadas, luego metro a metro hacia el centro de la ciudad y el Volga. (Fueron ellos los que atacaron y los que con mucho esfuerzo tomaron el archiconocido gran silo de grano que hay en la parte sur de la ciudad).

La idea que han estado alimentando Holl y sus soldados es que cuando alcancen el Volga habrán ganado; la batalla, sin duda, pero probablemente también la guerra. El río ha definido la topografía del campo de batalla de una forma absoluta, y a medida que las fuerzas soviéticas se han ido concentrando en un área cada vez más reducida junto al río ya casi mítico, los combates se han ido tornando cada vez más intensos, sangrientos, amargos, desesperados y crueles. (¿De dónde sacan los rusos sus fuerzas para resistir?).

Al comienzo de la batalla, el éxito se consideraba conquistar una parte de la ciudad, pero después se vio reducido a hacerse con una calle, luego un edificio en concreto, ahora una planta, un rellano, incluso una habitación. Y esto en una ciudad cuyo nombre ya carga con un halo de trágica grandeza, en un tumulto de ruinas cada vez más reventado, una montaña de cristales, revoco y polvo por donde cuesta moverse, trozos de porcelana, trozos de muebles, trozos de perso-

---

106. Lo cual es correcto. Casi todos los jefes de compañía habían sido heridos o habían caído desde el comienzo de la operación. La posición más peligrosa que había era —igual que durante la Primera Guerra Mundial— la de oficial de infantería en los mandos inferiores. Las bajas eran enormes.

nas, todo acompañado de un constante olor a cordita, humo de incendio y podredumbre. Tras el último ataque que Holl comandó contra un barranco un poco al oeste de la enorme y muy peleada fábrica Barrikady, su compañía cuenta con un total de siete soldados. El batallón entero está compuesto por veintitrés hombres.[107]

Cuando Adelbert Holl se enteró de que debían prepararse para una nueva incursión —esto después de haber hecho tareas de reconocimiento y de haber enviado al cuartel general «esbozos del área, cada día antes de las 18.00 h»—, lloró, según dice él mismo, de rabia, y dominado por la ira le espetó a un superior: «¡¿Estos también van a ser carne de cañón?!». Una reacción así demuestra la tremenda prueba en que se ha convertido esta batalla, porque Holl es uno de los que no han titubeado nunca, cinco años en las Juventudes Hitlerianas, obediente y dócil, tan inquebrantablemente leal a las fuerzas armadas como al régimen, un hombre que describe el juramento que le hizo al *Führer* como «sagrado». Hace falta mucho para que una persona así empiece a protestar. Es después de esto, y de su última herida, cuando le conceden un traslado temporal a la plana mayor.

* * *

Durante las más de dos semanas que Holl lleva en la plana mayor se ha recompuesto rápidamente. Duerme en un hoyo de tres por tres metros en un pequeño bosque de encinas. Incluso ha encontrado tiempo para pasearse a lomos de Mumpitz, su caballo. A veces, se ha limitado a quedarse sentado y disfrutar del sol de otoño.

Holl es bastante bajito y tiene un aspecto rudo, siempre va debidamente vestido según marca el reglamento. Las cosas como el afeitado, los títulos formales y el saludo oficial son importantes para él. Sus subordinados le tienen cierto miedo, y en situaciones apuradas puede recurrir a la fuerza contra los soldados que han sido presas del pánico. Pero no cabe duda de que Holl es físicamente valiente y un comandante de combate diestro. No obstante, los quehaceres de Holl en el día de hoy tienen un carácter menos dramático: está contando ropa interior.

---

107. Un batallón en una situación normal se componía de unos ochocientos hombres.

En la lejanía, la alarma de combate ha continuado sonando. Los gruesos y densos penachos de humo negro cuelgan siempre sobre las zonas industriales cada vez más destruidas junto al Volga. Allí los defensores soviéticos siguen resistiendo, pese a una ingente cantidad de bajas y un bombardeo casi constante desde el aire. Los árboles han perdido la mayoría de sus hojas.

* * *

¿Qué se siente al matar a una persona por primera vez? Sin duda, depende de las circunstancias. Hacerlo en combate abierto, cuando hay que elegir entre tu vida o la del otro, no supone ningún dilema moral. Y cuando la guerra ha alcanzado un grado de rabia tan destructiva y despiadada como ahora, y cuando hay tantísimo en juego (como ocurre en el lugar en el que Mansur Abdulin se encuentra ahora mismo), donde la frontera entre la vida y la muerte, entre haber existido y la no existencia es tan fina, entonces apenas hay ninguna cuestión moral en absoluto, por mucho que no hayas matado nunca a nadie, como le ocurre a Abdulin.

El mismo día que Adelbert Holl hace inventario de equipo en Stalingrado, Mansur Abdulin está haciendo guardia en una parte avanzada y muy bien camuflada de una trinchera a unos cien kilómetros de allí, al noroeste de la ciudad. El paisaje está vacío, llano y callado, aún vestido con los colores del otoño. El invierno parece demorarse. El Don, aún sin helar, está ahí detrás, en alguna parte. ¿Sabe que esto es la cabecera de un puente?

Abdulin otea en la dirección que le toca otear —la posición enemiga— y ve movimiento. Hay algunas formas extrañas que se mueven en la trinchera de allí delante, y cuando se acercan un poco resultan ser tres hombres cargando balas de heno. (Heno, quizá el elemento cotidiano más banal de la guerra: va bien para dormir, también como aislamiento, se puede usar para limpiar y, en el peor de los casos, se le da de comer a los caballos). Mansur Abdulin es soldado raso en el Ejército Rojo, 293.ª División de Infantería, 1.034.º Regimiento de Tiradores. Es tártaro, porque igual que cerca de la mitad de los soldados de su división ha nacido y se ha criado en las partes centrales de la Unión Soviética. Le gusta mucho presentarse como siberiano. Es de estatura pequeña. Acaba de cumplir diecinueve años.

Es interesante observar un momento la reacción de Abdulin.

En cuanto ve a los hombres toma la decisión de disparar. No porque supongan una amenaza. Sino porque son el enemigo.

Y les apunta con su arma.

Pero aun así le surge un asomo de reserva. No en el pensamiento. Abdulin es un tirador nato desde su infancia en Siberia, pues su padre, un comunista convencido e ingeniero de minas, se lo llevaba al bosque a cazar perdices nivales. Lo cierto es que Abdulin le ha dado vueltas, ha pensado que una cosa es matar perdices, pero ¿personas? No obstante, eso fue hace tiempo, durante la formación que lo convirtió en soldado. Ahora ya no. Ahora sabe de qué es capaz el enemigo.

Aunque todas las estadísticas lleven el sello de confidencial —por ende, son un tema del que no se habla, bajo riesgo de pena de muerte, ni más ni menos—, todo el mundo sabe que las bajas del Ejército Rojo han sido absolutamente devastadoras en los diecisiete meses que han pasado desde que su país fue atacado.[108] Y saben que la carnicería se perpetúa. Más allá del horizonte, dentro de las ruinas bordeadas de fuego de la ciudad, entre los hombres se murmura la certeza de que a partir de que un soldado de infantería soviético es enviado a la guerra le queda una media de diez días de vida.

Estas probabilidades han generado un pensamiento bastante amargo: quizá tu muerte sea inevitable, pero por lo menos puedes llevarte a uno de los otros por delante. Y a medida que los avances claramente imparables de los alemanes se han ido sucediendo a lo largo del verano y del otoño, la propaganda que colma a Abdulin y sus camaradas se ha vuelto cada vez más tosca, por no decir desesperada. En ella aparece, sin duda, el heroico y célebre texto «Mata» de Ilya Ehrenburg («Los alemanes no son personas. A partir de ahora, la palabra "alemán" es nuestro peor insulto. A partir de ahora, el soldado dispara su rifle en cuanto oye la palabra "alemán". No hablaremos. No nos indignaremos. Solo mataremos. Si no matas a un alemán al día, tu jornada ha sido inútil…», etc.), pero también el poema «¡Má-

---

108. Hasta febrero de ese año, el Ejército Rojo había perdido a más de cinco millones y medio de hombres, entre prisioneros y muertos. Aún peor: por cada alemán caído caían veinte soldados soviéticos, una ecuación que a la larga era insostenible.

talo!», por ejemplo, del poeta soldado Konstantín Símonov[109] («Si no quieres entregarle / a un alemán, con su arma negra, / tu casa, tu esposa, tu madre / y todo lo que llamamos patria, / sepas que tu tierra no será salvada / si no la salvas tú mismo. / Y sepas que al enemigo nadie lo matará / si no lo matas tú mismo»). Así que, ¿por qué iba Abdulin a titubear?

Mientras Mansur Abdulin maniobra su rifle automático en la aspillera y trata de hacer coincidir la mira con la figura humana que se mueve allí delante, su corazón empieza a latir con fuerza. El sudor corre por su frente, y sus manos empiezan a temblar. Hay algo que va a superar, de todos modos. La mayoría de soldados no aprietan el gatillo, no quieren matar, independientemente de las circunstancias, a veces aunque dependa de ello su propia vida. Pero Abdulin abre fuego, aunque intuye que es un poco demasiado pronto o demasiado tarde.

Suena el disparo, el hombro de Abdulin se ve golpeado por el pulso del retroceso de la culata. Fallo. Abdulin se hunde en la trinchera, destrozado, y piensa: «Si tan solo pudiera matar a uno. Solo para librarme ya de cara al futuro». En la muerte del otro te anticipas a la tuya. Pero enseguida se recompone, se pone de nuevo en pie, otea la trinchera con el rifle automático. ¡Allí! Están los tres corriendo con sus balas de heno bajo el débil sol de invierno, solo más deprisa y más agazapados. Mansur Abdulin apunta con esmero, sigue al del medio con el punto de mira, apunta justo por delante de él para compensar los movimientos del hombre y el tiempo que la bala tarda en trasladarse. Ahora Abdulin está tranquilo. Sus manos han dejado de temblar.

Suena el disparo, el hombro de Abdulin se ve golpeado por el pulso del retroceso de la culata. Diana. El hombre de allí delante se detiene, por un instante endereza la espalda hasta quedar completamente erguido, al mismo tiempo que su cabeza da un extraño respingo hacia atrás. Al segundo siguiente, sus rodillas se doblan, y un último e inútil impulso de escapar, o la geometría de las articulaciones,

---

109. Más conocido, por supuesto, por el bonito poema «Espérame», que se recitó incontables veces en la Unión Soviética durante aquellos años. Parte de los soldados del Ejército Rojo llevaba siempre una copia del mismo doblada en el bolsillo del pecho, como una suerte de amuleto.

o lo que sea, hace que el cuerpo inicie un movimiento en espiral, pero se ve interrumpido y se convierte en una caída libre, el cuerpo ha dejado de ser un sujeto para ser un mero objeto, dirigido por la fuerza de la gravedad y nada más. Muerto.

Si había alguna reserva, ahora ya se ha desvanecido. Abdulin se siente orgulloso.

* * *

Lo que más ocupa a Adelbert Holl el viernes 6 de noviembre es el equipo de invierno. Hace recuento de lo que queda, tanto para él como para sus soldados: dos pares de calzoncillos, dos pares de medias, dos pares de paños para los pies, un jersey, un par de pantalones, un gorro marinero, una chaqueta de uniforme, un abrigo, un traje de trabajo, un poncho de camuflaje —*Zeltbahn*—, así como un par de botas de cuero de media caña. Eso es todo. Holl sabe que esto no será suficiente cuando apriete el frío de verdad. Pero la solicitud de ropa de invierno parece haberse encallado en algún punto más arriba de la burocracia militar.

¿Puede ser que haya problemas con los transportes? Holl sabe que todas las provisiones que van al frente de Stalingrado llegan por un solo camino, a través de un puente que cruza el Don en Kalach del Don, y la comida ya ha empezado a ser bastante penosa por este motivo. (Muchos culpan a la dieta invariable de los casos cada vez más numerosos de ictericia). Algo que también será motivo de preocupación cuando el frío arremeta es la falta de leña, pero la leña y las estufas las tienen que conseguir por su cuenta.

Pese a todo, Holl parece haber vencido sus antiguas cavilaciones. Ganarán la batalla. Le parece percibir que la moral de combate entre los soldados se mantiene alta, y tan solo con que reciban refuerzos podrán apoderarse de esas insignificantes lenguas de tierra junto al Volga. «Todos confiábamos plenamente en la directiva».[110]

110. Sin entrar demasiado en tipologías, Holl aparece, tanto en vida como en sus memorias escritas, como el típico exponente de lo que se suele llamar personalidad autoritaria: una persona totalmente confiada al sistema y a sí mismo y con grandes dificultades para reconocer que ninguna de estas dos grandezas es capaz de cometer errores.

* * *

Oscuridad de otoño, bosque de árboles altos. El tren no tardará en llegar. Nikolai Obrinba y los demás partisanos están preparados. El plan es simple y efectivo. (Solo los planes simples son efectivos). Tienen una pieza de artillería ligera esperando en una arboleda de pinos junto a la sinuosa vía ferroviaria. (Tan solo el hecho de que ahora dispongan de un cañón es notable; el equipamiento de los partisanos es cada vez mejor). Van a inutilizar la locomotora. Al mismo tiempo, un comando de explosivos ha enterrado una gran carga bajo el terraplén un poco antes del punto donde espera la artillería. El resto de los partisanos, entre ellos Obrinba, yacen preparados en una pequeña elevación con vistas a la vía férrea.

Están esperando el tren.

Este es el tipo de operaciones con el que se suele vincular a los grupos de partisanos —ataques a trenes, retiradas dramáticas en plena noche—, pero lo cierto es que esta es la primera en la que Obrinba participa. A excepción de un ataque a una pequeña localidad en el que tomó parte hace poco más de un mes, una historia cuando menos caótica y en la que estuvo a punto de pegarle un tiro a uno de los suyos en la oscuridad, y en la que la misión principal —matar al *starosta*[111] local que los alemanes habían designado como su gobernante— también se fue al garete: dieron con él, lo capturaron y lo sentenciaron a muerte, pero el que disparó estaba nervioso o apuntó mal con su metralleta, y el hombre sobrevivió.

Muchas de las acciones de los partisanos hasta la fecha han consistido en construir su fuerza, equiparse, organizarse y agitar, conseguir avituallamiento, mantenerse con vida. Como ya hemos comentado, estos grupos de partisanos están formados por multitud de personas frágiles que se han juntado. Hay soldados del Ejército Rojo que se refugiaron en el bosque después de que sus unidades quedaran reventadas durante las grandes ofensivas del cerco del año pasado, miembros locales del Partido Comunista o la policía secreta soviética,

---

111. Se puede traducir como el «anciano del pueblo». Tenían un importante papel tanto en el constante saqueo económico alemán como en la caza de partisanos y otros.

judíos fugitivos que huyen del genocidio y los pogromos; hay aventureros e idealistas, héroes y oportunistas, la presencia de mujeres jóvenes salta a la vista; hay una fracción creciente de voluntarios soltados en paracaídas o infiltrados a través del frente; muchos son prisioneros de guerra fugados, como Obrinba.

El tren no tardará en llegar.

Nikolai Obrinba puede considerarse afortunado de seguir con vida. Al estallar la guerra, trabajaba como artista en el gran Museo de la Revolución, en el centro de Moscú, especializado en pinturas de batallas. (Un trabajo asegurado. Había una demanda perpetua de esas obras). Al tener una licenciatura universitaria superior, quedaba automáticamente liberado de hacer el servicio militar, pero tiró a la basura los papeles que lo liberaban y se presentó como voluntario en una de las múltiples unidades de milicia que se estaban formando. Fue un gesto atrevido y temerario.

Tras una formación extremadamente rudimentaria, él y sus compañeros fueron enviados al frente —muchos aún en ropa civil y parcialmente equipados con armas de la Primera Guerra Mundial—, mera carne de cañón para ralentizar un poco el avance imparable de las columnas de vehículos blindados alemanes contra la capital soviética. Obrinba era uno de los más de quinientos mil soldados soviéticos que fueron capturados en la gran ofensiva del cerco en Vyazma y Bryansk en octubre, agotado, hambriento y frustrado. En algún momento de esos días fue cuando perdió la fe en Stalin y su infalibilidad.

Obrinba se convirtió en una partícula más de los interminables ríos marrones de prisioneros de guerra soviéticos que caminaban por los caminos embarrados del Este a finales de otoño de 1941; la mayoría pronto perecería por el hambre, la enfermedad y las agresiones.[112] Obrinba aún recuerda con pavor aquel tiempo:

> Miles de personas, a punto de morir de frío y de hambre, fueron abandonadas en las paradas arbitrarias a lo largo de todo el camino. Los alemanes terminaban con aquellos que aún seguían con vida: los

---

112. Durante 1941 el poder militar alemán se hizo con 3.350.000 prisioneros de guerra. En diciembre de 1941, de estos todavía vivían 1.100.000; los demás habían sido víctimas intencionadas de una política alemana cínica y cruel, cuyo objetivo era el genocidio por hambruna.

guardias daban patadas a los caídos y les disparaban tal cual estaban tendidos en el suelo. Cada vez que reemprendíamos la marcha, los guardias formaban con varas a ambos lados de la columna y daban la orden: «¡Todos a correr!». La tropa corría y nos caía una lluvia de golpes. La flagelación continuaba por uno o dos kilómetros, hasta que se oía la orden: «¡Alto!». Sin aliento, acalorados y sudando de cuerpo entero, nos deteníamos, y nos obligaban a quedarnos así de pie durante una hora, con un viento gélido o bajo la lluvia o la nieve. La práctica se repetía varias veces para que solo los que estuvieran realmente en buena forma pudieran sobrevivir y seguir la marcha. Pero muchos iban quedando atrás, y se podían oír los disparos aislados cuando los alemanes acababan con ellos.

Pero Obrinba sobrevivió. En gran parte, se debió a la suerte de cruzarse con alemanes que de alguna manera se apiadaron de él en situaciones críticas.

A menudo no fue más que un pequeño gesto, pero suficiente como para permitirle mantener el odio a raya y seguir viendo a sus enemigos como individuos, entre los que había tanto bestias como congéneres. (Y a veces, por terrible que sea, las personas pueden ser las dos cosas. «La compasión y la brutalidad pueden darse en el mismo individuo y en el mismo instante, contra toda lógica»).[113] La salvación definitiva tuvo lugar cuando los alemanes descubrieron el talento artístico de Obrinba:[114] lo apartaron del resto y lo pusieron a trabajar pintando retratos, decorando locales y demás, y le pagaban con comida, mientras otros prisioneros morían de inanición o, empujados por la desesperación, comían hierba o a sus propios compañeros. Durante su tiempo como prisionero, Obrinba tenía tres objetivos en mente: sobrevivir, fugarse y seguir siendo humano. «No iba a ser fácil sobrevivir en aquel infierno —resume—, pero iba a ser cien veces más difícil seguir siendo una persona».

* * *

113. Primo Levi.

114. Esa fue la pequeña suerte de Obrinba: que los ideales del estilo social-realista en el que se había formado quedaban muy cerca del arte de mercadillo por el que los nazis enloquecían.

Ninguna novedad en el frente de Svir. Y en más de un sentido, es una bendición para Kurt West y los demás integrantes de su compañía. El tedio y la monotonía son una consecuencia ineludible del hecho de que ambos bandos se hayan atrincherado en sendas orillas del río y ninguno de los dos muestre intención alguna de moverse. No ha habido ningún combate como tal desde la primavera. Es cierto que van cayendo granadas un poco al azar aquí y allá, es cierto que los francotiradores soviéticos son sumamente hábiles y siempre van en busca de una presa, es cierto que ambos bandos —sobre todo el finlandés— de vez en cuando efectúan pequeñas razias y patrullas, y es cierto que hay gente que muere o resulta herida de tanto en tanto, pero podría ser peor.

Al amparo de la monotonía, construyen una cotidianidad. Igual que cuando el frente occidental, durante la Primera Guerra Mundial, se mostró más estático, aquí hay también espacio para una suerte de normalidad paradójica. Se han organizado partidos deportivos, ligas de fútbol, campeonatos de orientación y similares, y en cuanto haya nieve suficiente empezarán las competiciones de esquí; el regimiento tiene su propio coro, que ahora mismo está planeando hacer una pequeña gira por su tierra natal; también se ha formado una pequeña compañía de teatro que, reforzada de forma temporal con unas jóvenes alumnas de teatro llegadas de Helsinki, representa comedias de enredos del tipo *El ascensor verde* de Hopwood; se organizan misas y estudios bíblicos para los creyentes (que no son pocos) y, como ya se ha comentado, los hay que emplean todo el tiempo libre en los búnkeres de alojamiento para estudiar: en las fotos de interiores de esta época no solo se puede ver ropa tendida, lámparas de querosene y juegos de naipes, sino también a menudo libros;[115] todos los batallones incluso han erigido pequeñas cabañas cafetería a una distancia prudencial de la línea del frente, y en Shemenichi, el regimiento ha dispuesto tanto un local social como un pequeño cine. Sí, podría ser mucho peor.

Como ya hemos visto, Kurt West no llegó al frente hasta mediados de septiembre, así que para él el aburrimiento y el peligro todavía

---

115. Los estudios se fueron organizando cada vez mejor. Poco a poco se crearon cursos de oficios, e incluso llegó a ser posible sacarse el título de bachiller en el campo.

no han tenido tiempo de convertirse en el pan de cada día. Aún está lidiando con su condición de novato, algo que se ha hecho más difícil por su pequeña estatura y porque no aparenta sus diecinueve años. El primer comentario que le espetaron cuando, «helado y penosamente empapado», saltó del camión que lo había llevado hasta el punto de reunión del regimiento en Shemenichi, fue: «¿Han empezado a mandar niños también?». Él y los demás novatos han recibido los chascarrillos tanto de los oficiales como de otros soldados que son veteranos probados, muchos con experiencia de la guerra de Invierno.

A estas alturas, probablemente ya no quede gran cosa de la «curiosidad y ganas de aventuras» que hervían en West cuando lo llamaron a filas a comienzos de año. Durante el día está ocupado, sobre todo, cavando y reforzando trincheras,[116] así como transportando maderos y palos a caballo; esto último es una labor pesada y, cuando menos, sucia, que deben llevar a cabo por caminos menores donde las lluvias de otoño han deshecho la tierra de Carelia hasta convertirla en un lodazal rojizo sin fondo aparente. West maldice, resopla y se extenúa.

Gran parte del tiempo que sobra lo dedica a hacer guardia, otra actividad penosa, pues algunos de los veteranos la consideran un quehacer que queda por debajo de su dignidad. Por norma general, se siente cansado. Piensa a menudo en cómo se las apañará si la cosa se pone seria, «¿me aguantarán los nervios o me vendré abajo?». Aún no ha disparado su arma.

* * *

La espera se ha acabado para Nikolai Obrinba y sus compañeros partisanos. El tren ya llega. Primero se oye un chirrido quedo en los raíles, luego suenan los resoplidos de la locomotora, después aparece el plumero de humo negro saliendo de la chimenea, finalmente se vislumbra una sombra larga que avanza serpenteando en la oscuridad, resollando, envuelta en humo, coronada de chispas. Cuando el tren alcanza la arboleda de pinos se oye el trueno de la pieza de artillería,

---

116. A medida que pasaba el tiempo, las trincheras fueron más reglamentariamente correctas, con las caras interiores revestidas de madera.

inmediatamente seguido de un estruendo cuando el proyectil acierta en el blanco. Una nube blanca de vapor sale a chorro. Entre traqueteos y chirridos, la locomotora clava el freno. Segundos más tarde se oye la detonación de la carga explosiva enterrada, y por último el chirrido de metal de vagones descarrilando y chocando unos con otros.

Todo queda en silencio.

Obrinba y los demás esperan atentos en la elevación. ¿El tren va cargado de soldados alemanes? Al cabo de cinco minutos, un cohete centellea en el cielo. Es la señal que estaban esperando. Bajan corriendo por la cuesta, con la esperanza de conseguir un buen botín. Obrinba no ve a ninguna persona, pero observa que hay varios vagones cargados de grano. De pronto, una ametralladora empieza a martillar desde el extremo del tren. Un nuevo cohete sale disparado al cielo nocturno, esta vez es blanco. Es la señal de retirada.

Figuras negras se meten entre los árboles y desaparecen. Hablan aliviados y excitados de lo que acaban de vivir. Obrinba está especialmente satisfecho con una linterna roja que un compañero ha encontrado en el tren y que le ha regalado. A sus espaldas, las balas trazadoras siguen resonando entre el barullo de vagones descarrilados.

* * *

Keith Douglas está sentado a un lado de la gran carretera de la costa. A su lado, un carro de combate Crusader estropeado de otro regimiento y su dotación. Observa los vehículos que pasan rodando. Muchos vienen de las bases asentadas en El Cairo. Lo sabe por las matrículas de los coches y las expresiones de los conductores, que miran con los ojos muy abiertos la destrucción que ven a su alrededor. Hay filas largas de vehículos alemanes e italianos abandonados, y la carretera está bordeada por cantidades ingentes de desperdicios propios de la guerra: cajas, papel, bidones de gasolina vacíos, ropa, munición, casquillos, algún que otro muerto. Cuando la dotación del carro de combate lo invita a comer y Douglas no tiene ningún cubierto, solo tiene que alejarse un poco y enseguida encuentra una olla italiana de aluminio con cubiertos a juego. Aún no oye del todo bien por culpa de todos los disparos efectuados durante la batalla.

El tráfico en la carretera se vuelve más denso por cada hora que pasa. A ratos, los camiones avanzan como a empujones en filas de cuatro, pero todos se mueven en la misma dirección: al oeste; próxima parada, Marsa Matruh. El aprovisionamiento tiene que llegar. A los coches que intentan ir en sentido contrario los obligan a salir de la carretera. En algún punto lejano huyen los que quedan del Afrika Korps.

De vez en cuando pasan por allí grupos de prisioneros alemanes e italianos cubiertos de polvo. Están exhaustos y desmoralizados, caminan arrastrando los pies y con la cabeza gacha, no les dedican ni una mirada a los vehículos que pasan por allí. A veces, los italianos suplican por algo de comer. Los alemanes, nunca. Ellos siguen adelante, encerrados en sí mismos, «como sonámbulos». Ayer llovió por primera vez en mucho tiempo. A raudales.[117] La carretera está embarrada.

El tanque de guerra de Douglas está siniestrado. Otra vez. Durante esta batalla, él (igual que muchos otros) ha pasado más tiempo reparando o remolcando su carro que usándolo en combate.[118] En esta ocasión se le ha quedado encallado en una cuneta y ha perdido una de las cadenas. Él y otro compañero de su dotación han ido a buscar ayuda. Ahora están esperando. Es sábado 7 de noviembre.

*　*　*

Las horas pasan. De vez en cuando cae una lluvia rala. Cuando Douglas y los demás se aburren, sacan las armas de las que se han ido adueñando y practican puntería con bidones de gasolina vacíos. Algunos soldados de la otra dotación tienen un modelo de pistola alemana completamente nuevo, y se la dejan probar a Douglas. La munición no supone ningún problema, está por todas partes. Al cabo de un rato, la pistola nueva se encasquilla, y no logran averiguar cómo se desmonta. Justo entonces pasan cuatro alemanes al otro lado de la carretera,

117. Algunos consideran que la inesperada lluvia del 6 de noviembre libró de un completo genocidio a los alemanes e italianos que huían: el aguacero sin duda dificultó cualquier desplazamiento fuera de la gran carretera de la costa, pero también imposibilitó que las fuerzas aéreas aliadas, que ya habían ocasionado pérdidas colosales entre las columnas que huían, pudieran despegar de sus aeródromos.

118. Lo cual se puede relacionar con otro fenómeno: casi todos tenían las manos dañadas, llenas de pequeñas heridas por aplastamiento y los nudillos pelados, marcas causadas por la vida dentro de un carro de combate. En el desierto, las heridas solían infectarse y muchas veces se volvían crónicas.

y Douglas los llama con su alemán macarrónico. Los alemanes se sienten visiblemente aliviados cuando comprenden que los británicos solo quieren ayuda para desmontar el arma. Lo solucionan enseguida.

Douglas empieza a conversar con un caporal condecorado que parece liderar el pequeño grupo. Resultan ser la dotación de un carro de combate alemán. ¿Tienen algo de comer? ¡Claro, chocolate! Intercambian comida: carne en conserva británica por chocolate alemán. Al poco rato están todos al borde de la carretera comiendo. El ambiente se relaja. Empiezan a sacar fotos. El caporal les enseña fotografías de Francia y Grecia. ¿Ha estado en Rusia? No. ¿Cuánto tiempo en África? Cuatro meses. Otro de ellos se llama Willi, tiene orejas grandes y se parece a Mudito, de *Blancanieves y los siete enanitos*. Él solo lleva aquí dos semanas. El caporal les explica que antes de la guerra estudiaba en la universidad de Colonia. Ajá. Competían contra Cambridge. Ajá. Douglas le pregunta por las agresiones efectuadas contra Polonia y Rusia. El caporal niega que hayan tenido lugar siquiera. Ajá.

La lluvia empieza a caer de nuevo. Británicos y alemanes buscan refugio en la plataforma de un camión italiano abandonado. Allí se quedan tomando té. La lluvia repica contra la lona y, fuera, el torrente de vehículos sigue corriendo sin descanso.

* * *

Es obvio que los periódicos no son de fiar, están tan censurados como siempre, pero contienen señales desde hace meses. Y los rumores son tan numerosos como firmes. Todo indica a que está a punto de desatarse una catástrofe en Henan. Zhang Zhonglou es uno de los funcionarios que han recibido órdenes del Gobierno central de Chongqing de viajar por la provincia para estudiar la situación e incluso para controlar que el nuevo impuesto en especias se paga según lo previsto. Es un tipo de funcionario nuevo en China: formado en el extranjero —Universidad de Missouri y Columbia—, y es más un tecnócrata que un mandarín flemático y corrupto de corte anticuado. En su día a día es jefe del Ministerio de Obras de Henan.

El frente atraviesa una parte de la provincia. Está tranquilo, y no resulta difícil entender por qué: desde hace apenas un año, la atención y los recursos de los japoneses están dirigidos a otros sitios, como Birmania, India, Nueva Guinea, los Mares del Sur o el Pacífico. Por el momento, aquí los japoneses parecen limitarse a conservar con mano dura las zonas ya conquistadas: Manchuria, desde luego —desde hace diez años, convertida en el estado satélite de Manchukuo, con su falso emperador chino—, y al nordeste Hebei, Shangxi, Shandong, Jiangsu. Al sur controlan una serie de enclaves muy armados en la costa, como Shanghái y Hong-Kong, desde donde en ocasiones los ocupantes lanzan algún ataque, sobre todo cuando toca cosechar el arroz, como si fueran hordas de hormigas cortadoras de hojas en plena maniobra de aprovisionamiento. También continúan los terroríficos bombardeos, claro, en especial sobre Chongqing,[119] y este mes también sobre Guilin. De vez en cuando aparecen aviones japoneses en el firmamento gris de otoño y dejan caer bombas siguiendo alguna lógica inescrutable. Pocas veces topan con resistencia alguna.

Que la situación se considere crítica en Henan es por sí solo un mal augurio. Es una de las provincias primordiales de China; su significado histórico, cultural y, sobre todo, económico es difícil de superar. Este territorio fértil y populoso justo al sur del río Amarillo ha funcionado desde hace mucho tiempo como un granero para el emperador del reino y una zona de reclutamiento para sus ejércitos, pero si incluso este punto central se tambalea, tal vez todas las demás provincias pueden acabar cediendo.

Zhang lleva mucho tiempo fuera cumpliendo su misión. Ha viajado por caminos pésimos, a contracorriente entre ríos de refugiados, que no huyen de la guerra —lo dicho, apenas hay combates—, sino de un creciente epicentro de hambruna. El grano de primavera se perdió con la sequía, le han contado campesinos y funcionarios, por lo que las cosechas solo fueron de entre una quinta y una décima parte de lo que se había esperado. Pusieron las esperanzas en los cultivos de otoño, pero en verano tampoco llovió casi nada, así que esa cosecha también ha sido pésima. (Y las zonas en las que sí llovió han sufrido plagas de saltamontes).

---

119. Desde 1939 hasta ese año, los bombarderos japoneses arrojaron más de tres mil toneladas de bombas sobre el casco antiguo casi claustrofóbico y atestado de la ciudad, donde el Gobierno chino había huido tras la masacre de Nankín en diciembre de 1937.

En todas partes hay personas con las facciones tensas y hundidas, en todas partes hay necesidad, desesperación. Algunas le cuentan que en las orillas del río Luo se pueden ver cantidades inusuales de gente. Están recogiendo las heces de los gansos para luego colarlas, recuperar todos los granos no digeridos y comérselos. Zhang explica:

> Durante nuestro viaje, vimos a gente cavando en busca de raíces de hierba, reuniendo hojas y pelando corteza de los árboles. El torrente incesante de refugiados de camino al sur desde Zhengzhou, mendigando comida, era tan sobrecogedor que resultaba insoportable mirarlos.

Pero tiene que mirar. Forma parte de su misión. En la provincia de Fangcheng, Zhang Zhonglou llega a un mercado en el que encuentra personas desesperadas y en la indigencia que venden lo último que les queda para evitar morir de inanición: a sí mismas. Ve a un hombre que decide vender a su esposa con la esperanza de que puedan salvarse los dos. Justo acaban de separarse cuando la mujer lo llama: «Mis pantalones son mejores que los tuyos, quédatelos». La respuesta del hombre se convierte en un aullido de dolor: «No puedo venderte, murámonos juntos».

Lo que resulta especialmente tormentoso para Zhang es saber que la hambruna es, en última instancia, obra del ser humano. Y que él mismo desempeña un papel en ella. ¿Quizá siente un atisbo de responsabilidad?

* * *

Cualquier lugar puede adquirir un halo idílico si está lo suficientemente lejos. Cuando John McEniry, después de cuatro horas y media de vuelo, ve Guadalcanal por primera vez, sentado tras las palancas de su caza en picado, piensa que es «una isla hermosa». La formación de ocho aviones azul celeste va subiendo al norte trazando un arco que sigue la costa. Nota que la isla es accidentada, que hay tanto selva tropical como llanuras de hierba, que en casi todas partes la selva llega hasta la orilla de la playa. La arena le parece oscura. El agua más cercana a tierra es cristalina, con una visibilidad que alcanza los doce o quince metros de profundidad. (Allí hay barquitas ancladas que parecen flotar en el aire). Y aquí, tan cerca del ecuador, el aire tiene una claridad singular. Sí, la isla parece «muy apacible».

Entonces vislumbra grupos de buques grandes e inmóviles, y poco después ve el aeródromo en un claro amplio e irregular abierto en mitad de la selva. El nombre en clave es Cactus. Los ocho aviones biplaza se recolocan y forman en línea. Sabe que el aterrizaje debe ser rápido y constreñido, porque las líneas japonesas están bastante cerca. Las dos pistas de aterrizaje y los campos verdes y frondosos de alrededor están llenos de cicatrices como de varicela de los cientos de cráteres que han sido rellenados con tierra.

McEniry sabe que la situación en la isla es crítica y extremadamente peligrosa. También van a reemplazar a un escuadrón que ha sido destrozado; de los cuarenta y un pilotos que llegaron el mes pasado solo quedan catorce, los demás están muertos, desaparecidos, heridos o gravemente enfermos. Y los escuadrones que los precedieron a ellos han sufrido las mismas pérdidas. ¿Será también ese su destino? McEniry, a quien suelen llamar Mac, es un piloto de veinticuatro años de la Marina estadounidense.

Hace menos de dos años escuchó un discurso que dio el gobernador en la universidad de Alabama, donde se les dijo que estuvieran preparados para «sacrificar sus vidas por el país, si fuera necesario». En aquel momento, aquello solo le pareció «ridículo». En Estados Unidos reinaba la paz más absoluta, y así seguiría siendo. *America First*.[120]

Había guerra, en efecto, pero solo al otro lado del globo terráqueo y en los noticieros de los cines, así que, ¿qué más les daba? McEniry consideraba entonces que muchas de las cosas que se contaban del peligro y las atrocidades de los nazis no eran más que exageraciones. Es cierto que se había implantado el servicio militar en Estados Unidos y también que la casualidad había querido que justo el nombre de John McEniry saliera en las listas de los primeros ciudadanos de su pequeña ciudad natal al sur del país que estaban obligados a hacer dicho servicio, pero como la ley garantizaba que solo habría

120. Fue el eslogan para el potente America First Committee, creado en otoño de 1940, con el conocido aviador Charles Lindbergh como primer portavoz y cuyo objetivo era mantener a Estados Unidos fuera de la guerra. La respuesta había sido firme, sobre todo entre los jóvenes de distintas universidades.

que cumplir dentro de sus fronteras, la sensación de amenaza no aumentaba de forma significativa.

John McEniry no es ningún lumbreras, pero es fuerte, robusto y propenso a la aventura. Tras haber fracasado estrepitosamente en un examen y comprender que tenía muchos números de ser llamado a filas pronto, en verano de 1941 se alistó en la Marina aeronaval.[121] De nuevo, sin contar con que esto fuera a suponer ir a combatir en la guerra. Pero eso era entonces. Ahora está aquí, lleno de frenesí. Guadalcanal. Después de un rato sobrevolando el estrecho, por fin llega su turno. McEniry desciende con su caza en picado hasta tocar la larga pista de aterrizaje rodeado de una nube de polvo. Son cerca de las cinco de la tarde del 7 de noviembre.

* * *

Todo lo que John McEniry ve después de aterrizar aquel sábado por la tarde refuerza su impresión de que el sitio está marcado por una capacidad de improvisación que roza el caos. En Henderson Field no hay hangares ni edificios, solo carpas hundidas. Los aviones están aparcados un poco por todas partes, sin seguir un orden aparente, tanto en campo abierto como entre los cocoteros altos y destrizados, y aquí y allá se ven grupos de aviones siniestrados convertidos en chatarra. Algunos de los cráteres meticulosamente rellenados son enormes. Largos cañones provenientes de baterías antiaéreas enterradas apuntan al cielo. Hay camiones y jeeps con tropas a torso desnudo dando vueltas. Se respira un ambiente nervioso.

McEniry y su operador de radio salen de su máquina metálica y brillante y bajan a tierra. El aire es denso y caliente. Junto con los demás recién llegados, los conducen a la oficina de enlace. No es más que un búnker hecho a base de troncos y sacos de arena, junto con una carpa grande y sin paredes. Allí hay algunos bancos y una gran pizarra. Y allí se entera de que el escuadrón ya ha sufrido sus primeras bajas. Dos pilotos a los que conoce están desaparecidos.

121. Por una parte, porque uno de sus grandes intereses era volar; por otra, porque así podía ser oficial y evitar el destino de convertirse en, digamos, soldado raso de infantería.

McEniry no se siente demasiado afectado. En primer lugar, no sabe muy bien cómo debe comportarse ante este tipo de noticias: ¿agachar la cabeza y lamentar la pérdida o hacer como si nada? En segundo lugar, desde una perspectiva puramente intelectual sabe que hay gente que perderá la vida, personas muy cercanas a él, incluso. Es inevitable. Pero McEniry se aferra a la ilusión de que en este momento está llevando a millones de otros hombres jóvenes a la oscuridad y la incerteza; tal y como él mismo escribe en sus memorias: «Siempre iba a ser otro».

* * *

Danuta y Józek Fijalkowski han alcanzado su destino: Międzyrzec Podlaski. Danuta está decepcionada. A sus ojos, la localidad no es una ciudad de verdad: «Sin edificios altos, solo casitas pequeñas, cabañas y cobertizos». Józek intenta hacer alguna broma para consolarla diciendo que por lo menos su dirección allí es la avenida Varsovia, pero cae en saco roto.

Le enseña la casa, un tanto efusivo: mira, tres habitaciones grandes y una cocina, y en la parte de atrás hay un pequeño jardín. Allí pueden cultivar sus propias hortalizas, dice él con entusiasmo (que podría ser fingido), y le recuerda con calidez (probablemente, genuina) la casa en la que él se crio en Koło, donde tenían un huerto enorme por donde le encantaba pasearse y que estaba lleno de «manzanos que olían deliciosos y cerezos ramificados, arriates en flor y tomates exquisitos y pepinos crujientes escondidos entre la valla». Pero esto no es ningún huerto de campo bañado por una cálida luz de finales de verano; es un pequeño jardín trasero en pleno noviembre.

* * *

¿Es posible celebrar el 25.º aniversario de la Revolución de Octubre yendo al estreno de una comedia musical en la sitiada Leningrado? Sí, es posible. La revolución se puede y se debe celebrar. No se organizan desfiles, por motivos obvios, pero la gran recepción en el instituto Smolny es la de costumbre, bajo arañas titilantes de cristal en salones de mármol puro, dorado y blanco. Solo que en esta ocasión el público está formado casi exclusivamente por hombres uniformados.

La gente se apretuja para ver la nueva comedia *Ancho, ancho mar*. Necesitan volver a reír. Entre el público hay una mujer elegante de unos cincuenta años que se llama Vera Inber. Está encantada: «Aunque en algún momento los autores se hayan mostrado un tanto zalameros, por así decirlo, con el público, en conjunto la obra es alegre y animada». En la pausa oye a dos mujeres jóvenes hablar de cuál es el mejor sitio para celebrar el Año Nuevo. «Nosotros tenemos una buena orquesta», dice una. «Y nosotros tenemos un refugio antiaéreo aún mejor», responde la otra.

Una vez en casa, ella y su marido se sientan a tomar el té y escuchan la radio bastante relajados. El locutor explica que, desde hace unos días, los alemanes están de retirada en el norte de África. Pero Inber y su marido no tienen tiempo de oír bien todos los detalles, porque de pronto suena la alarma aérea.

Ella se percata de que es una incursión más potente de lo habitual. Lo sabe por el ruido de los motores, los truenos sordos y ahuecados de las bombas y los contundentes disparos de la artillería antiaérea, que en poco tiempo se intensifica hasta generar un tapiz sonoro imposible de superar. Oye el sonido de las granadas antiaéreas repiqueteando en el tejado. Al cabo de un rato llegan nuevos bombarderos volando, algunos retumban justo por encima de su casa. Hasta la una y media no suenan las sirenas del cese de alarma.

* * *

De nuevo en la casita de Międzyrzec Podlaski. La brecha desgarradora pero no verbalizada entre el recuerdo y ahora, entre las expectativas y la realidad, no se aplica solo al jardín. Józek, el marido de Danuta, no parece querer pensar demasiado en el hecho de que ya no puede volver a Koło. Porque Koło ya no se llama Koło, sino Warthbrücken, ya no está en el voivodato de Łódź, sino en Warthegau, la parte de Polonia que ha sido anexionada a Alemania[122] y que ahora está siendo «germanizada», lo cual, como todo el mundo sabe

---

122. El segundo territorio anexionado es Reichsgau Danzig-Westpreussen, y comprende la zona que sube hasta el mar Báltico. A ello hay que añadir la incorporación de ciertas demarcaciones fronterizas con las provincias alemanas existentes, Prusia Oriental y Alta Silesia.

bien, significa expropiación, explotación, segregación y un desplazamiento masivo de personas.[123] Danuta y Józek no solo son ciudadanos de un país que, técnicamente hablando, ha dejado de existir. Son también ciudadanos de un país que ya no tiene permiso para existir.

Para ellos y el resto de polacos todo esto es cualquier cosa menos geopolítica abstracta. Es el día a día, a todos los niveles. Todas las universidades e institutos polacos están cerrados (por eso Danuta no ha podido licenciarse); todas las bibliotecas, museos y archivos polacos también están cerrados; no se pueden imprimir, distribuir, vender ni prestar libros en polaco; la enseñanza de literatura, historia y geografía polaca está prohibida; los teatros y cines polacos ya no están abiertos;[124] la música de compositores polacos está prohibida; los polacos no pueden interpretar música; los trenes, los tranvías, las cafeterías, los restaurantes, los hoteles, los jardines públicos, los parques infantiles, las casas de baños y las playas tienen o bien zonas para alemanes y polacos por separado, o bien son *Nur für Deutsche*; los polacos tienen que dejar paso a los alemanes en las aceras; los polacos no pueden conducir vehículos a motor ni ir en taxi; los polacos no pueden ser dueños de industrias, empresas constructoras ni talleres; los polacos no pueden poseer aparatos de radio, llamar desde cabinas telefónicas ni llevar maletín.

Los dos se pasean por la casa. Él señala lo grande que es y que este será el primer hogar de verdad que van a tener. Ella, en cambio, se fija en que no hay ni calefacción central ni agua corriente, ni lavabo, como en el piso en Varsovia. Él dice que podrían traer a la madre de Danuta y dejarle abrir un salón de peluquería en la habitación que da a la calle. La situación es perfecta: están al lado de la plaza. Ella inspecciona al detalle los pocos muebles que hay: una cama vieja, un armario destartalado, una mesa, dos sillas.

* * *

123. Así como, por supuesto, una gran afluencia de colonos alemanes, originarios de diversas minorías alemanas en el Este. Antes de la guerra, el 85 por ciento de la población era polaca, el 8 por ciento judía y el 7 por ciento alemana.

124. Excepto algunos que exhiben propaganda o, curiosamente, cine erótico.

«¿Por qué yo? ¿Por qué estoy vivo cuando hay tantos otros que han partido para no volver?». La pregunta sigue rondando a John Bushby, del 83.º Escuadrón del Mando de Bombardeo de la RAF. Quizá se le resiste tanto porque es imposible de responder, o quizá porque se la formula demasiado pronto; cada misión cumplida con éxito, cada aterrizaje logrado, va reduciendo las probabilidades, pero su suerte podría cambiar en la siguiente misión. El servicio activo de Bushby ha coincidido con una estrategia nueva y mucho más despiadada,[125] en la que se atacan objetivos tan grandes que no pueden pasarse por alto ni en plena noche. Ha participado en los bombardeos sobre varias ciudades: Bremen (dos veces), Essen, Colonia, Gdansk, Duisburgo (tres veces), Hamburgo, Düsseldorf, Osnabrück, Maguncia, Núremberg, Krefeld, Aquisgrán y Kiel.

Sentado en su torreta de ametralladora cubierta de metacrilato, en la cola del avión, tiene unas vistas extraordinarias, flotando en las alturas del frío cielo nocturno, y a lo largo de los meses ha podido ver cómo esos pequeños centelleos de las bombas al estallar han comenzado a dibujar patrones cada vez más compactos, ha visto como los incendios aumentaban de tamaño, calles y manzanas convertidas en redes capilares de fuego y fósforo. Salta a la vista que lo hacen cada vez mejor.[126]

Lo que empezó como un sueño arcaico de una guerra ganada con ayuda del coraje, la inteligencia, la precisión y cierta finura propia de caballeros, se ha transfigurado en una lucha cínica y brutal, dirigida por los principios de la intensificación: más bombarderos, más bombas, más víctimas. No es que suelten la carga de forma indiscriminada sobre la población civil, sino que la población civil es su objetivo. El eufemismo que emplean para ello es *dehousing*. Aunque para qué molestarse en usar eufemismos. Las tripulaciones no actúan ni por razones morales ni siguiendo explicaciones complicadas. Sino por las órdenes que reciben, que suelen ser muy técnicas y numéricas. Bushby no tiene remordimientos. Excepto uno, Maguncia. Aquella noche de agosto de luna llena miró abajo para contemplar «una ciudad con

---

125. Despiadada, en primer lugar, porque sus víctimas son niños, ancianos, mascotas y otros seres inocentes; pero despiadada también con las tripulaciones de los bombarderos, a quienes se exhortaba a «continuar, pasara lo que pasara», cosa que hacían a menudo, con un coraje hoy difícil de entender. En algunos ataques murieron más aviadores que alemanes en tierra.

126. Es el resultado tanto de una tecnología como de una táctica mejoradas.

plazas bonitas y edificios medievales de valor incalculable, y en cuestión de media hora redujimos su centro a una montaña de escombros humeantes».

La incertidumbre del destino futuro de cada uno, y la posibilidad de poder influir en él, tiene consecuencias curiosas y comprensibles al mismo tiempo. Pocos son tan supersticiosos como los miembros de las tripulaciones aéreas. Por lo menos, eso les da una sensación de control. Bushby procura siempre calzarse la bota izquierda antes que la derecha cuando se pone el pesado y grueso equipo de aviación; él y Wally, el otro tirador, siempre se dan las buenas noches con cortesía antes de meterse en sus torretas; él siempre tararea la misma canción de moda justo cuando el bombardero, cargado hasta los topes, acelera junto a las luces de la pista, cuyo brillo va ganando velocidad, y cosas por el estilo. Volar con tripulación nueva o en aviones desconocidos se cree que trae mala suerte, y es algo que casi todo el mundo prefiere evitar a toda costa.

Para esto último hay una lógica no del todo insignificante. Estas tripulaciones están meticulosamente coordinadas, tanto entre sí como con la máquina que operan. No se trata solo de que su máquina de cuatro motores del tipo Lancaster se haya mostrado tan fiable y resistente a los embates, sino también de que tras más de cien horas de vuelo han llegado a conocer todas sus idiosincrasias. El piloto, Bill (siempre embutido en su bufanda de la suerte, de metro y medio de largo y de colores llamativos), sabe perfectamente hasta dónde puede presionar el R5673 L-London en un picado; Charlie sabe que la radio puede empezar a pasearse por algunas frecuencias y cómo pararla; el propio Bushby sabe que sus metralletas tienden a desviarse un poco hacia arriba a doscientos metros, etc.

«¿Por qué yo?». Aparte de la casualidad inescrutable, la explicación puede hallarse parcialmente en el hecho de que el 83.º Escuadrón vuela con el modelo de bombardero más moderno y, con diferencia, el mejor de la RAF —no solo es más rápido que los demás modelos, sino, sobre todo, pude volar bastante más alto—, y además les ha tocado un ejemplar que funciona excepcionalmente bien. No es de extrañar que Bushby haya desarrollado algo parecido a un amor por el R5673, como si de un ser vivo se tratase.

Hoy es 7 de noviembre, y Bushby y los demás están afligidos. Ayer le prestaron el L-London a otra tripulación. No han regresado.

Anoche el bombardero colisionó con otro Lancaster del 83.º, sobre el área objetivo de Génova. No son los catorce compañeros lo que más les preocupa. Tampoco reflexionan sobre la cruel ironía de que esa otra tripulación haya muerto en su lugar. Lloran la pérdida de su máquina: «Echábamos de menos a R5673 como echas de menos a un animal de compañía. De hecho, aún más, puesto que todos sentíamos una vaga intranquilidad porque su desaparición pudiera implicar que el hilo del destino se había roto».

* * *

La noche es otro mundo. El paisaje cambia, adopta nuevas formas y colores. A veces, bajo la luz de la luna llena, Willy Peter Reese piensa que la tierra de nadie parece «hechizada», con su brillo blanco. A veces, contempla el firmamento negro, identifica Orión y Vega, Balanza y Acuario y los Mellizos y la luz derramada por la Vía Láctea, pero ya no le llega su belleza, más bien se siente indiferente ante ella, del mismo modo que se imagina que las estrellas son indiferentes ante ellas y ante el sufrimiento que ahora mismo inunda la tierra. Los destellos de los proyectiles de iluminación transforman los campos y las arboledas, reconvierten las sombras y les dan formas nuevas y pétreas de color amarillo dorado, verde pálido, frío blanco, rojo sangre —«y cuando se apagaban, nos veíamos arrojados de nuevo a la noche ancestral». Casi siempre, la oscuridad desata miedo, incluso pavor, porque es el terreno de la fantasía. En ella, el viento que recorre la alta hierba se puede convertir en una de esas patrullas rusas que todos temen.

Pero la noche también puede ofrecer protección. Hoy le toca a él formar parte de la comitiva que va a buscar comida. Tiene que hacerlo de noche por culpa de los francotiradores soviéticos. El camino reblandecido por la lluvia que lleva al barranco donde esconden la cocina de campaña queda al descubierto y es peligroso. Casi cada día alguien muere o resulta herido al pasar por allí. Pero a esta hora del día es bastante seguro. El frente alrededor de Rzhev se sigue considerando tranquilo. Por una vez en la vida.[127] Reese y

---

127. Durante 1942, el Ejército Rojo atacó una y otra vez la bien protegida protuberancia junto a Rzhev, siempre con la misma cruel insensibilidad hacia las pro-

unos pocos más avanzan a trompicones en la oscuridad. El invierno se demora.

*   *   *

Hace un año era distinto. Entonces, Willy Peter Reese y su división eran una pequeña parte del vasto intento de conquistar Moscú. Fue su bautizo de fuego.

En su memoria perdura el recuerdo de soldados llorando, helados; de gente que se volvía loca, corriendo de un lado a otro, literalmente chiflados; de hambre, diarrea y un agotamiento que provocaba alucinaciones; de consejos de guerra histéricos y soldados de su propio bando ejecutados por tonterías; de civiles rusos asesinados y arrojados a la nieve o ahorcados, que se balanceaban como maderos con el viento frío; de prisioneros soviéticos masacrados (no por él, sino por otro soldado que una mañana se dedicó a lanzar una granada de mano tras otra entre los cientos de cautivos, y luego rematar la faena a base de pasearse con su metralleta y acabar con los que aún mostraban señales de vida); del cada vez más diminuto universo moral de la caótica retirada. Al llegar la Navidad, él y sus compañeros de armas, los que aún seguían vivos, estaban todos «enfermos e irritados». «Los estallidos de resentimiento y odio, la envidia, las peleas, las mofas y la rabia destrozaron lo poco que quedaba del compañerismo».

La experiencia ha cambiado a Reese, lo ha endurecido, se ha vuelto apático, a veces está deprimido, a veces lleno de una euforia incomprensible y que da miedo. Por eso escribe, siempre que puede. Escribe para olvidar, «para desprenderme de lo sucedido», y de esta manera «poder seguir siendo una persona», pero parece que no termina de funcionar. Por eso Reese también lee tanto, este año ya lleva cerca de cincuenta libros, desde Lao Tse hasta Ernst Jünger, a quien admira, y cuyo estilo lo ha marcado. También lee y escribe para entrar en contacto con su antiguo yo, el estudiante erudito, pero «ya no logro encontrar el camino hasta mi interior». Tal como

---

pias pérdidas y siempre sin éxitos destacados. Entre los soviéticos de a pie, a este episodio en el frente se le llamó la «Picadora de carne» o el «Matadero». Se calcula que el total de pérdidas del Ejército Rojo fue de dos millones trescientos mil hombres, casi el doble que en Stalingrado, y para escaso beneficio. La historiografía soviética ocultó la debacle.

anota en su diario, la guerra lo ha vuelto «un desconocido para mí mismo».

Vuelven del barranco con cacerolas calientes y humeantes. Probablemente, porque es una noche sin luna, con nubes bajas y densas, o quizá porque van un poco despistados, o un poco ebrios, pero el caso es que, de pronto, Reese no sabe dónde están.

Se han perdido. Avanzan a tientas en la oscuridad. Saltan una trinchera que se ha derrumbado. Después, campo abierto. Tierra de nadie. Llegan a una alambrada. Pero enseguida comprenden que no es la suya, sino la soviética. Vuelven atrás. La misma densa oscuridad que los ha despistado ahora los salva. Silencio. Ninguna bengala de color amarillo dorado, verde pálido, blanco frío ni rojo sangre. Nadie dispara.

Cuando consiguen regresar a su trinchera, se sorprende ante su propia reacción, que además le muestra la distancia entre la persona que un día fue y la persona que es ahora. No se pone a temblar de pánico y nerviosismo. Todos se limitan a reírse entre dientes, a mirar «el estúpido incidente como si de una comedia se tratara».

* * *

En París ha empezado a hacer más frío, y hoy es el primer día que Hélène Berr se pone su abrigo de piel. Pero el frío apenas le afecta, ni tampoco la idea de que en menos de una semana su Jean emprenderá el largo y arriesgado viaje. Porque ahora por fin van a verse. ¿Piensa en absoluto en ese trozo de tela verde limón que lleva cosido a su bonito abrigo? Es posible que se olvide incluso de eso. Es sábado 7 de noviembre.

Cuando su tren llega, ella lo espera en la estación para darle la bienvenida. Después caminan juntos por los Campos Elíseos, giran para bajar en dirección a Trocadero. Es posible que eviten las zonas arboladas de los Campos Elíseos, pues podrían considerarse parques, y ahora los judíos no pueden ser vistos en parques de ningún tipo. Es posible que no tomen el metro, porque ahí ella tiene que ir en el último vagón,[128] y en las salidas a la calle suele haber controles de iden-

128. Lo mismo se aplica a la gente de color, también debe ir en el último vagón.

tidad. Quizá se detienen en algún escaparate cuyos carteles indican que es una *Enterprise Juif*, una empresa judía. Obviamente, no se sientan en ninguna cafetería ni ningún restaurante, porque desde el verano los judíos no tienen permiso para entrar en este tipo de establecimientos; tampoco se les permite ir a cines, a teatros, a salas de conciertos, a museos, bibliotecas, campings ni instalaciones deportivas. Hélène ya ni siquiera puede entrar en una cabina telefónica. Lo cual responde a un reglamento previo según el cual quedaba prohibido que los judíos tuvieran un contrato de telefonía, ni tampoco aparatos de radio.

Estas y otras tantas leyes antijudías han sido aplicadas por las autoridades francesas, a veces —pero no siempre— bajo la presión alemana. Si han podido soportarlas debe ser por lo de siempre: el lento giro de la tuerca. Han ido paso a paso, el cambio no ha sido evidente,[129] y ha habido espacio de sobra para el autoengaño o el oportunismo, cuando menos entre judíos asimilados y bien posicionados. En realidad, esto no nos concierne a nosotros, pensaban muchos; en verdad, el blanco son los extranjeros, los comunistas, los judíos orientales. Y la experiencia histórica no ha ofrecido guía alguna, sino que más bien ha incitado a la adaptación paralizante: saldremos incluso de esta, siempre y cuando pasemos desapercibidos, cumplamos las leyes y no discutamos.

La mayoría de la gente a la que Hélène conoce, igual que la mayoría de franceses, es practicante de *attentisme*, es decir, la postura de que es mejor esperar a ver qué pasa. Incluso cuando las nuevas leyes antisemitas les han afectado de forma más directa que nunca, han obedecido. Como cuando su padre se vio obligado a entregar una parte de la gran empresa que había ayudado a montar a administradores «arios», o como cuando se prohibió que los judíos estudiaran, tras lo cual Hélène tuvo que dejar sus estudios en la Sorbona. ¿Y qué iban a hacer, si no?

Lo que hizo que Hélène se indignara por primera vez fue la implantación de la estrella judía. Su primer impulso fue negarse a

---

129. Hay que tener en cuenta que esto es también desde una perspectiva nazi. No fue hasta enero de ese año cuando se tomó la decisión de que la gradual expulsión de judíos de la vida social se convirtiera en una aniquilación física total. Además, las deportaciones desde Europa Occidental se habían iniciado ese año, empezando por Francia, precisamente.

llevarla, como gesto de oposición. Pero cambió enseguida de parecer, pues cayó en la cuenta de que quizá aquello se consideraría un gesto de cobardía. Y siempre intenta llevarla con orgullo, trata de mantener la cabeza alta, mirar a los ojos a quienes se cruza, y cuando puede ver alguna reacción en los demás suele ser en su favor.[130] Aun así, esta marca la ha sometido al exilio en la ciudad que la vio nacer, cuya topografía se sabe de memoria y cuyos colores, sonidos y olores forman parte natural de su mundo interior. Tal y como escribe en su diario: «De pronto sentí como si ya no fuera yo misma, que todo había cambiado, que me había convertido en una desconocida». Y después de aquello, las atrocidades fueron aconteciendo una tras otra.

Pero la estrella es chocante, tanto por su simbolismo brutal como por el hecho de que, de un solo golpe, busca negar algo que desde la revolución ha sido un orgullo para los judíos franceses, y una obviedad para casi todos los demás: que lo que te definía como francés o francesa era la ciudadanía, no el dios al que le rezaras.[131] La familia de Hélène Berr está asimilada desde hace varias generaciones. En su cultura y su educación, en su manera de vivir y su manera de pensar, son franceses en todos los sentidos. ¿Acaso no debería eso protegerlos?

Su abuelo paterno era militar, su padre, un veterano condecorado de la Primera Guerra Mundial y un director de empresa exitoso, y la práctica religiosa de la familia queda limitada, en gran medida, a los festivos más destacados. Muchos de los conocidos de Berr ni siquiera saben que la familia es judía. Jean no tenía ni la menor idea. Por eso hubo un momento de nerviosismo cuando un día de verano

---

130. Dos ejemplos, del 29 de junio. Un hombre se acerca a ella por la calle, le tiende la mano y dice en voz alta: «Un católico francés estrecha su mano ¡y después vendrá la venganza!». El mismo día, una limpiadora le dice que los rusos la vengarán.

131. Por supuesto, esto era un problema importante para los nazis, porque como la pertenencia de una persona a una religión no se consideraba una cuestión de Estado, tampoco estaba registrado en ninguna parte. La solución fue invitar a la población judía a visitar ellos mismos la comisaría local para registrarse allí, cosa que hicieron prácticamente todos. Que con este gesto estuvieran contribuyendo a su propio declive era algo que en aquel momento, otoño de 1940, nadie podía entender, en especial porque la mayoría aún creía que la ocupación sería efímera. Lo mejor era pasar desapercibido, respetar las leyes y no pelear.

ella tuvo que mostrarle por primera vez aquella estrellita amarilla tan detestable. ¿Cómo reaccionaría? Pero Jean solo se desanimó y sintió lástima por ella.

Hélène Berr y Jean siguen caminando, cruzan el Sena por Pont de l'Alma y llegan a casa de ella, en el número 7 de la Avenue Elisée-Reclus, una de las direcciones más caras de París. (¿No debería eso protegerles? Puede que en su momento lo pensaran. Pero no después de lo que ocurrió en verano).

Pasan una velada agradable en el piso. Uno de sus amigos llega bastante borracho, pero está contento y los entretiene, consigue hacer reír a todo el mundo. Luego se marchan todos, incluido Jean. Por la noche ella sueña con él una y otra vez, y cuando en el sueño lo ve partir, se despierta de golpe.

* * *

Es domingo 8 de noviembre y hoy llegan a Treblinka dos trenes de vagones de carga. En uno hay cerca de seis mil judíos provenientes del pequeño gueto en Staszów, que fue vaciado ayer por la tarde, tras una acción conjunta entre las fuerzas alemanas y las tropas de soporte ucranianas y letonas, con el apoyo de colaboradores polacos y judíos. En el otro hay unos tres mil judíos del gueto de Łuków. Con excepción de unos pocos, que se salvan para rellenar los constantes huecos que van quedando libres en la plantilla de trabajadores del *Sonderkommando* del campo, todos mueren asesinados antes del atardecer: hombres, mujeres y niños.

Chil Rajchman sigue trabajando en el comando de dentistas del campo.

Son una veintena de hombres, y su *Kapo*, el capataz, también es un prisionero y se llama Zimmermann. Muchos de estos *Kapos* que han elegido los hombres de las SS, no sin ojo psicológico, son crueles y amorales, van armados con sus propios látigos y suelen sacar provecho de su posición de todas las formas imaginables. El *Kapo* que Rajchman tenía cuando trabajaba de «peluquero» en el campo inferior es un prisionero llamado Yurek, conocido por ser lascivo y brutal, golpeaba e insultaba sin escrúpulos a trabajadores y condenados a muerte. Sin embargo, el doctor Zimmerman (que en realidad es médico) tiene fama de caballero decente, algo difícil de ser y mantener.

Además, él y Rajchman se conocen, no de cerca, pero al menos eso le concede un mínimo de protección.

Del SS-*Scharführer*[132] Matthes, el jefe superior del campo superior, no cabe esperar nada bueno.[133] Es un pedante. Hace poco disparó a dos prisioneros del comando de cadáveres porque al final de la jornada no habían limpiado bien la sangre de la camilla para cadáveres. Matthes valora mucho que en el lugar de recuento el orden sea perfecto: un prisionero rastrilla la arena cada día, siguiendo un patrón geométrico exacto. Cuando Matthes pega, lo hace con rostro inexpresivo, casi apático. Igual que los demás hombres de las SS, es corrupto hasta la médula. Cuando se va de vacaciones a su casa en Alemania para ver a su esposa e hija —cosa que sucede bastante a menudo, no hace ni una semana que volvió de su último permiso—, antes de irse suele pasar por el pequeño barracón donde se clasifican los objetos de valor de las víctimas y se adueña de algunas joyas y billetes de divisa extranjera.[134]

Ahora empieza a hacer frío y a llover. Todo continúa según el procedimiento instruido. Las personas recién llegadas hacen cola en la Manguera, desnudas y tiritando. Hay una gran máquina excavadora abriendo fosas nuevas y grandes. El cuenco con agua en la mesa de Rajchman se va llenando poco a poco de dientes.

* * *

132. *Scharführer* era un rango bajo, equivalente más o menos a sargento.

133. Matthes era nazi y, antes de su destino en Treblinka, trabajaba en el llamado Programa de Eutanasia, Aktion T4, que consistía en asesinatos en masa de los enfermos mentales y minusválidos alemanes. (Muchos de los que cumplían servicio en los campos habían pasado por el T4). Según los datos disponibles, Matthes no quería ser jefe del campamento superior, sin embargo, aceptó el puesto. Era muy excepcional que los hombres de las SS evitaran los destinos en los campos solicitando, por ejemplo, servir en el frente. Los hombres como Matthes carecían de principios morales: preferían los campos porque allí estaban lejos de todo peligro y, además, podían enriquecerse.

134. Tanto los hombres de las SS como los ucranianos robaban constantemente. Además, de forma regular salían transportes con lo que se les había sustraído a las víctimas, incluso dientes de oro y cabello, con destino a Alemania: durante cinco días a finales de noviembre se cargaron treinta y cinco vagones de mercancías.

Han pasado doce días desde que el gran convoy partió de Inglaterra, doce días transcurridos con un miedo que ha ido aumentando de forma constante. Miedo y tensión. Incluso él se ha paseado con el casco puesto —ese casco nuevo y grande tan peculiar— y ha dormido vestido, con las botas atadas. Pese a toda la preocupación, ningún ataque de submarino, ningún ataque aéreo, nada. Ayer, el 7 de noviembre, después de pasar Gibraltar, unos aviones que debían de ser unidades de reconocimiento alemanas sobrevolaron por encima de ellos, pero muy muy arriba, unos simples puntitos que se movían con lentitud en lo alto del firmamento.

Ahora es domingo 8 de noviembre y ya han llegado. Todos esos buques que apenas se podían distinguir en la oscura noche empiezan a aparecer como formas vagas. Los rumores apagados de las maquinarias van enmudeciendo uno tras otro. Se ven sustituidos por el zumbido de cabrestantes, golpes y tañidos de metal contra metal, gritos y chapaleos, el martilleo palpitante de los motores V8 de las lanchas de desembarco. La costa argelina permanece en silencio y expectante frente a ellos, el mundo no es más que una capa sobre otra de matices grises y nebulosos: el mar, la playa, las colinas, el cielo.

Su nombre es John Parris, periodista de veintiocho años de Carolina del Norte, ya experimentado pese a su edad, establecido desde hace tiempo en Nueva York. El año pasado, United Press lo ubicó en Londres, y ahora se ha sumado a la 1.ª División de Infantería del ejército estadounidense, The Big Red One (Parris lleva el mismo uniforme que el resto de soldados, pero tiene un brazalete especial de tela en una manga del abrigo que lo identifica como periodista). Su misión es, junto con un grupo de otros periodistas, hacer un seguimiento de la invasión estadounidense del norte de África.

Por razones fáciles de comprender, toda la operación se ha llevado con un secretismo pocas veces visto, pero a estas alturas Parris ha podido participar de varias reuniones a bordo de la nave. Ahora ya está más al corriente de las previsiones. Se trata de un ataque a tres bandas, dirigido a tres puntos geográficamente muy separados: en el extremo oeste de todo, Casablanca, en el Marruecos francés; en el centro, Orán, en el oeste de Argelia; y en el extremo este, cerca de Argel.

Las fuerzas a las que pertenece Parris desembarcarán un poco al este de Orán, en una bahía junto a un pueblo llamado Arzew. Los ánimos a bordo de la lancha de transporte son buenos, una mezcla de expectación y excitación. Ya han dejado atrás el largo y peligroso trayecto por mar. Es cierto que ahora les espera el desembarco, pero los expertos de la plana mayor prevén que es poco probable que los franceses opongan resistencia. Probablemente, más bien recibirán a los soldados estadounidenses como libertadores.

* * *

A veces resulta difícil no confraternizar. Tras pasar una noche fría envuelto en lona y tumbado directamente sobre el terreno, Keith Douglas vuelve a su carro de combate atascado. Va acompañado de un remolcador. Allí los están esperando los otros dos hombres de la dotación, junto con cinco jóvenes prisioneros italianos que capturaron ayer al mediodía. (La manera en que mostraron su deseo de entregarse fue un tanto original: se acercaron al carro de combate con las manos en alto y sosteniendo paquetes de tabaco; uno iba señalando también su reloj de pulsera). Durante la ausencia de Douglas, han descubierto que estos cinco italianos no son soldados normales y corrientes, sino artistas de campaña. Uno de ellos es tenor en la ópera de Milán.

Se respira un ambiente formidable. Los italianos cantan, ayudan a preparar el desayuno comunitario, y luego hacen su aseo matutino. Cuando llega la hora de arreglar la correa de transmisión, los ayudan de buen grado.

Una vez consiguen liberar el carro de combate, Douglas los lleva hasta la carretera de la costa, donde busca un camión que pueda llevarlos a un campo de prisioneros más al este. Podemos suponer que los italianos se despiden con la mano y una sonrisa cuando el camión se los lleva. Esto también tiene lugar el 8 de noviembre.

* * *

Vera Inber ordena la casa después de la fiesta del Día de la Revolución en Leningrado. (No le gusta limpiar). Recoge, quita el polvo, ordena papeles. Se toma un vaso de té. Está decepcionada. No por este tipo de fiestas. No, pero al día siguiente siempre suele estar descontenta. No acaba de entender por qué. «¿Es porque espero demasiado de mí misma y ellos casi nunca están al nivel de mis expectativas? ¿O es porque durante las fiestas se pierde el hábito del trabajo?». (Cuando escribe se olvida de sí misma y de sus dolores, como por ejemplo el de muelas). No lo sabe.

Sin duda, Inber es una persona afanosa: poeta y periodista, casi siempre está escribiendo. (Hoy, concretamente, le está dando vueltas a empezar, quizá, una obra de teatro. Tiene una buena entrada). Hay similitudes entre ella y Lidia Ginzburg: ambas son mujeres con talento nacidas en Odessa, ambas judías, ambas con raíces en la década soviética experimental de los años veinte, y ambas han tenido que vivir cómo les privaban de esas ganas de experimentar, con mano dura, hacia la década de los treinta. Pero ahí termina el parecido.

Mientas que Ginzburg ha callado, Inber se ha mantenido neutral y se ha adaptado. Vera Inber es célebre tanto como poeta como periodista, y en ambas funciones sigue la línea del partido, por necesidad, en efecto, pero no solo por obligación. Escribe artículos para el *Leningradskaya Pravda*, da discursos en la radio de Leningrado, hace lecturas frente a grandes auditorios, todo con un tinte heroico para reforzar la voluntad de resistir de la gente. Y ahora mismo está terminando, con esfuerzo, una larga epopeya de formato clásico sobre la ciudad y el sitio, *El meridiano de Púlkovo*. (Comenzó a trabajar en ella en marzo, quizá cuando la situación estaba en su peor momento, y el poema alcanzará los ochocientos versos de extensión; espera que su obra sea su billete de entrada al Partido Comunista). Sus dudas y su rabia causadas por decisiones estúpidas y burócratas zopencos, y por la falta de información fiable, se las guarda para sí misma.

Hay otra diferencia entre Inber y Ginzburg. Inber se encuentra en Leningrado por voluntad propia. Llegó en agosto del año pasado, justo antes de que el cerco se ciñera alrededor de la ciudad, ataviada con un abrigo de señorita, pelo ondulado, sombrero elegante y tacones altos, y se presentó ante un funcionario estupefacto de la asociación local de escritores alegando que «como poeta en tiempos de guerra debo estar en el epicentro de los acontecimientos».[135] Y allí es donde terminó, sin duda.

---

135. Su marido era médico, y cuando en agosto de 1941 le dieron a elegir entre un puesto de director en un hospital en Arcángel o en Leningrado, la pareja (o más bien ella) eligió Leningrado.

Ha ido perdiendo las actitudes más coquetas y premeditadas. Inber ya no es ninguna adolescente y todos estos meses en Leningrado han debilitado mucho su cuerpo. Tiene problemas de corazón y en los pulmones, y a ratos padece dolores indefinidos y temblores.[136] Una parte es psicosomática; a veces, cuando llegan muy malas noticias de Stalingrado, a Inber le cuesta respirar.

* * *

El corresponsal de guerra estadounidense John Parris se encuentra sobre el puente del buque de transporte y sigue el desembarco en las afueras de Orán con unos prismáticos. El texto que luego escribe es tremendamente dramático:

> La tierra temblaba y se sacudía y el aire se arremolinaba caliente y frío bajo las convulsiones de los cañones de los barcos que iban vomitando proyectiles, los arrojos de la artillería costera y los truenos sordos de los misiles que estallaban detrás de las colinas. Géiseres blancos se elevaban a chorro alrededor de los barcos invasores, que se deslizaban en silencio hacia la playa. El rugido palpitante de los motores retumbaba por encima de aquel infierno ensordecedor. Una procesión incesante de cazas Spitfire bajaba aullando del cielo estrellado y sin luna y se lanzaba en picado con las ametralladoras escupiendo muerte, y bombarderos cubiertos de estrellas plateadas abrían sus vientres bruñidos y arrojaban bombas sobre el suelo. Los disparos de munición trazadora salpicaban la luz del alba con colores dorados y rojo sangre.

Lamentablemente, esta representación guarda muy poco parecido con la realidad.

La primera ola de tropas especiales logró sorprender y adueñarse de las dos fortificaciones de la artillería costera que vigilaban la bahía —en un caso, sin efectuar ni un solo disparo—, y la resistencia francesa consistió, más que nada, en fuego disperso por parte de la artillería de campaña y algún que otro francotirador. Cuando llegaron a

---

136. Cabe señalar que Vera Inber tachó de su diario esas dudas y opiniones críticas, así como su confusión temporal, ansiedad y problemas físicos, cuando lo revisó después de la guerra de cara a su publicación.

la playa de guijarros, algunos de los soldados estadounidenses, con sus uniformes nuevos e inmaculados, reaccionaron tal y como reacciona a menudo la gente civilizada en una situación así —cuando apunta a una persona por primera vez—, es decir, titubearon o decidieron no disparar. También había otros que, fruto del nerviosismo, estaban dispuestos a arremeter contra cualquier cosa que se moviera. Rodeados de oscuridad, hubo un grupo que oyó acercarse lo que creían era un carro de combate, y abrieron fuego a discreción, solo para descubrir que habían matado a un viejo francés que iba con su pequeño camión de reparto cargado de vino.

La principal preocupación para los que desembarcaban en Arzew no era la resistencia francesa, pues esta no tardó en disiparse. Ya no había más disparos cuando los lugareños se asomaron adormecidos por las ventanas de sus casas para ver a los soldados estadounidenses desfilando con sonrisas afables en dirección a la playa, en muchos casos seguidos de cerca por abanderados.

El gran problema era conseguir trasladar a toda la gente y todo el material a la playa. Parris emplea palabras como «eficiencia», «indefectiblemente», «destreza y perfección» para describir el momento. Tampoco esto coincide demasiado con la realidad. La oscuridad y una corriente marina inesperada del oeste han hecho que muchas de las lanchas se hayan desviado del rumbo o lleguen con retraso. Además, el fondo de la playa ha resultado ser más traicionero de lo previsto.

Su intención es bajar a tierra los numerosos carros de combate desde los buques petroleros de base plana reformados, pero han encallado a una distancia considerable de la playa. Los soldados y muchos de los vehículos ligeros deben llegar a lo seco mediante unas naves completamente nuevas, alargadas y con forma de cajas de zapatos, construidas en madera contrachapada y con una rampa en la proa: las embarcaciones Higgins.[137] Están construidas para poder llegar hasta la orilla de la playa, cosa que han hecho, con éxito, y después —y este es el detalle más importante de toda la construcción—poder retroceder rápidamente por sí solas, e ir a buscar más soldados. Esta parte no

---

137. La designación oficial era LCVP, Landing Craft Vehicle Personnel. Geniales por su sencillez, salían a millares de una fábrica enorme en Nueva Orleans que explotaba el inventor e igualmente genial Andrew Jackson Higgins. Probablemente, sin el LCVP las grandes operaciones de desembarco durante la guerra no habrían tenido éxito.

ha ido tan bien. Por culpa del retraso, la marea ha tenido tiempo de bajar y la playa está ahora repleta de embarcaciones Higgins que han quedado varadas.

* * *

Cuando el sol sale en el oeste del Mediterráneo, ilumina una playa donde reina el caos. Los soldados estadounidenses son claramente inexpertos, y algunos de sus mandos claramente incompetentes; además, el ánimo entre los que desembarcan está marcado por una singular mezcla de altanería, amateurismo y desconcierto. A pesar de todo, salta a la vista que, en el fondo, la organización es buena. También en el área más importante del contexto militar: la logística. ¿Cómo, si no, se iban a poder transportar estas cantidades ingentes de personal, vehículos, provisiones y objetos tan lejos, en algunos casos cruzando todo el Atlántico, y llevarlos a tierra con tanta sincronía y precisión en el lugar correcto?

Tampoco falta la capacidad de improvisación y la imaginación para solucionar problemas. Los soldados ingenieros construyen un muelle improvisado que se adentra en la bahía, hasta los buques petroleros cargados con carros de combate. Y los buldóceres empiezan a empujar las embarcaciones Higgins varadas a aguas más profundas, si bien muchos timones acaban doblados y algunas hélices rotas. Así que, a pesar de las dificultades, las tropas y los vehículos siguen llegando a tierra en un flujo constante.

Parris escribe: «Esta dorada mañana de sábado del 8 de noviembre, la guerra parece haberse trasladado de las playas de aquí en Arzu [sic] a las montañas de más allá». Abandona el puente. «La sala de radiocomunicación sisea y emite ruidos en cifrados crepitantes, con noticias sobre los desembarcos, nuestra ofensiva relámpago». Los informes son prometedores. El desembarco al oeste de Orán parece ir también según lo planeado, y las tropas de paracaidistas por lo menos han conseguido tomar el control de unos de los aeródromos de las afueras de la ciudad.[138] El golpe que iban a dar las tropas especiales en

---

138. La apuesta por las tropas de paracaidistas resultó casi un fiasco total, también en términos de navegación. Uno de los aviones de transporte aterrizó en Gibraltar, tres en el Marruecos español, donde la gente a bordo fue internada de inmediato,

el puerto de Orán no parece haberse secundado. Las notificaciones entrecortadas hablan de «intensos combates», «fuerte resistencia». Cuando Parris sale otra vez a cubierta puede oír el murmullo apagado y constante de piezas de artillería que viene desde Orán. «Cuando el viento sopla del sudoeste, trae consigo un olor penetrante a pólvora».[139] Es 8 de noviembre.

Parris no tiene prisa por llegar a tierra. Lo deja para mañana por la mañana.

* * *

En París el clima ha cambiado. Hélène Berr escribe en su diario: «Me dirigí a la rue Vaquelin con un tiempo radiante, bajo un sol dorado y tierno, un cielo azul intenso y un aire limpio como el cristal». El encuentro de ayer con Jean fue maravilloso, todo el día fue maravilloso. Ha soñado con él toda la noche. Está de un humor excelente. Hace un calor excepcional para ser noviembre.

Berr va de camino a un asilo para niñas judías huérfanas en el 5.º *arrondissement*, en la entrada de una callejuela que cruza con la rue Claude-Bernard, a dos o tres manzanas al sudoeste del Jardin des Plantes. La dirección es rue Vaquelin número 5, un edificio de cinco plantas con balcones.

El asilo está regentado por la UGIF, la Union Générale des Israélites de France, una organización paraguas en la que varios grupos y comunidades de judíos colaboran para dar apoyo a judíos necesitados, entre otras cosas proveyendo de comida y ropa a los que están

---

uno aterrizó en Orán, pero los que estaban a bordo, como habían oído que no se esperaba ninguna resistencia, se dejaron arrestar por la policía francesa.

139. El golpe contra Orán fue concebido y llevado a cabo por oficiales de la Marina británica, a pesar de las protestas estadounidenses. (Uno de ellos definió el plan como «de carácter suicida y malsano»). El plan de meterse con dos pequeños barcos cargados hasta los topes con soldados especiales en un puerto lleno de buques de guerra franceses solo podía acabar en una masacre. Al fin y al cabo, les esperaban marineros franceses, que recordaban muy bien el ataque que la flota británica les había lanzado en julio de 1940 en el mismo lugar, cuando muchos buques de guerra franceses quedaron hundidos o severamente dañados y casi 1.300 franceses murieron. Sobre este tema, se recomienda el trabajo magistral de Rick Atkinson, *An Army at Dawn*, que también ofrece la mejor descripción de toda la invasión de la parte francesa de África del Norte.

encarcelados, reagrupar familias y cuidar de niños que han quedado huérfanos. Después del terrible suceso que tuvo lugar a mediados de julio, cientos de menores, muchos muy pequeños, quedaron abandonados a su suerte en plena calle, pero al día siguiente la UGIF ya había recogido a muchos de ellos y los había alojado en varios asilos improvisados, como el de la rue Vaquelin.

Fue después de esos sucesos del verano cuando Berr se alistó para trabajar de voluntaria en la UGIF. Dedica mucho tiempo a los menores huérfanos, juega con ellos, se los lleva de excursión. Berr, que tuvo una infancia protegida y privilegiada, nunca antes había estado en contacto con este tipo de pobreza sin fondo, así que le ha supuesto una experiencia conmovedora. Y transformadora. Intentar ayudar y mitigar el sufrimiento es para ella un imperativo categórico. Así que poco le importa que algunos piensen que las organizaciones como esta les hacen el juego a las fuerzas de ocupación; que lo que están consiguiendo es ayudar a administrar la propia represión, igual que los archiconocidos *Judenrat*, las asambleas judías en los guetos del Este. Tampoco le importa que muchos de los voluntarios de la UGIF se hayan alistado solo para conseguir los documentos identificativos que brindan un estatus de «judío oficial», y que supuestamente protege contra el arresto.[140]

El trabajo con estos niños es la aportación personal de Berr a la lucha de resistencia francesa —por el momento, bastante débil— contra los ocupantes alemanes. Resulta que la UGIF tiene un sexto departamento. Un departamento secreto. Saca a escondidas a huérfanos de asilos como este y los lleva a hogares de protección en el campo, en su mayoría hogares de familias cristianas que los esconden y cuidan de ellos.[141] ¿Supone esto un riesgo? En este momento te pueden deportar por menudencias, como no haberte sentado en el último va-

---

140. ¿Acaso sea esto también lo que motiva a Berr? No como única fuerza motriz. Su visión del mundo y su propio yo son demasiado estrictos, moralmente hablando, para serlo. Pero puede haber contribuido. Tanto en Oriente como en Occidente, sobrevivir al Holocausto fue en gran parte una cuestión de clases.

141. El rescate de niños judíos es un punto de luz en la oscura historia de Francia durante la ocupación. La tercera parte de los judíos adultos que vivían en el país fueron deportados o asesinados, pero al mismo tiempo sobrevivieron nueve de cada diez niños judíos. Es más, uno de estos muchachos era un niño que iba a crecer y convertirse en el incomparable Georges Perec, quien describió lo que había vivido a su manera genial en el libro *W ou le souvenir d'enfance.*

gón del metro o llevar la estrella judía con descuido, así que sí, no cabe duda de que es peligroso. Aunque hoy la esperan los quehaceres de costumbre en la rue Vaquelin. Además, el de hoy no deja de ser un día especial. Y no es por el sol y el calor inesperados. Todos están ocupados con la gran noticia del día: el ejército estadounidense ha desembarcado en Argelia y Marruecos.

Cabe decir que el desembarco no es solo una gran noticia. Es una noticia grandiosa, sobre todo en París. El ejército estadounidense está, *de facto*, en territorio francés. Berr cuenta en su diario: «Todo el mundo parece hervir de expectación. Madre y Padre están entusiasmados. Yo también debería estarlo, pero ahora mismo no me siento capaz».

¿Por qué no puede estar igual de contenta que todo el mundo? Trata de comprenderlo. Igual que los demás, ella también lleva años viviendo en un mundo de sombras, en el que las noticias o bien han sido deformadas por la censura y la propaganda barata —lo cual las ha desprovisto de cualquier interés—, o bien han informado de forma fehaciente de algún nuevo triunfo para las fuerzas del Eje —con lo cual ya no son bienvenidas, ni para la gran mayoría, que solo quiere esperar y ver qué ocurre, ni para los pocos opositores al régimen activos, y ni mucho menos para los que viven en negación—. Puede que dar la espalda a las noticias le haya parecido una suerte de gesto de resistencia, similar al de volverle la espalda por la calle a los soldados alemanes que vienen a hacer turismo, o fingir que no entienden su francés de libro de texto, o abandonar al instante un museo cuando entra un grupo con uniformes grises, o doblar el billete de metro en forma de uve antes de tirarlo al suelo.

Piensa que su propia falta de entusiasmo se debe a la falta de costumbre, a, tal como escribe en su diario, «una incapacidad de adaptarme a la repentina fanfarria de noticias». Pero intuye la relevancia del suceso, añade: «A pesar de todo, quizá esto sea el comienzo del fin». Durante todo el domingo 8 de noviembre el sol brilla radiante sobre París.

* * *

Lleva mucho tiempo esperando esto, quizá sin atreverse a hacerse ilusiones de verdad. (El desembarco del verano en Dieppe fue un auténtico fiasco, pero a pesar de todo —como ella ya comentó entonces— fue «un rayo de esperanza»). Porque esto va a cambiar su vida, su mundo, el mundo tal y como todos lo conocen. En Bruselas, Anne Somerhausen escribe en su diario, y en su fervor es casi como si las palabras tropezaran unas con otras:

> ¡Qué alegría, qué triunfo! ¡Los aliados son fuertes, van a vencer! Los ingleses han iniciado una ofensiva global en El Alamein y Rommel se está retirando. Los rusos retienen a los alemanes en Stalingrado. La Alemania invencible ya no es invencible. Y hoy nos llega la noticia de un desembarco sorpresa de Estados Unidos en el norte de África.

La sinceridad de su alegría no da pie a confusión. Pero la noticia no deja de tener su lado oscuro.

Anne Somerhausen tiene cuarenta y un años, es morena, vivaz, inteligente. Y es madre de tres hijos: Jean, de quince años (ha salido a su madre, pelo y ojos castaños, alegre y expresivo), Mathieu, de doce años (delgado y rubio, «sensible, taciturno y caprichoso») y Luc, de seis años (rubio y de ojos azules, le encantan «los libros ilustrados, los perros, los gatos, los conejos, los pájaros y los ratones»). Los dos cónyuges tienen la misma edad y se conocieron después de la guerra —la anterior— en Estados Unidos, donde Marc viajó con una beca después de licenciarse en Derecho, y donde Anne había terminado tras un largo camino de vida que no era impropio de la época: nacida Von Stoffregen, en la Riga rusa de entonces, hacia el final de la guerra terminó en Alemania, vivió luego un año y medio en Holanda, una temporada en Francia y otra en Cuba, para finalmente acabar en la University of Wisconsin, donde estudió Periodismo. Allí fue donde conoció a Marc, un jurista belga. Somerhausen también tuvo tiempo de ejercer diez años como periodista, entre otras cosas como *freelance* para el *New York Herald Tribune*, antes de que los nacimientos de sus hijos frenaran su carrera y la ocupación alemana le pusiera punto final.

Lleva un año y medio sin ver a Marc. En mayo de 1940 era jefe de pelotón en una batería de cañones antiaéreos en las afueras de Bruselas, y lo cogieron prisionero. Ahora está encerrado en un campo en Alemania.

* * *

Cuando el ejército belga depuso las armas tras dieciocho días de guerra en mayo de 1940, una mayoría abrumadora de la ciudadanía belga lo recibió con los brazos abiertos. A no ser que acogieran a los alemanes invasores con ninguna calidez. Pero la gran mayoría, en un país que llevaba mucho tiempo viendo ir y venir ejércitos extranjeros (y que acababa de levantar cabeza tras el lodo desolador que había dejado a su paso la guerra anterior), tenía esperanzas de que la ocupación sería breve, que alcanzarían algún acuerdo mediante negociaciones y que luego todo volvería a ser como siempre. En esta postura hay una ambivalencia nada insignificante hacia la guerra.

La mayoría están del bando de los aliados y su causa, pero su actitud es expectante, pasiva, silenciosa. Y a la espera de que la guerra termine de repente y la paz vaya a caer del cielo, los belgas hacen de tripas corazón y les dan (o fingen darles) a los alemanes lo que quieren. Esto se ve facilitado porque los ocupantes se han esforzado mucho en comportarse con corrección y con una contención nada desdeñable.[142]

Pero hay diferentes maneras de cooperar. Ni siquiera entre los colaboradores declarados de la extrema derecha populista y medio fascista, como los rexistas en sus uniformes azul marino pseudonazis, la política es clara. Los matices son cuantiosos. ¿Están buscando proteger Bélgica, o pretenden formar parte de algo mayor?

Incluso Anne Somerhausen se encuentra en la zona de grises que define la postura belga. Ha conseguido un trabajo de oficinista en una fábrica textil que produce *Zellwolle*, una variante alemana del rayón, y que entre otras cosas *die Wehrmacht* utiliza para sus uniformes. O mejor dicho, que su fábrica va a producir por encargo de los alemanes, porque la empresa todavía está en proceso de creación. El puesto de Somerhausen es más relevante de lo que su título sugiere: ella es quien mejor domina el alemán, razón por la cual es quien gestiona muchos

---

142. La política moderada ha tenido éxito incluso para los alemanes, en la medida en que ha dado un mayor beneficio económico que, digamos, la ocupación más bien draconiana de los Países Bajos. Por citar al historiador Werner Warmbrunn: «Haciendo lo mejor que podían para respetar el acuerdo básico de 1940, de trabajar dentro del marco de las estructuras básicas, dar sustento a la población belga y abstenerse de deportar mano de obra belga, el régimen militar alemán conservó hasta el final la voluntad colaboracionista de las élites belgas».

de los contactos más importantes con clientes y autoridades. Y no sin que esto le suponga una preocupación. Escribe:

> Jamás habría pensado que la *Zellwolle* fuera a ser una cuestión de conciencia para mí. Pero es así. Dentro de un año o dos, la producción de lana rayón de la empresa en la que trabajo no se hará solo en base a patentes alemanas, sino que también contribuirá, hasta cierto punto, a las aspiraciones alemanas.

¿Qué hacer? Se debate internamente:

> Todo el trabajo beneficia a los alemanes, pero la alternativa es el hambre. Este es el dilema al que nos enfrentamos y solo hay una solución posible: trabajo combinado con sabotaje. Será el pan de cada día, cada vez en mayor medida.

¿Y qué ha hecho ella? A principios del mes pasado llegó la notificación de que trabajar en Alemania ya no era algo voluntario,[143] sino que a partir de ese momento los belgas podían ser obligados a ejecutar determinadas tareas asignadas. Quien se niegue, corre el riesgo de tener que cumplir seis meses de cárcel a modo de castigo.

Esto provocó un sentimiento de consternación, nervios y desesperación en todo el país que todavía se pueden respirar en el ambiente, como una nube de humo.[144] Somerhausen lo llama por su nombre: deportación y trabajos forzados. Sin embargo, una manera de protegerse contra esto es asumir una tarea de las llamadas esenciales para la guerra. Y ella ha tratado de ayudar a personas a alcanzar este estatus, y ha aprovechado un contacto que tiene en la administración económica alemana —un tal señor Gminder, de quien ella sospecha es antinazi— con tal de conseguir este tipo de permisos: el último, para una treintena de trabajadores de una empresa en Dolhain, que fabrica las secadoras que necesitan para producir *Zellwolle*.

---

143. Al principio, el sistema de voluntarios funcionó bien, ya que el desempleo en Bélgica era alto, las condiciones eran buenas y la postura hacia Alemania era bastante benevolente.

144. Los malos recuerdos sobre las deportaciones en masa de la Primera Guerra Mundial eran aún muy actuales. Incluso los nazis rexistas ilusorios intentaron que la decisión fuera derogada.

* * *

La noticia del desembarco en el norte de África da pie a una pura y sincera alegría, por no decir júbilo. Pero a lo que Somerhausen se sigue aferrando este domingo es al sueño de ese tratado de paz rápido y sin sangre. Escribe en su diario:

> ¿Qué es lo que retiene a los alemanes de proponer un armisticio? Es evidente que ya no están en una posición de fuerza. Están a la defensiva. Están sentenciados. Todos estamos haciendo apuestas de cuándo va a terminar la guerra. Yo digo que en Semana Santa del año que viene. Se merece una botella de burdeos, y si pierdo ayudaré a mis compañeros a beberla.

* * *

Al mismo tiempo, en Berlín, termina otro día lluvioso. Mañana, el hermano menor de Ursula von Kardorff, Jürgen, tiene que volver a incorporarse a su unidad. A lo mejor podrían haber ido al cine, pero está claro que a Jürgen no le divierten esas películas livianas que se proyectan en todas partes, o bien no están de humor para verlas por la despedida que les espera. El vínculo que une a la familia y los hermanos sigue siendo fuerte, a pesar de unas diferencias cada vez más marcadas en sus opiniones. ¿Quizá porque los sentimientos y la familia son más importantes que la política? Al fin y al cabo, los Von Kardorff son una familia noble prusiana.

Su padre, Konrad, el famoso artista y retratista, es abiertamente crítico con Hitler y el partido, y opina —como muchos otros miembros de la vieja aristocracia— que sus ideas son vacuas, falsas y vulgares.[145] Jürgen, el hermano pequeño, con una marcada fe cristiana y una propensión a la alta cultura, comparte el escepticismo de su padre. En cambio, su madre Ina es una nazi convencida, como ya hemos comentado, y el hermano mayor, Klaus, tiene un pasado en las SA. Por su parte, Ursula se halla en una zona intermedia de grises.

---

145. El padre también ha pagado un precio por ello, pues ha sido privado de la enseñanza en la Gruneberger Kunstschule.

Las contradicciones topan en su interior.

Ursula fue una de las que valoraron positivamente la llegada al poder de Hitler en 1933, sin entusiasmo pero también sin una gran reflexión, con la esperanza de que él fuera a «poner orden», como ella misma dice. También comenzó su carrera como periodista en 1937 en un diario nazi, y ha completado el proceso de adoctrinamiento, escrutinio y selección oficiales que todos los miembros de la prensa deben pasar ahora para poder ejercer. Ha sido aprobada, si bien con reservas.[146]

Y aunque Von Kardorff trabaje principalmente con cuestiones políticas inocuas y suela escribir textos sobre viajes, cultura, cine y moda dirigidos a un público femenino, también ha elaborado reportajes en los cuales el nazismo queda retratado como una bendición para las mujeres, algo que les brinda significado y fuerza. Entre brindis y amigos, sus actitudes para con el partido van fluctuando entre la benevolencia y el sarcasmo. No cabe duda de que su inclinación es nacionalista; en la familia lo son todos, independientemente del color político de cada cual. Y luchar en la guerra es, en primera instancia, luchar por Alemania, no por Hitler.

Pero no es antisemita. La familia tiene, y ha tenido, varios amigos y conocidos judíos. La mayoría emigraron hace años, y hay vecinos en su misma calle que han desaparecido, corriendo destinos inciertos. (En su edificio aún vive una judía mayor, frau Libermann). Aunque la violencia y la sordidez de las campañas antijudías de la década de los años treinta no deberían haberla impactado, lo hicieron. Es como si hasta ese momento hubiese elegido ver el antisemitismo de los nazis como algo de mentira, una mera pose política.[147]

---

146. En su «examen para admisión como redactor» (*Schriftleiteraufnahmeprüfung*, típico término nazi de los años treinta) se indica que estaba aprobada, pero también que debía emplearse «solo para [tareas] apolíticas». Era la única mujer del curso y la única que no era miembro del NSDAP.

147. Dice mucho de Von Kardorff aquello que elige no mencionar en su discurso: nada sobre la quema de libros, la prohibición de partidos o sindicatos, el estado policial, los campos de concentración y la *Gleichschaltung*. Aunque, seguramente, todo eso se puede incluir en su anhelado «orden». Y el shock tampoco fue tan grave, como ya hemos visto, como para que no pudiera iniciar su carrera periodística en el órgano del partido *Der Angriff*, conocido por su, cuando menos, virulento antisemitismo.

Las contradicciones topan en ella incluso en su físico. Tiene los ojos alegres y brillantes de Jürgen, pero la boca fina y algo anémica y el mentón marcado de su hermano mayor.

* * *

Ursula von Kardorff destaca como una mujer para nada inusual en la Alemania de los años treinta. Su interés político es pasajero y su apoyo a los nazis no está condicionado ni por ideales elevados ni sentimientos fuertes, sino que en última instancia nace de un profundo anhelo de orden, bienestar... Comodidad, en definitiva. Al mismo tiempo, nunca ha terminado de dejar atrás los alegres años veinte: ella es social, enérgica, vanidosa, segura de sí misma y optimista. Su inteligencia es aguda pero superficial.

En lo personal, para Ursula von Kardorff los años treinta fueron una época feliz en todos los sentidos, un sueño luminoso de viajes y divertimentos, flirteo y fiestas, galas, ropa bonita y viajes en velero por el Wannsee. El nazismo tampoco ha supuesto una limitación en su vida. Porque, a pesar de que el partido nunca se canse de insistir en que el papel de la mujer es ser madre y ama de casa, a sus treinta y un años Von Kardorff sigue ejerciendo su oficio, sigue buscando entretenimiento, sigue arreglándose el pelo y continúa soltera.[148] Y también fuma.[149]

La vida de limitaciones y la doble moral se ha convertido en una suerte de hábito instintivo también para Von Kardorff. Ella es una de esas que está «integrada, sin identificarse del todo con este Estado».[150]

Ahora es domingo por la tarde; Ursula y su hermano pequeño están encorvados sobre la radio, curiosamente no para escuchar lo que se ha proclamado como el suceso más importante de la jornada —la

---

148. Incluso las mujeres convencidas ideológicamente sobrellevaban con facilidad la contradicción entre dogma y realidad. Su madre, nazi empedernida y recalcitrante, también era una mujer de éxito profesional; dirigía un taller que se había especializado en decoración, y entre sus clientes habituales había esposas de muchos corifeos nazis de las altas esferas.

149. Se llevaron a cabo campañas contra las mujeres fumadoras. Las embarazadas y las menores de veinticinco años no tenían tabaco en sus cartillas de racionamiento, y las mujeres podían ser despedidas de ciertas organizaciones si fumaban en público.

150. Peter Hartl.

emisión del tradicional discurso de Hitler en Múnich—, sino para oír —en onda corta y desafiando la prohibición— las noticias de la BBC. (He ahí otra contradicción con la que no parece tener problemas). Así es como se enteran de la invasión estadounidense en el norte de África.

El ambiente de la estancia cambia. «En ese instante he tenido claro que ninguno de mis hermanos cree ya en la victoria. Lo he sentido claramente. [...] Sentimientos deprimentes». ¿Implica esto que la guerra ha dado un giro?[151] Cuando ella y Jürgen están a solas, hablan de lo que una derrota podría implicar; quizá se vean obligados a abandonar su casa y convertirse en fugitivos. Ella explica: «Nos pusimos a cuál más cínico. Curiosamente, en cuanto vuelvan al frente, ambos harán lo que se les ordene».

* * *

Ese mismo día, Vittorio Vallicella se despierta con el ruido de una tormenta de arena. A juzgar por cómo suena, entiende que es más intensa de lo habitual, así que se acurruca en su agujero y cubre la entrada con la manta. Hasta la fecha, su aventura robinsoniana ha ido inesperadamente bien. Ha sido un peregrinaje al vacío. No se han cruzado con nadie, no han visto nada. Han topado con carteles que señalaban el camino hacia cuarteles generales y bases y cosas por el estilo, pero al llegar allí se han encontrado con poco más que refugios antiaéreos abandonados, despensas vacías y papeles revoloteando con el viento.

Ayer por la tarde se detuvieron en cuanto Marsa Matruh estuvo a la vista. Quieren evitar la gran carretera de la costa lo máximo posible. Y no solo porque allí los aviones británicos van a la caza día y noche; a ojos de Vallicella hay algo peor, y son las altas probabilidades de que el ejército vuelva a captarlos, quizá para reforzar nuevas tropas recién llegadas de Italia, con la cabeza llena de palabras grandes y prometedoras, y deban obedecer a un oficial a quien de pronto le dé por

151. Este es uno de los puntos donde las anotaciones de su diario se diferencian de las publicadas. En las últimas, escribe que por un lado esperaba y por otro temía que lo ocurrido acelerase el final de la guerra. En los capítulos que tratan sobre ella, siempre que ha habido un conflicto entre las dos versiones, por supuesto he elegido las contemporáneas.

pensar que hay que detener al enemigo y conseguir medallas. Mientras vayan por su cuenta son libres, felizmente huérfanos.

El viento sopla con tal intensidad que no puede levantar la cabeza. Y hacia mediodía la tormenta desata toda su furia. Lo único que puede hacer es, a intervalos regulares, alzar con cuidado la manta con un palo para que la arena no lo entierre vivo. Cada vez tiene más hambre, pero no hay nada que hacer. Por fortuna, como buen veterano del desierto que es, lleva al cuello una cantimplora, pero a medida que pasan las horas y que la tormenta aúlla el agua se le empieza a acabar. Hasta las nueve de la noche el viento no amaina. Todo está a oscuras. Se duermen agotados en sus pequeños hoyos, sobre sus cabezas el firmamento estrellado africano, «precioso e indiferente ante la tragedia humana», tal y como escribe Vallicella en su diario.

Cuando se despiertan a la mañana siguiente, el lunes 9 de noviembre, le cuesta creer lo que ven sus ojos. «Es como si de pronto hubiésemos sido arrojados a la luna», cuenta. El paisaje que ve no guarda ningún parecido con aquel en que hicieron el alto. Donde antes había matorrales, ahora no hay más que enormes dunas. Los camiones han desaparecido bajo toneladas de arena voladora. Vallicella y sus cinco compañeros llevan más de veinticuatro horas sin comer nada. Empiezan a cavar en el lugar donde vieron los vehículos por última vez, solo con las manos, cavan y cavan.

Del 9 al 15 de noviembre
Noticias alentadoras

«Las viviendas y las hileras de casas irradian una grandeza lúgubre y palaciega en mitad de la destrucción. Te deslizas por delante de ellas como por un mundo desconocido, más frío: allí reside la muerte».

«Poco a poco, la interminable experiencia de la tragedia insensibiliza los sentidos y erige un mecanismo de defensa de frialdad más que necesaria para que una persona pueda soportarla».

«¡Ay, estos pensadores tan vagos! Con su "muere y pervive" tan sentimental. La vida solo surge de la vida, ¿o acaso han visto jamás a una madre muerta que dé a luz a un bebé?».

El camarote es estrecho, apenas mide dos por tres metros. Ahí hay una cama, una silla, una mesita y un pequeño sofá. También hay un armario y un tendedero con enseres de baño. Tiene un aspecto austero e impersonal, excepto por una cosa: en la mesa hay una foto de una mujer seria en kimono, dos niñas de unos diez años y un chiquillo. Esa es su familia. Cuando el hombre mira por el ojo de buey vislumbra aguas turquesas, islas volcánicas con colinas cubiertas de selva y rizos de espuma en la lejanía que indican dónde está el arrecife de coral. Y también barcos grises anclados, montones de barcos. Se trata del gran atolón de Truk, es lunes 9 de noviembre y el hombre se llama Tameichi Hara.

Acaba de cumplir cuarenta y dos años y es capitán de la flota imperial japonesa, oficial al mando del Amatsukaze («El viento celestial»), un destructor nuevo y modernísimo de 2.500 toneladas, 118 metros de eslora, bajo, esbelto, rápido y fuertemente armado, tanto con cañones como con lanzatorpedos. Sus máquinas se están calentando. Se pueden sentir las vibraciones a través del suelo. En breve levarán el ancla. Hara está orgulloso de su barco, satisfecho con su tripulación, seguro en su papel, entregado a la misión. Aun así, hay cierta preocupación que lo carcome, una ambivalencia que a menudo consigue reprimir, pero que siempre parece estar moviéndose bajo la superficie.

Desde pequeño Hara ha querido ser guerrero, igual que su abuelo, el samurái, entre otras cosas porque es una manera de ascender en el mundo, porque procede de una familia pobre de pequeños agricultores. El día que lo aceptaron en la Marina es también uno de los más felices de toda su vida. Le encanta el uniforme blanco de la Marina, su «gloria y honor», le encanta el estatus que les brinda en el Japón militarizado, las miradas, las reverencias, el respeto.

Hara disfruta también de la felicidad singular que supone el gobernar su oficio de forma prácticamente total: son sus cálculos y su experiencia práctica los que están detrás del nuevo reglamento de la flota japonesa para el combate con torpedos. (Sin esta habilidad tan especializada, lo más probable es que no fuera capitán de barco. Hara tiene debilidad por el alcohol, y cuando a mediados de la década de los años veinte salió a la luz que estaba viviendo con una geisha, el escándalo estuvo a punto de costarle la carrera. Además, pertenece a la minoría cristiana, que no está bien vista). Al mismo tiempo, en la flota hay elementos que le cuesta aceptar: la tortura a los subordinados, la inflexibilidad, el desprecio hacia los marineros del servicio militar (a menudo se refieren a ellos como «el ganado»), el rechazo a nuevas formas de pensamiento, la obediencia ciega y —casi igual de problemático— la ciega autoestima.

Vestido de blanco, Tameichi Hara ocupa su puesto en el puente de mando. Según las fotografías que hay de él y sus propios textos, parece estricto, reservado, determinado. Es bastante bajito pero fornido. Probablemente, también lleva puestos unos guantes blancos a conjunto con el uniforme. Probablemente, lleva su faja *senninbari* por debajo, alrededor de la cintura, a pesar de no ser supersticioso.[1] Probablemente, la ropa empapada en sudor que la tripulación suele tender a secar durante la noche ya está recogida. Orden y pulcritud.

Comandos breves en tonos forzadamente graves. Respuestas breves. Honores. Silbidos y gritos por el megáfono. Resuena la bocina. El Amatsukaze se desliza junto con otros ocho destructores y un crucero por la gran laguna de Truk, repleta de barcos; salen del gran arrecife por uno de los diferentes canales que llevan a mar abierto. Forman una fila y ponen rumbo sursureste.

Su destino son las islas Salomón y Guadalcanal.

* * *

1. Un *senninbari* era una banda de tela adornada con mil puntadas, cada una hecha por una mujer diferente —un remedio tradicional que según la creencia hacía a su portador inmune a los disparos—. El *senninbari* de Hara está hecho por su cuñada en Osaka, que (de forma igualmente tradicional) se había plantado en una calle de su ciudad y había conseguido que las mujeres que pasaban por allí añadieran una puntada.

Ese mismo día, Vera Inber tiene una reunión oficial en la casa del Ejército Rojo. Inber parece estar sentada sobre alfileres, porque sabe que al mismo tiempo se está retransmitiendo el discurso de Stalin para la celebración de la revolución. Tan pronto terminan la reunión, ella y algunos compañeros van corriendo al despacho de la junta directiva, donde la radio está puesta (obviamente). Le sorprende la buena calidad de la señal. Apenas hay interferencias. Es como si Iósif Vissariónovich estuviera en la sala contigua. Pero no es la claridad del sonido lo que la atrapa, sino otra cosa. La voz.

La voz la envuelve, y pronto toda la preocupación que había podido albergar se disipa. Inber cuenta:

> Hay algo irresistible en la voz de Stalin. Escuchándola puedes oír que quien habla lo sabe todo, y que jamás será un hipócrita. En esta intervención hablaba con calma y consuelo de nuestras relaciones con los aliados, de la victoria incuestionable. Nadie duda de ella, la pregunta es cuándo llegará. Pero de alguna manera, después de este discurso, incluso el «cuándo» parece haberse acercado.

La euforia que la voz ha generado en ella perdura hasta la noche. Entonces suenan las sirenas antiaéreas una vez más. Inber escribe en su diario: «El año pasado las incursiones se prolongaron hasta diciembre. Todo apunta a que este año volverá a pasar, y solo estamos a 9 de noviembre. Nos queda un largo camino por delante».

* * *

Dorothy Robinson tiene agujetas. Se ha pasado varias horas removiendo la tierra del huerto en lo que antes había sido la parcela de césped de la casa. Porque, igual que tantas otras personas, ella también ha seguido la recomendación de ampliar la dieta familiar con hortalizas propias cultivadas en un Victory Garden. (Se pueden ver por todas partes: no solo en los patios traseros de la gente, sino también en parques, solares abandonados e incluso en algunos tejados). Jim está de viaje, como de costumbre, y el siempre tan servicial George, el prometido de su asistenta, debe de estar muy ocupado en la fábrica, así que ahora le toca a ella cavar, cargar y remover la pesada tierra mojada de otoño.

No son pocas las veces que hay escasez de hortalizas frescas, así que el pequeño huerto ha cumplido con su cometido, y van a sembrarlo otra vez en primavera. No son solo hortalizas frescas lo que de vez en cuando falta en la mesa. Cada vez es más frecuente encontrar baldas vacías en la tienda, los productos básicos como el azúcar y el café están racionados —en particular, el racionamiento de lo segundo ha provocado mucho ruido de tripas—,[2] y la carne fresca se ha vuelto más cara y más difícil de conseguir.

Se ha iniciado un programa semivoluntario con el que se anima a cada familia a no comer más de un kilo de carne a la semana. No obstante, en la prensa de estos días la siempre presente OWI, Office for War Information, tranquiliza a la población: esto no se aplica al pavo, así que el tradicional plato del Día de Acción de Gracias no se ve amenazado. (Aun así, se anima a las familias a compartir un ave, ya que este año será especialmente cara). En otro artículo se dice que las mujeres con sobrepeso «abren un agujero innecesariamente grande en los recursos alimentarios del país» y que, por ende, deben hacer régimen, lo cual también contribuirá a una mejora de su estado de salud; se menciona que en países afectados por la guerra donde ha habido falta de alimentos ciertas enfermedades, como la diabetes, se han visto reducidas entre la población. No hay mal que por bien no venga.

A causa de la escasez de carne, Robinson ha empezado a experimentar con distintos tipos de vísceras, cosas que, en otras circunstancias, jamás habría ni siquiera tocado. Hoy cocina sesos de ternera al horno. Los ha cubierto con una gruesa capa de miga de pan y los sirve con una salsa de tomate muy especiada. Robinson no está demasiado orgullosa de sus logros culinarios en estos momentos. Hoy es 9 de noviembre. Tiene agujetas y piensa mucho en su hijo Art y en cómo estará.

* * *

2. Hay quienes consideran que la insatisfacción a causa del racionamiento del café provocó gran cantidad de protestas contra los republicanos durante las elecciones al Senado del 3 de noviembre, por lo menos en el Medio Oeste.

La electrizante noticia del desembarco de tropas estadounidenses en Marruecos y Argelia ha corrido por el mundo, e incluso ha llegado hasta la sala de reuniones de la Warner Brothers en Nueva York. «*Casablanca* había vendido la necesidad de aliarse contra el fascismo. Ahora la guerra vendía la película».[3] Los magnates están emocionados y coinciden en que, sin duda, esto hay que exprimirlo hasta la última gota. Se ponen en contacto con Jack Warner en Los Ángeles. Quieren rodar un nuevo final para *Casablanca*, un final que muestre cómo el héroe, Rick, el amargado dueño de bar (Humphrey Bogart), y su nuevo aliado, el corrupto pero siempre tan elocuente jefe de policía Renault (Claude Rains), regresan a las fuerzas estadounidenses para liberar la ciudad.

* * *

Poco antes de las nueve de la noche del mismo lunes, en un estudio de radio en la enorme Haus des Rundfunks en la avenida Masurenallee de Charlottenburg en Berlín, John Amery espera a que se encienda la lucecita verde. Fuera llueve. Seguramente está hojeando su guion, controlando que no falta nada; podemos suponer que está nervioso. Lo que Amery se dispone a hacer es, cuando menos, excepcional. Va a hablar en onda corta en la radio alemana, directamente al pueblo británico, para incitarlo a rebelarse contra el propio Gobierno.

La radio es, sin duda, el medio más poderoso del momento, el que llega a más gente, el que más impacto tiene. El cine es emotivo, y desde luego que también tiene un papel importante, pero exige salas, lienzos y toda la demás infraestructura. El poder de la radio es su relativa simplicidad tecnológica. Llega a millones de personas, directamente a sus casas.[4] Es a través de esa cajita, con su ventana levemen-

---

3. Aljean Harmetz.
4. Los nazis también lo han demostrado, por ejemplo, introduciendo el sencillo y barato Volksempfänger, un aparato hecho para recibir transmisiones alemanas. (Más tarde apareció una variante aún más pequeña y más barata, el DKE). Este año, 1942, los domicilios alemanes con radio casi se habían cuadruplicado comparado con 1933. En esta época, escuchar radio extranjera era también un crimen por el que se podía terminar en un campo de concentración. En ciertos países ocupados, como Polonia, los habitantes del propio país ni siquiera podían tener una radio.

te iluminada, como la mayoría de la gente obtiene la información. Las noticias llegan primero por ahí —igual que la música, los seminarios, el entretenimiento, los discursos, las distracciones, las distorsiones, las ignominiosas mentiras, las palabras que matan—. Por toda Europa, por todo el mundo, hay un hambre voraz de conocimiento, y por eso se ha convertido en rutina dejar de lado lo que se esté haciendo para poder atender a los noticiarios del día.

Y en ningún otro país está tan extendido ni ritualizado escuchar la radio como en Alemania. Por ley, el trabajo en fábricas y oficinas debe interrumpirse para que todo el mundo la escuche, en grupo, cuando se emiten comunicaciones de especial relevancia, como por ejemplo si Adolf Hitler da un discurso. Por la misma razón, hay aparatos de radio en todas las cafeterías y restaurantes, y en algunas esquinas de la calle incluso se han instalado postes especiales con altavoces.

Los nazis comprendieron enseguida la relevancia de la radio, primero como un arma para la política nacional, y después para la política exterior. El ministro de propaganda Goebbels se refirió a la radio como «el octavo poder», y dijo que jamás se habrían alzado con el poder si no hubiese sido por este nuevo y maravilloso medio. Incluso aquí son pioneros.

Ya a mediados de la década de los años treinta, los nazis levantaron filas de potentes estaciones de onda corta, previstas para emitir al extranjero. El departamento de exteriores de la radio alemana cuenta con cerca de quinientos empleados, que emiten las veinticuatro horas del día, en cincuenta y tres idiomas distintos. Tal vez la sección más importante es la de habla inglesa. En ella hay una treintena de personas de origen británico o estadounidense que trabajan en las emisiones o las presentan; quizá el más conocido de todos es un tal William Joyce, conocido en Reino Unido como Lord Haw-Haw debido a su acento nasal de clase alta.[5]

Ahora le toca a John Amery hacer su debut. El guion ha sido aprobado,[6] y en la sala de control hay un funcionario con su propia

<hr>

5. Amery llegará a conocer a la mayoría, incluidos Joyce y su mujer Margaret, los dos de camino a descomponerse por completo entre el cinismo y el alcohol.

6. Todos los textos estaban muy controlados por adelantado, a diferencia de los informes que los periodistas extranjeros enviaban a casa. Los nazis se jactaban mucho de no ejercer una precensura. Sin embargo, luego miraban con lupa todo el material

copia para seguirlo palabra por palabra y controlar que no se produce ninguna desviación inadecuada.

La introducción llega a su fin. Han procurado dejar muy claro quién es el padre de Amery: un hombre del Gobierno de Churchill, ni más ni menos. La lucecita verde se enciende. Amery empieza a hablar:

> Los oyentes deben de preguntarse qué hace esta noche un inglés en la radio alemana. Podéis imaginaros que antes de que yo diera este paso, esperaba que una persona mejor cualificada que yo diera un paso al frente. Me atreví a creer que un destello de sentido común, un aprecio por nuestra preciada civilización, guiarían las deliberaciones en el Gobierno del señor Churchill. Lamentablemente, ¡no ha sido el caso!

Amery tiene una voz bastante agradable y radiofónica, si bien emplea un tono un poco fuerte, pero puede deberse a los nervios. Se nota que ha oído hablar a su padre muchas veces, porque emula su estilo de hombre de Estado. Y al contrario de otros renegados, como el archiconocido compañero Joyce, Amery no grita ni se expresa de un modo tan hiperbólico ni usa superlativos, todos ellos intentos algo vanidosos de imitar el estilo áspero y ruidosamente retórico que caracteriza a la *Lingua Tertii Imperii*, la lengua del Tercer Imperio. Al contrario, Amery se esfuerza claramente en sonar como una mezcla de comentarista sensato e independiente y frío caballero inglés.

Pero Amery no tarda en subir de revoluciones, no tanto en la forma como en el contenido. Y ahí no hay sorpresas. Todo es culpa de los judíos. Ellos están detrás de la guerra, están sacrificando hombres ingleses en una lucha innecesaria que ya está perdida. Para terminar, exhorta a sus oyentes, todos británicos normales y corrientes, a unirse y derrocar el Gobierno en Londres, y esto en nombre de la paz. Y el clamo final: «Entre vosotros y la paz solo están el judío y sus herramientas, es decir, los gobiernos bolcheviques y estadounidenses. No digo esto como un fatalista, sino como un patriota cuyo principal interés es la conservación del imperio británico».

La lucecita verde se apaga.

---

publicado y eran raudos a la hora de imponer fuertes sanciones si encontraban algo desagradable.

* * *

Ese mismo día, también en Berlín. Ursula von Kardorff explica:

> ¡Jürgen se ha ido! Hemos fingido un desayuno apacible en fami-
> lia, con la alegría ortopédica que siempre se genera cuando nos en-
> frentamos a una despedida. Hemos hablado de cosas completamente
> banales. Lo que fuera con tal de no caer en el sentimentalismo. Klaus
> y yo lo hemos acompañado a la estación. Estaba lloviendo. Cuando
> Jürgen se ha adelantado, debido a su equipaje, y su figura recubierta
> por el brillante chubasquero ha desaparecido entre la multitud, Klaus
> me ha dicho: «Esto es la Alemania decente, no va a sucumbir». ¡Cómo
> odio estas despedidas! ¡Estas estaciones de tren! Son la expresión de
> estos tiempos horribles. Lugares de acalorado desconsuelo, bastidores
> de la separación, que tantas veces es una separación de por vida.

El comentario de su hermano Klaus revela que el ambiente ali-
caído de la tarde anterior todavía sigue latente. Lo cual debe de ser
bastante inevitable. Pero la preocupación que Ursula von Kardorff
siente no es abstracta ni futura. Sabe muy bien que podría ser la última
vez que ve a Jürgen. El mero hecho de que su hermano consiguiera
superar el primer invierno en el frente del Este ya fue un milagro en
sí mismo (fue el único superviviente de todos los jóvenes oficiales del
regimiento). Y mañana parte Klaus. En última instancia, para ella la
guerra consiste precisamente en esto, no en principios abstractos, victorias y banderas en un mapa, sino en el terror siempre presente a perder a alguno de sus seres queridos. Y así es para la mayoría.

Como es lunes, Von Kardorff regresa a su trabajo en la redacción
del *Deutsche Allgemeine Zeitung*, cuya sede se encuentra en el número 50 de la Ritterstrasse en Kreuzberg. Está destrozada, hace un gran
esfuerzo para no llorar. La secretaria ve lo mal que está y le da una
taza de té para consolarla.

* * *

Mientras tanto, en Los Ángeles. La idea surgida en la sala de reuniones de Warner Brothers en Nueva York a raíz de la noticia del desem-

barco en el norte de África ha aterrizado al otro lado del continente, hasta llegar a Jack Warner, que está sentado con su pequeño bigote en su gran despacho, al frente de su gran escritorio, con su gran teléfono dorado y con un fondo de grandes estatuillas de premios y retratos. Warner está horrorizado con la intención del director de filmar un nuevo final para *Casablanca*. Y no solo por lo que supone en cuanto a retrasos y gastos extras.

A esas alturas, en el estudio de Hollywood ha empezado a correr el rumor de que lo que en su día empezó como una película de serie B, con actores principales más que escépticos[7] y un presupuesto bastante bajo, que había sufrido un caos de cambios de guion y añadidos de última hora, contra todo pronóstico parece haber terminado siendo una película realmente buena. Ya a finales de agosto se había empezado a hablar entre los montadores, quienes tienen su propia mesa larga en el comedor de personal; el responsable de realizar el tráiler, que era un hombre refinado, algunos dirían que cínico, y que había sido uno de los primeros en ver el largometraje, le dio su nota más alta, pocas veces otorgada: «Tenemos una joya».

Jack Warner comparte la misma opinión. Manda un telegrama a Nueva York. (Podemos imaginar cómo se lo dicta a una secretaria que ha hecho venir. Quizá incluso cómo se pasea por el despacho, preso de la indignación). Ruega:

> Es imposible cambiar esta película y hacerla comprensible con la historia que hemos explicado inicialmente. La historia que queremos contar no encajaría con la película actual. La película es fantástica tal como está, sería engañoso colar una escenita de tropas estadounidenses desembarcando, etcétera, lo cual por sí solo es una historia completamente nueva, como ya he señalado... Todo el sector nos envidia porque tenemos un largometraje titulado *Casablanca* preparado para su lanzamiento y considera que deberíamos aprovechar esta gran pri-

---

7. Humphrey Bogart e Ingrid Bergman se conocieron en una comida antes de que se iniciara el rodaje y hablaron, sobre todo, de cómo podrían abandonar el proyecto. El motivo principal era el guion, ya que no les gustaban los diálogos y consideraban que la acción era en parte incomprensible. Bogart tenía otros temores: la escena del baile le aterraba —no sabía bailar— y además había descubierto que Bergman le sacaba una cabeza. (Durante la filmación esto se solucionó a base de colocar a Bogart sobre tacos de madera y sentándose sobre cojines).

micia. Obviamente, cuanto más esperemos a estrenarla, menos significativo será el título.

No se ha conservado la respuesta de Nueva York, pero debió de ser bastante potente, pues Warner acabó cediendo. De ahí que Wallis, el productor, recibiera órdenes para rodar ese nuevo final, con el desembarco.

Se inician las gestiones. Curtiz, el director, está alarmado, han reservado un estudio para el miércoles 11 de noviembre. Los escenógrafos han comenzado a montar dos escenarios que van a representar un barco. Además, llaman a Humphrey Bogart y Claude Rains, junto con medio centenar de extras varones.

* * *

La noche del lunes 9 de noviembre, Ernst Jünger está tumbado en su cama, en el número 15 de la Steller Strasse en Kirchhorst, soñando inquieto. Esta vez con una especie de guerra aérea futurista:

> Durante el ataque, una maquinaria del tamaño de la torre Eiffel sobrevolaba una zona residencial, y a su lado se alzaba una construcción que parecía un mástil de radio, en cuya plataforma había un observador vestido con un abrigo largo. De vez en cuando hacía anotaciones y las metía dentro de bombas de humo.

El sueño es transparente. Hasta la fecha, la guerra de Jünger casi no es una guerra en absoluto. Lo único que ha experimentado de ella durante sus meses en París es el fusilamiento de un «maldito desertor» —un soldado alemán que había huido para poder vivir con una mujer francesa, quien lo delató cuando él empezó a pegarla, un asunto al que Jünger, valga decirlo, se había acercado con una mezcla de malestar y curiosidad—; eso son, precisamente, las incursiones aéreas en la lejanía: nada más que ruidos y luces.

Al mismo tiempo, a través de las cartas de su esposa Grethe Jünger sabe que, paradójicamente, ella y los críos están expuestos a mayor peligro en casa que él en París. La cercana Hannover es atacada con frecuencia por la RAF, y como es costumbre, la carga de esta se esparce sin demasiada precisión. (John Bushby, del 83.º Escuadrón, del

Mando de Bombardeo de la RAF, no ha participado en ninguno de los ataques contra Hannover. Sin embargo, es muy probable que haya sobrevolado la ciudad). En junio cayeron nueve bombas sobre Kirchhorst[8] y estallaron en un campo detrás de la panadería del pueblo. No murió nadie, excepto unas vacas que pastaban, pero la próxima vez la cosa podría ir mucho peor.[9]

A ojos de Jünger, esto es otro ejemplo de que la presente guerra es algo nuevo, algo monstruosamente nuevo, comparado con la anterior. Sin duda alguna, convertir a mujeres y niños en objetivos va en contra de sus ideas de galantería, trascendencia, fuerza elemental, etc., asociadas a la guerra. Después de recibir una de esas cartas de casa, que hablaba de un nuevo ataque contra Hannover, Jünger soñó que había regresado a las trincheras de la Primera Guerra Mundial, pero que los niños estaban allí con él. De nuevo, un sueño transparente y lógico.

En el trayecto en tren desde París hasta Kirchhorst pudo ver la devastada Colonia a través de la ventana del vagón restaurante. Apenas seis meses antes había sido el objetivo de la primera «incursión de mil bombarderos». Por una vez, el frío y sereno Jünger se vio conmovido: «Las viviendas y las hileras de casas irradian una grandeza lúgubre y palaciega en mitad de la destrucción. Te deslizas por delante de ellas como por un mundo desconocido, más frío: allí reside la muerte».

Hace tan solo seis semanas, Düsseldorf ofrecía una imagen cuando menos igual de deprimente tras la tormenta de fuego que cayó por toda la ciudad al ser atacada atacada por aviones británicos. En aquel momento Jünger creyó presentir el futuro. O distintos tipos de futuro. O bien les esperaban paisajes urbanos «americanizados», creaciones

8. Aparentemente, lanzadas a ciegas o por emergencia. Nueve bombas (de 226 kg) eran también algo así como la carga estándar en un Wellington, el bombardero más habitual de la RAF en aquella época.

9. Hannover no era solo un objetivo habitual para la RAF por su industria y su función como nudo ferroviario, sino que también era un objetivo agradecido, dado que la ruta era relativamente corta y la ciudad era muy fácil de localizar desde el aire gracias a dos grandes lagos —Steinhuder Meer y Maschsee—, así como el enorme jardín barroco Herrenhäuser Gärten. La RAF no solo bombardeaba lo que debía, también bombardeaba lo que podía. En 1945, el 90 por ciento de Hannover estaba destruido.

tecnocráticas sin historia ni alma, o bien, piensa Jünger, «solo habrá rebaños de ovejas pastando entre las ruinas, como en las antiguas imágenes del Forum Romanum».

* * *

¿Un nuevo final para *Casablanca*? ¿Por qué no? Son pocas las películas que se han modificado tanto y a las que se les ha dado tantas vueltas, literalmente hasta el último momento. La mayor parte han sido cambios de guion. A comienzos de año, unos mellizos con talento, Julius y Philip Epstein, habían asumido el encargo de convertir lo que era una obra de teatro bastante mediocre en una película romántica comercial que tuviera la guerra de trasfondo. Nada del otro mundo. «*Slick shit*», dijo uno de ellos para referirse al asunto: una chorrada con lustre.

Las complicaciones no tardaron en surgir. Una de ellas fue que el productor Hal Wallis quería darle el papel de la protagonista principal a Ingrid Bergman, una actriz que en aquel momento no era muy conocida y cuya carrera parecía haberse estancado. Eso significaba que el personaje de Lois, estadounidense, debía transformarse en Ilsa, una escandinava de algún país nórdico (el inglés de Bergman aún era flojo).[10]

Los hermanos Epstein eran maestros en los diálogos divertidos y desvergonzados y en las réplicas ingeniosas, su guion estaba repleto de ellos, pero Wallis opinaba que a la historia le faltaba gravedad, por lo que implicó a un tercer autor, Howard Koch, que le añadió otra dosis de seriedad y trasfondo, sobre todo en lo referido al papel del protagonista masculino. Koch reescribió el guion de los hermanos y ellos reescribieron el de él. (Nunca llegaron a verse, sino que cada uno estaba sentado en su sitio martilleando su máquina de escribir). Luego contrataron a otros dos guionistas, y con ello el desconcierto fue total y absoluto.

10. Es más, el año anterior a su debut en Estados Unidos Bergman había rodado una película en la Alemania nazi, *Die vier Gesellen*, un filme que no estaba nada mal y que tenía una inesperada temática cripto-feminista. También tenía un contrato con UFA para rodar dos películas más, pues pretendían hacer de ella una gran estrella, pero Bergman se echó atrás y se fue a Hollywood. Una buena maniobra profesional, se podría decir.

La filmación había empezado sin tener un guion acabado, y a veces las escenas se reescribían tan solo unas horas antes del rodaje. Los textos más frescos se mandaban directamente al estudio en hojas de distintos colores —azul celeste, rosa claro, verde pálido— para poder tener controladas las distintas versiones.

Sobre todo, el final supuso un dolor de cabeza. El motor del relato es un triángulo amoroso: Rick ama a Ilsa desde antes, pero Ilsa está casada con su adversario, Victor, y la pareja necesita ayuda para huir de los nazis. Durante mucho tiempo el final estuvo abierto. ¿Conseguirían Ilsa y Rick estar juntos? ¿Elegiría Ilsa a Victor? ¿O escaparía Victor a solas? (Incluso se habló de hacer que dispararan a Ilsa y terminara muriendo, como posible forma de evitar el dilema). Sin embargo, productor y guionistas no tardaron en decantarse por lo que se llamaba *the sacrifice ending*, o final de sacrificio, en el que Rick deja marchar a la mujer a la que ama y la ayuda a escapar junto con su marido. Este final era el que mejor encajaba con el hilo narrativo central de la película: la metamorfosis de Rick, que pasa de ser un observador cínico y egocéntrico a un luchador desinteresado que se mueve por la justicia, lo cual, sin duda, era un reflejo de la propia transformación de Estados Unidos.

La escena final del aeropuerto se rodó en un estudio, igual que el resto de la película, con un escenario de aeropuerto sumido en un claroscuro nebuloso que el público más tarde consideraría sumamente romántico, pero cuyo principal objetivo era disimular que el avión que aparece era una maqueta a media escala muy poco convincente, hecha de madera y cartón piedra.[11] Que Renault, el corrupto jefe de policía, terminaría ayudando a Rick ya estaba decidido cuando se inició el rodaje final; él también se iría con Rick, como aliado en la futura lucha contra los nazis. Fue uno de esos cambios de última hora. Y no bastó con ello. A Bogart lo llamaron dos veces más, primero porque querían hacer una versión nueva de la escena en la que disparan al villano, el nazi Strasser,[12] y luego, ya entrado agosto, cuando

---

11. En un intento de hacer más creíble el avión a escala, alguien tuvo la idea de «contratar un montón de enanos que harán de mecánicos», y así se hizo.

12. En la versión original parece que Strasser desenfunde su arma después de Rick, a modo de defensa personal, pero la pureza moral exigía que el alemán fuera el primero en empuñar el arma.

se terminó todo, para doblar una nueva frase final: «Louis, creo que este es el comienzo de una hermosa amistad».

Tal y como debían de verlo los directores en Nueva York, una película que había sufrido tantísimos cambios y en la que se había trabajado con tantos finales distintos, bien podía soportar un nuevo final, un final que colocara el relato en mitad del tiempo actual y que infundiera la sensación de que la guerra por fin había llegado a un punto de inflexión.

* * *

Hoy lunes 9 de noviembre se repite una escena atemporal; una mujer joven está esperando sentada, anhelando. Hélène Berr se encuentra una vez más en la biblioteca de la Sorbona, con la esperanza de que Jean se pase por allí. Aún no se ha marchado. Las horas van pasando, y cuando la biblioteca está a punto de cerrar y ella ya ha tirado la toalla, es entonces cuando él aparece, «como en un sueño». ¿Es la espera de Berr la que lo ha materializado, o es al revés? «Había deseado tanto que pasara que había dejado de esperar», cuenta en su diario.

Bajan a la calle, empiezan a pasear. Dejan atrás las callejuelas tortuosas del Quartier Latin, recorren el bulevar bordeado de árboles de Saint-Michel hasta el río. Fuera está oscuro. Inusualmente oscuro. El débil sol de noviembre se está poniendo.

París ya no es la ciudad de las luces, ni metafórica ni visualmente hablando. La falta de gas y la falta de electricidad han llevado a que tanto los hogares como las calles tengan una iluminación escasa, los juegos de luces y los rótulos de neón de las tiendas están apagados, igual que los focos que iluminan la fachada de los edificios monumentales. Cruzan el Sena, llegan al gran espacio abierto de la Place du Carrousel. En el crepúsculo, le parece ver que el Louvre destaca «como un gran barco oscuro contra un cielo gris».

Cruzan la rue de Rivoli, doblan por la ancha Avenue de l'Opéra. París lleva ocupada apenas un año. En cierto modo, la ciudad por la que se pasean los dos enamorados es la de siempre. En París no hay ruinas ni casas dañadas.[13] La vida en la calle es la habitual: cines, tea-

---

13. Sin embargo, las afueras de París habían sido bombardeadas de forma esporádica, la última vez en mayo, cuando el fabricante de motores de aviación

tros, restaurantes, cafeterías y terrazas están igual de llenos que en época de paz. Hay quien incluso considera que, paradójicamente, la urbe es más ella misma ahora que antes de la guerra, pues la ausencia de tráfico pesado y luces brillantes han hecho posible ver la urbe tal como estaba proyectada, tanto en perspectivas como en proporciones, en la gran y radical transfiguración de París que se inició hace apenas cien años. Ahora que por las calles circulan, principalmente, bicicletas y carros, París es también una ciudad más silenciosa, algo muy apreciado entre la ciudadanía.[14] Sonidos que habían desaparecido han vuelto a sonar, así que cuando cruzan el Sena pueden oír el murmullo del agua del río.

Pero también están todas esas cosas que muestran que la ciudad, pese a su paradójica normalidad aparente, se halla en un estado de excepción. Por ejemplo, las constantes colas delante de algunas tiendas, o los soldados alemanes siempre presentes con sus uniformes grises, si bien casi nunca armados más que con una cámara y mapas de calles, como meros turistas, soldados de permiso, a menudo en grupos grandes junto a atracciones turísticas, burdeles o clubes de *striptease*. Y también están los zócalos vacíos que han dejado las fuerzas de ocupación al retirar ciertas estatuas, que funden para la fabricación de granadas; las grandes manchas negras en la corteza de los plátanos dejadas por las cruces de Lorena gravadas y que las autoridades han hecho pintar con brea para taparlas; y en todas partes, pósteres y retratos de un Petain con mirada lúgubre, o carteles en letras góticas difíciles de comprender; y pasan por delante de cordones muy vigilados alrededor de varios edificios altos o manzanas en las que enormes banderas con la cruz gamada cuelgan lacias en la brisa de noviembre. Nuevas fronteras, imposibles de cruzar, se han levantado por doquier, fronteras rodeadas de desconocimiento y silencio incómodo.

Gnome & Rhônes, en Gennevilliers, fue atacado por bombarderos británicos, lo cual demostró una vez más los problemas que el Mando de Bombardeo tenía para acertar en objetivos concretos de noche. La fábrica no sufrió daños, pero sí 87 viviendas de los alrededores, con 34 franceses muertos y 167 heridos. Naturalmente, hechos como este incrementaron la ya fuerte animadversión que reinaba en Francia hacia Reino Unido.

14. Por este motivo también era una ciudad más segura, en especial para los peatones. Los accidentes de tráfico disminuyeron notablemente.

«La ciudad era como un submarino, con grandes zonas aisladas por puertas herméticas».[15]

Sin duda, Hélène Berr y su Jean ven todo esto mientras bajan por Avenue de l'Opéra. Pero la pregunta es si se fijan en ello. Puede que les resulte demasiado cotidiano para darse cuenta. Puede que estén demasiado ocupados el uno con el otro. A Berr el paseo le parece «sacado de un sueño». Se despiden en Gare Saint-Lazare.

* * *

Kurt West se despierta la noche del 9 al 10 de noviembre por un ruido que no ha oído nunca: el murmullo continuado del fuego de artillería pesada en la lejanía. Cuando, adormecidos, salen del búnker de alojamiento observan que el ruido viene del oeste, de la zona protegida por el 2.º Batallón. Más tarde se enterarán de que los rusos han hecho una gran incursión. Hay que enviar una fuerza de emergencia para hacerlos retroceder. El pelotón de West tiene que aportar un suboficial y cinco soldados. ¿Cuáles? El jefe del pelotón, del que en realidad solo queda la mitad, prepara un sorteo. El hombre titubea un poco cuando ve a quién le ha tocado el quinto y último puesto. Kurt West. Debe de ser lo que West estaba deseando, pero al mismo tiempo nota en la barriga lo asustado que está. La fantasía y la realidad están a punto de separarse. Partida a las 7.00.

* * *

La tarde del lunes, Jünger va a visitar a sus vecinos, acompañado de su esposa y sus hijos. Cuando apenas han tomado asiento y empezado a conversar, suenan las sirenas sobre Hannover. Otro bombardeo aéreo. Se reúnen en la planta baja, todos llevan puesta la ropa de calle, la pareja de anfitriones tiene algunas maletas preparadas, «como si estuviéramos a bordo de un barco en peligro». Él se da cuenta de que el comportamiento de la gente ha cambiado; ahora la cosa va en serio. «Muestra lo mucho que se ha acercado la catástrofe».

Por la ventana, Jünger puede ver una cadena de balas trazadoras de color rojo ascendiendo de la lejana ciudad y siendo engullidas por

15. Ronald Rosbottom.

la capa de nubes; ve destellos cortos y repentinos de explosiones; ve el resplandor incandescente de edificios en llamas; nota claramente que la casa se balancea, pese a que las explosiones tienen lugar bastante lejos de allí. Lo que realmente le molesta es que sus hijos tengan que vivirlo. Su presencia hace que la experiencia sea mucho más asfixiante, deprimente. Jünger había empezado el día soñando con una incursión aérea y lo termina viviéndola de verdad. Por una vez, el sueño se hace realidad. Lamentablemente.

* * *

Está amaneciendo el 10 de noviembre, y Kurt West y los demás elegidos preparan su equipaje a toda prisa. Debe ser lo más simple posible. La bolsa de pan hay que cogerla, sin duda, junto con algunas conservas de carne y tostadas de centeno. Reparten munición, montones de munición, y armas. Para su sorpresa, son él y Hans Finne, el estudiante de Derecho, a quienes les dan las metralletas del grupo. (Los demás tienen rifles normales y corrientes). No entiende muy bien por qué, pero se siente satisfecho:

> Pensé que alguno de los mayores habría sido más adecuado, pero me sentí orgulloso por la confianza que los demás me mostraron. Estábamos bastante nerviosos, porque aún sabíamos muy poco de la tarea que nos esperaba. A juzgar por el equipo que habíamos cogido, se podía deducir que iba a ser duro.

Uno de los hombres jóvenes se acerca a West y se ofrece «con cautela» a cambiarle el sitio. West se lo piensa un momento, pero luego dice que no.

Parten en el gris amanecer, se despiden con un «adiós» o un «volveremos pronto» de los compañeros que los miran. Como siempre, intercambian bromas y chascarrillos, si bien ahora con menos convencimiento. Hay un tono de gravedad claramente perceptible. «Era más que probable que no fuéramos a volver todos».

La fuerza de emergencia se reúne junto al alto mando del batallón. Son setenta y ocho hombres fuertemente armados de distintas compañías. La mayoría de las caras son desconocidas para West. Su jefe es un teniente llamado Hardy Herrgård, que da un discurso y les explica que durante la noche los rusos han atacado y conquistado dos bases militares importantes, Teeri y Kako. Hay que recuperarlas. Herrgård termina su intervención «con algunas palabras grandilocuentes» (así lo formula el propio West).

Luego emprenden la marcha. Pasan mucho tiempo andando. A medida que el camino va empeorando y se va estrechando, la columna se va estirando. La mañana se va tornando azul en el joven bosque de abedules. Hace un día ventoso y frío, pero el sol no tarda en calentarlos desde un cielo despejado. El sonido lejano de granadas que estallan se va tornando poco a poco cada vez más intenso y afilado. De vez en cuando se oyen motores de avión. El grupo se apiña.

* * *

También este martes Hélène Berr y Jean quedan para verse. Hoy en casa de ella, en el número 7 de la Avenue Elisée-Reclus. Sus padres están de viaje y el piso está vacío, a excepción de su hermana mayor, pero cabe pensar que prefiere no importunarlos. Jean ha traído algunos discos: el concierto para violín en re mayor de Beethoven, así como la *Sinfonia Concertante* de Mozart. Encienden el gramófono, y mientras el piso se inunda de las notas cálidas y consoladoras de los violines —«y porque son esas notas / más reales que todo lo demás»—[16] toman té sentados en la cama de su cuarto. (Eso es todo lo que Hélène cuenta en su diario). Fuera hace sol, pero también frío. El viaje de Jean se ha pospuesto otro poco.

* * *

Una escena repetida millones de veces: la bomba cae y un hogar estalla en mil pedazos. Otra escena menos conocida, pero repetida casi la misma cantidad de veces: las personas regresan y se pasean entre el polvo y hablan de las reparaciones. Vera Brittain ha vuelto a la vieja casa familiar en Chelsea precisamente para esto. La acompaña un hombre de la empresa constructora Gregg's.

---

16. Tomas Tranströmer.

Hace unos cinco años la familia se estableció en el número 2 de Chayne Walk, que es un edificio estrecho de estilo georgiano y de ladrillo rojo con vistas sobre el Támesis. Igual que todo el mundo, preparó la casa para la guerra siguiendo las ordenanzas, quitó todos los cuadros de las paredes, precintó las ventanas, llenó la bañera de agua, etc. Igual que tanta otra gente —y no solo los pacifistas—, fue construyendo una imagen mental de un eventual apocalipsis que llega por el aire, en forma de lluvia de bombas y nubes de gas tóxico, pero aun así, la fuerza del *Blitz* en Londres la cogió por sorpresa.

Tardó un tiempo en convertirse en rutina: las sirenas, el zumbido de los aviones, los truenos de los obuses, los haces de luz, el murmullo apagado de bombas lejanas (que se notan antes de oírse, porque la onda expansiva se transmite a más velocidad por el suelo que el sonido por el aire), las carreras al sótano de carbón que hace las veces de refugio antiaéreo improvisado. Y cada amanecer revelaba nuevos daños causados por las bombas, nuevas ruinas esparcidas en el pavimento, y todo esto siempre acompañado del constante olor a humo.

¿Jugarían las estadísticas a su favor? Un día de finales de agosto ella estaba en el cuarto de baño cuando oyó el silbido de una bomba pasando cerca y detonando un poco más allá. Y una semana más tarde, mientras visitaba a su madre, otra explotó tan cerca que la onda expansiva las arrojó a ella y a su madre al sótano, donde se aserenaron entre sonidos de cristales que caían, Brittain con quemaduras leves en la cara. En aquel momento estuvo a punto de sufrir un colapso nervioso, entre otras cosas por la falta de sueño (en los peores momentos, se quedaba tumbada en el refugio bocabajo y con una almohada encima de la cabeza).

Brittain no estaba en casa cuando cayó la bomba. (Cayó en el jardín). Entonces decidió que había que cerrar la casa. El marido de la asistenta se encargó de los quehaceres más pesados. Por su parte, ella fue para llevarse sus pertenencias más importantes: dos de sus cuadros más bonitos, su diario de 1914-1918, algunos manuscritos y ropa caliente, todo cubierto de una fina capa de polvo por culpa de la bomba. Luego se subió en el autobús cargada con todo eso, «abrumada por la penuria del mundo actual».

Pero hoy es 10 de noviembre y Brittain regresa al número 2 de Chayne Walk. El sol brilla.

En este momento es bastante seguro volver. Londres no ha sufrido ningún bombardeo serio desde mayo del año pasado.[17] Brittain y el hombre de la empresa constructora se pasean por las estancias vacías. Polvo por todas partes, chirridos de cristales, revoco desprendido del techo. También se ha colado la lluvia por las ventanas reventadas. Aparte de esto, y de un boquete en el tejado abierto por una bomba incendiaria, la casa se halla en un estado sorprendentemente bueno. El constructor lo va mirando todo y tomando nota.

Brittain escribe en su diario: «A pesar de la suciedad y el revoco caído, la casa me ha parecido tan luminosa y soleada que me muero de ganas de volver a ella, a pesar de que esté rodeada por todos lados de zonas en ruinas». Apenas dos semanas más tarde llega la oferta de la constructora: el arreglo de los daños efectuados por la bomba costará treinta y dos libras, a lo que hay que añadir las reparaciones, la pintura, el revoco, etcétera, que ascenderá a setenta y ocho libras. Podría ser mucho peor.

* * *

En la grada número dos de la Southeastern Shipbuilding Corporation, en Savannah, prosiguen las labores de lo que va a ser el primer buque Liberty del astillero. Ahora se calcula que estará listo en menos de dos semanas. A estas alturas, el buque ya es considerado un *hot ship*. Eso implica que se manda personal extra de las gradas vecinas para acelerarlo todo aún más.

En este contexto hay una singular mezcolanza de personas trepando, cruzando por encima y paseándose por dentro del casco de 134 metros de largo y 17 metros de ancho. Porque ahora se necesita a todo el mundo. Incluidos aquellos que antes de la guerra se consideraban casos perdidos, imposibles de contratar, o tan solo inapropiados. «Mujeres, afroamericanos, inmigrantes blancos del sur, exconvictos, adolescentes, personas mayores y gente con discapacidad física, todos encontraban trabajo en el astillero».[18]

17. En 1940 mataron en Londres a 13.596 civiles; en 1941, a 6.487; en 1942, a 27.
18. Tony Cope.

Puede que el elevado número de mujeres sea el elemento más llamativo. Han topado con oposición. Al parecer, sobre todo por parte de los hombres que trabajan en el astillero, pero poco a poco se ha ido diluyendo. Entre otras cosas, las mujeres han demostrado en numerosas ocasiones ser mejores soldadoras que los hombres, algo que se justifica alegando que tienen más paciencia. El convenio especial de la guerra les garantiza el mismo sueldo que a los soldadores varones.

Pero las mujeres tienen que seguir lidiando con los inconvenientes de siempre: los silbidos, los comentarios, las propuestas, el manoseo. Para las mujeres casadas significa el doble de trabajo, por lo cual muchas no logran seguir el ritmo y tienen que abandonar el empleo.[19] Al mismo tiempo, en este ambiente heterogéneo ha ido surgiendo una especie de zona gris, en la que los antiguos límites morales presentan indicios de estar fisurándose. En muchos rincones escondidos y pasadizos estrechos del astillero se practica sexo, sobre todo durante el turno de noche. Es bastante habitual encontrar condones usados dentro de los cuantiosos recovecos oscuros del casco de la embarcación.

Hay buen ambiente. Uno de los trabajadores jóvenes del astillero comenta: «Por muy mala que sea la guerra en todos los sentidos, también puede sacar lo mejor del ser humano: sacrificio, dedicación. Todo eso lo vi en el astillero». Otro: «Todo el mundo trabajaba, el sueldo era bueno, el trabajo estaba bien, la gente recibía buen trato y trabajaba bien». En el astillero hay un comedor en el que pueden comer hasta mil empleados al mismo tiempo. Muchos de los contratados son negros. Pueden trabajar allí y comprar comida en el comedor, pero no se les permite sentarse allí a comer.

* * *

Al mismo tiempo, en Bruselas. Otro día más en la oficina para Anne Somerhausen. Podemos dar por hecho que el ritmo de trabajo es premeditadamente lento, como siempre. Cuando trabajas por encargo

---

19. Además, el hecho de que las madres casadas dejasen a sus hijos para trabajar era cuestionado a menudo, también por parte del Estado. La trabajadora ideal era soltera.

para los alemanes, como ella, holgazanear, fingir que estás ocupada y trampear es una especie de rutina. Se toma su debido tiempo para leer un periódico alemán, el *Frankfurter Zeitung*.[20]

Somerhausen lee mucho. Todo el mundo lee mucho, si bien por distintas razones. En gran medida, es una manera de pasar el tiempo y la espera que tanto caracteriza la vida en la Bélgica ocupada. Aunque cualquier publicación requiera el permiso de un censor alemán, y aunque el racionamiento haga que se impriman en un papel gris y frágil, van saliendo muchos libros nuevos.

Los más solicitados son novelas policiacas, cómo no; son fáciles de leer y fáciles de olvidar. Por ejemplo, este año el famoso comisario de policía Maigret, de Georges Simenon, ha regresado con tres historias largas (*Maigret revient*), y en ninguna de ellas —ni en cualquier otra novela que el hábil autor publica en esta época— se puede encontrar referencia alguna a la guerra. Obviamente, él no es el único que omite el asunto. Encontramos otro ejemplo en otro género popular: si Somerhausen hojea el gran diario de Bruselas *Le Soir* de ese día puede seguir a Tintín, el joven reportero con flequillo rebelde y pantalones de golf, quien está a punto de resolver *El secreto del unicornio*, y ahí tampoco hay ni rastro de la ocupación ni nada desagradable.[21]

Estos dos belgas, Simenon y Hergé, son unos oportunistas talentosos, e igual que tantos otros, están dispuestos a trabajar dentro del marco establecido por el sistema de la ocupación, vigilando bien de evitar aquello que los censores puedan desaprobar y lo que no vaya a gustar al público general. La vida cultural, en todo su brío, ofrece múltiples posibilidades para huir de la realidad.

20. No es casualidad que fuera, precisamente, el diario alemán lo que estaba leyendo. El *FZ* hacía tiempo que era un medio para el público alemán culto, de inclinación liberal y demócrata, conocido por sus brillantes escritores, como por ejemplo Stefan Zweig, Heinrich y Thomas Mann, Walter Benjamin, Siegfried Kracauer y Alfred Döblin. En ese momento, también era el único periódico aparentemente independiente en el Tercer Reich, consciente y astutamente tolerado por Goebbels, ya que lo veía como un canal para influir en la visión de Alemania en el extranjero. Sin embargo, fue clausurado en 1943 por orden directa de Hitler. (La causa fue un artículo que daba una imagen «criminalmente» positiva de Eleanor Roosevelt).

21. En la anterior aventura, *La estrella mística*, se pueden ver ecos, sobre todo en el villano del álbum, del gran banquero Blumenstein —un claro retrato antisemita—. Después de la guerra, Hergé hizo que le modificaran tanto la nariz como el apellido.

Los teatros atraen a mucha gente; el repertorio se centra, sobre todo, en los clásicos —Molière, Musset, Racine, Corneille, Shakespeare: inofensivos o inaccesibles para las autoridades—. La ópera ofrece funciones excelentes, las operetas son muy populares, y más populares aún son todos los tipos de espectáculos de variedades: artistas como Charles Trenet, Maurice Chevalier, Edith Piaf, Tino Rossi y Django Reinhardt llenan las salas. (Se puede escuchar jazz, pese a la prohibición alemana; a veces solo le cambian un poco el título a las canciones). Sin embargo, lo más popular de todo, como ocurre en todos los países, es el largometraje, y también aquí los analistas y el público se alían de forma impía para que los cines continúen siendo un templo del olvido. El cine francés de entretenimiento es lo que mejor funciona, sin duda,[22] y el poco cine alemán que ven los belgas —detestan los productos propagandísticos— suelen ser películas de baile y comedias livianas que la industria cinematográfica alemana ha seguido sacando a un ritmo asombroso.[23]

Sí, la cultura puede ser escapismo, y para muchos es justo eso. Pero cuando este martes Anne Somerhausen está leyendo en su despacho, no lo hace en un intento de huir de la realidad, sino de alcanzarla.

Lee con atención una reseña larga y ambiciosa sobre nuevos libros de ensayo que se han publicado en Norteamérica. La tendencia del texto es clara, por no decir explícita —estos libros dan una imagen falsa y deformada de Alemania, y son «Los best sellers que empujaron a Estados Unidos a la guerra», por citar el título del texto—, pero Somerhausen intenta leer entre líneas, meterse bajo la superficie del texto. Engulle el artículo porque le permite atisbar un mundo que ahora está fuera de su alcance. Somerhausen escribe en su diario: «Nunca había echado tanto de menos la literatura extranjera, la que proviene de nueve de las diez partes del mundo de las que estamos aislados. La radio no es suficiente para apagar nuestra sed de contacto con el mundo mayor».

---

22. Estimulada por la voluntad alemana y también el capital, la industria cinematográfica francesa continuó prosperando a un nivel asombroso incluso durante la guerra. Solo aquel año se estrenaron veintiuna películas francesas, y podemos suponer que casi todas encontraron su camino hasta Bélgica.

23. Por supuesto, no las películas de Estados Unidos nuevas, sino que ciertos cines proyectaban copias gastadas de filmes inofensivos de antes de la guerra, por ejemplo *A Chump at Oxford* con el Gordo y el Flaco.

* * *

Barrow-in-Furness, la ciudad natal de Nella Last, es una ciudad industrial, una ciudad de acero y, sobre todo, una ciudad astillera. Dice mucho el hecho de que lo que domina la silueta de la ciudad ya no son el campanario de la gran iglesia de St. Mary ni la torre neogótica del ayuntamiento hecha de arenisca, sino las grúas del astillero Vickers, que se alzan por encima de todo lo demás. Allí ya se construían buques de guerra veinte años antes de la guerra anterior, y ahora se están construyendo más que nunca y a gran escala, desde submarinos y destructores hasta enormes portaaviones.[24] La vida de la ciudad está estrechamente vinculada al astillero. (Como en Savannah).

Barrow-in-Furness es también una ciudad de trabajadores. Muchos de los empleados de Vickers viven en alguna de las muchas y estrechas y alargadas manzanas de casitas pareadas de ladrillo que se han erigido a un tiro de piedra de las gradas del astillero. Así que en abril y mayo del año pasado, cuando los aviones de guerra alemanes hicieron frecuentes intentos de acabar con el astillero durante un par de noches, casi todas las bombas fallaron el objetivo —como de costumbre— para terminar estallando en gran medida en estas áreas residenciales.[25]

En cálculos aproximados, hasta once mil casas de la ciudad sufrieron daños —más o menos, una de cada cuatro— y seiscientas quedaron totalmente destruidas. Ya se han reformado y arreglado muchas de ellas, pero cuando Nella Last atraviesa ahora la ciudad, la imagen que esta le ofrece no deja de ser deprimente. Abundan los huecos grises y vacíos de las ruinas. Muchos comercios están cerrados, «casi

---

24. La única visita del primer ministro Churchill a la ciudad fue cuando el último portaaviones de la lista, el HMS Indomitable, se iba a botar en mayo de 1940. «Sus formas tan directas impactaron a todos», escribe Nella Last en su diario. Y también ella, que hacía tiempo se había sentido más cercana a Chamberlain, quedó impresionada, a su pesar. «Tiene un rostro gracioso, como un bulldog que tenemos en nuestra calle».

25. En los astilleros no se perdió ni un solo día de trabajo. No obstante, la misma ausencia total de precisión —que también caracterizaba los bombardeos de la RAF en Alemania— conllevó que las ciudades de las proximidades sufrieran bombardeos, ya que las confundieron con Barrow-in-Furness.

todo tiendas de dulces y tabaco y verdulerías», pero también hay tiendas grandes que están vacías y tapiadas. Y en las que siguen abiertas, los grandes escaparates se han sustituido por planchas de contrachapado, con quizá un solo cristal pequeño para dejar pasar la luz.

Esta mañana Nella Last tiene prisa. Quiere llegar a tiempo de coger el autobús a casa antes de que cambien el turno en el astillero y se desate la riada de miles de personas con caras sucias, monos y fiambreras. Entonces cuesta incluso conseguir un sitio de pie. Last vive un poco más lejos, en Ilkley Road, y cuando el autobús llega a la arteria principal de Abbey Road puede ver varias casas que han colapsado, meras montañas de piedra, donde la hierba de otoño ya ha echado raíces. Una de estas ruinas es todo lo que queda del gran hotel de la ciudad, The Waverly. Los árboles amarillentos que bordean la calle tienen viejas heridas de metralla. Es 10 de noviembre.

* * *

Es una existencia de incertidumbre, rumores y silencio. El mismo día, Elena Skriabina escribe en su diario:

> Vivimos en completa ignorancia de lo que ocurre a nuestro alrededor: si los alemanes han penetrado mucho en el Cáucaso, lo que está pasando en otros frentes, quién tiene la suerte de su parte ahora mismo… todo está sumido en la oscuridad. Nos alimentamos de los rumores de las chiquillas, las secretarias y los visitantes rusos que vienen a la cafetería y que están abiertos a hablar de esas cosas. No tenemos ninguna forma de saber qué es cierto y qué no.

De vez en cuando hay un ataque aéreo, a manos de aviones soviéticos, pero el efecto es más psicológico que material. Y ahora hace mucho tiempo que nadie oye fuego de artillería. Skriabina forma parte de la población de la ciudad que ha elegido aceptar la ocupación alemana.[26]

26. La realidad es que la ocupación alemana del Cáucaso no se llevó a cabo con la misma mano dura que en otros lugares de la Unión Soviética, en parte por motivos pragmáticos —se precisaba de la colaboración de la población local— y en parte por motivos ideológicos: en cuestión de raza, muchos de aquellos pueblos se consideraron de valor superior que, pongamos, los rusos, bielorrusos y ucranianos.

No es difícil entender por qué. Skriabina y sus más allegados viven bastante bien gracias a los ingresos de su austera cafetería, con sus cuatro mesas y veinte sillas. (Los precios que cobran, por ejemplo, por empanadillas recién hechas y similares, son elevadísimos). Además, se han mudado a un piso que antes pertenecía a un miembro del Partido Comunista y que huyó ante la entrada de los alemanes, a comienzos de agosto. Dima, que es un lector voraz de catorce años, ha podido comprar muchos libros en el mercado local, donde la gente vende sus pertenencias a precios muy bajos para poder comprar comida.

Piatigorsk ha vuelto a una cotidianidad provisional. Han ido abriendo pequeños colmados y quioscos de comida en distintos lugares. Mucha gente consigue comida para la jornada sirviendo a los alemanes en labores inofensivas, como intérpretes, oficinistas, personal de cocina, transportistas u obreros, lo cual es comprensible en una situación de estado de excepción y un sistema de aprovisionamiento colapsado.[27] Pero ¿dónde está la frontera entre trabajar para sobrevivir y ser un colaboracionista?

La incertidumbre es, en gran parte, un hecho: ¿qué es falso y qué es verdadero? ¿Qué son hechos y qué es propaganda? Pero no se trata solo de la tensión normal e irregular entre el no saber y la fuerza de las emociones. Para la gente como Skriabina, la ignorancia es también una actitud, puesto que se trata de no querer saber. De ahí las palabras en su entrada de hoy en el diario de vivir en «*absoluta* ignorancia».[28] En el mejor de los casos, se trata de una actitud de negación. Porque no existe la ignorancia absoluta; ni siquiera aquí, en una pequeña ciudad al pie del Cáucaso. Los judíos han desaparecido, pero ¿se quedará ahí la cosa? Skriabina también escribe:

> La cuestión más preocupante para todos los habitantes de Piatigorsk, incluidos nosotros, es la de los matrimonios mixtos. Al final se lo preguntamos a los alemanes. O bien no saben nada, realmente, o bien no quieren decir nada.[29]

27. En ciertas zonas o ciudades ocupadas (como Stálino), uno de cada diez habitantes varones trabajaba para los alemanes.
28. Cursivas mías.
29. Lo sabían. Durante esos meses, Piatigorsk fue la base para el *Einsatzkommando* 12, y en la ciudad Walther Bierkamp también fue jefe del grupo superior Einsatzgruppe D, su cuartel general. La mayor parte de los judíos de la ciudad fueron

Liyaliya, la cuñada de Skriabina, que vive con ellos en la ciudad, ha estado casada con un judío, por lo que su hija Vera es medio judía.[30]

* * *

Nella Last se baja del autobús y camina el último tramo hasta la elegante casa marcada con el número 9. Está aliviada: «Agradecí poder cerrarle la puerta a todas las preocupaciones del día». Su perrito Sol la recibe, «saltando entre mis pies, como si se alegrara de que por fin hubiese vuelto», pero tose un par de veces y de pronto se queda tumbado en el suelo. Nella Last escribe en su diario:

> Cuando me puse de rodillas para acariciarlo con cuidado, de repente me golpeó la dolorosa certeza de que mi pequeño amigo y yo pronto íbamos a tener que separarnos. Ya ha cumplido trece años y da muestras de estar envejeciendo rápidamente. Para mí es más que un animal: es bueno, comprensivo e inteligente, y entiende no solo todo lo que se le dice, sino que a menudo me lee la mente a niveles que asustan.

También tiene un gato, Mr. Murphy, y no cabe duda de que les gustan los animales. Durante los terribles bombardeos del año pasado les puso aspirina en la comida tanto al gato como al perro, para de alguna manera aplacar su pánico.[31] (Por su parte, Last toma a menudo aspirina como una suerte de somnífero). Y cuando su casa quedó tan dañada, Last aún tuvo tiempo de recoger con sus manos a un gorrión que había muerto por efecto de la onda expansiva, uno de varios, y se quedó contemplándolo afectada: «Parecía que hubiesen agachado las cabecitas como para rezar».

Probablemente, todo ello sea una muestra de la capacidad de compasión que caracteriza a Nella Last. Los animales no ocupan el lugar

---

asesinados en una acción el 10 de septiembre. Durante todo el otoño se llevaron a cabo acciones menores de asesinatos en la zona, apoyados por voluntarios locales, a veces en forma de tiroteos masivos, a veces en forma de asfixia con gas en autobuses construidos especialmente para este cometido.

30. Por norma, en la Unión Soviética se asesinaba a los niños de matrimonios mixtos.

31. En esa misma época sopesó muy en serio sacrificar al perro, debido al miedo que este tenía.

de las personas, su sufrimiento no hace a un lado el tormento de las personas, sino que se convierten en una imagen de la inevitabilidad del dolor. Y esa imagen le corroe el alma.

Llora a menudo, pero prefiere hacerlo a solas. De cara a la galería procura mostrarse contenta, avispada, controlada; no solo por los demás, sino también por ella misma, como una manera de permanecer entera. Sus reacciones externas frente a las malas noticias también son escasas y contenidas, con un tinte levemente fatalista. Sin embargo, por dentro no tiene claro si se ha vuelto más dura o si es todo mera fachada. Siempre le ha encantado el mar, el estruendo de las olas rompiendo contra tierra firme. Pero ahora ya no. «Me hacen pensar demasiado en naufragios y horrores». La playa tampoco es lo que era. Nunca sabes lo que te puedes encontrar. De vez en cuando, desde el mar de Irlanda llegan cadáveres que no se pueden identificar.

Acaricia y le habla al pequeño Sol. El perro agita la cola mientras ella se quita el abrigo y lo cuelga. Después, Nella Last recupera su yo tan eficiente: la da de comer a las gallinas, tapa las ventanas con los paneles de oscurecimiento —no se puede ver ninguna luz a partir de las 18.00—, aviva las brasas en el hogar y pone la mesa para la cena. Pero ahí se le acaba la energía. Este martes toca salmón en conserva para cenar. Sabe que al perro le encanta el salmón, así que le da la mitad.

* * *

Hoy es el Armistice Day, y Dorothy Robinson está en su casa junto con su parienta Sally, en Long Island. Es un día especial que, mediante misas, discursos, reuniones, coronas de flores, dos minutos de silencio y parón general del tráfico rodado a las once en punto, celebra el recuerdo de los muertos en la Primera Guerra Mundial —aquello que iba a terminar con todas las guerras—, y sin embargo, la mayor parte de las palabras y los pensamientos giran en torno a lo que está ocurriendo en la guerra actual. Robinson y su parienta escuchan la radio, a través de la cual pueden participar de varios acontecimientos. Entre otros, pueden escuchar el discurso del presidente en la ceremonia del cementerio de Arlington; este subraya lo importante que es que la nación se dedique de nuevo a la tarea de «ganar esta guerra y construir una paz justa».

Sin duda alguna, la radio es una fuente de información de vital relevancia para Dorothy y Sally. Dan las noticias cada hora en punto desde las ocho de la mañana hasta las once de la noche. Y cuando no escuchan la radio leen el periódico. Justo este 11 de noviembre, *The New York Times* dedica dieciséis páginas de noticias casi exclusivamente sobre la guerra, de todos los frentes, grandes y pequeños. Es bastante normal. Los titulares de portada suelen hablar de los avances continuados de las fuerzas estadounidenses en Marruecos y Argelia, pero desde hace unos días la atención de Robinson se centra en los reportes sobre los éxitos británicos en Libia, los cuales interpreta cautelosamente como «alentadores», aunque temerosa de caer en «un optimismo exagerado».

En el periódico hay también muchas noticias que no tienen nada que ver con la guerra.

Por ejemplo, que ayer 8.559 personas vieron como los New York Rangers les dieron una paliza a los Chicago Black Hawks en Madison Square Garden con un 5-3 después de la prórroga; que en el estado ha comenzado la temporada de caza de ciervos, y que el ejemplar más grande pesaba casi cien kilos y fue abatido por un cazador de Brooklyn llamado Rufus Hill; que ayer hubo diez incendios en Brooklyn y Queens, pero ninguno fue especialmente grave; que la obra *Without Love*, protagonizada por Katharine Hepburn, ya se ha estrenado en Broadway, con reseñas más bien tibias; o que un paciente de veinticinco años ha muerto tras un extraño accidente con gas de la risa en un sanatorio en Glen Gardner; que Milton H. Meyers, uno de los últimos veteranos de la guerra civil estadounidense (y que a sus noventa años aún montaba en bicicleta) ha fallecido, a los ciento uno; que el ayuntamiento de la pequeña localidad de French Lick Springs, en Indiana, ha decidido que a partir de ahora todos los gatos negros tienen que llevar cascabel cuando sea viernes 13.

También en Robinson hay algo de esta extravagante y evidente dualidad. La guerra está siempre presente en sus pensamientos, al mismo tiempo que su vida está dominada por otra cosa. Algunos de los acontecimientos realmente importantes aparecen explicitados en su diario, sucesos que recibieron titulares tan grandes y tanta atención que difícilmente se podían evitar y que van a perdurar en la memoria, tanto la individual como la oficial: la batalla final en Bataán, la incursión aérea de Doolittle contra Japón, la batalla naval de Midway, la batalla aún abierta en Guadalcanal. Pero las menciones en el diario son de pasada y con un mínimo de detalles. Sin embargo, no por ello debe considerarse una persona insensible. Puede tratarse, perfectamente, de todo lo contrario.

El contraste entre su vida y lo que está ocurriendo en el mundo es evidente, incluso para ella. Una vez, después de haber decorado meticulosa y alegremente la cocina, con cortinas nuevas, paños nuevos y las tazas bien ordenadas en sus ganchos para que los colores rojo, amarillo y turquesa combinaran a la perfección, se detuvo ante un pensamiento:

> Hombres muriendo, sufriendo y luchando, y yo dedicándome a colgar tazas y a pensar en los cereales del desayuno. Y Artie yendo dios sabe adónde ni por qué. No tengo derecho a alegrarme tanto con cosas tan simples y hogareñas. [...] Pero ¿qué nos queda, si estas pequeñas cosas desaparecen y los hogares dejan de ser hogares y refugios para la paz y el amor y la comprensión?

* * *

«¡Atrapados como ratas!». Es Albert Camus quien escribe esto en su libreta. Los signos de exclamación no son propios de él. También el hecho de que haya incluido la fecha, 11 de noviembre, es una excepcionalidad. Igual que otros tantos millones de personas, se ha mantenido al margen, ha cruzado los dedos para que todo dé un giro en breve, también ha estado pensando en «hacer algo» —en sus propias palabras—, quizá en momentos de debilidad incluso, e igual que tanta otra gente, ha dejado de mostrar interés por la guerra, con la esperanza un tanto absurda de que quizá así la guerra no mostraría interés por ellos.

Pero ahora lo tiene más claro.

Es justo de eso de lo que está escribiendo, sentado en la pequeña pensión en Le Panelier.

Porque la guerra se ha ido acercando cada vez más. Las autoridades francesas han empezado a reunir a hombres de su edad para mandarlos a Alemania a cumplir trabajos forzados, incluida la zona de Francia alejada del poder en la que se encuentra Camus. Pese a ello, su tuberculosis lo protege de correr dicho destino. También han aparecido huéspedes peculiares en la pensión, personas a las que Camus evita, no con afán de centrarse en su trabajo, sino porque probablemente ninguna de ellas sea quien dice ser. Todo el mundo sabe que hay fugitivos judíos escondidos aquí en Vivarais, pero nadie sabe dónde están, y nadie quiere saber quién los oculta.[32]

Lo que le ocurre a Camus resulta al mismo tiempo impredecible y perfectamente lógico. En respuesta a los desembarcos estadounidenses en las zonas francesas del norte de África, las tropas alemanas han entrado rápidamente en los territorios del sur de Francia no ocupados hasta la fecha, en la ampulosa ficción nacionalista llamada Vichy. La libertad relativa y altamente incierta que había reinado hasta ahora en esta zona se ha acabado. Y el camino de vuelta a Argelia está bloqueado, por ambos lados.

Camus sale afuera. La noche ha sido fría. La escarcha lo cubre todo. El sol calienta muy lentamente la tierra helada. Las frágiles capas de cristales de agua empiezan a desvanecerse, a veces con un tintineo casi audible. En su paseo, Camus llega a un punto donde confluyen dos corrientes de agua. Escribe:

> Despojado de la escarcha por los primeros rayos del sol es la única cosa viva en medio de este paisaje blanco como la eternidad. [...] Sentado en lo alto de la proa, prosigo esta navegación inmóvil al país de la indiferencia. Hace falta nada menos que toda la naturaleza y esta blanca paz que trae el invierno a los corazones demasiado ardientes, para apaciguar este corazón devorado por un amor amargo. Miro crecer en el cielo esa dilatación de luz que niega los presagios de muerte. Por fin, una vislumbre de futuro para mí, a quien todo habla ahora del pasado.

Sí, está atrapado, como una rata. ¿Y ahora qué?

* * *

32. Los campesinos de la zona son casi todos descendientes de los hugonotes, con todo lo que ello implica en lo referido a las tradiciones de ser perseguidos y de ayudar a los perseguidos. Esto de esconder judíos sucede de forma espontánea, y el hecho de que no haya ninguna organización hace especialmente difícil que las autoridades francesas les sigan la pista. En cambio, las distintas redes subterráneas de traficantes de refugiados son descubiertas con cierta regularidad.

Al mismo tiempo en Nueva Guinea, una nueva batalla. Podría ser una copia al carbón de lo que sucedió hace un par de semanas en Eora Creek. Ante ellos, colinas cubiertas de selva en las que los japoneses se han enterrado con sumo esmero, como siempre; en hoyos individuales, en trincheras, en búnkeres construidos con troncos, en resguardos contra las tormentas hechos de lianas trenzadas y otras plantas trepadoras. Hay ametralladoras, cañones, francotiradores en lo alto de los árboles. Y además, como siempre, todo está camuflado con tremenda destreza. En la densa selva tropical es imposible ver al adversario antes de que abra fuego. Los soldados australianos llaman a las ametralladoras pesadas de los japoneses «pájaros carpintero», pues su frecuencia de disparo es bastante baja y, por lo general, lanzan ráfagas cortas. Se oye «tactactactac», y después hay alguien ahí tirado.

E igual que en Eora Creek, esto se ha ido prolongado día tras día durante casi una semana. E igual que allí, los australianos atacan con cautela pero con decisión, entre la maraña, en la humedad, y los japoneses se defienden con rigidez pero empecinamiento. Para los que observan todo esto en forma de flechitas azules y rojas sobre mapas de cartón pintado, la situación tiene una lógica. Ahí está el sendero de Kokoda, que lleva hasta la costa, después la colina cubierta de selva, un río crecido por las lluvias y dos poblados, Oivi al oeste y Gorari al este —que acabarán dándole nombre a la batalla—; hay ataques disruptivos, ataques a discreción, contraataques, rodeos, reagrupamientos, fintas.

Para los soldados australianos como el sargento Bede Thongs y sus hombres del 10.° Pelotón del 3.er Batallón, lo que está ocurriendo se materializa en poco más que la visión de humo que se yergue en penachos por aquí y por allá entre el denso follaje verde, la habitual cacofonía de ruidos y ecos: disparos, detonaciones, truenos; voces y gritos, a menudo ininteligibles; el rechinido, silbido y siseo de metralla, balas y proyectiles; el traqueteo y crujido de hojas y ramas rotas que caen como lluvia. No son pocas las veces que los soldados australianos se hallan tan cerca del enemigo que pueden oírlos hablar, pueden oír el tintineo cuando retiran la anilla de sus granadas, oyen el chasquido cuando meten nuevos cargadores en sus armas.

Bede Thongs y el 3.er Batallón han luchado cerca del poblado oeste, Oivi. Los ataques en esa zona no han tenido mayor éxito, y desde el 7 de noviembre aquí reina la calma en general, excepto porque las líneas japonesas son constantemente castigadas con morteros australianos[33] y porque de vez en cuando algún avión estadounidense baja en picado para lanzar bombas y luego se retira. El ruido de combate es mucho más intenso al este, en la dirección en la que queda Gorari.

Ayer, martes 10 de noviembre, el teniente-coronel Cameron, el jefe del batallón, llamó a Thongs. Cameron es el único oficial del batallón en quien confía. A muchos con los que se ha tenido que relacionar desde que llegaron a Nueva Guinea los detesta, directamente. Le parecen débiles —a nivel físico o moral o ambos—, anquilosados en teorías o experiencias caducas, poco fiables y egocéntricos, incluso cobardes. A estos últimos les tiene especial desprecio: «Nunca tenían ansia de combate». El liderazgo es informal y recae principalmente en manos de suboficiales como Thongs. Las órdenes que son demenciales e imposibles se niega a cumplirlas, o las sabotea.

El jefe de batallón quería que Thongs, una vez más, se fuera en misión de reconocimiento. ¿Dónde está el flanco de la línea de defensa japonesa? Varias patrullas habían tratado de descubrirlo, pero habían regresado sin resultados. A Thongs y el 10.º Batallón les llevó tres horas, atravesando la maleza y la humedad, y entonces pudieron regresar con la información solicitada y un herido.

Hoy miércoles, el batallón va a hacer un nuevo intento en Oivi. Y una vez más, Thongs y su batallón van a entrar en combate. Le viene un pensamiento a la mente: hoy es el aniversario del final de la Primera Guerra Mundial, y también el día en que su padre fue herido en Gallipoli en 1915, «y aquí estoy yo, a la cabeza de un ataque el día del armisticio de 1942». No obstante, esta vez les resulta fácil, inesperadamente fácil. Los japoneses ya han comenzado a retirarse.

Los soldados australianos pueden respirar tranquilos. Por el momento. Pueden contar sus muertos. En una semana de combates han muerto 121, y contabilizan 225 heridos. Tal vez fue uno de ellos el

---

33. Este bombardeo constante era signo de un cambio muy importante que tuvo lugar después de la toma de Kokoda: las provisiones podían enviarse ahora por aire de forma continuada utilizando el pequeño aeródromo en las afueras del poblado. Los australianos, por primera vez, disponían de suficiente munición, también para sus armas pesadas. Los enfermos y heridos también podían salir en avión, lo cual aumentó drásticamente sus posibilidades de supervivencia.

hombre sobre quien mucho tiempo después Bede Thongs escribió
un poema, titulado «¿Qué se le dice a un hombre moribundo?».

¿Qué se le dice a un hombre moribundo?
¿Lo llamas Bob, australiano o amigo,
cuando miras el rostro que has llegado a conocer tan bien
y la mirada de sus ojos dice: «Es tarde»?
Recuerdas la primera vez que os estrechasteis la mano en un tren de tropas,
cuando muchos hombres se iban a la guerra.
Entrenamiento en distintos campamentos militares,
Wallgrove, Greta, Bathurst, Ingleburn y más.
Caminar hambriento, con músculos cansados y con sed,
el pub Duke of York, donde nos tomamos las últimas copas
antes de abandonar las hermosas playas de Australia.
Un último pensamiento para sus seres queridos y allegados
a los que conocías porque eras su amigo.
Si sobrevives a este violento ataque,
te preguntarán cómo terminó su vida.
Hace tres minutos estaba tan lleno de ella,
disparaba salvas con un Bren en su cadera.
El pelotón fue al ataque como tantas veces antes,
cuando de pronto le dio una bala.
Un francotirador japonés, tan mortífero,
Le había disparado desde un hoyo de trinchera.
El francotirador fue abatido por la última salva de su Bren,
y mi mejor amigo cayó a mis pies.
«Diles que lo he intentado» fueron sus últimas palabras.
Las mías de despedida se quedaron en mis labios.

Pero algo ha pasado. Por primera vez, pueden contar muchas más
bajas japonesas que australianas. En un lugar encuentran enemigos
muertos a montones, como consecuencia de algo que llaman «Masacre en el Valle de la Muerte»; una unidad del cuartel general japonés
se habría visto sorprendida allí. Y por primera vez los soldados japoneses, siempre tan disciplinados, parecen haber sido presa del pánico.
No se han retirado, sino que han huido. Solo quedan unos trescientos
porteadores muertos de miedo.

* * *

Al mismo tiempo, en Guadalcanal, el teniente Tohichi Wakabayashi, por primera vez desde el desembarco del 5 de noviembre, encuentra un momento para anotar algo en su diario. Por lo que parece, ha estado tremendamente ocupado en conseguir llevar a su compañía a su destino.

Se hallan en una montaña a cierta distancia de la playa. Pasan las noches bajo un ataque prácticamente constante por parte de los morteros estadounidenses, y de día no pueden moverse por culpa de todos los aviones enemigos que sobrevuelan la zona una y otra vez, como aves rapaces en busca de presas, a menudo a tan poca altura que las copas de los árboles se agitan con la corriente de aire. «Es la sensación de llevar una camisa de fuerza», escribe hoy Wakabayashi. Compone un tanka, un poema breve:[34]

> *Hojas de selva tremolan*
> *cuando mi odio*
> *contra los que gobiernan*
> *aviones de estrellas blancas*
> *empieza a crecer*

* * *

Ese mismo miércoles, poco después de las nueve de la mañana, un mensajero llama a la puerta de la casita en Central Road 6 de Portsmouth. La mujer que abre la puerta es la madre del marinero Leonard Thomas. Los telegramas significan malas noticias, sobre todo ahora; por regla general, las notificaciones de fallecimiento llegan por esta vía. Incluso para una mujer en cuya familia se han echado a la mar varias generaciones de hombres, con la constante amenaza de la muerte y la desaparición que ello supone, no deja de ser este un instante de incalculable pavor.

---

34. Tanka es, al igual que haiku, una forma japonesa de poemas cortos y concentrados, pero que se compone de cinco versos en lugar de los tres del haiku.

¿Cuánto sabe ella acerca de lo que su hijo está haciendo y dónde se encuentra? Probablemente, muy poco. La sensación de incertidumbre no es nada nuevo para ella. El chico solo tenía diecisiete años cuando se hizo a la mar por primera vez. (Thomas tenía cabeza para los estudios, pero la familia no tenía dinero para pagarlos). Pero esto es distinto. Igual que todos sus paisanos, ella también flota en una nube de ignorancia, porque no solo las noticias están censuradas, sino también todas las cartas, que, además, a menudo llegan con mucho retraso o ni siquiera llegan.

Posiblemente sepa que Leonard está cumpliendo servicio como maquinista, oficialmente aún civil, pero bajo el reglamento de la Marina, en el HMS Ulster Queen —originalmente un veloz ferry de pasajeros que durante los años treinta solía hacer el trayecto entre Irlanda y el noroeste de Inglaterra, pero que fue requisado por una Royal Navy un tanto desesperada para luego convertirlo en un crucero antiaéreo, pintado con un camuflaje un tanto cubista en colores blanco grisáceo y azul oscuro, y que ahora emplean para proteger los atribulados convoyes del océano Ártico.

Pero la madre de Leonard Thomas difícilmente sepa que ya a comienzos de septiembre partió con el convoy PQ 18 con destino a Arcángel (esa información es de máximo secreto). Y sin duda ignora que es el primer convoy que parte al Ártico desde comienzos de julio, cuando el PQ 17 fue prácticamente aniquilado: de treinta y cinco barcos que partieron, solo once llegaron a su destino (esa información no es solo secreta, sino que también ha sido ocultada). Leonard Thomas sí sabe lo que ha ocurrido, aunque muy vagamente, y el comandante solo menciona la catástrofe de manera indirecta y esquiva. De camino a Arcángel, en una ocasión él mismo pudo ver restos de naufragio y cadáveres desintegrados que eran mecidos por las olas. Y pensar que aceptó este servicio para no tener que presentarse a filas.

La señora Thomas abre el telegrama. La dirección del remitente es «Unión Soviética». Lee: «ESPERO ESTÉIS BIEN AQUÍ TODO OK CON CARIÑO = LEONARD THOMAS +»

* * *

Un 11 de noviembre inusualmente frío llega a su fin en Long Island. Es de noche. Dorothy Robinson escribe en su diario:

Creo que, finalmente, todos hemos comprendido que tenemos un largo y arduo camino por delante, de oscuridad y dificultades, y que todo el mundo debe de ayudar a su manera. Todo nuestro estilo de vida está cambiando y hemos ido aprendiendo gradualmente a aceptarlo, día a día, hora a hora, hasta que al final a veces se te hace raro intentar pensar en cómo era hace apenas nueve meses.

Cuando mira a la oscuridad de fuera puede ver la forma sombría del tren moviéndose por el alto puente un poco más allá. Todas las ventanas están meticulosamente tapadas, siguiendo las nuevas ordenanzas, y de pronto cae en la cuenta de que, desde que fueron aprobadas, nunca ha visto luz en ninguno de ellos. Es prometedor.

* * *

El mismo día llega un paquete al puesto de socorro en Stalingrado. El destinatario es el capitán Fritz Hartnagel. El remitente es Sophie Scholl, en Ulm. Hartnagel lo abre. El paquete contiene algunos libros, galletas de avellana, chocolate —¡una rareza!— y una carta larga, fechada el 28 de octubre.

Hartnagel le ha contado en su última carta los múltiples debates con sus compañeros oficiales del batallón, en los que tiene serias dificultades para defenderse cuando ellos se ponen a blandir doctrinas nazis semidigeridas, como la de la ley inamovible de la naturaleza, según la cual el fuerte vence y el débil debe perecer, o la de la primacía de la muerte, o la mera idea de que toda la campaña del Este es, en última instancia, una lucha por la autopreservación, una defensa por parte de Alemania y la civilización europea contra la amenaza de las hordas del Este.

Scholl le dice que quiere ayudarlo con argumentos, y se puede percibir su cólera e impaciencia frente a estas ideas que han hipnotizado a tantos de sus compatriotas:

La hegemonía del poder brutal siempre implicará que el espíritu sucumbe, o por lo menos se vuelve invisible. ¿Eso es lo que queréis los que lucháis por mí? ¡Ay, estos pensadores tan vagos! Con su «muere y pervive» tan sentimental. La vida solo surge de la vida, ¿o acaso han visto jamás una madre muerta que dé a luz a un bebé? ¿Alguna vez han visto reproducirse una piedra, a la que no se puede ni privar de un atisbo de vida, pues existe y tiene un destino? Aún no han reflexionado nunca sobre esta absurda idea: solo de la muerte surge la vida. Y con su instinto de supervivencia siempre se estarán dirigiendo hacia su propia autodestrucción. No saben nada del espíritu del mundo, en el cual las leyes del pecado y de la muerte son derrotadas.

Las cartas de Scholl son importantes para Hartnagel, importantes para su supervivencia intelectual y espiritual en un contexto en el que esas cosas suponen una excepción. Desde hace un tiempo, Hartnagel y los demás están ocupados cavando búnkeres y cuevas en la tierra, una tarea larga y pesada que la llegada del frío invernal a Stalingrado ha vuelto más urgente e intensa. Sin embargo, este miércoles deben interrumpir esas labores para construir un silo subterráneo a toda prisa. Les ha llegado una entrega de casi cinco toneladas de patatas, y hay que protegerlas cuanto antes para que no se congelen y se estropeen.

Fritz Hartnagel se alegra especialmente con el chocolate que Scholl le ha enviado. En su carta de respuesta escribe: «Cuando pienso en lo mucho que te habría apetecido comértelo tú, casi prefiero volver a empaquetarlo y mandártelo de vuelta. Pero mi tentación no es poca y todo lo que tenga que ver con comida empieza a tomar cada vez más relevancia aquí en Rusia». Hartnagel fantasea con la idea de no tener que pasar el invierno en Stalingrado, sino recibir un traslado inesperado, tal vez a Marruecos.

* * *

¿Es «incombustible» la mejor palabra para describir a Weary Dunlop? «Incansable» se queda corta. Llevan menos de una semana en el Campo número 5, en las afueras de Batavia, pero ya son muchas las cosas que ha tenido tiempo de poner en orden. Entre otras cosas, ha organizado una sección para mejorar las primitivas letrinas —alta prioridad—, ha empezado a reorganizar la gestión del fondo común, ha escrito una carta con quejas sobre varias carencias dirigida a los responsables japoneses y también ha iniciado las clases formativas.

A esto hay que añadirle que Dunlop, al mismo tiempo, tiene que ejercer como médico para los mil cuatrocientos prisioneros de guerra que hay en el campo. Como de costumbre, este miércoles 11 de noviembre realiza la visita médica junto con su personal en la austera choza de enfermería. A tres hombres gravemente enfermos los manda a una escuela cerca de Batavia donde los holandeses han montado un hospital para prisioneros de todas las nacionalidades. (En caso de urgir una operación quirúrgica, de allí los mandan a un hospital militar japonés, donde los cirujanos japoneses cogen el testigo). Esta mañana hay un caso que atribula a Dunlop. En su diario deja escrito: «Caso sargento Page: colapso total, debilidad en piernas y brazos; definitivamente, parece una neurosis o histeria. Tratamiento: masaje y comprensión».

Llevan en cautiverio desde marzo, pero los casos de colapso mental son pocos. Al contrario, Dunlop puede observar que hay un número sorprendentemente elevado de prisioneros, sobre todo entre las tropas, que a pesar de las notables carencias, la imprevisibilidad y las amenazas parecen más bien en paz consigo mismos, algunos incluso felices. Puede parecer inverosímil. Cuando Dunlop trata de entenderlo piensa que «se debe a que sus vidas están completamente organizadas... y no hay posibilidad de avanzar, por lo que tampoco hay espacio para la envidia ni rivalidad». El ambiente es asombrosamente bueno.[35]

Pero no siempre ha sido así. Después de la capitulación, a principios de marzo, estos hombres estaban desmoralizados, abatidos y rebeldes. Recibían a los oficiales con silbidos y abucheos. A muchos los habían enviado a toda prisa y muy lejos —en el caso de Dunlop, desde Oriente Próximo— para hacerlos participar en un intento caótico, mal planificado y sin ninguna perspectiva de éxito de detener la invasión japonesa. La mayoría de ellos no tuvieron tiempo de disparar ni una sola bala, o siquiera oír un disparo, antes de recibir la orden por parte del más alto mando aliado en Java de que debían deponer las armas. El sinsentido de su sacrificio es tan evidente como desgarrador.

La razón por la que tanta gente, incluso en el bando aliado, ha pensado que las fuerzas del Eje van camino de ganar la guerra es, sin duda, que han ido sumando una victoria tras otra sin parar, han se-

---

35. Algo que los centinelas japoneses consideraban incomprensible y no poco provocador. ¿Cómo podía nadie vivir e incluso prosperar en plena derrota?

guido ganando terreno a un ritmo nunca visto ni predicho, sobre todo aquí en el sudeste asiático. Lo ocurrido parece confirmar lo que los atacantes han estado predicando con ahínco: la primacía de la voluntad. Las batallas no se deciden únicamente por los medios materiales, sino que es más importante la voluntad con la que se manejan, la voluntad de combatir, la voluntad de vencer, la voluntad de sacrificarse, la voluntad de conseguir el poder. ¿Y acaso lo ocurrido hasta la fecha no es una prueba abrumadora de que las democracias están realmente en declive, fracturadas, corruptas y débiles? ¿Y que es imposible que puedan batirse con las fuerzas del Eje, tan vitales, unidas, disciplinadas y dotadas de una fuerza juvenil? ¿Qué importa cuántos cañones y barcos puedan producir, si luego no tienen capacidad para utilizarlos?

Esto debe de ser lo que, más allá de la estadística sobre tonelaje de buques, producción de carros de combate y prestaciones de las aeronaves, hace que tanta gente tema o desee que las fuerzas del Eje acaben ganando: los aliados parecen ser irremediablemente incompetentes. Hasta la fecha, su gestión de la guerra ha sido como un desfile casi constante de fiascos, malas gestiones y equivocaciones. Y además, negligencia. Los prisioneros de guerra del Campo número 5 en las afueras de Batavia están donde están, precisamente, por culpa de varias decisiones torpes.

Dunlop ha conseguido contrarrestar la desmoralización. En parte, a base de retomar la disciplina: formaciones y registros, normas y castigos, orden, mantener el estilo. Pero sobre todo a base de reconstruir esa paradójica y frágil sensación de cotidianidad, de simple normalidad. Eso es lo que persiguen las competiciones de voleibol, las clases de historia antigua, los cursos de navegación, los conciertos de jazz con batería, bajo, armónica y violín, las funciones de teatro de Shakespeare y los espectáculos de travestis. Han hecho algo más que mantener la cordura: han empezado a tener esperanzas.[36]

Dunlop ha perdido peso, igual que todos los demás. Pero se siente fuerte, tanto en lo físico como en lo espiritual. Aunque también es cierto que desde la marcha hasta el campo sigue teniendo edema

---

36. Curiosamente, después de la guerra se pudo ver que aquellos que se habían implicado, sobre todo, en las actividades educativas, a menudo también se las arreglaban mejor en el aspecto físico.

en los tobillos. Uno de los enfermeros le administra una inyección con «500 unidades de vitamina B1». Luego sigue con sus tareas.

* * *

Mientras tanto, en las veinticinco hectáreas de superficie que ocupan los estudios de la Warner Brothers en Los Ángeles, es miércoles 11 de noviembre y se va a rodar el nuevo final para *Casablanca*. El director, Michael Curtiz, ha pensado en representar el regreso de Rick y Renault con las tropas estadounidenses mediante dos escenas breves que tienen lugar en un buque de guerra de alguna clase. La primera se desarrolla en la sala de radio del barco, donde los personajes de Bogart y Rains (vestidos con el equipo de combate) van a escuchar aquel discurso de Roosevelt en el que informó del desembarco y les rogó a los franceses ubicados en Marruecos y Argelia que no se interpusieran en su camino. («Ayudadnos donde podáis, amigos míos, y de nuevo volveremos a ver el radiante día en que la libertad y la paz reinen de nuevo en el mundo», etc.). La segunda escena tendrá lugar en la cubierta del barco, donde Bogart y Rains, junto con medio centenar de figurantes que representan a soldados del ejército de la Francia Libre, van de camino a Casablanca, todo sumido en oscuridad y niebla; una niebla densa, cabe imaginar, más o menos como en la escena mencionada del aeropuerto, para disimular un poco que se rueda en un estudio.

Todo está preparado. Las dos construcciones están listas y a la espera, junto con fotógrafos, camarógrafos, técnicos de sonido, iluminadores, diseñadores de vestuario, escenógrafos, maquilladores, por lo menos un maquinista de humo y asistentes de todo tipo, entre otros. Los figurantes también están preparados en sus uniformes, igual que Humphrey Bogart. Y Curtiz, a quien podemos imaginarnos en su habitual vestimenta de pantalones de montar y botas altas. Pero ¿dónde está Claude Rains? Por lo visto, fiel a su costumbre, se ha retirado a su granja de Pennsylvania, y debido a las nuevas normas de la época de guerra en lo referido a viajar ha resultado imposible conseguirle un billete de avión con tan poco margen de tiempo.

El rodaje se pospone a la espera de Rains.

* * *

Campo 5 en las afueras de Batavia, en Java. Weary Dunlop está
sentado, ocupado en otro de sus cuantiosos quehaceres: la contabilidad. Lleva las cuentas del almacén de enfermería, las raciones de alimentos, el reparto extra para los oficiales —«cigarrillos 10, té 30 g,
mantequilla 20 g, café 70 g, azúcar 100 g, plátanos 150 g tres veces a
la semana...»— y, sobre todo, del fondo común.

Pocas cosas generan tanta fricción, sobre todo entre sus compañeros oficiales, y tantas reuniones como el reparto de los escasos medios financieros de que disponen. El dinero se necesita, más que nada,
para comprar provisiones a la población civil, en especial huevos y
soja verde, tan rica en carbohidratos y vitaminas, necesarios para completar la exigua y monótona dieta del campo. Pero también hace falta dinero para muchos otros fines, grandes y pequeños, desde obtener
cuero para reparar botas, hasta conseguir amalgama para la primitiva
consulta de odontología del campo, e incluso para comprar maquillaje para el grupo de teatro.

Muchos, entre ellos los oficiales, llevaban encima algo de dinero
en el momento de la capitulación, y además ahora los oficiales —y solo
los oficiales—, como una consecuencia inesperada e inusual de las reglas internacionales, cobran un sueldo por parte de los japoneses en
forma de gulden, la divisa holandesa.[37] Pero ¿cómo hay que gestionar
estos escasos recursos económicos? La línea de Dunlop ha sido clara y
sensata desde un buen comienzo, pero impopular entre los mejor posicionados del campo. Todos los recursos se reúnen en un fondo común
para luego repartirse de forma proporcional y según sea necesario. Cada
uno entrega lo que tiene y cada uno recibe lo que necesita.

Teniendo en cuenta el estado de excepción en el que tienen que
vivir durante su cautiverio, no deja de ser curioso que desarrollen una
suerte de socialismo práctico. Probablemente esto, sumado al hecho
de que muchos se muestran críticos con la manera en que sus generales han gestionado esta guerra, es lo que hay detrás de algo que
Dunlop ha observado: «Un notable giro a la izquierda entre nuestros

---

37. Pero el ambiente burocrático típico de todos los ejércitos hacía que se des-
contaran meticulosamente del sueldo los gastos por «dietas y alojamiento». Incluso los
presos normales que hacían ciertos trabajos fuera del campo de concentración cobraban por ello, aunque las sumas eran más pequeñas.

muchachos, las ideas socialistas siempre reciben un apoyo entusiasta en los debates». La gobernanza es también democrática, hasta cierto punto. Dunlop ha organizado un consejo al que todo el campo envía representantes elegidos y donde se discuten cuestiones importantes y se toman decisiones, y en el que las actas de los largos y tortuosos debates se toman protocolariamente en papel higiénico.

Sin embargo, Dunlop, quien no alberga ninguna inclinación radical,[38] se siente decepcionado y desilusionado ante todo el interés personal y todo el escaqueo que hay, pero lo aguanta. Un reparto justo y comunitario de los escasos recursos es lo único razonable. Es por eso que se esmera tanto en llevar las cuentas de todo, dejar constancia de los cálculos. Las cosas, bien hechas. Sigue escribiendo:

> Los gastos mensuales de todo el campo rondan los 2.232 gulden; aparte, los gastos extras para las provisiones médicas y el fondo hospitalario. También he reunido 100 gulden de los oficiales CCS y Fred Smedley de la Compañía de Teatro, a repartir entre 91 hombres. Mi aportación son 30 gulden.

* * *

Se acabó. Kurt West está completamente exhausto. Vaciado. Vacío. Mira a los demás, los que aún siguen en pie, y le parece que son «como fantasmas». A juzgar por sus miradas, comprende que están pensando más o menos lo mismo de él. «Tenía la sensación de que hacía una eternidad que habíamos partido por la mañana», explica. Y en cierto modo era así, una eternidad de seis horas y media, que en una cara tiene al joven ingenuo de diecinueve años que fue una vez y en la otra tiene a una persona de la misma edad, según el calendario, pero que ha cambiado para siempre.

¿A cuántos ha matado? No lo dice, y es algo de lo que no querrá hablar el resto de su vida, pero debieron de ser montones. Son alrededor de las doce del mediodía del domingo 11 de noviembre, y la batalla por la base militar Kako, en el frente de Svir, en Carelia del Este, ha terminado, por el momento.

38. Sin embargo, era antifascista declarado y crítico de Chamberlain antes de la guerra.

A las cinco y media de la mañana, tras una lluvia de cuatro mil morteros propios, él y los demás compañeros de la primera ola se habían abalanzado en la oscuridad de noviembre, habían subido la cuesta, pasando junto a obuses explosivos soviéticos y órganos de Stalin, entre humareda de pólvora, hasta la trinchera de conexión, en dirección a la cumbre de la colina en la que estaba Kako.[39]

En aquel momento, nadie sabía cuántos soldados soviéticos había en las trincheras y los búnkeres, pero era por lo menos un batallón, quizá unos quinientos hombres. Al mismo tiempo, el ataque había adoptado la forma del clásico relevo de trinchera, que a la práctica significaba que la mayor parte de la batalla la habían ejecutado tres hombres, y solo tres, pues no hay espacio para más en el grupo que va en cabeza: el número uno lleva una metralleta, el número dos va lanzando granadas de mano y el número tres va proveyendo de granadas y cargadores llenos a los número uno y dos. El número dos tira una granada tras el siguiente giro de la trinchera; en cuanto estalla, el número uno sale rápidamente a disparar contra todo lo que se mueve, tras lo cual todo el grupo avanza hasta el siguiente giro, el número dos lanza una nueva granada, etcétera.[40] Al primer grupo de tres le seguían de cerca otros dos grupos iguales, preparados para relevarlos cuando el primero ya no pudiera más. West estaba en el tercer grupo. Había funcionado. Sobre las nueve de la mañana habían recuperado la mayor parte de los doscientos metros de trinchera que había en Kako. Pero les había costado. Y entonces había llegado el primer contraataque del enemigo.

Ahora ya es mediodía y Kurt West está allí de pie, con el uniforme sucio, embarrado, ensangrentado. Su cara debe de estar tiznada. La tierra de su uniforme procede de todas las detonaciones, las detonaciones ininterrumpidas de las granadas finlandesas y soviéticas, que hacían tan difícil la comunicación si no era a gritos. El barro es de haber arrastrado una y otra vez, corriendo grave peligro, nuevas cajas llenas de granadas para el grupo de cabeza, dos cajas cada vez

39. En realidad debían acudir a la base militar Teeri, pero la situación en Kako se consideró más urgente.
40. Me lo explicó con detalle un veterano de infantería del Regimiento 61, el legendario Harry Järv, después de la guerra director de la Real Biblioteca de Estocolmo, experto en Kafka y traductor. Aquel amable hombre me dijo que, en realidad, solo era bueno en tres cosas: «fotografía, puntuación ortográfica y relevo de trincheras».

—puede que West sea bajito, pero es fuerte—, lo cual tenía que hacer o bien agazapado, o bien a cuatro patas, pues había tramos donde la trinchera se había derruido. La sangre es porque en numerosas ocasiones le ha tocado pasar por encima de personas muertas, algunas semidesnudas y destrizadas, en algunos puntos había tantos cuerpos que apenas se podía pasar; además ha estado junto a personas que han sido heridas o han caído. (El jefe de su grupo, Erik Jakas, sufrió el impacto directo de un mortero segundos después de que ambos se cruzaran en la trinchera; no se encontró ni rastro de su cuerpo. Y en otra ocasión West había ayudado a su compañero Lars Åberg a alejarse de la línea de fuego después de que un trozo de metralla le alcanzara en la espalda; cuando llegaron al puesto de socorro, este resultó estar repleto de heridos, moribundos, muertos, y fuera estaban dos que habían sufrido un colapso nervioso). El hollín es de los vapores de TNT, teñidos de amarillo con la salida del sol, y las nubes de pólvora.

Cuando los soviéticos se habían lanzado al contraataque, West se había puesto a disparar de verdad; tras quedarse sin metralleta, primero con un rifle automático soviético que le había cogido a un caído, luego con una metralleta finlandesa que había encontrado en la trinchera. Iban llegando más y más. «El número de rusos que atacaban no parecía menguar nunca», cuenta West. «La mayoría estaban a tan solo cuarenta o cincuenta metros de nuestra trinchera». La batalla ha sido por la cumbre de una colina, más pequeña que un campo de fútbol y en la que la reducida superficie ha concentrado muchísimo los horrores. La tierra está removida, la nieve está ennegrecida, los árboles han sido barridos. En la lejanía, una colina tras otra, campos abiertos, cercados, casas en ruinas. Tiempo más tarde, ya convertido en un hombre mayor, echará la vista atrás hasta este día, a lo que él llamará el «Infierno de Kako», y constatará que ni antes ni después vio semejante cantidad de personas muertas. La mayoría de los caídos llevan abrigos de piel nuevos de color blanco y botas de piel a juego. Asiáticos. Probablemente, una unidad de élite.[41] Por lo menos han luchado como si lo fueran.

Pero ahora los ataques parecen haber cesado. Toda la energía contenida ha quedado consumida. Y ahora aflora la reacción posterior.

---

41. El regimiento de tiradores del ejército ruso que llevó a cabo el ataque contra Kako, el IR 326, fue prácticamente exterminado durante los enfrentamientos.

Antes de ese día, Kurt West se había preguntado muchas veces si lograría superar una prueba como esta. Ahora ya lo sabe. Así lo cuenta: «Me percaté de que, en realidad, no había tenido miedo durante el ataque, pero todo me parecía tan irreal. No me sentía a mí mismo». ¿Podría tratarse de la transformación que ha sufrido? Pero ahora lo comprende un poco mejor: «Sí que había estado muerto de miedo, pero de alguna manera había conseguido eliminar la sensación porque era necesario». Se siente lleno de un alivio singular, casi eufórico. «Solo tenía ganas de tumbarme en el suelo de la trinchera, cerrar los ojos y pasar de todo».

A la batalla de Kako le sigue un día muy largo y una larga noche. Ambos bandos se disparan bengalas y se lanzan granadas de mano mutuamente. Uno de los compañeros de West tira mal una granada en la oscuridad y esta rebota y lo hace volar por los aires. A las ocho de la mañana del 12 de noviembre son relevados por un batallón de otro regimiento. Del grupo de setenta y ocho hombres que partieron la mañana del día 9 queda alrededor de la mitad: dieciséis han caído, diecinueve han sido heridos. Hay un ambiente tenso.

* * *

El viaje de inspección de Zhang Zhonglou a Henan continúa. La cosa no hace más que empeorar, según explica:

> Fuera adonde fuera había refugiados de camino al sur que mendigaban comida, y los que ya no podían moverse se desplomaban muertos a un lado del camino. Podías cambiar a un crío por hatillos de arroz cocidos al vapor. Cuando llegué a Luoyang, la estación estaba llena de refugiados por todas partes, jadeando y gritando. Oírlos resultaba insoportable. Si llegaba un tren, se peleaban por subirse a él, se colgaban del techo sin importarles lo peligroso que era. Los que no podían subir… lloraban y vendían a sus hijos, a cualquier precio. Simplemente, se los pasaban a otro. Cuando el tren partió al oeste, al entrar en un túnel, muchas de las personas que estaban apiñadas en el techo fueron aplastadas contra la bóveda del túnel y cayeron muertas.

¿Cómo había podido llegar a eso la situación? La sequía y los saltamontes no tienen toda la culpa. En cierto modo, el paso de la antigua guerra chino-japonesa a la medición de fuerzas global que hay entre aliados y las fuerzas del Eje ha tenido el resultado que la gente deseaba. (Los intrusos japoneses están ahora demasiado ocupados en otras latitudes). Pero al mismo tiempo, esto ha tenido consecuencias graves e imprevistas. Las vías de suministro que llegan a China desde Birmania se han cortado, una tras otra; el ejército chino ya no se puede proveer con grano procedente de India. Así que el Gobierno central en Chongqing, bajo el mandato de Chiang Kai-shek, ha decidido que los granjeros deben pagar parte de su cosecha a modo de impuesto en especias. Es de obligada necesidad, si no quieren que los ejércitos chinos mal nutridos acaben pereciendo.

El problema es la insensibilidad y la brutalidad con que la decisión de los impuestos en especias se ha llevado a cabo. (Las personas como Zhang Zhonglou son un engranaje del aparato de control del Estado). En realidad se trata de confiscar. Los granjeros[42] deben entregar una cantidad determinada, independientemente de lo poco que les haya quedado tras la sequía y los saltamontes. El sistema es cruel, corrupto y está mal gestionado.

Zhang llega al distrito de Zheng. El jefe de distrito, un hombre llamado Lu Yan, tiene lágrimas en los ojos. Es absolutamente imposible reunir todo el grano que el Gobierno exige. Lu le cuenta a Zhang la historia de la familia Li. Obedientes, habían entregado a los recaudadores de impuestos lo último que les quedaba. Después, toda la familia se había suicidado. Incluso los niños. Se ahogaron en el río.

El jefe de distrito se pone de rodillas delante de Zhang. El hombre golpea la cabeza contra el suelo y le ruega que lo libere de la obligación de reunir más grano.

* * *

El 3.er Batallón es una de las unidades enviadas para perseguir a los japoneses en su retirada hacia la costa norte de Nueva Guinea. Durante la marcha entre la maleza y la humedad, Bede Thongs y los demás tropiezan con equipos y armas abandonados, cuerpos de japone-

---

42. En Henan ya estaban muy presionados por los reclutamientos del ejército, y debido a la cercanía del frente también por diversos trabajos forzados al servicio de las Fuerzas Armadas chinas.

ses heridos que se han suicidado. Cuando llegan a las aguas verdes y brillantes del río Kumusi, los australianos se lo encuentran desbordado por la lluvia. Los japoneses no están, pero pueden verse rastros de sus intentos desesperados de cruzar el ancho y rápido caudal, en forma de embarcaciones volcadas y hombres ahogados en uniforme.[43] Y todas esas piezas de artillería japonesa que los australianos han aprendido a odiar, las han tenido que dejar atrás.

* * *

Vera Inber termina los últimos preparativos de cara a su segundo invierno en la sitiada Leningrado. Un cuarto es más fácil de calentar que dos, así que mete el sofá, la mesa y la librería con la vajilla en la habitación en la que trabaja con su máquina de escribir detrás de un armario. Hace un tiempo consiguió que le instalaran una pequeña estufa. Ha logrado bloquear la peor corriente de aire con una cortina clavada. Hacia el final de la tarde se corta la electricidad, pero entonces ella y su marido encienden una pequeña lámpara de parafina con la que pueden leer. Inber está casi siempre cansada, pues por las noches le cuesta conciliar el sueño por culpa de las preocupaciones, los disparos y las incursiones aéreas. Si bien cuenta con pastillas para dormir, no siempre se atreve a tomárselas. ¿Y si no oye la alarma aérea?

* * *

Hélène Berr está sentada en la sala 1, caliente y llena de gente, de la Sorbona. (Que esté caliente supone una excepción; es un constante tema de conversación: la falta de carbón y gas, la falta de calefacción en las casas). Se celebra un seminario sobre literatura inglesa, y el ponente es Louis Cazamian, el mayor conocedor del tema de toda Francia. A Berr le resulta abrumador y un tanto irreal volver a caminar por aquellos pasillos tan conocidos, las aulas tan familiares, después de todo lo que les ha pasado a ella y Jean. Está sudando.

43. Uno de los que se ahogaron al intentar pasar fue el mayor general Horii, el jefe superior del anteriormente tan exitoso cuerpo japonés que amenazó Port Moresby, pero que ahora reculaba.

Berr está ahí sentada sin prestar atención. Las leyes antisemitas que el régimen de Vichy ha aprobado por cuenta propia hacen que no se le permita estudiar para obtener lo que llaman *agrégation*, que concede el derecho a dar clase. (Los judíos no pueden ejercer de docentes). Así que está aquí como alumna independiente. Justo ha empezado a trabajar en una tesis sobre John Keats y el helenismo.

Los estudios y la Sorbona se le antojan un asilo en el tiempo, un lugar donde todo es casi como antes. Sin embargo, debe saber que incluso este refugio es ilusorio. Pero los estudios no deben contemplarse únicamente como una expresión de escapismo, sino que también se pueden interpretar como un acto de subversión, una expresión de su negativa a doblegarse a las circunstancias. (Paradójicamente, después de los terribles sucesos del verano, las actitudes contra los judíos aquí en la Sorbona se han vuelto más receptivas). Por la tarde, en la segunda sesión, da un seminario la otra profesora de la institución, Floris Delattre, poeta y experta en Virginia Woolf. También esta vez a Berr le toca abrirse paso en una sala repleta de gente. También esto tiene lugar el jueves 12 de noviembre.

* * *

Mientras tanto, en Culver City, al oeste de Los Ángeles. Nos hallamos en el despacho del enérgico y temperamental productor David O. Selznick, un *Wunderkind* conocido por éxitos totales como *Lo que el viento se llevó* y, la más reciente, *Rebecca*.[44] Fue él quien en 1939 invitó a Ingrid Bergman a Hollywood para hacer una versión inglesa de su éxito en sueco *Intermezzo*, y luego ha continuado impulsando su carrera.[45]

Probablemente es por este motivo que ayer por la tarde Selznick se reunió con Jack Warner, quien le ofreció un visionado en privado de *Casablanca*. También Selznick opina que la película es brillante, y comprende que podría convertir a su protegida Bergman en una gran estrella. Así que este jueves manda un telegrama a Hal Wallis, el

44. También le benefició estar casado con Irene, hija del magnate del cine Louis B. Mayer. La colosal energía de Selznick en parte se debía a las anfetaminas, una droga que en esta época se podía comprar de forma legal en la farmacia.

45. Esto a pesar de haber tenido momentos de duda, debido a la altura de Bergman, sus cejas pobladas y su inglés mediocre.

productor del largometraje. Selznick va directo al grano: «Me parece un rodaje excelente y una producción cinematográfica sin fisuras. He explicado con el mayor ahínco a Jack que me parecería un error tremendo cambiar el final. Y también que pienso que la película debería estrenarse cuanto antes».

Este telegrama se envía el 12 de noviembre. El mandato real de Selznick hace flaquear a los directores de la costa este, y se olvidan de la idea de rodar un nuevo final para seguir el consejo de Warner y Selznick de aprovechar los acontecimientos bélicos y sacar la película lo más pronto posible. La fecha de estreno se marca para el 26 de noviembre. Faltan dos semanas.

* * *

¡Una gacela del desierto! Es la primera señal de vida animal que Vittorio Vallicella ve en mucho tiempo durante su camino por el enorme vacío del desierto. Es un pequeño animal con cuernos, hermoso pelaje marrón claro y barriga blanca, de apenas medio metro de altura hasta la cruz.[46] Vallicella y sus compañeros están de nuevo inspeccionando un grupo de vehículos abandonados para ver si encuentran agua, gasolina o comida. (Estos deberían ser del año pasado, porque tienen marcas de óxido y están parcialmente cubiertos de arena). La travesía se ha tornado cada vez más difícil, más peligrosa. Hace un par de días fueron atacados por dos aviones de combate británicos. Una de las camionetas —la TL.37, con sus ruedas gigantescas— quedó calcinada, y con ella gran parte de la gasolina que tenían. Bellini ha contraído disentería y su fiebre aumenta rápidamente.

Sacan sus armas —un gesto inusual— y se dividen. Pero el tímido animal ha desaparecido. Decepcionados, continúan husmeando entre los restos de vehículos. En un carro blindado británico encuentran dos bidones de agua y dos botellas de whisky. Algo es algo. Entonces Vallicella oye a Bassi gritar: «¡La gacela! ¡La gacela!». Baruffi alza el rifle, suena un disparo. El pequeño animal da una zancada tor-

---

46. He supuesto que lo que vieron fue una gacela dorcas, un animal que, a diferencia del ser humano, está perfectamente adaptado a la vida en el desierto, pues puede pasarse la vida entera sin beber agua ni una sola vez, sino que se hidrata con la humedad de las plantas que come.

cida, pero enseguida se desploma, muerto. Todos lo celebran, gritan, se ríen. ¡Carne fresca! También esto ocurre el 12 de noviembre.

Más tarde, bajo la bóveda celestial de un negro profundo, disfrutan de la comida más sabrosa y bienoliente que han tomado en mucho tiempo: gacela asada con pasta y salsa, fruta en conserva de postre y, para rematar, café o té. (Seguramente, también un poco de whisky). Vallicella está feliz.

Solos en el desierto, disfrutan de una rara y singular existencia, libres de estructuras, órdenes, rumores y noticias. No tienen ni la menor idea de lo que está ocurriendo en el mundo, y el mundo no sabe nada de ellos. ¿Acaso le importan a alguien? ¿Podrían estar incluidos en alguna lista de «desaparecidos»? Es más que posible. El vacío del desierto se convierte en una imagen del limbo de seguridad en el que se encuentran. «Estos —escribe Vittorio Vallicella en su diario— fueron los mejores días que habíamos vivido desde que llegamos a África». Unos días atrás ha observado, no sin asombro, que todos habían empezado a reír otra vez.

* * *

Al mismo tiempo, Ernst Jünger está sentado en un tren con destino a Berlín. Es la primera etapa de su viaje hasta el frente este. El pensamiento de Jünger divaga: «Nunca había iniciado un viaje teniendo tan poca idea de lo que me depara y de lo que puede dar de sí; me recuerdo a un pescador que echa su red en las aguas turbias de un día de invierno».

Y es que, ¿cuál es el motivo de su viaje, realmente? No le espera servir en el frente. La misión se la ha encomendado su superior en París, el general Carl Heinrich von Stülpnagel,[47] y consiste en sondear el ambiente entre los oficiales del ejército en el Este, empezando por el Cáucaso. ¿El ambiente respecto a qué? No se puede decir con exac-

---

47. El propio Von Stülpnagel era también un personaje complicado. Ya antes de la guerra era un activo miembro de la resistencia y antinazi, a la vez que en Francia y, en especial, en el frente oriental autorizó las represalias contra civiles inocentes, cada vez con mayores remordimientos. Von Stülpnagel fue uno de los más activos —y exitosos— participantes en el golpe contra Hitler el 20 de julio, y por ello fue ahorcado con una cuerda de piano el 30 de agosto de 1944.

titud,[48] pero es evidente que este misterioso viaje es una pequeña parte del trabajo de resistencia que se lleva a cabo a escondidas contra el régimen nazi y que se ha comenzado a gestar discretamente en la plana mayor destinada en París, encabezado por el conservador Von Stülpnagel.

Todas las contradicciones que conforman a Ernst Jünger se cruzan aquí.

A comienzos de los años veinte, Jünger se convirtió en una especie de autor de culto entre nacionalistas, extremistas de derechas y veteranos de guerra antidemócratas. Y no fue por mera casualidad. Se sintieron atraídos tanto por el tono exagerado de sus textos sobre la guerra como una fuerza elemental que permite al ser humano entrar en contacto con la esencia más interna de la existencia, y por su indiscutible distanciamiento de la democracia, así como por su alegato de un ser humano nuevo y acerado, dedicado a la plena movilización. Al mismo tiempo, Jünger se opuso muy pronto a todas las jugadas iniciales de los nazis.[49]

Para el aristócrata de la inteligencia, el individualista y el esteta Jünger, los nazis no son sino una plebe vulgar, motivados por lemas pueriles y banales. Tampoco logra entender su antisemitismo, que le parece maníaco e incomprensible. Su estatus de héroe de guerra y escritor popular le ha servido de protección, pero al mismo tiempo se ha ido desplazando poco a poco al margen. Desde 1939 ya no tiene permiso para publicar nada en Alemania.

El silencio no es solo una imposición, sino también una elección. Observar desde la distancia es su segunda naturaleza, y ha aprendido a ver la vida en uniforme como una forma elevada de exilio interior. Y no es el único. La casualidad ha querido que en los círculos de la plana mayor de París se haya juntado un elevado número de oficiales que miran con escepticismo o desprecio a Hitler y sus lacayos. En este ambiente, donde tanto el saludo hitleriano como las distintas ramifi-

48. Tras el atentado contra Hitler, Jünger quemó sus papeles en el cuartel de París, y con ellos desapareció la mayor parte de los precedentes de su viaje al este.

49. Uno de los admiradores de Jünger fue Goebbels, quien lo cortejó repetidas veces, aunque con poco éxito. (Jünger se vio con Goebbels en privado y notó, sorprendido, que este recurría a los mismos tópicos que empleaba en sus discursos). También Hitler pertenecía a su grupo de lectores y hay datos que indican que el dictador estaba dispuesto a pasar por alto los excesos de Jünger.

caciones organizativas del partido nazi prefieren evitarse, y donde han tenido lugar muchas discusiones total o parcialmente subversivas al arropo de las copas de coñac y el humo de los puros, Jünger ha encontrado inspiración y ha inspirado a otros. Por el momento, la resistencia en París es más una actitud que un plan concreto. Pero el viaje de Jünger puede contemplarse como una señal de que en ese entorno hay una seriedad, una esperanza de obtener contactos, una voluntad de crecer. Pero no son estos contactos con los hombres de la oposición en la plana mayor lo que le pesa. Es otra cosa. En última instancia, este viaje debe contemplarse como una suerte de penitencia.

El tiempo a bordo del tren, Jünger lo emplea, entre otras cosas, en estudiar al resto de pasajeros y fantasear sobre ellos. Se fija especialmente en una mujer joven, una muchacha, en cuyas comisuras de la boca le parece intuir marcas casi imperceptibles de experiencia sexual. «Así se graba el deseo como un diamante en un rostro».

Una vez llegado a Berlín, se hospeda en casa de un amigo, el filósofo, jurista y nazi Carl Schmitt. Pasa allí unos días agradables. Cae la primera nieve. Schmitt y él deambulan por calles de ventanas tapiadas, conversan sobre la Iglesia morava, Nostradamus, el profeta Isaías y profecías en general. A lo mejor el futuro sí que se puede predecir, a pesar de todo, no tanto como una fecha, sino en forma de leyes y orden.

* * *

Este invierno, un hombre mayor llega al pequeño pueblo de Duanzhang, en Henan. Es un refugiado más que huye del hambre. El anciano se instala en una casita rota y abandonada en la punta este del pueblo. Pero en Duanzhang tampoco hay gran cosa que llevarse a la boca. ¿Cómo van a poder hacer frente a la necesidad que reina en Henan? Si el Gobierno central reacciona, lo hace demasiado tarde; si se organizan envíos de ayuda desde otras provincias, tienen dificultades para avanzar por los caminos prácticamente intransitables; si hay despensas de reservas —acumuladas, precisamente, para este tipo de situaciones de emergencia—, resulta que los funcionarios corruptos a menudo las han dejado a medio llenar o incluso vacías.

No, no pueden confiar en que llegue ayuda. La hambruna se mueve pesada, casi como un glaciar, hacia su compleción final. Un testigo ocular habla de:

perros que comen cadáveres humanos que hay tirados junto al camino, granjeros que buscan carne humana muerta al amparo de la oscuridad, infinidad de pueblos abandonados, hordas de mendigos en las puertas de cada ciudad, neonatos que gritan abandonados a su suerte en todas las carreteras.

Al mismo tiempo, los restaurantes siguen abriendo en las ciudades de Henan.

Uno de los ciudadanos famélicos de Duanzhang, Wang Jiu, un hombre bajito con ojos saltones, se alía con dos más para asesinar a un mendigo. Cocinan unas partes concretas de su cuerpo y se las comen. Con el tiempo, lo acaban convirtiendo en una táctica: embaucan a refugiados muertos de hambre, los matan y se los comen.

Un día llega a Duanzhang una mujer de cuarenta años. Lleva consigo una niña de siete u ocho. Wang las invita a hospedarse en su casa. Como no hay más refugiados, los tres hombres no tardan en tomar la decisión: los dos amigos de Wang se quedan con la mujer (la estrangulan y se la comen) y a él le toca la niña.

* * *

La noche es territorio del desconcierto y la incertidumbre. Temerosos, recelosos y a ciegas, ambos bandos son transportados por sus naves oscurecidas al vasto estrecho que se extiende frente a Guadalcanal; se trata de un conjunto de barcos (incluidos barcos grandes y pesados) que como dos rebaños de ganado se enfrentan ciegamente sin saber dónde se encuentra el otro y sin saber lo que va a ocurrir. Lo mismo le sucede al capitán Tameichi Hara, el comandante del destructor japonés Amatsukaze.

¿Por qué están aquí? (El Amatsukaze, diez destructores más y un crucero ligero van a escoltar dos pesados acorazados al resguardo de la noche para destruir de cerca el aeródromo que los estadounidenses aún tienen bajo su dominio. Esto con el objetivo de allanar el terreno para el gran desembarco de tropas japonesas que está planificado para el día siguiente). ¿Por qué la noche es tan oscura? (Están en los trópicos, hay luna menguante y, además, el cielo está cubierto de nubes gruesas y bajas). ¿Por qué la escuadra japonesa mantiene una formación tan complicada? (Al menos eso se pregunta Hara). ¿Por qué el acorazado Hiei de pronto ha empezado a emitir en frecuencia media? (Qué locura, piensa Hara. ¿Puede ser que el jefe de la escuadra haya perdido naves en las aguas negras?). ¿Dónde están los estadounidenses? (Todos se lo preguntan). ¿Por qué ahora reciben la orden de dar un giro de ciento ochenta grados, acaso la sombra de ahí delante no es tierra firme? (En efecto. El grupo de destructores se deshace para evitar tocar tierra). El destructor Yudachi ha avistado al enemigo, pero ¿dónde está el Yudachi? (Nadie lo sabe, así que la noticia no sirve de mucho).

Entonces se encienden unos focos un poco más allá.

Todo se desata de golpe.

La oscuridad se deshace en un caos incoherente de relámpagos, luces y fogonazos, de buques que disparan y reciben disparos, que torpedean y son torpedeados, que hunden y se hunden. El Amatsukaze está a punto de ser alcanzado por fuego enemigo que en verdad iba dirigido al Hiei (un fuego tan potente «que me quedé cegado en el puente de mando un largo rato», cuenta Hara). Alguien lanza bengalas, y entonces surgen como en un papel fotográfico las formas de cinco o seis barcos enemigos. («Tragué saliva. Mi corazón dio un vuelco por efecto de la tensión», explica Hara). Su barco dispara ocho torpedos, y un destructor japonés está a punto de colisionar con uno estadounidense, y ese mismo destructor estadounidense está a punto de colisionar con otro de su propia flota, y este último es pasto de los torpedos del Amatsukaze, estalla y se hunde. No, no se hunde, solo desaparece. («Fue una diana espectacular y mi tripulación soltó un bramido de ovación, pero yo no lo oí. Fue demasiado fácil», cuenta Hara). Cuando los destellos de las bengalas se van apagando uno tras otro y la oscuridad se cierne sobre las aguas tranquilas del estrecho —como si ese papel fotográfico hubiese estado sobreexpuesto y se hubiese tornado negro—, el Amatsukaze da media vuelta. Entonces ven relámpagos, luces y una forma grande pero esbelta un poco alejada, contra la que también lanzan unos torpedos («Una llama grande y rojiza se irguió en nuestro objetivo»,[50] explica Hara), y pone rumbo

---

50. Después se supo que el Amatsukaze torpedeó el crucero ligero estadounidense USS Juneau, ahora conocido porque a bordo viajaban cinco hermanos de Iowa: Joe, Frank, Al, Matt y George Sullivan; todos ellos murieron. Tres de ellos en el hun-

al noroeste, alejándose de la batalla, en dirección al acorazado Hiei, que está en llamas, el único barco que se puede identificar («La escena era inusualmente tranquila. Los disparos apagados y lejanos me hicieron pensar en fuegos artificiales. Resultaba imposible decir quién estaba luchando», cuenta Hara, lo cual es totalmente correcto: en aquel caos, ambos bandos dispararon en varias ocasiones contra sus propios buques). De repente, tan de repente que Hara suelta un grito de sorpresa, se les aparece delante un barco enorme y a oscuras justo por delante de la roda, en diagonal, como una pared negra; el timonel se lanza sobre el timón («Los demás que estábamos en el puente no podíamos más que mirar impotentes cómo los dos barcos se iban acercando rápidamente el uno al otro») y consigue evitar el choque, pero ambos buques pasan tan cerca el uno del otro que a Hara le resulta imposible ver su forma completa.

En ese momento, Tameichi Hara comete tres errores fatídicos.

Error número uno: dado que el desconocido buque parece no disponer de torretas, piensa que quizá se trate de un barco de provisiones amigo, posiblemente el Jingei, por lo que duda de si dar la orden de abrir fuego o no. Luego, «preso de la desesperación», ordena encender los focos, y entonces ve que no es un barco japonés de provisiones, sino un gran crucero estadounidense. Y preso de lo que debió de ser una desesperación aún mayor, da la orden de «abrir fuego con todo lo que teníamos», incluidos los últimos cuatro torpedos mortales que les quedaban.[51]

Error número dos: en lo que suele denominarse el fragor de la batalla, Hara no tiene en cuenta que la distancia que los separa es tan poca (menos de quinientos metros) que el seguro de distancia de los torpedos aún sigue activo, por lo que no hacen más que rebotar inofensivos contra el casco del gran crucero. «Mientras tanto, mis hombres seguían disparando, como si estuvieran ebrios de batalla. Cada

---

dimiento, pero dos —Al y George— estaban entre los cien que sobrevivieron. Sin embargo, los supervivientes fueron olvidados en medio del desconcierto, y posteriormente (al cabo de una semana) cuando se puso en marcha una misión de rescate, encontraron solo a diez. El resto murió de hambre, sed, locura o ataques de los tiburones.

51. Los torpedos de la flota nipona eran, en todos los aspectos, superiores a los que utilizaban sus enemigos, tanto en velocidad y alcance como en cantidad de explosivo y, no menos importante, en fiabilidad.

Así terminaron su vida muchos de los partisanos soviéticos: ejecutados. La foto está tomada en Stari Oskol en 1942. Ese verano la ciudad fue tomada por las tropas húngaras, las cuales ahorcaron a este hombre. O lo estrangularon, más bien: un proceso largo y tormentoso.

Los ocupantes alemanes eran completamente despiadados en su caza de partisanos. Civiles asesinados en Kerch, 1942. (La fotografía podría ser de la misma fecha y lugar en que Dmitri Baltermants tomó su famosa foto *Pena*).

Las fotos de los partisanos en campaña suelen estar preparadas, pero esta es, con toda probabilidad, espontánea. La fotografía está tomada en algún punto cercano a Pskov en 1942 y muestra una unidad de partisanos con sus heridos en plena retirada tras un combate. (Las imágenes con motivos poco triunfales, como esta, fueron retenidas por la censura soviética hasta la década de los años sesenta).

Junio de 1942. Dos muchachos partisanos, de quince y dieciséis años, han sido capturados por soldados alemanes y están siendo cacheados. (Los brazaletes blancos de los alemanes podrían significar que vienen de cumplir una misión nocturna). El soldado de la izquierda sostiene una granada de mano soviética que, a juzgar por la situación, le ha requisado a alguno de los chicos. Los partisanos capturados eran ejecutados prácticamente sin excepción. El pánico está escrito en los rostros de los muchachos.

Del rodaje de *Casablanca*. Un problema durante la filmación era que Ingrid Bergman le sacaba una cabeza a Humphrey Bogart, lo cual tuvo que resolverse con ayuda de distintos trucos: entre otros, Bogart tuvo que subirse a bloques de madera construidos para la ocasión.

The Bund, en Shanghái, también conocida como *The million dollar mile*, y el paseo marítimo de Huangpu. La fotografía está tomada antes de la guerra.

Los numerosos refugiados judíos en Shanghái vivían en condiciones que variaban, pero una que se repetía a menudo era el hacinamiento. Esta foto, de 1942, muestra una casa en Hongkou, en el este de Shanghái, llena de refugiados europeos. Hongkou se consideraba un poco como un gueto judío no oficial.

Una de las fotografías más icónicas de la Segunda Guerra Mundial, tomada por el fotógrafo de guerra George Silk durante la batalla de Buna y Gona, en Nueva Guinea, hacia finales de 1942. Un soldado australiano herido y descalzo recibe la ayuda de un nativo, quien lo acompaña por un camino entre hierba algodonera hasta un hospital de campaña. El herido se llama George Whittington y en el momento de la foto acababa de recibir un disparo de un francotirador japonés. El nativo que lo ayuda fue identificado en los años setenta: su nombre era Raphael Oimbari. Whittington sobrevivió al disparo, pero murió unas semanas más tarde de fiebre tifoidea. Oimbari falleció en 1996.

Una fotografía de la misma batalla (también tomada por George Silk), el 28/12, de unos soldados australianos delante de un búnker japonés muy bien camuflado, bien construido y conquistado. Cuatro de sus defensores yacen muertos delante de la instalación.

En Nueva Guinea nada era nunca fácil: soldados australianos arrastran una pieza de artillería por el suelo de la accidentada jungla.

Otra fotografía de esta brutal batalla. Un soldado estadounidense está de pie junto al japonés al que acaba de disparar. No se ve ningún arma junto al moribundo y el estadounidense sujeta un par de guantes en la mano izquierda: seguramente, tenía la tarea de hacer
un cacheo rutinario a los caídos (con los guantes puestos para no mancharse de sangre),
pero ha descubierto que uno de ellos sigue vivo, tras lo cual le ha disparado.

También en Nueva Guinea el aparato logístico de los aliados resultó determinante. Pero sin los porteadores nativos jamás hubiera sido viable. Fue un avión de transporte como el de la foto el que se llevó a Bede Thongs cuando estaba gravemente enfermo.

Del sendero de Kokoda: soldados australianos de los 2/25.º y 2/33.º Batallones de Infantería cruzan un río por un puente improvisado. Al fondo, algunos aprovechan para bañarse y lavar la ropa.

De la batalla final alrededor de Buna: japoneses caídos. Al fondo se ve una lancha de desembarco japonesa del modelo que empleaban para llevar provisiones y refuerzos al estribo del puente. Con total probabilidad, esta es la misma playa que fue retratada en la famosa fotografía de George Strock de tres soldados estadounidenses caídos, publicada en *Life* en 1943. A la playa se la llamó Maggot Beach (playa de las Larvas) por el elevado número de muertos.

Tres mujeres estadounidenses construyen un bombardero pesado del tipo B-17. Antes de la guerra, las mujeres conformaban el 1 por ciento de la fuerza de trabajo de la industria aérea. En 1943, el 65 por ciento.

Las mujeres no solo construían los aviones. Aquí vemos a Shirley Slade, piloto de transporte de veintidós años que, entre otras cosas, pilotó desde naves B-26, consideradas muy difíciles de maniobrar, hasta otras unidades aéreas.

«Rosie the Riveter», Rosie la Soldadora: un apodo que empezó saliendo en la letra de una canción pero que creció hasta convertirse en una imagen de la movilización de las mujeres. Una de las razones por las que las democracias de Estados Unidos y Reino Unido lograron poner sus economías en pie de guerra mucho antes que las dictaduras de Alemania y Japón fue que las primeras nunca dudaron en dar empleo a las mujeres en la industria.

Botadura el viernes 20/11 del primer barco Liberty construido en el nuevo astillero en Savannah: el SS Oglethorpe.

Una Broadway con ventanas sin iluminar en 1942. No era ningún juego. Los submarinos alemanes habían causado estragos con casi total libertad a lo largo de la costa este de Estados Unidos hasta bien entrado el verano de ese año.

Soldados del Ejército Rojo durante la batalla por el distrito industrial del norte de Stalingrado, donde poco a poco los defensores fueron siendo arrinconados junto al Volga. A finales de otoño, los combates, extremadamente esforzados, se concentraron en tres grandes complejos industriales. La fotografía está tomada durante la lucha por hacerse con uno de ellos, la acería Octubre Rojo, que quedó completamente destruida.

La 9.ª Compañía del 578.º Regimiento de Infantería alemán está a punto de lanzar un ataque en otro de estos complejos industriales bañados de sangre, la llamada Fábrica de Tractores. A estas alturas, la mayoría de las compañías de infantería estaban así de fusionadas. A la izquierda asoma un cañón de asalto que les dará apoyo durante el ataque; detrás del mismo se pueden ver los portones de la fábrica. La fotografía está tomada la mañana del 15/10 por Hans Eckle, un soldado de la compañía. Aquel día, el ataque tuvo un éxito inesperado: acabaron tomando la Fábrica de Tractores y la unidad llegó hasta el Volga.

Finales de otoño en Stalingrado 1: un soldado alemán atrincherado vigila desde su nido de ametralladora.

Finales de otoño en Stalingrado 2: se oyen explosiones, aparentemente muy cercanas, y unos pocos soldados de infantería, más abrigados de lo habitual, están aguardando detrás de una esquina. A juzgar por sus gorros y sus manos bien cubiertas se puede deducir que ya ha llegado el frío.

La operación para rodear Stalingrado ya ha comenzado y una columna de soldados rumanos está siendo alejada del frente.

Preparativos al norte de Stalingrado de una retirada que nunca llegó a materializarse. Soldados del Ejército de una unidad antiaérea (*Heeresflakabteilung* 289) están cargando provisiones y pertenencias en un carro de caballos, al mismo tiempo que la casa que ha hecho
las veces de base del cuadro de mando es devorada por las llamas. El hombre que se asoma
al interior del carro es un *hiwi*, es decir, un soldado soviético que está ayudando a los alemanes a cambio de, en primera instancia, comida. En este tramo del frente es donde se
encontraba el regimiento de Adelbert Holl.

Soldado alemán caído en Stalingrado. Un saqueador le ha vaciado los bolsillos, pero ha dejado la cruz de hierro.

disparo acertaba en el blanco. El barco fantasma continuó su avance, vomitando fuego y humo a lo largo de toda la eslora».

Error número tres: con la emoción, Hara se olvida de dar la orden de apagar los focos. Así que cuando los obuses comienzan a caer con un zumbido alrededor del Amatsukaze, se cree que «el barco fantasma había resucitado y estaba librando una última batalla desesperada», por lo que ordena a sus artilleros que sigan disparando. «¡Acabad con él!», grita. Este es su cuarto error. Porque los proyectiles no vienen del «barco fantasma». Vienen de otro crucero estadounidense que ha divisado los focos, le ha ganado el lado de babor al Amatsukaze y está aprovechando para torpedearlo.

Cuando Hara se percata de ello, ya es demasiado tarde.

Dos explosiones enormes, literalmente ensordecedoras. Al principio no oye nada. Tan solo se pone lentamente en pie. Es como si no pudiera pensar, su mente se vacía por unos segundos. Se palpa el cuerpo, pero no encuentra ninguna herida. Mira a su alrededor. Ve a varios hombres en pie, pero también ve que uno de los oficiales yace muerto sobre el instrumento de medición de distancias. Ve que el hombre tiene la cabeza ensangrentada. Grita su nombre: «¡Iwata, Iwata!». Sin respuesta. Se inclina sobre el tubo acústico y llama a la torre de control de tiro. Sin respuesta. Llama a la sala de radio. Sin respuesta. Nota el olor a quemado. Ve fuego. Sabe que si el buque enemigo consigue acertar algunos disparos más, todo habrá terminado. Da la orden de soltar humo.

Tarda un rato, pero al final Hara descubre que el Amatsukaze está girando sobre sí mismo. Parece que no se deja pilotar. ¿Se ha bloqueado el timón? La hidráulica ha quedado inutilizada. Igual que tantas otras cosas. Mientras la tripulación lucha por controlar los incendios, sí mismos y la nave, los obuses dejan de caer. Se escabullen en la noche. «El barco se movía como un hombre embriagado, dando tumbos de lado a lado». El Amatsukaze deja atrás el estrecho delante de Guadalcanal. Hara está afónico de tanto gritar, empapado de sudor y afligido por sus errores. El cielo ha empezado a centellear al este. Es mañana del viernes 13 de noviembre.

* * *

Las batallas navales nocturnas siempre son historias de desconcierto, pero esta se lleva la palma. La confusión perduró por mucho tiempo, reforzada por la censura y la propaganda de ambos bandos. Pasarían años, en ocasiones más de una década, antes de que los historiadores pudieran ofrecer una imagen más o menos coherente de lo que ocurrió durante los apenas cuarenta minutos que duró la batalla naval. Probablemente, algunos momentos no quedarán nunca claros. A lo largo de los años, Tameichi Hara pondría mucho empeño en tratar de comprender qué era lo que habían vivido realmente él y el resto de los hombres a bordo del destructor.

Pero una cosa está clara para todos los implicados cuando el sol asoma en el horizonte en la mañana del día 13: no han bombardeado el aeropuerto Henderson Field. Al alba, los aviones de combate estadounidenses despegan con total normalidad, cargados de bombas.

* * *

Charles Walker ha seguido la batalla naval desde tierra. Si es que era posible «seguir» nada de todo aquello. Para él, más o menos como para Tameichi Hara, ha sido una mezcolanza surrealista de luces chispas; de fragmentos de imágenes, de sombrías formas geométricas de columnas de luz que de pronto zigzaguean sobre la superficie d agua y se apagan con la misma rapidez; de proyectiles que trazan lí neas bajas e incandescentes en la oscuridad, para ser engullidas po relámpagos repentinos a kilómetros de distancia.

En el amanecer gris del viernes todo está en silencio. A unos po cos kilómetros, Walker ve el casco volcado de un gran buque, qu yace ahí zozobrado como una enorme ballena moribunda. Cree que un buque estadounidense. Walker cuenta:

> Hombres en barcas iban recogiendo supervivientes, tanto est dounidenses como japoneses, y los llevaban a la playa. Yo los veía i la enfermería, a unos trescientos metros de la orilla. Los hombres e taban cubiertos de una especie de alquitrán grueso y pegajoso. Al b jarse de las barcas y dirigirse al hospital de campaña ya no tenían ár mos de lucha, solo se alegraban de seguir vivos. Muchos estab cegados por el alquitrán y tenían que ser guiados. Los marineros poneses parecían abatidos, inofensivos, su participación en la gue

había terminado. Curiosamente, se paseaban sin vigilancia alguna entre los heridos, e incluso los ayudaban.

Walker y sus compañeros de armas observan a sus enemigos japoneses con una mezcla de terror, respeto involuntario y odio instintivo, cristalizado. A ojos de muchos, no son más que animales y deben ser tratados como tales. (Por ejemplo, es habitual que los soldados recojan partes de los cuerpos de los japoneses caídos a modo de suvenir).[52] La pregunta es si alguna vez, en estas semanas que lleva en la isla, ha visto a un japonés vivo de cerca. Le sorprende ver que pueden comportarse como personas normales.

* * *

Invierno en Arcángel. La nieve sigue cayendo de un cielo gris como el acero. Los barcos permanecen alineados en silencio en la salida del puerto, a la espera de que parta el siguiente convoy. (Si es que va a haber alguno: corren rumores de que el anterior, el PQ 18, fue el último). La monotonía a bordo del HMS Ulster Queen anclado y frío es anestesiante, para la vida, el pensamiento, las emociones, los quehaceres, la comida. Leonard Thomas ni quiere ni puede bajar a tierra; la ciudad apagada y cubierta de nieve tiene muy poco que ofrecerle. No vale la pena escribir cartas, pues estas serán transportadas con el buque, por lo que llegarán al mismo tiempo que él. Ha leído todos los libros; algunos, varias veces. Así que los vuelve a leer. Ha lavado toda su ropa, con esmero. La vuelve a lavar tan pronto tiene una excusa. Ha escuchado todos los discos del gramófono una y otra vez, los que aún están enteros. Los que quedan son, sobre todo, grabaciones de Bing Crosby; los marineros a bordo han comenzado a componer sus propias versiones —obscenas— de los textos.[53]

---

52. No eran los únicos que mostraban este desprecio por los enemigos muertos, pues a menudo los soldados japoneses mutilaban a los estadounidenses caídos que encontraban.

53. No queda claro cuáles eran, pero es probable que se tratara del recopilatorio *Song Hits from Holiday Inn*, publicado en julio de 1942 y especialmente popular. Incluía la canción «White Christmas», que justo en esta época —a más de un mes de Navidad— empezaba a escalar posiciones en todas las listas.

Los desperfectos ocasionados por la metralla en la superestructura —causados por las bombas alemanas o, posiblemente, por artilleros de gatillo alegre en otros buques— han sido reparados hace tiempo, y todo lo que se puede pintar ya está pintado. Así que ahora está ayudando a limpiar los rincones de difícil acceso que suelen dejarse para el puerto de casa, en Belfast, como la sentina y los tanques. «De alguna manera, era la atmósfera de aquel sitio la que nos hacía llevar a cabo las tareas del día a día, las labores sencillas, con la máxima minuciosidad».

Thomas quiere que el tiempo pase. Quiere irse de allí.

El menú es triste en su monotonía. Casi todo lo que se sirve contiene *corned beef*: a dados, a la plancha, hervido, estofado, al horno o laminado (este último para servir de embutido para el pan seco y desmigajado del desayuno). Muchas veces, él y sus compañeros se saltan la comida, se contentan con una galleta de chocolate y un cigarro. Thomas ha perdido peso. «A veces entrábamos en un estado mental de apatía, cuando ni siquiera el hambre que nos azotaba podía aplacarse con la inapetecible comida con la que se esperaba que fuéramos a alimentarnos». A veces organizan concursos de talentos, a veces eventos lúdicos o deportivos sencillos (se ha creado un pequeño equipo de boxeo). Siempre juegan a las cartas y cantan mucho.

Quieren que el tiempo pase. Quieren irse de allí.

Las noches son la peor parte. Comenta Thomas que de noche hay demasiado tiempo «para pensar, no soñar, en muchas cosas que son inalcanzables; algunas, lejanas e imposibles».

* * *

La generación joven tiene algo que sorprende y maravilla a Doroth Robinson a partes iguales. Por su lado, ella ha luchado para no re signarse ante su propio destino, sino unirse a él, abrazarlo. Puede qu parte de su ideal del ama de casa, que defiende con ahínco, y de lc afilados comentarios que se le escapan sobre otras mujeres den fe c que aún sigue lidiando con este asunto.[54] Robinson recuerda qu

54. Y eso a pesar de que Dorothy Robinson pudo haber sido otra cosa: hábito de lectura, por no decir formación intelectual, no es irrelevante, con refere cias que se extienden desde William Turner o Antoine de Saint-Exupéry ha

cuando tenía esa edad le resultaba difícil amoldarse a lo que se esperaba de ella.

Pero los jóvenes, entre ellos sus dos hijos, sobre todo Art, se encuentran ahora frente a una prueba mucho mayor que la que tuvo
que afrontar su generación, una prueba que en verdad a ella solo le
afecta de forma indirecta. Y la asusta un poco lo rápido que parecen
crecer, y se maravilla con «cómo salen y maduran y reciben la vida
con esa aceptación tan liviana que yo nunca he sabido alcanzar».

Robinson recuerda el día que Art se graduó en junio, uno de los
que tenían su nombre marcado con una estrella en el programa, lo
cual significaba que «Dejó la escuela para alistarse a las fuerzas armadas
de Estados Unidos», y lo contentos que estaban o parecían todos, incluidos ella y su marido, a la vez que la inquietud los invadía, sublimada: «Por fuera, sonrisas, saludos, atención aparentemente embru-
jada; y por debajo, una sensación de extrañeza y distancia, como si
estuviéramos viviendo un sueño de algo que no estaba pasando».

Es viernes 13, pero para Robinson no es un día de mala suerte.
El cartero, esa persona a la que ahora esperan siempre con una mezcla de expectación y pavor, trae consigo una carta de su hija Peg y
otra de su hijo Art. Peg escribe desde la costa oeste:

> Phil[55] tuvo tres días de permiso y fue maravilloso, y de pronto,
> chas, se esfumó sin decir nada. Ya me había avisado de que sería así y
> pensé que podría llevarlo bien y seguir haciendo sándwiches de jamón
> dulce y café para los muchachos que trabajaban en el turno de noche
> en la fábrica. Pero cuando tomé conciencia de que se había ido, ya no
> sabía si estaba poniendo queso en el pan de centeno o jamón en el pan
> blanco. [...] Lo único que me importuna de las montañas de comida
> que entran cada día es el olor a mayonesa por la mañana. Me pone de
> los nervios.

Y Art escribe desde un lugar desconocido de Gran Bretaña:

---

arco Aurelio. Así era también su madre, una escritora de libros infantiles de éxito
nsiderable.

55. Desde hace poco, el marido de la hija vuelve a estar en la flota estadounidense.

Los chicos de la RAF son majos, y uno de ellos, al contarnos un aterrizaje forzoso refiriéndose a él como «un planchazo», realmente me hizo pensar en mamá cuando baja corriendo por la cuesta de casa. Me dio un poco de morriña. En verdad no me añoro, pero estará bien volver a casa cuando hayamos terminado el trabajo. Pero ahora ya sé, como siempre había intuido, que mi hogar es un avión, ningún otro sitio.

Por la tarde, las temperaturas caen y el viento entra cortante desde el Atlántico. Por la noche, la primera helada cubre el césped de escarcha.

* * *

Ayer jueves llovió en el oeste de Argelia, hoy día 13 vuelve a salir el sol. Ayer, John Parris, el corresponsal de guerra estadounidense cubrió el funeral de seis soldados norteamericanos, que tuvo lugar con todos los honores, trompetistas incluidos, en un palmeral pegado a un aeródromo. Hoy le dejan viajar con unos oficiales en todoterreno a Orán. Las fuerzas francesas en la ciudad ya han capitulado.

El todoterreno sale a las diez de la mañana. Dejan atrás Arzev rápidamente. El pequeño puerto está lleno de barcos de transporte que están descargando. La cantidad de material, munición y otras provisiones que bajan a tierra es apabullante.

Conducen por un paisaje de colinas verdes y olivos, donde pastores árabes solitarios en chilaba vigilan a los rebaños de cabras y ovejas que están pastando. Al cabo de un rato, se rompe el idilio pastoril. A lo largo de la carretera aparecen pequeños vehículos blindados franceses calcinados por las llamas, así como camiones abandonados. Algunos franceses uniformados están inspeccionando los restos para recuperar lo que puedan. Los franceses hacen el saludo militar cuando el todoterreno pasa por su lado. Parris escribe en su diario: «Cuesta creer que no hace ni veinticuatro horas estaban intentando matarnos, y nosotros a ellos».

A las 14.40 entran en el pueblo de St. Cloud, de casas beige y calles bordeadas de palmeras. Parris escribe:

Aquí las personas no parecen demasiado afables. Ha muerto mucha gente. Los edificios de la calle principal tienen agujeros de artillería. Falta la mitad del campanario: uno de nuestros obuses aniquiló un nido de ametralladoras que había allí. Aquí es donde hubo mayor resistencia, el alcalde era germanófilo y ordenó a los lugareños que alzaran las armas.[56]

En las afueras del pueblo pasan junto a otro grupo de vehículos blindados franceses fuera de combate. En el campo de al lado hay una docena de caballos muertos, con las patas tiesas al aire. «El olor a carne putrefacta es terrible». Pasan cerca de un entierro francés, se descubren las cabezas por acto reflejo. Parris tiene dificultades para dejar de pensar en lo difícil y desconcertante que debe de ser todo esto para los franceses. Cuando finalmente se adentran en el bullicio de edificios altos y blancos de Orán, observa que incluso aquí los miran con frialdad. El todoterreno se mete en la sombra de las palmeras que hay delante del Grand Hôtel, igual de alto, ahora confiscado por el ejército estadounidense. Las tiendas están repletas de soldados americanos comprando cosas.

* * *

Limpieza. El destructor japonés Amatsukaze, severamente dañado, se encuentra a cuatrocientos kilómetros al norte de Guadalcanal, y a bordo se están llevando a cabo los preparativos de un funeral marinero. Recogen a los muertos y los cargan hasta la roda. En total son cuarenta y tres. Eso significa que cerca de uno de cada seis hombres a bordo del buque han perdido la vida, y la mayoría en cuestión de unos pocos segundos.

Tameichi Hara está en el puente mientras se pone el sol de este viernes y observa cómo primero lavan los cuerpos (o lo que queda de ellos) con agua caliente y luego los envuelven en tela de vela junto con pesos. El destructor ya ha recibido varias felicitaciones por

56. Sin embargo, los que formaban el grueso de la resistencia en Saint Cloud no eran los habitantes del pueblo, sino un batallón de la Legión Extranjera, que no solo rechazaron repetidos ataques americanos, sino que también llevaron a cabo un heroico y rápido contrataque, que se realizó con el apoyo de carros de combate de la Primera Guerra Mundial.

telegrama por su papel en la batalla de anoche, pero a Hara le resulta imposible alegrarse. Más bien lo colma un sentimiento de culpa casi paralizante. De no haber sido por su error, a lo mejor todos estos hombres seguirían vivos. Uno tras otro, los paquetes remendados con los cuerpos van cayendo al mar. El procedimiento es meticuloso. Las trompetas dan la señal. El cuerpo se deja caer. Un chapaleo. La tripulación en formación hace el saludo militar. Muchos lloran.

El primer muerto en ser arrojado es el teniente Shimizu, el jefe de artillería del buque. El paquete es pequeño. Lo único que han encontrado de él es una pierna. La ceremonia ocupa lo que queda del día. Cuando el Amatsukaze pone de nuevo rumbo al norte hacia Truk, ya es noche cerrada.

* * *

En todas las verdaderas aventuras robinsonianas, los encuentros con otras personas son más fuente de amenaza que de promesa, más algo que debe evitarse que donde apoyarse en el viaje de vuelta a casa. Lo mismo les ocurre a Vittorio Vallicella y sus compañeros cuando avanzan sobre las cuatro ruedas de su camión por el desierto. Es el gris amanecer del 13 de noviembre, y en la lenta y perezosa luz matutina descubren demasiado tarde que no están solos.

A su alrededor atisban grupos de personas, uno, dos, varios, muchos. Cientos de personas en uniformes alemanes e italianos, resquicios de la derrota. Vallicella y los demás han tropezado con un punto de reunión para soldados fugitivos. Un disparo de advertencia. Lo obligan a bajarse del vehículo con las manos en alto. Un teniente alemán se les acerca y les pregunta huraño quiénes son y de dónde vienen. La jerarquía militar se reestablece al instante: el sargento Berr da un paso al frente y le explica (podemos imaginar que haciendo el saludo militar y golpeando los tacones) que son lo que queda de «la VI Batería del III Grupo de la División Trento». Ya de paso, aprovechan para dirigir la atención del teniente hacia Bellini, cuya disentería empeora y que está tumbado en la plataforma del camión con una fiebre muy alta. El alemán lo visita y les dice que deberían llevarlo a Derna. Allí hay un hospital de campaña. Ajá, a lo mejor pueden escaquearse. Seguir libres. Suben de un salto al camión, se preparan para continuar el trayecto, pero entonces el teniente los retiene con un grito. Maldicen. ¿Se acabó la libertad?

Pero no, el alemán solo quiere informarles de que su unidad tiene una ambulancia propia que va a salir hacia Derna en cuestión de media hora, y les ofrece llevarse a Bellini. Así sucede. Después, el teniente les informa de que todas las unidades italianas y los restos de otras unidades tienen que ir a un punto de encuentro en las afueras de Derna, donde van a reorganizarlos. El alemán les entrega un papel, y añade que los británicos se están acercando. Esta noche, Tobruk caerá en sus manos. Da media vuelta y se retira. Los demás leen con creciente nerviosismo y preocupación:

> Comando de la División Motorizada Trieste (Estado Mayor)
> Doc. n.º 41
> Orden del día:
> La División Trieste ha recibido órdenes de completar sus tropas con las partes restantes de las divisiones Brescia, Boloña, Pavía, Trento, Folgore, Ariete, Littorio y los batallones de mortero de Cerdeña. Saludos sentidos y afectuosos de mi parte y de parte de todos mis soldados a los oficiales, suboficiales, subcomandantes y soldados que se nos adhieren. Con este aporte de corazones, de honor antiguo y nuevo, de nobles tradiciones, la División Trieste podrá llevar a cabo con normalidad las tareas que le han sido encomendadas. En este momento tan decisivo, todos debemos hacer un aporte intenso y sacrificado. Cada fuerza, cada esfuerzo, cada víctima dará resultados fructíferos y felices para nuestra Madre Patria.
> Viva Italia, viva la División Trieste.

> P. M. 56, 12 de noviembre de 1942 XXI

Todas estas palabras una vez más (honor, sacrificio, nobles tradiciones, momento decisivo, grandeza de la patria), todas esas palabras e imágenes y fantasías con las que llevan décadas alimentándose y cuya lógica ha sido menos importante que los sentimientos que han despertado. Ahora, cuando Vallicella las lee, según sus propias palabras, casi le hacen vomitar.

No es a causa de un defecto en el carácter nacional que muchos soldados italianos son reacios a luchar. Es, sobre todo, una consecuencia del sistema fascista, que lleva afectando a Italia desde hace casi veinte años exactos, tiempo en el que ha desarrollado un nivel de corrupción, nepotismo e incompetencia que la guerra ha llevado al extremo y que la derrota ha dejado en evidencia.[57] Vallicella está resentido. Los fascistas y los altos mandos predican sobre la Madre Patria, pero ellos viven bien mientras las tropas pasan hambre, y luego mandan a «miles de hombres jóvenes mal armados, mal equipados y mal nutridos directamente al matadero», y después tienen estómago para echar todas las culpas de la catástrofe a «la mala suerte».

Reemprenden la marcha. Vallicella no quiere ir a Derna para que lo «reorganicen». Pero a lo mejor pueden esquivar también esa trampa. A los veinte kilómetros de trayecto llegan a un camino del desierto que reconocen: saben que lleva a la costa y... ¡ahí está! El murmullo de los rompientes, el destello de las olas, el horizonte azul como el lapislázuli. ¡El mar! ¡El mar! Θάλασσα! Θάλασσα! Se quitan la ropa. Desnudos, juegan con las olas. De entre la espuma del mar surgen de nuevo, renacidos.[58] Por primera vez en cinco meses pueden lavarse, frotarse para quitarse piojos, niguas, capas y capas de mugre acumulada.

A Vallicella el lugar le parece hermoso, y consigue convencer a sus compañeros para quedarse hasta el día siguiente. Al mediodía, él y algunos otros dan un paseo de reconocimiento por la playa. Enseguida descubren que, a pesar de su belleza, está llena de desperdicios de la guerra: bidones de aceite oxidados, cajas con comida, ropa desperdigada —militar y civil—, así como cuerpos varados en la arena, irreconocibles, sin cara, poco más que esqueletos devorados. Dan la vuelta. Esa noche cenan pasta con albóndigas.

* * *

También John McEniry, piloto de avión de combate en Guadalcanal, y sus compañeros viven en un mundo retorcido y un tanto extraño, donde todo lo que oyen puede no ser cierto, estar censurado o ser un

---

57. El historiador Amedeo Osti Guerrazzi sugiere que la gran diferencia fue que alemanes y británicos aún confiaban en sus propios mandos de Estado y militares, en sus oficiales, así que ahí «armaron filas en estos tiempos de peligro y se reunieron alrededor de las instituciones». Muchos de los soldados italianos carecían de esta confianza.

58. La palabra que Vallicella emplea en su diario es *rinascere*.

mero rumor. Solo les dejan saber lo que necesitan saber, o a veces ni eso. Esto de poder hacerse, en el mejor de los casos, una idea recortada y maquillada de lo que ha pasado o de lo que está pasando o de lo que les espera, es una parte central de la constante ignorancia, al mismo tiempo que aumenta la sensación de estar atrapado, cautivo en algo grande y amorfo, donde la propia vida se pone en juego por razones incomprensibles o azarosas. Y donde la esperanza es algo que se deja en manos del individuo.

Evidentemente, McEniry ya ha experimentado todo esto. Han recibido sus órdenes, y «nuestro deber era decir "yes, sir" y nada más», tal y como escribe en sus memorias. El detalle de cómo su misión encaja en el contexto general es algo que no necesitan saber. En la medida en que ese contexto general siquiera existe. Pero esta tarde ocurre algo inusual. El velo de silencio y especulaciones cae.

Es viernes 13 de noviembre, y a McEniry y algunos otros pilotos les toca prepararse. Mientras están sentados en la oscuridad de la gran carpa abierta que hace las veces de central del escuadrón, un general entra a verlos. Es el nuevo comandante de las fuerzas aéreas de Guadalcanal. El hombre se acerca al mapa que muestra toda esta parte del océano Pacífico, y luego da un discurso para el pequeño grupo, claramente improvisado y, por ende, excepcionalmente franco. McEniry cuenta:

> Partió de la base de que en Shortlands había doce transportes con treinta mil soldados[59] [...] de la división que había tomado Singapur, y que a primera hora del día siguiente ya estarían a unos doscientos cuarenta kilómetros de allí, de camino a Guadalcanal. Dijo que la Marina había hecho todo cuanto había podido, que no había nada entre esas tropas y Guadalcanal más que nuestros cazas en picado, y que si nosotros no éramos capaces de detenerlos, no estaba claro ni si se podría evacuar la zona. Terminó diciendo: «Dejamos el destino de Guadalcanal en vuestras manos y sabemos que todos y cada uno de vosotros hará lo mejor que pueda». Para un alférez como yo, que realmente pensaba que no íbamos a poder vencer, fue un momento muy dramático.

59. Fue una sobreestimación. A bordo, unos siete mil hombres de la 38.ª División de Infantería, que además no habían participado en Singapur pero sí en la toma de Hong-Kong en 1941 —donde las tropas se hicieron responsables de crímenes de guerra—. Sin embargo, siete mil hombres les otorgarían a los japoneses una superioridad clara y, probablemente, crucial en la isla.

McEniry no es el único que se muestra pesimista. Dependiendo de cuánto sabe cada uno, o bien se deprimen, o bien se desesperan. Son muchos los que temen que la batalla de Guadalcanal vaya a contabilizar como una derrota más para Estados Unidos. La moral de guerra no está en su mejor momento.

Esa misma noche, el aeródromo es sometido a un intenso ataque por parte de los cruceros y destructores japoneses ubicados en el estrecho. (Esto ha pasado a ser la norma. La noche es de los japoneses). Para él se trata de un sonido nuevo: el silbido de los obuses, que «suenan como si pasara un tren de mercancías por allí arriba». Entre tropiezos, McEniry busca protegerse en un búnker lleno de gente, mientras los trenes de mercancías siguen cayendo en picado y el suelo tiembla y se sacude.

Una hora y media y mil trescientos obuses más tarde, él y los demás pueden abrirse camino entre incendios y el humo penetrante de la cordita. El aeródromo y sus alrededores son desde hace tiempo un lugar sucio y desordenado, lleno de basura bélica. Ahora es peor que nunca. Pero para su sorpresa, cuando finalmente llega al lugar donde están aparcados los cazas en picado del escuadrón, descubre que casi todos están ilesos. En cuanto el sol comienza a salir el 14 de noviembre, los primeros aviones alzan el vuelo. Ahora ya saben lo que está en juego.

* * *

En la grada número dos de la Southeastern Shipbuilding Corporation, en Savannah, continúan las labores de la primera embarcación Liberty del astillero. El trabajo está en marcha las veinticuatro horas. Tres veces al día, miles de trabajadores —blancos y negros, mujeres y hombres— entran y salen de la gran zona del astillero. Los que van a empezar el turno llegan del enorme aparcamiento o del lugar donde paran los autobuses; los que lo terminan se mueven en el sentido contrario, en dirección a los mismos puntos para volver a sus casas. Sigue haciendo un tiempo seco, e incluso bastante cálido para esta época del año. Eso lo facilita todo.

Tras doce largos años de depresión, de repente Savannah se ha visto transfigurado en una *boom town*, una ciudad en rápida expansión y con una población que crece de forma constante, igual que su economía. Uno de los problemas que tienen todos los que ahora han encontrado trabajo en el astillero es cómo llegar hasta allí, y cómo volver. Muchos comparten coche —el astillero los anima a hacerlo—, otros cogen la línea especial de autobús que se ha trazado solo para este lugar de trabajo, algunos viajan en el ferry. Pero los tiempos de desplazamiento son largos. A muchos no les da tiempo más que de ir a casa, comer, dormir, despertarse y volver a salir.

Sea como fuere, los transportes funcionan sorprendentemente bien. Lo mismo ocurre con el tema de la vivienda. Todo aquello que antes de la guerra era prácticamente imposible, de pronto resulta ser casi ridículamente fácil de solucionar, ahora que hay voluntad política y que el Estado ha abierto el monedero.

No es solo este astillero lo que —igual que muchas otras industrias por todo Estados Unidos— ha surgido como de la nada. Ha ocurrido lo mismo con las viviendas baratas pero de calidad para los trabajadores.[60] Gracias al programa estatal de viviendas se han construido y se están construyendo cantidades ingentes de casas por todo Savannah, en barrios nuevos y bien planificados que también disponen de colegios, parques, tiendas y locales sociales, donde los residentes tienen voz propia en asambleas de barrio y donde el bienestar y la salud infantil son prioridad. Por lo general, las viviendas consisten en casas pareadas con jardín, donde lo único que realmente llama la atención es que todas carecen de canalones y bajantes para la lluvia; como es importante ahorrar en metal, no dispondrán de ellos hasta que se haya firmado la paz.

Ahora solo falta una semana para la botadura.

* * *

Es un día normal en Mandalay. Este año las lluvias del monzón han sido más intensas de lo normal, pero ya han quedado atrás. Hace calor, pero no es asfixiante, ha empezado a refrescar por las noches, y en todas partes se puede ver una vegetación frondosa y reavivada.

---

60. También aquí los trabajadores negros se ven desplazados: las nuevas zonas residenciales que se construyen cerca de los astilleros están reservadas para la población blanca.

Para Mun Okchu, en el burdel de campaña llamado Posada Taegu,[61] todo sigue también como siempre. Eso significa que se acostará con entre veinte y treinta militares japoneses antes de que termine el día.[62] El horario es siempre el mismo: los soldados normales, entre las nueve de la mañana y las cuatro de la tarde; los oficiales, desde las cuatro hasta las nueve de la noche. Si pagan un plus, los oficiales también pueden quedarse toda la noche. La mayor de las mujeres tiene veintiún años; la más joven, quince. Ella tiene dieciocho, como ya hemos visto.

Mun Okchu y las otras diecisiete jóvenes coreanas están obligadas a prestar servicio cada día. Incluso cuanto están menstruando. Esos días tienen que meterse bolas de tela o algodón en la vagina para absorber la sangre. En alguna ocasión ha intentado negarse a la cópula cuando tiene la regla, pero entonces han llegado a amenazarla de muerte. Los soldados van a menudo borrachos o se muestran violentos, pero la pareja que lleva el negocio no lo ve con buenos ojos, ni tampoco los oficiales responsables, así que si los clientes arman demasiada bronca los echan a la calle.

Aunque Mun Okchu, como todas las demás esclavas sexuales, no está aquí por voluntad propia, y aunque en la práctica esté prisionera en este edificio de dos plantas y solo la dejen salir una vez al mes, no está en absoluto indefensa. Del mismo modo que los militares que hacen cola se comportan cada uno a su manera y las tratan de formas distintas, estas muchachas también gestionan la situación de diferentes maneras. Mun Okchu tiene temperamento y no son pocas las veces que se atreve a plantarse. Ocurre que los soldados quieren saltarse las clarísimas normas y practicar el coito sin preservativo —son burdos y gruesos, y si hace falta se pueden lavar y reutilizar—, pero

---

61. La pareja que dirige el burdel y las mujeres jóvenes vienen de Taegu, en el sur de Corea.

62. A veces las obligan a atender a sesenta hombres en un solo día, pero después suelen poder descansar unos días. En la descripción de las rutinas, aparte de los testimonios que Mun Okchu dejó en relación con la demanda contra el Estado japonés a principios de los años noventa, he utilizado datos referentes a los burdeles de campaña en Birmania, concretamente los extraídos de los interrogatorios que lo aliados hicieron al final de la guerra. Se conservan incluso reglamentos para los burdeles de campaña.

entonces ella se los quita de encima de una patada y los amenaza con la policía militar.[63]

Mun domina el japonés, ha aprendido canciones populares, se ha puesto un nombre japonés (Fumihara Yoshiko) y suele ser la única coreana que participa en fiestas organizadas por los oficiales japoneses, a menudo cuando están a punto de partir al cercano frente en la frontera con India, que por el momento está muy tranquilo. Entonces se lleva propinas y la invitan a copas y cigarrillos, que luego se esmera en cambiar por dinero en efectivo. Mun Okchu echa de menos a su familia bastante a menudo, y puede verse afectada por periodos de grave depresión, pero parece decidida a ahorrar todo el dinero que pueda.

Cuando termina el día y cae la noche, reúne las tarjetas marrones que hacen las veces de billetes, baja con ellas al despacho, donde el señor Matsumo las cuenta. Los soldados rasos pagan un yen y medio yenes, los oficiales dos yenes y medio yenes y los oficiales de cargos más elevados pagan tres yenes. Una vez al mes, las jóvenes mujeres reciben la mitad de lo que los militares han pagado, pero tras haberles descontado los gastos de ropa, cosméticos, tabaco, alcohol, medicinas y similares que el señor Matsumo dice haber tenido. También les descuenta el «anticipo» que el Ejército japonés ha hecho para comprar las chicas a los traficantes de personas o a sus parientes,[64] y a veces por una cantidad casi aleatoria en concepto de «aportación a la defensa nacional». El resultado es que muchas de ellas no ganan nada, o incluso se endeudan. Mun Okchu no es una de ellas. Gracias al estatus de «funcionaria paramilitar» que las fuerzas armadas japonesas les han brindado a las prostitutas, Mun ha encontrado una manera de utilizar la oficina de correos de campaña para enviarle dinero a su madre o meterlo en una cuenta bancaria.

Guapa no es, pero se la considera mona. Suele llevar ropa occidental, como blusa y falda.

* * *

63. Además de la violación de las normas, también está castigado que los soldados contraigan enfermedades venéreas.

64. En los contratos que se firmaron en muchas ocasiones, se estipulaba que las mujeres podían volver a casa cuando «la deuda por adelanto» quedara saldada, cosa que también ocurría.

Parece que en Shanghái les espera un invierno crudo a Ursula Blomberg, de doce años, a su familia y a los demás refugiados europeos, así como a los demás habitantes de la ciudad y, sobre todo, a todos los refugiados y pobres procedentes de China que han llegado aquí desde las zonas rurales. Tanto el hambre como las epidemias están causando estragos. Desde que las tropas japonesas han ocupado la ciudad, el sistema de salud que diseñaron las antiguas fuerzas coloniales, y que siempre ha funcionado bastante bien, ha colapsado. Las personas que llevaban las riendas han huido hace tiempo o las han encerrado en campos de prisioneros. Ahora mismo hay mucho tifus.

Los contrastes son brutales. Entre los edificios art déco del centro de la ciudad, de una belleza extraordinaria, y la miseria abismal que hay debajo; entre los que disponen de tiempo, dinero y la arrogancia de la imaginación —todavía se organizan carreras de caballos y pasarelas de moda— y los que no tienen nada; entre la lujosa y famosa Shanghái de hace unos pocos años —en su momento era el centro de ocio de Asia, un destino obligatorio para turistas, gente rica y personas famosas de todas las partes del mundo, una metrópolis conocida por sus restaurantes de lujo, salones de baile y clubes de jazz, sus calles de tiendas y su vida nocturna, sus burdeles, casinos y picaderos— y la cáscara gris, fría y triste que queda a día de hoy.

No es infrecuente ver muertos en las aceras. La mayoría son mendigos y otros chinos sin techo que han muerto allí mismo; a otros los han dejado allí las personas de las casas: miembros de la familia que han muerto, enrollados en alfombras de arroz. Cada día pasan camiones que hacen la ronda por los barrios para recoger nuevos cuerpos. Por estas fechas, otro de los ciudadanos judíos que vive no muy lejos de Ursula y su familia escribe en su diario: «Una vida humana en Shanghái siempre había valido bastante poco, pero hoy parece que ya no tiene ningún valor en absoluto».

* * *

Han pasado dos días desde la gran batalla por la base militar Kako, junto al río Svir, en Carelia del Este. Kurt West ha regresado a Gallo Lira, la base militar donde estaba destinado. Explica:

Retomamos la charla y las partidas de naipes. Era la única manera de quitarnos de la cabeza todas las cosas terribles que habíamos vivido. Por mi parte, creo que este bautizo de fuego fue algo totalmente diferente a lo que me había podido imaginar. Creo que me hice un año mayor en tan solo unos días.

Cuando West intenta comprender por qué ha salido ileso, mientras tantísimos otros han muerto o han resultado heridos, la única conclusión a la que llega es que debe de tratarse de una especie de protección divina. (Viene de una familia religiosa, sobre todo su padre es muy creyente).

Después del desayuno toca formar para recibir nuevas órdenes. Entonces se enteran de que tienen que volver a Kako. «La orden provocó cierto barullo entre las filas, se oyeron algunas maldiciones y palabras inapropiadas por aquí y por allá», cuenta West. «¡Teníamos que volver a la línea! ¿No había más tropas?». Marchan sin ningún entusiasmo. Se huele el combate en el ambiente. A estas alturas, West ya se conoce el camino por el bosque de abedules y las turberas junto al lago estrecho y alargado del que la base militar recibe su nombre.[65]

Pero podría ser peor. Porque no es un contraataque lo que los espera. Lo que van a hacer es ayudar a construir una nueva base, en una turbera un poco más al norte de Kako.[66] Así que West y sus compañeros empiezan a cavar una trinchera y levantar alambradas. De vez en cuando llega un obús volando, pero a estas alturas West ha aprendido a distinguir los sonidos. Y muchas veces la interpretación es inconsciente e instantánea, más física que mental.

Un soldado tarda entre uno y dos meses en aprender a distinguir

65. El lago se llama Kakojärvi.
66. West y los demás no lo saben, por supuesto, pero la situación en Kako se había discutido hasta en el cuartel general. Kako era el punto más crítico, ya que estaba situado sobre una carretera que llevaba hacia el norte y cubría todo el camino hasta Petrozavodsk (o Äänislinna, como se había rebautizado la ciudad). Marttinen, el jefe de regimiento de West, había hablado por teléfono con el comandante en jefe Mannerheim y le había dicho que un intento de recuperar Kako exigiría un «apoyo aéreo y de tanques masivo», y que «no podía permitir que sus jóvenes soldados sueco-finlandeses murieran en una empresa que de antemano estaba sentenciada al fracaso». Mannerheim fue convencido para que, como alternativa, montara nuevas posiciones al norte de la base militar.

no solo el calibre (aproximado) del obús y su lugar de impacto (aproximado) según el sonido que haga, sino también a leer el terreno de la mejor manera, a entender, por ejemplo, que una cavidad de poco más de diez centímetros en el suelo, apenas perceptible, puede ser suficiente para salvarte la vida. Pero antes de acumular toda esta experiencia, el soldado está expuesto al peligro. Esa es la razón por la que muchos de los que acaban de llegar mueren tan pronto.

Con la experiencia se adquiere también otra cosa: un fuerte autocontrol, por no llamarlo frialdad, que a menudo va de la mano del humor negro. En conjunto, esto hace que los veteranos suelan ser capaces de mantener la cabeza serena incluso en situaciones de mucha presión (porque todo empeora si se dejan dominar por el miedo). También aquí los nuevos viven con una desventaja espantosa. En los momentos de presión suelen verse azotados por el pánico y hacer estupideces. A muchos de los novatos el miedo les viene incluso antes de haberse visto expuestos siquiera a ningún peligro: el mero hecho de pensar en lo que va a ocurrir les provoca taquicardias y pesadillas. La mayoría de los que se ven afectados por un colapso psicológico también lo hacen en relación a su primer combate, o de camino a él. Si consiguen superar ese primer mes largo en la línea, como ya ha hecho Kurt West, las posibilidades de sobrevivir aumentan de forma bastante drástica.[67]

Pero no hay ningún sistema, ninguna cantidad concreta de experiencia que garantice la supervivencia. A la larga, quien lleva las riendas es la geometría del azar. Frente a esos obuses pesados que advierten de su llegada con un siseo, un zumbido, un sonido vibrante, existe cierta posibilidad de protegerse. Sin embargo, los rusos también emplean artillería antitanque ligera de disparo directo, y esos proyectiles se mueven a la velocidad del sonido o más. Y sobre todo, cuando las líneas están tan cerca la una de la otra como aquí, el sonido del disparo se funde con el sonido del impacto. No hay preaviso. Solo estalla de repente.

West y los demás están cavando. (Debería ser muy fácil, pues las heladas aún no han tenido tiempo de penetrar demasiado en la tierra). Y entonces ocurre justo eso. Una fuerte explosión. Un chorro hu-

67. Hasta cierto punto. Porque al final el frío insensibiliza. Después, el fatalismo no queda lejos, y tras eso viene la apatía. Y ese suele ser el final.

meante de terruños negros y nieve. Uno de los cavadores ha desaparecido. Corren al lugar de la explosión. Allí hay alguien a quien West conoce bien, Alf Nordberg. Tienen la misma edad, y estuvieron en la misma compañía durante la formación básica en Nykarleby. Nordberg no tiene salvación alguna. Su cuerpo ha quedado desgarrado por la mitad. Esto ocurre el viernes 13 de noviembre.

* * *

¿Qué sabe la gente de casa, en Finlandia, de lo que ha ocurrido en Svir esta semana? Primero, poco más que un titular tipo telegrama: «Combates locales en la parte central de Aunusnäset», que ocupa menos espacio que otra noticia sobre una joven dependienta que ha fallecido en un accidente de tranvía en la calle Runebergsvägen, y otra que explica que un niño de diez años se ha ahogado tras haber cedido el hielo en Likolampi. Unos días más tarde, se menciona que el enemigo ha atacado pero ha sufrido bajas significativas, y al final, el 13 de noviembre, lo sucedido aparece momentáneamente abajo del todo a la derecha de la primera plana del periódico *Hufvudstadsbladet*, bajo el titular «Nuevos ataques rusos en Aunus. El enemigo cuenta cuatrocientos caídos». Al mismo tiempo, empiezan a aparecer una tras otra las esquelas mortuorias, decoradas con las características cruces militares. Algunos de los caídos aparecen mencionados dos o tres líneas por debajo del titular «Por la Patria», metido entre llamativos resultados de la lotería y nuevas normas sobre el uso del agua caliente en los bloques de pisos.

* * *

Día a día en la sitiada Leningrado. Tanta energía mental y tantos quehaceres, tanto tiempo y sentimientos que giran en torno a una sola cosa, la comida; y en este caso, en torno al polo opuesto de la misma, el hambre. Lidia Ginzburg escribe:

> ¿Por qué era el hambre, tal como habían comprendido los alemanes, la forma más efectiva de minar la resistencia? Pues porque el hambre es una condición permanente, no se puede apagar. Estaba siempre presente y se hacía recordar todo el rato (no siempre en for-

ma de ganas de comer); lo más desesperante y tormentoso al comer era cuando la comida se acercaba espantosamente al final sin haber saciado.

También Lidia Ginzburg:

A veces había momentos de abundancia. Entonces te cogían ganas de atiborrarte hasta reventar, hasta que la mera visión de la comida casi te provocaba náuseas, solo para aplacar la vergüenza, solo para liberar al cerebro. Pero el miedo se echaba encima del cerebro desnutrido: ¿qué pasaría si la comida desaparecía? ¿Si esta compleja mezcla de deseos y objetivos se diluía hasta desaparecer? ¿A qué se parecía tanto que daba rabia? ¿A algo de una vida anterior? Sí, eso es, a estar infelizmente enamorada, cuando los lazos se iban deshaciendo y tú temías que con el amor fueras a perder ya no la esperanza, ya no el sentimiento, sino aquello que te garantizaba que se llenara el vacío, a lo que tanto te habías llegado a acostumbrar.

Vera Inber escribe: «Una historia que cuenta Z. V. Ogloblina. Un paciente en un hospital le dice: "Doctora, para mí usted es como Dios". "O como un kilo de pan", lo corrigió otro».

* * *

Su aspecto es cualquier cosa menos impresionante. Parece un contable al que han obligado a ponerse un uniforme; es rellenito, un poco torpe y visiblemente miope, lleva gafas redondas y su espalda encorvada da fe de muchas horas, por no decir años, sentado a distintos escritorios. Su nombre es Vasili Semiónovich Grossman, y es reportero del diario *Krasnaja Zvezda* del Ejército Rojo. Dentro de un mes cumplirá treinta y siete años. Si llega a vivir tanto.

En realidad, ya debería estar muerto.

Con todo lo que ha visto. Con todo lo que ha vivido. Grossman lleva en Stalingrado desde que comenzó la batalla por la ciudad, a finales de agosto. Ya entonces tenía experiencia, y estaba curtido. Y lleva informando de la guerra desde agosto del año anterior, cuando —tras aprender a disparar una pistola y haber bajado de noventa a setenta y cinco kilos— lo mandaron al frente por primera vez. Allí se

convirtió en un testigo conmocionado de una caótica derrota soviética tras otra, con las que se vio afectado, tal y como él describiría más
tarde, por

> el penetrante y tajante presentimiento de bajas casi inminentes, y por
> la trágica comprensión de que el destino de una madre, de una espo-
> sa y de un hijo ya no se podía desligar del destino de los regimientos
> sitiados ni de los ejércitos en retirada. ¿Cómo olvidar el frente de
> aquellos días: Gomel y Tjernigov que son devorados por las llamas, la
> condenada Kiev, carros en retirada y cohetes de color verde tóxico
> sobrevolando bosques silenciosos y ríos?

El shock que provocaron las catástrofes del año anterior sigue
presente en él, tanto en forma de sentimiento como de conciencia
racional, al mismo tiempo que se mezcla con el dolor de una profunda culpa personal, por lo que ha quedado grabado a fuego.

Tal y como revela su nombre, Grossman nació en una familia judía, en Berdýchiv, en el norte de Ucrania, una ciudad con una comunidad judía estadísticamente grande, pero en la que muchas personas
fueron secularizadas y asimiladas e, igual que los estudiosos padres de
Grossman, llevan nombres rusificados. Enseguida soñó con convertirse en científico en algún campo relacionado con la naturaleza, pero
luego se cruzó la «Gran Historia» en su camino, en forma de guerra
mundial, revolución y guerra civil. Su tierra natal se volvió escenario
de reiterados y crueles enfrentamientos entre blancos y rojos, verdes y
negros, donde los pogromos eran una amenaza constante, donde el
hambre era un arma, donde reinaba la anarquía generalizada y donde
los robos, las violaciones y los asesinatos formaban parte del día a día.

Ya en sus primeros años de adolescencia tuvo que aprender las
atrocidades de que son capaces las personas. Sin embargo, lo curioso
es que esta experiencia no lo ha insensibilizado ni lo ha vuelto cruel
a él, sino que como por efecto de una suerte de alquimia psicológica,
ha aguzado su sensibilidad y su capacidad perceptiva. En gran parte
es gracias a su madre. Su padre desapareció pronto de su vida, convertido en una grandeza lejana, un padre por correspondencia, pero
a cambio su madre Jekaterina y él quedaron mucho más unidos.

Su madre lo protegió, tanto en lo físico como en lo mental, le
dio su amor incondicional, y es de ella de quien ha sacado la discipli-

na, la fuerza intelectual y los múltiples intereses culturales.[68] Aunque es cierto que se hizo químico, y durante un tiempo trabajó como ingeniero en una mina en Dombás, los intereses literarios terminaron por ganar; escribió novelas y llamó la atención de Mijaíl Bulgákov y —aún más importante— de Maksim Gorki, el padrino del socialrealismo soviético; desde mediados de la década de 1930 Grossman es escritor a tiempo completo.

Sí, en realidad ya debería estar muerto. No es inusual que el coraje físico y moral se nieguen a compartir espacio dentro de una misma persona. ¿Puede existir una especie de principio de compensación por el que solo se permite que uno crezca a expensas del otro? En cualquier caso, el coraje de Grossman es tanto físico como moral.

Sin coraje y una importante dosis de suerte, sin duda, no habría podido sobrevivir los últimos meses en Stalingrado. La guerra ya va por su segundo año, pero en ninguna otra parte la desolación y el derramamiento de sangre han llegado tan lejos como en esta ciudad devastada, donde el número de muertos por metro cuadrado ha alcanzado el nivel de los peores campos de batalla de la Primera Guerra Mundial, pero donde el fanatismo y la brutalidad supera con creces cualquier otro. Grossman ha estado en muchos de los peores sitios, como el frente norte de Rynok, Mamajev Kurgan, la fábrica de armas Barrikady; una y otra vez ha cruzado los mil trescientos metros del Volga, «espantoso como un cadalso», como pone en sus notas, se ha metido en el humeante tumulto de las ruinas, y allí, «los olores habituales del frente, una mezcla de morgue y forja».

Pero a pesar de su coraje moral tampoco debería haber sobrevivido a las purgas ciegas que tuvieron lugar entre 1937 y 1938, cuando nadie estaba a salvo y tanta gente desapareció por las razones más absurdas —amistad, parentesco, un rumor, unas líneas en un viejo dossier, la envidia de un informante, o porque el NKVD local tenía unas cuotas de ejecuciones y encarcelamientos que cumplir—. En mitad de todo eso, Grossman había corrido un riesgo colosal al ponerse en contacto directo con el jefe más alto del órgano de seguridad, el temido Jezjov, y le había presentado sus argumentos para que pusieran en libertad a su esposa, recientemente arrestada, cosa que consiguió contra todo pronóstico. Tras haber visto la hiperlógica del aparato represor y cómo

68. Era profesora de francés.

acababa tanto con la sociedad como consigo mismo, Grossman ya no alberga ninguna ilusión por el sistema estalinista.

* * *

Aún hay escaramuzas alrededor de las delgadas franjas de tierra cubiertas de ruinas junto al Volga. Las tropas soviéticas se aferran a ellas, pero los ataques alemanes son ahora de menor intensidad. Ambos bandos están exhaustos, a la espera de la nieve y el invierno. Grossman ha abandonado temporalmente la ciudad, y hoy, 13 de noviembre, tiene tiempo para escribirle a su padre:

> Trabajo mucho, el trabajo es estresante y estoy bastante cansado. Nunca había estado en una zona tan conflictiva como esta. Las cartas no me llegan, solo una vez llegó un paquete para mí, un fajo de cartas y una postal tuya... Aquí empieza a hacer bastante frío, y sopla el viento.

Grossman está cansado, lo cual se nota en su humor: está irascible y arisco. En una de las sienes le han salido canas. ¿Pasa un solo día sin pensar en su madre y sentirse responsable de su muerte?

* * *

Durante mucho tiempo, la vida de Nella Last se movía entre dos polos: los niños y la casa del número 9 de Ilkley Road, en Barrow-in-Furness. Esos polos definían su vida, le daban rumbo a su existencia. Su marido Will, no. (Por cierto, Will también trabaja en el astillero Vickers; una de las rutinas de Nella consiste en procurar que las zapatillas de él estén calientes para cuando vuelve de su turno). Obviamente, él era un requisito para esa vida, su protección y su seguridad. Pero nunca su centro.

Los chicos son mayores y ya se han ido de casa. Arthur cumple treinta el año que viene y trabaja de inspector de Hacienda en Irlanda del Norte —un empleo asegurado en un lugar seguro—. Clifford, al que todos llaman Cliff, cumple veinticuatro el mes que viene y se halla en paradero desconocido en alguna parte del mundo también desconocida. Su unidad del ejército partió en barco a mediados de julio bajo el mayor secretismo, y ella cruza los dedos para que el muchacho haya terminado en algún sitio más o menos tranquilo, como por ejemplo India.[69]

Pero ¿qué pasa con la casa? A lo largo de los años, Nella Last ha podido ver por sí sola cómo el orgullo de tener una casa hermosa, bien ordenada e impoluta ha sido lo que ha dado sentido a la vida de muchas mujeres, sobre todo después de que los hijos volaran del nido, a la vez que ese orgullo las ha mantenido presas en una vida constreñida y limitada. (A decir verdad, Cliff ya le advirtió que no se volviera demasiado orgullosa y presumida con el hogar). Pero en cierta medida, la bomba que cayó aquella noche de mayo del año pasado le arrebató la casa.

Sigue siendo perfectamente habitable —el tejado aguantó—, pero, tal y como Nella Last escribió en su momento, «nunca va a ser del todo la misma». Los daños más graves se han reparado, las cortinas y los almohadones rasgados están remendados, y por fin se ha librado del polvo tan detestable que se había metido hasta en el rincón más escondido. Aun así, hay rastros que perduran un poco en todas partes. La fachada está desfigurada por las marcas de la metralla de la bomba, el pequeño garaje se ha desplazado un palmo, pueden verse largas grietas por doquier en las paredes interiores de color nata. A ella siempre le ha gustado hacer limpieza a fondo en primavera, pero «este año no me hacía sentir orgullosa limpiar, para nada». Tal como escribió por aquel entonces en su diario:

> Era más bien como el cuidado y la atención cautelosos, «provisionales», que se le dan a un animal herido o un crío enfermo: nada de frotar demasiado, no vaya a ser que salte el revoco suelto y maltrecho o el revestimiento del tejado, y los azulejos del baño y los fogones hay que sujetarlos para limpiarlos, porque muchos están que se caen. Una sensación de: «Ya está, por fin he terminado», en lugar de quedarme admirando el brillo y lustre de los muebles, los objetos de latón

---

69. Esta suposición no está sacada de la nada. Cliff y ella acordaron algunos códigos que él debería utilizar en sus cartas, y el código en la última que le mandó decía India. De hecho, en ese momento se encontraba en África del Norte. El gran temor de Nella Last era que Cliff estuviera destinado a aquel «otro frente» del que se hablaba cada vez más, es decir, una especie de gran desembarco en el continente. El ejemplo de Dieppe la asusta.

y el suelo recién limpiados. Algo murió dentro de mí aquella noche, y quizá también naciera algo. Quizá se produjo un equilibrio.

Ahora es noviembre, y el «quizá» de la última frase se puede eliminar. Su vida ha cambiado. Ya no pone el foco en la casa y los niños. Con su marido cada vez discuten más a menudo, y casi siempre es ella quien pone a Will en su sitio, a diferencia de lo que ocurría antes. Ahora el foco está en el mundo exterior, en su servicio en la protección civil, el trabajo con los paquetes de la Cruz Roja para los prisioneros.

Su marido ha envejecido notablemente desde el estallido de la guerra. Sin duda, Last se siente a veces cansada y desanimada, pero al mismo tiempo tiene más energía que antes. Es conocida por su buen humor prácticamente inamovible: ya no es aquella mujer pálida y neurasténica que necesita descansar a puerta cerrada varias veces al día, atiborrada de aspirinas, sino la mujer activa que ordena, organiza, ayuda, apoya, consuela, anima, replica. Se preocupa más por su aspecto que antes. Cuando sale por la puerta de casa, casi siempre lleva pintalabios.[70]

* * *

La vida vuelve a ser la de siempre para Sophie Scholl. Es decir, doble. Por fuera todo sigue igual que en los últimos tiempos para ella, su hermano y sus amigos: clases, paseos, música, lectura, conciertos, una copa de vino o dos. Algunos de los hombres jóvenes de su círculo han retomado las clases de esgrima. Otros cantan en un coro, están ensayando *El Mesías* de Händel. Scholl sigue escribiendo cartas a su añorado prometido Fritz Hartnagel en Stalingrado, y cada vez está más preocupada porque él lleva tiempo sin responderle. (¿Ha caído?). Pero tras puertas bien cerradas, en cuartos llenos de humo de pipa y bajo una inquietud contenida, los seis que conforman el núcleo del grupo discuten en voz baja cuál debería ser el siguiente paso. Todos parecen frustrados por el efecto prácticamente nulo que han tenido

---

70. El pintalabios tenía un leve significado simbólico para Nella Last. Cuando se casó se le prohibió que se pusiera cualquier tipo de maquillaje.

los cuatro volantes de verano.[71] Deciden que la próxima acción debe ser más grande: más volantes, en más localidades.

Cuán fácil es, cuando te encuentras en peligro, salvarte solo a ti misma y a los tuyos, y obviar el mandamiento moral, limitarte a salir corriendo de la casa incendiada. Y cuán difícil, para una persona que está fuera, a salvo, hacer caso de los imperativos éticos y adentrarse, sin que nadie se lo pida, en las llamas y el humo.

* * *

El gigante dormido se ha despertado. Hasta la fecha, la operación estadounidense en Guadalcanal ha estado marcada por la improvisación y las soluciones de última hora, en especial dentro de la rama militar que está considerada, con diferencia, la principal de Estados Unidos: la logística. (La cual, a su vez, es una prolongación de la tremenda magnitud económica e industrial del país). Es sábado día 14 de noviembre, y Charles Walker se encuentra una vez más en la playa. Algo grande está en marcha, porque a sus espaldas van alzando el vuelo un grupo tras otro de aviones que despegan del aeródromo y desaparecen en la lejanía. Pero Walker y sus hombres tienen otra tarea asignada. Los han mandado aquí para pescar bidones de combustible que han sido arrojados al mar por los buques de carga norteamericanos en el estrecho, calculando que la corriente y el viento los llevaría a este punto.

He ahí otra improvisación, sin que quede claro si es fruto de la desesperación o de la astucia. Al mismo tiempo, cada vez hay más indicios de que las fuerzas armadas de Estados Unidos han empezado al fin a poner orden en su maquinaria de aprovisionamiento. (Y que esa magnitud económica e industrial empieza ahora a darse a conocer en serio y en la práctica, y no solo en términos estadísticos). Porque mientras Walker y sus hombres sacan a mano los pesados bidones del agua para llevarlos a la sombra de los cocoteros o cargarlos en camio-

71. Cerca de la mitad de la gente que recibió el volante por correo acudió de inmediato a la policía. Desde verano hay también un grupo especial de la Gestapo de Múnich que trabaja intensamente en la búsqueda de los responsables, y varios expertos se han unido a él. Lo que se debe saber es que la Gestapo era una organización pequeña, iba corta de personal, incluso, y dependía mucho de los informadores, que abundaban, huelga decirlo.

nes que los esperan, puede ver grandes embarcaciones anfibias atracando en la playa, cargadas de todo tipo de provisiones, entre ellas una caja tras otra de naranjas, así como cantidades ingentes de cajas de escarchadas llenas de carne congelada y deshuesada. Pero enseguida comprende que esas delicias pertenecen al Cuerpo de Marines, por lo que al Ejército de Tierra no le suele tocar nada. La rivalidad entre ambos sigue siendo enorme. Igual que la tacañería.

Ese mediodía, Walker toma prestado un camión y roba montones de naranjas y carne congelada. Todo para su propio batallón. (Todos se roban entre ellos). Y al caer la noche da el golpe realmente grande: cuando los japoneses inician una nueva ofensiva y los guardias buscan protección en las trincheras y búnkeres, consigue sacar a escondidas un bidón de alcohol para uso médico de la despensa cerrada. «Y antes de despuntar el día ya se había hecho el reparto, desde abajo del todo hasta el jefe de batallón».

El alcohol es uno de los productos más codiciados entre los soldados, tanto en esta isla como en general. Si no hay —y en los sitios apartados del océano Pacífico como este no lo hay casi nunca—[72] suelen destilar distintas variantes de macerados, o tal como lo llaman los soldados: *swipe* o *raisin jack*. Se elabora a partir de una mezcla de azúcar, fruta en conserva, pasas y piel de patata, entre otros ingredientes, que se pone a fermentar en un recipiente cerrado.[73] En Guadalcanal, algunos están tan desesperados que se beben hasta la loción de afeitado, mezclada con zumo de pomelo o filtrado con pan. Beben por costumbre, porque es algo que se hace; beben para anestesiarse; beben para aguantar.

A la mañana siguiente, todos aquellos con los que Walker se cruza van borrachos en mayor o menor medida.[74] Incluidos el nuevo

---

72. El primer envío de cerveza llegará a la isla en diciembre.

73. *Seebees*, las unidades no combatientes que construyen y hacen el mantenimiento del aeródromo —por lo demás, una función de colosal relevancia, y un buen ejemplo de la superioridad del aparato logístico estadounidense—, son conocidos por ser buenos destilando aguardiente casero, que después venden a los soldados o cambian por suvenires.

74. Excepto el médico del batallón, que teme que es alcohol de quemar. Su escepticismo hacia el consumo alcohólico no era injustificado. Hay periodos de esta guerra en la que mueren más soldados estadounidenses por intoxicación etílica que por enfermedad.

jefe de batallón y el jefe de compañía de Walker. Hay alguien tirado en el suelo, gritando y dando voces, tan ebrio que no puede ni mantenerse en pie. Al sargento responsable del abastecimiento se lo llevan inconsciente en una camilla. Los demás siguen bebiendo el resto del día.

* * *

Noviembre es, por defecto, un mes monocromático, en todo su claroscuro, pero la pregunta es si la ciudad de Shanghái ha sido alguna vez tan lúgubre. Los rótulos de neón de las grandes calles de tiendas están apagados. Por las calzadas se ven pocos coches, más allá de los vehículos verde-marrón del Ejército japonés. Es harto difícil conseguir combustible, y a quien pillen almacenando gasolina lo amenazan con castigos severos. Así que cuando Ursula Blomberg y los demás de la Place de Fleurs tienen que hacer algún trayecto más largo, lo hacen en bici. Sin embargo, la tenencia de bicicleta exige disponer de una licencia.[75] Pero aunque tengas tanto bicicleta como licencia no puedes moverte libremente por la ciudad y entre sus transeúntes, porteadores y *rickshaws*. Tan pronto sales de la zona francesa de la ciudad vas a topar con puestos de vigilancia japoneses, alambrada y controles.

Pero no es eso, ni la epidemia de tifus, ni el tema de la comida lo que más le pesa a Blomberg. Ella vive a salvo de las peores visiones, protegida tanto por sus padres en la casa rodeada de muro como por el hecho de que, justo debajo de los plátanos de la parte de la ciudad en la que viven ellos, reina una normalidad considerable —mientras los peligros, la muerte y las penurias se encuentran a tan solo unas manzanas de distancia: durante mucho tiempo les ha resultado difícil comprender esta ciudad y sus zonas, fronteras y vidas paralelas—.[76] Su familia también se las apaña bastante bien, y si hubiera una crisis importante hay instituciones de beneficencia que ayudan a los refugiados judíos de la ciudad.

75. Desde que comenzó la nueva guerra en 1941 se expidieron dieciséis mil nuevas licencias a Shanghái. Cientos de talleres de bicicletas abrieron por toda la ciudad.

76. Como la Francia de Vichy se consideraba un estado amistoso, los japoneses habían dejado prácticamente en paz la parte francesa de la ciudad.

Lo que más la atormenta es la incertidumbre. Blomberg escribe:

> Vivir en la concesión francesa nos generaba una ilusión de inmunidad contra los japoneses, simplemente porque sus soldados no llenaban las calles, como ocurría en la ocupada Hongkou. Nos fundíamos con los rusos, portugueses, alemanes y miembros de otras naciones «de talante amigable» que se asentaban en las tranquilas calles de esta plácida zona de la ciudad. Pero ¿perduraría?

* * *

No lo parece. Los soldados japoneses, que hasta la fecha se han comportado de forma correcta, han comenzado a mostrarse agresivos. A veces ocurre que se juntan en pequeños grupos y entran por la fuerza en las casas, hurgan y destrozan en busca de aparatos de radio, dólares estadounidenses y oro. Además, han estado llegando rumores de Europa sin parar, rumores «que nos inquietaban y asustaban hasta lo más hondo», sobre transportes de judíos a campos del Este, sobre «abusos indecibles». Pero eso no es todo. Blomberg explica:

> Corrían otros rumores por Hongkou. Oímos que un miembro de la alta esfera de la Gestapo, un tal coronel Josef Meisinger,[77] había visitado Tokio para discutir la situación de los refugiados judíos. Ahora se encontraba en Shanghái y estaba deliberando con funcionarios del gobierno japonés acerca de todos nosotros. No eran buenas noticias.

Se dice que la misión de Meisinger es exterminar a todos los judíos de Shanghái. Quizá a base de iniciar un pogromo. Otro rumor dice que un barco cargado de gas tóxico ha atracado en el puerto. ¿Han cruzado medio mundo solo para correr el mismo destino que

---

77. Meisinger era un tipo extremadamente cruel y repugnante, incluso para un hombre de las SS, y corrupto hasta la médula. Su destino en Asia parece haber sido una forma de conseguir quitárselo de en medio por parte de sus superiores sin un juicio embarazoso. De hecho, Shanghái parece haber sido algo así como un vertedero para todo tipo de nazis incompetentes e incómodos, que cuando no estaban en los clubes nocturnos y burdeles empleaban gran parte de su mucho tiempo en vigilar a otros alemanes y hablar mal de ellos a sus espaldas.

ya ha engullido a tantos amigos suyos en Europa? Circulan las especulaciones y las habladurías ominosas.

El suicidio se ha vuelto cada vez más habitual entre los refugiados.

Ayer llovió bastante. Hoy, sábado 14 de noviembre, solo está lloviznando. Sopla viento de este-noroeste y del interior de China. Hace una temperatura de unos dieciséis grados y es bastante agradable, para ser finales de otoño. Todo el mundo sabe que pronto vendrá el frío.

* * *

Un día más de niebla en Londres. Vera Brittain no sale de casa y aprovecha para responder cartas. (Su correspondencia es abundante, recibe muchas cartas de lectoras, y también mantiene el contacto con muchísima gente del malaventurado movimiento pacifista). Trabaja concentrada y poco a poco va reduciendo la montaña de sobres. Lo que más la alegra son dos cartas de dos personas conocidas que alaban con entusiasmo su recién publicado *Humiliation with Honour*. Lleva un tiempo sintiéndose baja de ánimos, pero los elogios le aligeran el humor.

El editor habitual de Brittain dudó a la hora de publicar el libro, debido a su mensaje pacifista, así que lo ha publicado una pequeña editorial de un solo editor en Hertfordshire. Hasta la fecha, los grandes periódicos le han hecho el vacío al texto, o le han dedicado valoraciones despectivas, así que los halagos que le llegan de su círculo de amistades y conocidos son importantes para ella.

La pregunta es ¿para quién ha escrito *Humiliation with Honour*? Su formato, que consiste en un conjunto de cartas dirigidas a su hijo de quince años en Estados Unidos, es solo un gancho, y bastante logrado, que añadió a medio camino. Sin embargo, resulta difícil obviar que el libro, a pesar de su tono predicador, en última instancia es un intento de convencer a otros pacifistas, incluida ella misma, de que, pese a todos los desaciertos y fracasos, tenían, han tenido y siguen teniendo razón.

Son las experiencias de Brittain de la Primera Guerra Mundial lo que ha creado su imagen del mundo. Es casi como si se hubiese quedado atrapada en un bucle interminable donde todo lleva de nuevo a 1914. ¿Es su imaginación, que no da más de sí para salir de la tram-

pa de la extrapolación? Si en aquel momento las palabras grandes y
altisonantes sobre la lucha contra la barbarie y en favor de la supervivencia de la civilización fueron pura patraña, entonces deben de
serlo también ahora; si en aquel momento la sociedad fue espoleada a
sentir alegría por la guerra con historias inventadas o exageradas sobre
abusos, probablemente están igual de exageradas o inventadas ahora;
si en aquel momento una victoria sobre Alemania y sus aliados no tuvo
ningún sentido, puesto que solo causó pretextos para una nueva guerra, ahora una victoria será exactamente igual de inútil.

Así que, pese a condenar a Hitler y el nazismo, Brittain considera que gran parte de la culpa de lo que está ocurriendo la tiene Reino
Unido,[78] y que no deberían haber entrado en guerra por Polonia,
y que la única forma de salir de ella es un armisticio y un acuerdo de
paz inmediatos, así como una repartición generosa de las tierras que
Alemania y Japón han tomado por la fuerza.

Pero por mucho que Brittain reúna a tientas hechos y esperanzas
que se corresponden con sus viejas experiencias y su tesón descarado,
y de esta manera se acabe equivocando, hay en ella (y en el texto) un
evidente sufrimiento moral nacido de la misma experiencia, un sufrimiento que le permite ver algo fundamental. Escribe:

> Poco a poco, la inagotable experiencia de la tragedia insensibili-
> za los sentidos y erige un mecanismo de defensa de frialdad que para
> una persona normal resulta necesaria si quiere poder soportar la situa-
> ción. Para las personas menos sensibles de lo normal, este proceso
> degenera enseguida en barbarie. Para todos nosotros, actos que antes
> no podíamos concebir acaban siendo aceptados como normales, o en
> el peor de los casos, inevitables.

Este fragmento de texto desemboca en una fuerte crítica contra
el bombardeo de la Alemania civil. Como ya hemos visto, a lo largo
de este año el Mando de Bombardeo de la RAF, bajo las órdenes de

---

78. En la entrada de su diario del 26 de mayo de 1940 es algo más precisa. Que
Gran Bretaña se haya visto arrastrada a la guerra lo achaca a tres grupos: los comunistas y sus cómplices, que han estado incitando contra Alemania; los liberales irrespon-
sables que han emitido garantías de seguridad «a naciones pequeñas de toda Europa
sin saber si podíamos cumplirlas»; y los francófilos nostálgicos, que han conectado el
destino del país al de Francia.

su nuevo comandante Arthur Harris —a quien Brittain cita con desprecio—, ha iniciado un nuevo tipo de operaciones: incursiones grandes y concentradas con bombas incendiarias dirigidas contra ciudades alemanas, cuyo objetivo es demoler la voluntad de resistencia de la población civil. (Los ataques se han dirigido, con éxito creciente, contra algunas grandes ciudades; la última de ellas, Hamburgo, hace cinco días). Estos ataques aéreos ocupan cada vez más espacio en su mente. Corre el día 14 de noviembre.

Al caer la tarde del sábado, Brittain termina con todas las cartas, y puede volver con alivio y alegría a su novela. Lleva un mes sin trabajar en ella. Pero tardará en terminarla. Su próximo gran proyecto es un libro que cuestiona abiertamente los bombardeos de población civil alemana. Esto la va a hacer aún más impopular.

* * *

Atardecer en Guadalcanal. John McEniry está de pie contemplando el caza en picado del que se acaba de bajar. El mero hecho de haber conseguido aterrizar ya es una hazaña en sí misma, porque el aparato está hecho una ruina. El motor se ha averiado porque los disparos han cortado unos tubos de aceite; la bomba de combustible también está rota, igual que muchos de los instrumentos del panel, como la radio, grandes trozos de la cubierta de metacrilato, los gatillos y uno de los escudos de las ametralladoras del operador de radio. En el acero blindado de detrás del asiento del piloto hay varias balas clavadas y fragmentos de una granada explosiva de veinte milímetros. Hay agujeros por todas las alas y el cuerpo del avión. El tacón de unos de sus zapatos ha saltado, también por el impacto de una bala disparada por uno de esos cazas japoneses que han estado volando como un enjambre por encima y por detrás del caza en picado, tratando de derribarlo. Seguramente, una parte de los agujeros provienen también de los proyectiles disparados desde los barcos japoneses a los que acaban de atacar y que han ido a por ellos con todo lo que tienen, incluso cañones de artillería pesada.

Atacar barcos enemigos cuando la luz comienza a ceder es una experiencia singular. Entonces se pueden ver claramente las trayectorias oscilantes y elípticas de las balas trazadoras, que suelen fundirse con la intensa luz tropical del día, y de repente se puede ver la ingente cantidad de proyectiles que hay llenando el aire: los puntos de luz ascienden lentamente hacia ellos, para de pronto estirarse y pasar por su lado con un latigazo.

El aparato está hecho una ruina. Son malas noticias. Y es que aquí en la isla van cortos de aeronaves. Es más norma que excepción que los cazas en picado, bastante resistentes, regresen severamente perforados por las balas, pero entonces los mecánicos se dedican a tapar los agujeros con tiras de aluminio remachadas que luego cubren con una rápida capa de pintura antioxidante de color verde. Algunos aviones parecen colchas de retales, repletos como están de manchas verdes sobre el azul celeste de base. Se trabaja para tratar de mantener el mayor número posible de aviones en el aire las veinticuatro horas del día. El número de aviones listos para combatir es la cifra que se observa con más nerviosismo. Pilotos no faltan.

Esta es la guerra de las máquinas, y las personas no son más que los sirvientes de las máquinas. Es la lectura que se puede hacer, y así lo marca también el cliché. Pero debajo de los clichés está la experiencia original, tan masiva y fragmentada y contradictoria que resulta imposible de resumir, de ahí la necesidad de tener fórmulas.

Incluso en un sentido abstracto hay algo de cierto en la afirmación. Las organizaciones —ejércitos de tierra, marinas, fuerzas aéreas— que libran esta guerra pueden verse como una especie de máquinas colosales, compuestas por un número casi infinito de partes móviles y cooperantes, y donde hasta el menor de los componentes, el más anónimo y a menudo intercambiable, es un ser humano. El individuo está constantemente subordinado a la gran fuerza impersonal y ciega de la máquina. No es nada fuera de ella, y como resultado de su intercambiabilidad absoluta, tampoco es prácticamente nada dentro de ella. Este hecho tan profundamente desmoralizador los afecta a todos, en algún momento.

Unos mecánicos apartan la aeronave de la pista de aterrizaje. McEniry y su operador de radio van a ponerse en la cola de la comida para llevarse algo al estómago. Probablemente, no han comido nada en todo el día. La oscuridad empieza a caer y es 14 de noviembre.

John McEniry tiene dificultades para entender qué es lo que acaba de vivir. Explica: «El número de ataques y aciertos y quién los hacía nunca se sabrá al detalle. La jornada consistía en despegar, atacar, volver, recargar y repetir. Nadie sabía con certeza quién salía en cada ataque».

Cuando mucho tiempo después intenta construir un relato de lo ocurrido, su recuerdo y el de otros no terminará de encajar con lo que pone en los cuadernos de bitácora del escuadrón, que a su vez no se corresponde del todo con lo que dicen los informes oficiales. Pero los datos concretos son simples. Desde primera hora de la mañana del martes ha habido un ataque aéreo continuado contra el convoy de tropas japonés que se dirige a Guadalcanal, el convoy del que el general aquel les había informado la tarde antes. «Despegar, atacar, volver, recargar y repetir». Han participado aviones de todas las unidades y de todos los tipos imaginables.

McEniry ha volado en cuatro misiones. La primera ha sido a las 6.30 y ha durado apenas tres horas desde el despegue hasta el aterrizaje: un ataque a un par de cruceros. En el cuaderno de bitácora pone que su bomba de doscientos cincuenta kilos ha caído en la popa de uno de ellos, pero lo que él recuerda es que ha fallado por muy poco. El recuerdo probablemente más claro: el alivio que ha sentido al salir del intenso fuego aéreo poder fumarse por fin un cigarro. La segunda misión le ha llevado algo más de dos horas y el objetivo ha sido el convoy de transporte. Esta vez su bomba tampoco ha dado en el blanco. El recuerdo probablemente más claro: la primera vez que distingue el convoy, el más grande que haya visto jamás. La tercera misión ha durado unas dos horas, y de nuevo se ha dirigido al convoy, ahora cada vez más disperso. Esta vez sí ha alcanzado el objetivo. El recuerdo probablemente más claro: cuando aterrizan se les acerca el jefe de escuadrón, el rubio mayor John Sailer Jr., un oficial de profesión más de diez años mayor que el resto de pilotos —una persona a la que todos admiran por su intrepidez y, al mismo tiempo, todos temen un poco por su temperamento—, se le acerca y dice: «Has acertado un buen tiro, Mac. Así que, ahora que sabemos cómo hay que hacerlo, salgamos de nuevo». Y eso hacen.

Cuando más tarde estuvo mirando el diario del escuadrón no encontró ninguna mención a esta cuarta misión, aunque es justo la que «siempre perdurará en mi memoria». No queda claro si McEniry tocó alguno de los barcos de transporte,[79] porque estaba demasiado ocupado haciendo maniobras de evasión y sorteando el fuego aéreo y los

---

79. Probablemente. En el informe del médico de aviación del 22 de febrero de 1943 se indica «*4 hits on ships*».

enjambres de cazas japoneses. A veces, sus ojos se cegaban momentáneamente y su cuerpo se iba comprimiendo ora hacia un lado, ora hacia el otro por culpa de la gravedad. Y todo el rato esos olores familiares y penetrantes: aceite, gases de escape, cordita, queroseno, metal caliente. El recuerdo probablemente más claro: cómo sobrevuela muy muy bajo por encima del agua azul del océano, balas trazadoras bailan por encima, por debajo y por delante del morrón del caza en picado, se oyen chasquidos y chirridos cuando los proyectiles aciertan en el cuerpo del avión, columnas de agua que se yerguen, y uno de los cazas se le acerca tanto que McEniry puede ver claramente la cara del hombre que intenta acabar con su vida. Pero al final es el japonés el que muere.

Hace apenas una semana, cuando llegó a Guadalcanal lleno de fervor, estaba seguro de que sobreviviría a la operación y a la guerra, que «siempre sería otro». Cuando ese mismo sábado por la noche McEniry está tumbado en su pequeña tienda tratando de dormir, un pensamiento se le pasa por la cabeza: «Si hay muchos más días como el de hoy, quizá no salgo de esta». Algo ha cambiado en su interior.

* * *

Al mismo tiempo, en la misma isla, el teniente Tohichi Wakabayashi intenta entender qué es lo que está sucediendo realmente. Desde su posición en la montaña cubierta de selva, con sus prismáticos puede ver y contar los aviones que despegan o aterrizan en el aeródromo enemigo, pero no tiene ni armas ni munición para atacarlos. Wakabayashi también ha visto y oído la gran batalla nocturna en el mar, la cual le ha inspirado a escribir un nuevo poema, esta vez en formato libre:

> *Trueno trueno*
> *bum bum bum*
> *Cual cientos de relámpagos que caen al mismo tiempo,*
> *mi sueño de una trinchera ha desaparecido.*
> *Desde la cima de Guadalcanal*
> *contemplo al norte las aguas de Tulagi.*
> *La llama roja arde en el mar.*
> *No se puede decir quién es amigo o enemigo,*

masas calientes de obuses trizan el aire,
bombas de iluminación caen de los aviones allá arriba
y alumbran nuestro barco. La luz se acumula, temblorosa.
La cresta plateada roza la rueda de la luz y la muerte.
Mi destructor ya no se ve por ningún lado.
Oh, la silueta sombría de un barco en la luz.
Es un acorazado del enemigo.
Un ruido ensordecedor hace temblar el suelo.
Uno, dos… Columnas de fuego se yerguen.
Todo se borra. Se despedaza y se quiebra y se reduce a nada.

Sabe que ese convoy de transporte debe llegar a lo largo del día de hoy. «Rezo para que lo consigan», pone en su diario. También sabe que necesitan a los miles de soldados y las armas pesadas que los barcos traen consigo, pero también las provisiones que conforman gran parte del cargamento del convoy. Van cortos de comida. Las raciones son preocupantemente pequeñas. Apunta: «Llevo echando de menos comer hortalizas desde que he pisado tierra. Hoy me he comido un brote de bambú».

Incluso la noche del 14 al 15 de noviembre Wakabayashi oye el murmullo de los cañones que llega del mar. Por la mañana corre la noticia de que los transportes han alcanzado tierra. Escribe: «Salté de alegría cuando me enteré de su éxito. *Banzai!*». Unas horas más tarde, su compañía recibe la orden de moverse por la selva hasta una posición más cerca de la costa norte. «Los aviones enemigos no paran de sobrevolarnos». A medida que avanza el día, las informaciones sobre lo que realmente ha pasado son cada vez más desconcertantes.

* * *

Mansur Abdulin y algunos soldados más avanzan por la trinchera en la penumbra hasta su puesto. Es la noche del sábado 14 de noviembre y vuelve a reinar el silencio. Lo único que se oye es el crujido de sus botas al pisar el fino hielo de los charcos de agua. Hace rato caía una lluvia rala y fría, pero ahora las nubes ya se han disipado. La temperatura desciende.

Abdulin está oteando la tierra de nadie en la oscuridad, hacia las líneas enemigas, que están a unos trescientos metros. Al cabo de un rato, una hermosa luna llena surca el firmamento, y su resplandor claro y nítido revela formas, detalles, imágenes de la superficie del campo de batalla, antes tan llana y desprovista de contorno alguno. El ataque ha terminado hace algunas horas, y la escena es terrible.

Unas horas atrás, el regimiento de Abdulin, el 1.034.°, ha recibido órdenes de asaltar las trincheras del enemigo que tienen enfrente, «y tomar el control de sus instalaciones defensivas». Este es su primer ataque, su primer combate de verdad. Hay algunos veteranos entre sus filas, supervivientes de la masacre del año pasado,[80] pero la mayoría son nuevos, reclutas que, a lo sumo, cuentan con tres meses de formación básica rudimentaria. Y en la mayoría de los casos, soldados y oficiales se conocen tan solo desde octubre —cuando el regimiento, así como toda la división, se proveyó de gente y equipo en un depósito en Buzuluk, al otro lado de los Urales—. De ahí el gran número de integrantes procedentes de Asia Central.[81]

Durante la primavera y el verano, la unidad se vio implicada en largas y humillantes retiradas, una tras otra; llegó un momento en que la moral de combate de la parte del Ejército Rojo que luchó en el frente sur parecía estar a punto de implosionar; el pánico y la resignación se convirtieron en cotidianos; las deserciones se dispararon.[82] Pero algo ha ocurrido desde entonces.

Por una parte, debe de tratarse de una mezcla de vergüenza y comprensión. Las constantes retiradas han comenzado a percibirse como insostenibles en varios sentidos. Son insostenibles en el sentido moral: al retirarse, abandonan a un número cada vez mayor de pobla-

---

80. Tanto en 1941 como en 1942, la división de tiradores a la que pertenece el 1.034.° Regimiento, la 293.ª, ha esquivado varias veces, y casi siempre por casualidad, el destino que hasta la fecha han corrido tantas unidades del Ejército Rojo: verse rodeadas, aisladas, destruidas y aniquiladas.

81. En cierta medida, que en esta época puedan verse cada vez más minorías nacionalistas en el Ejército Rojo, sobre todo de Asia Central, tiene una explicación demográfica sencilla: muchos de los ejércitos aniquilados estaban compuestos por rusos en su mayoría, y muchas zonas donde predomina la población rusa están ahora ocupadas. A pesar de ello, o quizá gracias a ello, los prejuicios contra los asiáticos centrales están a la orden del día.

82. Si la Unión Soviética en algún momento estuvo a punto de perder la guerra fue, precisamente, durante el desastroso verano de 1942, cuando nada parecía jugar a favor del Ejército Rojo y la colosal base industrial del país aún no se había dado a conocer en su plenitud.

ción local para dejarla en manos de un ocupante que es capaz de cometer todo tipo de atrocidades. Son insostenibles también en el sentido geográfico: si la cosa continúa así, pronto habrán cedido las
partes más importantes y más ricas en recursos, y solo les quedará la
vacía estepa asiática.

Por otra parte, ha cambiado la manera de pensar y de reaccionar
de la gente. Hasta ahora, la dictadura estalinista ha logrado imponer
a las personas su forma de pensar con gran esmero y sacrificando a
muchas víctimas: las quimeras, la caza al chivo expiatorio, el optimismo obligatorio, la tendencia a negar datos incómodos, la obediencia
ciega y automática, y la reticencia también automática a responsabilizarse, surgida de esta obediencia. Ese ha sido un factor determinante detrás de las derrotas, pero finalmente el shock de las derrotas ha
comenzado a diluirlo. Se ha empezado a hacer limpieza de antiguos
militantes del partido que tienen su origen en la guerra civil y otros
jefes claramente incompetentes, y el derecho de los comisarios de
partido de meterse en decisiones militares acaba de retirarse.

A esto se le añaden cambios que son simbólicos, pero cuyo simbolismo juega un papel importante. Hace tan solo tres días llegaron
nuevas decisiones en lo que al reparto de medallas se refiere. A partir
de ahora el Ejército Rojo será rápido y generoso con este tipo de ga-
lardones.[83] Y en esta misma época, mediados de noviembre, también
ha llegado la noticia de que se recuperan las charreteras de los oficiales. Es una nueva medida para demostrar que lo único que cuenta a
partir de ahora es el rango y la destreza militar, pero como las charreteras se relacionan con el viejo orden, con el Ejército zarista, y como
se han cancelado las campañas antirreligiosas y se han abierto muchas
iglesias —e incluso corre el rumor de que el odioso sistema de koljós
quizá se va a disolver—, ha nacido una nueva esperanza entre muchos
miembros del Ejército Rojo:

> Por primera vez, los soldados podían atreverse a creer de verdad
> que el orden de la preguerra —los peces gordos del partido, los cam-
> pos de trabajo y todo lo demás— se iba a terminar. Se atrevían a pen-

---

83. No deja de ser importante indicar que las medallas en muchos casos están
vinculadas a ventajas materiales directas, como por ejemplo un aumento del pago a las
familias, viajes gratuitos, alquileres reducidos, una pequeña renta vitalicia u otros.

sar que luchaban para hacer realidad un mundo mejor, prometido y anhelado desde hacía mucho tiempo.[84]

Pero aunque a estas alturas la mayoría ya ha comprendido que están luchando, literalmente, por su propia supervivencia y la de su país, y aunque ahora haya más por lo que luchar que de lo que huir, y aunque el idealismo ideológico y la voluntad de sacrificio se estén extendiendo dentro del Ejército Rojo, el sistema sigue teniendo un crudo inconveniente: la obligación. Aquel que se escaquea o se niega a obedecer órdenes corre un elevado riesgo de llevarse un tiro allí mismo. A estas alturas no debe de haber nadie que no haya sido testigo o haya oído hablar de alguno de estos casos de ejecución sumaria.[85] Además, detrás de las líneas siempre hay unidades de bloqueo del NKVD, con órdenes de capturar a todos los cobardes y desertores —tienen derecho a ejecutarlos en el acto— y con autoridad para disparar a las propias unidades que hayan empezado a fugarse o a rendirse. En el Ejército Rojo, una vida humana tiene poco valor.

* * *

Mansur Abdulin está de pie en la trinchera, oteando la tierra de nadie y esos trescientos metros que su batallón ha intentado cruzar hace unas horas. (Y esto, curiosamente, con un apoyo poco más que simbólico por parte de la artillería). Lo que en la oscuridad parecían formas geométricas o tocones de árbol o quizá tan solo matas de hierba congelada, a la luz de la luna llena eran personas, personas muertas, muchas de ellas conocidos directos o gente a la que conocía por el nombre. La lluvia se ha congelado y ha formado una membrana brillante sobre sus rostros y uniformes, y da la sensación de que los cuerpos estén hechos de hielo. Abdulin recuerda:

Algunos yacían bocarriba, otros estaban acurrucados y retorcidos. Algunos estaban sentados con las manos en alto, como para animar a sus camaradas a continuar el ataque. Rostros petrificados con ojos

84. Catherine Merridale.
85. Incluso los jefes de regimiento y otros altos mandos que titubeaban se arriesgaban a ser fusilados, cosa que a veces ocurría.

abiertos de par en par y bocas en grito. Había montones de cuerpos apilados contra las alambradas, que presionaban hasta el suelo con su peso, de manera que abrían el paso hasta las trincheras nazis.[86] Era imposible asimilar mentalmente la escena, porque era imposible asimilar aquella composición congelada como real. Parecía que alguien pudiera volver a poner en marcha la cámara y que, de pronto, la imagen congelada pudiera ponerse otra vez en movimiento.

La madrugada del domingo empieza a caer la primera nieve.

Al despuntar la mañana, el paisaje llano está quieto y en silencio, incluso virginal en su pureza, y todo rastro de lo ocurrido ha quedado sepultado bajo un manto blanco y mullido. Es como si las escenas de terror del día anterior no hubiesen tenido lugar.

Mucho tiempo más tarde, Mansur Abdulin sabrá que nunca se esperó que su batallón «se hiciera con el control de las instalaciones enemigas». El verdadero objetivo del ataque era comprobar si el enemigo disponía de armas pesadas, bases militares y campos de minas. Era el procedimiento estándar del Ejército Rojo de cara a una gran ofensiva.[87] Y en esta ocasión, el 1.034.º Regimiento de Tiradores era el señuelo, el consumible.

* * *

Al día siguiente, en Stalingrado, Adelbert Holl recibe una buena noticia. Le han asignado un puesto en la escuela de combate de infantería en Berlín-Döberitz, una estancia de un mes que también incluye permiso para visitar a su familia durante la Navidad. No podría pedir más. Sin duda, al igual que muchos soldados del frente, ha de-

---

86. Esta es una forma de expresarse de Abdulin. Los soldados enemigos de las trincheras de enfrente eran rumanos, no alemanes.

87. Hasta el punto de que el Ejército alemán había empezado a considerar estos «ataques de reconocimiento» como un claro indicio de que cabía esperar un gran ataque en menos de veinticuatro horas. Sin embargo, el Ejército Rojo también había empezado a cambiar de idea en este punto. Sus generales todavía creían que este tipo de empresas sangrientas y cínicas eran obligatorias ante una gran operación, pero se iban dando cuenta de que el riesgo del aviso previo se veía reducido si la operación prevista no empezaba inmediatamente después del «ataque de reconocimiento». También aquí. El ataque del 14 de noviembre era parte de los preparativos previos a la Operación Urano.

sarrollado un marcado fatalismo: cómo y cuándo caerás lo decide Dios o la Providencia o la casualidad, y no merece la pena quejarse. Por eso, tampoco tiene ningún sentido obcecarse con la muerte ni con los compañeros caídos.

Holl conoce las muchas manifestaciones de la muerte y nunca duda en matar él mismo. Al contrario. En repetidas ocasiones ha ocurrido que ha salido a hacer expediciones de francotirador por su cuenta en el tumulto de ruinas —una actividad impropia para un jefe de compañía, y además voluntaria— solo para cazar soldados enemigos. Tal vez es uno de esos a quienes les resulta fácil matar, o puede que incluso se sienta atraído por ello. Prácticamente todo el mundo ha matado en combate, así que no es un tema del que se hable.

La actitud de Holl es simple. Obedecer órdenes y no pensar demasiado. Pero quiere ir a casa, desde luego —él y su esposa Ilse llevan sin verse desde el verano, y la quiere mucho—. Este domingo, el jefe de regimiento le informa de que puede abandonar Stalingrado el 25 de noviembre. Solo quedan diez días.

La noticia de que los estadounidenses han desembarcado en África del Norte apenas la registra —«No tenía tiempo para pensar en estas cuestiones mayores»—. Está más afectado por una carta que ha recibido hoy y en la que le cuentan que varios de sus viejos amigos, con los que se ha criado en Duisburgo, han muerto, todos desaparecidos en un mismo submarino.

* * *

Ese mismo domingo doblan las campanas de todas las iglesias de Londres para celebrar la victoria en El Alamein. Esto es nuevo. La última vez que tuvo lugar algo parecido fue al término de la Primera Guerra Mundial. Vera Brittain ve con desaprobación la iniciativa. Huelga decir que Brittain sigue al detalle las noticias de la prensa y de la radio acerca de lo que ocurre en el norte de África, e incluso ella ha tenido que reconocer, un poco a regañadientes, que algo grande, o bueno, puede que incluso decisivo, está teniendo lugar allí. Aun así, lo de las campanadas le parece «infantil» y erróneo, y no solo porque es ocurrencia de Churchill —siente un instintivo rechazo hacia Churchill—, sino también porque no puede desvincular la lejana victoria del precio que se ha cobrado, in-

cluso aquí en casa. No, lo único digno de celebrarse es el final de
la guerra.

Al mediodía acude a una reunión en Muswell Hill, en el norte
de Londres. Brittain es una oradora pública, y a lo largo de los años
ha hecho cientos de apariciones, tanto en Reino Unido como en Estados Unidos. En la reunión lee, entre otros, fragmentos de *Humiliation with Honour*. Todo sale bien, pero nota que está medio resfriada.

Por la noche, Brittain está tan congestionada que le cuesta respirar. Tiene pesadillas extrañas toda la noche. Por la mañana se queda
en la cama hasta que llega Amy, la asistenta, y le prepara el desayuno.
Entre el correo de la mañana hay una carta de su editor en Estados
Unidos. Con muchas palabras, le informa de que él también ha decidido no publicar *Humiliation with Honour*. Es lunes 16 de noviembre.

* * *

Finales de otoño en Międzyrzec Podlaski. Danuta y Józek Fijalkowski están ocupados tratando de construirse un hogar en su casa de la
calle Warszawska. Ella deshace las maletas, ordena, decora; él hace
algunos arreglos y cuida del pequeño, Jędruś. Ella habla con los vecinos; él apenas sale de casa. Algo ha pasado en la relación y en el
papel que desempeña cada uno.

Él es diez años mayor, estable y con experiencia, serio e inteligente, con sus gafas redondas y su pelo repeinado hacia atrás; ella tiene la ingenuidad propia de una muchacha, es pequeñita y guapa, vanidosa, tanto porque su madre, que tenía un salón de belleza, ha
procurado siempre alimentarle esa parte, como porque tiene un aspecto francamente vistoso, con su pelo rubio, sus líneas limpias y
abiertas, sus pómulos altos y su perfil casi perfecto.

¿Puede esto haber contribuido de alguna forma a la salvación de
Józek? Porque es ella —una persona a quien Józek y otros han considerado un poco «infantil»— quien contra todo pronóstico, sistema
y lógica ha conseguido que lo liberaran de Auschwitz.

* * *

Danuta se negó a conformarse con la idea de que Józek hubiese sido
capturado y transportado al campo, por lo que se puso a trabajar con

el objetivo de conseguir liberar a su marido, aparentemente basándose en el inocente convencimiento de que él no había hecho nada, por lo que era evidente que no debía permanecer encarcelado. (Ella aún no se había percatado de que no se trataba de una ocupación normal y que tampoco era una guerra normal; sin duda, aquí sí que jugaba en su favor cierta dosis de ingenuidad). Así que dedicó gran parte de su tiempo, con actitud incansable, sin miedo y bien peinada, a hacer solicitudes en el laberinto de pasillos, controles y acrónimos en letras góticas de las fuerzas de ocupación. Y escribió una carta tras otra a todas las instancias y personas imaginables. Literalmente todas, incluido Adolf Hitler.

Lo que ocurrió puede resumirse de la siguiente forma: primero, en una de sus cartas a Józek («Gef. Nr. 3088, Block 12, KL Auschwitz»), Danuta le dice que le gustaría mucho mandarle una foto del bebé recién nacido. Segundo, en su respuesta del 31 de agosto de 1941, él le dice que «no puedes enviarme fotografías directamente a mí...». Tercero, Danuta se aferra a eso de «directamente». Redacta una solicitud para poder enviar fotos como las dos que adjunta y lo manda todo al comandante del campo, un tal SS-*Sturmbannführer* Rudolf Höss. Cuarto, Józek es citado a declarar. Quinto, Höss le interroga sobre por qué fue detenido, etc. Józek contesta en perfecto alemán. Sexto, Höss se queda pensando, tamborilea con los dedos en su escritorio. (El escritorio en el que, por aquellas fechas, con diligencia, pedantería y frialdad tecnocrática está elaborando los planes para transformar el campo en una máquina de matar industrial). Séptimo, Höss deja que el polaco mire las dos fotos, pero no le permite tocarlas. Se hace un silencio. Octavo, Höss da la orden para que pongan a Józek «en cuarentena». Józek intuye lo que eso significa, alza consternado la mirada que ha mantenido fija en el suelo por sumisión y pavor. Höss se lo queda mirando fijamente. Sus ojos están hundidos y son inexpresivos. Noveno, en las siguientes semanas, Józek es sometido por un lado a controles médicos y, por otro, a controles políticos, para asegurar que de ahí en adelante va a ser un «servidor leal al Tercer Reich». Décimo, el 19 de enero de 1942 Józek recibe el alta de Auschwitz, con cuarenta y cinco marcos en el bolsillo y un *Entlassungsschein* repleto de sellos en la mano.

¿Por qué? ¿Puede tener algo que ver con la carta? Danuta tiene una vecina, la señora Sowińska, que es germanoparlante, una de esas que se han registrado como *Volksdeutsche*, con todos los privilegios que eso implica. Entre otras cosas, la señora Sowińska ha ayudado a Danuta a redactar la carta, que está formulada en un alemán formal casi literario. A esto hay que sumarle que Józek también habla alemán nativo. Y también hay que sumarle que tanto Danuta como Józek son rubios y tienen los ojos azules. Y el hecho de que Danuta posee una excepcional belleza. ¿Acaso Höss vio en Józek un alemán de pura raza en ciernes?[88]

¿O no es más que un impulso sentimental? Espoleado por una foto de esa joven y hermosa madre con su pequeña criatura. No son pocos los funcionarios como Höss que a veces pueden dar muestras de una repentina sensiblería ante infantes, animales, elementos de la naturaleza u obras de arte —en el caso de Höss, sobre todo la música—. Esto no es ninguna anomalía, sino una parte importante de su psicopatología.

El sentimentalismo es egocéntrico. Les demuestra a ellos mismos y a los demás que, pese a cometer o permitir que se cometan actos inhumanos, siguen siendo, en el fondo, personas con sentimientos. Y a sus propios ojos, esto, junto con la ausencia de actitudes abiertamente de odio contra las víctimas, les libera de cualquier responsabilidad moral. Podemos suponer que Höss se sintió satisfecho consigo mismo cuando más tarde ese mismo día se reunió con su esposa y sus tres hijos.

Como ya hemos comentado, sin el empeño incansable de Danuta, lo más probable es que Józek ya estuviera muerto a estas alturas. En cierto modo, podría decirse que las mismas circunstancias que a él lo han roto, a ella la han consolidado. Él se ha convertido en el sujeto pasivo, ella en la activa. En el pueblo en el que vivieron durante el verano, el coraje de ella y su nuevo hábito de navegar en la inescrutable burocracia alemana hicieron que «la dama de Varsovia», como la llamaban respetuosamente, se convirtiera en una persona solicitada. Sobre todo por los agricultores de la zona.

88. La «germanización» de las zonas anexionadas no se llevaba a cabo siempre con la precisión pseudocientífica que defendían los fanáticos ideólogos racistas. En el *Reichsgau* Danzig-Westpreussen no se medían los cráneos, ángulos de la nariz ni el color de los ojos, y tampoco se controlaba la ascendencia, sino que se consideraba alemán a toda persona que se sintiera alemana, independientemente de su color de pelo o su nombre.

También en las zonas rurales de Polonia la explotación económi-ca alemana resulta draconiana. Hay cuotas marcadas de productos agrícolas que deben entregar, sin compensación, a las autoridades alemanas; en el peor de los casos, el castigo es la pena de muerte para los que no consiguen entregar la cantidad requerida. Pero cuando la gente tenía problemas solía pedirle a Danuta que hablara por ellos. «Consiguió liberar a un campesino de la cuota de leche, a otro de la cuota de patatas; logró que una familia obtuviera el permiso para comprar material de construcción y otra el de comprar abono». Estas gestiones se las pagaban en especies. Hay temporadas en las que, en la práctica, es ella quien los provee. Y él ha aprendido a cocinar y la-var la ropa.

En Varsovia, de vez en cuando solían bailar tango en su pequeño piso, con la música de un gramófono de viaje. ¿Lo harán también aquí, en los días grises de noviembre en la calle Warszawska, o espe-ran hasta que Jędruś se haya dormido?

* * *

Al mismo tiempo, Elena sigue en la ocupada Piatigorsk. El ambiente continúa estando enrarecido. Por un lado, reina un miedo silencioso por lo que podría pasar; por otro, un anhelo casi desesperado de que vuelva la normalidad. El domingo 15 de noviembre escribe en su diario:

> El teatro está abierto, y siempre está lleno. Hay que reservar las entradas con dos semanas de antelación. Nosotros no tenemos ese problema, puesto que todo el teatro Radlovsky viene a vernos casi cada día, y nos dan tantas entradas gratuitas que incluso podemos re-galarlas entre nuestro círculo de amistades.

Por un lado, un pequeño teatro con comedias musicales; por el otro, terror por lo que podría pasar si de pronto aparecieran partisa-nos soviéticos y les diera por matar a algún alemán, aunque fuera al-guien irrelevante. Ha oído rumores de la inaudita brutalidad a la que recurren entonces los alemanes. La última vez fue una ciudad en Ucrania donde incluso mataban a los niños. A ojos de los partisanos son «terroristas» que ponen en juego la vida de sus hijos e hijas.

* * *

Como de costumbre, este domingo 15 de noviembre John McEniry se despierta a las tres y media de la madrugada. Sale de su saco de dormir y luego camina con los demás en la oscuridad hasta la central del escuadrón, al otro lado de la gran pista de aterrizaje. Allí reciben las órdenes para las operaciones de la jornada y toman un austero desayuno: «Huevo en polvo, que ninguno de nosotros era capaz de comer, una rebanada de pan, mermelada y café sin azúcar ni nata».

Tan pronto empieza a amanecer, alzan de nuevo el vuelo en Guadalcanal, McEniry en un bombardero en picado nuevo y muy armado. El objetivo son los cuatro buques de transporte japoneses que han quedado del gran convoy y que han encallado un poco más allá, en la costa, en un claro intento de llevar las tropas a tierra.

Uno de los compañeros de McEniry opina que los ataques de los últimos días contra estos buques de transporte han sido un poco desagradables, pues las cubiertas están llenas de soldados, y gracias a las miras telescópicas los pilotos de los bombarderos en picado pueden ver perfectamente el efecto que tienen sus ametralladoras sobre los montones de personas apiñadas. McEniry no menciona si alberga sentimientos similares.

Consigue dar en el blanco contra uno de esos buques en los que el desembarco continúa. Cuando una bomba de doscientos cincuenta kilos da en un barco, la onda expansiva lanza «cosas» —como dice unos de los pilotos de la unidad— al aire hasta a ciento cincuenta metros de altura. Luego disparan a los soldados que están en la orilla y entre los cocoteros con fuego de ametralladora. Después, McEniry apunta en su diario: «Debo de haberme cargado a cientos». De nuevo, siguen sin conocer todos los detalles, pero todos comprenden que han participado en algo importante, quizá incluso algo decisivo.[89]

89. A efectos prácticos, que se detuviera el gran transporte de aprovisionamiento significaba que los japoneses habían perdido la batalla de Guadalcanal; si una parte hubiera llegado a su destino, probablemente habrían ganado. Casi todo el mundo lo entendía así. De ahí que esos días el progreso del convoy fuera seguido con gran expectación y tensión, incluso desde la Casa Blanca. Uno de los ministros de Roosevelt, James Vincent Forrestal, explicó después que fue la única vez que el nerviosismo se asemejó al que reinó la noche del Día D en 1944.

* * *

El mismo domingo, que ha despuntado con tanta alegría y esperanza para Tohichi Wakabayashi en Guadalcanal, se desvanece en una especie de estoica tristeza. Se ha enterado de que dos de sus amigos acaban de morir en la isla. Uno, Arioka, de Kagoshima, ha caído durante un contraataque. Según ha oído Wakabayashi, precipitándose con el sable desenvainado contra un muro de balas de fuego automático estadounidense —«gritando que odiaba a todos y cada uno de aquellos enemigos»—, la muerte de un héroe, hasta en el último detalle teatral. El otro es un viejo conocido y amigo de borrachera de los años de cadete, el alférez Kojima, a quien no ha visto desde la guerra en el sur de China en 1940.

Wakabayashi no es un oficial de profesión normal y corriente. Segundo hijo de una familia con escasos recursos, nacido en un pintoresco pero no muy rico barrio de Honshu, y con una adolescencia problemática a sus espaldas, se alistó en el ejército en 1933 como soldado raso. La academia militar le había cerrado las puertas, pues anteriormente había acumulado varios juicios por algunos delitos menores. Pero Wakabayashi se ha ido labrando un camino de ascenso, paso a paso, ganándose las mejores calificaciones.

Lo describen como una persona inteligente, no sin temperamento artístico, encantador, valiente, un tanto inquieto, en buena forma física: un buen atleta. Le precede la reputación de tener muy buena mano con los reclutas difíciles y rebeldes. Los casos especialmente complicados se los suelen pasar a él.[90]

Desde 1940 pertenece al 228.° Regimiento de Infantería, una unidad de veteranos bien entrenada y equipada.[91] Con ella estuvo

---

90. Es de suponer que Wakabayashi, al igual que los demás oficiales japoneses, pegaba y maltrataba a sus subordinados, pero la explicación no se reduce solo a eso. Su difícil pasado lo dotaba de una comprensión y una habilidad psicológica de la que carecían los otros oficiales, y que también se traducía en una sincera preocupación por sus subordinados.

91. Eran parte de la 38.ª División, que pertenecía a la llamada Categoría B del Ejército japonés, lo cual implicaba que estaba equipada para la lucha en terreno escabroso, pero al mismo tiempo provista de artillería adicional, así como carros de combate ligeros.

primero en el bloqueo de China en 1940, después durante el fructífero ataque a Hong-Kong en diciembre de 1941 —su regimiento
asaltó la Kowloon en llamas, no sin dificultades y numerosas bajas,
jugando así un papel clave en la caída de la ciudad— y, por último,
en las operaciones igual de exitosas en las Indias Orientales Neerlandesas.

¿Qué más ha hecho o visto Wakabayashi en estos años? ¿Qué
huella le han dejado sus experiencias? No hace ninguna referencia a
las masacres de prisioneros de guerra y civiles en las que su división
ha estado implicada *de facto*, una y otra vez, a lo largo del último año.
Sin duda, resulta imposible saber si su silencio es señal de rechazo,
aprobación o quizá algo peor. Él cree en la grandeza y el derecho de
Japón, él cree en esta guerra, él realmente cree en el eminente discurso de la creación de una nueva Asia Oriental, liberada del colonialismo blanco y el liberalismo corrupto, una nueva y variada coalición de naciones y razas asiáticas unidas bajo la mano firme de
Tokio.[92]

Y bajo esta superestructura ideológica está la sólida base de los
sentimientos. (Porque uno de los efectos más inevitables e incluso
atractivos de vivir en estado de guerra es que se agudizan y simplifican las emociones). Lo que llenaba a Wakabayashi hace diez días cuando
bajó a tierra en Guadalcanal era la seguridad en sí mismo, la agresividad y la falta de dudas, nacidas de las grandes y reiteradas victorias.
Hasta la fecha, el Ejército de Japón ha vencido a todo y a todos los
que se han interpuesto en su camino. ¿Por qué no iba a continuar así?

Al mismo tiempo, Wakabayashi es un poco demasiado sensible
para no percatarse de los detalles y percibir ciertos cambios en los
ánimos. Quizá las muertes de Arioka y Kojima le muestren, aunque
sea solo a nivel simbólico, que a lo mejor esto no va a resultar tan fácil como muchos creían. Porque al mismo tiempo que promete vengar a Arioka, él y sus soldados pasan la mayor parte del tiempo apretujados en la selva para no llamar la atención de todos esos aviones de
combate que ya odia con fervor.

---

92. El concepto Greater East Asia Co-Prosperity Sphere fue recibido, como ya
hemos visto, con una acogida en absoluto insignificante aquí y allá, pero poco a poco
la mayoría se dio cuenta de que la idea era, en gran medida, un caballo de Troya para
el imperialismo japonés, y de que el racismo japonés podía ser, cuando menos, igual
de desagradable que el de los blancos.

Cuando Wakabayashi se acerca más a la costa puede ver de lejos dos de los buques de transporte. Están varados en la playa. Están en llamas. Se yerguen unas columnas de humo negro y denso. Escribe en su diario: «Da pena, pero supongo que es inevitable».

* * *

Ese mismo domingo, Paolo Caccia Dominioni y el resto de su batallón llegan a Sirte. El Alamein queda muy atrás, igual que Mersa Matruh, Sidi Barrani, Sollum, Bardia, Tobruk, Gazala, Bengasi, El Agheila. El amanecer junto al mar se presenta gris y húmedo. Los soldados están encendiendo un fuego para preparar el desayuno. Caccia Dominioni tirita. Pasea la mirada por las aguas plomizas. Cielo y mar parecen tener el mismo color. Las únicas motas de luz son las columnas blancas de agua espumosa que se forman cuando las grandes olas rompen contra las rocas de la costa y un barco naufragado que está allí roto y retorcido. Sopla un viento frío de noroeste.

Un viejo beduino se les acerca. El hombre no habla nada de italiano, Caccia Dominioni lo saluda en árabe y le pregunta qué quiere. Sí, es otro mendigo que pide pan y cigarros, pero a Caccia Dominioni le entra la curiosidad, porque hay algo orgulloso en la presencia del anciano y algo cautivador en sus palabras. «Ya cuando ocupamos Libia hace treinta y un años era demasiado viejo para aprender el idioma de los conquistadores. Pero es un hombre sabio; un Sócrates del desierto». Conversan.

Caccia Dominioni le pregunta qué opina de todo lo que está ocurriendo. Un poco más allá, en la carretera de la costa, se oye el ruido de un Hurricane británico cortando el aire del alba, volando bajo y haciendo sonar las ametralladoras. El hombre guarda un largo silencio, su mirada se pierde por encima de la cabeza del italiano, en el mar oscuro. Finalmente responde con una sola palabra: *Takfir*.

Takfir puede traducirse como «penitencia», pagar por los propios pecados.[93] Caccia Dominioni anota en su diario:

---

93. En tiempos más recientes, los islamistas se han adueñado del término y lo han convertido en un concepto que justifica el asesinato de musulmanes que según su visión no viven según lo que dictaminan las escrituras.

Esta cruel y monstruosa palabra parece llenar el espacio a mi alrededor cuando el anciano se aleja. Hay *takfir* en las nubes bajas, en esa columna de humo negro que se eleva después del paso del Hurricane, en el cuerpo teñido de rojo de un soldado que yace en medio de la porquería junto a su vehículo calcinado. Ahora todo es *takfir* —todas esas incontables personas inocentes que han sido sacrificadas por la voluntad, ambición y lucro de un puñado de hombres—, en esta guerra y en todas las demás. Como una maldición.

Del 16 al 22 de noviembre
Podría llamarse punto de inflexión

«Puede pasar cualquier cosa en cualquier momento. Una decisión alemana nunca es definitiva: se puede afinar, modificar, rescindir por un decreto posterior. Lo peor de la dictadura es su arbitrariedad».

«Es la guerra del pueblo, de todo el pueblo. Y debe lucharse no solo en el campo de batalla, sino también en ciudades y pueblos, en fábricas y en granjas, en el hogar y en el corazón de cada hombre, mujer e infante».

«No iba a ser fácil sobrevivir en aquel infierno, pero sería cien veces más difícil seguir siendo una persona».

Es la noche del 15 al 16 de noviembre y el Mando de Bombardeo británico ataca Génova una vez más. En el bombardero Lancaster ED311 K-King (el sustituto del R5673 L-London, cuyos restos destrozados yacen ahora mismo en algún punto de la ciudad que tienen bajo sus pies) se encuentra el tirador de ametralladora John Bushby, junto con los otros seis tripulantes: Bill, el piloto, con su prominente bigote encerado y su larga bufanda de punto, amigable pero contenido y dotado de una autoridad natural; Wally, el otro tirador, un londinense delgado, «sereno y competente» en su trabajo, pero un poco más al margen de la sólida comunidad; Charley, el operador de radio, un hombre joven y taciturno de Liverpool; Davey, el mejor navegador del escuadrón, sociable, fácil en el trato, «impertérrito y controlado en momentos de fuego enemigo»; Bish, el artillero, con un humor sardónico pero cálido, también reconocido por la destreza en su labor, «implacablemente tranquilo», lo cual no es fácil, porque pocos están tan expuestos, tanto física como psicológicamente, como los artilleros cuando sobrevuelan en línea recta la zona objetivo, atravesando una cortina luminosa de balas trazadoras y detonaciones de obuses, y están tumbados bocabajo en su pequeña burbuja de metacrilato en la parte más frontal del avión, haciendo girar su mira telescópica; Tommy, el mecánico de a bordo, «un alma afable, oriundo de las norteñas tierras de Northumberland», el más joven de todos, muy apreciado, pero también el único que da señales de que el estrés mental ha empezado a tener efectos.

Lanzan sus marcadores de objetivo, de una luminiscencia intensa, y a continuación las bombas. Después dan media vuelta para alejarse de una ciudad tan envuelta en humo y explosiones que cuesta hacer un cálculo exacto de los daños. Han acertado en el puerto de Génova, pero también en muchas de las viviendas de los barrios residenciales, a los cuales han apuntado con plena conciencia, así como en el centro histórico, con todas sus iglesias, catedrales, palacios y monumentos. Contando la incursión de esta noche, sobre Génova han caído más de 936 toneladas de bombas en menos de un mes.[1]

Podemos imaginarnos que el ambiente de abordo es de alivio, por no decir de alegría. Por una vez han participado en un *milk run*, es decir, no han tenido que lidiar con una misión difícil —una experiencia que a menudo deja una sensación de alivio y de amargor al mismo tiempo—. A diferencia de lo habitual, acaban de completar algo tan excepcional como es una misión de riesgo mínimo y sin ninguna baja. Durante tres semanas, el Mando de Bombardeo ha efectuado ofensivas contra distintas ciudades del norte de Italia. Comparado con Alemania son objetivos fáciles, no indefensos pero casi. Descuidan mucho el oscurecimiento de las calles y viviendas en tierra, no disponen de radares, cuentan con pocos aviones nocturnos, pocos focos y una defensa antiaérea más bien pobre. Y una vez que los bombarderos empiezan a soltar la carga, por norma general los cañones dejan de disparar.

Si Bushby y los demás luchan contra algo es el frío y, posiblemente, el tedio, pues el viaje de ida y vuelta son ocho horas de vuelo. Por lo demás, el avión está equipado con un váter químico portátil, una pieza redonda pintada de verde de la marca Elsan que está ubicado en la cola. Se nota que muchos de ellos no son más que muchachos recién salidos de la adolescencia porque nunca se cansan de hacer bromas relacionadas con *the Elsan*.

Cuando llegan a Inglaterra, su aeródromo ha quedado sumido entre nubes de otoño densas y bajas, por lo que los redirigen a otra base.

1. Los daños materiales fueron considerables. Quedaron total o parcialmente destruidos 1.996 edificios, 1.249 quedaron solo en parte habitables, 4.438 resultaron levemente dañados y aún habitables. En poco tiempo, casi una tercera parte de Génova había sido destruida. El objetivo militar quizá más importante, el puerto, también fue alcanzado, pero no tanto como para no poder retomar rápidamente la actividad. El total de muertos fue relativamente bajo, unos quinientos, en gran parte debido a que había distintos sistemas de túneles bajo la ciudad que ofrecieron un buen refugio. De todas formas, el shock fue considerable. El rey Víctor Manuel visitó la ciudad, que por aquellas fechas era la más afectada de toda Italia.

Allí, primero están a punto de estrellarse por una velocidad de aterrizaje demasiado alta,[2] tras lo cual dan una vuelta extra y lo intentan de nuevo, pero entonces por poco colisionan en la oscuridad contra otro bombardero que se les ha colocado debajo durante el último descenso hacia la pista de aterrizaje. Pero a la tercera lo consiguen.

Agarrotados y cansados, Bushby, Bill, Wally, Charley, Davey, Bish y Tommy pueden regresar a Wyton y echarse a dormir en el pequeño barracón de madera de siete camas. A lo mejor cuando caiga la noche y se despierten vuelven al pub. A lo mejor Bill volverá a sentarse al piano manchado de cerveza en la fonda y Bushby y los demás se sumarán, «a pleno pulmón y con caras enrojecidas», a entonar alguna de esas canciones, «algunas, obscenas de una manera ingeniosa; otras, obscenas por la gracia de la obscenidad».

Luego podrán pasarse a ver al jefe de la dotación de tierra y retirar las cartas de despedida que de forma rutinaria suelen entregarle antes de una misión. Este lunes no se manda ninguna carta de estas con el correo, ni de esta unidad ni de ninguna otra. Por segunda noche consecutiva, ni uno solo de los atacantes ha sido derribado. En los bombarderos siempre pintan una pequeña bomba por cada misión cumplida, pero estas incursiones se consideran tan fáciles que han cambiado la bomba por un cucurucho de helado estilizado.[3]

* * *

Los hombres del U-604 llaman a la gran finca Schloss Chateauneuf, pero su nombre real es Château de Trévarez. Fue confiscada el año pasado y es ahora una instalación donde la Marina de guerra puede descansar y recuperarse. Con sus torreones, almenas y cresterías y su enorme jardín parece un castillo del Renacimiento salido de un cuento de hadas, pero en verdad es un romántico histórico reconstruido de ladrillo rojo con apenas cuarenta años de antigüedad.

2. Tommy —cansado o distraído— olvidó desplegar los alerones.
3. The Italian Blitz, el bombardeo a Italia, estuvo coordinado con la contraofensiva de los aliados en África del Norte. El propósito era minar la voluntad de los habitantes italianos de continuar la guerra, un efecto que también se logró con éxito —en realidad, es el único ejemplo de bombardeo estratégico que funcionó de conformidad con el concepto—, pero sobre todo porque reveló claramente la incompetencia del régimen fascista y su incapacidad de proteger a su propia ciudadanía.

No debe de ser casualidad que sea aquí adonde envían las dotaciones de los submarinos para que reposen. Queda apartado, a más de una hora al sudeste de Brest. Dejar que se queden en Brest conlleva sus peligros. Los británicos están bombardeando la ciudad desde marzo del año pasado, poniendo especial empeño en el búnker de submarinos, aunque sin éxito destacado, pero para evitar pérdidas innecesarias los tripulantes de los submarinos salen de Brest en autobús lo más rápido posible.

Pero también hay peligros de otra índole. Como la vieja ciudad portuaria que es, Brest ofrece un buen abanico de tentaciones para jóvenes marineros: cafeterías, bares, salas de baile y, por supuesto, prostíbulos. Sin duda, en Brest también hay burdeles de campaña controlados y dirigidos por las Fuerzas Armadas,[4] por ejemplo hay uno en lo que hace poco era una sinagoga —la tarifa estándar son tres marcos por quince minutos—, y huelga decir que para las dotaciones de submarinos, igual que para cualquier alemán uniformado, está prohibido tener relaciones sexuales con francesas que no sean las que trabajan en estos establecimientos, habiendo castigos severos para todo aquel que se haya dejado contagiar por enfermedades venéreas. (No deja de ser interesante que a partir de este año tal falta se considera «cobardía frente al enemigo», lo cual puede suponer hasta diez años de trabajos forzosos). Pero los casos de enfermedades venéreas y la promiscuidad general se han mantenido. Y supone un problema que las dotaciones de submarinos que bajan a tierra sean tan propensas a ir de juerga, buscar bronca, beber, pegarse y hacer vandalismo. De ahí el glorificado aislamiento en sitios como Château de Trévarez.

La idea es que los cerca de cuarenta jóvenes del U-604 pasen diez días allí, descansando apaciblemente, ocupando el tiempo en practicar deporte y «actividades culturales». La comida es exquisita —la gente de los submarinos siempre come especialmente bien, en comparación con lo que les dan a todos los demás—,[5] pero también hay una bo-

4. Ese año había en Francia unos cien burdeles de campaña oficiales.
5. Era una maniobra más de Dönitz para mantener alta la moral bélica entre su gente. Otra fue la de regalar relojes de bolsillo usados de origen incierto —seguramente, habían sido propiedad de judíos gaseados—. Por lo demás, a bordo utilizaban calcetines gruesos hechos de un material cálido parecido a la lana compuesto de pelo animal tejido, pero pocos debían de saber que también incluía pelo humano —de los

dega bien provista, así como mujeres. Y los hombres tienen «acceso ilimitado» a ambos.

Estamos a mediados de noviembre.

Hacia finales de mes, el U-604 partirá de nuevo.

* * *

Campo 5 en las afueras de Batavia, en Java. La fecha es 15 de noviembre y se está celebrando una misa de domingo a la sombra de unos cocoteros. Sin embargo, Weary Dunlop tiene la cabeza en otra parte. Piensa en Helen Ferguson, su novia. Se conocieron en la universidad, en Melbourne, y al final se prometieron, hace poco más de dos años. Igual que para muchos otros en estos tiempos y de esta generación, la guerra los ha obligado a separarse. Durante largas temporadas, la relación se ha sostenido mediante un carteo constante, pero por razones obvias ahora resulta imposible. ¿Sabe ella siquiera que sigue vivo?

A Dunlop las pequeñas cosas pueden recordarle a ella: un hermoso amanecer, una melodía, una fecha. Escribe en su diario:

> Pobre querida mía, no sé cómo puede aguantar estos largos y tristes años esperando allí en casa. Si se marchara y se casara con un estadounidense o así sería mejor para ella, supongo, pero entonces no sé qué haría yo con mi vida. Ella es lo único estable que me queda, lo único que me da algo a lo que aspirar cuando se declare la paz. De alguna forma, a mí me han arruinado la paz.

* * *

Es mediados de noviembre y el regimiento de Keith Douglas sigue apostado en las afueras de Mersa Matruh. Necesitan descansar, conseguir refuerzos, tanto con nuevos carros de combate como con gente nueva. (De los veintidós oficiales del regimiento, dieciséis han caído o están heridos). Pero ¿qué ocurrirá de aquí en adelante?

---

asesinados en las cámaras de gas—. El pelo se empaquetaba en balas de veinticinco kilos que se vendían a empresas interesadas a veinticinco peniques el kilo. Aquella grotesca tela la fabricaba la empresa de componentes de automóviles Schaeffler, que tenía una fábrica especial a tres horas de Auschwitz.

Los rumores corren por doquier. Como de costumbre, muchos responden a anhelos que se transforman en hechos. ¿Puede ser que vayan a participar en el avance sobre Túnez? ¿Puede ser que los manden a Siria o a India? ¿O de vuelta a Reino Unido? ¿O que vayan a participar en un gran desembarco en el sur de Francia? ¿O puede ser lo que dijo el jefe de regimiento en su discurso previo a la gran ofensiva del 2 de noviembre: otros perseguirían a los alemanes e italianos derrotados, mientras ellos vuelven a El Cairo, donde podrán bañarse, disfrutar de los bares, los placeres y las camas de verdad? (Por otro lado, el jefe de regimiento estuvo a punto de morir durante la toma de Mersa Matruh hace una semana: el obús que inutilizó su tanque de guerra mató al conductor, al tirador y al cargador, pero él sobrevivió. A algunos les parece ver que tiene los nervios un poco crispados. Aun así, sigue siendo igual de popular que siempre). ¿Y si..., y si...? Hay mucha excitación.

A la espera de nuevas órdenes, juegan al fútbol, se bañan en el mar, hacen gimnasia, escuchan discursos motivadores, van a misa, cuidan de sus carros de combate, hacen expediciones de saqueo improvisadas, se pelean, ríen, duermen, comen, beben. Hay un brote de gastroenteritis en el regimiento. El escuadrón de Douglas ha montado un salón para oficiales en la caja de un camión de tres toneladas. Allí pueden atiborrarse de vino, puros, cigarrillos, chocolate, cerezas, frutas en conserva, carne, bebida de cacao y sucedáneo de café alemán, cuyo sabor a Douglas le parece excelente. Y como también han embargado un cargamento de harina de trigo, en el menú hay dulces de cerezas mañana, mediodía y tarde.

* * *

Un día, Douglas se topa en el puerto con un amigo y rival de Alejandría. El reencuentro le resulta doloroso. El amigo lleva colgado al cuello el collar de Ella. Cuando, un tiempo atrás, estaban los dos destinados allí, ambos cortejaron a la misma mujer, la cálida, morena y grácil Milena, tan políglota y cosmopolita como esa peculiar ciudad con sus «cinco razas, cinco lenguas y una docena de religiones».[6] (Habla árabe, francés e italiano fluidos, e inglés con un acento que Dou-

---

6. Lawrence Durrell.

glas describe como «absurdo»). Además, en bañador tiene un aspecto fenomenal.

Él se había enamorado perdidamente de ella. Durante un tiempo parecía que su amor le era correspondido: iban juntos a la playa y a las cafeterías, se divertían en restaurantes con baile y coctelerías, él llegó a conocer a los padres de ella, le ha escrito poemas de amor y la ha retratado desnuda.

Pero el amor de ella se enfrió y —peor aún— este amigo ha ocupado el que fuera el lugar de Douglas en la cama de Milena. Para Douglas es una catástrofe que lo persigue constantemente. Y como es poeta, ha tratado de superar la derrota y los celos sexuales en un poema, «Escucho el viento del desierto», que termina de la siguiente manera:

> Oh, vuélvete de nuevo en tu oscura cama
> y dale lo que una vez fue para mí,
> y yo me volveré como tú te vuelves
> y le besaré el tormento a mi oscura amante.

¿Cómo de real es la guerra, comparada con semejante infelicidad? ¿Una distracción, un decorado, tan solo? Rendido a una autocompasión masculina, ya antes de que la relación se fuera a pique había amenazado con que, si ella lo dejaba, iría al frente en busca de la muerte. ¿Puede ser que tuviera de fondo pensamientos de esta índole cuando, de cara a la batalla, abandonó sin permiso su puesto en la plana mayor de la división para sumarse al regimiento? ¿Fue esa la razón por la que pudo arriesgar su vida con tanta ligereza? ¿Su coraje no era más que una depresión sublimada?

En este momento, Douglas recuerda con una exactitud nítida y precisa la escena de cuando Milena rompió con él, en un restaurante. Recuerda su expresión de aburrimiento, recuerda su mirada cada vez más indiferente, tanto hacia él como hacia sus palabras, y cómo dirigió sus ojos a la calle de fuera, recuerda cuando le espetó: «No hagas ningún numerito, por favor, Keith; la gente está mirando».

El amigo lo invita a puros y combinados a base de ginebra y zumo de naranja. Douglas bebe con energía, y poco a poco la pena y la aflicción y los pensamientos y los recuerdos se van volatilizando. Milena. Cuando regresa al regimiento va borracho perdido.

* * *

En Bruselas, el tema de conversación más habitual cuando la gente se cruza por la calle es la comida. Ella a menudo saluda con un alegre «¿ya te has comido el arenque del día?». Comida. Debe de ser lo que más espacio ocupa en su pensamiento, y a menudo también en su tiempo. Anne Somerhausen intenta contar las calorías de sus tres hijos. ¿Cuántas están ingiriendo? ¿Cuántas necesitan? Los dos mayores parecen no estar creciendo lo que deberían, y ella sospecha que es por las carencias en la dieta. (Se sabe que ahora la pubertad se les retrasa a muchos niños, y se intuye que tiene que ver con la alimentación).[7] El de siete años estuvo perdiendo peso durante una larga temporada, y se volvió enfermizo, le salieron abscesos extraños por el cuerpo, pero tras una estancia de un mes en casa de una familia acaudalada en Lessines ha recuperado el peso perdido y ya se encuentra mejor.

Sí, ya se acerca el tercer invierno en guerra, pero lo cierto es que ahora mismo la situación alimentaria pinta mejor que en 1940 —entonces fue realmente horrible— y en 1941.[8] Tiene patatas en abundancia en el sótano, e igual que mucha otra gente ella también ha reconvertido el jardín trasero en un huerto: ahora crecen coles blancas, coles lombardas, coles verdes y coles de Bruselas. Además, en su despensa tiene cantidades ingentes de arenque.

La guerra ha tenido muchas consecuencias peculiares e inesperadas. Del mismo modo que la desaparición de coches particulares ha hecho que el aire de Bruselas sea mucho más fácil de respirar, el cierre de muchas fábricas ha hecho que muchos de los ríos de Bélgica estén más limpios. Los peces han empezado a volver. Y como gran parte de la pesca profesional ha estado paralizada los años anteriores,

7. Ciertas enfermedades, como la tuberculosis, están aumentando notablemente. Al mismo tiempo, las llamadas enfermedades del bienestar debidas a la obesidad y similares menguaron radicalmente.

8. Los problemas de suministro eran especialmente agudos en Bélgica, ya que antes de la guerra el país importaba más del 50 por ciento de sus alimentos. También debe decirse en defensa de la administración alemana de la ocupación que realmente se esforzó en mejorar la situación del abastecimiento, por ejemplo a base de forzar una transición a gran escala de la producción de carne a su equivalente hortícola.

incluso el arenque se ha recuperado y lo hay ahora en cantidades descomunales, por lo que los barcos que desafían a los peligros y se atreven a navegar a lo largo de la costa han hecho capturas récord.

Así que comen arenque cada día. Para almorzar y para cenar. «En salazón, en vinagre, asado, cocido en vino blanco, en escabeche o cubierto con una pseudomayonesa, *rollmops*,[9] triturado», escribe en su diario, «arenque, arenque, arenque». Después de cenar, ella y los chicos suelen limpiar los arenques nuevos, cortarlos, cocer los filetes o meterlos en un recipiente «capa tras capa de peces plateados, recubiertos de sal brillante». No obstante, el plato preferido es pudín de pan. La receta de Somerhausen: 1. Desmigajar el pan triste y gris del racionamiento. 2. Dejarlo a remojo en una mezcla de leche y un huevo. 3. Añadir cáscara de naranja deshidratada. 4. Hornear una media hora. 5. Comer con azúcar.

Somerhausen se las va apañando día a día. El sueldo de oficinista no es suficiente, sobre todo teniendo en cuenta que, igual que le sucede a la mayoría, muchas de las cosas que necesita, como por ejemplo mantequilla, leche y huevos, tiene que comprarlas en el mercado negro.[10] Así que vende parte de sus pertenencias —lo último, un par de cuadros, la aspiradora y la máquina de escribir de viaje de su marido, de la marca Corona—[11] y alquila habitaciones. Ahora mismo tiene hospedadas a dos señoritas de Irak y a una joven pareja alemana. Él es electricista y se pasa toda la semana fuera: forma parte de las crecientes hordas de trabajadores que han empezado a construir búnkeres y fortificaciones a lo largo de toda la costa, y aparentemente gana un muy buen salario.[12]

La pareja alemana se ha instalado en el cuarto que Somerhausen le tenía previamente alquilado a una refugiada austríaca, una judía

9. Que en realidad son una variante de las sardinas en vinagre.

10. No es ninguna exageración. En pocos países el mercado negro estaba tan extendido como en Bélgica, ni era tan tolerado. Incluso el poder alemán hizo también grandes compras de estraperlo, y los intentos de emprender acciones judiciales contra tiburones individuales del mercado negro fracasaban a menudo porque actuaban bajo protección alemana.

11. Tanto las aspiradoras como las máquinas de escribir estaban muy cotizadas en el mercado de segunda mano de Alemania, puesto que las fábricas que antes producían estos productos ahora se dedicaban al material bélico.

12. Además de salarios altos, los alemanes también tenían casi doble ración de comida.

desesperada y angustiada (en el diario, crípticamente llamada «Mlle. V»), pero desapareció en agosto. Como tantos otros judíos, como por ejemplo la señora mayor que solía coserle las blusas. Cada vez ve menos personas por la calle que lleven la estrella amarilla.

Así que es evidente que esto de la comida no es lo peor. Es peor la incerteza. En su diario explica: «Puede pasar cualquier cosa en cualquier momento. Una decisión alemana nunca es definitiva: se puede afinar, modificar, rescindir por un decreto posterior. Lo peor de la dictadura es su arbitrariedad».

Bruselas es gris, oscura y fría. Las aceras están llenas de manchas dejadas por las hojas mojadas. En el aire se respira una sensación nueva e inusual de amenaza. Ha habido atentados.

* * *

Es una pista de squash normal y corriente, y está ubicada en el sótano que hay debajo de las gradas vacías de la cara oeste de Stagg Field, el estadio de fútbol de la Universidad de Chicago. Ella conoce bien el edificio, con sus fachadas con almenas y ventanas neogóticas, porque antes solía jugar allí. La entrada da a Ellis Avenue. Pero ahora el acceso está prohibido, y más adentro del laberinto de pasillos hay guardias armados que solo permiten el paso a las personas que cuentan con una autorización especial. Como ella. Su nombre es Leona Woods, de veintitrés años, y es estudiante de doctorado en Física.

A medida que ha ido avanzando el último año se ha ido quedando más sola en la institución. Muchos de sus compañeros varones del doctorado han sido o bien llamados a filas, o bien han desaparecido para desempeñar diferentes tipos de trabajos fundamentales para la guerra en el sector industrial. A lo mejor la cosa habría continuado así, de no ser por el hábito veraniego que tiene Woods de ir a nadar al lago Michigan cada día a las cinco de la tarde. Es inteligente, tímida y alta, y atlética tanto en su físico como en su carácter.

En estas sesiones de natación ha conocido a otro físico de la misma generación de investigadores, Herbert Anderson. (Entre los nadadores hay también un italiano taciturno de mediana edad llamado Enrico Fermi. Woods reconoció de inmediato al famoso premio Nobel, quien fue obligado a huir de la dictadura en su tierra natal hace algunos años). Anderson descubrió que Woods tenía algunos conocimientos especializados en tecnología del vacío, por lo que la ha reclutado para un proyecto ultrasecreto que está dirigiendo en la universidad junto con Fermi y que lleva el insulso nombre de Laboratorio Metalúrgico.[13] La tarea principal de Woods: construir y manejar un instrumento de medición completamente nuevo, y que puede medir la actividad de los neutrones. Además, le toca también registrar las sesiones de Fermi con el grupo de investigadores.

El 16 de noviembre es un lunes de invierno normal y corriente en Chicago. El día ha comenzado templado, pero después del mediodía las temperaturas caen en picado. La pista de squash no está calefactada, por lo que todas las personas que se han reunido allí abajo pueden notar el cambio de tiempo. Llevan o bien ropa de abrigo, batas de laboratorio o monos de trabajo. En la pequeña grada para espectadores que hay en una pared está Fermi, dirigiendo el trabajo. Con cuerdas y aparejos izan un extraño cubo gris claro de tela de globo aerostático, que ocupa casi toda la pista. Alisan la base sobre el suelo, fijan al techo la parte superior, sujetan a las paredes tres de los laterales y el cuarto, que da a la grada, lo enrollan hasta arriba.

Alguien dibuja un círculo en el fondo. Entonces, unos hombres con mono de trabajo[14] comienzan a empujar unos bloques negros alargados y brillantes sobre rieles hacia la pequeña pista. Van encajando meticulosamente los bloques uno junto al otro bajo la intensa luz eléctrica. Cuando el círculo queda lleno, añaden otra capa de bloques encima de la primera, un poco más grande que la anterior. Las labores llevan su tiempo, porque las capas se mantienen en su sitio mediante un armazón de piezas de madera montado con el mismo esmero y que llega hasta la tela colgante de globo. No hay planos detallados, sino un carpintero que va midiendo *in situ* y luego va a una sala contigua, donde corta las maderas a medida con una sierra circular. (Esta es otra de las tareas de Woods: conseguir grandes cantidades de madera del mismo tamaño. Sus encargos a la empresa maderera Sterling son recibidos con cierto asombro, no porque las compras en sí sean tan extrañas, sino porque lleva consigo un documento oficial

13. A su vez, formaba parte de una organización mayor cuyo nombre tampoco decía nada: Manhattan Engineer District.

14. Los que realizaban la mayor parte del trabajo manual eran unos treinta *high school drop-outs*, jóvenes que habían dejado la escuela y asumían esta tarea como trabajo temporal, a la espera de que los llamaran a filas.

según el cual estos encargos son de «máxima prioridad» y deben pasar por delante de cualquier otra cosa. ¿Madera?).

El trabajo continúa hasta el frío atardecer. Entonces entra el turno de noche. A estas alturas, Woods ya debe de haberse ido a casa. Comparte piso con su hermana en un edificio que queda allí cerca.

* * *

Su hermana no sabe en qué está trabajando Leona; la mayoría de los que están ahí abajo, en el sótano de la grada oeste, tampoco saben ni ellos mismos lo que están haciendo; Woods forma parte de un grupo muy selecto de personas que sí saben cuál es la finalidad de esta singular construcción. Van a fabricar una máquina que no ha existido nunca, que algunos creen que ni siquiera puede existir y que por el momento carece de nombre, aunque sí cuenta con una referencia: CP-1.[15]

El objetivo es probar si se puede provocar una reacción en cadena controlada de material radioactivo fisible, una reacción que, si funciona según lo previsto, permitirá crear un nuevo elemento, un elemento base que no existe en la tierra, sino solo entre las estrellas: el plutonio. Y teóricamente hablando, luego este material podría emplearse para construir una bomba tan potente que una sola serviría para destruir una ciudad entera.

Esta noche, a las 23.30, en el WGN Chicago leen un resumen de las noticias (combates frente a Guadalcanal, combates en Túnez, combates en Nueva Guinea, combates en Stalingrado), tras lo cual Harry James y su orquesta tocan su jazz comercial y pegadizo (quizá: «You Made Me Love You», «Sleepy Lagoon», «Easter Parade»). Leona puede irse a dormir, igual de muda y quieta que la gran ciudad que tiene a su alrededor, mientras las labores continúan, incansables, en la pista de squash subterránea. Hay prisa. El CP-1 debe estar listo dentro de dos semanas.

15. Obviamente, nos referimos al reactor nuclear. El nombre que se utilizaba era una abreviación de Chicago Pile I. *Pile* era la designación que el mismo Fermi le dio al dispositivo y todos los demás lo imitaron, y no tenía nada que ver con *pila*, como creían algunos, es decir, la palabra italiana para generador de energía, si no que hacía referencia a la palabra inglesa para montón, *pile*.

* * *

Campo de prisioneros número 5 en Batavia, Java. El día de Weary Dunlop se presenta más o menos igual que todos los demás, aunque por alguna razón, concretamente este lunes día 16, deja apuntado un escueto programa diario:

7.00. Diana. Despertar.
7.30. Formación. Luego, aseo y afeitado.
8.00. Desayuno, hacer la cama y limpiar. (Él hace una pausa, fuma y lee).
9.30. Hacer la ronda en el hospital del campo.
10.00. Gimnasia. Dirigida por el sargento Aldag.
11.00. Clases de francés. (Ha dejado de intentar aprender holandés). Luego, más trabajo en el hospital del campo, tanto visitas de pacientes como tareas administrativas.
14.00. Entrenamiento físico de alguna índole. A menudo, voleibol.
18.00. Leer o jugar al ajedrez.
19.00. Cena ligera con «té y conversación».
20.00. Más lectura o ajedrez.
22.00. Retreta. Se apagan las luces.

* * *

El mismo lunes a las nueve de la noche, Ernst Jünger sigue avanzando en su misterioso viaje hacia el este. Su esposa Gretha se despide desde el andén en Berlín Ostbahnhof. La siguiente parada es Lötzen, en Prusia Oriental. Desde allí planea tomar un vuelo de transporte hasta Kiev.

* * *

Vittorio Vallicella y sus compañeros siguen manteniéndose con vida gracias al saqueo, el robo y el intercambio. Sobre todo, lo primero. Aquí, en el momento del colapso y en sus intentos de mantenerse al margen, recurren a métodos que ya aseguraba la supervivencia a los soldados mil años atrás.

Aunque quizá saqueo es un término demasiado fuerte. No amenazan a nadie, sino que procuran evitar al resto de personas todo lo posible. Más bien se los podría considerar una especie de chatarreros que viven a base de la basura de la guerra. Con la mirada refinada de un veterano, rebuscan entre vehículos averiados, barcos varados y campamentos abandonados para ver si encuentran útiles como agua, combustible y comida. (Por lo general, en ese orden, y a menudo con tan solo una o dos horas de margen antes de quedarse sin gasolina).

Así lo hacen este lunes 16 de noviembre, por ejemplo. 1. Han inspeccionado un aeródromo abandonado en las afueras de Derna, y entre otras cosas han encontrado veinte mochilas con todo tipo de contenido interesante, solo levemente dañadas por el humo. 2. Han conseguido rellenar las reservas de agua en un pozo cercano a la ciudad, en el desierto, tan solo media hora antes de que explotara. 3. Dentro de la pequeña ciudad portuaria encuentran algunos almacenes que parecen destinados a la destrucción, y de los que uno ya está en llamas. De ellos sacan queso, cinco sacos de grano, dos cajas de sardinas y treinta kilos de espaguetis. 4. Intercambian huevos frescos con un árabe. 5. Se ponen en contacto con un suboficial alemán, un paracaidista rubio que habla italiano y que acepta darles combustible a cambio de cigarrillos.

Poco antes de la puesta de sol, la cena está lista. Invitan al paracaidista alemán a comer con ellos. Es difícil decir que no al menú, que como tantas otras veces es una suma de sus últimos hallazgos: espaguetis con sardinas, *corned beef* y huevos. El rubio alemán aporta pan del día a base de trigo y una botella de agua mineral. Terminan la velada sentándose en sus hoyos de trinchera bajo el cielo estrellado, fumando, tomando té y conversando. El alemán viene de Núremberg. ¿La razón por la que habla tan bien el italiano? Se pasó los veranos de la infancia en Florencia, con su abuelo materno. A Vallicella le cae simpático.

Entonces el alemán empieza a hablar largo y tendido sobre la guerra. Y Vallicella y sus compañeros, que no han oído ninguna noticia en dos semanas, se quedan escuchando boquiabiertos. El alemán se muestra tranquilo, y parece estar bien informado. Pero Vallicella empieza a entender que lo que tienen delante es un nazi convencido. Poco antes de que se retire, Vallicella aprovecha para preguntarle al alemán qué cree que ocurrirá en la guerra. «La guerra —dice aquel con total seguridad— terminará el año que viene con la derrota de los angloamericanos». Y añade: «Y justo esta tarde han informado por radio que el Ejército alemán ha conquistado toda Stalingrado».

* * *

En los bosques bielorrusos los días son cada vez más cortos. A Nikolai Obrinba la vida de partisano le parece cualquier cosa menos fácil. Y en muchos sentidos. Ya durante su breve estancia en el Ejército Rojo, matar le resultó extremadamente difícil. «Matar —también para conservar tu propia vida— implica poner del revés todos los pensamientos y emociones que tienes en la mente y el corazón», escribe. Y añade: «Preparar a la gente para matar —endurecerlos para ello— implicó al comienzo de la guerra una reconstrucción de toda la mentalidad del individuo. Fue un proceso largo y doloroso».

¿Acaso ese proceso ha llegado a su final para Obrinba? Por un lado, sí. Hoy va a ejecutar a alguien por primera vez. Por otro lado, no. Aún no se ha librado del tormento. Preferiría no hacerlo.

Ha aparecido un desertor del otro lado, un bielorruso de los denominados *Polizei*, miembro de una de las unidades de la milicia armada que han montado los alemanes y que se encuentran en la mayoría de pueblos y localidades grandes.[16] Estas unidades son de tamaño y efectividad variadas, pero no cabe la menor duda de que son la prolongación del brazo de las fuerzas de ocupación. (Por ejemplo, han jugado un papel importante en los fusilamientos masivos de judíos que este año han tenido lugar prácticamente por todo Bielorrusia). Los choques entre ellos y los partisanos son habituales, y despiadados. Ninguno de los dos bandos es propenso a tomar prisioneros.

El comandante de los partisanos sospecha que el desertor de la *Polizei* podría ser un infiltrado, y por lo visto, para asegurarse el tanto, sin mayores cavilaciones ha decidido que el hombre debe desaparecer del mapa. Y la persona que va a ejecutar la orden es Obrinba. Ha recibido instrucciones muy precisas. Al hombre le han informado

16. Es un resto de la denominación original alemana: *Hilfspolizei*, que por motivos ideológicos se cambió a *Schutzmannschaft*. Sin embargo, la denominación original se mantuvo. En esta época de 1942, en Ucrania y Ostland (término alemán para los países bálticos y el oeste de Bielorrusia) había casi exactamente trescientos mil *Schutzmannschaften*.

de que será escoltado hasta el pueblo de Antunovo, pero por el camino lo van a matar. Obrinba y otro partisano caminarán detrás del ignorante desertor. Obrinba le disparará por la espalda.

Pero ¿será capaz de hacerlo?

Sabe que los demás cuchichean a sus espaldas, que dicen que es débil. Al fin y al cabo, es un artista, un alma susceptible. Obrinba ya carga con sentimientos de culpa por haber sobrevivido al cautiverio como prisionero de guerra cuando tantos otros perecieron. Y hace poco se enteró de que una mujer polaca a la que había retratado cuando su unidad de partisanos se había hospedado en la casa donde vivía con su marido ha sido asesinada por los alemanes. Por divertimento, la alegre y un tanto rebelde mujer había posado con un gorro de uniforme soviético que llevaba una estrella roja. Ese detalle fue suficiente para que la fusilaran.

* * *

Ese mismo lunes llega a Treblinka un tren de vagones de carga. En él viajan cerca de mil judíos provenientes de Gniewoszów, donde el gueto provisional que se estableció en agosto fue liquidado ayer.[17]

Chil Rajchman sigue trabajando en el comando de dentistas del campo. Él y los demás judíos de la muerte del campo superior acaban de dejar atrás una semana de intenso trabajo. Varios campos de agrupamiento y guetos menores que hay alrededor de Bialistok, en las zonas del noreste de Polonia, han sido vaciados, paso a paso, transporte a transporte.

Como especialista, Rajchman está ligeramente protegido, pero incluso esa veintena de hombres del comando de dentistas pueden salir mal parados. El mayor error que podría cometer es olvidarse algún diente de oro en un cuerpo. Por lo general, junto a la fosa hay un hombre de las SS controlando. Rajchman explica:

17. En la documentación de los transportes a Treblinka se indica la fecha del 1 de noviembre, el mismo día que el gueto fue liquidado, pero teniendo en cuenta lo procedimientos y la distancia, lo más probable es que el tren no llegara hasta el d siguiente, es decir, el 16.

Una vez estuve presente cuando el alemán vio un diente de oro brillando en la boca de un cadáver. Como yo estaba al final de la fila de dentistas, me responsabilizó a mí. Me obligó a saltar dentro de la fosa, donde di varias volteretas. Rápidamente, arranqué el diente, y cuando volví arriba el hombre de las SS me ordenó que me tumbara en el suelo y estirara las manos. Conté veinticinco latigazos.

Ayer volvió a ocurrir lo mismo.[18] «Esta vez, me cayeron unos setenta latigazos». Como consecuencia, sufrió una septicemia. En el campo superior, esto equivale a una sentencia de muerte. Los alemanes matan a todos los enfermos y débiles.[19] Pero su *Kapo*, el doctor Zimmerman, le salvó la vida. Rajchman sigue contando:

> La suerte que tuve fue que me pasó un domingo, el día que libramos del trabajo. El doctor Zimmerman trajo sus instrumentos y me operó en el barracón, incluso me administró un narcótico, abrió y limpió la herida, y de esta manera me salvó la vida.

El lunes sigue el patrón de siempre. De los mil judíos que llegan de Gniewoszów, excepto unos pocos que se salvan para rellenar los constantes huecos que van quedando libres en la plantilla de trabajadores del *Sonderkommando* del campo, todos mueren asesinados antes del atardecer: hombres, mujeres y niños.

* * *

La guerra de guerrillas en los bosques bielorrusos no es solo brutal. Gran parte de ella tiene también lugar en una zona moral grisácea, una zona fronteriza donde las proezas y los crímenes se confunden.

18. La fecha es una suposición, pues este episodio no está fechado en el relato de Rajchman. Pero debería de tratarse del 15 de noviembre, ya que parece que fue el único domingo de noviembre que no llegó ningún transporte a Treblinka.

19. En esta época no había ningún hospital en el campo, pero sí algo parecido, llamado *Lazarett*, en la esquina de la zona de recepción y clasificación del campo de abajo, una zona cercada y con la entrada marcada con una gran cruz roja. Detrás había una fosa alargada, donde los débiles y heridos durante el transporte eran ejecutados con un tiro en la nuca con armas de calibre pequeño, para no despertar una atención innecesaria entre los recién llegados.

Hasta la fecha, los grupos de partisanos como el de Obrinba han matado a más paisanos que alemanes.

En Bielorrusia, igual que en el resto de territorios ocupados de
la Unión Soviética, no son pocos los que han decidido colaborar con
los alemanes, y esto a pesar de que los nazis también los consideran
esclavos e infrahumanos, y a pesar de la política despiadada, impulsi-
va y contradictoria hacia la población civil que se deriva de ello.

Para una parte de los colaboracionistas, es una forma de quedar
bien con el nuevo poder, de conseguir poder ellos mismos, de enriquecerse, de vengarse, de poder matar sin consecuencias. Muchos han
tenido problemas durante la época soviética, y su falta de lealtad hacia
Stalin y el partido ha hecho que estén abiertos a la zalamería de los
nazis y sordos a sus verdaderas intenciones. Sin embargo, para la mayoría la colaboración parece una forma de abrirse paso en una situación de necesidad, violencia e inseguridad extremas, porque servir a
los alemanes conlleva sueldo, comida y otros beneficios, la diferencia
entre vivir o morir, simple y llanamente.[20]

Es imposible saber por qué se ha dejado reclutar este desertor de
la *Polizei*. Pero ya no tiene ninguna importancia. El hombre va a ser
ejecutado, y hacerlo es tarea de Obrinba. La pregunta sigue en pie:
¿será capaz? Delante de Obrinba camina un hombre que no sabe que
va a morir. ¿De qué arma dispone Obrinba? Probablemente, su revólver particular de la marca Nagant. Obrinba lo saca. Apunta. ¿Adónde apunta? Probablemente, a la nuca, como se suele hacer. Suena el
disparo. El hombre trastabilla y se desploma. Sangre.

Probablemente, es la primera persona que Obrinba ha matado.
Al menos a una distancia tan corta como esta. En el texto que escribe después de la guerra explica que luego «se mostró muy fanfarrón»
frente a los demás. Ya ha demostrado que es capaz. Pero por dentro
lo atormenta.

Después, Obrinba tendrá dificultades para dormir, pues en sueños regresa una y otra vez a la escena, y se despierta. Vuelve a verlo.
Sangre. ¿Qué era lo que había pensado tiempo atrás, en el campo de

---

20. Servir a los alemanes significaba también que la propia familia se libraba de
los trabajos forzados, y si te mataban los partisanos la familia recibía una pensión. Para
muchos la colaboración era un camino para no caer prisionero de guerra, incluso
alejarse de los campos de concentración.

prisioneros? «No iba a ser fácil sobrevivir en aquel infierno, pero sería cien veces más difícil seguir siendo una persona».

* * *

Lo que Vittorio Vallicella presencia en el Norte de África no es solo un colapso militar, sino también un fracaso colonial. Desde que Italia conquistara Libia, hace más de treinta años, el territorio —repartido con escuadra y cartabón en las tres provincias de Cirenaica, Tripolitania y Fezzan— ha sido objeto del protocolo colonial de siempre: invasión, guerra, represión brutal de toda resistencia local,[21] desplazamientos poblacionales, ajustes de fronteras, guerra de guerrillas, asimilación, llegada de colonos blancos, explotación de recursos naturales, construcción de carreteras, vías ferroviarias, fábricas, hoteles y monumentos.

Como ha ocurrido en tantos otros proyectos coloniales, las ganancias materiales han sido menores de las esperadas, pero en última instancia la subyugación de Libia no se debía a motivos económicos. Libia es un símbolo, un espejismo y un sueño. La zona se llama a menudo Quarta Sponda, la Cuarta Costa, porque sin este pedazo de tierra todos los discursos dirigidos a las masas desde el balcón del Palazzo Venezia en Roma sobre el Mediterráneo como el Mare Nostrum no habrían sido más que palabras biensonantes. Pero Libia le ha brindado realidad geográfica y geométrica a todas aquellas palabras.

Ahora ya se ha terminado. No son solo las tropas italianas las que están saliendo de Libia a toda prisa, sino también los funcionarios italianos, los civiles, los colonialistas, muchos de ellos meros campesinos que vinieron empujados por la depresión. Vallicella y sus compañeros han atravesado ciudades y pueblos donde ya no queda población blanca. No son pocas las veces que los hombres del camión tienen el mismo miedo a los árabes, cada vez más agresivos, que el que le tienen a los británicos.

Cuanto más se alejan hacia el oeste, más vivo se vuelve el paisaje. Hay casas, pueblos enteros, asombrosamente parecidos a los de su

---

21. En este caso, especialmente cruel: los métodos modernos incluían gas mostaza, ejecuciones masivas, inanición y campos de concentración. Se calcula que una cuarta parte de la población de Cirenaica fue aniquilada por los italianos.

hogar, en Italia. Vallicella, hijo de campesinos, disfruta de toda la vegetación, se alegra de ver campos de cultivo teñidos de azul y lila por la alfalfa. Se detienen en Beda Littoria, uno de esos pueblos coloniales modelo fundado hace menos de diez años, con un centro de cariz futurista como símbolo del majestuoso futuro que le esperaba. Pero ahora está vacío y abandonado. Incluso el sacerdote se ha escabullido. Es martes 17 de noviembre.

* * *

Por la noche, Vallicella y los demás entran por la fuerza en una de las casas cerradas, una de las más grandes. Al resplandor titilante de la lámpara de queroseno, la vivienda los deja impresionados. Hay una enorme mesa de comedor y vitrinas llenas de vajilla, cubiertos y copas de cristal. Hay camas blandas con sábanas limpias y blancas. Hay una foto de un hombre adinerado con bigote; otra foto de un grupo de personas encabezado por un tipo con perilla muy conocido, el mariscal Balbo, aviador, gobernador, fascista; otra foto de unas chicas jóvenes y guapas que están posando en bañador en la playa. Igual que la casa, las fotografías transmiten poder, prosperidad, felicidad lejana.

Lo único realmente utilizable que se llevan de allí son sábanas limpias, algunos cojines y un saco de arroz. En el garaje encuentran dos gatos muertos.

* * *

Ayer mismo alguien le susurró a Leonard Thomas que el HMS Ulster Queen y los demás buques pronto podrán partir de Arcángel. Los sentimientos lo aturullan. Es justo lo que quería, y al mismo tiempo no. Thomas se ha estado paseando de forma casi obsesiva, de aquí para allá por la ruidosa cubierta de la sala de máquinas, pensando, fantaseando, entusiasmándose, preocupándose. Por un lado, ya no tendrá que seguir viviendo la existencia monótona, monocromática, casi carcelaria que lleva viviendo desde septiembre, y por fin llegará a casa. Quizá incluso a tiempo para Navidad. Por otro lado, lo invade el miedo de lo que tiene por delante, de lo que puede ocurrir cuando vuelvan a jugárselo todo en la travesía por el Ártico.

Sin duda alguna, el viaje hasta aquí con el convoy PQ 18 fue la peor experiencia de su vida.

No solo tenían que seguir la estela del convoy ártico PQ 17, prácticamente exterminado, sino que entendían que los alemanes habían contado con mucho tiempo para prepararse y los estarían esperando, ávidos por repetir su triunfo. Como maquinista, Thomas estaba atrapado en la sala de máquinas, por no decir prisionero, directamente, tras compuertas y escotillas herméticas meticulosamente cerradas, y en los días más críticos, en los que el miedo lo volvía igual de cauteloso y mudo que a la mayoría, no habían sido mucho más que meros ruidos para él: los ladridos de los cañones a ritmos y en tonos distintos, el tintineo de los casquillos rebotando en la cubierta de encima, el aullido lastimero de la bocina de advertencia, el ruido de los motores que de vez en cuando aumentaba hasta convertirse en rugidos —siempre una mala señal, porque eso significaba que el buque necesitaba hacer un viraje repentino y rápido—, el estruendo de las cargas de profundidad, a veces reducido a un murmullo por efecto de la distancia, a veces preocupantemente intenso, sin que por ello dejara de ser un ruido bienvenido, reconfortante, comparado con el ruido más repugnante de todos: el fino pero inconfundible siseo de un torpedo pasando cerca.

A los pocos días, Thomas había perdido la noción del tiempo. En parte, debió de ser por la falta de sueño. Esto no se debía solo a todos los ruidos, ni a las detonaciones constantes de las cargas de profundidad. No podía dormirse de tanto miedo que tenía, y porque temía dormirse. Durante un tiempo incluso evitó mirar el mar, por miedo a ver uno de esos torpedos. Su convoy, el PQ 18, fue declarado un gran éxito, y eso que a su llegada había perdido trece de los cuarenta buques de transporte. Thomas ha tenido momentos de duda. ¿Por qué enviar estos convoyes, con tantos pronósticos en contra? «A veces, los acuerdos y pedazos de papel eran nuestra sentencia de muerte».

* * *

Hace una noche oscura y fría cuando el HMS Ulster Queen abandona el puerto de Arcángel. Desde fuera del acceso, Thomas puede ver las formas negras de los buques de mercancías esperando en fila. Esto es el QP 15 y la fecha es martes 17 de noviembre. El viento refresca. Se deslizan lentamente rumbo nornoroeste. Las nubes se tensan, densas y grises, delante de ellos. Está entrando una borrasca desde el océano Ártico.

* * *

Ese mismo día va a haber un nuevo ataque alemán contra Stalingrado —¿el último?—. La nieve aún no se ha posado sobre la ciudad, pero hay escarcha en el suelo, y en las aguas negras del Volga se pueden ver placas de hielo deslizándose poco a poco con la corriente.

Los demás regimientos de la división a la que pertenece Adelbert Holl han ido a ocupar sus nuevas posiciones en la estepa que hay al norte de la ciudad, donde tienen la intención de pasar el invierno. Antes de que el regimiento de Holl —si es que se le puede seguir llamando regimiento, pues lo componen apenas noventa hombres—[22] se les una, va a participar en un intento de liquidar los últimos bastiones de defensores soviéticos. En su caso, se trata de tomar Rynok y Spartanovka, los dos últimos barrios de extrarradio que quedan en el extremo norte de la ciudad, barrios que, igual que tantas otras zonas de Stalingrado, han quedado reducidos a polvo a medida que la danza de la muerte de ataques y contraataques ha ido oscilando de aquí para allá.

Son pocos los presentes que tienen fe en el ataque planificado. Ni el jefe de regimiento, ni uno de los jefes de batallón con los que Holl habla más tarde, ni el propio Holl, pero no presenta ninguna objeción. «Yo no era más que un pequeño engranaje de una gran máquina». Muchos de los oficiales de la división blindada que también va a atacar en el mismo punto tampoco le ven ningún sentido a la operación. El coronel está nervioso.[23] Pero no hay ninguna elección,

---

22. También este regimiento contaba entre sus filas con una cantidad de «voluntarios» rusos, *hiwis* (*Hilfswillige*), desertores o exprisioneros de guerra, que no tenían que combatir, pero que ayudaban en asuntos prácticos, como transporte de munición y heridos y trabajos de campo, a cambio de comida. En el 6.º Ejército había casi sesenta mil *hiwis*.

23. El comandante del cuerpo al que pertenece la 94.ª División de Infantería, Von Seydlitz, comentó: «Después de todos nuestros esfuerzos, recibí aquella orden como una bofetada».

porque la orden de atacar llega desde más arriba, desde lo más arriba que uno se pueda imaginar: el mismísimo *Führer*.

Una breve directiva firmada por Hitler ha ido bajando peldaño a peldaño por la jerarquía militar, hasta las diezmadas y exhaustas unidades que deben llevar a cabo la operación. Y Paulus, el comandante del 6.º Ejército, que mostraba la misma flojera crónica que tantos otros generales frente al dictador, ha añadido una frase: «Estoy convencido de que esta orden infundirá nuevas fuerzas a nuestros valerosos soldados».

¡Hay que ver, el propio *Führer* quiere esto! (El dictador ha llevado tan lejos el detalle con el que manda la orden que ha señalado con el dedo algunos complejos de edificios de los que se quiere apoderar). El devoto Holl debe de haber oído el discurso por radio que Hitler dio hace tan solo unos días, en el que pronosticó la caída de la ciudad. Holl escribe: «En última instancia, no éramos más que soldados que debíamos obedecer y cumplir órdenes. La efectividad de cada ejército en el combate depende de la obediencia y confianza que muestra hacia sus comandantes». Así que nadie dice nada. Jerarquías, cadenas de mandos, juegos de marionetas. *Befehl ist Befehl* («Las órdenes son órdenes»).

Holl no está acostumbrado a no estar en primera línea y oír solo de lejos cómo se desata el combate. Hay poca visibilidad. Se oyen detonaciones y repiqueteos. A la hora de comer llegan los primeros informes. La ofensiva se ha encallado después de tan solo doscientos metros. El fuego de artillería enemiga es demasiado intenso. (¿De dónde sacan los rusos sus obuses?).

* * *

Bede Thongs y los demás miembros del 3.ᵉʳ Batallón australiano se pasan tres días esperando junto al río Kumusi, mientras los ingenieros van montando, con mucho esfuerzo, puentes de cuerda sencillos por encima de las corrientes. No es hasta el miércoles 18 de noviembre que logran cruzar todos al otro lado. Ese día, el jefe de batallón manda a Thongs y su pelotón a una nueva misión de reconocimiento. Deben subir río arriba y buscar «japoneses extraviados». No tanto para recogerlos como para acabar con ellos, cabe suponer.

Matar a soldados enemigos es algo que a Thongs no le importuna. Las dudas que podía haber sentido en un comienzo desaparecieron después de ver los restos de un australiano decapitado. En aquel momento, él y los demás se decidieron: «Sin perdón». También parece ser que Thongs conocía a los dos soldados del 3.ᵉʳ Batallón cuyos cuerpos fueron encontrados durante los desconcertantes combates en Eora Creek, sin brazos y con grandes porciones de carne retiradas de los muslos y las piernas, carne que encontraron en las cercanías, envuelta en hojas. Eso confirmó los rumores de que los japoneses se están muriendo de hambre y que, presos de la desesperación, se han lanzado al canibalismo.

Una vez más, el 10.º Pelotón se abre paso por la jungla, entre la maleza y la humedad. Bede Thongs no se encuentra nada bien. Igual que todos los demás, ha perdido mucho peso desde principios de septiembre, cuando iniciaron su calvario por el Sendero de Kokoda.

A juzgar por lo que cuenta, tiene fiebre y dolor de cabeza.

* * *

Cuando Tameichi Hara mira por el ojo de buey, atisba aguas turquesas, islas volcánicas revestidas de jungla y rizos blancos en el mar que revelan la ubicación del arrecife de coral. Así como buques pintados de gris que están anclados. El destructor Amatsukaze ha vuelto a Truk. O mejor dicho, lo que queda del destructor. Hara sale a cubierta. Un ingeniero del buque de reparaciones Akashi sube a bordo. Honores. Cortesía. Hara le dice que desea que el destructor vuelva al combate «en una semana, diez días».

No deja de ser un comentario sorprendente. Es evidente que Hara aún se halla en un estado de shock tras la batalla naval que tuvo lugar en las costas de Guadalcanal la noche del 13 de noviembre. La gente comenta que parece enfermo.

Sin duda alguna, Hara es un capitán de barco experimentado, que hizo su bautizo de fuego ya en 1937, en el puerto de Shanghái, y que desde entonces ha participado en varios combates en el mar —la invasión de las Filipinas, tres batallas, entre otras la gran batalla decisiva frente a Java en febrero, así como la operación contra Midway, si bien solo como espectador—, pero nunca había experimentado nada similar, ni en escala, ni en intensidad, ni en consecuencias.

La sensación de fracaso y culpa que se ha apoderado de él es auténtica. El hecho de que lo hayan alabado por la hazaña de torpedear do-

barcos enemigos sirve de poco consuelo para el recuerdo de los cuarenta y tres hombres que han fallecido por culpa de sus errores. Los acontecimientos de las últimas jornadas también han vuelto a despertar parte de su vieja desconfianza contra la directiva de la Armada. Y, cabría pensar, sus viejas dudas sobre la guerra en sí misma.

* * *

Antes de diciembre de 1941, los ánimos dentro de la Marina japonesa estaban marcados por un anhelo casi histérico de entrar en guerra. Tameichi Hara era uno de los pocos que cuestionaban la sensatez de enfrentarse a Estados Unidos. No por escrúpulos morales, sino por el simple hecho de que no está tan claro que Japón realmente disponga de los recursos necesarios para vencer (Hara visitó Estados Unidos cuando era un joven cadete).[24]

Pero son muchos, y no solo los altos cargos, los que no se dejan importunar demasiado por las cifras y los hechos, sino que miran a sus adversarios por encima del hombro con una actitud casi programática, considerándolos decadentes, vulnerables y débiles.[25] (Como ocurre siempre en los sistemas autoritarios, las contradicciones y la información no bienvenida tienden a descartarse rápidamente). Al mismo tiempo, alimentan una imagen de sí mismos como imparables.

Sin embargo, Hara se pregunta si realmente es cierto, como se está diciendo oficialmente, que «los invencibles japoneses podrían destrozar a fuerzas enemigas superiores gracias a su agresividad». No obstante, los grandes e incuestionables éxitos de los últimos once meses lo han hecho empezar a dudar de sus propias dudas. (Y eso a pesar de saber que algunos de los comunicados de victoria están amañados y que algunos son directamente falsos). La opción de Hara ha sido refugiarse en el cómodo rol del samurái, el soldado apolítico, el técnico miope: «No podía permitirme pensar en los problemas genera-

24. Su larga carrera le dejó también recuerdos de la fuerte influencia occidental en Japón durante los años veinte, que después fue exorcizada de forma efectiva en los años treinta.

25. En esto reproducen las actitudes de los grandes poderes occidentales, que durante mucho tiempo infravaloraron la amenaza de Japón basándose, entre otras cosas, en tópicos racistas.

les relacionados con la guerra, sino que debía esforzarme todo lo posible dentro de los límites de mi papel».

Sabemos de la Primera Guerra Mundial que las grandes pérdidas de vidas humanas no conducen automáticamente a la crítica ni a la revisión. Hasta cierto punto, pueden tener el resultado contrario: pueden reforzar el deseo de continuar, de apostar más, de ir más fuerte. Porque no queremos que los caídos hayan hecho su sacrificio en vano, ¿verdad?

Tameichi Hara y el ingeniero empiezan una meticulosa ronda de inspección que les lleva todo el día. El destructor está hecho un desastre, realmente. En el casco cuentan treinta y dos agujeros de un diámetro superior a un metro, y otros cinco agujeros más pequeños por donde han penetrado proyectiles sin detonar. Empiezan a contabilizar los daños por metralla, pero se rinden cuando llegan a cuarenta. Y los pequeños orificios causados por las balas de ametralladora son tantos que resulta inútil contarlos.

Hacia el mediodía, el ingeniero informa de que para que el Amatsukaze vuelva a estar en condiciones de combatir, tiene que regresar a un astillero en Japón, donde las labores de reparación llevarán un mes. Pero para poder hacer dicho trayecto, primero el destructor tiene que someterse a una serie de reparaciones provisionales aquí en Truk. Y eso también llevará un mes. La noticia sume a Hara en una depresión aún mayor. Se deja caer en una silla mientras el ingeniero permanece en pie frente a él. Quiere volver. Quiere luchar. Intenta protestar débilmente:

«Pero —tartamudeé— hay señales de que el enemigo puede hacer reparaciones completas en mucho menos de sesenta días. ¿Por qué nosotros no?». Sabía que la respuesta estaba en la capacidad industrial del enemigo, tan superior a la de Japón, y caí en la cuenta de lo ridícula que resultaba mi pregunta. Le siguió un incómodo silencio.

A la mañana siguiente comienzan las labores de reparación. Los días posteriores, Hara tiene que hacer rondas de muestra para visitantes, oficiales de la plana mayor y otros peces gordos que quieren echar un vistazo más de cerca al destructor que sobrevivió a tan tremendos daños. Hara cae en la cuenta de una cosa. A esa gente el acribillado y tiznado Amatsukaze les interesa como curiosidad; no hacen ninguna pregunta acerca de la batalla naval en sí. Hara escribe:

> Cuando esta falta de curiosidad se prolongó durante toda la semana, comencé a preguntarme por la incompetencia de estos hombres. Resultaba preocupante pensar que ellos, que participaban en el diseño de los planes y la estrategia, no estuvieran interesados en aprender de las experiencias frescas del campo de batalla. Quizá no estaban tan cualificados para su trabajo como deberían.

* * *

El miércoles 18 de noviembre, el regimiento de Adelbert Holl ejecuta una nueva ofensiva en la parte norte de Stalingrado, y una vez más le toca seguir el ataque desde la retaguardia. A juzgar por los informes, esta vez tampoco parece que los atacantes logren avanzar demasiado en la tormenta de hierro a la que los somete la artillería soviética desde el otro lado del Volga.

La pregunta es si la operación se ha llevado a cabo con total convencimiento. Como ya hemos comentado, del coronel hacia abajo no hay nadie que crea en la misión. Quizá han hecho todo lo necesario para informar, para transmitir el mensaje hacia arriba, paso a paso, siguiendo el camino correcto, del regimiento a la división, de la división al cuerpo de ejército, del cuerpo al ejército, del ejército al OKH, del OKH al OKW,[26] y finalmente del OKW a ese búnker cerrado y con un leve olor a moho ubicado en un bosque de Prusia Oriental donde Hitler en persona está de pie sobre un mapa a escala 1:10.000, con una lupa enorme en la mano, para decirle que la orden se ha llevado a cabo, pero que lamentablemente... Holl piensa mucho en los soldados de su compañía y en lo que están viviendo ahora mismo:

> Lo que los hombres en primera línea debían llevar a cabo rozaba lo sobrehumano. La mayoría de ellos aún no tenían ni ropa de invierno. Dicho de otro modo, debían arreglárselas con su equipo normal y corriente. Estaban acurrucados en las trincheras delante del

---

26. OKH: *Oberkommando des Heeres* (Alto mando del Ejército alemán), OKW: *Oberkommando der Wehrmacht* (Alto mando de las Fuerzas Armadas alemanas).

enemigo contando tan solo con sus *Zeltbahn* o ponchos de camuflaje para protegerse de la humedad y el frío. Allí las horas duraban una eternidad.

* * *

Tal vez aquí conviene recordar un pequeño episodio que tuvo lugar una noche once días antes, en Turingia. Un tren hospital cargado de soldados alemanes heridos provenientes del frente oriental se había metido en una vía muerta a la espera de recibir luz verde. (La causa de la parada eran los daños provocados a raíz de un bombardeo británico, pero cabe dudar de que los heridos, que estaban allí tumbados entre olor a sangre, fenol y dolores, fueran informados al respecto). Entonces apareció otro tren que se metió en la vía muerta de al lado y se detuvo. Los dos trenes apenas estaban separados por un par de metros de distancia. Desde sus camillas colgantes, los estupefactos soldados pudieron ver directamente el interior de un vagón restaurante bien iluminado y lujosamente decorado, donde un grupo de uniformados estaba cenando con vajilla de porcelana. La atención de todos los presentes estaba dirigida a un hombre que estaba hablando y gesticulando y a quien reconocieron de inmediato. Es Él. El *Führer*. «De pronto, alzó la vista en dirección a las caras anonadadas que lo miraban fijamente. Iracundo, dio la orden de que corrieran las cortinas, y sus soldados heridos fueron devueltos a la oscuridad de su tenebroso mundo».[27]

* * *

Los últimos días en Guadalcanal han sido bastante tranquilos. Pronto hará dos semanas desde que John McEniry se quitó su mono de aviador. Está roto y sucio. Todo él está sucio. Y hará dos meses que se

---

27. William Craig. Hitler iba camino de Múnich para dar el tradicional discurso antes citado (para el aniversario del fracasado golpe de Estado de 1923) ante los miembros del partido, en Löwenbräukeller. El discurso que dio es memorable por dos motivos (aparte de ser uno de los pocos en los que el dictador utiliza su voz normal y la ironía). En primer lugar, porque Hitler, por cuarta vez ese año, predijo la extinción de los judíos, y en segundo, porque también prometió la pronta caída de Stalingrado, lo cual hizo que fuera aún más una cuestión de prestigio personal.

cortó el pelo por última vez. «Llovía casi cada día, y todas las trincheras estaban enfangadas o inundadas. La zona de alrededor estaba cubierta de barro o polvo». Cuando les reparten calzoncillos limpios y calcetines nuevos, McEniry y algunos otros pilotos deciden ir a bañarse. Esto ocurre el 17 de noviembre, o quizá el 18.

Cerca del extremo sudoeste de la pista grande de aterrizaje corre un río no muy grande rodeado de árboles, el Lunga. Muchos suelen bañarse allí, incluso el admirado jefe de escuadrón, el mayor Sailer Jr. De camino allí se cruzan con «una patrulla de marines con rifles preparados para disparar, que caminaban a hurtadillas por el sendero», y los pilotos les preguntan qué están haciendo. Alguno de los soldados les cuenta que un francotirador japonés ha conseguido atravesar las líneas estadounidenses[28] y que ha intentado disparar a gente en el agua. McEniry y los demás se ofrecen a hacer de «cebo» y bajan sin dudarlo al río. Aún no han perdido el sentido del humor.

A McEniry el río le parece «maravilloso». Se quitan la ropa entre los matorrales de la orilla. Ahora se ve que todos han perdido peso. Aquí en la isla la comida es escasa e insípida: más que nada, *corned beef* y carne en conserva similar, o sopa hecha con ella, sándwiches de cebolla, café, patata deshidratada y huevo en polvo, así como cantidades monótonas de arroz más o menos estropeado.[29] Y casi todos padecen diarrea de vez en cuando. Los casos de malaria e ictericia son cada vez más abundantes.

Desnudos, se meten en el agua clara, poco profunda y rápida. El fondo es pedregoso. Aún no lo saben, pero la vida es tan cruel y la memoria es tan plástica que los que sobrevivan a este mes y estos años cuando sean ancianos se acordarán de esta época, y a lo mejor incluso la echarán de menos, sobre todo momentos como estos, casi arquetípicos por su despreocupación, el juego y la juventud inmortal recuperada bajo un cielo azul y nubes infinitas en constante transformación.

* * *

28. Los francotiradores infiltrados japoneses eran un fenómeno habitual en esta época en Henderson Field. Allí no se estaba nunca realmente a salvo.

29. El arroz provenía de almacenes japoneses conquistados en agosto, sin él los primeros desembarcados probablemente habrían sufrido una hambruna. Pero había un botín mucho más popular: los dulces de menta japoneses.

El camino hasta Alejandría se convierte en una película en la que el relato de la batalla se reproduce hacia atrás. El camino por el que conducen Keith Douglas y sus dos compañeros al principio está embarrado e igual de vacío que el desierto llano que los rodea —la etapa final de la retirada—, pero pronto divisan más y más escombros, objetos tirados, vehículos abandonados, papeles que revolotean en el aire con cada soplo de viento —el comienzo de la retirada—, luego, más y más camiones calcinados, a menudo en largas hileras, tumbas cavadas a toda prisa —el colapso—, seguido de grupos de tanques requemados y hundidos, vehículos de remolque destruidos, piezas de artillería abandonadas con cañones apuntando al vacío, aves carroñeras —el punto de inflexión—, y por último los irregulares setos de alambrada llenos de trapos, y cráteres, montones de cráteres —el ataque—. Pasan por encima de los últimos socavones rellenados con tierra, suben la marcha y el camión de trece toneladas acelera bajo un cielo cada vez más claro en dirección a la gran ciudad.

Pocos lugares tienen tanto poder de atracción sobre los soldados del ejército británico como Alejandría, a la cual suelen referirse como «Alex». El contraste entre el vacío y la arena del desierto y el bullicio y los parques verdes de Alejandría es descomunal. En la ciudad hay de todo: bares, cafeterías, restaurantes, cines, campos de golf, clubes privados, calles de tiendas, hoteles modernos, playas grandes. Realmente de todo, incluso ladrones, rateros, traidores, contrabandistas, conspiradores antibritánicos, espías, mendigos, traficantes de droga y montones de prostitutas, de ambos sexos. No hay ninguna otra ciudad en Egipto que cuente con tantos burdeles como Alejandría. Y todo esto a menos de dos horas en coche.

* * *

Keith Douglas emprende el viaje por dos motivos. En primer lugar, lleva consigo cincuenta libras y una lista espantosamente larga de compras que se espera que haga para el regimiento, entre otras cosas dos mil huevos y tres mil panecillos. En segundo lugar, necesita unas gafas nuevas. Douglas es bastante miope —cosa que las fotografías no revelan; es muy vanidoso y siempre procura quitarse las gafas en cuanto aparece una cámara— y ha perdido una de las dos que tenía, y las otras se le han agrietado durante la batalla. Estamos a mediados de noviembre.

Las palmeras indican que la ciudad está cerca. Ve campos frondosos, edificaciones cada vez más densas y el mar. Se adentran en Alejandría.

Al llegar a un pequeño puente tienen que detenerse y esperar mientras una larga columna de prisioneros de guerra sucios de polvo pasa por allí. Continúan, avanzan despacio por calles calientes y estrechas, entre peatones, carros tirados por burros y tranvías. Algunas personas señalan y saludan al camión sucio y pintoresco del ejército, marcado por la metralla. Cuando llegan al centro de la ciudad, a la plaza de Mohamad Ali, Keith Douglas solo tiene una cosa en la cabeza: ¿debe tragarse la vergüenza y la humillación y buscar a Milena?

Conducen junto al mar, siguiendo la Grande Corniche bordeada de palmeras, pasando cerca de «bañistas y gente tomando el sol, un mar de ropa tan colorida como un jardín de flores; en Stanley Bay la arena quedaba tapada por los soldados que estaban de permiso y la enorme población ociosa de mujeres elegantes, repartida por la media luna azul del mar». La escena es casi arquetípica en su contraste, pero Douglas no parece alterarse demasiado ante la idea de que durante todo este tiempo, en el que miles de personas han muerto o han resultado heridas o se han quemado vivas dentro de sus carros de combate a tan solo cien kilómetros de allí, otras han estado comiendo helado bajo un parasol de colores, o jugando con las formidables olas en Stanley Bay; quizá porque él habría hecho exactamente lo mismo, si hubiese estado de permiso.[30] Pues esto es lo que ocurre cuando mueres: nada. Todo continúa con total normalidad.

En efecto, un par de noches más tarde, Keith Douglas está sentado con total despreocupación en una de las numerosas cafeterías que hay en la Grande Corniche. Su compañía es una vieja conocida. No es Milena, pero, lamentablemente, el encuentro resulta en un bochornoso fracaso. Douglas la despacha rápidamente, hace de tripas corazón (o se traga la humillación) y se apresura a invitar a Milena al

30. La cosa era distinta en El Cairo, donde abundaban los oficiales que se habían aprovechado de *the old boys network* para conseguir un buen puesto en alguno de los voluminosos e inefectivos cuadros de mando, y que llevaban una existencia ociosa y de lujos, lejos de cualquier peligro, en bares, burdeles y campos de polo. Aquellos oficiales estaban expuestos al odio de los soldados del frente, que superaba en fervor incluso al que existió durante la Primera Guerra Mundial.

cine.[31] En el taxi de camino a casa intenta abrazarla. En vano. Siente que hay «una plancha de metal» entre ellos dos. Sin duda, la cosa se ha terminado.

La ha perdido.

* * *

Es miércoles 18 de noviembre, y Ernst Jünger está atrapado en Lötzen, en Prusia Oriental. Ha obtenido sus documentos de viaje, sí, y también le han entregado un billete, pero el número de vuelos se ha visto temporalmente reducido a causa del mal tiempo: uno de los grandes aviones de transporte trimotores se averió hace tres días por culpa del hielo formado en las alas. Así que no le queda más remedio que esperar.

Para no tener que quedarse en su cuarto en el decadente hotel, Jünger sale a pasear por la pequeña ciudad, que está ubicada junto a un gran lago. Por la mañana visita el gran cementerio de los caídos en 1914, y se mete en el pequeño museo que han hecho de la guerra (la anterior). Luego, Ernst Jünger se siente deprimido. Todos esos objetos que ve en las vitrinas y en las paredes del museo le son demasiado familiares, demasiado conocidos, se convierten en una especie de imágenes del más allá de los caídos y le hacen recordar cosas que preferiría no recordar. Y no sorprende que el cementerio de guerra tampoco le levante el ánimo. Está demasiado desolado, yermo, vacío: otro lugar para los fantasmas.

* * *

Cuando a la mañana siguiente Keith Douglas y sus ayudantes se montan en su camión para volver al regimiento, se siente de un humor sorprendentemente bueno, a pesar de su fracaso con Milena. La misión está cumplida. El camión de trece toneladas está lleno hasta los topes de cigarrillos, puros, ginebra, licores, huevos, carne en conserva y Dios sabe qué más. Y los sacos de panecillos recién hechos que

---

31. No menciona la película que vieron. Es difícil imaginar que Douglas, en aquella situación, quisiera ver ninguna de las muchas películas sobre la guerra que estaban en cartelera, sino que debió ser alguna más entretenida. Solo podemos especular. ¿*El cuarto mandamiento* de Orson Welles? ¿*Miss Annie Rooney* con Shirley Temple? ¿*My favourite Blonde* con Bob Hope? ¿*El fantasma de Frankenstein* con Bela Lugosi?

acaban de cargar desprenden un aroma celestial. Solo les queda pasar por la gran cantina de Borg El Arab, un poco al oeste de la ciudad, para comprar cerveza y galletas de chocolate. Cuando llegan, han cerrado hace tan solo cinco minutos. El caporal que está al mando se niega a transgredir las normas y volver a abrir para ellos. Douglas se enfada, le espeta que «si los soldados en combate fueran igual de quisquillosos con sus horarios de trabajo que los contratados en los NAAFI,[32] no habríamos librado ninguna batalla, y aún menos la habríamos ganado». Lo cual no ayuda a que el caporal se muestre más colaborativo. La rabia de Douglas se eleva a cólera impotente, y siente que le entran ganas de pegarle un tiro a ese caporal.

Eso es un contraste que realmente puede atormentar e indignar: el que hay entre el día a día del soldado y la burocracia militar, con su mezquindad, inefectividad, arrogancia y su cuadriculada insensibilidad. A Douglas no le queda otra que marcharse de allí con las manos vacías. Alejandría se va desvaneciendo poco a poco a su espalda, como un sueño, y Douglas vuelve a serpentear por la monotonía del desierto.

* * *

«La tierra tenía frío —nos cuenta Willy Peter Reese—, y a veces el viento traía consigo un hálito de escarcha y nieve». En la jornada de hoy se interrumpe la rutina diaria, de una forma que es bienvenida e inoportuna al mismo tiempo. Su grupo recibe órdenes de llevar su pieza de artillería antitanque —hasta la fecha, sin usar— a una posición más retirada, lo cual es positivo, dado que allí los riesgos son algo menores que aquí, en primera línea. Pero primero tienen que llevarlo hasta allí, rodando, lo cual no es positivo, puesto que va a ser peligroso.

Reese vive con una ambivalencia general en su interior, y esta lo atormenta. Él no es un nazi, y nunca lo ha sido. Su falta de entusiasmo hacia el régimen estuvo a punto de costarle la graduación, de no haber sido por uno de sus profesores, quien protegió y ayudó a su destacado alumno. Entre sus compañeros más allegados de aquella

---

32. La NAAFI (Navy, Army and Air Force Institutes) era una empresa estatal británica que gestionaba las cantinas y otras instituciones de servicios, por piedad a todos los uniformados. Eran indispensables y estaban presentes en todas partes, pero también estaban siempre expuestas a la ira y el descontento de los combatientes.

época se encuentra un hombre joven de ascendencia parcialmente judía. Ha estado manteniendo una intensa correspondencia con él. Más o menos por esta misma época, a su amigo lo envían a lo que se describe como un gran campo de trabajo en el Este; Reese tiene su número de prisionero y su nueva dirección: «115613 / Block 2a / Konzentr. Lager Auschwitz / Oberschlesien, Postamt 2».

El desprecio de Reese por el régimen ha sido pasivo y silencioso durante mucho tiempo, pero tras la impresión del último año se ha ido tornando cada vez más abierto. Ha saboteado los intentos de hacerle participar en el entrenamiento de los reclutas recién llegados, y escribe poemas que, sin duda alguna, podrían hacer que lo procesaran. Como este, compuesto este mismo año:

> *Matado a los judíos,*[33]
> *marchado a Rusia*
> *como una horda rugiente,*
> *reprimido a la gente,*
> *luchado a sangre,*
> *dirigidos por un payaso,*
> *somos los enviados*
> *de quien es conocido por todos*
> *y vadeamos en sangre.*
> *Llevamos banderas*
> *de nuestros antepasados arios:*
> *ya nos van bien.*
> *Bebemos y fornicamos,*
> *el rastro de vandalismo*
> *nos indica el camino.*
> *Nos enfurecemos y gritamos,*
> *en aquelarres y fiestas,*
> *en compañía de locos.*
> [...]

33. Es obvio que Reese conocía ya en 1942 lo que estaba ocurriendo con los judíos. Los documentos que dejó no desvelan exactamente cuánto sabía ni de dónde procedía dicha información, pero es posible que le llegaran rumores de fuentes cercanas. En 1941 estaba atravesando Kiev cuando tuvo lugar la masacre de Babi Jar, y el verano siguiente se encontraba en Charkov tuvo lugar allí una operación parecida.

Pero también percibe su culpa en todo, en la contradicción que supone odiar a Hitler al mismo tiempo que lucha la guerra de este, o tal y como él lo expresa en este otro poema:

> *Somos la guerra. Porque somos soldados.*
> *He quemado todas las ciudades*
> *estrangulado a todas las mujeres*
> *apaleado a todos los niños*
> *cogido todo el botín del país.*
> *He disparado a millones de enemigos,*
> *asolado todos los campos, destrozado las iglesias,*
> *cosechado las almas de las personas,*
> *derramado la sangre y lágrimas de todas las madres.*
> *Yo he hecho eso. —Yo no hice nada.*
> *Pero era soldado.*

Reese confiesa la más humana de todas las cualidades: la ambigüedad. Porque al mismo tiempo, a Reese jamás se le pasaría por la cabeza desertar.

Está condecorado, orgulloso de todo lo que ha soportado, y desprecia a los cobardes, o mejor dicho: desprecia a aquellos que permiten que el miedo coja el mando. Cuando está en el Este, siempre echa de menos volver a casa, pero cuando vuelve, a veces le ha ocurrido que ha echado de menos el frente. Esta ambivalencia lo desgarra por dentro. Reese intenta conservar la persona que era antes de 1941, pero a la vez es consciente de que esa persona ya no existe. Por eso está ahí, sintiéndose «desconocido para sí mismo», tal como lo expresa él mismo. Resulta fácil comprender por qué bebe cada vez con más frecuencia y en mayor cantidad. De hecho, todos lo hacen.

Con ayuda de un par de caballos sacan el cañón, que pesa más de media tonelada, de su posición de disparo, lo llevan a cuestas por trincheras y cráteres de obús. Les disparan. Uno de los compañeros de Reese cae, también uno de los caballos. Su compañero sobrevive, pero el caballo muere al día siguiente. Pero él y los demás están contentos de hallarse un poco más alejados de la línea del frente. Además, el búnker en el que van a vivir es mejor que la cueva mojada y embarrada en la que vivían hasta ahora. «Hacía tiempo que nuestras ganas de combatir se habían transformado en una perseverancia agotadora».

* * *

Entonces, ¿dónde está John Parris, el corresponsal de guerra estadounidense que manda informes tan dramáticos sobre el desembarco norteamericano en la costa francesa del Norte de África? No en lo que se considera «el frente». El cual, dicho sea de paso, es ahora mismo una zona fluctuante y difícil de definir que se mueve a medida que las tropas estadounidenses y británicas se precipitan sobre la frontera argelina, hacia Túnez y la ciudad de Túnez. Quizá Parris, que es un hombre tranquilo, ha descubierto que no es un periodista de acción. En cualquier caso, pronto va a regresar a las oficinas centrales de la gran United Press en Londres, y allí se va a quedar.[34] De aquí en adelante, cubrirá los eventos un tal Ned Russell, de la misma edad que Parris, oriundo de California y periodista en la misma agencia de noticias.

Russell y algunos otros periodistas son parte del mismo *pool*, un sistema organizado por las Fuerzas Armadas estadounidenses. El número de periodistas está limitado, y estos deben sentarse a compartir sus textos con sus compañeros. Una de las ventajas del acuerdo, para las Fuerzas Armadas, es que eso hace que los reporteros sean mucho más fáciles de controlar.

Lo que se les permite ver siempre está limitado, y lo que escriben siempre es revisado por los propios censores del Ejército —se le llama «censura en la fuente»—. Después puede haber más recortes cuando el material está listo para su publicación. Por tanto, y dicho de otra manera, el filtro es doble. O incluso triple, de hecho. Porque a esto hay que añadirle que los corresponsales de guerra también se censuran a sí mismos. No sin razón, se ven a sí mismos como parte del esfuerzo bélico —todos llevan uniforme—, y quieren evitar describir la guerra de manera que parezca difícil de ganar. Pero esto hace también que construyan una imagen simplificada, idílica y marcada por el cliché.

34. Allí Parris asistirá a ruedas de prensa, cubrirá la diplomacia y la alta política. No hará ningún otro intento de cubrir la guerra *in situ*. Además, escribir para United Press no era poca cosa: al comienzo de la guerra, su material se distribuía a 1.715 periódicos y emisoras de radio de cincuenta y dos países.

Algo de lo que se escribe mucho son las epopeyas heroicas, en pequeño o gran formato. O bien sobre generales vanidosos y fervorosos de recibir publicidad (con personal de relaciones públicas contratado a tiempo completo en sus planas mayores) o bien sobre alguna persona local que ha llevado a cabo una proeza heroica, llamativa o importante contra todo pronóstico, bajo circunstancias complicadas o en un lugar relevante, etc. Muchos periodistas solo están «en el frente» en términos puramente técnicos. Pero la mayor parte de su tiempo lo emplean en ir de un cuartel general a otro, donde escuchan a gente uniformada que les señala grandes mapas con un puntero, o bien se sientan a reformular comunicados de prensa oficiales para convertirlos en «informes del hombre que tenemos destinado allí».

Para ellos la guerra es ruido que viene con el viento, humo en la lejanía y frases manidas salidas de los mimeógrafos. Gran parte de lo que saben o ven no lo pueden escribir nunca, no porque sea secreto, sino porque es bochornoso o porque, simplemente, no encaja con la pulcra imagen de lo que es la guerra, por lo que resulta imposible compartirlo con el público de casa. Tal y como contará más tarde otro corresponsal de guerra:

> Por ejemplo, sabíamos que un general muy admirado cambiaba una y otra vez de oficial de prensa, porque nunca recibía titulares lo bastante grandes. Nos enteramos de que un alto mando degradó a un sargento porque este había fotografiado su perfil desde el lado equivocado. Varios jefes de unidad muy válidos fueron retirados de sus puestos por los celos de sus superiores, porque habían despertado demasiado entusiasmo entre su gente y demasiada admiración entre los corresponsales de guerra. Eran habituales las bajas reiteradas por enfermedad que en verdad consistían en resacas, así como los vínculos íntimos entre oficiales de cargos elevados y mujeres del Servicio de Defensa Voluntaria.[35] Sabíamos que la gente era retirada de su servicio con informes médicos, pero que en verdad la «dolencia» era mera estupidez, brutalidad, cobardía o incluso anomalía sexual. No conozco ni a un solo reportero que aprovechara jamás su conocimiento de ese tipo de casos. Además, al margen de la confidencialidad moral de los

---

35. En el original WAAC: Women's Army Auxiliary Corps. Las mujeres del WAAC trabajaban como telefonistas, oficinistas o chóferes privados en muchas planas mayores.

NOVIEMBRE 1942

tiempos de guerra, llevar esas informaciones a la imprenta habría sido equivalente a cometer suicidio profesional.[36]

* * *

Este día, miércoles 18 de noviembre, Ned Russell y otro periodista estadounidense se encuentran en Tabarka, una bonita ciudad costera con muchas ruinas antiguas, justo pasada la frontera con Túnez. Han llegado hasta allí en tren y camión militar, atravesando un paisaje que a Russell le ha recordado a California, o quizá Arizona, y están extasiados por las expectativas de que continúen los raudos éxitos que se han estado sucediendo desde los desembarcos. «Hablábamos de ciudad de Túnez y Bizerte prácticamente como si ya estuvieran conquistadas, y algunos de nosotros nos preguntábamos directamente cuánto tardaríamos en llegar a Trípoli».

Pero la situación ha cambiado en menos de cuarenta y ocho horas. El clima, que hasta el momento ha sido bastante caluroso y soleado, se ha convertido en frío, acompañado de granizo y lluvia racheada. Desde que los aliados bajaron a tierra y los defensores franceses depusieran las armas unos días más tarde, todo el mundo se ha estado preguntando dónde están los alemanes y cuáles son sus intenciones. ¿Verdad que se retirarán a toda prisa, ahora que la situación para ellos en el Norte de África se ha vuelto tan imposible? Las fuerzas británicas que dirigen el avance en Túnez han hecho su primera toma de contacto en combate y, desafortunadamente, los alemanes con los que se han encontrado no muestran mayor intención de salir corriendo. Al contrario, más bien parecen haberse reforzado, entre otras cosas con carros de combate y apoyo aéreo.

Los dos periodistas son llevados hasta una fábrica llena de torres de corcho en proceso de secado. El edificio es ahora el cuartel general de la 36.ª Brigada del Ejército británico. Un mayor les cuenta la situación actual. No muy lejos de allí están teniendo lugar duros enfrentamientos. El avance se ha detenido. Es peligrosísimo usar las carreteras a la luz del día. Hay cazas alemanes volando por debajo de las nubes bajas y disparando a todos y a todo. Además, las líneas de abas-

---

36. El escritor y futuro premio Nobel John Steinbeck, que acompañó a los aliados durante la invasión de Italia en su *Once There Was a War*.

tecimiento aliadas se han estirado hasta un punto crítico. La lluvia ha convertido los caminos en lodazales.[37]

Russell comprende que no va a haber ninguna marcha triunfal rápida y sencilla sobre ciudad de Túnez. Esa misma noche, él y el otro periodista regresan a Bône, desde donde partieron ayer. Explica:

> El viaje de vuelta ha sido aún peor, si cabe, de lo que fue el trayecto a Tabarka. Íbamos agazapados debajo de la base de una tienda de campaña de lienzo en la plataforma de un camión abierto, con la lluvia y el granizo azotándonos la cara. En una ocasión, cuando el granizo de pronto comenzó a caer en trozos enormes, me tapé la cara con el casco de acero.

Después de cinco horas a bordo del camión, llegan a Bône. Ya es medianoche.

Russell sabe que debería informar de algo, pero de qué? En casa, la gente necesita saber que el avance hacia Túnez capital, hasta ahora descrito como imparable, se ha detenido. Pero ¿cómo? Él sabe que la simple y pura verdad —que los británicos se han encallado frente a la superioridad alemana en términos de potencia de fuego, carros de combate y aviones— «no superaría la censura de Argel».

Así que Russell escribe un texto donde relata lo ocurrido dándole el mayor color de rosa que puede. Sí, los planes de los aliados se han ido al traste, pero ahora las cosas por lo menos «habían salido mal de la manera correcta». Justifica lo ocurrido con una especie de paradoja del éxito: el avance ha sido tan inesperadamente rápido que la logística no ha podido seguir su ritmo. Ahora las tropas en el frente deben «pasar inadvertidas en el barro» y esperar «refuerzos y equipamiento pesado y apoyo aéreo». Russell envía su informe.

Dos meses más tarde, Ned Russell se entera de que sus eufemismos no han corrido demasiada suerte. La censura del Ejército en Argel lo ha tachado todo.

---

37. Y no solo las carreteras. Los aviones aliados tienen que operar desde aeródromos lejanos, en mal estado y llenos de barro, al contrario que las fuerzas alemanas e italianas, que contaban con buenas bases muy cerca. El mayor probablemente mencionó también que el aprovisionamiento no solo era difícil, sino que una parte importante de lo que realmente llegaba al frente eran cosas innecesarias, como por ejemplo brillantina, mientras que había una gran carencia de cosas como obuses y alimentos.

* * *

Sophie Scholl puede respirar tranquila. ¡Fritz Hartnagel está vivo! Finalmente, ha recibido una carta suya desde Stalingrado. Hay algo un poco reservado y brusco en el temperamento de Scholl, y en su carta de respuesta, fechada el miércoles 18 de noviembre, no puede dejar de mostrar irritación por los miedos y las oscuras fantasías que le ha generado la espera de recibir la carta de Fritz, totalmente gratuitos.

Aun así, se controla, se refiere a la fe que ambos abrazan, lo anima a comulgar, a rezar. Pero a medida que van corriendo las palabras sobre el papel de la carta, es como si unos intensos sentimientos se apoderaran de nuevo de ella:

> Ay, Fritz, si no soy capaz de escribirte otra cosa solo es porque me parece tan tremendamente ridículo que la persona que se está ahogando, en lugar de gritar pidiendo ayuda, se ponga a compartir reflexiones sobre algún tema científico, filosófico o teológico, mientras los escalofriantes tentáculos de los seres que habitan en el fondo del mar lo agarran por las piernas y los brazos y las olas se le echan encima; solo porque yo sienta angustia y nada más que angustia y solo eche de menos a aquel que puede liberarme de dicha angustia. Sigo tan alejada de Dios que no siento su presencia ni siquiera cuando rezo. A veces, cuando pronuncio el nombre de Dios quiero sumirme en el vacío. No me asusta ni me resulta vertiginoso. No me genera nada, y eso es casi aún más horripilante.

Al día siguiente, Robert, el padre de Sophie Scholl, recibe la notificación de que se le prohíbe llevar a cabo su actividad laboral. Como se le considera persona políticamente no fiable, ya no puede ejercer de abogado fiscal.[38] ¿Podrá la familia seguir viviendo en el piso de la plaza Münsterplatz? ¿Podrán seguir estudiando los hermanos Scholl en la universidad?

38. Robert Scholl era liberal y pacifista (tras sus experiencias en la anterior guerra mundial), además de librepensador, algo que a veces podía adoptar rasgos de cierta falta de respeto con la ley. Ese mismo año ya había sido condenado a una breve estancia en la cárcel después de que lo denunciaran por hacer unas declaraciones negativas contra el *Führer*.

* * *

Es la noche del jueves 19 de noviembre. John Bushby y los demás tripulantes del bombardero Lancaster ED311 K-King han vuelto a hacer el largo trayecto por aire en dirección al sur de Francia, por encima de los Alpes, hasta el norte de Italia. Esta vez, el objetivo es Turín.

Su unidad, el 83.º Escuadrón, no es una unidad normal y corriente, sino parte de la PFF, la Pathfinder Force. Han sido elegidos, especialmente entrenados y equipados para volar a la cabeza del denso torrente de bombarderos y marcar el objetivo con bengalas de distintos colores —rojas, verdes o amarillas—. Después, los aviones que los siguen solo tienen que limitarse a apuntar a estas marcas. El navegador del K-King utiliza un nuevo sistema de navegación por radio llamado GEE (al que Bushby y los demás siempre se refieren como *the goon box*), que les brinda a ellos y al resto de *pathfinders* posibilidades muy mejoradas de encontrar lo que buscan en plena noche (hasta ahora la precisión era prácticamente nula).

Localizan Turín sin ningún problema. La resistencia con la que se topan es bastante débil, como de costumbre. «El marcado de los objetivos se hacía con la misma precisión que describía el manual de instrucciones. Incluso tuve tiempo de buscar la alargada fábrica de Fiat y el contorno circular de la pista donde se probaban los coches sirvió de gran punto central sobre el que podíamos apuntar», recuerda Bushby.

Cuando el K-King y los demás pesados bombarderos dan media vuelta, pueden verse montones de incendios en las zonas de fábricas, pero también en el centro de la ciudad: se han arrojado ciento veintiuna toneladas de bombas.[39] El vuelo de vuelta transcurre sin contratiempos, excepto cuando Bushby y sus compañeros del bombardero Lancaster se adentran en una tormenta sobre el norte de Francia. Bushby recuerda:

---

39. Esta fue la primera de siete incursiones entre noviembre y diciembre, donde también se utilizaron enormes bombarderos de cuatro toneladas. También aquí el impacto fue notable, tanto que casi un cuarto de millón de los habitantes de Turín abandonó de inmediato sus casas y la ciudad.

Los cumulonimbos agolpados refulgían y centelleaban con una luz interna, y por primera y única vez vimos el fenómeno que recordábamos de los libros de texto: el fuego de Santelmo. Fascinados, vimos chispas eléctricas brillantes y de color azul volando de un lado a otro entre las bocas de los cañones; y las hélices eran cuatro anillos azules iridiscentes. Bolas incandescentes corrían por todos los cables de antena como gotas de lluvia fluorescente. Después terminamos de atravesar la nube y salimos al cielo despejado del otro lado.

* * *

Es un día normal en Mandalay. Aunque no del todo. Cada semana se examina a Mun Okchu y las demás jóvenes coreanas del burdel de campaña para comprobar que no son portadoras de ninguna enfermedad venérea. Hoy es un día de esos. La visita dura unas horas y supone una interrupción más que bienvenida en los servicios ofrecidos a la cola interminable de hombres uniformados que siempre hay delante de la casa.

La carga de trabajo es elevada, a pesar de que en Mandalay pronto habrá diez burdeles de campaña. (Uno está reservado para oficiales, el Uminooya, con chicas exclusivamente japonesas; tres con coreanas, entre los cuales está la Posada Taegu; otro con chinas; tres con mujeres birmanas, de los cuales uno, el Shinmenkan, está reservado solo para las tropas de apoyo birmanas que han elegido luchar con los japoneses contra sus antiguos señores coloniales británicos).[40] No es inusual que los burdeles los dirijan civiles, como es el caso del señor y la señora Matsumoto, pero entonces están subcontratados por las Fuerzas Armadas. En este sistema, cada instalación está sometida a cierta unidad en términos organizativos, ya sea a un regimiento en particular, ya a un cuerpo de ejército entero, o tal como ocurre con la Posada Taegu, a una unidad de cuartel general. En su caso, es la policía militar de la plana mayor de la división 8.400 quien vigila y mantiene el orden. El destacamento superior incluso tiene la responsabilidad logística del burdel en cuestión, y lo provee de todo, desde

---

40. En esta época la mayor parte de los birmanos no veía a los japoneses como invasores, sino que esperaban conseguir independizarse de los odiados británicos con su ayuda.

el local hasta los preservativos,[41] la ropa de cama y la comida. Las esclavas sexuales se registran, como hemos visto, como «funcionarias paramilitares» y están bajo jurisdicción militar.[42]

* * *

El camino de Mun Okchu desde Corea hasta Birmania da muestra tanto del nivel de organización oficial que tiene la esclavitud sexual como de su escala. El matrimonio Matsumoto la reclutó a ella y a las otras diecisiete chicas a comienzos de verano, bajo pretexto de que iban a trabajar en restaurantes, cantinas y otros lugares similares en el extranjero, a cambio de un buen salario. Sonaba tentador, Mun quería ganar dinero, pero no pensaba que «tuviera demasiado futuro en Taegu». Su familia es paupérrima, la madre está sola con cuatro criaturas, y provee a la familia a base de trabajar como costurera y ayudante doméstica. Mun cuenta con una rudimentaria escolarización de tres años, y ha trabajado de sirvienta y en una fábrica de zapatos. Suele darle todo lo que gana, con orgullo y como debe ser, a su agotada madre. Esta no se imagina cómo consigue Mun realmente el dinero.

Lo que Mun y las demás chicas no sabían cuando fueron reclutadas era que la pareja Matsumoto, junto con toda una serie de «operadores» civiles en Corea, habían recibido un encargo del Ejército.[43] Así que el 10 de julio de este año se sumó a un grupo de setecientas tres coreanas (todas provistas con documentos de identidad de las Fuerzas Armadas) que se embarcaron en un barco de transporte militar en el puerto de Busan. Con ellas iban también noventa «operadores» y sus familias, así como cierto número de soldados.

El buque partió rumbo al sur, como parte de un convoy de seis o siete naves. Durante el largo trayecto, las mujeres estaban separadas en grupos pequeños comandados por sus respectivos «operadores». Mun recuerda:

41. Este año en concreto se enviaron treinta y dos millones de condones a las distintas unidades de las Fuerzas Armadas japonesas.

42. El año siguiente, Mun Okchu fue juzgada por un tribunal militar por haber matado a un cliente muy borracho que la había amenazado con una espada samurái. Fue absuelta, sorprendentemente, pues varios japoneses testificaron a su favor y confirmaron que el hombre era una manzana podrida y excepcionalmente conflictivo.

43. Muchos de aquellos civiles pertenecían al crimen organizado del país.

Muchas mujeres se marearon. Yo no me puse mala en todo el largo viaje, quizá porque estaba tan determinada a ganar dinero, o quizá porque estaba en muy buen estado de salud. Ayudaba a preparar la comida para mi grupo, limpiaba el estropicio que causaban si vomitaban y cuidaba de las que se desmayaban. Cuando me cruzaba con mujeres de otros grupos les preguntaba si sabían adónde nos dirigíamos, y todas contestaban que íbamos a trabajar en restaurantes. Nadie parecía saber lo que el destino nos deparaba.

No entendían nada, quizá porque no querían, o quizá porque no podían, pues no había nada que entender dentro de los límites de su propia imagen del mundo, excepto que habían sido engullidas por algo mucho más grande que todas ellas juntas.

El convoy hizo un breve alto en Taiwán, donde recogieron a otras veintidós mujeres. Al cabo de un tiempo llegaron a Singapur (que en el momento los ocupantes habían rebautizado como Syonan), donde muchas recibieron la orden de desembarcar. Pero el buque en el que iban Mun y otras doscientas jóvenes más, con sus distintos «operadores», siguieron camino hasta Yangon. Allí comenzaron a entender lo que les esperaba. Una de las mujeres se suicidó saltando al agua.

En el puerto había camiones esperando, que luego llevaron a los grupos en distintas direcciones. Ahora Mun sabe que hay burdeles de campaña por toda Birmania, porque el sistema se amplía a medida que las fuerzas japonesas van conquistando territorio nuevo, y este año lo ha ido haciendo de forma ininterrumpida.[44] De ahí la «campaña de reclutamiento» en Corea que en verano tuvo como conse-

44. En un informe oficial al Ministerio de la Guerra japonés del 3 de septiembre de este año, se indicaba que existía lo que como eufemismo se llamaba *comfort stations*, destinadas a las Fuerzas Armadas en cuatrocientos lugares —nótese lo de lugares, no cuatrocientas instalaciones: en Hankou, ahora parte de Wuhan, la *comfort station* local la conformaban un total de sesenta y ocho edificios de dos plantas. En el norte de China había cien, en el centro de China ciento cuarenta, en el sur de China cuatrocientos, cien en Nanto Bunto, «la región del sur» (que incluía a Birmania, entre otros), diez en el Pacífico Sur y diez en Sajalín—. En Birmania había casi tres mil doscientas esclavas sexuales, de las cuales dos mil ochocientas eran coreanas. La cantidad total de esclavas sexuales coreanas estaba entre cien mil y doscientas mil.

cuencia que ella y las demás salieran a la fuerza del país, por mar, hasta Birmania, a Mandalay.

Como veíamos, hoy Mun y las demás están haciendo la visita semanal de control sanitario. Al mismo tiempo, se hace limpieza en sus compartimentos mediante fuertes desinfectantes. No es solo que la visita les brinde un respiro más que anhelado de unas pocas horas. También puede suponer una interrupción mucho más larga, si bien a cambio de pagar un precio elevado.

Y es que solo hay una manera de evitar estar tirada en el compartimiento con las piernas abiertas, y es cuando los genitales están tan inflamados e infectados que empiezan a supurar pus blanco amarillento, o bien cuando contraen alguna enfermedad, sobre todo venérea. Mientras dure el tratamiento, con distintas pomadas o temidas inyecciones dolorosas de algo que llaman «mezcla 606»[45] (Mun no sabe qué es) pueden quedarse en su compartimiento con la cortina corrida, donde se cuelga un cartel: «Entrada prohibida esta semana».

* * *

Este jueves por la mañana hay niebla. La temperatura ronda los siete grados bajo cero. La nevada persistente de la noche está menguando poco a poco. Las detonaciones llegan a los oídos de Mansur Abdulin como un estruendo constante, alcanzan su cuerpo en forma de vibraciones, que le suben por las plantas de los pies y hacen temblar todo su cuerpo. Las detonaciones le provocan dolor en los tímpanos. Trozos de tierra congelada le caen encima al desprenderse de las paredes de la trinchera. Es 19 de noviembre, el lugar es un poco al sur de la cabecera de puente de Kletskaya, y Mansur Abdulin nunca había experimentado nada parecido. La artillería propia lleva casi una hora abriendo fuego, desde las siete y media, y no da muestras de ir a parar.[46]

45. El contenido era salvarsán, un preparado a base de arsénico usado como antibiótico en todo el mundo para tratar la sífilis, entre otros. Las mujeres jóvenes tenían miedo de que los tratamientos repetidos las dejaran estériles, cosa que ocurría a menudo.
46. La unidad iba a atacar en un tramo de apenas tres kilómetros, y para cada kilómetro había setenta y siete piezas de artillería de apoyo de distintos tipos así, como ocho carros de combate.

Abdulin y sus compañeros del grupo de morteros se apretujan en la trinchera en sus nuevos uniformes blancos para la nieve. Están esperando la orden de lanzarse al ataque. Lo único que pueden ver si miran arriba son nubes bajas de color gris. Hace un momento han hecho el intento de soltar un «¡Hurraaa!» al unísono, pero lo único que ha salido de sus gargantas constreñidas por el miedo ha sido un cacareo y un «a-a-a» un tanto ridículo, así que ahora vuelven a guardar silencio. De todos modos, resulta imposible superar los silbidos, los ruidos y los golpes de la artillería. Con toda probabilidad, Abdulin va ligeramente ebrio, lo justo como para aplacar el pánico más intenso, pero no lo suficiente como para reducir el juicio ni las funciones físicas.[47]

A las ocho y media, los sonidos empiezan a modularse un poco. El volumen es el mismo, pero algo ha hecho que el eco y el ritmo de las detonaciones cambien. Así continúan un cuarto de hora más. Entonces cesa el fuego, pero solo para verse sustituido por el aullido de los cohetes *katiusha*, que caen trazando arcos por encima de sus cabezas y se desintegran con estallidos traqueteantes. En mitad de todo eso se intensifica una especie de zumbido que va en aumento. Son sus carros de combate que avanzan. Algunos de estos ruedan justo por encima de la trinchera de Abdulin, y él y sus compañeros se pegan al suelo. La nieve y la tierra les caen encima. Los colosos de acero pintados de blanco se abren paso rápidamente y sin impedimento por el medio metro de nieve, en dirección a la línea enemiga.

Ha llegado la hora.

Una última bocanada de aire antes de la gran carrera.

Abdulin se pone en pie, trepa para salir de la trinchera.

Cuando otea la línea enemiga, los últimos cohetes acaban de impactar. En el aire hay una neblina de polvo negro.

Avanzan. Son cinco: Suvorov, el jefe de grupo, que carga con la mira del mortero; Fuat, que carga el trípode de veinte kilos; un tercero que carga con los veinte kilos de la base redonda; un cuarto que carga las cajas metálicas con proyectiles de mortero; y Abdulin, que lleva al hombro el cañón de un metro de largo y que pesa diecinueve kilos. Todo

---

47. Hace apenas unos días se reintrodujo en el Ejército Rojo la norma de que, antes de una contienda, a cada soldado se le debían suministrar cien gramos de vodka, es decir, aproximadamente ciento veinte centilitros.

esto además de sus equipos habituales. Corren ligeramente agazapados por el peso. A sus lados y al frente corren otros grupos de hombres vestidos de blanco. Algunos ya han llegado a la cortina de polvo que hay cien metros más adelante, se adentran en ella disparando y desaparecen.

Aún se oyen detonaciones, pero ese ruido parece llegar de muy lejos. Los carros de combate chirrían y rugen. Abdulin avanza por la nieve, jadeando, y al rato él también penetra en la nube de polvo que, poco a poco, se va posando. Por un momento, el mundo se cierra a su alrededor, se vuelve oscuro.

Entonces sale al otro lado. Allí están todos: Suvorov, Fuat, el hombre con la base redonda, el hombre con las cajas de munición. Pasan una trinchera demolida. Está vacía, completamente vacía. Abdulin no ve ni cuerpos. La nieve está negra y sucia por efecto de las detonaciones.

* * *

La muerte de uno supone que otro consiga unas botas. Vittorio Vallicella y sus compañeros continúan viviendo una existencia al margen de todo, siguiendo su trayecto en camión lento y serpenteante rumbo al oeste, siguen viviendo libres durante una temporada, a base de lo que encuentran, roban o intercambian. Pero por mucho que continúen esquivando controles, zonas de reunión y columnas, la sensación de que el tiempo se agota no hace más que intensificarse.

El caos más descontrolado ha quedado atrás. El orden se está restableciendo. Tarde o temprano los van a pillar y los harán formar parte del ejército otra vez. Berrà, el sargento, se muestra cada vez más nervioso, y a menudo dice que deberían buscar alguna unidad y darse a conocer. Vallicella y los demás quieren evitarlo el mayor tiempo posible. «Ya hemos luchado lo suficiente», es su argumento.

Este día, el 19 de noviembre,[48] ven desde la distancia cómo cuatro cazas británicos entran desde el mar a baja altura y atacan una larga columna de vehículos que circulan por la carretera de la costa. (La RAF es su gran temor. Pese al calor y el intenso sol, han arranca-

---

48. Según el diario es posible que fuera el 20 de noviembre. El propio Vallicella dice que en ese punto de su aventura robinsoniana empezó a perder la noción del tiempo.

do la cubierta de su camión para así poder detectar los aviones a tiempo). Se detienen a mirar, asustados. No hay defensas aéreas, así que los cuatro aviones pueden atacar la columna meticulosa y sistemáticamente. El resultado es, tal y como Vallicella escribe en su diario, «una masacre». Cuando pasados unos quince minutos los pilotos se retiran, el aire está lleno de penachos de humo negro y denso de combustible en llamas.

Una vez se ha puesto el sol, Vallicella y algunos de sus compañeros se acercan a hurtadillas al lugar del ataque. Su principal objetivo es conseguir combustible. Se pasean sigilosamente entre los vehículos siniestrados, con una manguera van sacando combustible de un tanque tras otro, hasta que han reunido cerca de ochenta litros. A la hora de regresar no logran orientarse por culpa de la oscuridad. Llaman a Berrà y Doliman. Sin respuesta. Se sientan a esperar el alba. Fuman y hablan.

Cuando sale el sol, para su gran terror descubren que han pasado la noche rodeados de cadáveres. Les lleva media hora encontrar el camión. Llenan rápidamente el tanque y se marchan de allí.

* * *

Más tarde ese mismo jueves, Abdulin topa por primera vez con unos enemigos, esta vez unos prisioneros de guerra rumanos.[49] Casi parecen aliviados de que todo se haya terminado. «*Antonescu kaputt!*», repiten, «*Stalin gut! Rus Kamerad gut!*». Uno de ellos toca, no sin cierta ironía, la conocida y melodiosa canción sobre Katiusha con la armónica —la que espera fielmente mientras su amado defiende la madre patria—. Pero Abdulin está más interesado en los caballos de los rumanos; se trata de purasangres hermosos y bien cuidados, con arneses, bridas y estribos de cuero crujiente. Nada que ver con los caballos mongoles pequeños, lanudos y con arneses rudos que tienen ellos. De un salto se sube a uno de ellos.

---

49. Eran soldados de la 13.ª División de Infantería rumana, que fue desgarrada aquel primer día. La 293.ª División de Abdulin era también la división de tiradores del 21.º Ejército que tuvo mayor éxito en el ataque. Nótese bien que la creencia generalizada de que los rumanos sucumbieron en el primer ataque no es cierta. Ciertos grupos lucharon encarnizadamente y con éxito. Por ejemplo, otra división de tiradores, la 96.ª del 21.º Ejército topó con una resistencia tan fuerte que se vio obligada a suspender el ataque.

Abdulin y los demás siguen avanzando por el paisaje blanco invernal en dirección sursuroeste. El ruido de disparos persistentes y fuego de artillería no descansa. La temperatura empieza a ascender discretamente.

A mediodía han avanzado cuatro kilómetros y alcanzan la siguiente línea defensiva de los rumanos. Antes de que les dé tiempo de empezar a abrirse paso, a sus espaldas aparecen columnas densas de carros de combate pintados de blanco, sobre todo del modelo T-34, que surgen de la niebla.[50] Pasan de largo su posición, con nieve y tierra salpicando de las cadenas, y entre disparos penetran en la línea rumana.

Parece que el ataque va bien.

* * *

Desde medianoche hasta las tres del jueves 19 de noviembre, Vera Brittain hace de vigilante de incendios. Ha completado el entrenamiento y participado en las prácticas y cumple sus turnos con determinación. Esto no le representa una carga excesiva. Como decíamos, hace tiempo que Londres fue bombardeada por última vez. Con las nuevas reglas, más relajadas, los vigilantes de incendios tienen permiso para quedarse en casa y dormir en su cama, siempre y cuando lo hagan vestidos y preparados y lo hayan comunicado previamente. Brittain lleva un brazalete especial, un casco feo y unos pantalones, a los cuales no está nada acostumbrada.

Durante el día, George Catlin, su marido, tres años más joven que ella (un prodigio académico, profesor de ciencias políticas y político laborista fracasado) vuelve a marcharse a otra de sus giras de seminarios. Brittain no lo lamenta. Su matrimonio se caracteriza por el respeto mutuo, sin duda, pero eróticamente hablando está muerto.[51] Sin embargo, algo que sí la atormenta es el asunto de sus hijos. La decisión que ella y su marido tomaron hace más de dos años de man-

---

50. Este es el IV Cuerpo de Artillería Pesada. El jefe del Ejército se arriesgó y colocó a su más poderosa fuerza de combate en la brecha que el 293.º había abierto en las líneas rumanas, con mucho efecto, como se podría comprobar.

51. Unos años antes, Brittain había tenido un romance con su editor estadounidenses y desde entonces sintió por él un intenso y secreto amor no correspondido. Le ofreció el divorcio a su marido, cosa que este rechazó tajantemente.

darlos solos a Estados Unidos por seguridad, debe de ser lo más difícil que se le ha planteado jamás en la vida. (Brittain decidió que, en caso de que el barco en el que viajaban fuera torpedeado, se quitaría la vida). Y ahora que los bombardeos han quedado atrás, los echa de menos más que nunca. Casi cada día busca una manera de hacer que vuelvan. ¿Quizá mediante un vuelo vía Portugal?

Solo es feliz cuando trabaja.

* * *

Más relatos de la gran hambruna en Henan, recopilados *a posteriori*:

Una madre y un padre atan a sus seis hijos a un árbol para que no los sigan mientras se van a buscar comida.

Una madre con su bebé y dos hijos mayores ya no tiene fuerzas para seguir caminando, así que manda a los dos mayores a mendigar comida al siguiente pueblo mientras ella se sienta bajo un árbol para dar el pecho; cuando los niños mayores vuelven, su madre está muerta; pero el bebé sigue mamando.

Una madre y un padre ya no pueden soportar oír las súplicas de sus dos hijos pequeños hambrientos pidiendo comida y los matan.

Una familia vende todo lo que tiene, compra todos los alimentos que puede, se los come y luego se suicida.

* * *

Al despuntar la mañana del viernes 20 de noviembre en Savannah, una densa niebla ha entrado desde el Atlántico. Sería una lástima que no escampara, porque hoy es el gran día. Se han enviado miles de invitaciones, al mismo tiempo que la policía estará preparada para alejar a toda la gente curiosa que, seguramente, se pasará a mirar sin invitación. Las labores en el astillero se detienen. Todo el mundo quiere ver el momento de botar la primera embarcación Liberty.

La brisa se anima y la niebla se disipa sobre el río. De las tinieblas emerge una forma larga, pesada y pintada de gris, con la superestructura adornada con banderolas de colores y la proa decorada con lienzos colgantes con los colores de la bandera estadounidense. En un alto podio montado justo al pie del casco del buque, decorado de la misma manera, se reúnen algunos de los dignatarios del Estado. En el suelo de cemento barrido donde se erige el podio hay una orquesta militar tocando una marcha. Alguien toma el micrófono y pide silencio.

The Star-Spangled Banner resuena por toda la grada. La gente canta. (El texto va que ni pintado esta mañana: «O say can you see by the dawn's early light / What so proudly we hailed at the twilight's last gleaming»). Un viento que entra del río levanta las telas colgantes del barco.

Llega la hora del discurso. El hombre que ha abierto la ceremonia se dirige directamente a la multitud de trabajadores que siguen la botadura desde la grada o subidos a grúas, andamios o tejados: «Hoy celebramos la primera embarcación Liberty de Georgia, y debemos atribuir el mérito sobre todo a los hombres y mujeres del astillero. Este precioso resultado no habría sido posible sin ellos y ellas». El hecho de que mencione a las mujeres es algo nuevo. El público puede ver que entre los hombres con casco hay montones de mujeres vestidas con mono, muchas de ellas con visera de soldadora subida a la frente.

El siguiente que habla al micrófono es un juez; comenta que esta lucha tiene por objetivo «defender los ideales que [...] están tan entretejidos en la urdimbre vital estadounidense y por los que, de hacer falta, daremos todo lo que tenemos, incluso nuestras vidas, antes de renunciar a ellos, porque sin ellos la vida no merece la pena», porque al fin y al cabo se trata «del derecho de las personas a ser libres, a instaurar gobiernos que deben servirlas a ellas, en lugar de que ellas se conviertan en servidoras del Estado».

Un hombre con uniforme de almirante se acerca al micrófono. También él subraya la relevancia que tienen estas embarcaciones para la victoria, pero se ve obligado a interrumpir su discurso antes de tiempo. Al siguiente que iba a tomar la palabra también le toca guardarse los papeles. Algo ha pasado. Parece ser que la marea ya ha subido, seguramente debido al viento del Atlántico, y es importante botar el barco cuando el nivel del agua sea el más alto en el río.[52]

De pronto empiezan las prisas. A la orden de uno de los capataces, dos soldadores a sendos lados de la proa, uno de ellos apellidado McNettles, comienzan a cortar de forma muy coordinada la suela

---

52. Había cierto temor a que los buques que arrojaran al agua se deslizaran hasta el otro lado del río y quedaran varados en la alargada y estrecha isla de Fig Island que estaba justo enfrente.

metálica remachada que es lo único que ahora mismo mantiene el barco sujeto a la grada.

Al poco rato solo queda un remache, y sube al podio la esposa del senador, Lucy Heard George, para bautizar el barco (SS James Oglethorpe).[53] Lanza una botella de Brut Cuvée, cosecha de 1857, atada con un cordel, pero la botella falla su objetivo. Quizá la mujer está nerviosa, quizá también un leve siseo recorre el público. Se dice que eso significa mala suerte para un barco, pero hace un segundo intento y ahora sí que acierta. La botella estalla con un chorro de champán, y al mismo tiempo retiran las últimas cuñas de un mazazo. A los pocos segundos, la alta embarcación de color gris comienza a moverse, despacio, muy despacio, y de las miles de personas congregadas se eleva un enorme júbilo tan ensordecedor que ahoga la música de la orquesta militar, un júbilo acompañado del ruido de montones de martillos neumáticos activados a modo de tributo, una cacofonía que primero se mezcla y luego se diluye con el sonido quejumbroso del SS James Oglethorpe al deslizarse hacia atrás y a velocidad cada vez mayor por los rieles engrasados, para finalmente meterse con un chapaleo y con la popa por delante en las aguas verdes del río Savannah.

La orquesta recoge sus bártulos; las personas que están en el podio abandonan el astillero para ir a comer al lujoso De Soto Hotel, en East Liberty Street; el público se marcha a casa; los trabajadores regresan a sus obligaciones en los dos barcos adyacentes; las decoraciones se doblan y se guardan para volverse a utilizar en la siguiente botadura. Mañana sábado, o como muy tarde pasado mañana, comenzarán a armar un nuevo casco en la grada número dos, de momento vacía.

* * *

Hay otra categoría de personas que no se mencionan ni en los discursos ni en los periódicos que cubrieron la botadura del SS James Oglethorpe en el astillero de Savannah, pero que estaban más que presentes: los trabajadores negros.[54]

---

53. James Oglethorpe era un militar británico, nacido en 1696, y se lo considera el fundador de la colonia Georgia, donde prohibió la esclavitud.

54. Pero quizá no en el dique seco. Es difícil encontrar caras negras en las fotos del evento. ¿Puede ser que les negaran el acceso?

También estaban demandados. Pero mientras que las mujeres se han ido integrando, a la población negra se la sigue obligando a vivir según las leyes raciales que rigen aquí en el sur, y que por ejemplo establecen que blancos y negros no pueden comer en los mismos restaurantes, no pueden usar los mismos lavabos, no pueden jugar en el mismo equipo de béisbol, no pueden ir a la misma escuela, no pueden bañarse en la misma playa, no pueden compartir celda en prisión, etc. (Y obviamente, ¡negros y blancos no pueden casarse entre ellos!). Cuando los empleados negros van al astillero, tienen que sentarse al fondo en el autobús, y una vez llegan deben pasar por una verja especial prevista solo para negros, y realizan, sin excepción alguna, los trabajos más simples, más sucios y peor pagados. No importa que muchos de ellos tengan formación, por ejemplo de soldador, ni que por norma sean más cuidadosos, beban menos alcohol y tengan un menor índice de bajas por enfermedad que los empleados blancos.[55]

Pero un trabajo simple es mejor que ningún trabajo. E incluso ellos comprenden que una victoria para Alemania no va a hacer que su situación mejore. Más bien al contrario.[56] A lo mejor albergan las mismas esperanzas que sus progenitores de que, si contribuyen a la victoria de los Estados Unidos de América, quizá sus vidas mejorarán, aunque solo sea ganando un poco de respeto.

* * *

Tienen la tormenta encima. Ya no hay horizonte. El deforme y rugiente océano Ártico se precipita en hondos valles y se yergue en

55. Cierto es que desde 1941 había una ley de no discriminación que todos los astilleros que construían buques Liberty estaban obligados a respetar, algo que provocaba constantemente, en todos los sentidos de la palabra, violentas protestas entre los trabajadores blancos. (En mayo de 1944, el ascenso de doce trabajadores negros en un astillero de Mobile ocasionó importantes enfrentamientos entre razas). Los directivos de Savannah decidieron ignorar aquellas cláusulas.

56. El boxeador de peso pesado Joe Louis —vencedor en 1938 del combate de vuelta y lleno de carga ideológica contra el milagro ario, el alemán Max Schmeling— dijo, cuando le preguntaron por qué se había presentado voluntario en el Ejército americano: «Puede que en Estados Unidos haya muchas cosas que están mal, pero no hay nada que Hitler pueda arreglar», una opinión que, seguramente, era compartida por la comunidad negra.

enormes crestas desbocadas que lanzan su espuma al viento y se funden con este. El barco no es nada. El mar lo es todo. La roda del HMS
Ulster Queen se precipita una y otra vez en la oscuridad. Los rompientes de las olas se echan encima del buque en toda su largura. Han
comenzado a formarse coronas de hielo blanco en jarcias y antenas.

Nadie puede salir a cubierta, excepto algunos miembros de la
dotación de artillería antiaérea, que se van turnando cada hora. Leonard Thomas los ha visto de refilón, atados a sus armas, pegados unos
a otros en busca de calor, ataviados con capas y capas de chubasqueros
de hule. Bajo cubierta no hay nadie que coma. (Han dejado de avisar de las comidas. Casi toda la vajilla está hecha añicos). No hay casi
nadie durmiendo. Aquí y allá se pueden ver pequeños grupos de gente pasando arropada y mojada, extenuada o mareada. Se desplazan
sentados o tumbados en el suelo —resbaladizo por efecto del agua y
los vómitos— a medida que el buque hace su zarandeo imprevisible
e inquietante. También esto tiene lugar el viernes 20 de noviembre.

Así continúan, una hora tras otra, en la noche oscura y arrolladora.

Al alba, el mar se ha calmado un poco. Thomas y otros miembros
de la tripulación se atreven a salir a cubierta. Cuando otean el infinito gris y helado que los rodea descubren que el mundo está vacío.

Están solos. La tormenta ha disuelto el convoy QP 15.[57]

* * *

A la compañía de Tohichi Wakabayashi le ha llevado dos días alcanzar
la nueva posición en la montaña. Está enfadado. Les grita a sus soldados, pero se arrepiente casi al instante.

Sin duda, siempre es difícil avanzar por la densa selva de Guadalcanal, cortando, arrastrándose, abriéndose paso, y además las generosas lluvias han transformado tanto los senderos como los barrancos en
toboganes de barro resbaladizo, pero él sabe muy bien por qué les ha
llevado tanto tiempo. Los soldados ya no pueden más. (Así que la co

---

57. Aunque es cierto que la tormenta dañó varios buques y hundió uno —una
enorme ola arrancó la popa de un destructor ruso—, probablemente estos fenómenos
meteorológicos eran más una ayuda que un obstáculo, porque el mal tiempo imposibilitaba que los aviones alemanes pudieran despegar y, además, la manada de lobos de
submarinos que los esperaban (nombre en clave *Boreas)* tenía más dificultades para
encontrar el convoy y les resultaba imposible atacarlo.

lumna se va estirando. La gente cae de la fila. Se desploma). Hace unos días vivían a base de medias raciones; ahora ya las han recortado a un tercio, y eso en el mejor de los casos. Hace unos días los soldados tenían hambre; ahora están desnutriéndose. «Lo que antes eran las caras redondas de los compañeros eran ahora rostros chupados envueltos en vendas». En su diario, el día 20 de noviembre escribe:

> Comida, comida, comida. La echamos desesperadamente de menos. Quiero ver a los soldados comer hasta que estén saciados y puedan salir a luchar duro. Es todo lo que deseo. Aunque los morteros nos caigan encima como una tormenta tropical o los obuses allanen el terreno hasta convertirlo en un campo de cultivo, nada de eso me importa. Pero no soporto ver que los soldados parecen unos moribundos por culpa de la inanición. No quiero ver a los soldados de mi compañía muertos, con la cabeza colgando y las manos aferradas a sus recipientes metálicos o a las astillas del fuego, como ha ocurrido en otros sitios.

Las conservas de carne y el miso en polvo que llevaban en las mochilas cuando desembarcaron en tierra firme, hace apenas dos semanas, se ha terminado. Lo mismo sucede con casi todo el arroz. Quedan algunas ciruelas en almíbar. A uno de los pelotones del batallón lo han hecho bajar a la playa para hervir agua de mar y así obtener un poco de sal.[58] Tal es la desesperación.

Los soldados rastrean el entorno en busca de cosas comestibles. En principio, hay brotes de palma, boniato, jengibre silvestre y apio, pero es todo muy difícil de encontrar. Wakabayashi calcula que a lo mejor un soldado de cada cien ha encontrado algo de eso. Comen serpientes y lagartos, y según dicen alguien incluso ha preparado teriyaki a base de carne de lo último, pero a estas alturas parece que ya han capturados y devorado a todos los reptiles.

La misma frivolidad que motivó la decisión de entrar en guerra en 1941 sigue dominando la gestión japonesa de la contienda, así como la planificación de las operaciones en Guadalcanal. Desde hace tiempo, el Ejército japonés tiene una capacidad logística escasa —sorprendentemente escasa, comparada con la de los maestros del área, es decir, los

---

58. La necesidad de sal era extrema, ya que todos sudaban mucho con el calor tropical.

estadounidenses—,[59] lo cual hace que sea ágil, pero también vulnerable. Hasta la fecha, esto no ha supuesto un problema mayor. Tanto en esta guerra como en otras anteriores, por norma se han desplazado por países y territorios donde —igual que hacían los ejércitos en Europa durante el siglo XVII—, en caso de necesidad, podían avanzar a base de saquear. Sin embargo en Guadalcanal esto no es posible. En lo referido al alimento humano, la isla es, pese a su frondosa vegetación, un desierto. Sin embargo, los cálculos de los líderes son débiles, sus planes son rígidos, y su confianza en la voluntad de combate y sacrificio es irreflexiva, por no decir cínica. Wakabayashi conoce las consignas que se emplean, pero no cree en ellas. Ese mismo día escribe:

> Fingir no estar afectado por el hambre a base de decir «un verdadero samurái puede estar hambriento pero caminar erguido como si tuviera la barriga llena» es una estupidez. Claro que hay formas de pasar un día o dos sin comer nada, pero tener que soportarlo durante más de una semana, sin saber si las provisiones llegarán jamás, pone a prueba la moral de los soldados, sin duda.

Es justo aquí, en esta isla de los Mares del Sur, donde se hace claramente visible la brecha entre los objetivos grandiosamente imperialistas de Japón y los discretos medios que tienen a su disposición para alcanzarlos. Cuando cae la tarde ha dejado de llover. Wakabayashi se tranquiliza, recupera el equilibrio. Ve cómo el sol descendiente tiñe las coronas de los árboles muy por encima de su cabeza. «Estoy solo, solo oigo el canto de los pájaros». Después se prepara el lecho en el hoyo de protección donde va a pasar la noche.

* * *

59. Esto se puede medir con la unidad PTMD, es decir, cuántas toneladas al día de provisiones de todo tipo necesitan mil soldados de un ejército para poder funcionar y luchar. En esta época, el Ejército japonés calculaba una medida estándar de cuatro toneladas PTMD, pero sus tropas en la isla solo recibían una fracción de esta cantidad. Paralelamente, sus enemigos estadounidenses en la isla recibían hasta veinte toneladas PTMD. (En el frente occidental, en 1944 el aparato logístico norteamericano consiguió aumentarlo hasta la cifra un tanto increíble de setenta toneladas PTMD).

Ahora canta el dios de la guerra. Los sonidos se concentran hasta convertirse en una poderosa bóveda de estallidos, truenos, silbidos, siseos, aullidos, estruendos, golpes. Vasili Grossman ya lo ha oído muchas veces antes, pero nunca a este volumen, en esta concentración. Es el ruido de 1.077 morteros, cañones, obuses y órganos de Stalin y sus proyectiles cuando caen sobre los sesenta y cinco kilómetros de largo que tiene el frente. Si los rumanos del otro lado están respondiendo al fuego, apenas se nota. La tierra tiembla ligeramente. Los colores del paisaje invernal están apagados, envueltos en una neblina.

Grossman otea la cortina de humo, polvo y chispas que se balancea sobre las líneas enemigas. Se encuentra a cierta distancia del pueblo y del lago Tsatsa, a unos sesenta kilómetros al sur de Stalingrado, en un puesto avanzado del IV Cuerpo de Caballería. Por lo que parece, se enteró en el último momento de la inminente ofensiva y le han concedido permiso para acompañar a esta unidad, que se halla en el extremo final del flanco izquierdo de los ejércitos atacantes.[60] A juzgar por las circunstancias, ayer se inició una gran ofensiva en el norte, cerca del río Don —los comunicados oficiales desde Moscú no dicen nada— y hoy, viernes 20 de noviembre, toca hacerlo aquí abajo, en el sur.

Seguramente, Grossman no ha tenido ningún problema en conseguir que aceptaran su demanda. Es un reportero muy conocido y, más aún, respetado. Sus artículos en el *Krasnaja Zvezda* los lee prácticamente todo el mundo, no solo en casa, sino también en el frente, donde, como diario propio del Ejército Rojo, circula más que el *Pravda* y el *Izvestia*. El estilo de Grossman, su interés por las personas y su pasión por la verdad, unidos a un fuerte desprecio contra todo el propagandismo barato, han hecho que sus textos sean apreciados tanto entre los soldados rasos como entre los altos mandos. En verano, el *Krasnaja Zvezda* publicó fragmentos de una novela con imágenes

---

60. El plan es que sus vecinos de la derecha, el IV Cuerpo Mecanizado, ataquen trazando un arco a medida que se adentran en las líneas enemigas, que se conecten con los que vienen del noroeste y el Don —entre otros, la División de Tiradores de Abdulin, la 293.ª— y cierren el saco alrededor del 6.º Ejército. Al mismo tiempo, el IV Cuerpo de Caballería tiene la orden de atacar siguiendo un suave arco hacia afuera, y ayudar a crear la parte exterior del saco.

de 1941,[61] y estos cimentaron su reputación entre los *frontoviki*, los luchadores del frente, de ser el único que realmente cuenta las cosas como son. (Grossman tampoco es miembro del Partido Comunista).

Sí, todo el mundo lo lee. Corre el rumor de que Stalin también revisa cada uno de sus textos, pues desconfía del judío Grossman (uno de los amigos del reportero afirma que el dictador es el lector más importante que tiene; y el más peligroso). Al mismo tiempo, el hecho de que Grossman se haya vuelto tan famoso por sus reportajes sobre el frente también le confiere cierta protección.

Huelga decir que sus textos son censurados y, a menudo, modificados —fuente de constante frustración para Grossman—, pero aun así siguen siendo inigualables. Con su sensibilidad psicológica, es un entrevistador avezado que consigue que hasta los más cerrados se abran en lo que les parece una conversación normal. (Gracias a su extraordinaria memoria, no le hace falta tomar notas mientras tanto, sino que lo hace después, con una letra difícil de leer, en pequeñas libretitas). Y los generales, cuya brutalidad a menudo compite con su vanidad, quieren que escriba de ellos. Grossman sabe muy bien cómo aprovechar esta debilidad. En principio, puede ir a cualquier sitio y hablar con quien quiera.

El ruido del fuego de artillería ya lleva una hora sin parar. De vez en cuando, los cohetes *katiusha* dejan una estela roja por encima de sus cabezas. A las 8.30 Grossman puede oír que el tañido de las detonaciones cambia en el norte, se vuelve más lejano, hace eco, una señal segura de que ha comenzado el ataque.

Un cuarto de hora más tarde cesa también el fuego en la ubicación de Grossman. La infantería soviética, ataviada con sus uniformes blancos, sale de las trincheras y empieza a alejarse, adentrándose en el humo y la niebla. Grossman los sigue, a pie, vestido con un grueso abrigo de uniforme con un voluminoso cuello de piel de borrego. Observa que muchos soldados de infantería emplean sus palas a modo de escudo improvisado, sosteniéndolas por delante de la cara mientras las balas pasan silbando por al lado.

61. Estos formarán más tarde la base de la novela *Por una causa justa*, publicada en 1952 y nominada para el premio Stalin, pero que pronto fue retirada como consecuencia de la campaña antisemita que se puso en marcha y que pudo haber llevado a Grossman a la muerte, de no haber sido por la ofensiva inesperada de Stalin en marzo de 1953.

No hay una línea rumana consistente, solo bases aisladas. A la hora del almuerzo ya han sometido a los últimos. Grossman anota en su libreta:

> Una imagen: una base militar destrozada por un carro de combate. Hay un rumano aplastado. Un tanque de guerra le ha pasado por encima. Su rostro se ha convertido en un bajorrelieve. A su lado yacen dos alemanes chafados. También hay un soldado nuestro, semienterrado en la trinchera. Latas de conserva vacías, morteros, granadas, una manta manchada de sangre, páginas de revistas alemanas. Nuestros soldados están sentados entre los cadáveres, asando cortes de un caballo muerto en una olla y alargando las manos heladas para calentárselas con el fuego.

El ambiente entre la infantería es bueno, esperanzado. Grossman oye decir a uno: «Ay, estaría muy bien llegar a Kiev», a lo que otro le responde: «Pues yo quiero llegar a Berlín».

* * *

Al mismo tiempo, precisamente en Berlín. Otro día lluvioso y ventoso que llega a su fin. Ha empezado a hacer más frío. Ayer cayó aguanieve en la gran ciudad.

Los titulares de la prensa hablan con monotonía de combates y combates y más combates: en el Cáucaso y Stalingrado, en las Islas Salomón y el océano Pacífico, en el Mediterráneo y el Atlántico, a lo largo de los distintos frentes del Norte de África. También explican que el doctor Goebbels, *Reichsminister für Volksaufklärung und Propaganda*, ha visitado la región del Ruhr para orientarse *in situ* «en los daños ocasionados por los ataques terroristas británicos», y que al mediodía ha dado un discurso en el ayuntamiento de Wuppertal que ha sido recibido con «atronadora aprobación» y en el que, entre otras cosas, ha dicho que «la batalla final no es para nosotros sino mera cuestión de tiempo».

Ya ha comenzado a caer la oscuridad cuando llaman al timbre del piso de Von Kardorff, en el número 21 de la Rankestrasse. Ursula abre. En el rellano hay dos personas que entran titubeando. Bajo la luz del recibidor se da cuenta. Ambas llevan la estrella judía de color amarillo. Son parientes de un empresario de Breslavia, un hombre que es dueño de uno de los cuadros que ha pintado el padre de Ursula y que traen consigo con la esperanza de que este se lo recompre. Después de ofrecerles un bocado, el nerviosismo inicial se disipa y los dos invitados empiezan a hablar abiertamente. Ursula von Kardorff explica: «No hay palabras para describir lo que están sufriendo estas personas. Antes de que los vengan a buscar intentan desaparecer de la faz de la tierra, quitarse la estrella y buscar cobijo como supervivientes de los bombardeos en la región de Renania».

Es sabido que cada vez son más los judíos que se quitan la estrella, se esconden y buscan una identidad falsa. Se los llama «submarinos» o *Untertaucher* (buzos).[62] Ursula está claramente apesadumbrada por lo que está ocurriendo, por toda la situación, por lo indefensas que están estas dos personas. Porque sabe que los judíos están siendo transportados al este para ser asesinados en masa, y también es consciente de que la mayoría de sus paisanos «se muestra indiferente o bien está conforme» con «la exterminación de todas las personas judías».[63] Y, sin duda, a Ursula la persigue la idea de que «solo puedes ayudar en secreto, no puedes mostrarte en público con ellos, a menos que quieras poner en riesgo tu libertad».

Pero por mucho que todos los miembros de la familia vean con malos ojos las persecuciones, gestionan la situación de distinta manera. Mientras su hermano Klaus, el antiguo miembro de las SA, no tiene demasiados problemas en quitarse de encima los sentimientos desagradables, su hermano pequeño, el devoto Jürgen, vive mucho más atormentado. «Al igual que papá, le falta esa piel dura con la que hoy en día tanta gente intenta cubrirse». Por lo que a ella respecta, Ursula se encuentra también aquí en una especie de punto medio. A veces, melancólica, con mala conciencia y aletargada; a veces, llena de una repentina alegría de vivir y un gozo que incluso ella misma ha empezado a considerar irresponsable, por no decir infantil. A menudo sus sueños son oscuros y amenazantes.

62. Solo en Berlín había entre seis mil y siete mil, de los cuales mil setecientos sobrevivirían hasta el final de la guerra.

63. Este es uno de los muchos puntos que Von Kardorff cambió en su diario después de la guerra. En el original del 2 de enero de 1943 hablaba de «la erradicación de todos los judíos, por la que la gran masa se muestra indiferente, o con la que están de acuerdo». En la versión publicada faltan las palabras «o con la que están de acuerdo».

Su padre recompra el cuadro, cómo no. El hombre también debía de estar considerablemente atribulado, quizá casi al borde de la vergüenza, porque cuando terminan toda la transacción y cierran la puerta del piso a la espalda de los dos visitantes de Breslavia, Ursula está claramente aliviada, pero —quizá de forma inesperada— más por su sensible padre. Está contenta de que las viejas amistades judías de la familia hayan emigrado, pues «a la larga papá no lo habría podido soportar». Ni ella misma parece darse cuenta de hasta qué punto se ha visto reducido su propio universo moral.

Quizá ahora se sienta a hojear el periódico. Por fortuna, entre sus páginas hay más cosas, aparte de comunicados sobre la situación en los distintos frentes. En las noticias breves de este día, viernes 20, incluso se puede leer quiénes han sido los últimos en recibir la cruz de caballero; que las Juventudes Hitlerianas empiezan a recopilar leña para las mujeres cuyos maridos se hallen en el frente; que un hombre llamado Paul S. ha sido condenado a siete meses de cárcel por el robo de dos conejos; que un jabalí ha atacado a un ciclista en Landsberg; que se han encontrado en un campo de cultivo en Jüterbog dos anillos de compromiso que llevaban perdidos más de diez años. En un anuncio, una tal señora Irma Koebe comenta que está buscando un paraguas que ha perdido, lo llevaba en el tren de Berlín a Luckenwalde de las 17.42 de hace dos viernes. En el *Reichsprogramm* de la radio tocan música alegre, al mismo tiempo que en la emisora Deutschlandsender se puede escuchar a Haydn. Y en el hermoso hueco de la escalera del edificio ya no se oye el eco de unos pasos.

* * *

En Chicago, ese mismo viernes se presenta como un día gris pero templado de finales de otoño, con chubascos puntuales. Debajo de la grada izquierda del estadio de fútbol clausurado continúan sin descanso las obras del CP-1, las veinticuatro horas del día. El trabajo se lleva a cabo con suma determinación, es una parte importante del ambiente laboral; pero al mismo tiempo, se respira la intranquilidad.

Bajar por los pasillos oscuros equivale a moverse por una cacofonía de quejidos, zumbidos, golpes y rechinidos, atravesar franjas de luz y oscuridad. En una sala se cortan vigas de madera con una sierra circular, en otra se trabaja con barras negras de grafito de 11 × 11 centímetros: se cortan, se pulen, algunas se perforan. El corte y el pulido se lleva a cabo con herramientas eléctricas de carpintería convencionales, como garlopa y caladora. Algunos de los bloques de nueve kilos se proveen de orificios redondos. La precisión es importante —deben tener un diámetro exacto de ocho centímetros—, así que los agujeros se hacen con ayuda de un torno. La cuchilla está hecha de acero y se afila a mano cuando empieza a quedar roma. Una cuchilla recién afilada aguanta más o menos una hora, lo cual son alrededor de sesenta orificios. Según los cálculos, antes de que el CP-1 esté listo para utilizarse deben hacer diecinueve mil agujeros.

En el aire flota polvo gris de grafito, que se posa por todas partes: suelo, paredes, herramientas, ropa, manos, rostros.[64] El polvo seco tiene un efecto deslizante en el suelo, por lo que es fácil resbalarse. Algunos puntos son muy estrechos, y hay que moverse con la corriente de personas en ropa sucia, o contra ella. Las barras de grafito que ya están terminadas se trasladan con pequeñas carretas hasta la pista de squash, donde se van colocando en una capa tras otra en lo que va a ser el CP-1. Los hombres en mono de trabajo levantan los pesos y entonan canciones de obreros para hacer pasar el tiempo.

Leona Woods carga con la misma inquietud oscura que se ha apoderado de los demás físicos del grupo, una intranquilidad que en este momento se compone de dos miedos entrelazados. El gran temor que los atribula a todos, según contó ella misma más tarde, es «que nos estuviéramos equivocando (en nuestra manera de desarrollar la bomba) y que los alemanes nos estuvieran sacando ventaja. Ese era un miedo constante y siempre presente». Es la base de todo el proyecto. Como científica, sabe que los físicos alemanes son los mejores del mundo, y que sin duda están al corriente de que, teóricamente hablando, es posible construir una bomba tremendamente poderosa como esa (todas las eventuales dudas morales acerca de construir un arma apocalíptica como esta quedan amortiguadas por la imagen del mismísimo Hitler equipado con un mecanismo igual). Por eso el proyecto estadounidense debe llegar primero. Pero ¿y si no es así?

---

64. El único signo externo de la actividad que se lleva a cabo son los grandes y feos conductos de ventilación que se han instalado en la fachada neogótica de las gradas, y por donde el polvo de grafito se expulsa al exterior.

Pero también hay otro miedo presente, o quizá un nerviosismo, que va en aumento a medida que la pila de piezas ensambladas sigue creciendo en la pista de squash. Todos los expertos implicados están de acuerdo en que la máquina que están construyendo no debería poder explotar. Lo cual es un alivio, sobra decirlo. Pero hay otras incertezas que les corroen. ¿Y si resulta que la construcción no funciona, finalmente? ¿Eso implicaría que Hitler ganaría la carrera en la fabricación de una nueva bomba? ¿O si resulta que sí funciona, pero que no logran parar la reacción en cadena? Cuando la pila esté plenamente cargada y hayan alcanzado la llamada masa crítica, contendrá más de cuarenta toneladas de material radiactivo, ¿y qué pasará si pierden el control y el proceso se desboca? Aquí, en pleno corazón de una ciudad de un millón de habitantes.[65]

También en relación con este punto, su jefe Fermi ha hecho infinidad de cálculos y conjeturas con la ayuda de esa regla de cálculo de color blanco hueso que siempre lleva consigo. La máquina estará provista de un triple freno de seguridad. Debería ser suficiente.

* * *

Leona Woods nació en una granja en La Grange, Illinois, y está acostumbrada a trabajar duro (en el tiempo libre suele ayudar a su madre, que cultiva patatas en las afueras de la ciudad). Sin embargo, uno de los físicos que dirigen el trabajo no quiere que haya una mujer cargando, levantando y colocando las barras de grafito, una tarea exigente y propia de Sísifo. Pero, aunque Woods no dude en arremangarse, la mayor parte del tiempo la ocupa con el medidor de trifluoruro de boro que ha diseñado, además de con los otros dos instrumentos necesarios para poder llevar a cabo el experimento con el CP-1. Se ha construido una pequeña pila de grafito y material radiactivo para poder calibrar su medidor. Este viernes se instala la decimoquinta capa, y será la hora de colocar el sensor del medidor en su sitio dentro de la

65. El lugar para el experimento no era para nada el óptimo, en términos de seguridad. En realidad, el reactor debería haber sido construido en un bosquecillo apartado, al sudoeste de Chicago, pero como los trabajadores de la construcción estaban en huelga —como ya hemos visto, las huelgas fueron bastante habituales en Estados Unidos durante los años de guerra— y corría prisa, habían decidido utilizar la pista de squash, sin informar al rector de la universidad.

pila. Woods puede confirmarlo: la actividad de neutrones va en aumento, y este aumento sigue las estimaciones de Fermi.

* * *

Es sábado 21 de noviembre, un día importante para Hélène Berr. Su gran amor Jean va a venir al piso de la avenida Elisée-Reclus para conocer a sus padres. Esto convierte la relación prácticamente en oficial, por no decir que equivale casi a una pedida de mano informal. En los círculos bien asimilados como el de la familia Berr, el hecho de que Jean sea católico no tiene ninguna relevancia.

Berr dedica la mañana a hacer algunos recados y a escribirle una larga carta a Jean. Piensa dársela más tarde. Es consciente de que hoy será la última vez que se vean, en el mejor de los casos durante una larga temporada, porque ahora sí que Jean va a partir. En secreto y a la guerra. La carta se va alargando. A la hora de comer, Berr sigue sin haberse cambiado ni arreglado para la visita de Jean. Tendrá que darse prisa.

Y por fin llaman a la puerta. Ahí está él, delgado, bien vestido, un tanto tímido, repeinado, pelo bastante largo y muy cortés, ojos serios y nariz aguileña. El padre y la madre de Berr, Raymond y Antoinette, reciben a Jean con enorme amabilidad.

Berr está pletórica. Su familia es sumamente importante en su mundo, y se siente muy apegada, sobre todo a la cálida y elegante madre, a quien nunca llama otra cosa que no sea *Maman*, y con quien comparte muchos de sus tormentos y secretos. (El apodo con el que la madre se refiere a Hélène es Linlin). No obstante, el padre, de cincuenta y cuatro años, es la figura central, no solo para ella, sino para toda la familia, gracias a que es el *bonus pater familias*, su protector y ayudante indiscutible. Fuerte de voluntad y controlado, ha hecho posible el bienestar y la mera existencia protegida de los suyos con su sensatez, sus éxitos y su influencia.

Al mismo tiempo, el Raymond Berr que recibe con tanto cariño a Jean Morawiecki no es el mismo hombre que era hace tan solo medio año. Hélène ha percibido el cambio, y le duele. También percibe los vanos intentos de su padre por ocultarles sus tormentos tanto a ella como a su esposa.

* * *

Esto es lo que ocurrió. En verano, a finales de junio, Raymond Berr fue arrestado sin previo aviso. Fue en su despacho de la gran compañía química Établissements Kuhlmann, donde es uno de los altos cargos y uno de los innovadores más importantes. El pretexto fue que no llevaba la estrella judía tal como indican las normas, es decir, cosida con hilo, sino con un botón a presión.

El mismo día, Hélène y su madre pudieron ir a verlo a una comisaría para entregarle algo de ropa y otras cosas para su traslado al gran campo de internamiento en Drancy. Y resulta difícil saber qué es lo que más le dolió: ver que los policías que se estaban encargando de todo aquello eran exclusivamente franceses, o ver a su orgulloso padre tan humillado, tan abandonado, con una extraña sonrisa, claramente abochornado —por no decir avergonzado—por la situación, y sin corbata. Berr casi nunca lo ha visto sin chaleco y corbata.

Tres semanas más tarde tuvo lugar *La Grande Rafle*, la gran redada, en la que miles de agentes de policía franceses —exacto, franceses, pues no participó ni un solo soldado alemán—,[66] en una redada meticulosamente planificada que se ejecutó al amanecer, reunieron a algo más de trece mil personas judías de origen más o menos extranjero, muchas de ellas mujeres y niños, para transportarlas a Drancy y de allí ser deportadas. Su padre se encontraba allí apretujado entre aquellas personas desconcertadas y desesperadas en el campo de internamiento, y Berr y su familia vivieron con el pánico constante de que lo metieran también a él en alguno de aquellos archiconocidos trenes de transporte rumbo al este. Ella sabe que muchas personas son trasladadas a un supuesto gran campo de trabajo en las proximidades de Cracovia.

---

66. Además, para ser justos hay que decir que toda la operación era el resultado de grandes presiones alemanas, pero que, al mismo tiempo, el aparato estatal francés estaba dispuesto a seguir las directivas nazis, y en ciertos casos incluso fueron más allá de lo que se les exigía. Por lo que sabemos, ni un solo policía francés se negó a participar en las redadas. Y sin la colaboración de la policía francesa no habrían sido viables, en términos puramente prácticos, pues el número de soldados alemanes en Francia era demasiado reducido.

La gran redada lo ha cambiado todo.[67] Incluso las personas más optimistas de la comunidad judía comprenden que todas, sin excepción, independientemente del sexo y la edad que tengan, independientemente de su fortuna y sus contactos, independientemente de sus títulos y condecoraciones militares, están amenazadas, y que sus enemigos carecen de cualquier escrúpulo. Y muchos de los franceses cristianos que en arrestos anteriores se han mostrado predispuestos a mirar para otro lado, o incluso han aplaudido la propaganda oficial según la cual se trata de expulsar a extranjeros peligrosos o de luchar contra terroristas, hasta ellos se han dado cuenta de que hay algo que no cuadra. ¿Por qué mujeres e infantes? ¿Qué utilidad pueden tener para los trabajos forzados en el este?

* * *

El padre de Berr fue liberado a finales de septiembre, después de que la empresa pagara una elevada suma en secreto. Pero algo se ha roto en él. Aun así, hoy parece hacer un esfuerzo y muestra su mejor cara. Hélène, Jean y sus padres se sientan a la mesa. La madre ha preparado una comida «maravillosa». Las muestras de agrado de sus padres no se prestan a confusión. Berr está que no cabe en sí de alegría. Fue «como un sueño». Después, los dos jóvenes escuchan a solas unos discos en el gramófono.

Entonces llega la hora del adiós.

Los pasos se van apagando en el hueco de la escalera.

Como una forma de anestesiar el dolor de la despedida, Berr ha invitado a algunas amigas a casa, y ahora llegan al piso. En mitad de esto vuelve Jean. ¡Había calculado mal la hora! Un ratito más juntos. Después, otro adiós. Ella escribe en su diario: «Estaba *reckless*[68] (por culpa del toque de queda) y salí para acompañarlo hasta el metro. Mis invitadas seguían en casa cuando volví. Eso me ayudó a no pensar».

* * *

67. Los historiadores están de acuerdo en que *La Grande Rafle* fue, en cuestión de opinión, una catástrofe para el régimen de Vichy y en que contribuyó de forma importante a minar su legitimidad.

68. *Reckless*: temerario. Berr incluye de vez en cuando palabras inglesas en su diario.

Fuera hace más frío. El invierno se acerca. Ahora son cuatro personas en la casa de la calle Warszawska en Międzyrzec Podlaski. Józek ha estado en Varsovia y ha convencido a la madre de Danuta para que venga a vivir con ellos. Ha llegado con varias de sus pertenencias, entre ellas, ropa caliente. Ahora están colaborando entre todos para abrir una pequeña peluquería en la habitación que queda a pie de calle donde Jasia pueda trabajar. Alek, el padre estricto y alcohólico de Danuta, está entre rejas en la famosa cárcel Mokotów, en la capital. Según cuentan, por sabotaje a la Casa de la Moneda, donde ha trabajado desde hace mucho tiempo como electricista, pero esta acusación debe de ser algún tipo de hipótesis de trabajo, porque si los alemanes realmente lo pensaran le habrían pegado un tiro en el acto. De vez en cuando, la familia le envía algún paquete a Alek.

Varsovia se ha vuelto un lugar cada vez más peligroso. Casi nunca pasa una jornada sin que haya una redada de esas aleatorias que los polacos mismos llaman *łapanka*,[69] en las que los alemanes cortan alguna calle y se llevan a todo aquel que no tenga los documentos adecuados. Por norma, los mandan a hacer trabajos forzados en Alemania. Cada día, capturan a alrededor de cuatrocientas personas con este método, llegando a veces a las tres mil.[70] Antes solo se llevaban a gente que estuviera en la calle, pero ahora los alemanes han comenzado a entrar también en las cafeterías y restaurantes para controlar a los comensales. El desamparo legal es total y absoluto. La gente que puede, evita salir de casa.

Międzyrzec Podlaski y sus alrededores ya no ofrecen ningún tipo de protección. También aquí retienen a la gente, se la llevan y la hacen desaparecer, pero de momento el principal objetivo de los alemanes son los judíos locales. Corren rumores de nuevas masacres.

El día de hoy, Danuta ha salido a hacer un recado en la ciudad teñida de gris otoñal cuando de pronto ve a una mujer caminando hacia ella. Danuta entiende que es judía —lo más probable es que lo sepa por la estrella amarilla— y observa también que lleva un recién nacido en sus brazos. La escena cambia al instante de gravedad cuan-

---

69. Por la palabra polaca para el juego infantil pillapilla.
70. Es importante no decir detenciones, ya que no tenían ninguna base jurídica y, como hemos visto, el objetivo primordial era conseguir gente para trabajos forzados.

do Danuta se da cuenta de que un poco más atrás de la mujer judía hay un hombre corpulento de las SS, y que se le está acercando.

Entonces Danuta presencia una escena tan curiosa como terrible. Y ocurre muy deprisa. Salta a la vista que la mujer judía con la criatura sabe que la están siguiendo. Establece contacto visual con otra mujer que se encuentra un poco por delante de Danuta, y tiene lugar algún tipo de comunicación sin palabras —quizá solo se trata de un gesto interpretable, una mueca o una mirada—, tras lo cual la otra mujer abre un poco su brazo, y cuando se cruza con la mujer judía, esta le pasa sin titubear al pequeño bebé, al mismo tiempo que la madre tapa la escena con su cuerpo para que el hombre de las SS no pueda verlo. Al parecer, este no se da cuenta.

Una elección que nadie debería tener que hacer, dos caminos dispares, una pérdida eterna. Todo en cuestión de segundos. La ausencia de vacilación da fe de que la mujer judía sabe demasiado bien lo que la espera, piensa Danuta. Su vida no tardará en llegar a su fin; su bebé tiene mil vidas por vivir esperando en su interior. Danuta da media vuelta, mira: «En la siguiente calle detuvieron a la mujer judía y la condujeron a su muerte». Está conmocionada. Le cuesta asimilar lo que acaba de presenciar.

Ella, Józek, Jędruś y su madre Jasia, aquí en Międzyrzec Podlaski; su hermano pequeño Zbyszek, en Varsovia; y su padre Alek, en la celda de la prisión. Todos están atrapados en esta realidad inconcebible, donde todo puede ocurrir, donde de vez en cuando ocurre incluso lo que antes habría resultado imposible. El pavor, siempre presente, como si fuera un agregado de la fuerza gravitacional de la tierra y que hace que todo se vuelva más pesado, más engorroso y, a veces paralizante, es en última instancia una consecuencia de esta incertidumbre. Ya no se trata de la incertidumbre que nace del no saber —el conocimiento está ahí, porque ahora todo ocurre abiertamente, y hay pocas familias que no lo hayan sufrido en algún momento—. Qué ocurre es algo que ya saben. Ahora la incertidumbre consiste en no saber cuándo ni cómo les va a afectar a ellos.

* * *

La incertidumbre da pie al silencio, del mismo modo que lo hace el temor. Es peligroso hablar. ¿Quién sabe quién puede estar escuchando? ¿Y el mundo escucha? A la incertidumbre del destino de cada uno se le añade la incertidumbre de lo que está ocurriendo realmente en la guerra. Hay una agencia de información subterránea. Cuando vivían en Varsovia, a veces Danuta leía el *Biuletyn Informacyjny*, una de las muchas publicaciones ilegales que circulaban —y cuya tenencia podía significar la pena de muerte—, a menudo hectografiados, finos y muy desgastados tras haber ido pasando de mano en mano.

Como de costumbre, es imposible saber qué son verdades y qué son rumores, qué son hechos y qué son esperanzas. (Además, mucha gente ha dejado de preguntar por las noticias, pues por norma general son pésimas). ¿Qué está ocurriendo en Stalingrado? ¿Qué está ocurriendo en África del Norte?

Como ya hemos comentado, los polacos tienen prohibido poseer aparatos de radio, pero su padre había escondido uno pequeño debajo del suelo, en un rincón de la sala de estar de la casa en Varsovia. A veces conseguían sintonizar una emisora rusa, pero el padre era el único que entendía el idioma. «Las voces lejanas vienen y van, de pronto se intensifican y se diluyen en las interferencias sibilantes del espacio exterior».

* * *

La espera ha terminado. El avión de pasajeros trimotor en el que viaja Ernst Jünger despega del aeródromo en Lötzen en medio de una ligera nevada. Son las nueve de la mañana. Vuelan bastante bajo, y Jünger estudia detenidamente el paisaje: lagos, bosques, pueblos, casas apartadas, ríos serpenteantes, caminos sinuosos. Al cabo de dos horas se queda dormido, pese al frío y al ruido que atraviesa las paredes de fina chapa corrugada de la aeronave.

Jünger se despierta a causa de un ruido o un movimiento. Hay algo que no cuadra. El comportamiento del avión ha cambiado. Cuando mira por la ventana, ve una lengua de fuego de color rojo pálido ondeando como una larga banderola desde la cubierta redonda del motor, azotando el ala. El avión se escora por efecto del viento en contra. La tierra asciende hacia ellos. El impacto parece estar a apenas unos minutos de distancia, quizá segundos.

Aquí Jünger se encuentra fuera de su elemento, tanto en sentido figurado como literal. Está atrapado en el interior del cuerpo grande pero frágil del avión, atrapado en su rápida carrera hacia tierra, y no hay nada que pueda hacer. Absolutamente nada. Y entonces, en esa pasividad forzada, tiene lugar algo tan inesperado como lógico: él, el intrépido, con todas sus cicatrices y medallas, se ve superado por el pánico. No puede moverse. Petrificado, Jünger se queda allí sentado mirando por la pequeña ventanita rectangular de la cabina. Con un golpe seco, no un estruendo, la pesada aeronave toma tierra. Estupefacto, Jünger ve que han aterrizado en un aeródromo, y en el correcto: están en Kiev. Es sábado 21 de noviembre.

Una vez en el centro de la ciudad, se entera de que se va a hospedar en el gran Palace Hotel, que al parecer es el mejor hotel de las zonas ocupadas de la Unión Soviética. Sin duda, la fachada promete lujo y esplendor imperial, pero el interior es decadente. Faltan escalones en la magnánima escalera de mármol y huele a heces en todas partes. En su habitación no hay ni toallas ni tinta, no se puede tirar de la cadena, y por mucho que gire los grifos del lavabo no sale ni una gota de agua. La calefacción tampoco parece funcionar, y hay ratas correteando. Además, Jünger se ve obligado a compartir la habitación con un capitán de artillería, quien por suerte resulta ser muy afable.

Jünger sale a dar un paseo, pero enseguida vuelve, lleno de aversión hacia el lugar, las ruinas y la arquitectura estalinista manifiestamente megalómana. En su diario escribe: «Igual que hay países hechizantes en nuestro planeta, también podemos conocer otros donde el hechizo se ha roto, sin dejar a su paso el menor rastro de nada maravilloso».

* * *

El mismo sábado. Elena camina como una funámbula que está cruzando un abismo. Tiene la mirada fija en el horizonte, protege la frágil existencia que ha conseguido para sí misma y los suyos en Piatigorsk. Cultiva sus contactos dentro de las fuerzas de ocupación, sobre todo entre el poderoso comando de economía, pero también fuera. Un oficial afable y servicial de la Luftwaffe llamado Sulzbach la ha cortejado tanto a ella como a su joven parienta Tanya. Se ha retirado cordialmente, pero Tanya se ha dejado invitar a una fiesta. La ciudad está llena no solo de rumores, como es habitual, sino también de suspicacias, intrigas, calumnias. No es posible fiarse de nadie.

La preocupación por lo que le pueda pasar a su suegra Lijalija y su hija medio judía atormenta a Elena. Escribe en su diario:

> Estos últimos días, los rumores de la deportación de personas de matrimonios mezclados y los hijos nacidos de dichos matrimonios se han vuelto más insistentes. Algunas amigas de Lijalija le recomiendan que coja a Vera y abandone Piatigorsk antes de que alguien informe a las autoridades de que el padre de Vera era judío. Lijalija está muy preocupada por esto. Pero ¿adónde va a ir?

A la gente la deportan. ¿Adónde? Oye distintos rumores, argumenta consigo misma. Seguramente, a hacer trabajos forzados. A los alemanes les falta gente en sus fábricas. Todo el mundo lo sabe.[71] Pero su suegra se está mentalizando para lo peor: una huida repentina en pleno invierno. En cuanto puede, compra ropa de abrigo para sí misma y para Vera.

* * *

El mismo sábado, llegan a Treblinka varios trenes que suman cerca de cuarenta vagones de carga, con un total de entre cuatro mil y seis mil judíos[72] de los alrededores de Bialistok. Con excepción de unos pocos, que se salvan para rellenar los constantes huecos que van quedando libres en la plantilla de trabajadores del *Sonderkommando* del

---

71. Millones de personas se refugiaron en este cálculo lógico: ¿por qué iban los alemanes a prescindir de mano de obra de forma tan irracional, en un contexto tan crítico como es una guerra? Tal y como ha demostrado Adam Tooze, seguramente había una tensión intrínseca en la Alemania nazi entre, por un lado, los objetivos económicos, donde los recursos se iban a optimizar, y por otro, los objetivos ideológicos, donde la aniquilación de los judíos, sobre todo, pero también de los eslavos del Este, eran sin duda un elemento importante. Al mismo tiempo, también podían darse contratiempos —por ejemplo, la falta de alimento que hubo en Alemania la primera mitad de 1942, pues los asesinatos de, literalmente, millones de trabajadores potenciales, judíos o no, podían parecer racionales desde un punto de vista tanto económico como ideológico. Estos factores cooperativos, a veces cruzados, dieron pie a una agitación contradictoria en el ámbito local que alimentó las ilusiones de las posibles víctimas.

72. En estos vagones de ganado, las SS solían hacinar entre cien y ciento cincuenta personas, lo que suponía dos o tres veces su capacidad real.

campo, todos mueren asesinados antes del atardecer: hombres, mujeres y niños.

La pérdida de «judíos de la muerte» en el campo superior sigue siendo enorme. Los hombres de las SS y los ucranianos matan con el menor de los pretextos, pero también el índice de suicidios de los internos es elevado. Aquí los prisioneros no solo viven con el pavor sin límites que genera el saber que la próxima hora o el próximo minuto puede ser el último. Cada día son testigos de atrocidades que desafían su capacidad de comprensión. La mayoría de los que han llegado con el tren han sido separados de sus esposas, hijos e hijas, familiares, progenitores, vecinos, amistades en el andén mismo, y saben que todos ellos han sido asesinados, quizá incluso han visto sus cadáveres, han cargado con ellos, los han vislumbrado medio irreconocibles en el bullicio de brazos y piernas y muslos y nalgas y bocas y penes y mechones de pelo y manos de infantes de tres años que se agolpan en la fosa.

Chil Rajchman sigue trabajando en el comando de dentistas del campo. Llegó al campo junto con su hermana Rivka, de diecinueve años. Sabe que está muerta, porque encontró su falda en la montaña de ropa que estuvo clasificando poco después de su llegada. Le arrancó un jirón a la falda y lo lleva cada día consigo, todos los días, incluido hoy. También carga en su interior con un sentimiento de culpa, porque él está vivo y ella está muerta —y porque no la dejó que comiera de las provisiones que tenían; ¿cómo iba a saberlo?—. Así que, probablemente, Rivka entró en la cámara de gas con hambre. Esa culpa la carga dentro cada día, todos los días, y seguirá haciéndolo hasta el día de su muerte, el 7 de mayo de 2004 en Montevideo.

Parece ser que el primer día en un *Sonderkommando* es el peor. O bien sobrevives a él y a su caos cognitivo y moral absoluto o bien pierdes la cordura. Pero incluso después de ese día, el deterioro es inexorable: la gente se derrumba física y psicológicamente. Todos tienen un límite. «Cada persona tiene una reserva de fuerzas cuya envergadura le es desconocida: puede ser grande, pequeña o inexistente, y solo los contratiempos extremos permiten hacer una valoración de la misma».[73]

73. Primo Levi.

Los suicidios entre los prisioneros son un evento cotidiano. Un hombre de cincuenta años llamado Yankel Wiernik, que duerme en el mismo barracón que Rajchman y con quien se cruza cada día, pues trabaja en el taller de carpintería donde el comando de dentistas guarda sus mesas, explica:

> Los que tenían menos capacidad de resistencia, sobre todo personas más inteligentes, sufrían colapsos nerviosos y se ahorcaban al volver a las barracas después de pasarse todo el día trabajando con muertos, con los gritos y jadeos de las víctimas aún resonando en sus oídos. Esos suicidios se daban a un ritmo de unos quince o veinte al día.

Rajchman anota en su diario:

> Justo enfrente de mí descubro a una persona que se ha ahorcado. Se lo enseño a mi vecino, que se limita a gesticular y a señalarme dos personas más que también se han ahorcado. Aquí no es ninguna novedad. Hoy son incluso menos que de costumbre. Me cuenta que cada día tiran fuera [del barracón] a los que se han ahorcado y que nadie le presta atención a esas bagatelas. Yo me quedo mirando a los ahorcados y siento envidia. Ellos ya están en paz.

Pese a la oscura desesperación que caracteriza a los suicidios, no dejan de tener un componente de acto de resistencia —al principio, muchos estaban demasiado destrozados y agotados para siquiera quitarse la vida—. «Con ello, habían dejado de ser completos esclavos, puesto que podían elegir entre buscar la muerte o seguir luchando».[74] Más o menos por esta época, se da un cambio significativo en el campo superior de Treblinka. Los prisioneros han empezado a ayudarse los unos a los otros para ahorcarse de las vigas del oscuro barracón.

Es el primer paso de una transformación, en la que pasan de ser una masa amorfa de individuos rotos, cargados de culpa y humillados a ser un colectivo, capaces de asistirse los unos a los otros y, a la larga, de ofrecer resistencia, organizar una fuga, quizá incluso una revuelta, independientemente del poco futuro que pudiera tener.

74. Jean-François Steiner.

* * *

Desde que la división de tiradores de Mansur Abdulin rompió las líneas rumanas junto al Don, su avance en forma de arco ha sido constante, en dirección sursureste; una dura marcha a pie o a caballo[75] por el vacío que han dejado a su paso las columnas de carros de combate que avanzan más allá de lo que alcanza la vista.

Aquí y allá ven rastros de combate: alguna que otra casa en llamas, camiones tiroteados, tanques de guerra calcinados, cadáveres en las cunetas, cadáveres en el camino nevado, como borrados tras el paso de infinidad de vehículos, aplastados hasta quedar reducidos a tan solo unos centímetros de grosor. Pero casi todo da muestra de una retirada caótica: camiones abandonados, armas tiradas en el suelo, piezas de artillería dejadas atrás, montañas valiosas de munición y otras provisiones, vehículos de remolque y caballos; muchos caballos o bien han muerto o bien tienen solo tres patas; los que estaban ilesos ya se los han llevado los oportunistas.

De vez en cuando se topan con algún grupo de soldados rumanos cansados y desmoralizados, portando sus característicos gorros altos de piel de oveja. Por lo general se trata de fracciones de alguna unidad de comunicación y unidad de suministro, fervoroso por entregarse, pero a quienes las dotaciones de las torretas de los T-34, los KV-1 y los T-70 que van pasando se limitan a hacer un gesto para que retrocedan, pues ahora tienen un solo objetivo: alcanzar el Don y Kalach del Don lo antes posible.

¿Cuánto sabe Abdulin acerca de lo que está ocurriendo? ¿Cuánto le han contado sus superiores? De cara a la ofensiva, el secretismo ha sido colosal, pero ahora ya debe de estar entendiendo algunas cosas. Al menos, es evidente que se han abierto paso por el frente enemigo y que ahora se están moviendo muy por detrás de sus líneas. (Entre el botín acumulado a lo largo de la jornada cuentan un pequeño aeródromo y veinticinco aviones, una clara señal de lo mucho que se han adentrado). ¿Debe de intuir lo que está en juego? Posiblemente. Pero ¿intuye también la magnitud de la osadía? En el texto que escribió cuando todo hubo terminado no hay ni rastro del recelo

---

75. Parte de la división se ha metido en camiones requisados a toda prisa.

previo. (Todos los relatos se construyen empezando por el final, como ya se sabe, lo cual implica que las cosas que luego no ocurren se borran). El Ejército Rojo ya ha atacado de esta manera en varias ocasiones, pero siempre ha terminado en catástrofe. Todas las veces, los alemanes han mostrado ser demasiado fuertes.

Siguen avanzando. Adelante, adelante. El regimiento se va diluyendo en la carretera hasta convertirse en un collar de perlas irregular formado por hombres vestidos de blanco y caballos y vehículos. ¡Hacia el Don!

* * *

A primera hora del domingo 22 de noviembre, Ernst Jünger reemprende su viaje. Primero vuela hasta Stálino y después a Rostov. Su destino es Voroshílovsk, pero el tiempo ha vuelto a empeorar, por lo que se ve obligado a quedarse aquí, con la esperanza de poder continuar en tren. También Rostov ofrece una estampa deprimente de tristeza, destrucción y miseria humana. Jünger vuelve a horrorizarse con los mastodónticos edificios rusos, los cuales compara con la torre de Babel después del cataclismo. («Estas obras racionales siempre llevan intrínsecas la terrible destrucción. Guardan una frialdad que atrae al fuego, del mismo modo que el hierro atrae al relámpago»). En la ciudad falta todo aquello que da la vida, no solo agua y luz, sino también alegría y felicidad.

Niños desatendidos hurgan entre las ruinas en busca de trozos de madera y otros útiles con ayuda de pequeños ganchos. Las personas desgarbadas se muestran a menudo apesadumbradas por algún tipo de carga, y están en constante movimiento, pero es un movimiento visiblemente errante, como en un hormiguero destruido por una patada. La única interrupción de la penuria es la imagen de unos niños que juegan alegremente en una pista de hielo. «Fue como ver un destello de luz de colores en medio del Hades».

* * *

El regimiento de Mansur Abdulin sigue avanzando paso a paso por la carretera que debe llevarlos al Don. Adelante, adelante. Entonces ocurre. Un grito se propaga: «¡Ataque aéreo!». Abdulin tiene tiempo de pensar que no es posible. El tiempo es más o menos el mismo que cuando ha comenzado la ofensiva, con nubes bajas y niebla, y por el momento los ha protegido de la temida fuerza aérea alemana. Pero apenas termina de pasarle este pensamiento por la cabeza cuando oye el creciente rugido de motores de avión, y cuando mira atrás ve acercarse unos cuantos bombarderos bimotores alemanes con formas redondeadas, volando bajo, quizá a tan solo cien metros de altitud y siguiendo la dirección de la calzada. Llevan abiertas las compuertas, y mientras Abdulin mira, empiezan a arrojar bombas sobre ellos.

Los bombarderos pasan retumbando por encima de su cabeza, y con cierto retraso los cilindros oscuros y provistos de aletas rebotan en el suelo, tanto delante como detrás de él. Abdulin corre por acto reflejo.

El tiempo se dilata.

Por el rabillo del ojo ve a su jefe de pelotón a punto de bajarse de su caballo; Abdulin salta por encima de personas que se han arrojado al suelo para protegerse, salta por encima de bombas; la mayoría de los proyectiles deben de hallarse aún en movimiento, volando, girando, rodando, y ve que más adelante debe de haber otra docena; pero ¿por qué, por qué, por qué no estallan?[76]

Entonces oye una primera detonación a su espalda, seguida rápidamente de otra, y otra; y el estruendo se propaga, se acerca; la tierra le salpica en la espalda; y cae en la cuenta de que tiene que alejarse de la calzada; pega un salto, pero en la cuneta hay otra bomba rodando, una vuelta tras otra, y el tiempo se dilata aún más. La adrenalina le juega una mala pasada a su cerebro, porque de pronto sus movimientos le parecen lentos mientras corre por encima de la bomba, como si estuviera «atrapado en el campo magnético de un imán gigante»; y casi le da tiempo de irritarse con esta falsa lentitud, cuando de repente algo grande llega volando y aterriza justo delante de él: es una cabeza de caballo. Abdulin se tira al suelo, y en ese preciso instante explota, la onda expansiva le arranca la mochila de la espalda, queda envuelto en una nube de polvo y oscuridad.

76. Evidentemente, las bombas estaban programadas con efecto retardado, algo imprescindible si un avión atacaba desde tan baja altura. De lo contrario, existía el riesgo inminente de que los aviones también resultaran dañados por las explosiones.

Al mismo tiempo que se libraba la batalla de Stalingrado, tenían lugar otros combates prolongados y sin sentido alrededor del llamado Arco de Rzhev, en la parte central del frente oriental, donde se encontraba Willy Peter Reese. Allí vemos a un centinela alemán en su trinchera. Está fumando la pipa bocabajo para que el ascua no se pueda ver, tal y como hacían los veteranos del frente.

Soldados soviéticos se lanzan al ataque en Rzhev, cosa que hacían de forma habitual y casi siempre en vano. Ellos mismos bautizaron este tramo del frente como «la picadora de carne». La táctica, las condiciones y las bajas recordaban a menudo al frente occidental de la Primera Guerra Mundial.

Al mismo tiempo, también esto: un caballo muerto y las vastas extensiones rusas cubiertas de nieve.

De víctima a víctima: es abril de 1942, y los muebles que se han confiscado a las familias judías se entregan a los habitantes de Billancourt, un barrio periférico de París, cuyos hogares han sido dañados o destruidos por las bombas de la RAF. Para el régimen de Vichy este tipo de actos tenían una doble finalidad política.

Pocas cosas sorprendían tanto a los judíos franceses y a sus vecinos cristianos como la obligación de portar la estrella judía, que comenzó a aplicarse a finales de mayo de 1942. Aquí, una foto de la rue de Rivoli, en París, tomada ese mismo verano por André Zucca.

Aunque las fuerzas de ocupación alemanas pretendieran ser discretas, era imposible obviar su presencia. Aquí vemos un conjunto de carteles viarios en París, en el famoso mercado de Saint-Ouen.

Otra foto de la rue de Rivoli en 1942. Las banderas con la cruz gamada ondean en la fachada del hotel de lujo Le Meurice, convertido en 1940 en el cuartel general del comandante militar alemán en París. A la derecha, el palacio de las Tullerías; más adelante asoma el Louvre. Por lo general, las calles estaban así de vacías de coches. Durante su paseo romántico el día 9/11, Hélène Berr pasó por esta calle un poco más al fondo de la fotografía.

Leningrado, principios de otoño de 1942. La ciudad sitiada sufría bombardeos aéreos o de artillería prácticamente a diario, cuyo objetivo era poco más que sembrar el terror. Hitler no tenía ninguna intención de tomar la ciudad, sino solo aniquilar o expulsar a sus habitantes. Esta era la realidad de Lidia Ginzburg y Vera Inber.

Escena de la calle Nevski Prospekt, la calle principal de Leningrado, en 1942. Un hombre y una mujer llevan a enterrar a un miembro de su familia. A juzgar por el tamaño del cuerpo, un niño mayor. A finales de otoño de 1942, la vida en la ciudad seguía siendo un malvivir de preocupaciones y muerte, pero en absoluto al mismo nivel que el invierno anterior.

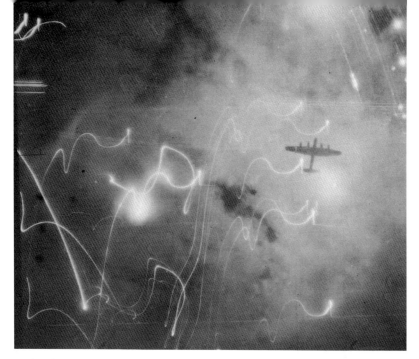

Un bombardero Lancaster sobrevolando Hamburgo la noche del 30-31/1 de 1943, foto-grafiado con una cámara de objetivo desde otro bombardero. Esto es lo que se veía cuan-do el Mando de Bombardeo de la RAF llevaba a cabo sus incursiones cada vez más inten-sas contra distintos objetivos del continente. Las luces más grandes y borrosas son marcadores de objetivo (la tarea de la unidad de John Bushby era lanzar estos marcadores), las líneas erráticas son munición trazadora de las unidades antiaéreas, deformadas por el largo tiempo de exposición de la cámara y por los movimientos de la aeronave.

Y así se veía desde tierra: de nuevo, marcadores de objetivo y munición trazadora. Esto es Génova a finales de otoño de 1942, y la foto podría ser perfectamente del bombardeo que tuvo lugar la noche del 15-16/11, en el que Bushby participó.

Destrucción en tierra tras el gran ataque aéreo de la RAF sobre Turín la noche del 18-19/11. Aquí también participó John Bushby. La fotografía muestra los destrozos causados por las bombas en la gran fábrica de Fiat-Ansaldo, que él mismo menciona que vieron y trataron de bombardear.

Se necesitaba mucha defensa antiaérea para proteger una ciudad. En la fotografía, una batería antiaérea de la marca sueca Bofors se defiende de los bombarderos soviéticos en las afueras de Helsinki. Las incursiones soviéticas fueron pequeñas y puntuales durante el otoño de 1942, pero aun así podían ocasionar pérdidas.

Es octubre de 1942 y un bombardero Lancaster está siendo inspeccionado en una base aérea en Lincolnshire. Las compuertas están abiertas para recibir la carga. En la burbuja de metacrilato del morro es donde se ubicaba el apuntador durante la aproximación al objetivo. Aún no se ha terminado el otoño inusualmente cálido de 1942: el mecánico que está limpiando las ametralladoras trabaja sin gorra y con las mangas arremangadas.

Aparentemente imparables: vehículos blindados alemanes de camino al Cáucaso y el atractivo petróleo. Es 18/9, y en breve entrarán en Piatigorsk, donde Elena Skriabina se ha asentado tras huir de Leningrado.

Antes de la guerra, Piatigorsk era famoso por ser un destino de curas, y aquí vemos al personal de uno de los sanatorios de la zona. Y, de paso, nos permite hacernos buena idea de cuál era el aspecto de la ciudad cuando Skriabina vivió en ella, durante la ocupación de 1942.

Es noviembre de 1942, Berlín, y el tradicional *Winterhilfswerk* del régimen ha vuelto a ponerse en marcha. Hacer donaciones a los colectores de distintas organizaciones nazis que se paseaban por todas partes era, oficialmente, voluntario, pero en la práctica, obligatorio: abstenerse de donar dinero no se veía con buenos ojos. El hombre con sombrero de la izquierda lleva unos de esos librillos de miniatura que se entregaban como obsequio (contenían fotos de Hitler y similares) y servían como prueba de que se había donado. Obsérvese lo intacta que sigue la capital alemana por estas fechas.

Página doble siguiente: paseantes alegres y despreocupados en el Berlín del estado de bienestar totalitario en 1942. Al mismo tiempo, en el este están gaseando a niños pequeños en su nombre. Nos hallamos al principio de Hardenbergstrasse; detrás del fotógrafo está Fasanenstrasse (el lugar del club APC, muy frecuentado en esta época por el traidor británico John Amery), y oculta detrás de la iglesia queda Rankestrasse (donde vivían Ursula von Kardorff y su familia). Dentro de poco más de un año, todos los edificios que se ven en la imagen estarán destruidos por las bombas, incluido el gran cine Gloria-Palast de la derecha y, más conocida, la iglesia Kaiser-Wilhelm-Gedächtniskirche del fondo. (Su gran entrada, que podemos ver aquí, es la parte que sobrevivió).

Es noviembre de 1942, y unas adolescentes alemanas están preparando los regalos de Navidad oficiales que se enviarán a todos los soldados estas Navidades. (Entre otras cosas, incluyen betún). La actividad se está llevando a cabo en uno de los grandes edificios de la zona Olympia, en el oeste de Berlín.

Es el día 22/7 de 1942, junto a la estación de tren de Múnich, y Sophie Scholl está a punto de despedirse de su hermano Hans (a la izquierda de la imagen) y unos conocidos que se dirigen al frente oriental para cumplir un servicio de corta duración como enfermeros. El hombre joven de la derecha es Christoph Probst. Todos son miembros del grupo antinazi Rosa Blanca, y dentro de siete meses exactos los tres serán ejecutados en la guillotina.

Nunca fue un destino popular: un buque de guerra británico en Arcángel, enero de 1942. Posiblemente, partirán en breve. Los marineros bregan para liberar la cadena del ancla del hielo, y el humo de fondo puede significar que han empezado a hacer fuego en la sala de máquinas.

Esta dramática fotografía está tomada el 13/9 de 1942 y muestra el convoy PQ 18 de camino a Arcángel, una travesía menos catastrófica que la de su predecesor, el PQ 17, pero en la que, aun así, solo veintisiete de las cuarenta naves llegaron a su destino. El convoy está siendo atacado por aviones torpederos alemanes. La gran columna de humo en el centro de la imagen proviene de la SS Empire Stevenson, que ha sido abatida y acaba de explotar (no sobrevivió ningún tripulante). A la derecha se ve el humo de la que probablemente sea la SS Wacosta, que también había sido torpedeada y que no tardaría en hundirse, pero no sin que la tripulación tuviera tiempo de subirse a los botes salvavidas. Y en el margen izquierdo de la foto se ve la espiral de humo que ha dejado un bombardero alemán abatido que está cayendo en picado. En menos de quince minutos se hundieron ocho buques. Leonard Thomas se encontraba en mitad de todo esto.

La nave en la que Thomas fue hasta Arcángel: la HMS Ulster Queen, originariamente un barco de pasajeros pequeño pero veloz que la Royal Navy había confiscado y provisto de artillería antiaérea.

Durante la segunda mitad de 1942, a la mayoría de belgas comenzó a quedarle claro que sus esperanzas de un final indoloro de la guerra y la ocupación no eran más que una ilusión. La fotografía está tomada a finales de verano de ese año en el SS-Sammellager Mecheln, el campo de tránsito de Malinas, donde reunían a los judíos (así como a los rumanos) de todo el país para su posterior traslado a Auschwitz. Durante la noche ha llegado otro cargamento de gente. Su equipaje ha quedado abandonado a ambos lados de los camiones.

La colaboración belga con los ocupantes alemanes tomó muchas formas y se hizo por motivos varios. Ni siquiera en la extrema derecha populista, nacionalista y semifascista la política era siempre clara. Esta fotografía está tomada en Bruselas el 14/3 de 1942 durante un encuentro del partido rexista, cada vez más influenciado por los nazis.

Un campo japonés para prisioneros aliados en Java. La fotografía está tomada después de finalizada la guerra en 1945 y no muestra el campo en el que se encontraba Dunlop Weary, pero estaba igualmente conformado por un conjunto de edificios bajos de color blanco que habían sido cercados.

En cambio, este dibujo sí que representa el campo de Dunlop, en las afueras de Bandung, y está hecho por un prisionero superviviente llamado Ray Parkin.

Después se oyen unas cuantas explosiones más, luego un par más, y al fin la última.

En el silencio se puede oír el zumbido de los motores de avión que se van alejando. La polvareda se posa. Abdulin hace un esfuerzo por ponerse de pie sobre sus piernas inestables. Su mochila ha desaparecido. Le pitan los oídos. Huele a quemado.

La nieve ya no es blanca.

Abdulin sigue la calzada con la mirada. Ve brazos y piernas desgarrados. Ve trozos de cuerpos. Ve vísceras. Ve sangre. Se queda mirando la cabeza de caballo. Reconoce el galón: es el caballo del jefe de pelotón. Abdulin se pone a vomitar, y vomita y vomita hasta que ya no le queda nada más por vomitar.

* * *

Vera Inber escucha una reemisión por radio. Bajo creciente expectación, oye cómo el locutor explica que las tropas soviéticas en Stalingrado han pasado a la ofensiva. Desde dos bandos, noroeste y sur, y que han conseguido avanzar entre sesenta y setenta kilómetros y han ocupado Kalach del Don. Entonces llegan esas palabras que la alegran más que ninguna otra: «El avance continúa». En su diario escribe: «¿Podría ser esto lo que se suele llamar el punto de inflexión de la guerra?». Hoy es día 22 de noviembre.

* * *

Ese mismo día, Dorothy Robinson lee, no sin pena, la primera plana del *New York Times*. Su atención no se centra en la noticia de los reiterados éxitos de los aliados en África del Norte, ni en la de que la RAF ha vuelto a bombardear Turín, ni en el artículo que habla de los avances conseguidos en Guadalcanal, ni en la noticia de que los nuevos avances alemanes tanto en Stalingrado como en el Cáucaso parecen haberse frenado.

Sus ojos se fijan en las dos columnas de la izquierda de la primera página. Se trata del racionamiento aún más extenso que se ha empezado a aplicar a algunos bienes y productos alimentarios. Robinson escribe en su diario:

El racionamiento de combustible se va a recortar a tres galones por semana; la venta de café se va a detener durante una semana, empezando el próximo domingo, y después se racionará a una libra cada cinco semanas; nuevos recortes en gasóleo para calefacción parecen muy probables en la costa este; la nata se retirará pronto del mercado y la mantequilla se va a racionar; el racionamiento de carne empezará con el año nuevo; se van a importar pocas hortalizas, y aún menos se harán en conserva; nada de pasas, ni chocolate ni aceite de oliva ni beicon; menos de todo, incluidos trenes y autobuses y coches y teléfonos.

Aquello en lo que Robinson elige (y descarta) poner su atención no debe considerarse falta de sensibilidad, sino que —con todo su paradójico contraste— se trata de aquello que le toca más de cerca en ese momento, y que para tantas mujeres en todas partes consiste en la responsabilidad de hacer que el día a día siga funcionando. (Dejemos de lado que Lidia Ginzburg, Vera Inber, Vera Brittain, Nella Last y otras cambiarían de buen grado sus problemas por los de Robinson; pero ¿acaso la guerra no se tiene que ver, en parte, con la necesidad, por no decir el derecho, de tener una vida normal, a ratos trivial, donde poderse permitir que la falta de chocolate sea una preocupación?).

De hecho, es sobre todo aquí, en la gestión de las nuevas carencias y restricciones inusuales, donde la guerra se vuelve real para Dorothy Robinson, porque aún no han herido ni matado a nadie a quien ella conozca. El colosal giro de la economía estadounidense que ha tenido lugar este último año, pasando de ser una máquina de consumismo bastante despreocupada a priorizar solo la producción de material bélico, se nota en todas partes, se ve en todas partes; entre otras cosas, por lo tremendamente repentino y exitoso que ha sido dicho cambio.[77]

77. Aquí existe una interesante paradoja que muchos historiadores han señalado: cómo democracias como Estados Unidos y Reino Unido tuvieron mucho más éxito en poner sus economías en pie de guerra que las dictaduras contra las que luchaban. Especialmente en la Alemania de Hitler (con cierta economía parasitaria, construida a base del saqueo de estados derrotados y también de trabajos forzados) se estuvo mucho tiempo en contra de llevar a cabo esta conversión. Por un lado, porque el flujo continuo de bienes de consumo se veía como una garantía contra el descontento

Para todas aquellas personas que trabajan en la industria armamentística, hombres y mujeres, blancos y negros, son días de bonanza —aunque el precio a pagar sean unas semanas laborales muy largas—, con mejores condiciones y salarios en aumento. Pero las amas de casa como Robinson suelen ver, más que nada, la contraparte de la economía de guerra: las insuficiencias, los inconvenientes, las bajas temperaturas dentro de casa, la lavadora que no se puede arreglar. Y escribe de ello porque supone una gran parte de su mundo. Pero no es ignorante. Sin duda, fue una pena que en verano no pudieran coger el coche ni un solo día para ir a la playa, pero sabe muy bien por qué hay que registrar la tenencia de coche, por qué se raciona la gasolina y por qué es imposible conseguir neumáticos nuevos.

Pero hay otras cosas de las que no escribe, aparte de las novedades de la guerra. Por ejemplo, no menciona lo que sale publicado en el *New York Times* acerca de las olas de acaparamiento que han protagonizado sobre todo las amas de casa estos últimos días, y no solo se trata de café, sino también de mantequilla, y que han dejado las estanterías vacías; no escribe nada acerca de toda aquella gente que hace trampas, que intenta escaquearse de su servicio militar, que compra en el mercado negro; no escribe de la contradicción de que se apueste todo por vencer al nazismo y sus absurdas enseñanzas raciales, al mismo tiempo que el racismo en Estados Unidos va en aumento; no escribe sobre la creciente criminalidad juvenil y el desenfreno sexual que han ido de la mano de las migraciones a las fábricas de guerra, ni de la supuesta disolución de la familia que algunos creen inminente. Pero quizá esta ilusoria ceguera no deja de ser una forma que tiene de defender su idilio.

«Menos de todo», constata Robinson en su diario. Pero su pensamiento no se detiene ahí. Ella sabe por qué tiene que ser así, y que lo que está ocurriendo no es exclusivamente algo negativo. Las personas se han unido. Sigue escribiendo: «Pero más vecindad, lealtad a la familia y aprecio por la belleza, la libertad y la dignidad de la tierra que durante tanto tiempo hemos dado por hecha. Vamos todos en el mismo barco y todos saldremos de esto con la bandera ondeando en lo alto del asta».

---

popular y, por otro, por los límites ideológicos, que hicieron, por ejemplo, que se tardara mucho tiempo en movilizar a las mujeres.

* * *

¿Hace más frío, ahora? No, probablemente, no. Charles Walker ya lleva más de un mes en Guadalcanal, y en este tiempo su cuerpo ha comenzado a acostumbrarse al húmedo calor, y sus sentidos a los sonidos y olores de la jungla. El ambiente también ha empezado a cambiar. Han dejado atrás la incertidumbre de las primeras semanas, cuando el temor a que esto terminara en una nueva derrota para los aliados estaba de lo más presente. Pero ahora se ha demostrado que los soldados japoneses no son invencibles. Y el peso, la fuerza bruta del arsenal de armas que cuentan en su propio bando, ha comenzado a dejarse ver.

Walker y su unidad han sido trasladados a Point Cruz, un cabo al oeste del aeródromo. Si otea la costa norte con unos prismáticos, en la lejanía puede intuir las formas alargadas de los buques de transporte japoneses que han quedado varados. Ahora no son más que cascos hechos pedazos, y en el agua y las orillas de la playa chapalean montones de japoneses muertos y material hecho jirones.

Pese a todo, el enemigo está lejos de haber sido vencido y sigue siendo formidablemente peligroso. Aparentemente, solo bajaron a tierra dos mil hombres, sin armamento pesado y casi sin provisiones, pero están allí, y lo esperan como depredadores en algún lugar de la selva al oeste de Point Cruz. Antes de ayer, el viernes, los japoneses dirigieron un ataque nocturno contra un batallón del recién llegado 182.º Regimiento de Infantería. (Cabe decir que los atacantes formaban parte del regimiento de Tohichi Wakabayashi; por estas fechas, Walker y Wakabayashi se encuentran a unos diez kilómetros el uno del otro).[78]

Los recién llegados tiraron las armas y salieron corriendo sin mirar atrás, atravesando el río Matanikau. El batallón de Walker fue enviado para sustituirlos. El rastro de pánico era inconfundible. Había equipo estadounidense tirado por todas partes: «Ametralladoras, lanzagranadas, mochilas, rifles, y lo mejor de todo, teléfonos de campa-

---

78. Unos días más tarde hubo alguien que le dijo a Wakabayashi que habían investigado a los estadounidenses caídos y se dieron cuenta de que no eran soldados de la Marina, sino del Ejército.

ña nuevos». Lo han dejado casi todo, pero se han quedado con los maravillosos teléfonos.

Ahora es domingo 22 de noviembre por la mañana. Todo está quieto, en silencio. También ayer estuvo todo tranquilo. Lo único que se oye son algunas detonaciones menores, pero Walker no se deja importunar. Solo son unos soldados que están cazando entre los enormes bancos de lisas plateadas que nadan dando vueltas en la templada orilla turquesa de la playa. Lanzan explosivos en el agua y tras cada explosión pueden recoger sacos enteros de peces muertos o atontados. Luego limpian el pescado y lo asan. Cada vez hay más soldados reunidos en la playa.

* * *

Más tarde, ese mismo domingo, en Leningrado da comienzo un ataque de artillería alemán contra la ciudad. Muchos de los obuses caen en el distrito de Petrogrado, donde viven Vera Inber y su marido (su casa queda en la calle Pesochnaia). Vera oye una detonación muy potente y expansiva, que al instante siguiente hace que el suelo se mueva y la casa tiemble. No es habitual que dirijan un fuego de artillería tan pesada contra las islas norteñas de la ciudad. Ha corrido el rumor de que los alemanes han traído hasta aquí uno de esos pesados cañones ferroviarios de largo alcance como los que utilizaron este mismo año para abrirse paso en Sebastopol. Con uno solo de sus brutales obuses pueden hacer colapsar media manzana en una nube de polvo y esquirlas de hormigón.

Inber y su marido abandonan su hogar, una casita bastante pequeña y frágil —ella la llama «nuestro nido»— y corren hasta un refugio antiaéreo cercano. (¿Podemos adivinar su vestimenta? ¿El abrigo de piel persa con el manguito a juego de los que tan orgullosa está?). Y aunque no haya ningún sistema, aunque todo sea más bien cuestión de casualidad, el equilibrio mental de las personas depende de su fe en que no están indefensas frente a estas fuerzas ciegas, de que hay zonas seguras, de que hay trucos, aunque, paradójicamente, lo que esa persona hace a veces para engañar a la muerte puede ser justo lo que hace que la muerte la alcance. Lidia Ginzburg explica:

Desconcierto en las categorías de espacio y tiempo. El silbido de obuses en el cielo asusta más, pero se entiende mejor. Refleja una presencia en el espacio: están realmente aquí, encima de tu cabeza, en este preciso instante y en este lugar (mientras dure el silbido). El sonido de las explosiones lejanas es otra cosa. Cuando llega a la conciencia, lo que era un presente que no ha dejado rastro ya se ha convertido en el pasado. El orden alterado: primero el sonido, luego el miedo a lo que aún no ha pasado. Después, el silencio, y en ese breve silencio se decide la cuestión de la vida y la muerte de una persona. Se decide por los dos pasos de más que da en dirección a la parada del tranvía o porque se ha agachado para recoger un macuto que se le ha caído o porque se ha bajado de la acera a la calzada. La persona se cree que todo va a ocurrir siguiendo un orden —llega un silbido, después una explosión que percibe desde lejos, y entonces le va a pasar algo—. Sabe que se trata de un engaño. El engaño es la conexión entre la causa y el efecto, pero también hay engaño en lo referente a la sensación de seguridad: cuando una persona acelera el paso durante un bombardeo para que no le dé tiempo de alcanzarla a ella.

Cuando Vera Inber está sentada en el refugio, aparece alguien que le informa de que un obús ha caído justo en su calle y que hay alguien herido en la casa vecina, el número diez. Mandan a un enfermero, pero este regresa sin haber podido hacer nada. Un trozo de metralla ha entrado volando por una ventana y le ha dado a una mujer, que ya estaba muerta. Probablemente, murió en el acto.

En algo así como un método para tratar de comprender lo que está sucediendo, pero que podría ser perfectamente un ritual para mantener los nervios controlados, Inber se sienta a cronometrar los intervalos entre las explosiones. Llega a la conclusión de que tienen lugar cada quince o veinte minutos, lo cual refuerza la teoría de que podría tratarse de una de esas pesadas piezas de artillería ferroviaria. (Y contra sus enormes proyectiles no existe protección alguna. Si les cae uno encima, lo más seguro es que ni siquiera lleguen a darse cuenta). Después de doce o quince detonaciones de las que hacen tambalearse el suelo, se impone el silencio. Para entonces son las cuatro de la mañana. Vera Inber sale del escondite y se descubre en mitad de una noche de invierno de una belleza indescriptible, en la que el resplandor azul de la luna crea un reflejo rosado en la nieve blanca y limpia

* * *

Al mismo tiempo se está celebrando una reunión en el *Deutsche All-gemeine Zeitung* en la Ritterstrasse, en Berlín. Todo apunta a que se trata de una reunión de última hora, pues es domingo. Reina un ambiente tenso. Al otro lado de la ventana de la redacción flotan los copos de nieve. De las anotaciones en el diario de Ursula von Kardorff no se puede dilucidar con exactitud qué hay detrás de esa tensión predominante. Hablan de la situación en África del Norte. Es lo único que sabemos.

Uno de los reporteros estrella del periódico, Fritz Dettmann, coetáneo de Ursula, acaba de volver del escenario de guerra, y sus «reportes son muy pesimistas. Los aliados han desembarcado con éxito en cuatro puntos». La noticia debe de tener una carga considerable, pues es Dettmann quien la da. Nadie tiene motivos para sospechar que sea un derrotista pusilánime: Dettmann es miembro tanto del NSDAP como del NSKK, así como teniente de la Luftwaffe, lo cual le ha permitido trabajar como aclamado reportero del frente desde los inicios de la guerra, con textos apasionantes y apasionados, con la guerra aérea como especialidad.[79] (Podemos imaginárnoslo sentando en su uniforme de teniente, que incluso podía ser de los que se empleaban en el desierto). Probablemente, Dettmann confirma lo que ya han escuchado todos, si bien con el peso ineludible del testimonio ocular.

No obstante, del diario se deduce que la consternación es debida a que les ha caído una bronca del Ministerio de Propaganda. Ursula von Kardorff explica: «Los intentos de los políticos de dejar entrever algo en sus comentarios suele tener el efecto contrario. El público lector no entiende nada, pero el *Promi* lo pesca todo».[80]

79. A estas alturas ya había participado en varias antologías con reportajes de guerra y había escrito dos libros propios de éxito: *Unser Kampf in Norwegen* y *40.000 Kilometer Feindflug*, los cuales también fueron traducidos. Incluso había iniciado el trabajo de una biografía sobre el as de la aviación Hans Joachim Marseille, que cayó en África del Norte en septiembre de ese año. NSKK: *Nationalsozialistisches Kraftfahrkorps*, el Cuerpo de Motoristas Nacionalsocialistas.

80. *Promi*: *Propagandaministerium*, el Ministerio de Propaganda nazi. Uno más de esos populares acrónimos. Con «políticos» se refiere al consejo editorial del periódico.

Ejercer de periodista como Von Kardorff en la Alemania nazi es complicado y un tanto arriesgado, en especial si se escribe para un periódico como el *DAZ*, que se declara ultraconservador y quiere dar la impresión de ser un tanto independiente del NSDAP. (Porque dar un mal paso puede suponer una multa, quedarse sin trabajo o incluso terminar con unos gorilas de la Gestapo al cuello. El *Promi* incluso puede ordenar una prohibición temporal de publicación para todo el diario, lo cual no es inusual). Se requiere capacidad de adaptación, una espina dorsal de goma y una conciencia elástica.[81] Y, sobre todo, hay que poder maniobrar en la selva un tanto psicótica de normas lingüísticas que conforman uno de los métodos más importantes que tiene el régimen para controlar la imagen que se da de la realidad, por no decir la realidad en sí.

El terreno de la neolengua nunca se está quieto. Podría decirse que cada día llegan nuevas directrices del *Promi* acerca de las palabras que se pueden utilizar o no, qué expresiones sustituyen a otras y qué es lo que está permitido retratar y qué no, o de qué manera.[82] Para la mayoría resulta fácil comprender, por ejemplo, por qué ahora se le llama «rectificación en el frente» en lugar de «retirada» y por qué las deportaciones de judíos y otros hacia destinos inciertos hay que llamarlas «traslados al Este»; y resulta bastante fácil de entender que el epíteto «valiente» nunca se puede emplear para referirse a soldados enemigos; pero puede ser un poco más engorroso tratar de comprender por qué, al mismo tiempo, no está permitido llamar «cobardes» a los bombarderos ingleses,[83] por qué tiene que llamarse «refugio antiaéreo» y no «sótano antiaéreo», por qué los civiles de las ciudades bombardeadas ya no pueden describirse como «evacuados», sino «realojados», etc.[84]

81. Las directivas eran casi degradantes por su extensión y aplicación. Por las palabras de Goebbels, parece que hubiera sido parte de la intención: «En el futuro, quien tenga algo de honor en el cuerpo se lo pensará muy bien antes de hacerse periodista».

82. Estas reglas idiomáticas empezaron a correr ya en 1933, y antes de que la historia de los nazis se hubiera terminado se habían emitido nada menos que entre ochenta mil y cien mil directivas de este tipo.

83. La causa era que el continuo uso de peyorativos despertaría preguntas: ¿por qué seguían bombardeando cada noche, si ellos eran tan cobardes y la Luftwaffe tan diestra?

84. *Umquartierte* en alemán. Con el tiempo también se prohibió la palabra *Katastrophe* y se reemplazó por *Grossnotstand*, «emergencia mayor».

Sin embargo, la reunión en la redacción de este domingo trata más de la situación empeorada en África del Norte. Dettmann también cuenta —un poco de pasada, por lo que parece— otra cosa que ha podido captar: ha habido algún tipo de punto de inflexión para los soviéticos en el Don.

Desde hace dos meses, tanto los periodistas como la ciudadanía han podido oír que Stalingrado muy pronto estará en manos alemanas, muy pronto. Lo ha dicho incluso el mismísimo *Führer*. Tan solo un mes atrás, el *Promi* expuso las detalladas directrices sobre cómo debe presentarse la noticia de la caída de dicha ciudad. Entre otras cosas, tienen previsto que una serie de soldados sumamente condecorados que han participado en la batalla vuelvan triunfantes a Berlín para ser entrevistados en la radio, en los noticiarios de los cines y, por supuesto, en la prensa, en diarios como el *DAZ*. ¿Puede ser que al final no haya nada de eso?

* * *

De vuelta con Dorothy Robinson en Long Island. Sí, muchas cosas han cambiado, de una manera arrolladora, y no solo para peor. Está viviendo una nueva comunión entre las mujeres. Los hombres están fuera, en la mayoría de los casos, así que las familiares, las vecinas y las amigas se ayudan unas a otras de una manera nueva, cocinando y haciendo pan y repostería, con la ropa, cuidando de los hijos, haciendo la compra, con las reparaciones, acompañando a la maternidad llegada la hora, compartiendo, consolando, dando apoyo. Y van juntas al cine —los cines están casi siempre llenos, porque nunca había ido tanto público como ahora, cada semana se venden hasta ochenta millones de entradas—, la última que ella y Sally fueron a ver fue *Mrs. Miniver*, la película más popular del año, y se le ha quedado grabada, cómo no, porque trata de ella misma.

Tal como da a entender el título, la protagonista es una mujer, la matriarca Kay Miniver, que vive con su familia de clase media en un pueblo idílico en las afueras de Londres, junto al Támesis, cuando estalla la guerra. Ella tiene debilidad por las comodidades y la ropa bonita, pero su vida da un vuelco absoluto. Su hijo mayor se alista voluntario como piloto de caza en la RAF; su marido participa con su pequeño barco en la evacuación de Dunquerque; mistress Miniver encuentra a un piloto nazi herido, pero no acobardado, en su jardín; una bomba destroza la casa de la familia. Pero la vida continúa, y las personas se mantienen unidas.

Sin embargo, la escena clave para Robinson no es el famoso final, cuando el sacerdote de la parroquia da un discurso incendiario en la iglesia bombardeada («...esta no es solo una guerra para soldados que visten uniforme. Es la guerra del pueblo, de todo el pueblo. Y debe lucharse no solo en el campo de batalla, sino también en ciudades y pueblos, en fábricas y en granjas, en el hogar y en el corazón de cada hombre, mujer e infante que ame la libertad»). Lo que más le gusta es cuando alguien dice que la guerra pondrá fin al tradicional concurso floral del pueblo —que tiene un papel relevante en la trama—, a lo cual mister Ballard, el jefe de estación y jardinero aficionado, responde: «No digas sandeces. Ya puestos, podrías decirle adiós a Inglaterra. Siempre habrá rosas».[85]

«Esa respuesta —escribe Robinson en su diario— es algo digno de recordar cuando los titulares de la prensa te hacen sentir que ya nada va a ser igual que antes». El domingo 22 despuntó frío, con temperaturas bajo cero, pero poco a poco van ascendiendo. Robinson suele hacer punto hasta que se queda dormida. ¿Lo hace también esta noche?

* * *

Todo fluye. Y así es como debe ser. Vasili Grossman sigue a la 81.ª División de Caballería del IV Ejército de Caballería —un total de cinco mil hombres y cuatro mil caballos— en su caza continuada hacia oestesudoeste. Tras el cambio de tornas y el repentino colapso del 4.º Ejército rumano, aquí se ha generado un peculiar vacío. La estepa está desierta e impoluta como una hoja en blanco. Ya no hay ninguna resistencia organizada.

85. La filmación de *Mrs. Miniver* fue iniciada por la MGM en Los Ángeles en otoño de 1940, cuando Estados Unidos todavía era neutral, pero a medida que la situación empeoraba, William Wyler, el director de la película, nacido alemán (y judío), consiguió también pulir el guion, a pesar de la resistencia de la productora. El tono era cada vez más probritánico y antialemán, algunas escenas se volvieron a rodar. Por ejemplo, la prédica del pastor se revisó varias veces: la versión final la terminaron Wyler y el actor que interpretaba al pastor la noche antes del rodaje de la escena. Después los aliados utilizaron la prédica repetidas veces en su propaganda.

De vez en cuando topan con algún grupo dispersado de rumanos o unidades de avituallamiento que no han tenido tiempo de retirarse o siquiera se han enterado de lo que ha ocurrido. Por lo general, el enemigo depone las armas al instante. En ocasiones, entablan un desconcertante pero breve fuego cruzado. De las notas de Grossman:

> Un rumano muerto y un ruso muerto yacían uno al lado de otro en el campo de batalla. El rumano llevaba una hoja de papel con un dibujo infantil de una liebre y un barco. Nuestro soldado llevaba una carta: «Buenas tardes, o quizá buenas noches. Hola, papá…». Y el final de la carta: «Ven a visitarnos, porque cuando tú no estás aquí es como volver a un piso de alquiler. Te echo mucho de menos. Ven a vernos, me gustaría poder verte, aunque solo fuera una hora. Escribo esto y me caen las lágrimas. Es tu hija Nina la que escribe».

La situación fluye, cambia a cada hora que pasa. No solo en el buen sentido. Ya nadie sabe muy bien por dónde discurre el frente. Al caer la noche, Grossman y otro reportero llamado Kapler deciden hacer un alto y pasar la noche en una casa abandonada. Al cabo de un rato oyen ruidos. Unos soldados entran en la casa. Grossman puede ver por las sombras en el techo que no llevan cascos soviéticos. Parece que son rumanos. Los dos rusos se apretujan, asustados y en silencio. Grossman lleva una pistola, y es bastante buen tirador. ¿Debería desenfundarla? Pero entonces los rumanos desaparecen tan rápido como han aparecido. Ellos dos permanecen en el anonimato.

* * *

El mismo domingo, es muy tarde y la reunión en la redacción del *DAZ* ha concluido. Ursula von Kardorff camina por las calles frías y oscuras de Berlín. (¿O recorre parte del trayecto en tranvía? Son el tipo de detalles que pocas veces se anotan en un diario). Ahora mismo va de camino a casa de un diplomático suizo llamado Oberstag para cenar. Lo normal es que esta mujer alegre y sociable esté encantada con eventos como el de hoy. La hacen revivir, desafiando a la oscuridad que se cierne a su alrededor.

Ursula von Kardorff no es ni tonta ni ciega. Como periodista, a menudo sabe más que un alemán de a pie, paradójicamente gracias a las normas lingüísticas y a las quisquillosas directrices del *Promi*. Todo aquello que se silencia, se prohíbe y se tacha le permite a ella y a sus compañeros intuir otra realidad, vaga y deformada como la imagen de un espejo de la risa. Ve, sabe y siente lo que el régimen es capaz de hacer, pero ha decidido adaptarse. Al mismo tiempo, no solo debe de tratarse de una vida en mundos paralelos. La cuestión es si sigue presente en ella aquello que una vez la hizo recibir la toma de poder nazi con complacencia. El deseo de orden, previsibilidad, unanimidad. ¿O quizá le basta con una existencia en la que, a pesar de todo, puede sentirse a salvo y en la que el ineludible sabor de la sumisión cotidiana queda endulzado por los privilegios y el consumo?

Sin duda, lo material tiene su importancia para ella, igual que para muchos de sus compatriotas. Los sueldos no han parado de subir, y a pesar de los distintos tipos de racionamiento, la cantidad de género que hay en las tiendas es más que decente, sin escatimar en productos originarios de las zonas ocupadas. El régimen también sigue siendo diestro a la hora de transmitir una sensación de abundancia: en los escaparates, muchas veces pueden verse artículos que, por orden, solo se pueden mostrar, pero no venderlos.[86]

Maquillaje no falta, los salones de belleza, las peluquerías y las salas de manicura tienen mucha clientela. Pese al desagrado de su madre, a Von Kardorff le gusta hacerse la permanente. Otros bienes de consumo que sirven para distraer son las vacaciones —los destinos de deportes de invierno no tardarán en empezar la temporada—, así como la vida nocturna y actividades de ocio como el cine. También en Alemania todo el mundo acude a las salas, y de una manera nunca antes vista.[87] (Cosa que ella sabe bien. Uno de sus quehaceres en el

---

86. La sensación de creciente abundancia que reinaba en Alemania durante los años previos a la guerra no era falsa, ya que se comparaba con la época de la Depresión. Ciertos artículos de consumo también se hicieron más accesibles, como los relojes de pulsera, los aparatos de radio y los automóviles privados —la posesión de coches privados se triplicó y se siguieron fabricando hasta terminar el año, a diferencia de Estados Unidos, por ejemplo, donde toda la producción se interrumpió de inmediato en cuanto estalló la guerra. Tal como ha señalado Richard Grunberger, no obstante, las esperanzas de un aumento continuado del nivel de vida eran igual de importantes que las mejoras reales. (Muchas mercancías empezaron a escasear y eran de peor calidad ya desde antes de 1939).

87. Durante los nueve años comprendidos entre 1933 y el actual, en Alemania la asistencia a las salas de cine se cuadriplicó: ¡en 1942 se vendieron mil millones de entradas!

DAZ es reseñar nuevas películas de entretenimiento, una tarea ingente). Y también hay fiestas y eventos, como este en casa del diplomático.

Pero esta noche hay algo que no termina de cuadrar. Tal vez el ambiente lúgubre de la redacción ha hecho mella en su ánimo. El júbilo que suele sentir siempre a flor de piel no quiere hacer acto de presencia. Más tarde, Von Kardorff escribe con claro desconsuelo en su diario:

> Es la última vez que asisto a algo así, por muy fuerte que sea la tentación de los placeres materiales. El riesgo de que me acusen de informante es demasiado elevado, y ya no sirvo para conversar por conversar.

* * *

Noche en Guadalcanal. John McEniry duerme junto con otros tres jóvenes pilotos en una pequeña tienda. O al menos lo intenta. Aquí en el aeródromo Henderson Field nunca hay silencio. La línea del frente está tan cerca que no solo oyen cada disparo, cada granada de mano que estalla, sino también voces. A veces ocurre que algún francotirador japonés o alguna patrulla consigue colarse por las líneas en la colina, con lo que se desatan batallas nocturnas. McEniry tiene por costumbre dormir con una pistola de calibre 45 bajo la almohada. De vez en cuando cae un obús en alguna parte, disparado por una pieza de artillería japonesa de largo alcance desde la lejana selva. En Henderson Field nunca hay silencio, ni seguridad. El miedo es un factor constante. Se puede posponer, pero siempre está ahí, como un acúfeno.

Cada noche los visita algún Washing Machine Charlie,[88] aviones enemigos solitarios que surcan el firmamento estrellado y dejan caer alguna que otra bomba por aquí y por allá, sin precisión ni ningún efecto material destacado, pero suficiente para despertar a la gente y obligarla a salir de sus sacos de dormir para meterse corriendo en trincheras lodosas y empantanadas.

---

88. El apodo hace referencia a que algunos aviones tenían a propósito dobles motores no sincronizados, lo cual daba lugar a un zumbido especialmente molesto.

Ahora ya no teme tanto a estos intrusos nocturnos como los primeros días en Guadalcanal, sino que sus compañeros y él suelen quedarse oteando las columnas de luz de los focos y las bonitas cintas centelleantes que dibuja la munición trazadora, tratando de descubrir a los intrusos, como si los aviones fueran murciélagos aleteando alrededor de una lámpara. Por el momento no ha visto que derriben ninguno. Pero, en definitiva, las maniobras surgen su efecto, porque los soldados se despiertan constantemente.

Duermen demasiado poco. La falta de sueño les enrojece los ojos, los vuelve torpes, irritables.

Pero aun así, no cabe duda de que McEniry siempre espera con expectación la noche y la oscuridad, con su promesa más o menos ilusoria de descanso, recuperación... y sueños. Volar de vuelta a Guadalcanal cuando el sol ha empezado a ponerse, después de haber esquivado a la muerte un día más, es una experiencia especial. McEniry ha observado que desde las alturas se ve claramente que el anochecer no «cae». La oscuridad es algo que asciende desde la tierra.

Del 23 al 30 de noviembre
Esta vez venceremos

«Confiar en alguien o permitirte tener la esperanza de un mundo mejor es criminalmente demencial, igual de demencial que dejar de trabajar por ello. Suena ridículo trabajar sin esperanza, pero es factible».

«Podíamos soñar con nuestra juventud cuando la guerra nos la arrebató, las vidas que no habíamos vivido podíamos dibujarlas llenos de nostalgia: érase una vez una noche en que se bebía, se cantaba, se bailaba y se besaba mucho, y también éranse otras mil noches llenas de música, magia, embriaguez, risas y pensamientos, paseos y divina melancolía. Pero nunca nos pertenecían a nosotros».

«Estoy condenado al aislamiento definitivo, pues he renunciado a matar. Son los demás los que harán historia. También sé que no puedo juzgar a estos otros».

Este es el aspecto que tiene una derrota. Y una victoria. Vasili Grossman ha continuado siguiendo la 81.ª División de Caballería en su travesía por la nieve en dirección oeste sudoeste. Siguen sin topar con la resistencia enemiga, excepto algunas bases puntuales. Una y otra vez pasa junto a grupos de prisioneros de guerra rumanos que van en sentido contrario. Suelen aparecer en columnas de doscientos hombres doblegados y callados, vigilados tan solo por dos o tres soldados soviéticos. Las pisadas de sus botas se mezclan con el tintineo de las cantimploras y cacerolas, que llevan colgadas de sus cinturones con trozos de cuerda o alambre. No tienen un aspecto muy militar, la verdad, porque el frío ha hecho que muchos se envuelvan en mantas de distintos colores.

Grossman llega al lugar donde ha habido una batalla. Escribe:

> Hay cadáveres rumanos a ambos lados del camino; cañones abandonados y camuflados con hierba seca de la estepa apuntan al este. Hay caballos deambulando en los barrancos, arrastrando cinchas sueltas, los vehículos dañados por los morteros sueltan humo verde azulado. En los caminos hay cascos grabados con el escudo de armas rumano, miles de cartuchos, obuses, rifles. Una base militar rumana. Una montaña de casquillos vacíos y tiznados junto al nido de ametralladoras. En la trinchera hay hojas blancas de papel. La estepa invernal marrón ha quedado teñida de color rojo ladrillo por la sangre. Hay escopetas con culatas que han quedado destrizadas por las balas rusas. Y grupos de prisioneros que se mueven constantemente en el sentido contrario que nosotros. Los registran antes de enviarlos a la retaguardia. Los montones de objetos de campesinas que se han encontrado en las mochilas y los

bolsillos de los rumanos resultan extraños y ridículos. Hay chales de viejecitas, pendientes, ropa interior, faldas, pañales de tela.

Un poco más adelante, Grossman ve más cañones abandonados, camiones, vehículos de la plana mayor, e incluso algunos vehículos blindados. El colapso rumano parece total y absoluto.

* * *

La tarde ha sido gris, fría y lluviosa. Vittorio Vallicella está a punto de meterse en su refugio para dormir cuando recibe la orden de presentarse ante el comandante de batería. Va a participar en una patrulla nocturna. ¿Patrulla nocturna? Vallicella no puede creer lo que oye.

Fue para no tener que lidiar con tonterías como esta que él y los demás se mantuvieron alejados el mayor tiempo posible. Pero hace apenas un par de días ocurrió lo inevitable: se vieron atrapados por un control de *carabinieri* italianos. A esas alturas ya estaban cansados, deprimidos y, probablemente, en estado de shock. Acababan de sufrir un ataque de un caza británico volando raso, el Griego había resultado herido, una bala le había atravesado un gemelo y necesitaba atención médica. La aventura robinsoniana había llegado a su fin.

Como supervivientes de la división Trento, ahora se han incorporado oficialmente a los restos de la división Trieste, subordinada al 21.º Regimiento de Artillería. Un capitán de talante afable se ha encargado de que el pequeño grupo pueda seguir unido. Vallicella ha enseñado la máquina de escribir que ha cargado en el camión durante toda su odisea y le han medio prometido que podrá trabajar de asistente de intendencia: recoger y repartir el correo, pagar sueldos, etc. Es una buena tarea, segura, sobre todo cuando corren rumores de que van a atrincherarse y tratar de detener a los británicos. Por cierto, ¿dónde se han metido? Vallicella se pregunta esperanzado en repetidas ocasiones si ellos también se habrán cansado de esto.

* * *

El sol se está poniendo en el Atlántico Norte el lunes 23 de noviembre. En la tenue luz del atardecer, Leonard Thomas y sus compañeros a bordo del HMS Ulster Queen ven una masa de tierra erguirse frente a ellos. «No había ninguna luz, excepto el brillo de un glaciar, una luz irreal, un poco espantosa, pero sabíamos que donde estuviese habría también algún tipo de vida, hospedaje y seguridad».

Es Islandia, ocupada por las tropas estadounidenses desde 1941. Lo que ven es la costa este de la isla, y pronto se adentran en el profundo y largo fiordo Seyðisfjörður, donde hay una base aliada de suministro. Una vez se adentran entre los altos y escarpados acantilados del fiordo, de pronto reina una «calma inconcebible». El espejo inmóvil de las aguas del fiordo se vuelve un reflejo del estado emocional de Thomas. Hace ciento noventa y dos horas partieron de Arcángel. Ya han dejado atrás lo peor.

El barco atraca junto a un petrolero anclado y empieza a cargar combustible a bordo. Alguien aparece sin aliento y cuenta que al otro lado del petrolero hay una corbeta de Estados Unidos, ¡y que tienen a bordo una cantina en la que le venden productos a todo el mundo! Acuden en tropel, suben a la corbeta, se abren paso entre marineros estadounidenses sorprendidos pero divertidos, y entran en algo que Thomas describe como «la cueva de Aladino». Ellos vienen de un Reino Unido que está a punto de comenzar su cuarto invierno de guerra, un país de racionamientos, grisura y carencia, y acaban de irse de la Unión Soviética, un país donde la escasez no solo causa molestias, sino también privaciones, y a veces incluso hambruna. Y ahora ven algo que apenas creían que aún podía existir. Abundancia.

Aquí hay de todo, ¡todo! Además, el norteamericano que está detrás del mostrador chupando su puro les ofrece un cambio de divisa bastante bueno. Thomas desliza la mirada por la cantidad desconcertante y hechizante de productos, algunos de ellos cosas que lleva años sin ver. (Otros quizá no los ha visto nunca). Hay golosinas y dulces, como las famosas galletas de chocolate Hershey;[1] hay cigarrillos de máxima calidad, como Marlboro o Chesterfield, cajas de pu-

---

1. Eran famosas ya que estaban incluidas en los artículos de emergencia de las Fuerzas Armadas estadounidenses, por lo que se podían encontrar en todas partes —se ha contabilizado que durante la guerra se produjeron tres mil millones de unidades—, pero en absoluto por su sabor: eran premeditadamente amargas e insípidas, para desalentar el consumo por vicio. Más tarde, las Fuerzas Armadas estadounidenses incluirían un kit de artículos de emergencia compuesto solo por dulces, los llamados Candy Assault Ration, que se repartían en desembarcos difíciles o semejantes, pues existía un riesgo elevado de que no se pudiera calentar comida normal.

ros de la marca Henry Clay; hay cosméticos (¿por qué diantre hay maquillaje en una corbeta en mitad del Atlántico?) de la marca Max Factor; hay un estante con ropa interior femenina (¡en una corbeta en mitad del Atlántico!); hay perfumes, loción de afeitado y talco; y quizá el producto más deseado de todos, o como mínimo el más icónico: calcetines de nailon.

La tremenda fuerza, el peso casi incalculable de la economía de guerra estadounidense, sin duda puede calcularse en forma de todos los barcos nuevos, los aviones de combate, los carros blindados, etc.; pero una cantina como esta, repleta de lujo casi olvidado, le otorga una forma aún más gráfica, al menos para un marinero nacido y criado en Portsmouth. Thomas y sus compañeros se gastan casi todo el dinero que tienen. Quedan todos satisfechos.

* * *

Vittorio Vallicella no tiene ningunas ganas de hacer una patrulla nocturna. Está gruñón y descontento desde un buen comienzo, y no lo esconde. Se pierden, ese teniente nuevo se vuelve inseguro y de vez en cuando saca una linterna. Vallicella resopla y le espeta que tiene que ir con más cuidado; si hay que encender una linterna, se hace dentro del bolsillo, y a ser posible ni siquiera ahí; no hay que encender ni un cigarrillo. El teniente se enfada, reprende a Vallicella, pero este se mantiene en sus trece. Son cosas serias, hay que ser listo, aplicar una estricta disciplina de ruido y luz, etcétera. ¿Y cuántas veces ha salido el teniente a hacer una patrulla nocturna? Se ve obligado a reconocer que esta es la primera. Y la última, le suelta Vallicella.

Ha dejado de llover. La luna ha desaparecido tras una gruesa capa de nubes. La noche es negra como el carbón. La discusión en la oscuridad va en aumento. El teniente alza su rifle para golpear a Vallicella con la culata, pero se detiene. Entonces se descompone y se echa a llorar, «como un niño pequeño». Para su propia sorpresa, Vallicella también empieza a llorar. La cosa termina con que los dos hombres se funden en un abrazo. Se enjugan las lágrimas y el pequeño grupo continúa adentrándose en la oscuridad.

Al cabo de un rato encuentran un búnker vacío. Vallicella y los demás se meten dentro, tapan bien la entrada y luego se pasan el resto de la noche allí sentados, fumando, conversando y bebiendo de una botella de coñac que el teniente llevaba consigo. No pasa nada. Ningún tiroteo, ningún ruido de motores, ninguna bengala. Nada. Cuando las estrellas del firmamento comienzan a apagarse y el alba se torna gris, regresan a la batería. El coñac se ha terminado hace rato. Es lunes 23 de noviembre.

* * *

El mismo lunes en el Atlántico Sur, a las 11.40 dos torpedos de un submarino alemán impactan contra el buque SS Benlomond. Es un transporte de pasajeros de ciento treinta metros de eslora que partió hace trece días de Ciudad del Cabo, en Sudáfrica. (El destino es Paramaribo, en la Guayana Neerlandesa, donde va a recoger un cargamento para llevarlo a Nueva York). El buque marcha en solitario, pero puede alcanzar los doce nudos por hora, y no es inusual que los barcos tan veloces vayan solos, con la esperanza de que podrán escapar de cualquier peligro. El capitán es un escocés de cuarenta y cuatro años llamado John Maul.

Dado que las bodegas de carga están vacías y las detonaciones revientan los mamparos, el agua que entra a chorro no tarda en llenar el interior del SS Benlomond. El casco se retuerce, cruje, tiembla. La tripulación empieza a abandonar el barco. Uno de ellos es Poon Lim, un chino de veinticuatro años y marmitón a bordo. Poon coge un chaleco salvavidas y corre hacia la borda. Más o menos dos minutos después de que los torpedos hayan dado en el blanco, la masa de agua alcanza las calderas. Estas explotan en una nube de vapor, humo y trozos de barco que salen disparados. Probablemente, parte de la tripulación muere al instante, también el capitán Maul, que como veterano no tendría prisa en abandonar el barco. La onda expansiva lanza a Poon por la borda. Vuela por el aire y desaparece en el agua.

Poon vuelve a salir a flote entre las olas; lo único que queda del SS Benlomond son escombros.

* * *

Cuando, al despuntar el alba, el 1.034.° Regimiento de Tiradores entra marchando en la pequeña localidad junto al Don,[2] la batalla hace tiempo que se ha terminado. Mientras se abre paso por las calles llenas de nieve fangosa, Mansur Abdulin observa con los ojos abiertos de par en par y no poco impresionado el caos que han provocado los carros de combate. A estas alturas ya sabe que los campos de batalla son de los lugares más sucios que existen, pero como esta localidad es —era— igual que otros tantos pueblos y pequeñas ciudades de la estepa, hogar de plana mayor, talleres o almacenes, hay mucho más material para destruir, saquear y diseminar.

Parece que a los alemanes el ataque les ha pillado por sorpresa y han abandonado el lugar a toda prisa. Presos del pánico, algunos parecen haber saltado directamente a través de ventanas cerradas. Abdulin ve a un alemán muerto colgando de un alféizar. El hombre lleva un pijama.

* * *

La caballería ha llegado a Abganerovo, un pueblo relativamente grande junto a la línea ferroviaria que sube desde Rostov y Salsk hasta Stalingrado. Vasili Grossman habla con algunos civiles. Están felices de haber sido liberados. Muchos están llorando. Grossman escribe:

> Una vieja campesina nos cuenta cómo han sido los tres meses de ocupación. «Esto se quedó vacío. Ni una sola gallina que cacareara, ni un solo gallo que cantara. No queda ni una sola vaca que sacar a pastar por la mañana y encerrar por la noche. Los rumanos lo han confiscado todo. Azotaron a casi todos nuestros hombres mayores: uno no se presentó para trabajar, otro no entregó su cereal. Starostan en Plodovitaya fue azotado cuatro veces. Se llevaron a mi hijo, un inválido, y con él una niña y un niño de nueve años. Llevamos cuatro días llorando, esperando a que vuelvan».

* * *

2. Abdulin menciona la localidad de Kalach del Don, pero con toda probabilidad se trataba de una localidad menor o un pueblo grande junto al Don.

¿Puede dejar de pensar en su madre Jekaterina, en este momento? Este debe de ser el destino que Vasili Grossman le deseaba a su madre: una señora mayor atrapada en una localidad detrás de las líneas enemigas es liberada gracias a un avance del Ejército Rojo. Pero no fue así.

Al estallar la guerra, Jekaterina Grossman, de setenta años, vivía en la pequeña ciudad de Berdýchiv, en el norte de Ucrania, donde nació Grossman y donde ella enseñaba francés. Grossman tenía la intención de que su madre fuera a vivir con él a Moscú, pero su esposa consiguió convencerlo para que cambiara de idea, porque no había sitio en su pequeño piso. Y al cabo de unas semanas ya era demasiado tarde. Berdýchiv y el norte de Ucrania fueron engullidas por los ejércitos alemanes. Grossman está convencido de que su madre está muerta. Como reportero, no solo conoce los rumores y todas las historias, sino que ha visto lo suficiente con sus propios ojos como para saber que el discurso de Hitler de exterminar la raza judía no es ninguna metáfora.

Grossman tiene un sueño —quizá recurrente— en el que entra en una sala vacía, donde hay un sillón como el que Jekaterina solía usar para dormir, y en él hay un chal que él reconoce como el de su madre y con el que ella solía envolverse las piernas cuando se acostaba por las noches. Él se queda mirando largo rato el sillón vacío, y cuando se despierta está convencido de que su madre ha muerto.[3]

Grossman deja a la anciana, reemprende la marcha.

En la estación ferroviaria hay hileras de vagones de mercancías. Grossman se da una vuelta y observa que vienen de toda Europa, muchos son alemanes, desde luego, pero también hay vagones robados de Polonia, Francia y Bélgica. Están cargados hasta los topes, hay de todo, desde sacos de harina y maíz hasta grasa alimentaria en latas

---

3. Y así era. Uno de los *Einsatzgruppen* alemanes que viajaban de un lado a otro a mediados de septiembre de 1941, llevó a cabo una gran masacre en Berdýchiv, en la que doce mil judíos de la ciudad fueron fusilados en el aeródromo. Jekaterina Grossman fue una de las asesinadas. Él no supo los detalles exactos hasta mucho más tarde. En un texto que le escribió a su madre en 1950 ponía, entre otras cosas: «Docenas, quizá cientos de veces, he intentado imaginarme cómo fuiste al encuentro de la muerte. He intentado imaginar al hombre que te mató. Fue la última persona que te vio. Sé que pensaste mucho en mí, todo ese tiempo».

grandes y cuadradas, munición, gorros de piel y extraños zapatos de invierno con suela de madera.

Cae la noche. A primera hora van a continuar, siguiendo la vía férrea. Cuanto más avancen hacia el sudoeste, más crece la distancia hasta Stalingrado, y más difícil les resultará a los alemanes rescatar a los que están encerrados. Esperan alcanzar la pequeña ciudad de Aksay antes del anochecer. Tienen doce kilómetros hasta allí. El viento es cortante, frío.

* * *

Poon Lim era uno de los veintidós chinos a bordo del SS Benlomond. Porque casi la mitad de la tripulación viene de China. De hecho, es lo que ocurre en muchos buques mercantes británicos: hay una acuciada falta de marineros blancos. Pese a aceptar a cualquiera que se presente voluntario (incluidos los marineros de estados neutrales, como por ejemplo suecos o portugueses), muchos de los que ahora están cumpliendo servicio en estos barcos proceden de las colonias propias y de otras colonias, como chinos, indios, africanos occidentales o vietnamitas.[4]

Poon viene de la gran isla de Hainan, en la costa sur de China, y para él el mar no es ningún desconocido. Uno de sus hermanos ya se ha hecho a la mar, y el padre de Poon opina que es mejor alternativa que la obligación de alistarse como carne de cañón en alguna de las divisiones anónimas del Ejército chino, que se desgastan con rapidez al luchar en condiciones desiguales contra los japoneses.

Ya como adolescente, a los dieciséis años, Poon trabajaba de grumete en un buque británico, pero tuvo que soportar tantos malos tratos y humillación a manos de los blancos de a bordo que en 1937 se fugó cuando atracaron en Hong-Kong. Allí procuró hacerse mecánico. Pero hace cosa de un año, él y un primo suyo se enrolaron de nuevo. En parte, porque querían salir de la colonia británica, que estaba a punto de caer en manos niponas, pero también porque la gue-

---

4. Alrededor de cuarenta mil de los ciento ochenta y cinco mil marineros de la flota mercante británica compartían este pasado. Más o menos una cuarta parte de aquellos marineros civiles perdieron la vida en acto de servicio, lo cual era una cuota de bajas más alta que la de algunos que luchaban con uniforme.

rra había obligado a los británicos a mejorar en varios sentidos las condiciones de los marineros de sus colonias.

La mayor parte de la ropa de Poon ha quedado hecha girones por efecto de la explosión. A lo lejos puede vislumbrar a cinco hombres subidos a una balsa salvavidas. Eso es todo. No hay nadie más. Luego el oleaje se eleva de nuevo y desaparecen de su vista. Pasan dos horas. Poon ve una balsa salvavidas acercándose a la deriva. Está hecha de madera, es cuadrada, de unos dos metros y medio de ancho por dos metros y medio de largo, construida sobre unos bidones de aceite vacíos, y se ha soltado al hundirse el barco. Poon llega hasta ella, o viceversa (Poon es mal nadador). Se sube a bordo. Ve que está vacía. Él es el único que queda. Está desnudo. Pasan las horas. Oscurece.

La posición exacta donde esto ocurre es latitud 0° 30'N, longitud 38° 45'O. O traducido a términos geográficos más simples: a 1.210 kilómetros al este de la desembocadura del río Amazonas. Alrededor de Poon solo hay mar y mar y mar y mar y un cielo tensado de punta a punta, de un horizonte al otro.

* * *

El mero hecho de que Keith Douglas haya podido dormir puede parecer sorprendente, pero lo que es aún más asombroso es que, además, ha dormido bien. (Es una de las cosas que te enseña la vida en el ejército: dormir donde sea, cuando sea). Está echado sobre un colchón hinchable que, a su vez, está sobre las trampillas del motor de un carro de combate, un tanque que, a su vez, va sujetado a un pesado vehículo de transporte, que resuella y se balancea en su avance por la gran carretera de la costa. Se despierta. Abre un ojo. Se da cuenta de que ha salido el sol.

Es lunes 23 de noviembre[5] y desde anoche todo el regimiento de Douglas va en dirección oeste, hacia Bengasi y siguiendo al ejército enemigo en retirada. No, al final no se ha cumplido la promesa del jefe de regimiento de que, después de la batalla, los retirarían de primera línea, que podrían ir a El Cairo, darse un baño. Tampoco

---

5. Esto también pudo haber ocurrido el 24 de noviembre. Según el diario de Stanley Christopherson, el traslado comenzó el día 23; según Desmond Graham, el biógrafo de Douglas, el día 24.

han sido correctos los deseos camuflados de rumores que decían que en breve los enviarían a Siria o a India o a Reino Unido, etc. Pero Douglas no está sorprendido; ya lo intuía. Y tampoco está especialmente decepcionado. Desde que les llegó la noticia de que los estadounidenses habían bajado a tierra en alguna parte de la zona francesa de África del Norte, él y casi todos los demás de su unidad están convencidos de que lo que les queda son unas cuantas semanas de combates menores, pura limpieza. Después, la campaña debería concluir.

Douglas echa un vistazo a su reloj de pulsera. Marca las ocho y cinco. El aire es templado. Decide quedarse en su colchón inflable. Ve pasar el paisaje desértico vacío y quemado por el sol en un ángulo de noventa grados. De vez en cuando pasan junto a los restos que han dejado las fuerzas enemigas en su caótica retirada: montones de chatarra calcinada, vehículos abandonados, tumbas marcadas con cruces.

Las tumbas le interesan, sobre todo porque confirman sus prejuicios en lo referido a alemanes e italianos. Le parece fácil ver en qué tumbas hay italianos y en cuáles hay alemanes. Las alemanas son más elegantes, con nombre y graduación anotados en la cruz, y cada una está coronada por un casco de acero. Las italianas suelen estar cavadas un poco más de cualquier manera, y decoradas con esos salacots que a Douglas le parecen tan espantosos. Escribe:

> Hay algo imponente en el casco de acero colgando que hace pensar en estos muertos como caballeros que yacen enterrados bajo sus escudos y armas. Pero es tan banalmente lógico y humano —uno de esos detalles no intencionados pero cómicos que hace que resulte difícil enfadarte con ellos— que los italianos hayan sustituido la protección de acero con un simple, ridículo y abollado salacot. El casco alemán es una lápida que impresiona, y es un epitafio en sí mismo. Pero el salacot de cartón solo parece decir que aquí yace algún tipo de basura, y podemos dejar otro poco de basura para marcar el sitio.

La columna de vehículos de transporte se detiene. El polvo se posa. Se bajan de los carros de combate recalentados al sol. Desayunan. Douglas está de buen humor. Tienen ganas de llegar al lejano destino del final del viaje, Bengasi; dicen que el paisaje de alrededor es frondoso y verde. Y, sin duda, también está deseando poder seguir con los saqueos, acumular más botines. Tienen por delante un trayecto de más de mil kilómetros. No tienen ni idea de qué les espera.

* * *

Es más o menos aquí donde Keith Douglas empieza a cambiar, a endurecerse. No es que pierda la esperanza, más bien se la quita de encima. ¿Puede que haya descubierto, igual que muchos otros, que la ansiedad se reduce si dejas que tu mente se endurezca y empiezas a pensar que, en verdad, no lograrás salir de esta? (Douglas ha comentado, a varias personas y en varios contextos, que no cree que vaya a sobrevivir a la guerra). Más adelante, en una carta escribe lo siguiente: «Ahora, ser sentimental o sensible es peligroso para uno mismo y para los demás. Confiar en alguien o permitirte tener la esperanza de un mundo mejor es criminalmente demencial, igual de demencial que dejar de trabajar por ello. Suena ridículo trabajar sin esperanza, pero es factible; no es más que una especie de seguro; no significa que trabajes desesperado».

* * *

Hoy Tohichi Wakabayashi está más aburrido que asustado, aquí en Guadalcanal. A pesar de las ráfagas de morteros estadounidenses que una y otra vez caen sobre su posición en la montaña cubierta de selva y que hacen temblar el suelo, que llenan el aire de polvo y humo. A pesar de los aviones de combate que surcan los cielos y le disparan a todo lo que se mueve. Porque sus trincheras y búnkeres están construidos con la meticulosidad japonesa de siempre, y mientras estén ahí apretujados estarán más o menos a salvo.

Así que esto es lo que hacen él y sus hombres. Apretarse. Agazaparse. Esperar. (A menudo bajo la lluvia. Aunque hoy no. Por una vez, el cielo está azul). Es lo que hacen, la mayor parte del tiempo. Apretarse, agazaparse y esperar. Esperar a que vuelvan las patrullas de avituallamiento o los recolectores de agua. Esperar la orden de ataque. Porque Wakabayashi parte de la idea de que pronto harán una ofensiva. La primacía del ataque está impregnada en él, igual que en el reglamento del Ejército nipón, en su lógica de pensamiento y en su cultura; cuando surge un problema, la ofensiva es la primera solución.

Hoy llega una orden del jefe de división, que con toda su esquiva vaguedad es también una expresión de la mentalidad especial que reina en el Ejército japonés. Wakabayashi lee:

> Considerando la grave situación de la guerra en la isla de Guadalcanal, todos los soldados, tal y como exige el decoro normal de un guerrero, deben procurar que sus pertrechos se mantengan siempre en buen estado, y estar dispuestos a reaccionar rápidamente a cada situación cuando llegue el momento.

Las órdenes en papel pocas veces son claras como el agua, igual que ocurre con los informes. Los eufemismos son lo habitual. Siempre se prefiere no poner por escrito los datos indeseables o inoportunos. Las decisiones importantes pueden a veces transmitirse de forma no verbal, como con gestos, muecas, sonidos; y como pertenecen a una cultura que detesta el conflicto abierto, no son pocas las veces que las réplicas toman forma de *mokusatsu*, un silencio que habla. Casi siempre hay ahí un subtítulo.

Entonces ¿qué significa esta última orden? Wakabayashi la interpreta como que la batalla final empieza a acercarse. Y está preparado. Anota en su diario: «Llevamos preparados para esto desde el principio. Caeremos como las gloriosas flores de la gran guerra en Asia Occidental y sacrificaremos nuestras vidas en Guadalcanal». Pero aún no están en ese punto. Les toca esperar incluso a la muerte heroica.

La espera y el tedio son conceptos que se solapan. Wakabayashi se aburre. Sus soldados se aburren. Cuando no truena y retumba y estalla, a veces escucha a escondidas a los soldados de los hoyos contiguos. Los temas que antes dominaban sus conversaciones —mujeres y sexo— se han esfumado. «Es altamente improbable que alguien pudiera sentir deseo en Guadalcanal», escribe en su diario. (El fenómeno es universal. La libido y el peligro de muerte no son compatibles: la pulsión perece en el frente). El otoño pasado, durante el tiempo que estuvieron en Java occidental, Wakabayashi comenzó una relación muy apasionada con una joven mujer musulmana, pero cuando quedó claro que el regimiento iba a seguir su camino, rompió con ella, no sin sentimientos agridulces. Ahora hace tiempo que no la menciona en su diario.[6] Wakabayashi observa que cuando los soldados jóvenes hablan de las esposas que tienen en casa, las historias casi siempre terminan con que «sus esposas les sirven toda una serie de platos exquisitos». La necesidad del estómago vence a la del sexo.

¿Y qué hace Wakabayashi para pasar el tiempo, metido en su refugio este lunes 23 de noviembre? Está trabajando en un nuevo poema. Lo escribe en su diario (por supuesto). Como decíamos, escucha a escondidas las conversaciones de sus soldados. Sueña de día, con proezas y con la victoria venidera. Saca su brújula y calcula dónde está el Norte y su tierra patria. Estudia algunos mapas, uno sobre toda Asia, otro sobre la zona de Australia, «y dejo correr libremente mi imaginación». Observa con curiosidad los insectos que se pasean con él en el hoyo. Sobre esto ha escrito un tanka:

> *Una mosca bajó caminando*
> *al hoyo por un breve momento*
> *entre el rugido de los cañones*
> *Y yo la he visto*
> *frotarse las manos*

* * *

El mismo lunes, Hans, el hermano de Sophie Scholl, y otro conocido de su entorno, Alexander Schmorell —por quien durante un tiempo ella ha albergado un amor dolorosamente no correspondido— van a tomar el tren a Múnich, donde reanudarán sus estudios.[7] Dentro de unos días, ella va a hacer lo mismo.

Scholl está inscrita en la universidad desde comienzos de mayo, y estudia Filosofía y Biología. Esto refleja la amplitud de sus intereses

---

6. Es interesante señalar que ni su origen étnico ni religioso parece haber sido un obstáculo para Wakabayashi. Y ello a pesar de la creencia de que los japoneses eran racialmente superiores a cualquier otro pueblo. La relación tampoco carecía de seriedad, pues él conocía a la familia de ella.

7. La fecha no es segura. A menudo se reubica en diciembre, pero los indicios señalan que el viaje se inició, probablemente, el 23 de noviembre, o algún día cercano.

y de sus capacidades. En un principio, había pensado estudiar Arte, pero lo ha descartado porque duda de su propio talento.[8] Scholl es ambiciosa, y se exige mucho a sí misma; no puede soportar la idea de ser mediocre, prefiere dejarlo estar. Ha tenido que aguantar una espera frustrantemente larga para poder comenzar sus estudios universitarios. Tal y como funciona ahora el sistema en la Alemania nazi, las mujeres jóvenes, igual que los hombres jóvenes, antes que nada deben estar disponibles para el Estado.

Así que después de sacarse el bachiller en 1941, Scholl tuvo que alistarse para cumplir un servicio obligatorio en el RAD, el servicio de empleo nacional, una organización semimilitar ubicada en una localidad cercana a Sigmaringa; allí se había hospedado junto con otras mujeres jóvenes en un campamento donde las habían sometido, por un lado, a un entrenamiento ideológico y, por otro, habían tenido que trabajar en las granjas de la zona, limpiando malas hierbas y retirando excrementos. (Los libros privados estaban prohibidos, por lo que tenía que leer a escondidas; tampoco fumar estaba permitido —todo el mundo sabe lo que el *Führer* opina al respecto, en especial cuando lo hacen las mujeres—, así que esto también lo hacía en secreto; así como escribir sus cartas.) Después, le había seguido medio año de lo que llamaban *Kriegsarbeitsdienst* como maestra de preescolar en la pequeña ciudad de Blumberg, cerca de la Selva Negra. Hasta que no terminara eso Scholl no podría comenzar sus estudios. Y apenas los había empezado cuando recibió la orden de hacer las maletas y trasladarse a Ulm, donde debía cumplir una segunda vuelta del servicio de empleo nacional, ahora en la fábrica de tornillos Constantin Rauch, al noreste de la ciudad.

Este último servicio es el que más la ha afectado. No solo porque las diez horas junto a la cinta transportadora de la fábrica la agotaran física y mentalmente por completo, sino sobre todo porque allí la pusieron a trabajar codo con codo con personas del Este que estaban haciendo trabajos forzados. La experiencia la ha llenado de pena y rabia, desde luego, pero también de decepción por lo que ella interpreta como una suerte de indiferencia por parte de la mayoría de los

8. Además de componer música, esta dotada joven también dibujaba sorprendentemente bien.

empleados de la fábrica, empezando por los trabajadores alemanes normales y corrientes, pero también en cierta medida por parte de los rusos enviados allí. En una carta a su padre describe cómo

> paseé la mirada por la gran nave de la fábrica y vi un centenar de personas de pie junto a las máquinas, como si estuvieran obedeciendo inocentemente, y aun así atormentados, un poder que ellos mismos habían creado, pero que luego habían ensalzado como su tirano.[9]

* * *

Dentro de poco Sophie Scholl retomará sus estudios. Formalmente. Ella es la única que sabe que su hermano y el amigo no se dirigen en absoluto a Múnich. En verdad van a hacer un viaje mucho más largo, visitando varias ciudades, que sepamos —hoy en día sigue habiendo mucho sin aclarar— Stuttgart y Chemnitz entre otras. Su objetivo es buscar contactos y reclutar miembros para su pequeño grupo de resistencia. El mero viaje representa un riesgo en sí mismo, porque todos los viajeros, sobre todo los que van a una ciudad fronteriza como Chemnitz, pueden verse sometidos en cualquier momento a un control por parte de las patrullas de la policía normal, la policía secreta o la policía militar, que de vez en cuando abordan los trenes y van de vagón en vagón inspeccionando los documentos de todo el mundo.

Uno de los preparativos que Scholl hizo con anterioridad —cuando los demás aún estaban en el frente oriental— fue apuntar los nombres de personas que podrían resultar interesantes para el grupo. Entre otros, en su lista aparece un viejo amigo y compañero de negocios del padre de Scholl, una persona que ella cree podría aportar financiación al grupo. Hans Scholl y Alexander Schmorell se disponen ahora a buscarlo, además de visitar a contactos similares.[10] Sí, la próxi-

---

9. Son las experiencias como esta las que han hecho que ella y el resto del grupo pierdan la esperanza en «la gente», y en su lugar decidan dirigirse a las personas de ideas afines.

10. Eugen Grimminger, que también era antinazi en silencio. Y en Chemnitz iban a encontrarse con Falk Harnack, hermano de uno de los miembros de la rama blanca de la red de resistencia y espionaje con vínculos con Moscú, que la Gestapo había bautizado como la Capilla Roja. Scholl y los demás se habían enterado de que este grupo existía

ma acción va a ser más grande, mucho más grande. Ya no basta con grafitis y volantes repartidos en más localidades. También tienen que empezar a tejer una red, una organización. El viaje de Scholl y Schmorell es un paso importante en esa dirección.

En casa, todo sigue como de costumbre. Algunas conversaciones deben tenerse a puerta cerrada o al aire libre. Deben cambiar rápidamente de tema y de tono en cuanto entra otra persona en la estancia. Ni la madre de Sophie Scholl ni su hermana mayor, Inge, sospechan nada. Lo único que ellas ven es que Sophie está muy contenta, pero la consideran arisca e introvertida.

* * *

John Bushby ve acercarse la costa rocosa de Normandía, y más allá vislumbra las aguas del canal de la Mancha, de color negro metálico bajo el intenso resplandor de la luna. El bombardero Lancaster ED311 K-King va de camino a casa, y parece que ha superado el experimento de la noche. Muy lejos, se ve el resplandor de la munición trazadora, que después se apaga. Eso es todo.

Para Bushby y los demás, la guerra tiene un carácter incomprensible. Hace unas horas, estaba surcando el cielo nocturno sobre una ciudad alemana en llamas, sin ningún contacto con la realidad que habían contribuido a crear seis mil metros por debajo de sus pies, en un universo moral reducido a un tubo oscilante y altamente vulnerable de duraluminio y acero de algo más de veintiún metros de largo, y construido por un coste unitario de cuarenta y dos mil libras esterlinas. Para los burócratas uniformados y sin rostro que dominan los cuadros de mando de la RAF, y que han diseñado el experimento en el que ahora participa Bushby (junto con Bill, Wally, Charley, Davey, Bish y Tommy), lo que está teniendo lugar es poco más que una abstracción.

Despegaron el K-King de la base ayer domingo a las 18.10. Ahora es pasada la medianoche, y junto con otros cerca de doscientos veinte bombarderos, han atacado Stuttgart. Cada uno como ha po-

---

por los programas de radio de la BBC. (O, mejor dicho, había existido; la red se disolvió en otoño, y la mayoría de sus componentes fueron ejecutados en diciembre).

dido. Había muchas nubes sobre la ciudad.[11] El experimento consiste en que, tanto en el camino de ida como en el de vuelta, deben volar a la altura más baja posible. En la reunión les explicaron por qué: «Lo que el mando quiere saber es la relación entre los resultados conseguidos con bombardeos aéreos ligeros a baja altitud y las pérdidas que cabría esperar de un ataque efectuado por aviones de combate a más altura y con luna llena». Es decir, los expertos chupatintas están esperando sentados con sus reglas de cálculo, preparados para elaborar cifras, tablas y gráficas.

Bushby y el resto de la tripulación del K-King se han visto obligados a renunciar a la que consideran su mejor protección: la altura, la posibilidad de volar lo más alto posible, más de lo que suele hacerse, más de lo que Avro recomienda para el avión Lancaster. Por esto se han ganado el apodo de The Stratosphere Kids. (Pero pueden lidiar con ello: al fin y al cabo, siguen vivos. *Quod erat demonstrandum*). El jefe de escuadrón se había percatado del titubeo de sus subordinados, pero había intentado quitarle hierro al asunto con alguna broma, le había dado una palmada en el hombro a Bill, el piloto, y había comentado: «¡Creo que hoy no es vuestra noche, simplemente!».

John Bushby recordaría esas palabras mucho tiempo después, igual que también recordaría con gran precisión otros pequeños detalles de esta fatídica jornada. Como que la mañana del domingo fue soleada, clara y más fría de lo habitual; o que los mecánicos que trabajaban con la nave llevaban guantes y que «sus alientos ascendían en nubecillas vaporosas»; o que volaban tan bajo que podía ver abrirse las puertas de las casas y que de los rectángulos iluminados asomaban siluetas de personas mirando hacia arriba.

* * *

Ernst Jünger ya sabe lo suficiente. Todavía se encuentra en Rostov, a la espera de un tren que pueda llevarlo hasta Voroshílovsk. Por las noches puede oír el sonido de ráfagas de disparos. Vienen del polí-

---

11. Debido a la mala visibilidad, las bombas se dispersaron por una zona bastante amplia y cayeron, sobre todo, en la parte sur y suroeste de Stuttgart. El resultado: 88 casas destrozadas, 334 heridos graves, 28 muertos, 71 heridos. La vieja estación de tren quedó calcinada.

gono industrial vacío que hay junto a la estación ferroviaria. En su diario no lo dice explícitamente, pero la implicación es clara: se están llevando a cabo ejecuciones al amparo de la oscuridad.

Pero esta sencilla observación, hecha de pasada, no tiene nada de decisivo para Jünger. (Podrían estar matando a desertores, saboteadores, merodeadores o partisanos, gente como Nikolai Obrinba). Su conocimiento es anterior al viaje al frente oriental. En cierta medida, podría decirse que es anterior a la guerra, porque ya en su temprano distanciamiento del nazismo había una conciencia de que aquellas personas defendían algo nuevo, algo brutalmente nuevo. Volver la cara, irse de los sitios donde ocurren cosas —mudarse de Berlín, al campo, a Kirchhorst—, abandonar la vida pública, escribir una alegoría tan refinada sobre un colapso civil amenazante como *Sobre los acantilados de mármol*,[12] publicado en 1939, callarse, esa era la manera de Jünger de ofrecerles resistencia— resistencia mediante la distancia. Y luego, cuando llegó la hora de ponerse el uniforme otra vez, hacerlo sin entusiasmo, más bien cargado de emociones de tedio y desesperanza, como si una parte de él ya hubiese entendido que su profecía estaba a punto de verse cumplida.

Ni siquiera el especial exilio en uniforme y rebosante de cultura que París le ha ofrecido ha podido protegerlo de comprensiones cada vez más duras. Ya sabe que los enfermos mentales han sido «exterminados». Los oficiales con los que ha hablado después de que volvieran del Este han traído consigo no rumores imprecisos, sino testimonios detallados, relatos de masacres, ejecuciones en masa, una bestialidad sin límites, historias que «le arrebatan los colores al día», y que, de hecho, le han llevado a plantearse el suicidio.

Además, ha podido ver con sus propios ojos cómo empezaban a dar caza a los judíos de la capital francesa. Como cuando el 7 de junio

---

12. La obra llamó la atención incluso fuera de Alemania. Al mes siguiente, diciembre de 1942, el periodista británico F. A. Voigt escribió, entre otras cosas, lo siguiente acerca de *Sobre los acantilados de mármol*: «Es asombrosa por su ataque audaz y mordaz a los tiranos modernos y el frío intelectualismo que los hace posibles. La figura de pesadilla del tirano y la catástrofe que hace caer sobre sí mismo y sus congéneres, la fuerza liberadora de la palabra inspiradora y el triunfo final del espíritu están dibujados con una osadía y una intensidad visionaria que hacen del libro de Jünger una obra maestra de la literatura mundial». Göring quería detener el libro: el genio malvado del libro, «el jefe de cazadores», se podía interpretar como un retrato de sí mismo. Hitler le dijo que no.

vio por vez primera a alguien portando la estrella judía de color amarillo —eran tres mujeres jóvenes con las que se cruzó en la rue Royale—, y se sintió tan conmocionado que se avergonzó de su uniforme alemán. O cuando las deportaciones afectaron por primera vez a alguien a quien él conocía —la esposa de Silberberg, el farmacéutico de la esquina—, y escribió en su diario: «No debo olvidar nunca que estoy rodeado de personas que sufren. Eso es mucho más importante que todo el honor militar e intelectual o la vacua ovación a la juventud, a la que le gusta esto y lo otro». También había intentado ayudar puntualmente a personas que huían. Es decir, cuando los riesgos eran razonables.

Sin duda, esta es la explicación a los problemas de sueño, las depresiones y la pérdida de peso que afectan a Ernst Jünger. Él entiende lo que está ocurriendo. Y como ya hemos señalado antes, su relación con los oficiales antinazis en la plana mayor de París y este viaje tan singular pueden interpretarse como una suerte de remedio.

Este hombre, con su audaz intelecto y su mirada fría y penetrante, por fuerza tiene que comprender que él, a pesar de su anterior distanciamiento, con sus textos ha debido de ayudar de alguna manera a allanarle el terreno al régimen por el que ahora alberga tanto desprecio. Le molesta sobremanera que de vez en cuando se le acerquen lectores jóvenes, admiradores por razones equivocadas, que llevan el mismo uniforme que él, que no se avergüenzan de su dureza y brutalidad, que lo llaman carencia de sentimentalismo, y que parecen dar por hecho que Jünger está hecho de la misma pasta, como si se hubiese transformado en todo aquello de lo que en su momento se había burlado.

Al mediodía del lunes 23 de noviembre, Jünger va a una cafetería que regentan unos civiles rusos gracias a un permiso, cerca de la estación ferroviaria de Rostov, un local muy parecido al de Elena en la no muy lejana Piatigorsk. Los precios son extremos. Un trocito de bizcocho cuesta tres marcos; un huevo, dos. Pero lo que lo deja abatido es la visión de las personas que solo están ahí sentadas perdiendo el tiempo, en la espera pasiva de una «partida a un destino terrible».

Un poco más tarde ocurre algo. Aparecen unos policías de campaña y peinan la cafetería en busca de soldados que están esperando transporte de vuelta a casa, a Alemania. Juntan a estos y otros soldados, los hacen formar en unidades de emergencia y los meten en trenes que los llevan de vuelta al frente. Todos los permisos han sido retirados. Alguien le cuenta a Jünger que los rusos se han abierto paso en Stalingrado.

* * *

De vuelta con John Bushby y los demás en el bombardero Lancaster ED311 K-King. El viaje a baja altura sobre Francia ha sido un «paseo salvaje y revitalizante sobre tejados y valles iluminados por la luna». Y ahora, con la costa a la vista, pueden volver a una altitud de crucero. Bushby ve, siente y oye a Bill manejando la gran máquina para hacerla ascender poco a poco, ganar algo de altura. «Nos relajamos por acto reflejo, a sabiendas de que estábamos casi a salvo. Entonces ocurrió». Desde abajo llega una sola ráfaga de balas trazadoras, obuses antiaéreos ligeros, no más de seis. Directos al cielo nocturno.

Y algunos dan en el blanco.

¿Qué probabilidades hay? Bueno, ninguna estrategia garantiza la supervivencia, ni la destreza ni el coraje. (Sobre todo, no el coraje: muchos no mueren pese a ser valientes; mueren por culpa de serlo). Al final, quien decide acaba siendo la casualidad.

Después, los recuerdos se agolpan.

Por ejemplo, la voz de Bill pidiendo un extintor era tan firme, con quizá solo un matiz de leve irritación; Wally acercándose a cuatro patas; aquellas dos asas de madera a las que se aferró, que estaban pintadas de amarillo; aquel ruido desgarrador, rugiente, diluido en la oscuridad; el sabor salado en los labios y la toma de conciencia de que era agua de mar; aquella forma rectangular de luz gris por encima de su cabeza, seguida de la certeza de que era la escotilla de salida de emergencia, abierta, seguida del pensamiento embotado de: «¿Quién lo ha hecho?»; el del sonido de las olas; aquel grito del exterior que lo hizo volver en sí; aquella cosa amarilla y la conciencia de que era la balsa salvavidas, colgando junto al ala; lo tremendamente frío que estaba el mar; aquella sensación de pesadez y aturdimiento e impotencia, y el pánico de no poder, pese a sentir la goma de la balsa en la cara y pese a que alguien lo estuviera tirando del brazo; los gritos desesperados de Bill pidiendo un cuchillo para poder liberar la balsa del avión siniestrado, que se estaba hundiendo, seguido del desconcertante pensamiento de que «tienen que meterme dentro y salvarme.

Tienen que hacerlo. ¡Yo tengo el cuchillo!»; cuando al final logró sentarse en el interior de la balsa y vio a los demás, «tosiendo e hipando» por el humo que habían tragado o el agua salada o lo que fuera; percatarse de que el gran bigote de Bill estaba quemado hasta la mitad; el instante en que él y los demás cayeron en la cuenta de que faltaba Tommy.

Lo que vino después fue lo peor de todo. En especial para Bushby porque, en cierto modo, estaba solo en ello. Explica:

> Nos pusimos a gritar su nombre con voces que resonaban por encima del agua. Entonces yo, y nadie más que yo, oí cómo nos contestaba. Más tarde los demás insistirían en que no habían oído nada, pero yo juro por mi vida que lo oí y sé que en aquel momento él estaba vivo, en algún lugar de la fría y oscura masa de agua que teníamos delante. Tommy contestó desde el mar, con un claro grito que reflejaba que debía de hallarse en el último instante de la vida de una persona; un instante en el que el grito instintivo y desesperado de un chiquillo que le tiene miedo a la oscuridad sale de sus labios y cuando vuelve a ser un niño angustiado e hijo único y grita lo mismo en su último soplo que en el primero: «¡Mamá!». Eso fue todo.

Aún está oscuro cuando los recogen los alemanes.

* * *

Es el mismo lunes y en Berlín la semana ha comenzado con un tiempo más triste de lo habitual. Un fuerte viento y la fría aguanieve azotan las calles de la ciudad. Ursula von Kardorff se topa con un viejo conocido, Martin Raschke. El elegante y carismático Raschke es un escritor célebre de la generación más joven, en la década de los años veinte fue algo así como un niño prodigio: talentoso, con una voz fuerte, productivo. Ahora sigue siendo productivo, es padre de dos hijos y está casado.

Los dos son amigos y compañeros de generación, ambos recibieron con los brazos abiertos la subida de Hitler al poder. E igual que ella, él también adopta una postura hacia el régimen y sus secuaces que, en el mejor de los casos, puede tildarse de ambivalente. E igual de oportunista que ella, desde 1933 Raschke también ha podido vivir bien gracias a los trabajos por encargo bien pagados[13] para la radio, sobre todo radioteatro acerca de la vida en el campo, sobre la sangre, la tierra y la *Volksgemeinschaft*.

El año pasado llamaron a Raschke a filas, y ha cumplido servicio como corresponsal de guerra uniformado. Resulta evidente que —al igual que los dos hermanos de Von Kardorff, o incluso como el hermano mayor de Scholl— no solo se ha visto afectado por la experiencia, sino que esta lo ha cambiado. Mientras la guerra en Occidente en 1940 parecía confirmar la imagen propagandística del régimen de la excelencia de la guerra y de Alemania, lo que ha ocurrido y sigue ocurriendo en el Este carece de paralelismo, tanto en cuestiones de escala como de brutalidad.[14] Y al igual que para Ursula von Kardorff, la realidad ha comenzado a deformarse también para Raschke. Pero ¿cómo lo gestiona él?

Hoy Raschke le lee en voz alta un fragmento de su última obra, un breve volumen titulado *Zwiegesprächen im Osten*, «Diálogos en el Este», una elaboración de las anotaciones que ha tomado en casernas y en el frente. No se trata de propaganda barata, sino de algo que en cierto modo puede ser igual de malo. En un tono muy literario, describe el diálogo interior entre «yo» y «él» y ofrece reflexiones sobre la guerra, partiendo de una escena, una imagen o una situación —una tumba recién abierta, un pueblo en llamas o unos carros de combate destrozados—, pero de una manera abstracta y muy estetizada.

La acogida del libro ha sido buena y se está vendiendo a un ritmo excelente,[15] sin duda su contenido experimental y pseudofilosófico es-

---

13. Los artistas, actores, escritores, etc. apreciados por el régimen podían contar con ingresos que eran elevados, en algunos casos extremadamente elevados. Un ejemplo: Arno Breker, el escultor favorito de Hitler, ganaba en un año el triple que el mismísimo Goebbels.

14. Las bajas alemanas desde el principio del ataque a la Unión Soviética no tenían precedentes; en general, se contabilizaban entre cuarenta mil y cincuenta mil muertos al mes, a menudo más todavía. (Toda la victoriosa campaña oriental de 1940, incluida la ocupación de Dinamarca y Noruega, tuvo un costo total de cincuenta mil caídos casi exactos). A esto hay que añadir los heridos y desaparecidos. Solo el fracaso delante de Moscú, así como la posterior crisis de invierno, significaron pérdidas en todas las categorías de un total setecientos mil hombres, en números redondos. El efecto de semejante escala era imposible de guardar en secreto o embellecer con tópicos de propaganda.

15. A estas alturas, el libro va por su decimosegunda edición.

tilizado no supone un obstáculo, sino un atractivo; puede complacer a aquellos que necesitan frases más sutiles con las que justificar sus actos. Ursula von Kardorff está impresionada. Son textos inteligentes y con un estilo muy cuidado. Pero por alguna razón, no la llaman. ¿Quizá ella ya sabe lo suficiente como para intuir que en el fondo son mentiras?

* * *

Mansur Abdulin se cuenta entre los soldados en los que se puede confiar. Sus padres son militantes del partido; él mismo ha sido miembro en las juventudes comunistas; su contribución en los combates ya ha sido premiada con una medalla, y no es de extrañar que lo hayan hecho miembro del Partido Comunista.[16] No es algo fácil de conseguir. Es cierto que cada vez es más habitual que los soldados y los oficiales presenten su solicitud para hacerse miembros del partido, bien sea por razones ideológicas, por mero oportunismo o por las ventajas que esto trae consigo. Pero ello requiere haber destacado en el frente. Se pide a los soldados que lleven un registro de todos los alemanes que han matado o los carros de combate que han dejado inutilizados, etc. —las llamadas cuentas de la venganza—, y sin estas distinciones es prácticamente imposible ser aceptado en el partido.[17]

Esto no supone ningún problema para Abdulin. Él tiene una libretita de esas, y en la página número uno hay un certificado firmado por el comisario del batallón en el que, entre otras cosas, se hace constar que el 6 de noviembre de 1942 Abdulin fue el primero del nuevo regimiento en matar a un soldado enemigo (el hombre de la bala de heno). Aunque no es un fanático, la archiconocida orden 227 de Stalin le parece buena («Ni un paso atrás [...] Derrotistas y cobardes serán aniquilados allí mismo», etcétera). En caso de verse en peligro

16. Mansur Abdulin era lo que llamaban un *partorg*, cuya principal responsabilidad era el reclutamiento de nuevos miembros para el partido.
17. Puede parecer paradójico, pero esta afluencia de nuevos miembros del partido era una parte del relativo ablandamiento político que se había iniciado durante la guerra y en el que la brecha entre el partido y la sociedad se vio algo reducida. Muchos fueron admitidos solo porque eran buenos soldados, y su adiestramiento ideológico y convicción real a menudo era bastante simbólico. Hacia 1945, la directiva del partido empezó a percibir un peligro en esta tendencia y volvió a ponerlo más difícil para ser miembro del partido, además de intensificar la vigilancia interna.

de caer prisionero en manos de los alemanes, Abdulin tiene intención de quitarse la vida.

Sin embargo, la membresía del partido también acarrea algunas tareas menos agradables. Como buscar a camaradas caídos y ocuparse de sus documentos. Eso es lo que está haciendo en este momento. Después de la última batalla, faltan varios miembros de la compañía de granaderos. Abdulin ha visto caer a uno de ellos, un siberiano de Bodaibó. El hombre no era alguien anónimo, sino un conocido suyo. Antes de la guerra, trabajaba en la misma mina que Abdulin y su padre.

Abdulin localiza el cuerpo. El hombre está muerto. Caído por la Madre Patria.

No ve ninguna marca de sangre. Abdulin se agacha sobre la nieve para quitarle la mochila. El camarada la tiene apoyada en la nuca, y Abdulin se percata de que pesa mucho más de lo habitual. Le da la vuelta al cuerpo. No hay ninguna herida de bala ni metralla. Pero la parte trasera del cráneo parece dañada. Entonces Abdulin abre la mochila para buscar los documentos y dentro encuentra una máquina de coser. El hombre ha tropezado y, al caer al suelo, la pesada máquina de coser le ha golpeado la nuca. Abdulin se aparta:

> He sentido náuseas. ¡Qué manera de morir! El siberiano era un soldado magnífico: valiente, tranquilo y duro. De civil era un buen trabajador y un padre de familia decente. Para él, una máquina de coser era un símbolo de prosperidad. Quería llevársela a casa y regalársela a su esposa.

¿Se lo va a contar a la compañía? Esta muerte es tan fútil, tan absurda. La gente hará bromas riéndose de él o dirán que el muerto era imbécil. Abdulin decide no decir nada. El hombre seguirá constando como caído por la Madre Patria.

* * *

El invierno acecha aún más en Barrow-in-Furness. Noviembre ha sido inusualmente soleado, pero ayer se produjo la primera helada. Cuando este lunes por la mañana Nella Last abre el ejemplar del periódico local, el *Barrow News* —hoy ha llegado tarde— y lee las noticias breves, ve algo que casi la hace sentirse mareada. Otro de los compañeros de Cliff ha caído, esta vez es Michael Hockey. Ha sido en África del Norte, hace apenas dos semanas.[18]

Last conoce muy bien tanto al muchacho como a su familia. Él es... era el único hijo de la pareja, y todo el mundo sabe que el matrimonio ha estado mucho tiempo viviendo de manera frugal, en una casita pequeñita, solo para poder pagarle los estudios en Cambridge. Y la madre le cae muy bien a Last, es «una de las mujeres más adorables y simpáticas que he conocido jamás». La mujer suele ir a la casa de la Cruz Roja, «y el jueves estuvimos riéndonos y haciendo bromas todas juntas». Aquel día la señora Hockey llevaba consigo un ramo de crisantemos, pero la helada de anoche acaba de llevarse todas las flores del jardín.

A estas alturas, Last conoce a muchos que han muerto o desaparecido, hijos de conocidos suyos, viejos compañeros de sus hijos, hombres jóvenes a los que conoce de trabajar en la cantina. Y ya ha vivido la experiencia en otras ocasiones: abrir el periódico y ver pequeñas fotos carnet granulosas de «chiquillos de rostro alegre a los que he visto crecer desde que eran pequeños y que ahora están oficialmente "desaparecidos"». En su diario explica que un día la decoración navideña la hizo volver en el tiempo, y pensó en «Ken y Laurie, caídos en las Fuerzas Aéreas, Bill y Ted, desaparecidos en Dunquerque, y la alegre Dorothy, una viuda triste».

Pero Last no suele reaccionar tan fuerte a las noticias de defunciones, ya no. Ella misma ha observado, no sin disgusto, que se ha vuelto insensible. Sobre todo en lo referido a los conocidos más lejanos. Hace algo más de tres semanas enterraron a un piloto australiano que solía frecuentar la cantina y que le caía bien a todo el mundo porque era muy simpático y dicharachero y siempre contaba historias de surf, del calor y de las frutas tropicales. Aquellos días escribió en su diario: «Qué duros —o filosóficos— nos estamos volviendo. Nadie hizo ningún comentario, más allá de "Pobre muchacho, pensaba que se libraría", y un lamento por las vidas derrochadas. Co-

---

18. En los registros se indica el 11 de noviembre como la fecha de fallecimiento de Hockey. Está enterrado en el gran cementerio militar en Fayid, Egipto, que se creó para los numerosos hospitales militares que en aquel momento estaban ubicados allí. Todo sugiere que resultó herido durante una batalla en El Alamein y murió a causa de las heridas.

sas que antes nos habrían sacudido hasta en lo más hondo del corazón,
ahora solo las comentamos como de pasada».

Por eso resulta llamativo que reaccione así en esta ocasión. Obviamente, se debe a que conocía muy de cerca tanto al joven como a
su familia. (Además, otros dos chicos a los que conoce muy bien están, presuntamente, «gravemente heridos»). Y sin duda, esto agudiza
la constante preocupación por Cliff. Pero en este sentido hay también
algo más, un poco más complicado.

A comienzos de año, Nella Last y su marido tuvieron una discusión realmente subida de tono. La causa era la decisión de Cliff de
presentarse voluntario para ir a combatir al extranjero. A su marido
la decisión le pareció una estupidez, y creía que su hijo debería haber
aprovechado las opciones que había para prestar servicio a salvo dentro del país. Nella, en cambio, decía que Cliff hacía bien en ir. Dijo:
«¿Acaso el honor y el deber no cuentan?». Él contestó: «Tú siempre
has dicho cosas soberanamente necias, yo quiero que mi hijo esté a
salvo». Entonces algo se había roto en ella, y parece ser que muchos
años de frustración y rabia contenida brotaron de su interior. Aquel
hombre egoísta, indolente y cobarde llevaba años dirigiendo la vida
de Nella, ¿y ahora pretendía dirigir también la vida de su hijo? Y entre otras cosas, ella le había dicho (probablemente, alzando la voz, por
no decir gritando, porque en el diario explica que en ese momento
estaba «temblando de rabia»):

> Si yo hubiera sabido que mi hijo iba derecho a la muerte, no lo
> habría retenido, ni aunque pudiera. Todos debemos jugar nuestra par-
> tida con las cartas que se nos han repartido, no hay que intentar ro-
> barle un as a la persona que tenemos al lado. Cliff tiene que vivir, no
> evitar la vida y tenerle siempre miedo a las cosas y a las personas y a
> las ideas, y hacerse viejo antes de poder experimentar el fulgor y la as-
> piración propios de la juventud.[19]

Era su marido quien había vertido lágrimas ante la idea de perder
a su hijo; era ella quien había dicho: ¡ve! ¿Puede ser que Nella Last,
en este momento, cuando en las páginas de la prensa local lee sobre

---

19. La última frase resume bien lo que echa en falta en su marido, aburrido y
falto de imaginación, y por qué ella se ha vuelto tan indiferente con él.

el segundo teniente Michael Hockey, experimente quizá una punzada de remordimientos? Porque la idea que le pasa por la cabeza es la misma que millones de madres deben de haber tenido, tienen y tendrán, en distintas variaciones: «¿Para qué van a nacer nuestros hijos, si luego van a ser arrollados en los albores luminosos de sus vidas?». El resto del día está presente la imagen del joven, su «sonrisa, su intenso tartamudeo, sus hombros demasiado delgados y propios de un crío, con su americana cuando volvió de Cambridge, su forma ridícula de envolverse con la bufanda en lugar de ponerse su bonito abrigo».

* * *

Ese mismo día por la tarde, Ursula von Kardorff está envolviendo regalos de Navidad. Los mandará con el correo militar a todos sus amigos y conocidos que visten uniforme. Desde el estallido de la guerra, se ha convertido en un ritual cotidiano cuando se acercan los festivos de final de año. De hecho, solo es uno más de los muchos rituales con los que este régimen parece estar obsesionado, como esas sencillas cenas de puchero los domingos, como esos hombres que se pasean con sus latas rojas de recolecta para la ayuda humanitaria de invierno —y Dios se apiade de quien no dé nada, al menos algo simbólico—, como el saludo hitleriano obligatorio, ejecutado desde con demasiado entusiasmo hasta con completa ausencia de brío, como el silencio en restaurantes y cafeterías cuando el *Führer* da un nuevo discurso por radio, o cuando por la misma radio se oye la tonadilla de aquella fanfarria tan conocida que señala que el OKW va a dar a conocer una nueva gran victoria.

Los dirigentes han destacado una y otra vez que las raciones de comida se aumentaron considerablemente el mes pasado, y en esa misma línea ha habido ahora una escalada en el consumo de cara a Navidad, con reparto extra de alcohol, dulces y demás, los llamados paquetes *Führer* para los soldados de permiso, etc. Al Pueblo Alemán hay que tenerlo satisfecho. Y el domingo es Primero de Adviento.

Jürgen, su hermano pequeño, y Eberhard Urach, su antiguo amor, reciben sendas cajitas de cigarrillos, «con una foto mía pegada en la tapa. A lo mejor les alegra, porque no se lo esperan». Está muy preocupada por Urach, porque sabe que se encuentra en algún lugar del frente del Cáucaso: «Allí la cosa pinta mal». Se queda haciendo paquetes hasta bien entrada la noche.

* * *

Ese mismo lunes, en Stalingrado hace un día frío y despejado. La nieve ha comenzado a cubrir el caos inconcebible de ruinas de la ciudad. Igual que muchos otros, Adelbert Holl lo compara con una mortaja que oculta gran parte de todo lo feo, ennegrecido y destruido. Al mismo tiempo, la nieve refuerza aún más la imagen de una ciudad muerta, calle tras calle, con edificios derruidos, a veces poco más que meras fachadas o restos grotescos de viviendas, y en todas partes, ventanas reventadas.

Desde hace dos días, Holl sabe que el 6.º Ejército está rodeado en Stalingrado. Se nota en las cuestiones prácticas. Se ha empezado a economizar la munición, y hoy Holl se entera de que también se van a recortar las raciones de comida. Se nota en la actividad ofensiva. Todos los ataques han sido cancelados. Ahora es más espaciada la matraca constante de disparos y detonaciones, que desde septiembre había conformado una especie de telón de fondo de sonidos en la ciudad. A veces incluso reina el silencio. Normalmente se puede ver con exactitud por dónde corre la línea de frente gracias a los cohetes de luz y de señalización que ambos bandos disparan constantemente, pero la noche del domingo la oscuridad volvió a ser oscura. Resulta evidente que ambos bandos están recobrando el aliento.

A la hora del almuerzo llega a oídos de Holl una orden —lleva el número 118— que le hace dar un respingo. Todos los vehículos que aún tengan gasolina deben prepararse para estar a punto. Solo hay que cargar los artículos estrictamente necesarios, sobre todo munición. Todo lo que no se pueda llevar debe ser destruido, empezando por los coches varados en la playa y las armas pesadas sin remolque. Deben quemar todos los documentos importantes.

El ejército va a salir de allí abriéndose paso en dirección sudoeste.

Holl se encabrita en el acto. Aparte de considerar temerosa la idea de iniciar una retirada general en esta situación tan apretada —y con grandes carencias de pertrechos—, también le parece un acto que de un plumazo anula todos los esfuerzos que han hecho. ¿No era aquí donde la guerra iba a decidirse? Holl escribe:

¡Con cuánta energía y ánimos de ofensiva habíamos luchado los soldados de a pie hasta alcanzar este punto, y con cuántas pérdidas! ¿Y ahora media vuelta? Mis compañeros —al menos en la medida en que pude hablar con ellos— eran de la misma opinión. No nos gustaba la idea.

Como ya hemos visto, desde 1933 Holl ha sido un entusiasta y fiel seguidor del régimen. Igual que para tantos otros soldados normales en Stalingrado, la imagen deformada que el régimen ofrece de la guerra es también la suya. Si el *Führer* dice que esto es una lucha por *Lebensraum*, pues es una lucha por *Lebensraum*; también están aquí para «evitar que el río rojo, conocido como bolchevismo, llegue a nuestro propio país y a Europa», tal como escribe él mismo. Pero también son «soldados que tenían órdenes que cumplir». *Befehl ist Befehl*. Así que tanto él como los demás siguen obedientemente la directiva, cargan los vehículos que aún pueden rodar, empiezan a destruir todo el equipo innecesario y a quemar papeles.

* * *

Es martes día 24 de noviembre en Chicago. Ayer cayó un poco de aguanieve sobre la ciudad, pero hoy el cielo se ha despejado. La temperatura es de unos pocos grados sobre cero. Cuando Leona Woods camina el corto trayecto desde su piso hasta el trabajo en los sótanos de Stagg Field, el sol apenas ha tenido tiempo de salir. El invierno está cerca.

La construcción del CP-1 continúa a ritmo ligero. El turno de noche acaba de terminar, el de día ya ha comenzado las labores. La torre de piezas ya ha alcanzado tal altura que han tenido que montar un pequeño montacargas para subir el material. El meticuloso rompecabezas continúa. Todo el personal presente conoce la fórmula. Una capa solo de bloques de grafito, seguida de dos capas de bloques de grafito con dos orificios perforados en cada bloque, en los que han introducido cilindros de uranio metálico; después le sigue otra capa de grafito, seguida de dos capas con carga de uranio, etc. Varias veces al día, Woods mide la actividad de neutrones en la torre con su medidor de trifluoruro de boro. Puede constatar que va aumentando, incluso que aumenta más de lo previsto. Los físicos están de acuerdo en que, con toda probabilidad, la causa sea que el grafito que están utilizando es de mayor calidad que el que habían empleado en los ensayos, así como que el uranio que les están trayendo también es mucho más puro que ninguno que hayan visto antes.

Son buenas noticias. (Por lo que parece, el proyecto también está avanzando exitosamente en sus demás partes). Según los cálculos iniciales de Enrico Fermi —y hasta la fecha todos sus cálculos han sido correctos, por no decir exactos—, la torre tendría que constar de setenta y seis capas para alcanzar la masa crítica necesaria. Tras haber consultado una vez más con su regla de cálculo, el silencioso italiano dice que ahora bastará con cincuenta y siete capas.[20] Lograrán cumplir con el plazo previsto. Este martes colocan las capas veintisiete, veintiocho y veintinueve. Ya van por la mitad de la torre. Y teniendo en cuenta que será casi veinte capas más baja, al final no tendrá forma de esfera, como se había pensado en un buen comienzo, sino más bien la de una elipsoide de seis metros de alto; como un bollo aplanado, por así decirlo.

Al término de la jornada, Leona Woods vuelve al piso que comparte con su hermana. Se lava el polvo de grafito que llena el aire alrededor de la torre. Como siempre, tiene que ducharse largo rato. La primera capa gruesa y gris se desprende bastante rápido con el agua, pero tras media hora bajo el chorro de agua caliente aún sigue brotando grafito de los poros.

Si le quedan fuerzas para leer la prensa del día antes de que el sueño se apodere de ella, ojeando solo los titulares de guerra y centrándose más en las pequeñas noticias, puede enterarse de que la ciudad de Chicago está sopesando la posibilidad de instalar parquímetros automáticos; que en Palmer House se ha celebrado una reunión importante para hablar de la ola de delincuencia juvenil; que ha tenido que cancelarse un concierto del famoso violinista Jascha Heifetz por culpa de una gripe; que una viuda de ochenta y cinco años ha sido quemada viva en su cocina por un ladrón desconocido; que un tribunal de Los Ángeles ha absuelto al famoso actor Errol Flynn de una acusación de violación; que Charlie Chaplin ha participado hoy en un *afternoon tea* en The Ambassador East organizado por The Russian War Relief Society.

---

20. Con una actividad de neutrones más elevada no fue necesario que la pila fuera hermética, que era la función prevista de la tela de globo aerostático.

* * *

La noche del 23 al 24 de noviembre se convierte en una nerviosa espera para Adelbert Holl. ¿Cuándo llegará la orden de partir? Ni él ni ninguno de los demás oficiales de la plana mayor consiguen dormir, solo echar alguna cabezada. La mayor parte del tiempo la pasan hablando. Holl, siempre atento como un perro a sus superiores, toma nota de lo que estos dicen, el tono de voz que emplean, el aspecto que tienen, cómo estrechan las manos, observa con asombro que «incluso el coronel Grosse ha participado en la conversación». Pero el jefe de regimiento acude a intervalos regulares al teléfono de campaña, hace girar la manivela unas cuantas veces, pregunta, escucha.

A medianoche llega el mensaje de que las partes de la división que están en la vanguardia han iniciado la retirada. Como el regimiento de Holl está en reserva, aún les toca esperar un tiempo. Y esperan y esperan. Al norte de su posición se oye de nuevo ruido de ataques. (¿De dónde sacan los rusos todos sus carros de combate?). Se hace de día, y no ocurre nada. Esperan y esperan. Hacia mediodía llegan contraórdenes. No habrá ninguna retirada. El 6.º Ejército se defiende *in situ*.[21] Holl piensa que es mejor así. El único problema que tiene es que su viaje a casa estaba previsto para mañana. Con toda probabilidad, no podrá ser, sino que estará atrapado aquí en Stalingrado, al menos por un breve tiempo más. Ahora que ya había empezado a soñar con su casa y con Alemania.

21. Paulus, el comandante del Ejército, el 22 de noviembre ya había solicitado a Hitler «libertad de actuación», lo cual podría utilizarse para salir de allí de inmediato, que era lo único sensato, pues las vías de suministro iban forzadas y la mayoría de los soldados comprendían que un abastecimiento desde el aire —una promesa de Göring sin cobertura real y basada en nada, como siempre— no iba a funcionar. Durante todo el día 23 se esperó en vano alguna reacción por parte del cuartel general del *Führer*. El comandante del cuerpo al que pertenecía la 94.ª División de Holl, el perspicaz general Von Seydlitz, decidió entonces iniciar por su propia cuenta una retirada, con la esperanza de forzar al lento Paulus a hacer lo mismo con todo el ejército. Tan pronto Hitler se enteró de la noticia, prohibió cualquier tipo de repliegue. Como ya hemos visto, para él Stalingrado era una cuestión de prestigio. La retirada supuso grandes bajas para la 94.ª División de Infantería, y fue un error, ya que se abandonó una línea bien fortificada en el norte.

* * *

Cotidianidad en la sitiada Leningrado. El invierno ha llegado. Lidia Ginzburg cuenta:

> Hemos experimentado de nuevo algo que era desconocido para la persona moderna: las distancias reales de la ciudad, engullidas desde hace tiempo por los tranvías, los autobuses, los coches y los taxis. Ha aflorado la estructura de la ciudad, con sus islas, las ramificaciones del río Nevá y una clara distribución de los distritos, porque durante el invierno, sin tranvías ni teléfonos, los amigos que vivían en Vasilevski, el lado de Viborg o el lado de Petrogrado no se veían durante meses y morían sin que los demás lo supieran. Los distintos distritos adoptaron distintos caracteres. Los había que sufrían ataques con artillería y otros eran objetivos favoritos para las incursiones aéreas. A veces, cruzar un puente implicaba entrar en una zona de nuevos riesgos o posibilidades. Incluso había regiones fronterizas que se habían preparado para afrontar el ataque. De esta manera, el significado de las distancias cortas se veía aumentado.

Hoy no sopla ni pizca de viento, pero aún cae un poco de nieve. Es 25 de noviembre.

* * *

¿Qué es lo que decide quién va a vivir y quién va a morir? Lo dicho: la geometría sagrada de la casualidad. Nada puede salvarte del juego de las coincidencias, un hecho que da lugar a distintas reacciones de una persona a otra: negación, negociación, depresión, fatalismo. ¿Y luego? El estado físico juega su papel, por supuesto, pero no tiene por qué tratarse de fuerza física, esa fuerza primitiva que ha sido ensalzada como divinidad en la imagen vulgarmente darwinista del mundo que ofrece el nazismo. Poon Lim, en su balsa en el Atlántico Sur, es flacucho y bastante bajo, solo mide 1,65 metros, pero es persistente. Puede que sea la herencia más importante de su padre: la capacidad que tiene el pobre de encontrar salidas, de aguantar.

Por el momento, la geometría de la casualidad se ha puesto de su lado. Podría haber muerto en la explosión que hizo irse a pique el SS Benlomond, pero lo libró la onda expansiva. Sin duda, se habría ahogado de no ser porque la balsa salvavidas pasó por su lado. Y el hecho de que la balsa estuviera vacía es otra casualidad feliz. Hay varias cajas de biscotes, un bidón de cuarenta litros de agua, chocolate, conservas de carne, tabletas de leche en polvo, así como un saco de panes de azúcar. Gracias a que Poon está solo, estos víveres deberían poderle durar una buena temporada, hasta que lo descubran y recojan. Debería ser relativamente fácil, porque son aguas muy transitadas, y en la balsa hay equipo para llamar la atención: una linterna, dos bengalas de humo y varias bengalas de emergencia.

El sol empieza a ponerse y el mar se tranquiliza, se convierte en un manto mecedor. La balsa está inmóvil en el vacío infinito de agua, y en el rápido anochecer Poon empieza a pensar en su casa, en Hainan, en sus padres, en su esposa, y pronto comienza a dudar de si alguna vez volverá a verlos.

El Atlántico lo rodea. Poon ha perdido casi toda la ropa que llevaba en el naufragio, pero en la balsa hay una gran lona para protegerse del sol, que ahora le brinda cierta protección contra el frío.

Cuando despunta la mañana y la burbuja caliente del sol rompe el horizonte, Poon se desprende de los pensamientos oscuros. No piensa rendirse. Sin fuerza de espíritu, la fuerza física tiene poco valor. Poon Lim hace otro nudo en la cuerda que utiliza para llevar la cuenta de los días.

* * *

En el atolón Truk continúan las labores de reparación del destructor japonés Amatsukaze. Hoy, por fin, llegan cartas de Japón. (El servicio postal hasta la parte sur del océano Pacífico es muy irregular e inestable). Dos de ellas son para Tameichi Hara. Una es de su madre. Lee: «Cada mañana rezo en el altar familiar para que nuestros ancestros y el misericordioso Buda te protejan. Cuídate y regresa con vida».

La otra es de su esposa:

El pequeño Mikito se ha despertado esta noche llorando muy fuerte y durante mucho rato. Al principio he pensado que estaba enfermo, pero entonces me ha explicado que ha soñado contigo, que estabas en peligro. Ha dicho que te veía pálido y asustado. Me pregunto dónde estuviste anoche y qué hiciste. La prensa habla de más dificultades en los combates en el sur. Estoy preocupada por ti.

Esa carta está fechada el 13 de noviembre.

Hara llora, también porque las cartas le hacen pensar en los cuarenta y tres miembros fallecidos de la tripulación, y recuerda una tarea que hasta la fecha ha estado desatendiendo, o que la tristeza le ha hecho olvidar, simplemente: como comandante de la nave, le toca escribir las cartas de condolencias a las familias de los caídos. Evidentemente. Se encierra en su camarote y saca papel y utensilios de escritura. A Hara le lleva ocho horas redactar esas cartas. Cuando sale a cubierta, el sol ha comenzado a ponerse tras los bordes revestidos de selva de la isla volcánica.

* * *

Hoy hace mejor tiempo en Guadalcanal. Lo cual quiere decir que llueve menos. Esto aumenta el riesgo de ataques aéreos estadounidenses, pues sus aviones de combate sobrevuelan constantemente las altas copas de los árboles. (Es muy probable que John McEniry haya pasado con su bombardero en picado de color azul grisáceo una o más veces por encima de la cabeza de Tohichi Wakabayashi). ¿Cómo aguantan los hombres en sus máquinas, hora tras hora?, se pregunta Wakabayashi. Aunque le cuesta admitirlo, está impresionado por la perseverancia de los pilotos enemigos.

Ahora mismo, algo tan simple como hervir arroz es una empresa arriesgada. Tienen que hacerlo en pequeñas guaridas especiales, bien envueltas de hojas de palmera, porque tan solo con que se vea un hilillo de humo por encima del bosque tropical, la respuesta llega casi al instante en forma de bombas, morteros y otros proyectiles. Pero anoche los soldados de Wakabayashi pudieron cocinar al cobijo de la oscuridad, porque la luna ya está menguando, es apenas una fina hoz de plata en el firmamento negro.

Aun así, Wakabayashi le da la bienvenida al sol que hoy miércoles 25 de noviembre se abre paso a través del elevado follaje. La lluvia constante dificulta cualquier tipo de transporte, ralentiza cualquier traslado. Ha observado que la humedad incluso afecta al humor y la salud de los soldados. A mediodía sube hasta la cima de la montaña. Con el tiempo despejado no tiene ningún problema para ver lo que ocurre tras las líneas enemigas. Puede ver dos barcos de transporte enemigos (protegidos por cuatro destructores) desembarcando provisiones; puede ver soldados estadounidenses cavando fortificaciones de campaña; puede ver el aeródromo y los aviones despegando envueltos en una nube de polvo. Anota con amargura: «Qué fácil habría sido tomar el aeródromo si hubiésemos contado con morteros. El enemigo dispara por lo menos diez mil, compara con nuestros cien al mes».

Incluso Wakabayashi se ha fijado, perplejo y un tanto asustado, en la tremenda fuerza de fuego de los estadounidenses: el flujo de morteros que no parece agotarse nunca —uno de sus soldados ha hecho la broma de que suenan como veinte geishas mal entrenadas que tocan el tambor al descompás—, la cantidad de armas automáticas. Nunca había visto nada igual, desde luego no en China, pero tampoco en sus combates contra británicos ni holandeses. Ha comprendido que ahora están luchando contra «un país que lo tiene todo».

¿Significa eso que no tienen ninguna posibilidad? No. Wakabayashi también cree en la primacía de la voluntad, en la victoria del espíritu sobre lo material; en el *seishi*, ese concepto tan difícil de definir y, al mismo tiempo, tan fundamental que hace referencia al espíritu combativo superior del guerrero japonés y su voluntad de sacrificio. Y cree en ello no solo porque es una doctrina indiscutible en su tierra y su ejército, sino probablemente también porque debe hacerlo si quiere poder soportar la parte que le toca y conservar la esperanza. Porque ¿acaso no son recursos lo único que tiene el enemigo? ¿Por qué, si no, le iban a tener tanto miedo al combate cuerpo a cuerpo? Ayer escribió en su diario: «Aquellos que solo confiáis en los recursos, esperad y veréis. Nosotros os enseñaremos. Llegará la hora en que se enfrentarán a toda la potencia del espíritu nipón. Preparaos para ver lo impotente que resulta el dinero frente al poder de nuestro espíritu».

* * *

Sí, todo el mundo tiene un límite, y el mayor Paolo Caccia Dominioni ha llegado al suyo. El agotamiento es, en parte, físico: ha perdido mucho peso, a ratos le cuesta caminar. (¿No es un poco mayor
para esto?). Pero no cabe duda de que también se trata de agotamiento psíquico. Está resentido y enfadado, y su rabia no va dirigida tanto
contra el enemigo como contra los mandatarios que ostentan el poder
poder en Roma, todos los politicuchos fascistas, los lacayos e ideólogos, con Mussolini a la cabeza, quien carga en última instancia con la
responsabilidad de esta catástrofe.

Durante veinte años han estado viviendo encerrados en los sueños hipernacionalistas y militaristas verbalizados por Mussolini. Muchos de los jóvenes soldados de Caccia Dominioni se han criado con
el fascismo, no conocen nada más que su mundo y su síntesis de la
grandilocuencia y la banalidad, se han perdido en su sueño de la guerra como esperanza, deseo y embriaguez. Desde hace mucho tiempo
se intuye una brecha entre la retórica y la realidad, pero esta brecha
nunca ha sido tan enorme como ante esta humillación. Uno de estos
jóvenes, partidario del régimen durante mucho tiempo, dice que casi
nadie «había entendido antes que esto, y solo esto, era lo que él mismo ha estado gritando con todas sus fuerzas en plazas y calles», que
hasta ahora no se había dado cuenta de que solo eran «meras palabras
que se repetían para ser oídas, nombres sin objeto».

Pero la rabia de Caccia Dominioni contra el fascismo no se debe
a la brecha entre las apariencias y la realidad. Esa ya la conoce; como
veterano de la guerra mundial anterior, no se hace ilusiones. Seguro
que gran parte tiene que ver con su trasfondo aristocrático. (Su título oficial es el 14.º barón de Sillavengo). Caccia Dominioni describe
a un alto oficial con el que habla como «un superviviente de una era
que desapareció con los barómetros, los pistones, los dictadores de
clase obrera y las ondas hercio», un hombre que —al igual que tantos
otros de su clase— han considerado que el fascismo y el nazismo son
vulgares, por no decir desagradables, pero que en lugar de protestar
han elegido llevar sus uniformes como un gesto de lealtad hacia otro
objeto, como el rey o la nación o la historia. (Como si semejante distinción fuera posible). Y resulta fácil pensar que con esta descripción
de ese alto mando Caccia Dominioni habla también de sí mismo.

No cabe duda de que mucho de esto tiene que ver con los destacados conocimientos que adquirió en su posición anterior en el

departamento de información del Ejército en Roma, donde durante catorce meses estuvo sentado a un escritorio leyendo informes confidenciales y prensa extranjera no censurada, y no solo podía ver la absurda caricatura de la realidad con la que se estaba alimentando al pueblo italiano, sino que también pudo observar la verdad sobre «la corrupción política, la incompetencia militar, las especulaciones y las sucias estafas» del régimen. Esta es la causa por la que buscó un puesto de combate: era una huida a la realidad.

Pero aun así. Las personas reaccionan de formas distintas. No todos los soldados de Caccia Dominioni han perdido su fe en el régimen.[22] No son pocos los que se siguen aferrando a él, porque el fascismo —al igual que su primo alemán— les ha predicado con tanto éxito que la fe y la obediencia incondicional son el fundamento de la existencia, o porque ya han invertido demasiado tiempo y demasiado en general para honrar su imagen del mundo, o solo porque necesitan algo firme a lo que sujetarse en esta crisis, como un náufrago se agarra a un salvavidas. A menudo, las ilusiones son la materia más duradera que hay.

Pero cuando ahora —y en adelante— Paolo Caccia Dominioni trata de sacarle algún sentido a la catástrofe, se apoya en algo que podríamos llamar la dignidad de la víctima. En el fatídico heroísmo que va a cultivar, el sacrificio no se verá en absoluto menguado por el hecho de hacerlo sin esperanzas de éxito, por una causa perdida. Más bien lo contrario. El sacrificio, el acto heroico, tiene para él un valor propio, más allá del contexto. Porque lo que él quiere recordar son las proezas y solo las proezas. No a los que eran cobardes, los que se negaban a luchar, los que estaban dispuestos a rendirse, los que se escapaban, los que se meaban encima por el miedo, los que colapsaban y los que perdían el juicio.

* * *

22. Queda muy claro después de la capitulación de Italia, apenas un año más tarde, cuando algunos miembros del batallón eligen hacerse partisanos, otros permanecen como civiles pasivos y otros eligen luchar hasta el final, en 1945, al servicio de la archiconocida República de Saló.

A Paolo Caccia Dominioni lo suben en camilla a un barco hospital, La Gradisca, anteriormente un buque de vapor de lujo que navegaba por Sudamérica, pero que fue requisado por la flota italiana y que habían pintado de blanco, con excepción de una cinta verde a lo largo de todo el casco y de unas cruces rojas en los laterales y en las chimeneas.

¿Y qué siente estando a bordo cuando al final el barco comienza su trayecto por el Mediterráneo rumbo al norte y a Italia? Vergüenza. Siempre ha mirado con desdén a aquellos que han abandonado la línea del frente con menos que «una respetable herida de bala». Pero ahora es él quien lo ha hecho. Y a su alrededor hay abundancia de oficiales que se encuentran perfectamente bien, pero que ahora se escapan a casa «por razones de salud». Una reflexión le viene a la cabeza. ¿Y si la gente se piensa que él es uno de esos? Caccia Dominioni se arrepiente de haber dejado atrás su batallón.

* * *

La nieve ha alcanzado también el frente de Rzhev. Por el momento, el invierno ha sido suave. Y al contrario de lo que ocurría hace un año, ahora tienen ropa de abrigo de verdad: chaquetas gruesas y forradas con capucha, y pantalones a juego para llevar por encima del uniforme, así como guantes gruesos y botas forradas de fieltro. El búnker en el que viven Willy Peter Reese y los demás de su grupo es estrecho, pero al menos está caliente, y allí tienen todo lo que pueden pedir, dentro de lo que cabe: un sitio para dormir, un banco donde sentarse, una mesa. Toman aguardiente mezclado con infusión de limón, tuestan pan en la estufa.

Hace un tiempo, el frente parecía recobrar la vida. La noche estaba repleta de truenos y rayos, cohetes de colores variados y collares de perlas oscilantes generadas por la munición trazadora. La inquietud comenzó a extenderse. ¿Los rusos iban a volver a atacar? Pero no ocurrió nada. Todo quedó de nuevo en calma. Y con ello se redujo la tensión y las broncas dentro del grupo. Esa es una de las muchas decepciones de Reese, que el tan aclamado compañerismo en el frente haga aguas de forma ineludible tan pronto aumenta la presión exterior. Los grupos se atomizan. Las personas se hunden en el ensimismamiento. Reese ya lo observó el invierno pasado:

Solo las ganas infinitas de dormir y olvidar eran fruto de la muerte. Solo unos pocos trataban de recomponerse, la mayoría se anestesiaba a base de superficialidad, juego empedernido, crueldad y odio, o bien se masturbaban.

Pero ahora que el peligro más inminente se relaja, se relaja también el ambiente. Y hace buen tiempo. El propio Reese está satisfecho, por una vez. Cuenta: «Cielo azul despejado, borlas de nieve en las ramas y en la hierba, escarcha titilante en la luz de la mañana y calma en el frente: así queríamos que fuera nuestro mundo».

* * *

Ayer fue un día oscuro, en todos los sentidos, para Hélène Berr. Estaba sentada en su casa, «me estuve peleando toda la tarde con J. M. Murry,[23] apagada». Pero ahora es miércoles 25 de noviembre y es un día luminoso, en todos los sentidos. El sol vuelve a brillar sobre París, le ha llegado una carta de Jean, y cuando regresa de su trabajo voluntario con los huérfanos a su casa en la avenida Elisée-Reclus, le espera un ramo de claveles de su parte. (¿De color rosa? ¿Rojo?). Vienen de una floristería a la que han ido juntos alguna vez y que queda en una callejuela que cruza la avenue de l'Opéra. ¿Un recuerdo de aquel paseo el lunes día 9? Algunos momentos no se acaban nunca. Berr escribe en su diario: «Estaba abrumada por la alegría, y el día de ayer me parecía [solo] una pesadilla. He ido a la Sorbona para registrarme».

* * *

¿De dónde nacen los actos heroicos? Después de aquel ataque en las afueras de Kletskaya el 19 de noviembre, el regimiento de Mansur Abdulin lleva cinco días marchando, adentrándose en la grieta abier-

23. Con lo que se menciona en el diario no se puede determinar qué texto del crítico británico y conocedor de Keats era el que le generaba tanto desasosiego, pero cabe imaginar que se trataba de *God, Being an Introduction to the Science of Metabiology*, de 1929.

ta en la línea alemana, que se va ensanchando rápidamente. La grieta se ha convertido ahora en un boquete, a medida que los cuerpos de carros de combate han continuado avanzando en la lejanía y que las unidades ofensivas del noroeste y las del sudeste se han encontrado un boquete que en algunos puntos llega a los setenta y ochenta kilómetros de ancho. El 6.º Ejército alemán está rodeado en Stalingrado. Una noticia sensacional que llevaban mucho tiempo esperando. Y queda fantástica en los mapas de los periódicos.

Pero sobre el terreno la situación sigue siendo incierta. Como de costumbre, los alemanes no recibirán esta amenaza de muerte quedándose sentados. Ayer noche Abdulin y sus compañeros alcanzaron el frente, y hoy mismo, miércoles 25 de noviembre, van a lanzar un ataque, hacia el este, contra el gran saco que se ha formado.[24]

Fácil no va a ser. Abdulin lo entiende rápidamente. El terreno es llano y abierto, y brinda poca protección, ni contra las balas ni contra el azote del gélido viento. Y ya no se enfrentan a rumanos, sino a alemanes, los cuales se defenderán con la efectividad brutal de siempre. Se puede oír que son alemanes en el volumen y el ritmo de los disparos, en las veloces ráfagas de sus ametralladoras, que están muy cerca y que emiten un sonido cortante, como una sierra (pup-turrrr, pup-turrrr), y el mero ruido ya asusta. (Los soldados del Ejército Rojo lo llaman «el desgarrador de linóleo», «el cortapiernas» o «la ametralladora eléctrica»). Y en base a los intensos y rápidos truenos que se repiten, entienden que el enemigo, además, cuenta con un buen número de cañones antitanque de disparo directo. Quizá incluso piezas blindadas de alguna clase.[25] No, fácil no va a ser.

Cuentan con el apoyo de algunos carros de combate. La compañía de Abdulin sigue a un coloso pintado de blanco que avanza chirriando por la nieve en dirección a la posición enemiga. No se enfrentan a unas trincheras cohesionadas, sino a una serie de bases, aparentemente montadas a toda prisa pero defendidas con ahínco. Aquí hay un pueblo un poco más grande, Illarionov. Allá hay un *balka*,

---

24. Precisamente por el miedo a las operaciones de rescate o fuga, el mando del Ejército Rojo quería intentar liquidar el grupo tan pronto como fuera posible. Sin embargo, subestimaron de forma grave la cantidad de soldados cercados en la gran caldera de casi sesenta por cuarenta kilómetros.

25. Están frente a la 3.ª División alemana motorizada, pronto reforzada con partes de la 14.ª División blindada, que juntas sumaban una fuerza considerable.

uno de esos barrancos largos y profundos que se pueden encontrar de vez en cuando aquí en la estepa. Los tableteos y los cañonazos salen de ambos. Ambos deben tomarse.

Se oye el característico tintineo de cuando un obús antitanque acierta en un carro blindado. Este se detiene al instante y el humo y las llamas comienzan a brotar. Abdulin ve a un hombre saltar del interior del carro. El hombre está en llamas. Abdulin ve también que los soldados que tiene delante se alejan. Todos saben que solo es cuestión de tiempo antes de que el calor haga estallar la munición que hay dentro del vehículo, y cuando eso ocurra más vale no estar cerca.

El hombre en llamas rueda en la nieve para apagar las llamas. Grita una y otra vez: «¡Hermanos, salvad al coronel!». El primer impulso de Abdulin es seguir a todos los demás y alejarse de la máquina ardiendo y la gran explosión que puede tener lugar en cualquier momento. Un acto heroico puede nacer de dos pulsiones distintas: un egoísmo camuflado o altruismo. El egoísmo camuflado responde al deseo de destacar, de gustar, de ganar reconocimiento; el altruismo responde más bien a un impulso, un deseo repentino y casi irresistible de intervenir, salvar a alguien, una o más personas, o algo, independientemente de las circunstancias. Sea como sea, el resultado final es el mismo.

En cuestión de segundos, varias voces se suceden dentro de Abdulin. Primero: «Los que ya han pasado corriendo junto al carro de combate deberían haber salvado al hombre en su interior, ellos tenían tiempo». Luego: «Sí, no puedes perder ni un segundo, ¡ayúdalo!». Después: «¡No, no merece la pena! ¡Ya no queda tiempo!». Y por último: «Sí, ¡tienes que intentarlo!». La última voz coge las riendas.

Abdulin se acerca al tanque de guerra y se oye un siseo cuando sus guantes mojados tocan el grueso acero: está muy caliente. Le cuesta agarrarse, resbala, mira a su alrededor, no encuentra nada a lo que aferrarse, pero coge carrerilla, resbala de nuevo, toma carrerilla, consigue un buen apoyo y se encarama a lo alto de la torreta, donde la trampilla está abierta, escupiendo un humo penetrante. No ve nada, nada en absoluto, pero siente dos manos que se agarran desesperadamente a su ropa, y él mete los brazos en la gruesa y caliente columna de humo, tanteando a ciegas, porque tiene que apartar la cara y cerrar sus ojos llenos de lágrimas para evitar la humareda. Consigue sujetar un cuerpo, y poco a poco empieza a tirar de él, muy lentamente, porque nunca un cuerpo le había pesado tanto, pero al final consigue arrastrar aquel trozo de vida tiznada hasta la torreta, sacarlo por la trampilla, solo un tirón más y ambos caen rodando por los rugosos laterales del carro de combate y aterrizan en la nieve.

Tras recobrar el aliento, Abdulin arrastra al hombre unos veinte metros, y una vez allí se percata de que este solo arrastra las piernas, inutilizadas. Entonces tiene lugar la explosión. La torreta se eleva cinco metros en el aire y una lluvia de piezas de metal empieza a caer. El hombre, que es efectivamente un coronel, se abraza a Abdulin —«¡Querido muchacho! ¡Jamás me olvidaré de esto!»— y le entrega su pistola, en un gesto de agradecimiento. Unos enfermeros aparecen corriendo. Se alejan con el coronel arrastrándolo sobre un trineo.

* * *

Entre los confinados en Stalingrado hay buen ambiente. Adelbert Holl no se siente intranquilo. El sitio no durará mucho. Esto se va a arreglar. «Nuestros mandos no nacieron ayer». El día anterior se le comunicó a todo el mundo la última orden de Paulus, comandante del Ejército, quien informó de que ahora la intención era defenderse *in situ* a la espera de un rescate desde fuera. Mientras tanto, serán provistos desde el aire. El final era un eslogan pegadizo que les sonó muy bien a muchos, y que los hombres se repiten a menudo los unos a los otros, sin ironía: «*Drum haltet aus, der Führer haut uns raus!*».[26]

Y resistir, resisten. Los resquicios del regimiento de Holl defienden junto con el resto de la diezmada 194.ª División de Infantería una línea improvisada que se extiende hacia el oeste desde los barrios periféricos del norte de la ciudad, siguiendo una serie de montículos y un terraplén ferroviario. Las unidades soviéticas han hecho varios intentos de abrirse paso. El día de hoy, miércoles 25 de noviembre, no es ninguna excepción.

Tan pronto despunta el día suena la alarma. Vienen los rusos. Holl sale de la guarida subterránea en la que duerme. Un ruido de fuego de guerra va incrementando su intensidad desde las colinas vestidas de

---

26. Para mantener la rima y el ritmo, quizá podría traducirse así: «Ahora hay que aguantar, al final el *Führer* nos va a sacar».

blanco que asoman a más de dos kilómetros de distancia. Suena grave. A juzgar por el estruendo, se está disparando con todas las armas que hay. Holl se dirige al punto de reunión de la plana mayor del regimiento.

Nadie tiene todavía equipo de invierno. En lugar de uniformes de nieve, los hombres se han ataviado con sábanas blancas en las que hay cortado un agujero por donde meter la cabeza. Sobre las diez de la mañana, dos carros de combate llegan al punto de reunión. El jefe de regimiento, el coronel Grosse, le da a Holl la orden de dirigirlos «personalmente» hasta el punto más amenazado, la Colina 135,4. El cielo de color azul gélido se tensa sobre el paisaje llano y cubierto de nieve.

Holl indica al vehículo blindado que lo siga, y después echa a correr lo más rápido que puede, jadeando y resoplando. Deja atrás el pueblo de Orlovka, a su izquierda, cada vez está más cerca de los montículos. A su espalda oye el rugido de los carros de combate, sus cadenas salpican nieve y tierra congelada. Holl baja corriendo por un barranco, sube una colina y al final se planta sin aliento justo detrás de la Colina 135,4. Tras señalarle al jefe del carro desde dónde tienen buena visibilidad sobre la llanura que hay delante de los montículos, Holl da media vuelta y empieza a retroceder en dirección al punto de reunión de la plana mayor. Por detrás, enseguida oye los característicos cañonazos de los carros de combate alemanes. «Muy bien, chicos —piensa para sí—. Id con cuidado».

* * *

De vuelta con Mansur Abdulin y el ataque en el que participa ese mismo día. Mientras él estaba salvando al hombre del carro de combate en llamas, su compañía ha continuado avanzando. Se recompone y corre tras ellos.

Enseguida ve a un soldado arrastrándose en dirección contraria. Casi parece que vaya dando botes, pero es su cuerpo, que se sacude en convulsiones mientras él avanza con ayuda de los codos y una rodilla, como si fuera una especie de animal de tres patas. Cuando el soldado pasa por su lado, Abdulin ve que una de las piernas con bota forrada que el hombre va arrastrando está casi desgarrada por completo, y que cada vez que rebota en el suelo cubierto de nieve una ola de dolor le atraviesa todo el cuerpo. Luego se oye un bramido. Abdulin mira atrás y se queda quieto.

El soldado se ha acercado la pierna lastimada, y con un cuchillo empieza a cortar las tiras de músculo y tendones que aún la mantienen unida al resto de su cuerpo. Pero el cuchillo es pequeño y al parecer está romo. Abdulin tiene tiempo de pensar: «¿Debería ayudarlo?», pero está como paralizado y no puede hacer más que quedarse mirando fijamente. Al final el soldado consigue cortar lo último que le queda. Tapa el muñón sangrante con su gorro de piel y lo aprieta con el cinturón. «Luego recoge la pierna amputada y se la pega al pecho como si fuera un pequeño bebé».

*   *   *

Adelbert Holl está volviendo desde la Colina 135,4 después de haber dirigido los dos carros de combate hasta allí. Sigue el mismo camino que ha hecho en la ida. Holl se encuentra en el lado más alejado de un pequeño montículo cuando lo oye. El ruido. Ese aullido terrible que ha aprendido a temer estos últimos meses. Los órganos de Stalin. (¿De dónde sacan los rusos toda su artillería?). Cuando se vuelve ve detonar los primeros cohetes más atrás, en una nube de humo y polvo. Todo sucede a la velocidad del rayo. Mira a su alrededor. ¿Aquí no hay ninguna protección en absoluto? Así es como lo describe el propio Holl:

> ¡Allí, un pequeño agujero! Debía de medir unos cuarenta centímetros de ancho y diez de hondo. ¡Prácticamente nada! Nunca en la vida había intentado hacerme tan pequeño. Mis piernas estaban pegadas al suelo, la cara también, los brazos estirados hacia delante. Se fueron sucediendo una explosión tras otra. Yo estaba allí desprotegido, un hatillo indefenso de humanidad que se sometía a aquella muestra de fuerza concentrada llevada a cabo por la mano humana. Los cohetes estallaban sin parar a mi alrededor, ahora aquí, ahora allá. ¿No iba a terminar nunca? La metralla silbaba en el aire. Me quedé esperando y no sabía si lo había soñado. Permanecí inmóvil durante varios minutos, completamente paralizado por aquella «bendición matutina».

Al final se recompone, se levanta, en estado de shock, pero milagrosamente ileso.[27]

Sin más incidentes, termina llegando al punto de reunión de la plana mayor. Allí informa al coronel Grosse y empieza a bajar al búnker. Holl le pregunta si no va a meterse también, ahora es peligroso quedarse fuera, pero el coronel quiere demorarse un poco. Holl apenas termina de bajar los seis escalones cuando oye el ruido de un estallido sordo y la puerta se abre por efecto de la onda expansiva. Alguien baja corriendo: «¡El jefe está herido!».

Bajan al coronel Grosse, sangrando y con fuertes dolores. Un gran trozo de cohete se le ha clavado en la barriga. Holl se acerca corriendo al oficial gravemente herido, pero incluso en esta delicada situación no descuida los títulos: «¿Por qué no ha hecho caso de mi consejo, señor coronel?». A Grosse lo duermen con morfina y lo mandan a un hospital de campaña en Stalingrado. Los heridos son tantos que el hospital ya ha empezado a desbordarse, pero está claro que a un coronel le darán prioridad.[28]

Más tarde reciben un informe del frente de batalla. El ataque soviético ha sido contenido. Se han destruido dos T-34 y hay cerca de treinta soldados enemigos muertos delante de la posición, otros ochenta se han rendido.

Lo cierto es que la falta de comida preocupa más a Holl que los ataques enemigos. Las raciones diarias han bajado ahora a cuatrocientos gramos de pan (casi la mitad), ciento veinte gramos de carne (por lo general, de caballo), ciento veinticinco gramos de hortalizas y treinta gramos de grasa (en ambos casos también la mitad de lo habitual), ciento sesenta gramos de mermelada (lo normal son unos doscientos), siete gramos y medio de sal (lo normal son quince).[29] Son malas noticias, sobre todo en época de invierno. Holl comenta: «Con aquel

27. Era posible salir ileso gracias a que las finas paredes de los cohetes del órgano de Stalin no tenían en absoluto el mismo efecto metralla que los obuses normales de artillería, y además la mayor parte de la metralla salía despedida hacia arriba. Los más mortíferos eran los cohetes que rebotaban.

28. La causa de que ya hubiesen surgido problemas de capacidad era que antes todos los casos urgentes se podían evacuar de inmediato de la ciudad, cosa que ahora era difícil y exigía transporte aéreo.

29. Incluso el reparto de cigarrillos y puros es ahora menos de la mitad, de siete a dos al día. Lo único que no se ha reducido es el azúcar: cuarenta gramos al día.

frío, nuestros cuerpos exigían más aporte calórico». Pero resistirán. En breve llegará el rescate.

* * *

Al mediodía, el teniente Tohichi Wakabayashi abandona su puesto de reconocimiento en la montaña y baja en dirección al río Matanikau. Allí tiene intención de lavarse por primera vez en dos semanas. El lugar está meticulosamente elegido, un tramo recto de unos cien metros de largo, resguardado por rocas a ambos lados. El agua baja tranquila y está limpia y transparente, se puede ver el fondo del río. Hay bancos de algo que parecen carpas, entre las rocas hay cangrejos —bastante difíciles de capturar, igual que las carpas—,[30] y el sol cae en esquirlas y franjas que se cuelan por la selva circundante. A Wakabayashi el lugar le parece paradisiaco. Probablemente, haya cadáveres flotando tanto río arriba como río abajo, pero es algo que elige pasar por alto: «No me molesta».

Wakabayashi vadea en la leve corriente, se baña y luego se enjabona minuciosamente de pies a cabeza. «El frío del agua me pareció de lo más agradable y comencé a sentirme más animado». Entonces alguien da el aviso de que se acercan aviones enemigos de nuevo. Más irritado que asustado, Wakabayashi sale corriendo y se esconde desnudo detrás de unos árboles.

* * *

En el camino de vuelta, Wakabayashi pasa junto al cuartel general de la división, que se halla escondido en la selva. Quiere mostrarle sus respetos al jefe del regimiento, el teniente general Takeo Itō. A pesar de la marcada jerarquía de las Fuerzas Armadas japonesas, de sus exigencias de obediencia incondicional y de su disciplina estricta y, por norma, brutal, las barreras sociales son paradójicamente bajas, al menos si se compara con el Ejército británico, por ejemplo. Ya desde el entrenamiento de reclutas se cultiva un fuerte sentimiento de familia dentro de la compañía. (En el diario de Waka-

---

30. Sin embargo, hay allí caracoles de agua dulce, que los hambrientos soldados recogen, cocinan y se comen.

bayashi destaca la imagen de un hombre que alberga una fuerte y sincera preocupación por sus soldados). De manera que un teniente puede ir a saludar a su jefe de regimiento, simplemente para charlar un rato.

Resulta evidente que Wakabayashi siente admiración por Itō. ¿Es a pesar de la brutalidad de este?[31] ¿O porque resulta poco habitual contar con un teniente general tan cerca de la primera línea? (Los comandantes nipones de graduación elevada suelen mantenerse muy por detrás del frente, a una distancia cómoda de la realidad que viven sus soldados).[32] ¿O es porque Itō infunde esa sensación de confianza? Porque, tal y como Wakabayashi escribe en su diario cuando habla de este mediodía de miércoles en que estuvo escuchando las historias de Itō: «Comencé a sentirme como si ya hubiéramos ganado la guerra. Disfruté del momento».

Pero justo entonces sucede algo peculiar, que en realidad debería haber echado por los suelos la confianza, pero que, curiosamente, en lugar de eso parece haberla reforzado.

Durante la conversación, Itō va hurgando entre sus cosas, y un paquetito hecho con un papel doblado cae al suelo. (¿Es casualidad? Cuesta creerlo. Probablemente, es un ejemplo más del ya mencionado hábito de comunicación no verbal dentro del Ejército japonés). Itō se ruboriza un poco, titubea y explica: «Hoy me he afeitado la cabeza. Mi pelo había crecido mucho, así que he guardado un poco». Pero Wakabayashi entiende al instante lo que eso significa. Claramente afectado, después escribirá en su diario: «No se cuenta con que nadie sobreviva a la batalla de Guadalcanal. No podemos esperar que nuestras piernas nos lleven de vuelta a casa.

31. Tal como ya hemos visto anteriormente, los soldados de la 38.ª División, a la que pertenecía el 228.º Regimiento, se responsabilizó de una serie de abusos al principio de la guerra del Pacífico. Después de la guerra, Itō fue condenado por crímenes de guerra, por un lado en Rabaul en 1946, acusado del asesinato de civiles chinos, y por otro en Hong-Kong en 1948, como corresponsable de las múltiples masacres tanto de civiles como de prisioneros de guerra que tuvieron lugar allí en diciembre de 1941.

32. Este es el trasfondo de muchas de las más costosas operaciones de las Fuerzas Armadas japonesas, especialmente durante la segunda mitad de la guerra. Había una cultura y una forma de pensar entre los generales japoneses que recuerdan mucho a las que prevalecían entre los comandantes del frente oriental durante la Primera Guerra Mundial.

Solo es normal que deseemos que al menos nuestro pelo pueda regresar».[33]

Sin decir ni una palabra, Itō ha conseguido que Wakabayashi entienda que la situación es crítica y que todos, él incluido, el teniente general, tienen previsto morir aquí. La voluntad de sacrificio —total e incondicional— es en última instancia a lo que Wakabayashi se refiere cuando reflexiona acerca del «espíritu» superior del Ejército nipón. En el largo trayecto por mar hasta Guadalcanal pensó mucho en esto, que tanto él como sus soldados quizá no volverían a casa. Y parece haberse reconciliado con la idea. El 11 de octubre hace referencia a Sócrates en su diario. La conciencia de que «de una manera u otra vamos a morir» alberga una suerte de libertad. Porque dada la situación, «lo más elevado es dar todo lo que tienes, hasta que llegue el amargo final».

¿Podría estarse acercando ahora dicho instante? Wakabayashi está conmocionado por la gravedad del momento, por el gesto silencioso del teniente general. Van a acudir juntos al encuentro con la muerte. Se le empañan los ojos. Itō saca un poco de alcohol (por lo que parece, algo un poco más fuerte que el *nihonshu*),[34] lo sirve en el tapón de su cantimplora y se lo ofrece a su teniente; Wakabayashi se lo toma de un trago; Itō le sirve otro tapón; Wakabayashi también se lo toma. El alcohol le infunde «buenos ánimos». Sus anotaciones en el diario para el día 25 de noviembre terminan con estas palabras: «Sudo mucho al subir la montaña después de haber bebido».

El pacto de muerte de estos dos hombres, sellado con un par de chupitos, solo se mantiene por parte de uno. El teniente general Takeo Itō fue evacuado de Guadalcanal dos meses más tarde. Sobrevivió tanto a la guerra como a una sentencia de muerte por crímenes de guerra y falleció en Japón el 24 de febrero de 1965, a los setenta y cinco años de edad.

---

33. El traslado de los caídos hasta Japón era (y es) sumamente importante, y por motivos prácticos y religiosos se hacía en forma de cenizas tras la incineración, en el peor de los casos solo de una extremidad o en forma de pelo (algo corporal). No era inusual que los soldados japoneses, tan pronto veían que iban a morir, pusieran mechones de pelo junto a sus chapas de identificación en las fiambreras, con la esperanza de que por lo menos eso pudiera encontrar el camino a casa.

34. Lo que en Occidente se suele llamar sake.

* * *

Es jueves 26 de noviembre. El submarino 604 está reparado, los tanques y las despensas están llenas —todos los espacios libres, como camarotes vacíos y uno de los dos lavabos— hasta los topes, sobre todo de provisiones. La dotación, de nuevo con las cabezas rasuradas pulidamente, ha vuelto de sus diez días de libertinaje en Château de Trévarez. Ya ha llegado la hora otra vez. El mar los espera.

¿Titubean? ¿Tienen miedo, cavilaciones? No lo sabemos.

En primer lugar, la mayoría eran voluntarios, como ya hemos visto, y en segundo lugar, no había más opción. El submarino va a partir, y ellos con él. Órdenes son órdenes. Quizá incluso hay cierta impaciencia. Sabemos que la moral de combate entre los hombres de la flota de submarinos estaba por las nubes. Lo que hacían, los riesgos que corrían y las víctimas que se cobraban no eran en absoluto menudencias a sus ojos, sino al contrario, una aportación importante —su jefe, Dönitz, diría decisiva— para la victoria final de Alemania. Podemos suponer que la mayoría de estos jóvenes aún creían en ella, incluso debían de pensar que ya estaba cerca. Porque lo que ellos ven es que, ahora mismo, están ganando la batalla por el Atlántico.

Pronto habrá terminado noviembre, y ha sido el mes más provechoso para las Fuerzas Armadas alemanas en la batalla por el Atlántico: ciento veintiséis barcos aliados se han ido a pique, con un peso bruto total de 802.160 toneladas. Y en todo el año 1942 los submarinos alemanes han hundido más barcos que en los tres años anteriores en conjunto.

Aún pueden sentirse superiores por un tiempo, tanto en el aspecto tecnológico como en el mitológico. Esas formas bajas, esbeltas y veloces que cortan las olas del Atlántico aparentemente sin impedimento alguno no son solo la imagen de una amenaza que está en todas partes sin que nadie pueda detenerla, sino también la base que evidencia la superioridad de la ingeniería alemana. La idea de que una tecnología superior junto con un coraje superior puede compensar la inferioridad numérica proviene de la guerra anterior, pero con la adoración de la modernidad del régimen nazi ha alcanzado su compleción. (Y por extensión, asoma algo que en breve va a ser cada vez más importante en su propaganda: el discurso sobre la *Wunderwaffe*, el arma milagrosa).

Por un tiempo aún podrán justificar los crecientes problemas que tienen los submarinos para encontrar convoyes;[35] y por un tiempo aún podrán ningunear la creciente capacidad que tienen los aviones de encontrar los submarinos. Por un tiempo aún podrán navegar las olas de exageraciones superlativas y propagandísticas, las fanfarrias verbales del *Deutsche Wochenschau*. Porque, como ya se ha dicho, tienen las estadísticas oficiales de su lado. Los submarinos alemanes hunden cada vez más barcos.

Sin embargo, hay otra estadística de la que los jóvenes del U-604 no pueden participar. En el cuadro de mando de Dönitz se ha calculado que la mayoría de submarinos no realizan más de tres viajes. La razón por la que el tiempo en tierra firme se destina a permisos, placeres, borracheras y fornicación, *Kraft durch Freude*, no es solo que su *pater familias* Dönitz haya comprendido la importancia de la recompensa y la recuperación, sino también porque seguir entrenando duro y formando a las dotaciones no tiene demasiado sentido. La mayoría de los hombres no llegarán a cumplir más que esas tres misiones. Después, se acabó.[36]

Este es el tercer viaje del U-604.

* * *

35. Los éxitos de los submarinos en otoño de 1942 se debían, en parte, a que la Marina alemana había obtenido una importante pero transitoria ventaja criptográfica. Por un lado, el servicio de inteligencia de la Marina alemana había descifrado varios códigos de las flotas británica y estadounidense; por otro, los descifradores de códigos británicos en Bletchley Park ya no podían descifrar el tráfico entre los submarinos y sus cuarteles generales. El motivo era que la Marina alemana había empezado a utilizar una nueva variante de la máquina Enigma, más avanzada. Pero en diciembre de 1942 los británicos descubrieron también ese código, el Tritón, y pudieron empezar de nuevo a sortear los convoyes de diversas manadas de lobos hambrientos que estaban al acecho. A pesar de todas las ideas heroicas, fue más o menos en este punto cuando los aliados alcanzaron tal superioridad tecnológica —aviación, ASDIC, descifrado de códigos, radar avanzado, radiolocalización, etc.— que la victoria en la batalla por el Atlántico ya no era más que una cuestión de tiempo.

36. Un cálculo de la época realizado por los aliados sugiere que la dotación de un submarino sobrevivía una media de sesenta y dos días de servicio en el mar.

El mismo día en Voroshílovsk, en el Cáucaso. La lluvia de ayer se ha visto sustituida por temperaturas bajo cero y tormentas de nieve y viento. Ernst Jünger ha salido a dar un paseo de reconocimiento. La ciudad, con una gran proporción de edificios antiguos, es la primera que ha visto en el Este que le ha llamado un poco la atención. «En general, en los viejos edificios brilla la barbarie, pero aun así dan una impresión más agradable que la futilidad abstracta de las nuevas construcciones». Empujado por la curiosidad, sube a lo alto de un campanario medio derruido para así poder abarcar una vista general, pero la parte superior de la escalera está calcinada. No ve gran cosa.

Ayer miércoles, Jünger cenó con el coronel general Ewald von Kleist, el comandante del *Heeresgruppe A*, las fuerzas alemanas en el Cáucaso, una persona a la que Jünger conoce de antes y, probablemente, uno de los oficiales a los que ha venido a «tantear» aquí en el Este.[37]

Llega el mediodía y a Jünger le administran una inyección contra el tifus, lo cual acelera de nuevo su cerebro, siempre en constante búsqueda. ¿Acaso no es la vacuna una medida parecida a la eucaristía? «Aprovechamos la experiencia viva que otros han acumulado por nosotros: mediante el sacrificio, mediante la enfermedad, mediante mordeduras de serpiente. La linfa del cordero que ha sufrido por nosotros. Las maravillas se anticipan a la materia y se encierran en ella: son su mayor realización». (Un poco como el recuerdo histórico de una catástrofe, podría decirse).

Por la noche Jünger se reúne con algunos altos mandos. Un teniente coronel saca un gran mapa y le muestra qué es lo que ha ocurrido aquí arriba, en Stalingrado. El contacto directo con el 6.º Ejército está cortado. Hasta que no puedan abrirse paso hasta los sitiados, solo pueden proveerlos mediante un puente aéreo. Jünger piensa, claramente preocupado, que esto se parece mucho a esos grandes sitios de la Antigüedad sobre los que ha leído, «en los que no cabe esperar piedad alguna».

---

37. Von Kleist era, al igual que Stülpnagel, el jefe de Jünger, uno de los que antes de 1939 se mostraba crítico con los nazis —si bien no desde una perspectiva demasiado democrática—, lo cual llevó a que lo jubilaran. Pero tras estallar la guerra volvieron a admitirlo.

* * *

Ese mismo día a las 16.21, el U-604 abandona el búnker de submarinos en Brest y sale al Atlántico gris plomizo. A las 22.17 hace sonar una sirena para despedirse del dragaminas que lo ha escoltado en la salida del puerto. Doce minutos más tarde, su sistema de radares da un aviso: un avión enemigo lo ha localizado y se está acercando. Hace una rápida inmersión. Normalmente se tarda entre veinticinco y treinta segundos antes de que el submarino comience a desaparecer bajo el agua. Se quedan sumergidos durante cuarenta y un minutos, tras lo cual el jefe de la nave, Höltring, da la orden de salir a superficie. Casi al instante salta otra alarma y se ven forzados a sumergirse de nuevo.

Así prosigue toda la noche, hasta despuntar la mañana.

* * *

Cinco días más tarde, el U-604 torpedea un buque de transporte de tropas estadounidense que se hunde en menos de cinco minutos. Después, el submarino sale a flote. Las olas vienen del sudoeste y son altas. Los hombres en la torre atisban una balsa con tres supervivientes y se da la orden de dirigir el submarino hasta ellos, con la esperanza de que los hombres a bordo les digan el nombre del barco.

Höltring les grita a los hombres desde la torre, a través del viento marino, les pregunta por el nombre una y otra vez, por el tamaño del buque, pero las respuestas de los supervivientes son difíciles de comprender. El submarino se acerca un poco más surcando el oleaje. ¿Dicen «Ceoui»?[38] Los náufragos no le entienden, o bien solo están desesperados, pues el mar es infinito y vacío, indiferente y gélido, porque empiezan a encaramarse al casco liso del U-604. Höltring da la orden de dispararles.[39]

38. El nombre del buque era SS Coamo, y antes de la guerra había llevado turistas entre Puerto Rico y Nueva York, pero a principios de año fue requisado por las Fuerzas Armadas estadounidenses para el transporte de tropas. El capitán era un noruego llamado Nils Helgesen. Los 186 tripulantes a bordo no tenían ninguna posibilidad en el frío invierno. Todos desaparecieron sin dejar rastro.

39. En septiembre de este año, Dönitz emitió una orden categórica por la que los submarinos tenían prohibido salvar a personas de los buques torpedeados, «y esto

Después, el U-604 sigue atravesando las olas, en la superficie, para así cargar las baterías. El curso que siguen es 353 grados. Está entrando un frente frío.

* * *

Más de cuarenta kilómetros separan a Ernst Jünger en Voroshílovsk y a Elena en Piatigorsk. Así como un creciente grado de desilusión. Aún son muchas las personas en Piatigorsk que se aferran a sus devotas esperanzas para con los alemanes. Elena es una de ellas. Cree que aún es válido el frágil y peligroso cálculo según el cual el enemigo de mi enemigo es mi amigo, un cálculo que millones de personas se vieron obligadas a abandonar ya a finales del verano pasado, cuando las columnas de soldados que no pocos creían iban a liberarlos de una dictadura despiadada resultaron estar ahí para establecer un orden aún más despiadado, un orden en el que como esclavos carecen de futuro y sus vidas no valen nada.[40]

En parte, la autotraición se basa en el hecho de que, hasta la fecha, la gente de Piatigorsk solo ha vivido unos pocos meses de ocupación, mientras que los alemanes han estado demasiado ocupados en alcanzar el objetivo real de esta campaña: los campos de petróleo en Maikop, Grozni y, en última instancia, Bakú. Además, la proporción de población judía es bastante reducida,[41] lo cual ha limitado

---

incluye recoger a gente del agua y subirla a botes salvavidas, dar la vuelta a botes salvavidas volcados y repartir comida y agua». La directiva exhortaba a la «dureza», pero siendo justos no decía nada de matar a los supervivientes.

40. Para la mayoría de los habitantes de las zonas ocupadas por la Unión Soviética, esto era algo con lo que, de entrada, toparon en forma del llamado Plan Hambre —de un cinismo ilimitado—, que fue orquestado por una serie de órganos estatales burocráticos alemanes de cara a la invasión alemana de junio de 1941. El objetivo era alimentar a las Fuerzas Armadas y a Alemania sin tener ninguna consideración en absoluto por la población civil, y calcularon fríamente que con ello morirían entre veinte y treinta millones de ciudadanos civiles soviéticos. Tal como Tooze ha demostrado, dicho plan no pudo llevarse a cabo, no por falta de voluntad, sino por motivos prácticos y pragmáticos. A pesar de ello, murieron de hambre millones de soviéticos a consecuencia del plan. Paralelamente, se estaban llevando a cabo las masacres de judíos.

41. Eran cerca de cuarenta y cinco mil habitantes muy esparcidos, de una población total de unos 7,5 millones. El ya mencionado jefe del *Einsatzgruppe D*, Walther Bierkamp, que era doctor en Derecho, también tenía que decidir si ciertas minorías especiales del Cáucaso pertenecían a la categoría correcta o no. En primera

la escala de los asesinatos en masa, algo que a su vez ha permitido que muchas personas, igual que Skriabina, hayan podido abrazarse a la ignorancia. Además, el movimiento de partisanos aquí aún no se ha despertado, así que todavía no se han experimentado las represalias draconianas que se han convertido en el pan de cada día en Ucrania y Bielorrusia. (En las montañas hay guerrilla chechena, en efecto, pero es antisoviética y colabora con los alemanes).

Skriabina ha conocido a varios rusos uniformados, personas que llevan mucho tiempo viviendo en el exilio, opositores a los bolcheviques, y que aún están convencidos de que los alemanes van a liberar Rusia. La frágil normalidad que reina en Piatigorsk es parte de esa confirmación. Basta con ver que las iglesias han abierto y que han comenzado a celebrarse de nuevo bodas y bautizos.

Es el mismo jueves y Elena Skriabina ha sido invitada, precisamente, a una boda por la iglesia. Al entrar en esta se siente animada, ve las decoraciones florales, las velas encendidas y los invitados bien vestidos. Recuerda su propia boda, hace diecisiete años, que se celebró en secreto, a puerta cerrada y con la luz atenuada por miedo a ser descubiertos. Pero ahora eso ya ha quedado atrás. Al menos eso es lo que parece. Skriabina escribe en su diario: «Era como si nos encontráramos en otro mundo, como de cuento». La gente cree porque necesita creer.

* * *

Como de costumbre, Vasili Grossman ha acudido una vez más a uno de los lugares más peligrosos, o mejor dicho: uno de los lugares donde están sucediendo acontecimientos decisivos. Acompaña a una de las unidades que, igual que la de Mansur Abdulin, está atacando al 6.º Ejército sitiado, con la esperanza de que el gran saco pueda llevarse a implosionar enseguida. Pero es en vano. Grossman escribe en tono lapidario en su libreta: «Un día bonito y despejado. Bombardeos preliminares. Katiushas. Iván el Terrible.[42] Rugidos. Humo. Y fracaso. Los alemanes se han atrincherado, no hemos podido ahuyentarlos».

---

instancia se trataba de los llamados «judíos de las montañas». Bierkamp, tras una investigación antropológica de aficionado, llegó a la conclusión de que solo eran judíos de nombre y, por tanto, podían ser indultados.

42. Probablemente, se refiere a una pieza de artillería soviética muy pesada.

* * *

Campo 5 en las afueras de Batavia, en Java. Los ánimos de los prisioneros de guerra están cambiando. Ahora hay más irritación, más broncas. Incluso Weary Dunlop se siente deprimido: «La suciedad y la angustia de esta vida me provoca una sensación de amarga injusticia». El número de enfermos está aumentando, la mayoría afectados, como es habitual, de distintas enfermedades carenciales por efecto de la mala alimentación. También hace cada vez más calor, lo cual dificulta el sueño por las noches, apretujados como están, mientras las ratas y otras alimañas corretean en la oscuridad. Posiblemente, pesa lo suyo el saber que pronto van a partir. Los trabajos de papeleo continúan. Están elaborando una tarjeta escrita a máquina para cada prisionero.[43] Pero ¿adónde los van a enviar? La incertidumbre los carcome.

Este jueves, 25 de noviembre, él y los demás prisioneros de guerra tienen que formar una vez más en pleno calor, incluso dos veces, aparentemente para recuento y control. Dunlop está harto de las largas formaciones en fila, harto de esos dos suboficiales japoneses que se encargan de todo (y a los que siempre tienen que esperar), le irrita que siempre vayan vestidos de forma tan descuidada. ¡Los japoneses hacen la inspección en zapatillas de deporte! «Terrible desidia», escribe agitado en su diario.

La hostilidad es mutua. Dunlop odia a los japoneses con intensidad. (Aunque no a todos; a algunos los respeta; y un par incluso le caen bien, a su pesar). Al mismo tiempo, se da cuenta de cómo han influido en él.

Dunlop y los demás australianos no tardaron en aprender a saludar y actuar correctamente a lo japonés, como una forma sencilla de apaciguar a los guardias y reducir el nivel de gritos, amenazas y golpes. Lo mismo ocurre con la higiene personal. Mantenerse limpio, ser meticulosos con el afeitado, cortarse el pelo muy corto, como los japoneses, es recibido con agrado por parte de los guardias del campo. Una vez, al ver a un grupo de prisioneros de guerra recién llegados, se escandalizó de forma espontánea por lo desgarbados que iban, con barbas salvajes y pelo sin cortar. Pero se descubrió a sí mismo y escribió en su diario, horrorizado: «¿Me estoy niponizando?».

---

43. Cabe mencionar que la tarjeta de Dunlop se sigue conservando.

* * *

El mismo jueves en Nueva York: estreno mundial de *Casablanca*. El lugar elegido es el gran cine Hollywood, propiedad de la Warner y ubicado en la calle Cincuenta y uno Oeste. El edificio es una mezcla peculiar. La fachada exterior es art decó contenido, con dos pilastras transformadas en dos hombres musculosos que flanquean la entrada; el interior, con su grada doble, sus tribunas laterales y sus 1.603 butacas, es neorococó, un choque de oro y rojo; de decoración, frescos, medias columnas y rosetones estucados, que le brindan al visitante una desconcertante sensación de ser arrojado de un plumazo dos siglos atrás. Un templo para los que le tienen miedo a vivir, quizá, o una máquina del tiempo que te aleja de un presente inseguro. Sea como sea, el estreno tiene lugar aquí y ahora.

La compañía quiere sacar todo el partido posible de la conexión con la guerra y el desembarco en Marruecos. El estreno comienza a media mañana con un pequeño desfile de banderas por la Quinta Avenida, tanto con personas vestidas de civil como gente uniformada, entre otros, la Legión Extranjera, la mayoría de los participantes vinculados a distintos grupos franceses libres. El desfile se mete por la calle Cincuenta y uno Oeste y llega hasta el cine, donde la gente se coloca frente a los fotógrafos, se despliega la bandera con la Cruz de Lorena y luego se canta La Marsellesa.

Las taquillas abren a las 11.30. Dentro de la gran sala circular hay varias mesas: en algunas se venden suvenires, en otras puedes presentarte como voluntario a la Legión Extranjera. Todo el evento —que según un reportero tenía más «el carácter de un encuentro patriótico multitudinario que el estreno de una película de contenido actual»— se retransmite incluso por radio.

Las reseñas son todas buenas, algunas incluso excelentes. *New York Times*: «Una de las películas más emocionantes y agudas del año». *Time Magazine*: «Solo una invasión podría añadir algo destacable a *Casablanca*». *Variety*: «*Casablanca* conquistará las salas de cine de América con la misma rapidez y seguridad con las que las fuerzas expedicionarias estadounidenses conquistaron África del Norte». *Hollywood Reporter*: «Contundente melodrama con relevancia contemporánea, debería ser un éxito en los cines de todas partes».

* * *

Sí, *Casablanca* ha caído justo en el momento preciso. El largometraje es una alegoría del camino de Estados Unidos desde el aislacionismo hasta la implicación, y al mismo tiempo un manifiesto que quiere hacer comprender a las personas que la guerra es un destino que irá a buscarlas lo deseen o no, y que tienen que estar preparadas para los sacrificios que esto traerá consigo. Poca gente del público lo pasa por alto. Pero la película es más que eso. También es un relato romántico sobre el amor perdido; una tragedia que habla de decisiones imposibles y pérdidas inevitables; un drama psicológico sobre la necesidad de reconciliarse con el pasado; un thriller lleno de amenaza, tensión y alianzas inciertas y ambiguas; una comedia, al menos en la medida en que hay muchas intervenciones que te hacen reír; un melodrama que habla de un héroe desilusionado en su reencuentro consigo mismo; una moralidad tan en blanco y negro como el estilo visual de la película.

Que el filme haya sobrevivido se debe, en parte, a que da cabida a todas estas lecturas. Al mismo tiempo, posee una energía oscura que con toda probabilidad era claramente reconocible para todas aquellas personas que este día se sentaron en la sala oscurecida, y que aún a día de hoy nos conmueve de una forma que a lo mejor sentimos pero no logramos entender.

Casablanca recuerda algo que nosotros hemos olvidado. Su tono nace del hecho de que, cuando se rodó, parecía que las fuerzas del Eje fueran a ganar la guerra. Y gran parte de las personas a las que vemos en el lienzo, tanto en papeles protagonistas como secundarios o meros figurantes, son refugiados de Europa que han escapado de la guerra o del nazismo o de ambas cosas,[44] y en sus roles llevan una desesperación que no es fingida.

---

44. El mejor ejemplo es Paul Henreid (Victor Laszlo), que huyó por ser antinazi declarado, Peter Lorre (Guillermo Ugarte) que provenía de una familia judía, así como Conrad Veidt, que interpreta al mayor Strasser y que se vio obligado a abandonar Alemania porque su mujer era judía. (Irónicamente, Veidt acabó siendo encasillado como el personaje nazi por defecto en Hollywood). Los padres de Marcel Dalio (el crupier del club) murieron en los campos de concentración, y el mismo destino sufrieron las tres hermanas de S. Z. Sakall (el camarero Carl).

Y una vez se ha desvanecido la música final, ha caído el telón y la cola de gente ha dejado atrás el sueño de terciopelo y rococó dorado de la sala Hollywood y ha salido de nuevo a la calle Cincuenta y uno Oeste, bajo un cielo no demasiado frío pero sí muy gris de noviembre, ¿qué era lo que se llevaban consigo? Sin duda, tratándose de una película con tantas lecturas posibles, resulta imposible saberlo, pero sí se puede decir qué diálogo fue central allí y entonces, tanto para los creadores de la película como, con toda probabilidad, para muchas de las personas que acababan de verla. No se trata de ninguna de las frases ingeniosas que hoy se han vuelto inmortales, sino de las palabras de despedida de Laszlo a Rick en el aeropuerto: «Bienvenido a la lucha. Esta vez sé que seremos los vencedores», acentuadas por una repentina subida de la música y un dramático cambio de plano a un motor de avión que arranca.

Hace unos meses, esas palabras eran una maldición. Ahora son una promesa.

* * *

Por una vez, a Mun Okchu no le esperan las rutinas de siempre en la Posada Taegu, en Mandalay. Hoy es su único día libre este mes. Puede quedarse en la casa, pero también bajar a la ciudad. No obstante, esto último requiere un permiso sellado y firmado por la plana mayor de la división. Las chicas de la «posada» solo pueden salir en grupos de cinco o seis, de las cuales una debe responsabilizarse de todas. Y hoy es Mun quien cumple con esa función.

Quizá se debe a que se la considera especialmente de fiar, ya que por fuera ha mostrado buenas señales de niponización, de aquella manera que persigue la política japonesa en los territorios ocupados. Al menos en su permiso hacen constar el nombre japonés que Mun ha adoptado: «Fumihara Yoshiko y un grupo formado por...», además del horario que deben cumplir y la hora a la que deben haber regresado a la casa de dos plantas. Esto último sabe que lo controlan con exactitud.

El pequeño grupo no está vigilado por ningún guardia armado, ni siquiera por el señor Matsumoto ni su esposa. Porque, ¿adónde podrían escapar? Están proscritas, a dos meses de trayecto en barco de su casa, en un país desconocido, en una ciudad rodeada de montañas y selva, entre una población desconocida y hostil que habla una lengua que no entienden. Ella misma explica: «Dondequiera que fuéramos nos humillaban y despreciaban por ser prostitutas y por ser coreanas».

* * *

Mun Okchu carga con lo que se suele llamar un oscuro secreto. Ya se ha visto antes en una situación como esta. Una tarde, cuando tenía dieciséis años y estaba volviendo a su casa después de haber ido a ver a una compañera, fue secuestrada por un oficial japonés y tras sinuosos derroteros terminó en un burdel militar al noreste de China. Allí la tuvieron cautiva y la obligaron a tener relaciones sexuales con una treintena de soldados al día. («El día que perdí la virginidad sentí como si todo se volviera negro —explica—. Lloré y lloré sin parar»).

Pese a todo, logró escapar. Comenzó una relación con otro oficial japonés, y este le consiguió los documentos de viaje que necesitaba para regresar a Corea.

¿Se dejó reclutar Mun por el matrimonio Matsumoto a sabiendas de lo que le esperaba? ¿Fue una cuestión de ingenuidad, de la victoria de la esperanza frente a la experiencia, o algo peor? (El dinero es importante para ella). Independientemente de las esperanzas o planes que albergue, todo quedará reducido a polvo. Mun Okchu se ha construido una dura coraza con la que protegerse, pero su estado mental es cada vez peor. Del relato que compuso después de la guerra se puede inferir que, más tarde, intentará suicidarse.

Hay en Mun, igual que en sus compañeras de desgracias, un rasgo fatalista que refleja el poder caprichoso y violento al cual tienen que vivir sometidas, sobre todo por su condición de mujeres, por su condición de mujeres pobres. Este fatalismo las anestesia y eso hace que les resulte más fácil soportar la situación, pero también dificulta que se liberen de ella.

El grupo camina en dirección a Mandalay y sus altas pagodas y elefantes tiznados por efecto del fuego, su sol radiante, sus palmeras y sus frágiles tañidos de campanas en los templos. La mayor parte de la ciudad está en ruinas. Aquí y allá, entre las montañas de piedra, hormigón y placas metálicas retorcidas de tejados colapsados, ha empezado a crecer una hierba verde y jugosa.

* * *

Día a día en Leningrado. Las colas que se forman en todas partes van deslizándose por la nieve y el frío. O quizá no tanto como deslizarse: a veces su avance es prácticamente imperceptible. Lidia Ginzburg explica:

> Una cola es un conjunto de personas condenadas a una convivencia involuntariamente ociosa e internamente aislada. La ociosidad a la que no se le atribuye un sentido recreativo ni de distracción no es más que agonía, un castigo (cárcel, cola, esperar a que te reciban). Una cola es ociosidad total combinada con un tormentoso derroche de energía física. A los hombres les cuestan especialmente las colas, puesto que están acostumbrados a creerse que su tiempo es valioso. El tema no es siquiera la situación objetiva, se trata, simplemente, de una cuestión de costumbres heredadas. De sus abuelas y de sus madres, las mujeres trabajadoras han heredado un tiempo que no cuenta. Sus vidas cotidianas no dejan que este atavismo desaparezca. Un hombre considera que tiene derecho a descansar o divertirse después del trabajo; cuando una mujer trabajadora llega a casa, trabaja en el hogar. Las colas durante el sitio formaban parte de un contexto de un pasado ancestral de repartir y conseguir, con la irritabilidad y la paciencia femeninas de siempre.
>
> Por otro lado, casi todos los hombres que se presentaban en una tienda trataban de llegar al mostrador antes de que fuera su turno. No se puede explicar de dónde sale la sensación de derecho interno, a pesar de la evidente injusticia de sus actos. Pero una cosa la tienen clara: hacer cola es cosa de mujeres.

La temperatura desciende. En el débil resplandor del sol de invierno, las casas adoptan un tono rosáceo.

* * *

Otro turno como vigilante de incendios para Vera Brittain, vestida pero durmiendo en su cama, esta vez entre las tres y las seis de la madrugada. Piensa mucho en sus hijos, que están en Estados Unidos, sobre todo en John, que el mes que viene cumple quince años. En la entrada de su diario del día 27 de noviembre escribe:

> Seguro que John ya es un muchacho majestuoso. Creo que me costará reconocerlo. Según mis cálculos, ahora ya mide un metro setenta de alto. Intento no estar demasiado triste porque crezca tan alto y tan elegante y yo me lo esté perdiendo todo. Pero los años pasan y la guerra se le acerca sin que yo pueda participar en absoluto de su atractiva juventud.

* * *

Ha pasado cerca de una semana desde la botadura de la SS Oglethorpe. Su trayecto no fue largo. La remolcaron unos pocos cientos de metros corriente arriba por el río Savannah. Allí está ahora en un dique húmedo, en el mismo astillero.

La nave todavía no está lista para echarse a la mar. Primero hay que montarle varios elementos pesados, como por ejemplo cañones antiaéreos, botes salvavidas, flotadores, aparatos de radio, maquinaria de cubierta y fogones. También hay que proveerla de todo aquello que la tripulación va a necesitar en la inminente travesía, dese «muebles, medicinas y equipo de cocina hasta instrumentos de navegación». A bordo se suben, entre otras cosas, 2.160 sábanas, 2.160 toallas, 2.780 toallas de mano, 1.380 fundas de almohada y 118 mantas.[45]

En breve comenzarán las primeras pruebas de las grandes turbinas de vapor del barco. Y pronto subirán también a bordo los primeros miembros de la tripulación. Se espera que la SS Oglethorpe pueda hacerse a la mar la segunda quincena de enero. Después de cargarla le espera un viaje en convoy desde Nueva York hasta Gran Bretaña, atravesando todo el Atlántico.

* * *

Del ataque a la defensa. Mansur Abdulin cava en la tierra helada centímetro a centímetro. A su alrededor, sus compañeros hacen lo mismo.

---

45. No había posibilidad de lavar la ropa en aquellos buques. Toda la ropa sucia debía almacenarse a bordo y se lavaba cuando el barco volvía a Estados Unidos.

Los terrones helados y la nieve van saliendo disparados de una serie de hoyos a su alrededor. El sonido apagado y tintineante de las paladas llena el aire. Es una labor pesada. Tienen que meterse en la tierra dura, pero no les quedan fuerzas para enterrarse más de lo estrictamente necesario, así que por ahora todos se limitan a cavar un hoyo en el que quepan justos. De esta forma, cada hoyo de trinchera se convierte en la huella de un cuerpo individual. Algunos de ellos acabarán enterrados en este útero de tierra. «Cava o muere», dice la regla. A veces mueres igualmente.

La ofensiva contra aquel pueblo grande, Illarionov, y el largo barranco duró varios días. En vano. La resistencia alemana era demasiado poderosa y las fuerzas soviéticas estaban cada vez más cansadas, por no decir agotadas. Si bien es cierto que Abdulin y sus compañeros contaban con el apoyo del ahora ya famoso IV Cuerpo de Carros de Combate, de los ciento cuarenta y tres carros que el cuerpo sumaba al comienzo de la ofensiva quizá quedaban unos treinta cuando iniciaron los ataques contra Illarionov. (Además, estaban repartidos a lo largo de un frente de quizá diez kilómetros de ancho). El resto están destruidos o dañados o han tenido problemas mecánicos.[46] Y la división de tiradores a la que pertenece Abdulin, la 293.ª, inició la Operación Urano con sus fuerzas al completo, 10.420 hombres, pero casi una semana más tarde quedan solo unos seis mil. Rusos, bielorrusos, ucranianos y judíos, kazajos, tártaros y otros pueblos de Asia Central.

Así que ahora se preparan para defenderse, porque es lo único que se ven capaces de hacer y porque es algo que deben hacer.[47] Sin duda alguna, el movimiento más racional de sus enemigos cercados sería tratar de salir por la fuerza —eso lo entiende todo el mundo—, y esa es la razón por la que Abdulin y sus compañeros se están atrincherando.

Poco a poco van recobrando las fuerzas. Siguen cavando. Cavar es también una forma de mantenerse ocupados y calientes en el frío. Los hoyos de trinchera van creciendo lentamente, les hacen pequeños recovecos, nichos para las armas y la munición, nichos para las ollas. No

---

46. Además, muchas de las tropas de artillería que habían apoyado de forma activa el avance del 19 de noviembre habían quedado rezagadas.

47. Si bien es cierto que tomaron ese pueblo grande y el gran barranco, no lo hicieron hasta que los propios alemanes iniciaron la retirada.

hay combates. De vez en cuando se oye el sonido hueco de un mortero que abre fuego, seguido unos segundos más tarde del ruido apagado y sordo del impacto; de vez en cuando resuena el eco de un disparo solitario efectuado por algún francotirador. Cuando cae la noche, como es habitual, se ven collares de perlas oscilantes que la munición trazadora deja en la lejanía. Ambos bandos aguardan. ¿Qué ocurrirá ahora?

Abdulin otea con precaución la línea alemana. No parece que se hayan atrincherado a la misma profundidad que ellos. Su parapeto está formado por dos o tres capas de cuerpos helados, la mayoría compañeros suyos caídos en combate, a los que luego les han echado nieve por encima. Puede ser una señal de desesperación, pero también de algo preocupante. ¿Quizá su maniobra de abrirse paso es tan inminente que no les merece la pena cavar más hondo?

* * *

Ya llevan cerca de una semana rumbo a Bengasi y Keith Douglas está hastiado, cansado e irascible. Todos parecen hastiados, cansados e irascibles. El trayecto no solo está durando mucho más de lo previsto, sino que también ha resultado ser extremadamente incómodo. Los remolques de los pesados vehículos de transporte sobre los que van los carros de combate no tienen amortiguación alguna. A lo largo de muchos tramos en mal estado, han ido botando, literalmente, durante decenas de kilómetros. La gente se pelea por ocupar los vehículos más cómodos, los mandos de los transportes discuten con los mandos de las unidades sobre el orden de la marcha. Las tormentas de arena se han visto sustituidas por lluvias torrenciales.

Una cosa buena: han dejado atrás el desierto libio y han llegado a un territorio más verde y poblado. Douglas ha visto grafitis en las paredes de cal blanca: «*W il duce W il re*», «*Vinceremo Duce Vinceremo*»[48] y —no sin cierta ironía— «*Ritorneremo*» (¡Volveremos!). Una noche montaron el campamento en una cuesta con árboles, entre botellas de champán y chianti vacías, envoltorios de chocolate y latas de cerezas, restos que dejaron sus enemigos en plena retirada.

Más tarde aparecen unos beduinos que se acercan a Douglas y los demás. Los beduinos hacen el saludo fascista —también esto resulta

---

48. «Viva el Duce, viva el rey» y «Venceremos, Duce, venceremos».

un tanto irónico, por el contexto— y les indican que tienen huevos para vender. No es que les gusten los británicos. Deben de gustarles, por lo menos, igual de poco que los italianos. A sus ojos son el mismo tipo de señores coloniales despreciables, que guerrean entre ellos delante de sus ojos. Los únicos que se han ganado el favor general de los beduinos son, por curioso que sea, los alemanes, quienes durante la guerra en el desierto han podido cumplir para los beduinos el papel un tanto inusual de libertadores.[49]

Esta guerra sigue la lógica de todas las guerras grandes, dado que crece a base de arrastrar consigo conflictos que no tienen nada que ver, como un agujero negro que engulle toda la materia. De esta manera, los roles se pueden intercambiar temporalmente, y pueden darse alianzas poco ortodoxas.   /

Esta mecánica ha llevado a que incluso muchos egipcios hayan deseado la victoria de las fuerzas del Eje en África del Norte. Algo que, por cierto, pudo comprobarse hace apenas medio año cuando las fuerzas aparentemente imbatibles de Rommel cruzaron la frontera y se adentraron en Egipto. Durante el incidente que más tarde se denominó *The Flap*, muchos egipcios —y decenas de miles de italianos internados en la ciudad— observaron con regocijo mal disimulado cómo un pánico extraordinario se apoderaba de los británicos, que hacían cola en El Cairo para sacar sus ahorros y luego apretujarse en alguno de los trenes que los llevarían a Sudán o Palestina. Empujados por las expectativas, los tenderos de los comercios locales comenzaron entonces a cambiar el idioma de sus carteles a alemán.[50]

Pero estos beduinos con los que Douglas se cruza han sobrevivido de la misma manera que han sobrevivido a todos los conquistadores que han pasado por aquí desde la Antigüedad, a base de quedarse al margen y contemplar la gran Historia como si de una catástrofe

---

49. Una mera ilusión, como siempre. Allí había un *Einsatzgruppe Ägypten*, formado y a la espera, dispuesto a masacrar a la población judía siguiendo el patrón establecido, primero en Egipto y después en Palestina, tan pronto los cuerpos de África hubieran vencido y conquistado las zonas nombradas. En julio de 1942, el SS-*Obersturmbannführer* Walter Rauff, jefe del grupo, fue enviado a Tobluk para consultar con Rommel.

50. Hay un grupo para el que este pánico era perfectamente comprensible: los judíos de El Cairo, tanto los que habían vivido allí desde tiempos inmemoriales como los que habían llegado a la ciudad en condición de refugiados huyendo de Hitler.

natural se tratara, devastadora, incomprensible y, al fin y al cabo, pasajera. A los beduinos tampoco les interesa el dinero, sobre todo no las libras esterlinas. A cambio de sus huevos quieren té o azúcar; a malas, carne en conserva o biscotes.

Están a finales de noviembre, la columna sigue avanzando, ahora con huevos, pasan por la pequeña ciudad de Barca. Después de tanto tiempo en el paisaje monocromático del desierto, Douglas se adentra, por primera vez desde Alejandría, en un mundo de colores, y sobre todo de tres colores a los que sus ojos no están acostumbrados: blanco, rojo y verde. Las paredes de las casas son blancas por la cal, los tejados son rojos por las tejas y los árboles son verdes. Hay gallinas y cabras e infantes que los saludan. El sol salpica y se cuela entre el follaje de las alamedas. La ciudad parece ilesa. El único rastro de la guerra que Douglas puede ver es un puente derruido. Debajo de él hay un camión bocarriba. Su mercancía: montones de cruces funerarias alemanas, sin inscripción, relucientes, esperando un nombre.

* * *

Ayer viernes los alemanes ejecutaron a ocho belgas que habían sido tomados como rehenes para que los ataques armados del movimiento de resistencia cesaran.[51] Pero no ha ocurrido así. Más bien se han acelerado. Los atentados comenzaron en serio en primavera y han ido aumentando a medida que avanza el año.

Los últimos seis meses se han cometido unos sesenta ataques violentos, pero los objetivos no han sido, en primera instancia, los alemanes, sino los colaboracionistas belgas. Solo entre finales de octubre y finales de este mes han sido asesinados nueve, muchos de ellos rexistas de extrema derecha que los alemanes han designado como alcaldes en lugar de los elegidos democráticamente. El 19 de noviembre tuvo lugar el último atentado. Mataron al alcalde de Charleroi, un tal Prosper Teughels, a las puertas del ayuntamiento de la

---

51. En realidad, no se puede hablar de un solo movimiento en singular. Como en todos los países ocupados se trataba de numerosos movimientos de resistencia, ya que el espectro era amplio, desde comunistas a la izquierda hasta conservadores y monárquicos a la derecha. Sin embargo, los grupos comunistas en general tenían más éxito —estaban acostumbrados al trabajo bajo tierra— y eran los más violentos.

ciudad.[52] Y ayer llegó la respuesta.[53] Los ocho rehenes fueron fusilados en Fort Breendonk, en las afueras de Malinas. (Allí, en un antiguo fuerte del Ejército, los alemanes han montado un campo provisional para presos políticos, miembros de la resistencia y población judía, un lugar envuelto en una oscura nube de rumores sobre torturas y abusos).

Hoy es sábado 28 de noviembre y Anne Somerhausen está leyendo la noticia de la ejecución en uno de esos pósteres verdes que las fuerzas de ocupación han colgado por toda Bruselas. En ellos se proclaman también otras y nuevas amenazas. Lee: «El comandante militar se reserva también el derecho a condenar a la horca a los autores de crímenes políticos que hayan sido sentenciados a muerte por un tribunal militar, si los crímenes en cuestión se han llevado a cabo de una forma especialmente brutal o insidiosa».

Esto es una clara escalada. Sin duda, los alemanes ya han ejecutado antes a gente, pero siempre se ha tratado de personas directamente implicadas en sabotajes o similares, a quienes han sorprendido con las armas en la mano. (Y con ayuda de sentencias que han sido contrafirmadas por jueces belgas). Esos casos todavía se regían por una aparente legalidad. Pero ahora se trata de rehenes, personas que han sido asesinadas por actos en los que no tenían nada que ver.

El ambiente está cambiando en Bruselas y Bélgica. Y de una manera complicada y gravosa.

Sin duda, parece que la guerra está dando un giro. Incluso Somerhausen escucha a escondidas las emisiones de la radio extranjera, y la información de lo que ha pasado y está pasando en África del Norte, en

---

52. Teughels no era de ningún modo un colaborador extremista, y se había ganado la reputación de ser un alcalde bastante capaz, pero el mero hecho de que antes de la guerra fuera un conocido rexista lo puso en el punto de mira.

53. Los alemanes responsables dudaron de dar este paso hasta el último momento, pues lo consideraban contraproducente. Pero se tomó la decisión sobre todo para tranquilizar a los rexistas y otros colaboracionistas que estaban aterrorizados por la ola de atentados. Al igual que en Francia, había allí militares alemanes conservadores ajenos al nazismo, pero tal y como ha señalado Werner Warmbrunn: «Su desgracia fue que no vieran —y no podían debido a las limitaciones de su propia cultura política— que colaborar con la absoluta maldad que la Alemania nazi representaba tenía por fuerza que acabar arruinando y contaminando también las buenas intenciones de los que intentaban "trabajar desde dentro", y que esta colaboración tenía que convertir en cómplice a cualquier persona que trabajara para la Administración».

el frente oriental y en el Sudeste Asiático no pasan inadvertidas. (Además, hay una creciente proliferación de periódicos clandestinos). Y la mayoría de las personas a las que conoce se alegra de ello, el júbilo sobre los desembarcos estadounidenses fue tan sincero como generalizado.

Al mismo tiempo, la mayoría de la gente comienza a darse cuenta de que la esperanza de que la ocupación termine de forma repentina gracias a algún tipo de acuerdo de paz u otro acuerdo no es más que una ilusión. Y esa fórmula que ha estado sosteniendo a Somerhausen durante tanto tiempo, la que dice que todo volverá a ser como siempre dentro de, pongamos, medio año, le parece también cada vez más un pensamiento ilusorio y banal.

Le asusta la idea de que Bélgica, como tantas otras veces en la historia, pueda convertirse de nuevo en un campo de batalla. En cierta manera, ya lo es. Como ya hemos visto, este último año las fuerzas aéreas británicas se han vuelto cada vez más agresivas y las alarmas antiaéreas cada vez más habituales, también en Bruselas. El aullido de las sirenas asusta a Somerhausen, a pesar de saber que, por lo general, no hay ningún peligro. Al menos de momento. Es cierto que la ciudad ha permanecido intacta durante mucho tiempo —excepto a comienzos de verano, cuando cayeron algunas bombas en los barrios de la periferia—, pero la costa parece haberse visto muy afectada, sobre todo Ostende. Somerhausen anota en su diario:

> La sensación general aquí es que estaríamos a salvo si los ingleses acertaran en sus blancos con más precisión. La opinión unánime es que algunas fábricas de armas y algunos aeropuertos deben ser bombardeados. Pero lo que nos preocupa es que las zonas residenciales de los alrededores normalmente tienen que pagar un precio por ello.

Está surgiendo algo nuevo a los ojos de Anne Somerhausen y sus compatriotas; los «cuantiosos matices grises que han predominado tanto estos últimos años»[54] se están tornando blancos y negros. Una imagen más simple y brutal del mundo está aflorando. La guerra va a terminar y los alemanes serán vencidos, pero el camino hasta allí va a ser largo. Bruselas está gris, oscura y fría. Los castaños de la avenue Louise han perdido las hojas.

54. Martin Conway.

* * *

Danuta Fijalkowska no puede quitarse la imagen de aquella mujer judía que sin titubear le pasó su recién nacido a otra mujer con la que se cruzó en la calle. Le pregunta a Józek, su marido, si se puede imaginar la situación de estar tan seguro de una muerte inminente como para hacer algo así. Él, el creyente, el exprisionero de Auschwitz, dice que sí, que se lo imagina, pero al mismo tiempo trata de consolarla: «Son muchas las cosas que superan nuestra capacidad de comprensión. Pero intenta pensar en ello de la siguiente manera. La muerte trae consigo la liberación del sufrimiento terrenal. A lo mejor esa mujer es más feliz ahora, allí arriba, con Dios». El argumento no la convence. Ella, la escéptica, carente de ilusiones, alza la voz: «No creo en eso. ¡Simplemente, no me lo creo! No creo en la vida eterna. Mira lo que nos pasa después de la muerte. Nos convertimos en polvo, ¡nada más que polvo! ¡Y todos esos miles y millones de personas que están muriendo asesinadas cada día en Polonia! ¿Qué queda de ellas? Solo polvo, nada más». Él lo intenta de nuevo y, casi desesperado, rozando la súplica, le dice: «Danus, sí hay una vida eterna, lo sé seguro. Tienes que creerlo». Después no dicen mucho más.

Así es más o menos como ella recuerda la conversación más adelante. Y que al otro lado de la ventana escarchada caía nieve. El hecho de que se acuerde de esto con tanta claridad quizá tenga que ver con que la conversación tuvo una importancia de la que en aquel momento no era consciente. No lo sabemos. Pero más tarde ganó significado. En aquel momento, a Józek solo le quedaban un par de meses de vida.

* * *

De nuevo, una demora para Willy Peter Reese. Ya ha estado dos veces ingresado en el hospital, donde ha pasado largos periodos de convalecencia. La primera, después de la campaña de invierno contra Moscú, muy consumido y con graves heridas de congelación en las piernas; después en julio, cuando sufrió una especie de colapso tras largas marchas bajo el intenso calor de verano —está claro que aún no se había recompuesto del todo—. Y ahora es la casualidad o un benevolente oficial quien lo ha apartado de una nueva y peligrosa orden. El fatalismo que Reese y tantos otros soldados albergan —soldados de distintos ejércitos y en distintas partes del mundo— atenúa el miedo y, en cierto modo, es una reacción racional si uno está atrapado en una situación en la que puede hacer muy poco para evitar las lesiones o la muerte.

Hace unos días, el miércoles 25 de noviembre, los soviéticos lanzaron una nueva ofensiva en Rzhev. No queda claro cuántas llevan. El constante ruido de la artillería pesada en la lejanía llena de nuevo el aire invernal. No obstante, los combates no afectan a la franja en la que se encuentra Reese. Pero los cañones antitanque de su compañía han sido enviados como refuerzo puntual a uno de los puntos amenazados, Olenino. Aparentemente, ha sido deprisa y corriendo, porque han dejado en el lugar gran parte del equipo personal. Y a Reese le han ordenado quedarse, «vigilar el búnker y mantenerlo en orden».

La mayor parte del tiempo se lo pasa sentado en el búnker cada vez más cubierto de nieve, alimentando la estufa con la leña que él mismo ha cortado, hirviendo sucedáneo de café, escribiendo a la luz de una pequeña lámpara de queroseno, soñando, pensando y escuchando el sonido crepitante del fuego, mirando fijamente las brasas. Es lo más que Reese se puede acercar a la felicidad. Las únicas veces que se cruza con alguien es cuando sale a buscar su comida, o cuando algún otro soldado que se ha quedado asoma la cabeza y hablan de «sus vidas en tiempos de paz, sus experiencias de la guerra y esperanzas». «Me alimentaba a base de una despensa de tiempos pasados», explica.

> Podíamos soñar con nuestra juventud cuando la guerra nos la arrebató, las vidas que no habíamos vivido podíamos dibujarlas llenos de nostalgia: érase una vez una noche en que se bebía, se cantaba, se bailaba y se besaba mucho, y también éranse otras mil noches llenas de música, magia, embriaguez, risas y pensamientos, paseos y divina melancolía. Pero nunca nos pertenecían a nosotros. Veíamos la nieve: Dios la había creado, igual que nos había creado a nosotros. Pensábamos en el hogar, en los libros que teníamos que quemar junto con sus mentiras.

Lo más dramático que ha pasado es que una vez, cuando iba a buscar su comida, se perdió en plena tormenta de nieve. Pero esta noche Reese vuelve a dormir en su búnker.

Un ruido lo despierta. No es un estallido ni una detonación fuerte, sino algo mucho más silencioso, pero que por su rareza lo hace aguzar al instante el oído, preso del pánico. Es el crujido de unos pasos meticulosos en la nieve fría. Empuña su pistola. Los pasos se acercan. Oye voces susurrantes. Rusos. Se prepara para disparar. Los pasos desaparecen. Reese no lo entiende hasta pasado un rato. La entrada del búnker está tan cubierta de nieve que la patrulla rusa no ha podido verla. De nuevo, una demora.

* * *

Hasta el momento, noviembre ha sido un mes especialmente caluroso en Shanghái, pero ahora ha entrado una gran bolsa de aire frío sobre la ciudad. El invierno está aquí. Cuando Ursula Blomberg, de doce años, ha salido esta mañana de los muros que rodean su casa en el número 475 de la Place de Fleurs, ha podido ver por primera vez la escarcha plateada titilando en la hierba. Otro invierno en Shanghái. Lo que para ella y su familia debía ser un tránsito, un exótico interludio, se ha prolongado ya tres años y medio. Están atrapados aquí mientras dure la guerra. ¿Y cuánto tiempo puede ser eso? A pesar del tiempo y de la incertidumbre, Blomberg ni quiere ni puede sentirse como en casa aquí, en esta gran ciudad que es exótica y familiar a la vez, segura y amenazante, totalmente incomprensible pero también parte de Blomberg. Ella misma cuenta:

> Desde mi primer día en Shanghái nunca perdí la peculiar sensación de estar viviendo como en un sueño: la experiencia de no ser más que una visitante temporal, una especie de observadora neutral de mi vida en China. Mi pasado estaba en Europa, mi futuro en Estados Unidos, y el presente era tan solo el pasaje que llevaba del ayer al mañana. Mantenía mi entorno a cierta distancia y no buscaba echar raíces en tierras chinas. Al fin y al cabo, iba a partir, lejos de allí.

Blomberg se aferra a esa sensación; o quizá es la sensación la que se aferra a ella. ¿Puede ser una manera, no solo para la niña, de mantener en jaque el desaliento? ¿Y pueden haber dejado ya atrás la peor parte del desconsuelo?

* * *

Día a día en Leningrado. Cada vez hace más frío. Queda lejos el tiempo en que se desvestían por la noche. Lidia Ginzburg explica:

> Durante varios meses seguidos la gente —la mayoría de la población— dormía sin quitarse la ropa. Perdieron de vista su propio cuerpo. Este desapareció en un abismo, enterrado bajo la ropa, y ahí abajo, en las profundidades, iba cambiando y decayendo. Sabían que se estaba transformando en algo terrible. Querían olvidar que en algún punto muy muy lejano, por debajo del abrigo, por debajo del jersey y de la camiseta, por debajo de las botas forradas y las vendas para las piernas, tenían un cuerpo sucio. Pero el cuerpo se hacía notar mediante el dolor y los picores. Las personas con más vitalidad se lavaban de vez en cuando y se cambiaban de ropa interior. En esos momentos no podían evitar un encuentro con el cuerpo. Lo inspeccionaban con una amarga curiosidad que superaba su deseo de mantenerse en la ignorancia. Se les antojaba desconocido, con nuevas oquedades y bordes cada vez que lo veían, amoratado y áspero. La piel era un saco moteado, demasiado grande para su contenido.

Los ataques aéreos alemanes y el fuego de artillería continúan, espasmódicos e imprevisibles. El frente alrededor de la ciudad está tranquilo. Y eso no es bueno. Porque saben que, mientras el frente esté tranquilo, seguirán atrapados.

* * *

Es una escena propia de una postal navideña: un trineo tirado por un caballo gris y con dos pasajeros muy abrigados se desliza por un bosque oscuro y cubierto por un manto de nieve, la nieve se arremolina en el aire y cruje a su paso. Uno de los dos es el partisano Nikolai Obrinba. Sin embargo, el esteta, que de normal está tan abierto a todo lo que sea bello y pintoresco, tiene la cabeza en otra parte.

De nuevo le toca ejecutar a alguien. La primera vez ya fue lo bastante desagradable, cuando disparó a aquel *Polizei* desertor, pero por si no fuera suficiente, ahora se trata de una mujer, una refugiada de Leningrado, que se ha refugiado en un pueblo en las afueras de Antunovo. La mujer ha comenzado una relación con un colaboracionista bielorruso, un *Polizei*, en una pequeña ciudad cercana, Lepel. Los demás habitantes del pueblo sospechan que la mujer «quizá» se ha vuelto informante, por lo que ya no quieren colaborar con los partisanos, pues temen que la mujer los delate. Ergo: esta debe desaparecer. A pesar de que lo único que hay contra ella sean solo sospechas y habladurías. El cuartel general lo ha decidido así.

Llegan al pueblo. No se ve ninguna luz. Las casas se yerguen como marcos negros sobre el fondo de abetos cubiertos de nieve. El otro hombre en el trineo, el guía, un hombre llamado Pavel Khotko, señala la casa en ruinas donde vive la mujer.

Parece ser que Khotko percibe las dudas de Obrinba, porque una y otra vez repite lo importante que es la misión, lo traidora que ella es. «Intentaba hacerme rabiar, curtirme, a sabiendas de que iba a ser difícil llevar a cabo el cometido». En un intento de ganarse su apoyo, le pide al guía que lo acompañe al interior de la casa; el hombre accede. Obrinba lleva consigo el revólver Nagant. Llaman a la puerta. Obrinba explica:

Un hombre mayor abrió la puerta. Nos acompañó a la cabaña y bajó la intensidad de la lámpara de queroseno que colgaba de la pared. La luz era tenue pero parecía intensa debido a la oscuridad. Iluminaba una pared de tablones cubierta de tapices de color rosa. Por una obertura sin puerta vi a una mujer mayor que estaba tumbada sobre dos sillas juntas. Le pregunté al viejo: «¿Quiénes sois vosotros?». Me contestó que él y su mujer habían sido evacuados de Leningrado. Nos miraba impotente, vestido con un jersey de punto y un paño alrededor del cuello. «¿Y dónde está la otra que vive aquí?». Yo hablaba en voz alta, quería sonar severo para despertar indignación contra la traidora, pero se me hacía raro, me sentía torpe, y me irrité aún más. «¿Nadezjda? Está aquí…», dijo el viejo, y señaló otra entrada separada por una cortinilla.

Obrinba retira la tela. Al otro lado, en una cama de hierro, yace una mujer joven. Junto a ella hay dos niños durmiendo: una niña quizá de unos tres años y un niño un poco mayor. Lo de los críos era algo con lo que Obrinba no había contado. Los pensamientos y sentimientos se desbocan en su interior.

Nadezjda se levanta de la cama, pálida y en silencio. Lleva puesta una camisa blanca de hombre. Obrinba le informa por qué ha venido, que ha sido condenada a muerte por colaborar con el enemigo. Ella se limita a quedarse allí de pie con la cabeza gacha y los brazos colgando, como petrificada. Él alza la voz, emplea palabras malsonantes, la llama escoria. Espera despertar en ella algún tipo de reacción, quizá alguna que le facilite el crimen, que refleje que ella lo entiende. Pero se mantiene callada, pasiva. Él piensa todo el rato en los niños, ¿qué va a hacer Obrinba con ellos, qué será de ellos? Ella no muestra ninguna emoción, ¿tal vez ya se ha rendido? Él le espeta: «¡Vístete! Nos vamos». Ella se sienta al instante —gestos mecánicos, como de robot, enmudecidos, como tienden a ser los movimientos de quienes entienden que están a punto de morir— y mete los pies en un par de botas que le van grandes. Se pasa una chaqueta forrada de lana por encima de los hombros, como se hace cuando uno va a salir solo un momento al frío exterior y no merece la pena tomarse las molestias de meter los brazos en las mangas. (El gesto dice: esto va a ser rápido). Él le dice: «Coge una pala. Vas a cavar tú misma el hoyo». Ella coge la pala.

Salen al oscuro patio. Obrinba piensa de nuevo en los niños, en lo que será de ellos, en que la pareja de ancianos ya está tan mal que les va a resultar imposible cuidarlos, y que los vecinos del pueblo no se van a tomar ninguna molestia. Ella lo sigue arrastrando los pies, cruzan el huerto nevado. Él señala un punto y con voz premeditadamente seca le dice: «¡Va, empieza a acabar ahí!». Ella clava la pala en la tierra congelada, pero al final termina derrumbándose, ahora sí, sufre espasmos y comienza a gimotear.

Él le ordena que regrese a la cabaña. Una vez dentro, los dos se sientan a una mesa. Los niños siguen durmiendo. Khotko se impacienta con la tardanza. La joven mujer permanece con la cara hundida en las manos, llora de forma descontrolada, con los hombros tiritando, pero sin hacer ruido, porque es evidente que no quiere despertar a los críos. (También esto es un gesto profundamente humano).

Lo que Obrinba había interpretado como desafío o resignación resulta no ser sino vergüenza, una vergüenza casi más poderosa que la muerte. A una pregunta directa, ella le empieza a explicar qué ha sucedido realmente:

> Fui al bazar... mi vestido... el de crepé de China azul... Quería venderlo... para conseguir comida para mis hijos. Él se me acercó y me dijo: «Ven conmigo, te compro el vestido». Fui con él... Me dijo: «Te doy un balde de centeno, me gustas». Entramos y él me arrastró a la cama... Me dio el grano. Me fui a casa. Al fin y al cabo, los de casa tenían hambre.

Lo que parecía traición o un supuesto caso de delación resulta no ser más que otro caso de comportamiento depredador de alguien que, gracias a la situación actual, ha conseguido adquirir un poder excepcional y lo aprovecha para forzar los favores sexuales de alguien vulnerable. Ocurre todo el tiempo, en todas partes, en todos los bandos. Y el objetivo que la joven mujer persigue para sí misma y sus hijos es el mismo que el de todos los demás: la supervivencia.

Para Obrinba resulta evidente. Nadezjda es inocente.

A pesar de las protestas del guía, decide condonarla, a condición de que le prometa que nunca más volverá a verse con ese hombre y, además, no vuelva siquiera a acercarse a Lepel. Rápidamente, le escribe un vale para medio saco de centeno, que debe ir a buscar a uno de los almacenes que los partisanos tienen en Antunovo. La exhorta a hablar con alguno de los partisanos para conseguir trabajo en uno de los talleres que hay allí. Ella toma el papel con manos temblorosas. Antes de irse, Obrinba les dice a los dos viejos que no la pierdan de vista. Por el bien de los niños.

Obrinba y el guía salen a la noche invernal. La temperatura ha comenzado a ascender, los copos de la nevada se han tornado aguanieve. Se sientan en el trineo y emprenden la marcha.

* * *

Un paisaje blanco, limpio, los árboles cubiertos de nieve, las ramas desnudas de los arbustos están vestidas de cristales de escarcha. El periscopio del puesto de vigía está empañado mientras él está allí aburrido, y el vaho de la respiración sale lentamente de su boca. Toda la línea está en calma. Así lleva ya un par de semanas. De vez en cuando se oye un tiro, o una explosión, lejos o cerca, eso es todo. Es invierno en el Svir y en la base militar Gallo Lira, donde Kurt West sigue apostado.

El ambiente entre los jóvenes que conviven en el búnker de alojamiento número dos es bueno. No se debe solo a la calma y a que ya han empezado a olvidar lo ocurrido en Kako, como saben hacer los jóvenes. En gran medida, es gracias al nuevo jefe de regimiento.

Puede que el teniente coronel Alpo Kullervo Marttinen, de poca estatura, sea duro, brusco y de trato difícil —Kurt West lo admira y lo teme a partes iguales—, pero, por ejemplo, se ha encargado de que se sustituyan todos los uniformes rotos, y es generoso con los permisos para aquellos soldados que cumplen bien su servicio o muestran la actitud correcta.[55] La higiene también ha mejorado. Los piojos no están tan a gusto en el frío severo, y por detrás de la línea quien quiera puede ir a la sauna. También West está de mejor humor. Después de la batalla en Kako ya no lo cuentan como novato, sino que se ha ganado el respeto de los veteranos.

Lo único que les molesta a él y a sus compañeros es que tienen un nuevo jefe de pelotón. Es un alférez de Helsinki llamado Rosberg, que ha sustituido al muy apreciado teniente Kurtén.[56] Rosberg tiene modales propios de la gran ciudad, y esto irrita a los soldados de origen campesino: el mero hecho de que lleve guantes en lugar de manoplas, que use linterna en la trinchera y que insista en que tienen que mantener limpia la parte exterior con la escoba. Pero a la orden de barrer le han hecho caso omiso, Rosberg ha perdido uno de los guantes y también la linterna.

* * *

55. Al mismo tiempo, Marttinen imponía también muchos más castigos que su predecesor, así que la simetría en sus órdenes era obvia. Los temores de que Marttinen, que hablaba finés, no fuera adecuado como jefe de un regimiento de habla sueca también quedaron en evidencia: en contra de lo previsto, Marttinen defendió a sus subordinados en la cuestión del idioma. El respeto hacia Marttinen creció aún más cuando se supo que, en un momento crítico durante la batalla de Kako, él mismo había encabezado un contraataque pistola en mano.

56. A Kurtén le habían asignado un puesto en un centro de instrucción.

Esta tarde hay una fiesta en el búnker del jefe de compañía, solo para oficiales, evidentemente. Sobre las diez de la noche suena el teléfono de campaña. Los exhortan a ir a buscar a su jefe de pelotón y que lleven consigo una camilla, «así que comprendimos que habían hecho beber a Rosberg hasta que había perdido el conocimiento». West y tres más arriman el hombro para transportar al alférez, bajo el firmamento, de vuelta a casa en el búnker de alojamiento en Gallo Lira. Allí le hacen una jugarreta.

Uno de los soldados tiene un par de estrellas de oficial sueltas que le coloca en las solapas del cuello a Rosberg. (Entre muchas risitas, podemos imaginarnos). Cuando mucho más tarde el alférez se despierta con los ojos rojos, los demás lo felicitan por su ascenso. Al principio él no se lo quiere creer, pero cuando ve las estrellas adicionales se precipita hacia el teléfono y llama al jefe de compañía: «Mi teniente, ¿es cierto que me han ascendido?». Pueden oír la reprimenda que le cae a Rosberg desde el otro lado de la línea.

A la mañana siguiente, hacen formar al medio pelotón y el jefe de compañía está presente. «Y nos cayó una bronca como no nos había caído nunca antes». Por lo demás, no pasa nada llamativo en la base Gallo Lira. West dedica gran parte del tiempo a transportar leña a caballo. Cuando cae algún que otro obús, de forma muy aleatoria, grandes cantidades de nieve se desploman de los árboles.

* * *

¿Qué significan las palabras? Mansur Abdulin se pasea entre sus compañeros y pregunta: «*Gott mit uns?*». Lo pone en las hebillas de los cinturones de todos los soldados alemanes. Esos cinturones son tan sólidos, hechos de auténtico cuero y todo, y Abdulin se ha quedado muchas veces delante de un alemán caído sopesando si quitárselo o no para utilizarlo. Pero primero quiere saber qué significan esas palabras.

Faltan pocos días para que termine noviembre y sigue reinando la calma aquí, en la parte oeste del «saco». Inexplicablemente, los alemanes cercados no han hecho ningún intento de salir por la fuerza.

De vez en cuando pasa volando algún transporte aéreo enemigo, de ida o de vuelta a Stalingrado, a veces de día, a veces de noche. Si está oscuro, disparan bengalas alemanas, y entonces, en alguna ocasión, el avión ha soltado grandes contenedores con provisiones. Estos pueden contener de todo, desde cigarrillos, calcetines de lana y calzado grande para el exterior hecho a base de paja trenzada, hasta salchichas, pan y conservas. (La comida va muy buscada, pues el suministro sigue sin funcionar como debería, por lo que a menudo pasan hambre). Así que Abdulin y sus compañeros han continuado atrincherándose. Poco a poco, los hoyos han ido creciendo. En algunos ya caben hasta dos o tres personas. Eso es bueno. Así pueden apretujarse y aprovechar mejor el calor corporal.

Abdulin quiere saberlo, porque esto de quitarles cosas a los caídos es algo que prefiere no hacer. Puede dar mala suerte. Le parece intuir un patrón: un soldado que, por ejemplo, le quita un reloj a un alemán muerto no suele tardar mucho en morir él también, a veces en cuestión de un par de horas. Uno de sus amigos se hizo con una pistola alemana y pronto se disparó en la mano sin querer —lo cual, en términos puramente técnicos, se considera autoamputación y puede castigarse con una ejecución *in situ*—. Además, le parece tener un sexto sentido que le permite intuir quién es el siguiente en caer: suele entrarles un miedo exagerado de golpe y porrazo, pierden el autocontrol, o bien se retiran, o se pierden en intentos evidentes de dominarse. Hay señales.

Gott significa Dios, eso lo sabe. Ha visto a más de un prisionero alemán ahí sentado meciendo la cabeza entre las manos y repitiendo en tono mecánico «*Oh, mein Gott! Oh, mein Gott!*». Pero ¿y las otras dos palabras? Se pasea, pregunta. La mayoría se lo quitan de encima. Todos están cansados, hambrientos, exhaustos. Pero al final encuentra a un hombre dispuesto a ayudarlo, un antiguo profesor de pueblo. «Dios está con nosotros», significa. Entonces quizá no es buena idea coger un cinturón de esos. ¿Acaso el texto no hace que las hebillas recuerden a una lápida?

Hace semanas que Abdulin no se quita la ropa, menos aún lavarse. Está sucio. Tiene piojos. Todos tienen piojos. Le pica todo. El único consuelo es que el clima ha mejorado un poco.

* * *

Poon Lim sigue meciéndose en su balsa salvavidas, con la gran lona tensada a modo de protección contra el sol y la lluvia. Sigue disponiendo de alimentos en abundancia: biscotes, agua, azúcar, pastillas de leche en polvo. Un cálculo aproximado le dice que aquello debería durarle como mínimo dos meses más. Es tiempo de sobra. Como no sabe nadar muy bien, teme caer al agua y quizá no poder volver al bote, sobre todo cuando hay oleaje. Por eso se ha atado a la balsa con una cuerda alrededor de la cintura.

Poon utiliza el sol para contar las horas, la cuerda para contar los días y la luna para contar las semanas. Las gaviotas revolotean sobre la balsa y de vez en cuando la rodean los tiburones en el agua. Para pasar el tiempo, canta canciones que aprendió cuando era niño.

* * *

Albert Camus continúa escribiendo en la pequeña pensión en el Macizo Central. Empieza a estar francamente cansado de Le Panelier y del invierno cada vez más duro y especialmente severo a esta altura. Quiere irse de aquí. Pero ¿adónde? ¿Y cómo?

Juega con la idea de regresar a Argelia desde España, cruzando los Pirineos, una idea más romántica que practicable, sobre todo para una persona con la salud de Camus. Varios amigos y contactos están trabajando duro para ayudarlo a salir de Le Panelier e ir a algún sanatorio mejor o brindarle una sencilla manutención. Por su parte, Camus sigue esperando a ese permiso de las fuerzas de ocupación alemanas que le permitirá viajar a París y a la fama que allí le espera.

Mientras tanto, escribe. Va sumando una página tras otra. El nombre de trabajo de la nueva novela es *La peste*. Como de costumbre, está descontento con la obra nacida de sus manos.

* * *

A bordo del HMS Ulster Queen, la bocina toca la señal de «a sus puestos». Leonard Thomas no se lo toma demasiado en serio. Ayer por la tarde también tocó y no pasó nada. Él y los demás tripulantes se sienten más a salvo casi a cada hora que pasa. De no haber sido por el fuerte viento de poniente, a lo mejor ya habrían puesto rumbo al cabo Wrath y las tierras escocesas. Pero entonces llega la orden de a toda máquina, y el barco entero inicia un fuerte giro.

El casco vibra, se inclina cada vez más y Thomas nota cómo la popa casi se levanta. Entonces oye el sonido que ha aprendido a detestar: el zumbido apagado de las cargas de profundidad, seguido de inmediato por ondas de presión que hacen traquetear y rebotar todo a su alrededor. Los ruidosos golpes siguen llegando, uno tras otro. Entonces se da la orden de parar todas las máquinas. Thomas y sus compañeros efectúan las maniobras habituales que han repetido tantas veces, vuelven a comprobar «bombas, circuladores, generadores, compresores, sistemas de desagüe, presión de aire, filtros de combustible, calefacción, distribuidores, cojinetes, ventiladores».

Los ruidos y zumbidos se apagan. Todos escuchan.

Al parecer, el buque ha girado ciento ochenta grados, ha vuelto sobre su propia estela y entonces ha lanzado cargas de profundidad. Y ahora se han detenido para ver el resultado. Alguien intenta hacer una broma: seguro que es alguien del puente que quiere pescado. Nadie se ríe. «Luego, la señal: un submarino».

Al cabo de un rato, la nave reemprende su curso anterior. Aumentan la velocidad. Thomas y sus compañeros de la ruidosa sala de calderas están, como siempre, atrapados en su existencia semiciega bajo cubierta. Pasa un rato antes de que alguien se sienta lo bastante cómodo como para comentar que, probablemente, no era ningún submarino lo que la sonda acústica ha detectado, sino un viejo barco naufragado. El peligro ha pasado, una vez más.

Y al final, tierra a la vista. El norte de Escocia.

Es domingo 29 de noviembre. Thomas acaba poniéndose la ropa de abrigo y sale a cubierta, donde se agolpan cada vez más miembros de la tripulación. La nave se adentra en un amplio estrecho. Sí, tierra. El ambiente se vuelve notablemente más liviano, los rostros cambian, se sonríen unos a otros, el alivio se torna alegría, la alegría se convierte en euforia. Han llegado a tierra y a casa. «El agua tenía un color azul verdoso acogedor y claro, a diferencia del tono lúgubre y gris plomizo de la última vez que tuvimos contacto con la costa […], nos sentíamos relevantes, buscados y anhelados».

* * *

Camus continúa trabajando en su obra. ¿Qué otra cosa puede hacer aquí en Le Panelier? En el libro quiere, como dice él mismo, «expresar la asfixia que todos hemos padecido, y la atmósfera de peligro y exilio en la que todos hemos vivido». Trata de una ciudad a la que de pronto llega un peligro mortal de fuera, una peste que empieza a causar estragos entre sus ciudadanos. A medida que la localidad se va aislando del mundo exterior, la impotencia y el creciente número de muertes amenazan con causar un colapso de lo que se suele llamar civilización.

Lo que Camus está escribiendo es, sin duda, una alegoría, pero una alegoría que tiene varias capas. Una de ellas trata de lo diferente que reaccionan las personas en situaciones extremas. Algunas se pierden en la negación o en la sumisión o en la indiferencia; otras buscan huir o anestesiarse con gratificaciones vacías; muchas caen en la cobardía, el egoísmo e incluso la crueldad, mientras otras intentan ayudar, tratan de detener la peste, aun poniendo en peligro su propia vida, y aunque sus intentos, paradójicamente, vayan a costarle la vida a otras personas. Pero ¿cómo se gestiona esta contradicción? ¿Qué moral es posible en un mundo sin Dios?

Hacia el final del libro uno de los protagonistas pronuncia un monólogo:

> Estoy condenado al aislamiento definitivo, pues he renunciado a matar. Son los demás los que harán historia. También sé que no puedo juzgar a estos otros. Carezco de una habilidad para poder ser un asesino sensato. Por tanto, no es nada de lo que alardear. Pero ahora me siento bien siendo lo que soy, he aprendido a ser modesto. Solo digo que aquí en la tierra hay plagas y víctimas y que, siempre que se pueda, hay que procurar negarse a estar del lado de las plagas.

Camus se encuentra un poco mejor. Su aislamiento ha comenzado a ceder. Entre otras cosas, ha empezado a relacionarse con un hombre llamado Pierre Fayol y su esposa Marianne, también ellos recién llegados a la zona. Fayol es un alias. A veces también se hace llamar Simon, otras, Roux o Vallin, pero su nombre real es Lévy y viene de Marsella. Con el tiempo, Camus empieza a entender que es un participante activo de la resistencia, miembro de Combat, uno de los primeros grupos armados clandestinos. Fayol / Simon / Roux / Vallin / Lévy le enseña a Camus cómo puede mandarle cartas a Francine, en Argelia, vía Portugal. La esposa, Marianne —quien en realidad opina que Camus es el típico escritor egocéntrico a quien no le importa prácticamente nada excepto su propia escritura— le da clases de alemán. Por su parte, Camus le echa una mano al hijo del matrimonio con los deberes.

El ambiente es bueno. El frío es severo. Alguien se ha apiadado del franco-argelino tembloroso y le ha cosido un pijama con unas cortinas viejas.

* * *

El sol brilla radiante en un cielo azul gélido, la luz es tan intensa que resulta casi cegadora cuando se refleja en la nieve blanca virgen y reluciente que se ha posado como un manto sobre la ciudad. Pocas veces Múnich es tan hermosa en invierno como ahora. Es Primero de Adviento, y hace dos días Sophie Scholl llegó en tren desde Ulm. Ella y su hermano Hans tienen un nuevo hospedaje: hoy se encuentran en la caseta del patio de la Josefsstrasse 13B, como inquilinos de una tal frau *doktor* Schmidt. (La arrendadora se ha ido a vivir al campo, después de que en septiembre la ciudad fuera bombardeada por primera vez).[57] Tienen permiso para utilizar la cocina de la casera, y por un pago extra también el teléfono y la bañera, un marco por cada uso. Esto último alegra especialmente a Scholl, a quien le encanta sumergirse un buen rato en una bañera llena de agua caliente.

Las dos vidas de Sophie Scholl están entrelazadas.

El domingo por la tarde ella y su hermano organizan una pequeña fiesta. Entre los invitados hay un par de acólitos, Christoph Probst y Willi Graf —este último también ha estado de viaje de reclutamiento—, así como Anneliese, la hermana de Graf, quien no conoce su secreto.

La velada es agradable, con muchas conversaciones desenfadadas sobre personas y libros. En alguna ocasión puntual sale a colación algún tema político y la guerra, pero solo de forma pasajera, casi de pasada, como si nadie quisiera entretenerse en cosas tan deprimentes. Fuman, desde luego, toman vino (¿un Beaujolais, quizá? Hace un tiempo alguien

57. La incursión del 19 y 20 de septiembre fue bastante pequeña —ochenta y nueve bombarderos— y los daños fueron pocos —los aviadores intentaban apuntar al centro, pero, para variar, las bombas cayeron por toda la ciudad, y la mayor parte acabó en los barrios de la periferia. Sin embargo, como ya hemos visto, aquel otoño la RAF había empezado a atacar ciudades por todo el este de Alemania, y la inquietud de la población fue en aumento.

lo ofreció en un encuentro parecido). Seguramente ponen música con un gramófono, pero seguramente no se cumple el cliché, según el cual escucharían swing, que está prohibido, porque nadie de este círculo es muy amante del jazz, sino más bien de diversas piezas clásicas. (Puestos a adivinar, ¿tal vez *Finlandia* de Sibelius? ¿La tercera de Beethoven? ¿Quizá algo de la obra rica pero modesta del contemporáneo Karl Höller?).[58]

Lo poco que sabemos de esta noche es, sobre todo, gracias a Anneliese Graf. Ella estaba prendada de Hans Scholl, quien le parecía uno de los hombres más guapos que había visto nunca. (Y es que lo era realmente, con rasgos bien definidos, el pelo ondulado y unos ojos penetrantes y cálidos; por entonces ya tenía la reputación de ser un mujeriego, y no sin razón). Enamorada hasta las trancas y enmudecida por la timidez, toda la atención de Anneliese estaba puesta en él, pero este la ignoraba.

Lo que Anneliese no entiende es que su presencia ha hecho que cambien los temas de conversación. Esa es una de las cosas que le pesan a Sophie Scholl: tener que vivir dos vidas paralelas, tener que andarse siempre con cuidado. Tal y como ella misma escribió hace unas semanas en una carta para Fritz Hartnagel: «Cada palabra es escudriñada desde todos los ángulos antes de ser pronunciada, para que no albergue ni el más mínimo atisbo de ambigüedad. La confianza hacia otras personas debe ceder a la suspicacia y el cuidado. Ay, es tan agotador, y a veces desalentador». Esto resulta especialmente difícil en el trato con la familia y el círculo de amistades, pues están muy unidos y significan mucho para los dos hermanos.

Aun así, no debemos imaginarnos que el ambiente de esta noche sea tenso. Los varios intentos de establecer lazos con otras fuerzas de oposición han dado sus resultados. La propia Sophie Scholl ha reclutado un pequeño grupo en Ulm, y se ha creado una célula de estudiantes en Hamburgo con sus mismos intereses y determinación. Ahora tienen también contactos en Friburgo, Berlín, Saarbrücken y

---

58. Los nombres no son casuales. A principios de mes, Graf y algunos más fueron a lo que ellos mismos describen como un concierto fantástico de, precisamente, *Finlandia*, la tercera de Beethoven y el concierto para cello de Höller. La música clásica era muy preciada en la Alemania nazi, y Höller fue controvertido desde un buen comienzo (al igual que otros compositores alemanes de talento, como Carl Orff y Paul Hoffer) debido a que su música era demasiado «moderna», pero en este momento disfrutaba tanto de la confianza del régimen como de sus ricas recompensas.

Stuttgart, y creen incluso haber encontrado canales para llegar a un grupo de antinazis que ocupan un puesto muy central dentro del Ejército, así como a un grupo opositor desconocido pero de larga trayectoria en el que supuestamente hay varias personas de las altas esferas.[59] (Y la estabilidad intelectual y política del grupo ha aumentado considerablemente, pues hace tan solo unos días incluso consiguieron reclutar a Kurt Huber; Huber es un conocido catedrático de Psicología y Musicología, y mentor de Hans Scholl). Parece prometedor.[60]

El plan está trazado. Dentro de unos días empezarán a ejecutarlo.

Van a redactar los textos de unos panfletos; deben conseguir papel, matrices de imprenta y tinta de impresión; comprar sobres y sellos (en lugares distintos y en pequeñas cantidades, para no levantar sospechas: esta es una de las tareas de Sophie Scholl); tienen que sacar direcciones postales de los listines telefónicos de la biblioteca (esta es otra de sus tareas, porque sí, esta vez también van a enviar parte de los volantes aleatoriamente); tienen que elaborar plantillas para hacer pintadas en la calle, etcétera. Lo dicho, esta vez va a ser grande. Por lo menos diez mil panfletos, repartidos en localidades distintas.

* * *

Primero de Adviento en Barrow-in-Furness, en casa de la pareja Nella y Will Last en el número 9 de Ilkley Road. Ella está sentada en el sofá del salón, haciendo lo que suele hacer la mayoría de las tardes: manualidades. Ahora mismo está cosiendo un pequeño conejo de tela; a menudo hace muñecas y similares, para venderlas en la tienda de la Cruz Roja.[61] No lo menciona en su diario, pero su marido Will

---

59. El llamado Círculo de Kreisau, un amplio grupo que incluía de todo, desde oficiales del Ejército y aristócratas hasta socialistas y cristianos. Estos creían, a su vez, que habían dado con un canal para contactar con los antifascistas en Italia.

60. Con hincapié en «parece». En su historia sobre el grupo, Miriam Gebhardt sugiere que todos los nuevos contactos generaron una idea de que la resistencia estaba más extendida de lo que realmente estaba, y que esa falsa imagen los llevó a correr grandes riesgos innecesarios.

61. En Reino Unido, la fabricación de juguetes se interrumpió de forma bastante inmediata después de estallar la guerra, por lo que la demanda era grande. Además, Last era diestra en la tarea.

debe de estar sentado en su sillón, sin decir nada, como de costumbre, quizá leyendo la prensa, quizá mirando al vacío en silencio, como suele hacer a menudo. Y con toda probabilidad la sala esté iluminada por el fuego del hogar.

Ya están a finales de otoño y hay una grieta en la pared, junto al mirador, por donde se cuela el aire frío. Es uno de los daños del bombardeo que quedan por reparar. (Hace ya un mes que Nella Last colgó las cortinas de invierno). En el mirador es donde tienen también su Morris Shelter, uno de esos refugios antiaéreos en miniatura hechos de acero que parecen una mesa.[62] Podemos suponer que ya han retirado los laterales de malla de gallinero, y quizá incluso las colchonetas inflables en las que solían dormir. Incluso cabe pensar que la parte superior pintada de gris está cubierta por alguno de los muchos manteles hechos a mano que tiene Nella. Hace mucho tiempo que lo usaron para protegerse. La última vez que sonaron las sirenas fue en marzo, y no cayó ninguna bomba.

La radio está encendida, y la voz agradable pero un poco arrastrada de Winston Churchill llena la estancia.[63] Habla de las victorias en África del Norte y de lo que está ocurriendo en los distintos frentes: habla de los contratiempos que han sufrido; habla del orgullo de ser los únicos que han aguantado; habla de que se empieza a ver la luz, pero que aun así queda mucho por hacer; cita a Kipling; habla un rato largo; habla de que no pueden empezar a relajarse, dar nada por hecho, creer en una pronta victoria; al final, habla de comenzar el año entrante «con la certeza de unas fuerzas en constante crecimien-

---

62. El Morris Shelter fue otra improvisación británica, que inventaron tras llegar a la tardía conclusión de que solo había refugios antiaéreos para una parte de la población. (Por motivos económicos, muchas casas nuevas británicas no disponían de sótano). En Barrow-in-Furness solo había refugio para el 5 por ciento de la población, así que durante los bombardeos la gente se refugiaba en cualquier sitio, por ejemplo en bosquecillos en las afueras de la ciudad. Sobra decir que esto hizo aumentar las víctimas civiles. Las familias que ganaban cuatrocientas libras o menos podían encargar un Morris Shelter gratis; las demás debían comprarlo. Llegaba en un paquete tipo Ikea que debían montar ellos mismos.

63. Este discurso, escrito precisamente para la radio y que también se emitió para los oyentes de Estados Unidos, no se debe confundir con el conocido discurso que Churchill dio el 10 de noviembre en Mansion House, y en el que pronunció sus famosas palabras: «Esto no es el final. Ni siquiera es el principio del final. Pero quizá sea el final del principio».

to y como una nación de voluntad fuerte, de corazón valiente y de conciencia tranquila».

* * *

Hay una dualidad interesante en Nella Last. La creciente seguridad en sí misma está ahí, desde luego, y la fuerza, pero también hay atisbos de duda. Tal y como escribió hace unos meses en su diario:

> Siento que estoy cada vez más dividida en dos personas: la mujer callada que no para de darle vueltas a las cosas y a la que en su soledad le gusta ceñirse el silencio a su alrededor como un manto sanador; y la mujer alegre y vital que «sigue con todo», que «nunca se preocupa por nada».

Existe una dualidad incluso en su manera de ver la guerra. Como ya hemos mencionado, Nella Last tiene cincuenta y tres años e, igual que tantas otras mujeres de su generación, está marcada por la guerra anterior. (Recuerda a todos aquellos hombres jóvenes que partieron tan contentos y luego nunca volvieron; recuerda detalles, como cuando una vez vio la forma alargada de un zepelín dibujándose sobre la luna y cómo aquella imagen la llenó de espanto; no le gustan las noches de luna llena, que por alguna razón se llaman «luna de bombardeo»). Pero fácil no es. Puede albergar dudas sobre la guerra como tal. Puede dudar que la guerra se esté llevando a cabo con suficiente dureza. Puede sentir una intensa alegría por las victorias.

La radio está encendida, y no son las palabras del primer ministro hablando de puntos de inflexión, confianza y nuevas fuerzas en lo que Nella Last se fija, sino en todo aquello que Churchill subraya que aún tienen por delante. Porque, tal y como dice al final, antes de la frase concluyente, pronto empezará el año 1943, «y debemos prepararnos para vérnoslas con los desafíos y los problemas de lo que tendrá que ser un año amargo y terrible». Es como si ahí dejara de escuchar.[64] En su diario escribe:

---

64. Más sobre la dualidad de Nella Last: realmente odiaba a Hitler, pero consideraba que el programa alemán de eutanasia tenía sentido. También cabe mencionar que su hijo mayor albergaba opiniones antisemitas, cosa que a ella la incomodaba.

Escuché a Churchill con una sombra cubriéndome el corazón. Ya es lo bastante malo pensar por mí sola todo lo que él dijo, como para encima tener que oírlo por la radio: ver el camino largo y amargo, sentir que las sombras se oscurecen aún más en lugar de disiparse, envidiar a los que creen que Alemania colapsará en primavera, pensar constantemente en los trabajos forzados, los ricos recursos de Europa, recordar las palabras de Goebbels de que si alguien se moría de hambre no sería Alemania. Pensé en todos los muchachos y hombres en el Este. ¿Cuánto van a tardar en volver? Las madres ya lo están pasando lo bastante mal, pero ¿y las jóvenes esposas?

Nella Last nota cómo sus manos se vuelven «pegajosas y húmedas». Para de coser, deja el conejo de tela en su regazo y se lo queda mirando.

* * *

A veces ocurre que Mansur Abdulin sueña que está muerto. En uno de estos sueños se encuentra en algo que parece ser esa pintura famosa del romántico Vasnetsov, *Tras la batalla del Príncipe Ígor contra los cumanos*, un cuadro inspirado en Pushkin y que representa a los muertos esparcidos tras una derrota archiconocida[65] sufrida a comienzos de la Edad Media, donde todo un ejército ruso fue aniquilado por el enemigo. En cierto sentido, está claro que el sueño de Abdulin refleja el pavor que siente ante el posible fracaso que supondría una nueva victoria de los alemanes. En otro sentido más profundo, refleja que una suerte de pulsión de muerte oscura le está empezando a aflorar.

Es uno de los últimos días de noviembre, y en menos de dos semanas cerca de uno de cada dos soldados de la división ha resultado herido, muerto o desaparecido en combate. (Los que conforman la compañía de tiradores se han visto aún más afectados).[66] Y el sentimiento de culpa que suele abrumar a los supervivientes ha comenza-

---

65. Y probablemente apócrifo. La veracidad de la fuente donde se menciona, el *Cantar de las huestes de Ígor*, ha sido cuestionada desde hace tiempo.
66. Un parco consuelo es que podían conseguir muchas armas en los campos de batalla, entre otras una MG-34, una de esas ametralladoras alemanas de alta frecuencia de disparo.

do a hacer mella en él. Abdulin se lamenta: «¿Por qué sigo yo vivo y a salvo en este infierno, cuando la mayoría de mis compañeros están muertos o heridos?». Ha empezado a ganarse la reputación de no tener nunca ningún miedo, algunos incluso lo llaman héroe,[67] pero por dentro lleva esa culpa de ser pronto el único que quede vivo. En alguna ocasión se ha lanzado corriendo contra una cortina de fuego alemán, lo cual puede parecer tremendamente valiente, pero él casi deseaba que le alcanzaran.

Una herida no solo lo liberaría del sentimiento de culpa. También le permitiría alejarse del frente por una temporada, lejos de esta existencia repugnante y agotadora en distintas trincheras y hoyos semienterrados en nieve. Abdulin y sus compañeros no pasan desapercibidos. Sus piezas de abrigo de nieve blancos están desgarradas y sucias, los pantalones y chaquetas están rotos y llenos de barro seco. A veces intercambian miradas y se ríen, porque ya apenas consiguen reconocerse los unos a los otros. La mayoría tienen tupidas barbas, y sus rostros están cubiertos de hollín. Abdulin está cada vez más agobiado por los piojos. Es cierto que les han entregado unos polvos para acabar con ellos, pero no parecen funcionar. Sin embargo, lo peor de todo es que también ha comenzado a sufrir incontinencia. Necesita orinar más o menos cada cinco minutos, y para no mearse encima siempre va con la bragueta bajada.

* * *

Abdulin le cuenta su pesadilla a un soldado de infantería, un siberiano mayor que él. Este no lo ve como un mal augurio. Más bien lo contrario. «Tú volverás de la guerra, ¡así que no tienes que preocuparte por un sueño como ese!».

Los alemanes rodeados siguen sin mostrar ninguna intención de escapar. Pero los transportes aéreos que entran o salen de Stalingrado han continuado volando por encima de sus cabezas, a veces en plena

---

67. Abdulin esperaba recibir una medalla por haber salvado a ese oficial de un tanque en llamas, pero no fue así. Hasta mucho después de terminar la guerra no supo que el coronel, cuyo nombre era Provanov, desapareció sin dejar rastro poco después de que él lo salvara, probablemente víctima de un obús que le alcanzó de pleno, y que los miembros del destacamento del coronel nunca habían oído hablar de la proeza de Abdulin.

luz del día, a veces de noche, y en ocasiones Abdulin y sus compañeros disparan contra ellos. El clima ha seguido siendo benevolente. La temperatura es de dos grados. La estepa llana y anodina es blanca, pero ya no cegadora. La nieve ha comenzado a apelmazarse.

* * *

Primero de Adviento en Tabákov. En la lejanía se han iniciado nuevos ataques rusos, pero aquí todo sigue en calma. A Willy Peter Reese lo han puesto de tirador de ametralladora en un cuerpo en el que también hay una unidad de mortero y sus armas. Los soldados del 279.º Regimiento han continuado atrincherándose. Una especie de «ciudad subterránea» ha empezado a tomar forma, con búnker tras búnker en una larga hilera. En esta ciudad hay de todo lo que exige la ocasión: protección, calor, comida, sitio para dormir. El espacio bajo tierra es, por una vez, generoso, y lo mismo ocurre con la alimentación y el sueño. De vez en cuando le toca hacer guardia. Eso es todo. Pero igual que tantas otras veces antes, Reese siente que está de un humor oscilante. Pero se acuerda del Primero de Adviento del año pasado. A lo mejor la cosa tampoco está tan mal, ¿no?

Aquellas batallas durante la marcha en las afueras de Moscú le afectaron profundamente, no solo porque fue su bautizo de fuego y porque las circunstancias resultaron tan penosas, sino porque no había nada en ellas que se correspondiera con sus expectativas. Cuando piensa en los duros combates en los que participó entonces, siente una «vaga mezcla de pavor y decepción». De alguna manera, no le parecieron ni lo bastante estremecedores ni lo bastante conmovedores. Reese escribe:

> La guerra podría romper a una persona, millones sufrían y morían, y ninguna conquista ni ninguna cruzada merecía esta infame locura. La guerra presentaba rasgos apocalípticos, y gracias a ellos comprendí su necesidad cósmica. Había vivido algo grande y heroico: la lucha a muerte de nuestros soldados. Sin embargo, no había ni compañerismo, ni voluntad de sacrificio, ni heroísmo ni sentido del deber. No. Pero cada uno murió en su debido momento y tuvo su propia muerte. Cuando son muchos los que anhelan morir en la guerra, entonces tiene que haber guerra.

Adviento significa «llegada», pero ¿qué es lo que están esperando? «Un presentimiento de cosas terribles se iba alternando con la arrogancia y el mal humor». Saben que los refuerzos rusos se están juntando delante de ellos. ¿Serán Reese y sus compañeros los siguientes? Cada vez hace más calor. Quizá pronto la nieve empezará a derretirse.

* * *

Todo el mundo tiene un límite. El sargento Bede Thongs, del 10.º Pelotón, 3.ᵉʳ Batallón (AMF) acaba de llegar al suyo. Es la mañana del domingo 29 de noviembre y ha quedado para que lo vea el médico del regimiento. El soldado medio en Nueva Guinea no topa con su destino en forma de una bala enemiga, sino de enfermedades y penalidades. Las condiciones a lo largo del sendero de Kokoda son tan primitivas, el clima tan pesado y la naturaleza tan hostil.

Se dan todas las enfermedades imaginables: malaria, cómo no, beriberi, úlceras tropicales, dengue, infecciones por hongos, tifus exantemático. El gran tormento de los soldados australianos es la disentería, en gran parte como consecuencia de una notoria falta de higiene. Uno de los médicos de campaña la ha descrito como «terriblemente mala» y «una vergüenza».

Caminar, trepar, pisar o tropezar por el sendero es moverse en un hedor permanente de heces humanas. Cuando la naturaleza llama, los soldados se limitan a dar unos pasos para salir del camino y enseguida se bajan los pantalones. (A menudo tienen que ir rápido, porque muchos padecen de diarrea). Y las constantes lluvias arrastran la inmundicia a los arroyos, los cursos de agua de donde luego las tropas recogen su agua de beber. Los japoneses, cuya higiene de campaña es claramente superior a la del enemigo, al principio sufrieron malaria, más que nada, pero cuanto más avanzaban a través del miasma bacteriano que los australianos habían dejado a su paso al inicio del campo de batalla, más se fueron sumando al tormento de la disentería del enemigo.

Al médico no le hace falta visitar a Thongs demasiado rato. Tiene síntomas de malaria, tifus exantemático y fiebre amarilla. Y su temperatura corporal supera los treinta y nueve grados. Cualquier cosa por debajo de eso significa que te quedas en las filas. El médico firma un papel que luego le cuelga a Thongs de la camisa. El sargento Bede Thongs está demasiado enfermo como para continuar y debe ser evacuado.

Hace tres días, Thongs regresó con el 10.º Pelotón de aquella patrulla remontando el río Kumusi, en busca de «japoneses merodeadores». (A cuántos encontraron y mataron, si es que fue alguno, no se puede leer en su relato). Cuando se reencontraron con sus compañeros del 3.ᵉʳ Batallón, se hallaban en Gona.

Gona es una antigua misión que queda a orillas del mar y el puesto más occidental de la cabecera de puente semicircular que recorre la costa durante más de veinte kilómetros, adonde se han retirado los japoneses vencidos. A pesar de que el lema *Kokoda or bust* se haya cambiado por el de *Gona or bust*, y por ello dé la triste impresión de que muy pocas cosas han cambiado, al mismo tiempo parece que han caído por un agujero en el tejido del espacio-tiempo, que han dejado atrás el sigilo enervante de reptar por senderos montañosos escarpados y cubiertos de selva, y de pronto —mediante una esclusa de varios kilómetros, que un testigo ocular definió como una Arcadia de «colinas azules, llanuras verdes y hierba que ondea con la suave brisa [...] en un día de verano en Inglaterra»— han aterrizado en un paisaje de la guerra anterior, una especie de Passchendaele tropical.

Dentro de poco más de una semana, Gona va a quedar convertida en un páramo lleno de cráteres, árboles reventados y trincheras anegadas, donde los jóvenes australianos (igual que sus padres hace apenas treinta años) cargarán una y otra vez con las bayonetas en ristre directamente contra la boca de las ametralladoras, y donde los soldados japoneses lucharán en sus búnkeres con las máscaras antigás puestas, para soportar el hedor de sus compañeros muertos y no enterrados, cuyos cuerpos utilizan de escalones para llegar a las aspilleras.

* * *

Los últimos días han sido monótonos para el teniente Tohichi Wakabayashi y sus hombres en la jungla de Guadalcanal. Han construido búnkeres y han cavado trincheras de tiro,[68] una tarea que de forma

---

68. Una diferencia cultural interesante: las mismas trincheras para un solo hombre que los soldados estadounidenses llaman *foxholes*, «madrigueras de zorro», los sol-

reiterada han tenido que interrumpir aprisa y corriendo por culpa de los obuses estadounidenses, que van cayendo de manera irregular y claramente aleatoria, sin graves consecuencias pero en cantidades cada vez mayores.

El trabajo es pesado, porque el suelo es duro, y lento, porque los soldados están débiles por culpa de la escasez de comida. Antes de ayer alguien le contó a Wakabayashi que la mitad de los soldados de una de las compañías del regimiento ha muerto de inanición. Hasta la fecha, su compañía se las ha apañado mejor —probablemente, gracias a la proximidad del pequeño río Matanikau, donde los soldados han seguido recolectando caracoles de agua dulce y, a veces, incluso han conseguido atrapar algún pez—, pero la situación va empeorando a marchas forzadas. La comida es quizá el tema de conversación más habitual.

Este día, domingo 29 de noviembre, Wakabayashi ordena a un grupo de soldados que interrumpan la excavación, cojan sus palas y lo acompañen. Van a buscar los cuerpos de algunos de sus propios soldados, que deberían estar un poco más al sur de su posición, en las proximidades del río. Wakabayashi y sus hombres bajan por la cuesta de la montaña, se adentran en una selva muy densa y oscura, pasan por encima de enormes árboles caídos, oyen pájaros extraños, ven abrirse el bosque, se meten entre arboledas de palmeras, van notando cómo entra cada vez más luz entre los troncos y entonces salen a un claro abierto y cubierto de hierba.

Ahí notan el hedor.

Hay una pequeña tienda del ejército montada. De ella asoman dos pares de pies. Wakabayashi echa un vistazo al interior. Las botas y las vendas de las piernas están claramente intactas, pero del resto de los cuerpos apenas queda poco más que huesos: se han descompuesto rápidamente por el calor tropical, y después han sido devorados por las hormigas y los pájaros. Wakabayashi trata de comprender. Estos dos hombres estaban heridos, por lo que parece. Hay manchas de sangre en las vendas de las piernas, y al lado tienen algo que recuerda a una camilla. Pero ¿dónde están sus armas? Wakabayashi escribe en su diario: «Nos despedimos de ellos por última vez,

___
dados japoneses las llaman «ollas de pulpo». Un zorro se puede esconder en la madriguera y también escaparse, pero una vez el pulpo ha acabado en la olla, allí se queda.

recogimos sus chapas de identificación, los enterramos y anotamos el suceso».

Siguen avanzando en dirección al río, bajan trepando con dificultades por una roca alta, se acercan al río y llegan a una llanura. Allí vuelven a percibir el mismo hedor.

Wakabayashi los descubre enseguida. Es una escena curiosa, casi esperpéntica. Apunta en su diario:

> Ahora son poco más que huesos, incluso sus cajas torácicas se han hundido. Sus ropas estaban podridas, pero pudimos contar el número de hombres que había. Todos sus pertrechos estaban meticulosamente colocados en una zona aparte, igual que la munición, agrupada en otro lugar, y las bolsas de cartuchos estaban medio quemadas.

Los esqueletos envueltos en harapos forman una hilera perfecta, meticulosamente dispuestos uno al lado del otro, con las cabezas apuntando al norte, a Japón. Entonces Wakabayashi comprende lo que está viendo: los soldados han cometido un suicidio ritual colectivo.

* * *

La voluntad de sacrificio con la que han adoctrinado a los soldados japoneses desprende un arrojo tan salvaje, tan desafiante con la muerte y, a veces, tan excesivamente teatral que sus enemigos occidentales quedan estupefactos. No obstante, tiene su desventaja. Estar dispuesto a dar tu vida es una cosa, pero si esta voluntad se ensalza hasta el punto de que la muerte se vuelve sublime, bella e incluso deseable, entonces se pervierte en un deseo de morir. Y esa sensación es, inevitablemente, irracional.[69]

Por su parte, Wakabayashi se encuentra en la zona gris entre estos fenómenos. En su diario, pero también en la última carta que le escribió a su madre, fechada el día 25 de septiembre, emplea la misma metáfora: «Preferiría caer en un honorable florecimiento que con-

---

69. Podría decirse que esto estaba arraigado en la tradición japonesa, en el *bushido*. Pero igual que las referencias de los nazis y los fascistas al pasado, el *bushido* que invocaban los militares japoneses también era una distorsión, una tradición recién inventada, igual que la espada de samurái que llevaban los oficiales, que no se había introducido hasta la década de 1930.

vertirme en una gran flor». A esto hay que añadirle otra percepción, vinculada a la voluntad de sacrificio e inculcada a todos los soldados con el mismo ímpetu, a saber, la idea de que no hay nada más humillante que rendirse y caer prisionero; una vergüenza para uno mismo, para su familia, su pueblo, etc. En ese caso es infinitamente mejor morir por mano propia.[70] En este contexto, el suicidio no es tanto el fruto de una oscura desesperación, sino un acto de purificación, por no decir heroico, que eleva a la persona por encima de las circunstancias y lo expía todo.[71]

Aun así, Wakabayashi titubea un poco. Por un lado, se siente sobrecogido, incluso impresionado —en su diario escribe que «esa dedicación puede llevar a cualquiera a examinar su propia alma»—, al mismo tiempo que no termina de comprender qué es lo que puede haber llevado a los soldados a hacer aquello, sin que los hayan obligado. Así que fantasea acerca de lo que puede haber ocurrido: los estadounidenses atacan, las tropas sufren bajas —los muertos de la tienda de campaña eran dos de ellos—, se retiran, quizá sea de noche, quizá esté lloviendo, probablemente tengan hambre, estén heridos, exhaustos, el camino de vuelta está bloqueado, una nube de aviones vuela por encima de sus cabezas. «¿Comprendieron que les era imposible avanzar y decidieron entonces cometer un suicidio ritual?».

Wakabayashi y sus hombres cavan unas tumbas no demasiado hondas. Meten en ellas los cuerpos, que se desmenuzan. Tapan las tumbas. Después clavan unas marcas temporales muy sencillas. Wakabayashi reza: «Esperad, os lo ruego, espíritus de los grandes hombres de la guerra. Un mes más y aniquilaremos al enemigo y os vengaremos a todos». La misión está cumplida. El grupo regresa al puesto de la compañía, en lo alto de la montaña.

Aquella noche la artillería estadounidense dispara con más intensidad que nunca, pero con la misma falta de planificación que siempre. Al día siguiente, lunes 30 de noviembre, Wakabayashi escribe en su

---

70. Esta es una parte del motivo por el que el Ejército japonés, por un lado, trataba tan mal a los prisioneros y, por otro, durante tanto tiempo subestimó sistemáticamente a sus enemigos occidentales: su predisposición a rendirse se veía como una prueba de lo depravados y débiles que eran.

71. La reticencia por dejarse capturar como prisioneros de guerra no era nada nuevo. Los japoneses que volvieron del cautiverio después de la guerra entre Rusia y Japón de 1904 a 1905 se convirtieron en marginados sociales.

diario: «Sospecho que el enemigo apostará por la "táctica de hambruna" y cortará por completo nuestras líneas de abastecimiento desde atrás y esperará a que lleguemos a nuestro límite, para luego iniciar la ofensiva. Si es así, adelante. Es justo lo que estoy esperando».

* * *

Un tren de alta velocidad se abre paso por la noche de invierno. En el vagón restaurante va sentado el desertor británico John Amery, su amante francesa Jeanine Barde y, como de costumbre, un organizador y supervisor del Ministerio de Asuntos Exteriores alemán. Esta vez se trata de un joven austriaco de las SS y diplomático llamado Reinhardt Spitzy. Los tres comen bocadillos y toman champán, cantidades ingentes de champán. El ambiente es muy animado. Charlan, brindan y ríen.

El austriaco está encantado con la alegre y atractiva francesa. A petición suya, esta canta *Sur le Pont d'Avignon*. El buen momento se interrumpe cuando Amery y su mujer se retiran a su camarote, «del que regresaron al cabo de un rato, ella visiblemente descansada, él bastante agotado», tal y como cuenta el austriaco.

Amery está de un humor radiante. Y no es solo por el alcohol. Sus emisiones por radio a Gran Bretaña han concluido, así que debe de sentir cierto alivio, como cuando uno termina de hacer algo que le inquietaba, solo para descubrir que al final tampoco era tan peligroso. Pero, sin duda, también debe de deberse a que Amery, tras una sarta de fiascos y proyectos fracasados a sus espaldas, ahora tiene la sensación de haberlo conseguido realmente, y que al final ha encontrado una misión que le brinda sentido y estabilidad a su existencia, por lo demás, errante, y además es una misión grandiosa, que le insufla vida a la latente megalomanía de su personalidad. Es cierto que ha cometido traición a la patria, pero ¿qué más da, ahora que se encuentra en el bando de los ganadores?[72] (Porque, ¿acaso no son ellos los que escriben la historia?).

---

72. Por ejemplo, lo que estaba sucediendo en Stalingrado se ocultó meticulosamente a la sociedad alemana. Tras el discurso del 9 de noviembre, cuando Hitler anunció que Stalingrado se hallaba en manos alemanas, con algunas excepciones, los informes se habían reducido drásticamente. Se ocultó que el Ejército Rojo había rodeado al 6.º Ejército, y cuando se escribía algo era en forma de noticias cortas y poco claras sobre «feroces batallas defensivas» y similares.

El hombre de las SS está impresionado —contra su voluntad— por este inglés delgado e inteligente, al mismo tiempo que percibe su egoísmo y sus motivos. Spitzy cuenta: «Para él no había vuelta atrás. Tal vez todo aquello no iba a durar demasiado y terminaría con un final amargo. Su conciencia estaba tranquila. Independientemente de lo que pasara, él pensaba seguir disfrutando de la vida por todo lo alto».

Charlan, brindan y ríen.

El paisaje blanco con sus ángeles dormidos pasa a toda velocidad sin que lo vean al otro lado de la ventana. Mañana a primera hora habrán llegado a París.

* * *

Campo 5 en las afueras de Batavia, en Java. El calor no cede. Cada vez hay más indicios de que pronto van a trasladar a Weary Dunlop y al resto de prisioneros australianos. Los hacen formar a todos para el recuento y después vuelven a formar para otro recuento. Se reparten largas listas de nombres mecanografiadas; se revisan los casos de enfermedad; llegan solicitudes de equipamiento. Además, algunos de los guardias han dicho que ellos van a volver a Japón «dentro de un día o dos». Pero no hay ninguna orden, ninguna notificación, ni nada que hacer más que esperar. Dunlop pasa los últimos días de noviembre a la sombra de unos cocoteros. Allí lee, con gran devoción, la biografía de Gengis Khan escrita por Harold Lamb en 1927.

* * *

Las imágenes e ideas que se tienen de la paz afectan a la experiencia de una guerra, lo cual lleva a que las batallas a menudo representan el mito de sí mismas mientras aún se están luchando. En Gona, Nueva Guinea, la causa de la repetición es la misma que la de las atrocidades que tuvieron lugar durante la guerra mundial anterior: órdenes sin imaginación alguna que se dan desde la lejanía, caprichos de comandantes mal informados que solo perciben la realidad en términos cartográficos. [73]

73. El responsable máximo fue el propio Dugout-Doug, el general Douglas MacArthur, quien para variar se encontraba muy lejos de allí, en Port Moresby, al otro

Este último domingo de noviembre se lanzan nuevos ataques en Gona, los primeros poco después de las once de la mañana, pero, tal y como escribe un historiador, «el 29 iba a ser un día en que se repetiría la carnicería de la tarde anterior». Lo que queda del 3.ᵉʳ Batallón se encuentra en el frente. Están apretujados en un área llena de maleza y apenas tienen contacto con el enemigo. (No será hasta tiempo después que Thongs descubrirá que este día mataron a su «mejor amigo», un sargento llamado Bob Taylor). Todos los soldados de la unidad están cansados, la mayoría incluso enfermos. Al día siguiente se espera que el 3.º efectúe un ataque, en apoyo de otro batallón. Pero no se moverán del sitio. La explicación oficial es que no vieron atacar a los otros, por lo que se quedaron donde estaban.

Cuando esto ocurre, Bede Thongs se encuentra a bordo de uno de esos benditos aviones de transporte estadounidenses, rumbo a un hospital de campaña en Koitaki. En algún punto del trayecto apunta que la tripulación ha escrito un nombre en su máquina: Chattanooga Choo Choo, el gran éxito del año pasado de Glenn Miller. Unos días más tarde, el 3.ᵉʳ Batallón es retirado de Gona. A principios de septiembre, se contabilizaban quinientos sesenta hombres. Ahora quedan ciento diez.[74]

* * *

Observando cómo toma café una persona se puede ver también si está perdiendo los nervios. Si puede levantar la taza con solo una mano, está todo bien; si necesita usar las dos manos para llevarse la taza a la boca es que ha iniciado su camino hacia el colapso; si los temblores son tan agudos que ni siquiera con dos manos puede, ya es demasiado

---

lado de Nueva Guinea, pero no por ello tenía reparo alguno en dar a entender a los medios —ante los cuales presumía, empujado por su vanidad— que se encontraba en el lugar de los hechos, dirigiendo la batalla. Sus motivos para insistir en los ataques en la costa norte no eran militares sino políticos, como era habitual: quería asegurarse su propia victoria antes de que la batalla de Guadalcanal quedara decidida, para así ganar más atención, impresionar a Roosevelt y de esa manera poder disponer de más recursos.

74. Estudios independientes hechos por expertos militares australianos, estadounidenses y también japoneses llegaron a conclusiones idénticas: tras tres meses de jungla y clima tropical, la efectividad de los destacamentos se reduce considerablemente, incluso sin que haya ni un solo enfrentamiento.

tarde. Son los últimos días de noviembre y John McEniry necesita ambas manos. Igual que la mayoría de sus compañeros.

Las personas reaccionan de forma distinta al peligro de muerte y al estrés extremo. Algunas se vienen abajo tan solo de pensar que podrían resultar heridas o morir. Otras, en cambio, parecen espabilar con el peligro, al menos al principio. La mayoría parecen capaces de gestionarlo, son capaces de exponerse a él. Al menos por un tiempo. Sin embargo, la norma inamovible es que todo el mundo tiene un límite. Y la pregunta es si los hombres del escuadrón de bombardeo de McEniry, el VMSB-132, no se están acercando ya a ese límite.

Sigue habiendo armonía, así como confianza en el adorado jefe de escuadrón, el mayor Sailer. Y creen en lo que hacen, saben que tiene relevancia, mucha relevancia. Y por primera vez tienen la sensación de que, en verdad, están en el bando de los vencedores. La situación no es tan desesperada como a comienzos de mes. McEniry: «Poco a poco, las cosas han ido mejorando». Esto se puede percibir, por ejemplo, en que la comida ha mejorado —¡incluso han recibido helado!— y en que cada vez hay más pilotos nuevos, aviones nuevos y mecánicos descansados, también nuevos. Ahora hace tiempo que no tienen que extraer el combustible con una manguera de otras aeronaves siniestradas para poder volar. Al mismo tiempo, los japoneses en la selva muestran una actitud de lo más pasiva.

Pero, como decíamos, las personas reaccionan de formas distintas. Uno de los pilotos que durante la travesía en barco desde Estados Unidos ha estado más seguro de sí mismo, y no se ha cortado en presumir de que «se moría de ganas de llegar para poder empezar a hundir barcos y matar japoneses», ha buscado una manera sistemática de escaquearse de todas las misiones de combate a base de encontrar nuevos fallos en su avión, no estar disponible, visitar al dentista, etc. Otro se pone enfermo antes de cada misión de combate, se pasa la noche vomitando y luego es incapaz de volar llegada la hora. (Además, el hombre ha desarrollado miedo a la oscuridad). Incluso se puede detectar un patrón poco sorprendente en el hecho de que los pilotos casados parecen tener más cuidado y más miedo que los que no tienen familia.[75] Y quizá no solo ese perfil de hombres.

---

75. Está demostrado que el estrés relacionado con las preocupaciones de la vida civil, al margen de las experiencias militares, hace que un individuo corra mayor ries-

Por su parte, McEniry ha continuado volando una misión tras otra. Pero no cabe duda de que está cada vez más consumido, irritado, resentido, sumido en la neblina de la falta de sueño. Él mismo nota cómo le tiemblan las manos y que siempre se está equivocando. Incluso su jefe de escuadrón, el incombustible mayor Sailor, muestra señales de no ser tan incombustible: todos pueden ver lo delgado y desgastado que está. (A Sailer le queda también poco más de una semana de vida).[76] Todo el mundo tiene un límite.[77]

* * *

Unos días más tarde, mientras McEniry vuelve de una misión, se queda sin combustible y se prepara para hacer un amerizaje de emergencia. El avión baja planeando hacia la superficie azul marino con las hélices bloqueadas, y lo único que se oye es el viento de la velocidad, pero entonces el motor arranca de nuevo, de una manera igual de inexplicable que el motivo de su repentina parada, y McEniry puede regresar a Guadalcanal. Pero es el primer sorprendido con su propia reacción ante la conciencia de estar a punto de hacer un aterrizaje forzoso. En su diario escribe: «Estaba más tranquilo que nunca. Lo cierto es que he suspirado de alivio. Estoy cansado y hastiado».

Dos días más tarde, el médico de la unidad le prohíbe volar.

* * *

---

go de desarrollar una fatiga militar o problemas psiquiátricos parecidos. (Todos sabemos que el estrés es un fenómeno acumulativo). La disposición de cada cual también se puede ver en el hecho de que una parte considerable de los que sufren un colapso psicológico lo hacen ya antes del primer enfrentamiento.

76. John Sailer Jr. fue derribado y abatido por un caza japonés el 7 de diciembre, durante una incursión aérea en las afueras de Nueva Georgia.

77. Hay diversidad de opinión respecto a dónde está ese límite. Un hombre que era jefe de un escuadrón de cazas en Guadalcanal dijo que un piloto aguanta cinco días de enfrentamientos realmente intensos; descansando bien, quizá tres semanas. Un cálculo que parece haber ganado un apoyo general es que la «longevidad emocional» de un soldado es de entre ochenta y noventa días de combate. Hasta un 30 por ciento de las bajas no ocurridas en combate entre los pilotos estadounidenses en el océano Pacífico eran a causa de la fatiga de batalla y otros problemas mentales. En Guadalcanal, el número de diagnósticos psiquiátricos entre todos los soldados era mucho más elevado que eso, y por un tiempo amenazó con colapsar la asistencia sanitaria, lo cual dio pie a reformas e innovaciones.

Ayer Vera Brittain se pasó media noche despierta vomitando. (Cree que es por algo que llevan estos nuevos productos alimentarios sintéticos que han sustituido a los que había antes de la guerra). Aun así se obligó a asistir a otra lectura con un público reducido pero amistoso donde pudo vender varios ejemplares de *Humiliation with Honour*. Pero Brittain reúne cada vez a públicos más reducidos, al mismo tiempo que se ha ido quedando más sola también en el plano personal. Muchos viejos conocidos han empezado a evitarla, o bien se han enemistado, casi siempre a raíz del pacifismo que Brittain defiende. (Paralelamente, su marido George sigue estando casi siempre de viaje, y sus hijos están en Estados Unidos). Brittain sospecha, no sin razón, que el MI5 le abre la correspondencia.

Cuando se despierta el lunes 30 de noviembre por la mañana, se siente «enferma, cansada e inestable». Agradece la llegada de Amy, la asistenta. Vera Brittain siempre ha apreciado mucho su ayuda, pero por culpa del creciente aislamiento, Amy ha ido ganando también importancia como relación social. Conversan. Amy le cuenta lo reticente que se ha vuelto su marido con el servicio militar: «Siempre pensaba esperar hasta que lo llamaran, y casi despreciaba a los que no lo hacían». Brittain piensa que la pérdida de ilusiones que afectó a los soldados entre 1914-1918 «ha pervivido incluso entre los que no eran más que unos niños cuando partieron».

Más tarde lee el último número del *New Statesman*, un periódico liberal de izquierdas. En él viene una reseña de una nueva novela escrita por Margaret Storm Jameson, *Then We Shall Hear Singing*. Storm Jameson es una de esas amigas cercanas a las que ha perdido, quizá la más importante de todas.

Son escritoras coetáneas, a grandes rasgos tienen el mismo pasado, el mismo temperamento intrépido y ambas son feministas y socialistas. Las amargas experiencias de la guerra anterior las han convertido en defensoras de la paz. Pero mientras Brittain se ha mantenido coherente en su pacifismo, Storm Jameson ha cuestionado el suyo. La pregunta clave es evidente. ¿Qué es peor? ¿Que la guerra continúe o dejar que el nazismo gane? Y Brittain ha persistido: «Yo no creo que, a la larga, la victoria de Hitler fuera a ser peor para la humanidad [...] que las repetidas guerras». Discordia, discusiones, malentendidos y reproches han forzado el distanciamiento. Llevan desde principios de año sin hablarse.

* * *

La novela *Then We Shall Hear Singing* de Storm Jameson es una distopía que tiene lugar en un país europeo indefinido tras una victoria alemana y en la que un científico experimenta con borrarles la memoria a las personas para así convertirlas en robots fáciles de dirigir. Brittain señala que la obra le parece «completamente estéril», y tacha el libro de «otro de sus estudios exagerados sobre los horrores de los nazis».[78]

Al margen de todas las grandes primicias, hoy lunes pueden leerse en el periódico noticias menores que cuentan que durante el fin de semana el primer ministro (que hoy cumple sesenta y ocho) ha comido con el líder de la Francia Libre, el general Charles de Gaulle; que el rey y la reina, junto con sus dos hijas Elizabeth y Margaret, han ido al cine a ver *In Which We Serve*, protagonizada por Noel Coward; que algunos cazas alemanes puntuales han continuado haciendo incursiones a baja altitud contra lugares elegidos aparentemente al azar en la costa sur, y que una mujer de treinta y un años ha muerto a causa de los disparos; que los casos de enfermedades venéreas siguen aumentando: desde el estallido de la guerra, hay un 50 por ciento más de casos entre la población civil, y un 70 por ciento dentro de las Fuerzas Armadas.

Brittain se queda todo el día en la cama.

* * *

Ese mismo día, Ned Russell y otros tres periodistas, entre ellos el experimentado Drew Middleton de *The New York Times*, recorren a pie un camino de tierra que bordea la parte este de la pequeña ciudad tunecina de Tebourba. Después de que los británicos y estadounidenses hayan conquistado la localidad, lo que queda es poco más que un conjunto de ruinas. Russell nunca antes había visto semejante destrucción. Lleno de una ligera sensación de irrealidad, le parecen «escenas sacadas de las películas de Hollywood».

78. *In Which We Serve* fue el segundo trabajo de Storm Jameson del género distópico. Antes había escrito una novela que trataba de un futuro Reino Unido fascista.

Casi toda la población ha huido. Los únicos seres vivos que encuentran en la ciudad, aparte de un cerdo, un burro y algunas gallinas y conejos, es media docena de árabes, «manifiestamente indiferentes a la destrucción que los rodea», así como tres civiles italianos, recién llegados para trabajar en una presa. Los amigables italianos los invitan a coñac y cerveza. Desde la cumbre de la montaña alta y pelada que se yergue cosa de un kilómetro por encima de Tebourba, se pueden ver los minaretes de Ciudad de Túnez. Una vez más, los altos mandos apenas cabían en sí de optimismo. Una vez más, se han precipitado.

* * *

Cuando Russell y sus compañeros llegaron ayer, entrevistaron a unos cuantos soldados. Quedó claro que los altisonantes comunicados oficiales guardan poco parecido con la realidad. La ofensiva contra Ciudad de Túnez ha sido detenida. Un teniente de infantería británico, «uno de los pocos oficiales que han sobrevivido en su batallón», le describió a Russell los efectos del fuego de ametralladora a corta distancia. (Cita: «Los hombres caían por todas partes. Fue horrible»). Otro explicó que los carros de combate estadounidenses que debían dar apoyo a la infantería británica habían quedado inutilizados, uno tras otro, por artillería antitanque alemana oculta. (Cita: «Varios obuses de ochenta y ocho milímetros habían penetrado en la torreta. Al menos uno le arrancó la cabeza a un oficial estadounidense»).

Es lunes al mediodía y los dos reporteros van en busca de tripulantes de tanques estadounidenses que puedan contarles más cosas del ataque fracasado. Paran a un jeep para preguntarles si van por el camino correcto. El oficial estadounidense que está al volante, «animado, joven», les confirma que sí, pero al mismo tiempo advierte: «Será mejor que desaparezcáis de aquí enseguida. Estamos rodeados de carros de combate alemanes». «Dio un tirón del cambio de marchas del todoterreno y se alejó a toda prisa por el camino».

Russell y los demás no saben qué pensar, pero empiezan a caminar de vuelta a la ciudad. Ven una batería antitanque que se está construyendo. Oyen los ladridos de una ametralladora muy cerca. Sopesan la situación. Echan a correr, cruzan unos campos, suben una cuesta, pasan junto a un cementerio, atraviesan un barranco, luego otro barranco. Se detienen en lo alto de una colina para recuperar el aliento.

Oyen a alguien gritar desde una trinchera: «No os quedéis en lo alto de una colina de esa manera. Así os ven». Se agazapan, titubeando, «indiferentes». Y ven a lo lejos apenas distinguibles entre los arbustos y los oscuros olivos, formas angulosas que salen lentamente de un bosque: carros de combate alemanes. Siguen corriendo.

El sol ha empezado a ponerse cuando por fin ven la pequeña granja donde han dejado el equipo y el coche. (Van con un Ford V8 civil, modelo de 1934,[79] adquirido por cuatrocientos cincuenta dólares en Argel). El plan es esperar a que caiga la noche y luego tratar de salir de la pequeña ciudad. Si es que logran poner en marcha el Ford. Russell y Middleton empiezan a hablar de deportes, como para ocupar el tiempo o, posiblemente, para calmar los nervios. Middleton habla de cuando era una estrella de fútbol americano, Russell de sus años de tenista.

* * *

Es última hora de la tarde de ese mismo lunes, y en Guadalcanal la oscuridad total del trópico envuelve la tierra y el mar. Otro día tranquilo para el teniente Charles Walker y sus hombres, atrincherados en el pequeño cabo de Point Cruz. Los japoneses en la selva, al oeste de su posición, están muy inactivos, lo cual resulta extraño. Se dice que están muriendo de hambre.

Hacia medianoche, él y los demás pueden ver relámpagos reflejándose sobre el agua muy hacia el noroeste, en dirección a Savo Island. El eco de las detonaciones les llega con mucho retardo. Columnas de focos de luz suben y bajan a lo largo del estrecho. Las bengalas chisporrotean en el cielo oscuro. Una nueva batalla naval nocturna. No obstante, el bombardeo no es igual de intenso que el que tuvo lugar hace más o menos dos semanas. Aunque en una ocasión pueden ver una enorme explosión de color rojo en la distancia. Todo termina en cuestión de media hora. Como de costumbre, resulta imposible saber qué ha pasado.

* * *

79. Por lo demás, el mismo tipo de coche en el que los infames ladrones de bancos estadounidenses Bonnie y Clyde acabaron sus días en 1934.

Al alba. La selva y la línea de la playa recobran sus formas, el agua recupera su color. En el oleaje turquesa que corre hacia la orilla, Charles Walker y sus hombres pueden ver montones de toneles, la mayoría muy lejos, por detrás de las líneas japonesas al oeste de su posición. Y entienden al instante de lo que se trata, porque en la tenue luz de la mañana vislumbran pequeñas figuras que tratan de llevar los bidones a tierra. Durante la noche, los destructores japoneses han hecho un nuevo intento desesperado de hacer llegar provisiones a sus tropas en la isla.[80]

Ahora la compañía de Walker podrá hacer uso de sus ametralladoras pesadas. Disparan sin parar. Primero a los japoneses que intentan cargar los bidones. Después a los mismos bidones, que, uno tras otro, se hacen pedazos o se hunden. Uno llega a la orilla muy cerca de donde están ellos y lo recogen. Contiene arroz, cerillas y velas de parafina.

Los días siguientes van llegando marineros muertos a lo largo de toda la playa de Point Cruz en Guadalcanal. Probablemente, sean tanto japoneses como estadounidenses. Cuesta decirlo con exactitud. Como de costumbre, los cuerpos están desgarrados por los tiburones.

* * *

Al mismo tiempo, Ernst Jünger sigue en Voroshílovsk, en el Cáucaso. Hace un tiempo apacible. Hay tantas cosas en esta guerra que son nuevas y difíciles de entender, en comparación con la anterior. Lo que ha visto en el Este se parece más al paisaje apocalíptico de la guerra de los Treinta Años que lo que él mismo vio en 1914-1918. Visitar los lugares de los que Jünger ha oído rumores, «donde la violencia se

---

80. En historiografía la batalla naval de aquella noche se conoce como la batalla de Tassafaronga. Una vez más, la armada japonesa mostró su superioridad en los enfrentamientos nocturnos. En la que se considera la peor derrota de la armada estadounidense en toda la guerra, las fuerzas japonesas, numéricamente inferiores, hundieron un crucero norteamericano y dañaron otros tres, perdiendo un solo destructor nipón. (Y esto a pesar de que la flota estadounidense estuviese advertida de antemano por telegramas interceptados y contara con la ayuda de los radares). A pesar de ello, desde el punto de vista estratégico la batalla fue un importante éxito estadounidense: también este intento japonés de rescatar a las tropas hambrientas de la isla se vio frustrado.

ejerce contra personas indefensas» o donde ha habido represalias co-
lectivas —tal y como apunta con cuidado en su diario—, ha resultado ser más difícil de lo que se había imaginado. Pero los rumores,
las imágenes y los testimonios siguen llegando a él, entre susurros,
deformados. No cabe ninguna duda de que aquí está teniendo lugar
algo inaudito en su crueldad, terrible en su propósito, colosal en su
escala.

¿Y cómo reacciona Jünger a eso?

Intenta mantener la distancia. Piensa que, en última instancia,
esto es parte del espíritu de la época, del *Zeitgeist*, y como tal es algo
ajeno a él, parte de un presente que detesta, este presente secuestrado
por tecnólogos, corrompido por ideólogos. (¿Y no son los dos bandos
responsables de atrocidades?). Jünger trata de formular un imperativo
moral, pero es individual, por no decir individualista: se trata de no dejarse endurecer, no permitir que la brutalización te contagie, no olvidar que estás rodeado de personas que sufren.

Desde hace unos días, Jünger ha comenzado a fantasear con escribir una nueva alegoría, parecida a la solemne *Sobre los acantilados
de mármol*, pero no tan difícil de interpretar. Ya tiene claro cómo em-
pezaría. El narrador es un viajero, parte de un grupo que está a punto de dejar el desierto y acercarse al mar. El país está devastado y desierto. Pasan por ciudades vacías y desoladas, junto a maquinaria
bélica abandonada. El narrador tiene en su propiedad un mapa difícil
de leer pero importante, pues muestra el camino hasta una mina secreta llena de piedras preciosas. Pero cuando al fin logran decodificar
los jeroglíficos del mapa, falta lo último: llegar hasta allí. El camino
conduce a un precipicio que da directamente al mar, un sendero que
parece una repisa, demasiado estrecho para montar un campamento,
e incluso resulta imposible dar media vuelta. Y en ese lugar ocurre
justo lo siguiente. Llega otra caravana a su encuentro. ¿Llevará esto a
la aniquilación de un grupo, o a que ambos perezcan?

Este lunes Jünger intenta explorar Voroshílovsk por su propia
cuenta. Visita un viejo cementerio. La maleza crece por todas partes.
Hay cardos secos y otros hierbajos marchitos colgando entre cruces
y lápidas con inscripciones difíciles de leer. En mitad de este símbolo de declive y desaparición, Jünger encuentra unas tumbas completamente nuevas. No llevan inscripción alguna. Sin más piedad, los
enterradores han diseminado los huesos pálidos que han ido encon-

trando mientras cavaban estos nuevos hoyos en la tierra. Jünger ve vértebras, costillas, fémures y otras partes ahí tiradas, «como piezas de un puzle». En lo alto del muro ve el cráneo verdoso de un niño.

* * *

Entonces ocurre lo que Poon Lim, en su balsa salvavidas, lleva esperando desde hace una semana (tantos días han pasado desde que el SS Benlomond fue torpedeado). Aparece un punto en el horizonte, crece, toma forma. Poon enciende una de las bengalas de humo. Un buque mercante se acerca.

Por fin. La salvación.

El barco se aproxima tanto que Poon puede ver a los oficiales blancos moviéndose en el puente. El oleaje provocado por el casco llega hasta el bote, lo hace balancearse. Él grita y los llama con su inglés macarrónico. Pero ellos se limitan a mirarlo, sin devolverle el saludo. Y el barco no aminora la marcha, sino que pasa de largo. Lo dejan atrás.

El buque se aleja, se vuelve a convertir en un punto en el horizonte, desaparece. Poon está destrozado, no comprende nada. ¿Por qué? ¿Acaso se han pensado que era japonés, y por tanto no merecía ser salvado? ¿Un japonés, aquí, en el Atlántico Sur? Su propia explicación es que han cambiado de idea tan pronto han visto que no era blanco. Pero, tal y como Poon explicará mucho tiempo después, «el mar no ve diferencias entre un hombre amarillo y un hombre blanco».[81]

También esto tuvo lugar el lunes 30 de noviembre. Poon Lim llevaba siete días naufragado. En aquel momento no lo sabe, pero va a pasar otros ciento veintiséis días a bordo de ese bote.

* * *

81. Alguien ha intentado explicar esto alegando que los submarinos a veces utilizaban a personas en balsas de rescate como «cebo», y aparte de que yo no he visto ningún ejemplo de esto ni en las fuentes ni en ningún texto, no se sostiene: si hubieran tenido miedo de los submarinos, se habrían alejado de inmediato, sin acercarse primero hasta la balsa.

Nada nuevo en Stalingrado. Los defensores cercados del gran «saco» mantienen sus posiciones. Los que los mantienen encerrados, también. Los aviones de transporte alemanes pintados de blanco continúan haciendo sus viajes, entrando y saliendo, a menudo solos y a baja altitud.

Vasili Grossman ya estaba cansado y agotado a comienzos de mes, y ahora, a finales, lo está aún más. Tres largos meses en Stalingrado se han cobrado su precio. Se siente «saturado de impresiones», lo cual es algo que cualquiera podría entender. E igual que todos los combatientes que han comprendido que el destino o la casualidad son los que dirigen, también Grossman ha desarrollado pequeños tics y supersticiones. Por ejemplo, considera mala suerte sellar uno mismo sus cartas. Siempre quiere que lo haga otra persona.

Grossman vuelve a estar junto al Volga.[82] Su idea es hacer una última visita a la multitud de ruinas de lo que había sido Stalingrado, hablar con algunos de los comandantes de rango más alto y visitar algunas unidades en combate. Pero no va a ser fácil hacer ese viaje. Es cierto que los ataques alemanes dentro de la ciudad han cesado, y también que lo que antes había sido un obstinado fuego de día y de noche se ha apagado considerablemente. El problema es ahora el hielo. Aún no se ha formado del todo en el río grande, sino que es un conjunto de placas y trozos que se han desprendido, lo cual hace que cruzar el río resulte muy difícil. (Además, Grossman tiene que cruzar el Volga dos veces, primero desde donde se encuentra ahora, al sur de la ciudad, de oeste a este, y después subir en dirección norte para repetir la hazaña, pero ahora desde la orilla este). Explica:

> El hielo baja por el Volga. Los bloques se rozan, se parten, se hacen añicos al chocar unos con otros. El río está casi completamente cubierto de hielo. Solo a veces se pueden ver manchas de agua en esta cinta ancha y blanca que fluye entre las dos orillas negras y limpias de nieve. El hielo blanco del Volga arrastra consigo troncos de árboles, piezas de madera. Un cuervo está posado, huraño, sobre una placa de hielo. Un soldado muerto del Ejército Rojo con camisa a rayas se desliza con la corriente. Los hombres de un buque de transporte a vapor

---

82. He supuesto que esta descripción en realidad hace referencia a la época posterior al término de la ofensiva, no a la anterior, lo cual sería ilógico.

lo levantan. Les cuesta arrancar al muerto del hielo. Está arraigado a él. Es como si no quisiera dejar el Volga, el río en el que ha luchado y muerto.

* * *

El objetivo de la nueva visita de Grossman a Stalingrado es recopilar más material, en primer lugar para un texto más largo para el *Krasnaja Zvezda*, al menos esta es la explicación que le da a su superior. Pero al mismo tiempo también le está dando vueltas a la idea de escribir una gran novela sobre la guerra, una que cuente toda la «despiadada verdad».[83] Y apunta alto. El referente es obvio. En su mochila lleva un ajado ejemplar del único libro que se siente capaz de leer en estos tiempos: *Guerra y paz* de Tolstói.[84]

Como ya hemos visto, los textos que ha publicado en el *Krasnaja Zvezda* han hecho famoso a Grossman. Él, que tanto se ha esforzado por convertir en leyendas del día a día a los hombres y mujeres a quienes ha conocido en el frente, se está convirtiendo él mismo en leyenda. Pero aún más importante es que las experiencias de Grossman y sus intentos de plasmarlas en textos han materializado algo en su propio interior, y han transformado a un buen escritor en un gran escritor.

Grossman ve pasar una barcaza cargada de prisioneros de guerra rumanos. Están pelados de frío en sus abrigos marrones y finos, zapatean con los pies, se frotan las manos.

* * *

83. En esta época, Grossman estaba cada vez más frustrado por cómo la redacción del periódico tachaba y rectificaba sus textos.

84. No era el único. Esa obra nunca había tenido tanto público como entonces, no solo porque las autoridades consideraban que su tema y su mensaje —la victoria sobre los invasores extranjeros— eran positivos para la moral de batalla, y por ello hicieron todo lo posible por difundirla. Se recitaba en la radio y se enviaban folletos en los que la novela se resumía y se explicaba. Dos de los principales comandantes dentro de Stalingrado, Chuikov y Rodímtsev, la leían. También se leía mucho dentro de la sitiada Leningrado, como señaló Lidia Ginzburg, y la gente comparaba cómo llevaban la guerra con cómo lo hacían los personajes de la novela de Tolstói. Y las semanas antes de que la asesinaran, la madre de Grossman dio clases a sus alumnos a partir de una traducción al francés de la novela.

El invierno ha llegado también a Chicago. Ayer domingo nevó, y la temperatura se mantiene a unos pocos grados bajo cero. En la planta sótano sin calefactar de la grada oeste del Stagg Field, la sensación térmica es de más frío. Los que lo pasan peor ahí abajo son los guardias de seguridad armados, que tienen que estarse quietos todo el rato. Ahora los han provisto con abrigos largos hechos de piel de mapache que antes había usado el antiguo equipo de fútbol americano de la universidad. Uno de los supervisores bromea diciendo que «tienen los vigilantes mejor vestidos de todo el sector, con diferencia».

Este lunes no faltan muchas capas por montar para que el CP-1 quede terminado. Desde que han superado el ecuador y el número de bloques de grafito necesarios se va reduciendo a medida que la pila asciende, ya no hace falta el armazón exterior de gruesas vigas de madera. El CP-1 parece cualquier cosa menos tecnología punta. El propio Enrico Fermi lo describiría más tarde como «una montaña bastamente montada de ladrillos negros y vigas de madera». En la parte superior y en el lateral que da a las gradas del público de la pista de squash se ven las únicas piezas móviles de la instalación: tres listones de madera metidos en sendos agujeros. Son las barras de control.[85]

Junto con Herb Andersson, el jefe del turno —que también es físico— y con ayuda de su medidor de trifluoruro de boro, Leona Woods puede confirmar que la pila ya está muy cerca de la masa crítica de uranio que se necesita para que se dé una reacción nuclear en cadena espontánea y autosuficiente.

* * *

Dos días más tarde llega el momento. Leona Woods explica:

> La mañana siguiente hacía un frío tremendo, por debajo de cero. Fermi y yo caminamos por la nieve crujiente y azulada hasta la pila y repetimos las mediciones de flujo de Herb con el habitual medidor de

---

85. Las barras de control eran simples palos de madera a los que habían tachonado planchas de cadmio. El cadmio tiene un apetito casi insaciable de neutrones, por lo que es capaz de frenar una reacción nuclear.

trifluoruro de boro. [...] Quedamos en vernos de nuevo a las dos. Herb, Fermi y yo fuimos hasta el piso que compartía con mi hermana (quedaba cerca de la pila) para comer algo. Preparé unas crepes y batí la mezcla tan deprisa que quedaron grumos de harina seca. Después de freírlas, los grumos quedaron un poco crujientes al masticarlos, y Herb se pensó que le había añadido frutos secos a la mezcla. Y luego volvimos caminando por la nieve fría y crepitante.

Las calles están llamativamente desiertas. Alguien recuerda que ya ha empezado a aplicarse el racionamiento de combustible. Entran todos en los fríos locales, se ponen las batas de laboratorio, en su día limpias y ahora gris marengo de todo el polvo de grafito acumulado. Woods sigue al gran grupo hasta las gradas de la pista de squash, que están «llenas de equipos de control y circuitos indicadores que brillan y parpadean e irradian una pizca de calor, que recibimos con gratitud».

Hay algunos espectadores de alto nivel, empezando por el catedrático Léo Szilárd, «pequeño y regordete en su abrigo». Szilárd es el físico estadounidense de origen húngaro que ha hecho gran parte del trabajo teórico en lo referido a la reacción nuclear en cadena, y que ha albergado sueños maravillosos con las posibilidades pacíficas de la energía atómica, pero que junto con Albert Einstein en 1939 escribió aquella carta decisiva al presidente Roosevelt en la que le advertían de que podía construirse una bomba con un poder de destrucción inaudito y que la Alemania de Hitler muy probablemente lo estaba intentando, por lo que —a regañadientes— ellos instaron a que Estados Unidos hiciera lo mismo.

Pero la mayoría de los presentes no son espectadores, sino que les han asignado tareas muy concretas. Una persona lleva un hacha en la mano para, en caso de que la reacción nuclear se desboque, cortar la cuerda que sujeta la barra de control vertical que ahora cuelga sobre la pila; otra está preparada con un cubo lleno de nitrato de cadmio para verterlo por encima de la pila, también para poder detener rápidamente la reacción en cadena si es necesario; una tercera persona está preparada abajo, en la pista, a la espera de que Fermi dé la orden de retirar del núcleo la única barra de control que queda, palmo a palmo; la tarea de Woods es leer en voz alta las mediciones de trifluoruro de boro.

Y empiezan. Fermi dirige cada paso. A su señal, retiran la última barra de control, palmo a palmo. Cada paso se controla con el medidor y por el mismísimo Fermi, con su regla de cálculo. Los valores encajan.

Woods explica: «Se podía oír cómo se aceleraban los leves chasquidos del medidor de trifluoruro de boro. Yo grité "Ocho, dieciséis, veintiocho, sesenta y cuatro...", y entonces los chasquidos se fundieron en un zumbido que era demasiado rápido como para que lo pudiera leer». Durante cuatro minutos y medio, Fermi deja que el sencillo reactor nuclear haga su trabajo. El efecto aumenta sin parar. La reacción nuclear es autosuficiente. Al final el efecto alcanza el medio vatio. Suficiente para alimentar una linterna.[86] Entonces Fermi da la orden de meter la barra de control en el núcleo. El efecto cae en picado. El zumbido del medidor vuelve a convertirse en chasquidos, estos se ralentizan y callan. La pila se ha apagado.

El sistema funciona. Han superado un obstáculo decisivo en el camino hacia la bomba atómica.

Apagan todos los equipos, bloquean las barras de control, recogen. Woods se prepara para marcharse, y ya se ha quitado la bata sucia de laboratorio cuando alguien aparece con una botella de chianti en una cesta de mimbre. En honor a Fermi. Descorchan, sirven el vino en vasos de papel y hacen un brindis. Miradas silenciosas a Fermi. Después, todo el mundo abandona la pista de squash, satisfechos y alegres, y salen a la nieve crujiente. Solo dos hombres se demoran en la grada: Fermi y Léo Szilárd. Szilárd se acerca a Fermi, le estrecha la mano y dice: «Creo que el día de hoy será recordado como un día negro en la historia de la humanidad».

* * *

El lunes 30 de noviembre llega a Treblinka un tren de vagones de carga. En ellos van cerca de mil setecientos judíos de Siedlce. Son los últimos confinados del llamado «pequeño gueto» de la ciudad, y que

---

86. A esas alturas, el fluido de neutrones se duplicaba cada dos minutos y, tal como escribe Richard Rhodes, «con ese ritmo de aumento, al cabo de una hora y media el efecto alcanzado habría sido de un millón de kilovatios. Pero mucho antes de eso, habría acabado con la vida de todos los presentes en el local y se habría fundido».

han sido transportados por tandas a Treblinka desde el miércoles. Con excepción de unos pocos, que se salvan para rellenar los constantes huecos que van quedando libres en la plantilla de trabajadores del *Sonderkommando* del campo, todos mueren asesinados antes del atardecer: hombres, mujeres y niños.

Chil Rajchman sigue trabajando en el comando de dentistas del campo.

El invierno ha llegado. Todo prosigue según lo dispuesto.[87] La gente está de pie desnuda y tiritando en la Manguera, esperando su turno. Cuencos con dientes ensangrentados van entrando en la barraca de dentistas para su limpieza. Pero las temperaturas bajo cero juegan en contra. Rajchman explica:

> Merece la pena señalar que la extracción de dientes se volvió mucho más difícil durante el invierno. O bien los cadáveres se habían congelado tras abrir la compuerta, o bien el frío de la escarcha ya había calado en ellos antes de que entraran en las cámaras. Esto nos suponía un trabajo tremendo para abrir las bocas cerradas.

Parece que está en marcha un cambio en el procedimiento. Ha llegado al campo un hombre de las SS de unos treinta años que tiene unos rasgos infantiles, «una expresión afable en la cara» y la risa muy fácil.[88] Los prisioneros lo llaman el Artista. Parece ser experto en cremaciones. Por alguna razón, a los muertos ya no hay que enterrarlos.

87. Gracias al llamado telegrama Höfle, interceptado por los descifradores británicos en Bletchley Park, tenemos una cifra muy exacta de cuántas personas fueron asesinadas en Treblinka hasta el final de ese año: 713.555. Rajchman comenta en su relato que los transportes fueron reduciéndose durante el mes de diciembre, lo cual se confirma en el telegrama: durante las dos semanas hasta el 31 de diciembre de 1942, el número de víctimas fue de 10.335.

88. El hombre de las SS era un tal Herbert Floss, y no está claro cuándo llegó al campo. Según Rajchman, fue en enero de 1943; según el testimonio que dio Matthe en el juicio de Treblinka en Düsseldorf 1964-1965, fue en noviembre de 1942. Esto último coincide en el tiempo con el hecho de que la decisión de destruir cualquier huella de las masacres se tomó ya en el verano de 1942, y se puso en marcha durante el otoño —la llamada *Sonderaktion 1005*—. Una importante reunión tuvo lugar en noviembre, en las oficinas de Adolf Eichmann en Berlín, en la que Paul Blobel, jefe de la *Sonderaktion 1005*, describió los métodos que habían pensado. En esta época, las labores de desenterrar y quemar los antiguos cadáveres ya se habían iniciado en Sobibor y Belzec.

Hay que quemarlos allí mismo. Más tarde llegan órdenes de que los cadáveres que están bajo tierra también hay que desenterrarlos y quemarlos. Y las cenizas deben pulverizarse. ¿Por qué?

* * *

La determinación del grupo de los hermanos Scholl es grande, igual que su coraje y la idea de que, simplemente, tienen que hacer algo, tienen que aguantar. En esto están de acuerdo. Al mismo tiempo, gestionan la presión de maneras distintas. Algunos viven francamente asustados casi todo el tiempo, les cuesta dormir, tratan de distraerse, tienen pesadillas fáciles de interpretar —esqueletos aparentemente salidos de una pintura de Holbein sobre la danza de la muerte vienen a visitarlos y tratan de derribarlos—; en cambio, otros reaccionan al peligro cada vez mayor abrazándose a aquello que la vida aún les puede ofrecer. Dentro de unas semanas, Hans Scholl volverá a enamorarse una vez más.

Y Sophie Scholl esquiará alegremente por la nieve reluciente del jardín inglés, y ninguna de las personas con las que se cruzará allí sospechará de su secreto. Pero no debemos creer que su despreocupación es fingida, una máscara, una protección, sino que la vida puede realmente tener todas estas capas, no a pesar de, sino gracias a que corren tiempos tan extremos. No hay otra joven mujer dentro de ella, sino que en su interior están las dos, y están entrelazadas.

* * *

Son los últimos días de noviembre y las noches han comenzado a ser realmente frías en Shanghái. En esos mapas que cuelgan en casa de la familia Blomberg, en el pasillo de la casa amurallada de Place de Fleurs, ha habido cambios. Los banderines de colores han cambiado de lugar de nuevo, pero por primera vez las zonas controladas por Japón y Alemania han comenzado a encogerse. No a niveles llamativos, pero aun así. Ursula, su familia y el resto de refugiados europeos siguen viviendo en su burbuja, en un mundo donde es imposible saber qué es sólido y qué es líquido, y donde las noticias siguen llegándoles de manera fragmentada —a veces confirmadas, a veces refutadas por alguien que conoce a alguien que conoce a alguien que tiene en su posesión una de esas radios de onda corta muy escondida—. Y leen con lupa los periódicos oficiales, en busca de fragmentos pequeños y pasajeros de datos que aparecen como de pasada entre el torrente de frases propagandísticas.

En la marea de incertidumbre y conjeturas, las especulaciones acerca de Meisinger, el oficial de las SS, parecen perder terreno. El rumor de que había llegado al puerto de Shanghái un barco cargado de gas tóxico parece no ser correcto.[89] Y parece que los estadounidenses han tomado el control de esa isla en la que habían desembarcado, y, por tanto, han contribuido a la primera gran derrota del Ejército japonés. Y todo apunta a que las fuerzas aliadas han desembarcado en África del Norte, donde se ha instaurado una especie de gobierno libre francés y que Egipto ya no está amenazado. Y parece ser que los ejércitos alemanes en el Volga y en el Cáucaso han tenido problemas, graves problemas.

Ahora los japoneses están más nerviosos. Entre otras cosas, han declarado una prohibición general contra cualquier servicio de noticias o difusión de rumores en el oeste de Shanghái «para mantener la paz y el orden». Y además han remarcado —literalmente, con letras en mayúscula— que «LAS INFRACCIONES SERÁN DURAMENTE CASTIGADAS». Como si pudieran acallarse los rumores mediante una prohibición. Como si la esencia de la guerra no consistiera, en gran medida, en rumores, sombras, mentiras e incertidumbre.

Al leer las memorias que Ursula Blomberg escribió de mayor, se puede intuir que, en este momento, ella, su familia y su círculo de amistades respiraron un poco más tranquilos. Este año ha pensado organizar una pequeña celebración de Navidad con «las hermanas», las tres jóvenes chinas a las que les da clases de inglés. Su idea es que hagan intercambio de regalos y canten canciones tradicionales. Una

---

89. El rumor del gas tóxico era falso, pero era cierto que Meisinger estaba intentando que los japoneses llevaran a los judíos de la ciudad a verdaderos campos de concentración, los encerraran en barcos en el puerto (para matarlos de hambre) o instigaran un pogromo. Aunque habían adoptado cierta propaganda antisemita, las autoridades japonesas habían llegado a la conclusión de que, sin duda, a un grupo tan poderoso y con tantos recursos como el judío era mejor explotarlo que exterminarlo. Antes de 1941, algunos funcionarios barajaban la idea de permitir que grandes grupos de judíos europeos emigraran a Manchuria para contribuir a la modernización de la provincia.

de ellas ha conseguido partituras. Por su parte, Ursula ha notado que algo está cambiando en ella. Ahora, vivir en la misma estancia que sus padres ya no le infunde seguridad ni le parece fácil, como antes. Ha empezado a echar de menos el silencio y la soledad, algo tan sencillo como poder encerrarse en el cuarto de baño. «Para mí, el fin de la guerra significaría tener mi propia habitación».

Los destinos que corrieron

Abdulin, Mansur: Después de Stalingrado, en 1943 Abdulin participó en la gran batalla del Kursk, a la que también sobrevivió. Cuando más tarde ese mismo año el Ejército Rojo logró cruzar el Dniéper por la fuerza, resultó gravemente herido y desmovilizado. Después de la guerra, Abdulin volvió a su trabajo en la industria minera. Murió en 2007, en la misma región en la frontera con Kazajstán en la que había nacido.

Amery, John: Amery continuó trabajando para el aparato nazi de propaganda hasta finales de 1944. Entonces abandonó Berlín para unirse a la república fascista de Saló, en el norte de Italia. Allí fue tomado prisionero en 1945 y enviado a Reino Unido. Tras ser juzgado, Amery fue condenado por alta traición. Lo ahorcaron en diciembre de ese mismo año en la prisión de Wordsworth.

Berr, Hélène: Berr fue capturada junto con sus padres en marzo de 1944 y fueron deportados ese mismo mes. Su madre murió gaseada a la llegada a Auschwitz, a su padre lo mataron tras menos de seis meses en Buna, el campo inferior de IG Farben. En noviembre de 1944, Hélène Berr fue trasladada a Bergen-Belsen. Enferma de tifus, la agredieron hasta matarla tan solo cinco días antes de la liberación en 1945. Su novio Jean sobrevivió a la guerra y se hizo diplomático.

Blomberg, Ursula: Blomberg y sus padres lograron llegar a Estados Unidos, pero no fue hasta 1947, después de casarse con otro joven refugiado y tomar el apellido de Bacon. Se asentaron todos en Denver, donde tuvo dos hijos. Aparte de las memorias sobre sus años en Shanghái, escribió varios libros, entre otros *The Nervous Hostess Cookbook*. Murió en 2013.

Brittain, Vera: También después de la guerra, Brittain siguió la voz de su conciencia y se implicó, entre otras causas, en la lucha contra el apartheid y a favor del desarme nuclear. Tras una trágica caída en 1966 envejeció de forma prematura, tanto física como mentalmente. Murió en 1970. Respetando sus últimas voluntades, fue incinerada, y sus cenizas se esparcieron sobre la tumba de su hermano en el norte de Italia, donde este había caído en 1918.

Bushby, John: Bushby pasó el resto de la guerra como prisionero, en el conocido campo Stalag Luft III, en Alemania Oriental (actualmente, Polonia).[1] Tras la vuelta a casa permaneció en la RAF. Durante la Guerra Fría ejerció de especialista en defensa aérea, y en la década de 1960 participó, entre otras cosas, en operaciones que tenían por objetivo detener las violaciones soviéticas del espacio aéreo británico.

Caccia Dominioni, Paolo: Tras volver a Italia, Caccia Dominioni se sumó al movimiento antifascista. Después de la guerra dedicó veinte años a recuperar muertos en el campo de batalla de El Alamein, y participó en el diseño y la construcción del osario que ahora hace las veces de monumento para los italianos caídos. Murió en Roma en 1992.

Camus, Albert: Camus ejerció más tarde en el movimiento de oposición como periodista, y después de la guerra él y Francine se asentaron en París, donde tuvieron dos hijos. Como ya se sabe, su escritura lo terminó convirtiendo en uno de los autores más destacados del siglo xx, y en 1957, cuando tenía cuarenta y cuatro años, recibió el Premio Nobel de Literatura. Murió en un accidente de coche tres años más tarde.

Douglas, Keith: Después de haber participado en las batallas de Túnez, Douglas regresó en diciembre de 1943 a Reino Unido. Participó en el desembarco de Normandía el día D, el 6 de junio de 1944. Tres días más tarde murió alcanzado por un obús alemán, después de salir de su carro de combate para otear. Su cuerpo fue enterrado en un seto en el campo de batalla.

---

1. Conocido después de la guerra, claro. El campo fue escenario de dos fugas osadas y espectaculares que inspiraron largometrajes de ficción y, más adelante, incluso videojuegos.

Dunlop, Edward «Weary»: Dunlop y sus compañeros prisioneros terminaron en el llamado Ferrocarril de la Muerte en Tailandia, donde muchos de ellos murieron, pero la proporción habría sido mucho mayor de no haber sido por él. Tras la liberación en 1945, se casó con Helen y siguió trabajando exitosamente como médico en distintas disciplinas, pero también por la reconciliación entre Australia y Japón. Dunlop murió en 1993. Más de diez mil personas asistieron a su entierro.

Fijalkowska, Danuta: El marido de Danuta, Józek Fijalkowski, fue asesinado en febrero de 1943 por un policía militar alemán, aparentemente al tratar de evitar que lo arrestaran. Después del final de la guerra, Fijalkowska terminó su formación académica y se hizo profesora. En 1951 volvió a casarse y tuvo otros dos hijos. En la década de 1970, ella y su nuevo marido se mudaron a Estados Unidos. Allí muró en abril de 2002.

Ginzburg, Lidia: Ginzburg sobrevivió a la guerra e incluso a la campaña antisemita de la Unión Soviética de finales de los años cuarenta, se quedó en la universidad y, durante el deshielo que siguió a la muerte de Stalin, pudo publicar varias obras literarias destacadas. Murió en Leningrado en 1990.

Grossman, Vasili: Grossman continuó cubriendo la guerra hasta 1945, y fue el primero en informar sobre Treblinka. Tras el acuerdo de paz, se fue quedando cada vez más al margen. Cuando en 1959 concluyó *Vida y destino*, su gran novela sobre la guerra, la KGB la confiscó —se llevaron todo, incluso los rollos de tinta de su máquina de escribir— y desde arriba le informaron de que no podría publicarla en trescientos años. Grossman murió de cáncer de estómago en 1964.

Hara, Tameichi: Hara participó en toda una serie de batallas navales posteriores y fue el único capitán de destructor japonés que sobrevivió a toda la guerra. Cada vez más pesimista con el curso de esta, en 1943 le suplicó por carta al emperador que firmara la paz. Después de 1945 trabajó de capitán de barcos mercantes que transportaban sal. Falleció en 1980.

Hartnagel, Fritz: Después de que Sophie Scholl y su hermano Hans fueran ejecutados, Hartznagel —que había sido evacuado de Stalingrado en enero de 1943— trató de apoyar a la familia de diversas maneras. Después de ser liberado del cautiverio estadounidense como prisionero de guerra, en 1945 se casó Elisabeth, la hermana de Sophie, y con ella tuvo cuatro hijos. Trabajó como jurista y se hizo miembro de los socialdemócratas. En la década de los años ochenta estuvo implicado en el movimiento pacifista de Alemania Occidental. Falleció en Stuttgart en 2001.

Holl, Adelbert: Sorprende más bien poco que Holl fuera uno de los que lucharon hasta el último minuto en Stalingrado, donde fue capturado el 2 de febrero de 1943. La mayor parte de los prisioneros no sobrevivieron, pero Holl sí. Después de siete años en campos soviéticos, en 1950 regresó a la que entonces ya era Alemana Occidental. Murió en junio de 1980.

Inber, Vera: Inber se afilió al Partido Comunista en 1943, y su carrera como escritora siguió floreciendo después de la guerra. Por ejemplo, ganó el Premio Stalin en 1946, y el *Meridiano de Púlkovo*, el gran ciclo de poesía sobre el sitio de Leningrado que comenzó en 1942, adquirió mucho renombre, no sin razón. Falleció en 1972 en Moscú.

Jünger, Ernst: Implicado de forma tangencial en el atentado del 20 de julio contra Hitler, la suerte o la destreza hizo que Jünger esquivara el castigo, pero fue expulsado del Ejército en agosto de ese mismo año. (Sin embargo, a su hijo mayor lo enviaron a un batallón de castigo en el norte de Italia por dar un discurso subversivo, y allí cayó en combate en noviembre de 1944). Jünger continuó escribiendo después de la guerra y recuperó su espacio en la plana literaria. Falleció en febrero de 1998, a los ciento dos años de edad.

Kardorff, Ursula von: Desde que su hermano pequeño Jürgen cayó en el frente oriental en febrero de 1943, Von Kardorff se volvió cada vez más crítica con el régimen. La casa en la calle Rankestrasse 21 quedó totalmente destruida durante el bombardeo de la RAF de finales del mismo año, y ante la amenaza del Ejército Rojo huyó de Berlín en marzo de 1945. Después de la guerra continuó ejerciendo de periodista, ahora en el diario *Süddeutsche Zeitung*, y se hizo conocida, entre otras cosas, por sus descripciones de París. Murió en Múnich en enero de 1988.

Last, Nella: Last siguió escribiendo su diario hasta 1966, y con sus doce millones de palabras se considera uno de los diarios más extensos que existen en lengua inglesa. Por lo demás, el resto de su vida siguió las costumbres de siempre: vivió un matrimonio infeliz. Su hijo menor resultó herido pero sobrevivió a la guerra y emigró a Australia, donde se hizo escultor. Hacia mediados de la década de los sesenta, las fuerzas de Last cedieron, sufrió demencia senil y falleció en junio de 1968.

McEniry, John: McEniry ejerció como piloto de combate para la Marina en el Pacífico hasta el final de la guerra. Recibió numerosas condecoraciones. Con excepción de un periodo durante la guerra de Corea, cuando lo llamaron de nuevo a filas, trabajó como jurista en su ciudad natal, Bessemer, Alabama, y con ello continuó hasta jubilarse en 1982. Murió en 1993.

Mun, Okchu: A Mun siguieron trasladándola de un burdel de campaña a otro en Birmania y Tailandia. Los últimos meses de la guerra estuvo cuidando heridos. Tras el acuerdo de paz, regresó a Corea, pero solo para verse marginada, así que tuvo que ganarse la vida como *kisaeng*, una especie de geisha. Se casó, pero a los seis años de matrimonio su marido se quitó la vida. Los años como esclava sexual la dejaron atormentada por los calambres, el insomnio y la vergüenza. No llegó a tener hijos. Murió en 1996.

Obrinba, Nikolai: Obrinba siguió luchando como partisano hasta que en otoño de 1943 los alemanes se vieron obligados a retirarse de la zona. Entonces regresó a Moscú, donde se reencontró con su esposa. Después de la guerra continuó ejerciendo como artista, y pintó muchas obras dentro del realismo social, tan común en la época. Falleció en 1996.

Oglethorpe, SS: El buque Liberty construido con tanto esfuerzo vivió una vida corta. Los submarinos alemanes lo mandaron a pique en marzo de 1943, en su primer convoy a Reino Unido. (Su carga consistía, principalmente, en acero, algodón y productos alimentarios). De su tripulación de setenta y cuatro hombres, cuarenta y cuatro desaparecieron con él, incluido el capitán. Ahora descansa en el fondo del Atlántico Norte, aproximadamente a 50 grados y 38 minutos norte y 34 grados y 46 minutos oeste, casi justo a mitad de su travesía.

Parris, John: Parris volvió a Estados Unidos y continuó trabajando como periodista, sobre todo para prensa local. De la década de los años cincuenta en adelante ganó reconocimiento como cronista de enfoque folclorista, retratando a las personas y la cultura de los viejos Apalaches. Murió en 1996.

Poon, Lim: Fue rescatado por unos pescadores brasileños el 5 de abril de 1943, después de ciento treinta y tres días solo en su balsa. Cuando se conoció su historia, fue enviado en un barco a Gran Bretaña, donde el rey le entregó una medalla. Después de la guerra emigró a Estados Unidos. Allí murió, en Brooklyn, el 4 de enero de 1991.

Rajchman, Chil: Rajchman fue uno de los que se fugaron de Treblinka durante la revuelta que tuvo lugar en agosto de 1943, tras lo cual logró llegar a Varsovia, donde se unió al movimiento de resistencia bajo un alias cristiano. Poco después de terminar la guerra, se casó con otra superviviente, y la pareja emigró a Uruguay. Allí tuvo éxito en la industria textil, tuvo tres hijos y once nietos y nietas. Testificó en varios juicios, entre otros contra John Demjanjuk. Rajchman falleció en Montevideo en mayo de 2004.

Reese, Willy Peter: Reese siguió componiendo sus poemas y fragmentos de prosa, y se encargó de que sus padres cuidaran de ellos en Duisburgo. Continuó también sirviendo en el frente oriental. A finales de junio de 1944, durante la gran ofensiva soviética de verano, desapareció en Vitebsk. El destino final que corrió se desconoce.

Robinson, Dorothy: La vida de Robinson después de la guerra parece haber sido igual de poco dramática que durante ella. No hay indicios de que retomara la escritura. Ella y su marido siguieron viviendo juntos. Él murió en 1966 y ella en 1977, y están enterrados juntos en un cementerio en Saratoga, al norte de Nueva York.

Russell, Ned: Después de la guerra, Russell siguió ejerciendo de periodista con base en Londres, y se centró en escribir sobre temas económicos. También escribió sobre el Plan Marshall. En 1954 sufrió un grave accidente de coche en Los Ángeles, y murió en 1958, después de pasar cuatro años en coma.

Scholl, Sophie: Scholl fue arrestada el 18 de febrero de 1943 junto con su hermano Hans después de que los vieran distribuyendo volantes de oposición en uno de los edificios de la Universidad de Múnich. Tras un juicio rápido, la sentencia se dictó el 22 de febrero: unas horas más tarde, junto con su amigo Chritoph Probst, ambos fueron ejecutados en la guillotina. Se dice que mostró coraje hasta el último momento.

Skriabina, Elena: Junto con sus dos hijos, Skriabina huyó de nuevo en 1943, ahora al oeste. Tras nuevos peligros y complicaciones, ante los cuales volvió a mostrar sus habilidades imbatibles como superviviente, terminó la guerra como prisionera alemana haciendo trabajos forzados en Renania. Después del acuerdo de paz, emigró a Estados Unidos con sus hijos, siguió estudiando y terminó siendo catedrática de Francés en la Universidad de Ohio. Falleció en 1996.

Somerhausen, Anne: Con el tiempo, Somerhausen se metió cada vez más en distintos tipos de actos de resistencia, y varias veces escondió a personas judías refugiadas en su casa. Pese a los crecientes riesgos, ella y sus hijos sobrevivieron a la guerra. En mayo de 1945 su marido Marc regresó de su cautiverio como prisionero de guerra y retomó su carrera dentro de la política y el Derecho, y ella volvió a su vida de ama de casa. Falleció en 1986.

Thomas, Leonard: Thomas siguió cumpliendo servicio en la Marina y participó, entre otras cosas, en otros dos convoyes por el océano Ártico. Después de haber sido desmovilizado en 1946, se asentó en Edimburgo, se casó (con una mujer a la que había conocido antes de la guerra), tuvo hijos y terminó haciéndose ingeniero electrónico. Se jubiló en 1977 y falleció en abril del año 2000 en esa misma ciudad.

Thongs, Bede: Thongs se recuperó de sus enfermedades y más tarde participó en los siguientes combates en Nueva Guinea. Allí lo ascendieron a capitán, e incluso obtuvo una alta condecoración. Gran parte de la vida posterior de Thongs transcurrió en la larga estela de la guerra: volvió en nueve ocasiones a los viejos campos de batalla y participó a menudo en distintos proyectos memoriales. Murió en paz en 2015. Su ataúd estaba cubierto con la bandera del 3.er Batallón.

U-604: En junio de 1943, el U-604 hizo su último viaje. Tras haber sido gravemente dañado por los aviones estadounidenses, el submarino fue hundido por su propia dotación el 11 de agosto de 1943. Trece de los hombres murieron, incluido el capitán Horst Höltring, quien, tras haber matado de un disparo a dos tripulantes heridos que estaban atrapados en la nave naufragada y llena de gas de cloro, se suicidó. Ahora la nave descansa en el fondo del Atlántico Sur, aproximadamente a 4 grados y 15 minutos sur y 21 grados 20 minutos oeste, más o menos a medio camino entre Brasil y África Oriental.

Vallicella, Vittorio: Tras un largo y, en parte, brutal cautiverio como prisionero de guerra en manos de los franceses, en 1947 Vallicella regresó a su provincia natal. Retomó su vida de agricultor, estuvo implicado en política y sindicalismo, se casó en 1950 y tuvo dos hijos. Enérgico, curioso y lector voraz, abrió su propio kiosko de periódicos, y más tarde también una pequeña librería. Vallicella falleció en 2005.

Wakabayashi, Tohichi: Wakabayashi resultó gravemente herido en Guadalcanal el 12 de enero, durante la defensa del conjunto de colinas que los estadounidenses llamaban Galloping Horse y los japoneses Miharishi Highlands. Rechazó los ofrecimientos de ser evacuado y se quedó junto a sus soldados. Lo mataron dos días más tarde, el 14 de enero, probablemente en la garganta del río al que se habían retirado los restos de su batallón y donde este fue erradicado casi hasta el último hombre. Para entonces, Wakabayashi se había encargado de que su diario estuviera a buen recaudo.

Walker, Charles: Después de Guadalcanal, Walker participó en las prolongadas batallas por las Filipinas, y perteneció a las unidades que aterrizaron en Japón después de la capitulación. Tras la guerra, primero se dedicó a la agricultura, para luego pasarse diez años pilotando aviones de mercancías ligeros en el territorio rural canadiense. En la década de los años setenta, Walker se mudó de vuelta a Pembina, Dakota del Norte, donde murió en 2009.

West, Kurt: West siguió cumpliendo servicio y participó en los duros combates en el istmo de Carelia el verano de 1944, donde se detuvo la gran ofensiva del Ejército Rojo. Tras la desmovilización regresó a Esse, su ciudad natal, donde primero trabajó de agricultor, pero en 1948 abrió su propia compañía eléctrica, que en la década de los sesenta se especializó en instalar aparatos de televisión. Era baptista activo y ya de mayor hizo varios viajes a los antiguos campos de batalla. Kurt West falleció en Esse en 2007, dejando una gran familia.

Woods, Leona: Woods trabajó en el Proyecto Manhattan hasta el final de la guerra, tras lo cual retomó sus estudios. Disfrutó de una hermosa carrera académica como física, escribió alrededor de doscientos artículos, fue catedrática primero en la NYU y luego en la Universidad de Colorado. En 1966 se divorció de su primer marido y se casó con el premio Nobel Willard Libby. En sus últimos años se interesó por la cuestión medioambiental, y desarrolló un método para medir cambios climáticos con ayuda de isótopos en la madera. Murió de un ictus en 1986.

Fuentes y bibliografía

Abdulin, M., *Red Road from Stalingrad – Recollections of a Soviet Infantryman*, Barnsley, 2004.

Adam, W., y Rühle, O., *With Paulus at Stalingrad*, Barnsley, 2015.

Aldridge, J., *Cairo. Biography of a City*, Nueva York, 1969.

Alman, K., *Angriff, ran, versenken. Die U-Bootschlacht im Atlantik*, Rastatt, 1965.

Amery, J., *John Amery Speaks / England and Europe*, Uckfield, 2007.

Anderson, N., *To Kokoda. (Australian Army Campaign Series 14)*, Canberra, 2014.

Arad, Y., *The Holocaust in the Soviet Union*, Lincoln, 2009.

Arendt, H., *The Origins of Totalitarianism*, Nueva York, 1976. [Hay trad. cast.: Los orígenes del totalitarismo, Barcelona, 2006].

Atkinson, R., *An Army at Dawn. The War in North Africa, 1942–1943*, Londres, 2003. [Hay trad. cast.: Un ejército al amanecer: la guerra en el Norte de África, 1942-1943, Barcelona, 2007].

Bacon, U., *Shanghai Diary. A Young Girl's Journey from Hitler's Hate to War-Torn China*, Milwaukie, 2004.

Barton, D., «Rewriting the Reich: German Women Journalists as Transnational Mediators for Germany's Rehabilitation», en *Central European History*, vol. 51, tema 4.

Bartsch, W. H., *Victory Fever on Guadalcanal. Japan's First Land Defeat of WWII*, College Station, 2014.

Bastable, J. (ed.), *Voices from Stalingrad*, Cincinnati, 2007.

Battistelli, PP., *El Alamein 1942*, Stroud, 2015.

Beevor, A., y Vinovgradova, L., *A Writer At War. Vasily Grossman with the Red Army 1941–1945*, Londres, 2006. [Hay trad. cast.: Un escritor en guerra: Vasili Grossman en el Ejército Rojo, 1941-1945, Barcelona, 2009].

Bergerud, E. M., *Fire in the Sky. The Air War in the South Pacific*, Boulder, 2000.

Berr, H., *Journal*, París, 2008. [Hay trad. cast.: *Diario*, Barcelona, 2009].

Berr, H., *The Journal of Hélène Berr*, Nueva York, 2008.

Berry, P., y Bostridge, M., *Vera Brittain. A Life*, Londres, 2008.

Bowman, M. W., *Bomber Command. Reflections of War*, Vol. 2 *Live to Die Another Day (June 1942–Summer 1943*, Barnsley, 2012.

Brittain, V., *Humiliation with Honour*, Nueva York, 1943.

Brittain, V., *Wartime Chronicle. Vera Brittain's Diary 1939–1945*, Londres, 1989.

Brune, P., *Those Ragged Bloody Heroes. From the Kokoda Trail to Gona Beach 1942*, Sidney, 1992.

Brustat-Naval, F., *Ali Cremer U 333*, Berlín, 1994.

Busch, R. (ed.), *Stalingrad: Der Untergang der 6. Armee. Überlebende berichten*, Graz, 2012.

Bushby, J., *Gunner's Moon. A Memoir of the RAF Night Assault on Germany*, Londres, 1974.

Caccia Dominioni, P., *El Alamein 1932–1962*, Milán, 1966.

Calvocoressi, P., Wint, G., y Pritchard, J., *Total War. The Causes and Courses of the Second World War*, Londres, 1995. [Hay trad. cast.: *Guerra total*, Madrid, 1979].

Camus, A., *Carnets. Janvier 1942–Mars 1951*, París, 1964. [Hay trad. cast.: *Carnets. 2, Enero 1942-marzo 1951*, Madrid, 1985].

Camus, A., *La peste*, Barcelona, 2010.

Casdorph, P. D., *Let The Good Times Roll. Life at Home in America during World War II*, Nueva York, 1991.

Chandler, R., «Mother and Son. Life and Fate» en *Granta,* junio de 2019.

Christopherson, S., *An Englishman at War. The Wartime Diaries of Stanley Christopherson 1939-1945*, Londres, 2014.

Conway, M., *Collaboration in Belgium. Léon Degrelle and the Rexist Movement 1940-1944*, Yale, 1993.

Cope, Tony, *On the Swing Shift. Building Liberty Ships in Savannah*, Annapolis, 2009.

Costello, J., *Love, Sex and War. Changing Values 1939-1945*, Londres, 1985.

Craig, W., *Enemy At The Gates. The Battle For Stalingrad*, Londres, 2000. [Hay trad. cast.: *La batalla por Stalingrado*, Barcelona, 1975].

De Jonghe, A., «La Lutte Himmler. Reeder pour la nomination d'un HSS-PF à Bruxelles (1942–1944). Troisième partie: Evolution d'octobre 1942 à octobre 1943», en *Cahiers D'Histoire de la Seconde Guerre Mondial*, n.º 5, diciembre de 1978.

De Launay, J., y Offergeld, J., *La vie quotidienne des belges sous l'occupation 1940-1945*, Bruselas, 1982.

Denkler, H., *Werkruinen, Lebenstrümmer. Literarischen Spuren der 'verlorenen Generation' des Dritten Reiches*, Tübingen, 2006.

Douglas, K., *Alamein to Zem Zem*, Oxford, 1979. [Hay trad. cast.: *De el Alamein a Zem Zem*, 2012].

Douglas, K., *The Complete Poems*, Oxford, 1978.

Duggan, C., *Fascist Voices. An Intimate History of Mussolini's Italy*, Londres, 2013.

Dumbach, A., y Newborn J., *Sophie Scholl and the White Rose*, Londres, 2007.

Dunlop, E. E., *The War Diaries of Weary Dunlop. Java and the Thailand–Burma Railway 1942-1945*, Victoria, 1990.

Ebury, S., *Weary. The Life of Sir Edward Dunlop*, Victoria, 1994.

Ellis, J., *World War II. The Sharp End*, Londres, 1990.

Enstad, J. D., *Soviet Russians under Nazi Occupation. Fragile Loyalties in World War II*, Cambridge, 2019.

Facos, M., *An introduction to Nineteenth Century Art*, Londres, 2011.

Fest, J. C., *Das Gesicht des Dritten Reiches. Profile einer totalitären Herrschaft*, Múnich, 1993.

Findahl, T., *Ögonvittne Berlin 1939-1945*, Estocolmo, 1946.

Forczyk, R., *The Caucasus 1942-1943. Kleist's race for oil*, Londres, 2015.

Forster, E. M., *Alexandria: A History and a Guide*, Alejandría, 1922. [Hay trad. cast.: *Alejandría: historia y guía*, Barcelona, 2016].

Fredborg, A.: *Bakom stalvallen*, Estocolmo, 1995.

Frei, N., y Schmitz, J., *Journalismus im Dritten Reich*, Múnich, 1989.

Fussell, P., *Wartime. Understanding and Behaviour in the Second World War*, Oxford, 1989. [Hay trad. cast.: *Tiempo de guerra. Conciencia y engaño en la segunda guerra mundial*, Madrid, 2003].

Gasperi, R., *La grande lllusione. Diario di guerra*, Rovereto, 1991.

Gebhardt, M., *Die Weiße Rose. Wie aus ganz normalen Deutschen Widerstandskämpfer wurden*, Múnich, 2017.

Gerasimova, S., *The Rzhev Slaughterhouse: The Red Army's Forgotten 15-Month Campaign Against Army Group Center, 1942-1943*, Warvick, 2016.

Gillies, M., *The Barbed-Wire University. The Real Lives of Allied Prisoners of War in the Second World War*, Londres, 2011.

Ginzburg, L., *Blockade Diary*, Londres, 1995. [Hay trad. cast.: *Diario del sitio de Leningrado*, Barcelona, 2000].

Glantz, D. M., *Armageddon in Stalingrad. September-November 1942*, Kansas, 2009. [Hay trad. cast.: *Armagedón en Stalingrado. Operaciones germano-soviéticas de septiembre a noviembre de 1942*, Madrid, 2019].

Glantz, D. M., *Endgame at Stalingrad. Book One: November 1942*, Kansas, 2014.

Glantz, D. M., *Endgame at Stalingrad. Companion*, Kansas, 2014.

Gogun, A., *Stalin's Commandos. Ukrainian Partisan Forces on the Eastern Front*, Londres, 2016.

Golomstock, I., *Totalitarian Art in the Soviet Union, the Third Reich, Fascist Italy and the People's Republic of China*, Londres, 1990.

Graham, D., *Keith Douglas 1920-1944. A Biography*, Oxford, 1974.

Grossman, D., *On killing. The Psychological Cost of Learning to Kill in War and Society*, Boston, 1996. [Hay trad. cast.: *Sobre el combate*, Tenerife, 2014].

Grossman, V., *Liv och öde*, Falun, 2007. [Hay trad. cast.: *Vida y destino*, Barcelona, 2018].

Grossman, V., *Stalingrad*, Londres, 2019. [Hay trad. cast.: *Stalingrado*, Barcelona, 2020].

Grossman, V., «The Treblinka Hell» en *The Years of War (1941-1945)*, Moscú, 1946. [Hay trad. cast.: *El infierno de Treblinka*, Barcelona, 2017].

Grunberger, R., *A Social History of the Third Reich*, Londres, 1971. [Hay trad. cast.: *Historia social del Tercer Reich*, Barcelona, 1976].

Guéhenno, J., *Journal des années noires*, París, 2014.

Gustavsson, H., *Sino-Japanese Air War 1937-1945*, Croydon, 2016.

Hara, T., *Japanese Destroyer Captain. Pearl Harbor, Guadalcanal, Midway: the Great Naval Battles as Seen Through Japanese Eyes*, Annapolis, 2011.

Harmetz, A., *Round Up the Usual Suspects. The Making of Casablanca: Bogart, Bergman, and World War II*, Londres, 1993.

Harries, M., y Harris S., *Soldiers of the Sun. The Rise and Fall of the Imperial Japanese Army*, Nueva York, 1991.

Hartmann, S. M., *The Home Front and Beyond. American Women in the 1940s*, Boston, 1982.

Hastings, M., *Bomber Command*, Londres, 2007.

Heckmann, W., *Rommels Krieg in Afrika. Wüstenfüchse gegen Wüstenratten*, Bergisch-Gladbach, 1976.

Hellbeck, J., *Die Stalingrad-Protokolle. Sowjetische Augenzeugen berichten aus der Schlacht*, Frankfurt del Meno, 2012.

Helmus, T. C., y Glenn, R. W., *Steeling the Mind. Combat Stress Reaction and Their Implication for Urban Warfare*, Rand, 2005.

Hicks, G., *The Comfort Women. Sex Slaves of the Japanese Imperial Forces*, Londres, 1995.

Holl, A., *After Stalingrad. Seven Years as a Soviet Prisoner of War*, Barnsley, 2019.

Holl, A., *An Infantryman in Stalingrad. From 24 September 1942 to 2 February 1943*, Sídney, 2005.

Höss, R., *Kommandant in Auschwitz*, Eskilstuna, 1979. [Hay trad. cast.: *Yo, comandante de Auschwitz*, Madrid, 2022].

Howard, K. (ed.), *True Stories of the Korean Comfort Women. Testimonies compiled by the Korean Council for Women Drafted for Military Sexual Slavery by Japan*, Londres, 1995.

Inber, V., *Leningrad Diary*, Londres, 1971.

Ireland, J., *The Traitors. A True Story of Blood, Betrayal and Deceit*, Londres, 2018.

James, C., *Cultural Amnesia: Notes in the Margin of My Time*, Londres, 2007.

Johansson, G., *Soldater. Frontbrev 1940-1942*, Helsinki, 1942.

Johnston, G. H., *New Guinea Diary*, Londres, 1946.

Jünger, E., *Dagböcker fran Tyskland och Frankrike under krig och ockupation* (ed. Jonasson, S.), Lund, 1975.

Jünger, E., *Leben und Werk in Bildern und Texten*, Stuttgart, 1988.

Jünger, E., *Strahlungen I. Gärten und Straßen / Das erste Pariser Tagebuch / Kaukasische Aufzeichnungen*, Múnich, 1998. [Hay trad. cast.: *Radiaciones. Diarios de la Segunda Guerra Mundial*, Barcelona, 2005].

Jünger, E., *På marmorklipporna*, Lund, 1976. [Hay trad. cast.: *Sobre los acantilados de mármol*, Barcelona, 2008].

Kardorff, U. von, *Berliner Aufzeichnungen 1942-1945. Unter Verwendung der Original-Tagebücher neu herausgeben und kommentiert von Peter Hartl*, Múnich, 1992.

Kater, M. H., *The Twisted Muse. Musicians and Their Music in the Third Reich*, Oxford, 1997.

Keene, J., *Treason on the Airwaves. Three Allied Broadcasters on Axis Radio during World War II*, Lincoln, 2010.

Knightley, P., *The First Casualty. The War Correspondent as Hero and Myth-Maker From the Crimea to Kosovo*, Londres, 2001.

Kolganov, K. S. (ed.), *Taktikens utveckling i Sovjetarmén under det Stora Fosterländska kriget 1941-1945*, Estocolmo, 1960.

Krasno, R., *Strangers Always. A Jewish Family in Wartime Shanghai*, Berkeley, 1992.

Kuussaari, E., y Niitemaa, V., *Finlands krig 1941-1945. Landstridskrafternas operationer*, Helsinki, 1949.

Leckie, R., *Challenge for the Pacific. Guadalcanal: The Turning Point of the War*, Nueva York, 1965.

Levi, P., *The Drowned and the Saved*, Londres, 1995. [Hay trad. cast.: *Los hundidos y los salvados*, Barcelona, 2018].

Liu, Z., *Tillbaka till 1942*, Halmstad, 2017.

Lucas Phillips, C. E., *Alamein*, Londres, 1965.

Lutjens Jr, R. N., «Jews in Hiding in Nazi Berlin, 1941-1945: A Demographic Survey» en *Holocaust and Genocide Studies*, vol. 31, n.º 2.

MacArthur, B., *Surviving the Sword. Prisoners of the Japanese 1942-1945*, Londres, 2005.

MacKenzie, S. P., «Beating the Odds: Superstition and Human Agency in RAF Bomber Command 1942–1945» en *War in History*, vol. 22(3), 2015.

Mansergh, R., *Cumbria At War 1939-1945*, Croydon, 2019.

Mark, J. D., *Death of the Leaping Horseman. The 24th Panzer Division in Stalingrad*, Mechanicsburg, 2003.

Mark, J. D., *Island of Fire. The Battle for the Barrikady Gun Factory in Stalingrad*, Guilford, 2018. [Hay trad. cast.: *Isla de fuego. La batalla por Barrikady y el distrito fabril en Stalingrado*, Málaga, 2022].

Mark, J. D., *Into Oblivion. Kharkov to Stalingrad: The Story of Pionier-Batallion 305*, Sídney, 2013.

Marshall Libby, L., *The Uranium People. The human story of the Manhattan Project by the Woman Who was the Youngest Member of the Original Scientific Team*, Nueva York, 1979.

Marshall, S. L. A., *Men Against Fire. The Problem of Battle Command*, Oklahoma, 2017.

Marutani, H., y Collie, C., *The Path of Infinite Sorrow. The Japanese on the Kokoda Track*, Adeleide, 2009.

McEniry Jr., J. H., *A Marine Dive-Bomber Pilot at Guadalcanal*, Tuscaloosa, 1987.

Merillat, H. B., *Guadalcanal Remembered*, Nueva York, 1982.

Merridale, C., *Ivans krig. Liv och död i Röda Armén 1939-1945*, Lund, 2010. [Hay trad. cast.: *La guerra de los ivanes. El Ejército Rojo (1939-1945)*, Barcelona, 2022].

Metzler, J., *The Laughing Cow. A U-Boat Captain's Story*, Londres, 1960.

Middlebrook, M., y Everitt, C. [ed.], *The Bomber Command War Diaries. An Operational Reference Book*, Leicester, 1996.

Middlebrook, M., *Convoy. The Battle for Convoys SC.122 and HX.229*, Londres, 1976.

Mitter, R., *China's War with Japan 1937-1945. The Struggle for Survival*, Londres, 2013.

Monelli, P., *Mussolini. Piccolo Borghese*, Milán, 1970.

Morris, M., *South Pacific Diary 1942-1943*, Lexington, 1996.

Motadel, D., *Islam and Nazi Germany's War*, Harvard, 2018. [Hay trad. cat.: *Los musulmanes en la guerra de la Alemania nazi*, Madrid, 2021].

Neitzel, S., y Welzer, H., *Soldaten. Protokolle vom Kämpfen, Töten und Sterben*, Frankfurt del Meno, 2011. [Hay trad. cast.: *Soldados del Tercer Reich. Testimonios de lucha, muerte y crimen*, Barcelona, 2014].

Nevin, T., *Ernst Jünger and Germany. Into the Abyss 1914-1945*, Londres, 1997.

Noack, P., *Ernst Jünger. Eine Biographie*, Berlín, 1998.

Nykvist, N. E., *Sextiettan. Infanteriregemente 61 1941-1944*, Pieksämäki, 2005.

O'Connor, V. C. S., *Mandalay and Other Cities of the Past in Burma*, Londres, 1907.

Pack, S. W. C., *Invasion North Africa 1942*, Nueva York, 1978.

Parris, J. A., Russel, N., Disher, L., y Ault, P., *Springboard to Berlin*, Nueva York, 1943.

Paull, R., *Retreat from Kokoda. The Australian Campaign in New Guinea 1942*, Londres, 1983.

Peri, A., *The War Within. Diaries from the Siege of Leningrad*, Londres, 2017.

Piotrowski, T., *Poland's Holocaust. Ethnic Strife, Collaboration with Occupying Forces and Genocide in the Second Republic, 1918-1947*, Jefferson, 1998.

Poirer, R. G, y Conner A. Z., *The Red Army Order of Battle in the Great Patriotic War*, Novato, 1985.

Pope, D., *73 North. The Defeat of Hitler's Navy*, Nueva York, 1959.

Pope, T., *Good Scripts, Bad Scripts*, Nueva York, 1998.

Poulsen, N. B., *Dödskampen. Kriget på östfronten 1941-1945*, Lund, 2018.

Prag, C., *No Ordinary War. The Eventful Career of U-604*, Barnsley, 2009.

Pugsley, A. F., *Destroyer Man*, Londres, 1957.

Rajchman, C., *Jag är den sista juden. Treblinka (1942-1943)*, Estocolmo, 2010. [Hay trad. cat.: *Treblinka*, Barcelona, 2014].

Reese, W. P., *Mir selber seltsam fremd. Russland 1941-1944*, Berlín, 2004.

Rhodes, R., *The Making of the Atomic Bomb*, Nueva York, 1986.

Rhodes, R., *The Masters of Death. The SS-Einsatzgruppen and the Invention of the Holocaust*, Nueva York, 2003. [Hay trad. cast.: *Amos de la muerte*, Barcelona, 2005].

Rosbottom, R., *When Paris Went Dark. The City of Light Under German Occupation 1940-1944*, Londres, 2015.

Rudakova, D., *Civilian Collaboration in Occupied Ukraine and Crimea, 1941-1944. A Study of Motivation*, Perth, 2018.

Rutherford, J., *Combat and Genocide on the Eastern Front. The German Infantry's War, 1941-1944*, Cambridge, 2014. [Hay trad. cast.: *La guerra de la infantería alemana, 1941-1944: combate y genocidio en el Frente del Este*, Madrid, 2017].

Rybicki, F., *The Rhetorical Dimensions of Radio Propaganda in Nazi Germany, 1933-1945*, Duquesne, 2004.

Sachs, R. H., *White Rose History. Volume 1: Coming Together*, Lehi, 2002.

Sachs, R. H. (ed.), *Gestapo Interrogation Transcripts: Willi Graf, Alexander Schmorell, Hans Scholl, and Sophie Scholl NJ 1704. Volumes 1-33*, Los Ángeles, 2002.

Salisbury, H., *The 900 Days. The Siege of Leningrad*, Nueva York, 1970. [Hay trad. cast.: *Los 900 días. El sitio de Leningrado*, Barcelona, 1970].

Scheibert, H., *Nach Stalingrad. 48 Kilometer! Der Entsatzvorstoss der 6. Panzerdivision Dezember 1942*, Heidelberg, 1956.

Scholl, H., y Scholl, S., *Briefe und Aufzeichnungen*, Frankfurt del Meno, 1984.

Schwilk, H., *Ernst Jünger. Ein Jahrhundertleben*, Múnich, 2010.

Sebba, A., *Les Parisiennes. How the Women of Paris Lived, Loved and Died under Nazi Occupation*, Nueva York, 2016.

Seidler, F., *Prostitution Homosexualität Selbstverstümmelung. Probleme der deutschen Sanitätsführung 1939-1945*, Neckargemünd, 1977.

Sennerteg, N., «Allt jag känner är att mina fötter gör ont». *Förhören med Rudolf Höss*, Estocolmo, 2020.

Sereny, G., *Into That Darkness. From Mercy Killings to Mass Murder*, Londres, 1995. [Hay trad. cast.: *En aquellas tinieblas*, Madrid, 1978].

Shay, J., *Achilles in Vietnam. Combat Trauma and the Undoing of Character*, Nueva York, 2003.

Shimoyamada, I., *Glory Forever. The Life of Captain Wakabayashi*, Tokio, 1963.

Silver, E., *Hjältar i det tysta. En bok om medmänsklighet under Hitlertiden*, Estocolmo, 1993.

Simonsson, I., *Fransk-algeriern Albert Camus*, Falun, 2013.

Skriabina, E., *After Leningrad. From the Caucasus to the Rhine, August 9, 1942-March 22, 1945*, Carbondale, 1978.

Skriabina, E., *Siege and Survival – The Odyssey of a Leningrader*, Carbondale, 1971.

Somerhausen, A., *Journal d'une femme occupée. Relatée jour apres jour, la vie d'une femme de prisonnier de guerre a Bruxelles du 10 mai 1940 au 10 mai 1945*, Bruselas, 1988.

Steinbeck, J., *Once There Was a War*, Londres, 1973. [Hay trad. cast.: *Hubo una vez una guerra*, Barcelona, 2002].

Steiner, J. F., *Treblinka. Revolt i ett utrotningsläger*, Estocolmo, 1966.

Szejnmann, C. C. W., y Umbach, M. (ed.), *Heimat, Region, and Empire. Spatial Identities under National Socialism*, Londres, 2014.

Szonert, M. B., *World War II Through Polish Eye. In the Nazi-Soviet Grip*, Nueva York, 2002.

Tanaka, Y., *Hidden Horrors. Japanese War Crimes in World War II*, Boulder, 1998.

Tetsuo, A., *From Shanghai to Shanghai. The War Diary of an Imperial Japanese Army Medical Officer 1937-1942*, Manchester, 2017.

Thomas, L. J., *Through Ice and Fire. A Russian Convoy Diary 1942*, Croydon, 2015.

Todd, O., *Albert Camus. A Life*, Londres, 1997. [Hay trad. cast.: *Albert Camus. Una vida*, Barcelona, 1997].

Tooze, A., *The Wages of Destruction. The Making and Breaking of the Nazi Economy*, Londres, 2006.

Troyan, Michael, *A Rose for Mrs. Miniver. The Life of Greer Garson*, Lexington, 2005.

Vallicella, V., *Diario di Guerra – Da El Alamein alla tragica ritirata 1942–1943*, Varesè, 2009.

Wakabayashi, H., *The Diary of Commander Tohichi Wakabayashi, died in the Battle of Guadalcanal. (The 52nd Graduations Students from the Military Academy.)*, Tokio, 2008.

Walker, C. H., *Combat Officer. A Memoir of the War in the South Pacific*, Nueva York, 2004.

Warmbrunn, W., *The German Occupation of Belgium 1940-1944*, Nueva York, 1993.

Werner, H. A., *Die eisernen Särge*, Stuttgart, 1970.

West, K., *Vi slogs och blödde. Ung finlandssvensk soldat i IR61*, U. o., 2003.

Westkaemper, E., *Selling Women's History: Packaging Feminism in Twentieth-Century American Popular Culture*, New Brunswick, 2017.

White, A. S., *Dauntless Marine. Joseph Sailer Jr., Dive-Bombing Ace of Guadalcanal*, Fairfax Station, 1996.

White, T. H., y Annalee, J., *Thunder out of China*, Nueva York, 1946.

Wiernik, Y., *A Year in Treblinka*, Nueva York, 1945.

Willet, P., *Armoured Horseman. With the Bays and the Eighth Army in North Africa and Italy*, Barnsley, 2015.

Williams, P., *The Kokoda Campaign 1942. Myth and Reality*, Cambridge, 2012.

Worrall, R., *The Italian Blitz 1940-1943. Bomber Command's War Against Mussolini's Cities, Docks and Factories*, Oxford, 2020.

Wüster, W., *An Artilleryman in Stalingrad*, Sídney, 2007.

Yoshiaki, Y., *Comfort Women. Sexual Slavery in the Japanese Military During World War II*, Nueva York, 2000. [Hay trad. cast.: *Esclavas sexuales. La esclavitud sexual durante el Imperio japonés*, Barcelona, 2010].

Zank, H., *Stalingrad. Kessel und Gefangenschaft*, Hamburgo, 2001.

Züchner, E., *Der verschwundene Journalist. Eine deutsche Geschichte*, Berlín, 2010.

FUENTES EN INTERNET

Material relacionado con el U-604, incluido su cuaderno de bitácora, así como interrogatorios a los tripulantes:
<http://www.uboatarchive.net/U-604A/U-604.htm>
<http://www.uboatarchive.net/U-185A/U-185INT.htm>
<http://www.uboatarchive.net/U-604/KTB604-2.htm>
<http://www.uboatarchive.net/U-604/KTB604-3.htm>

Material relacionado con la 164.ª División de Infantería estadounidense:
<https://commons.und.edu/infantry-documents/index.3.html>

Informes antiguamente clasificados sobre Guadalcanal:
<https://www.history.navy.mil/research/library/online-reading-room/title-list-alphabetically/g/guadalcanal-campaign.html>

Material relacionado con la batalla naval del 12 al 13 de noviembre en Guadalcanal:
<https://www.history.navy.mil/research/library/online-reading-room/title-list-alphabetically/b/battle-of-guadalcanal.html#phase2>

Enciclopedia online sobre la guerra del Pacífico:
<http://pwencycl.kgbudge.com/Table_Of_Contents.htm>

Informes de interrogatorios en Birmania en 1944 sobre la esclavitud sexual:
<https://en.wikisource.org/wiki/Japanese_Prisoner_of_War_Interrogation_Report_49>

Publicación oficial con motivo del 40.º aniversario del CP-1:
<https://digital.library.unt.edu/ark:/67531/metadc718175/>

Sobre el diario Frankfurter Zeitung *y su clausura:*
<https://www.faz.net/aktuell/politik/inland/31-august-1943-dasende-der-frankfurter-zeitung-15728028.html>

Sobre Ursula von Kardorff y su diario:
<https://www.zeit.de/1992/28/geschoent-und-darum-kaum-mehr-authentisch>

Sobre la colonia judía en Shanghái y la relación con la población japonesa y china:
<http://history.emory.edu/home/documents/endeavors/volume1/Ians.pdf>

Datos meteorológicos sobre Shanghái en 1942:
<https://library.noaa.gov/Collections/Digital-Docs/Foreign-Climate-Data/China-Climate-Data#o18201879>

Documentos sobre los servicios prestados de Weary Dunlop y su tiempo como prisionero de guerra:
<https://recordsearch.naa.gov.au/SearchNRetrieve/NAAMedia/ViewPDF.aspx?B=6231386&D=D>
<https://recordsearch.naa.gov.au/SearchNRetrieve/NAAMedia/ViewPDF.aspx?B=31830190&D=D>

Entrevista a Charles Walker, realizada en 2007:
<https://digitalarchive.pacificwarmuseum.org/digital/collection/p16769coll1/id/8520>

Material, diario, entrevistas y otros relacionados con Bede Thongs:
<https://3rdbattalion1942.com/>

Sobre la radio y propaganda alemanas:
Rybicki, F., *The Rhetorical Dimensions of Radio Propaganda in Nazi Germany, 1933-1945*, 2004, <https://dsc.duq.edu/etd/1137>

Información relacionada con la 38.ª División y el 228.º Regimiento de Infantería japoneses:
<https://www.fireandfury.com/orbats/pachongkong1941japanese.pdf>

Sobre el juicio por crímenes de guerra contra Tekeo Itō:
<https://www.online.uni-marburg.de/icwc/australien/81030.pdf>

Créditos de las imágenes

Primer cuadernillo de imágenes

P. 1: Getty Images 96852191 / dominio público; p. 2: Bridgeman SZT350342 / AP Images 4212070124; p. 3: Museo Imperial de la Guerra (Londres) E19924; p. 4: dominio público / Getty Images 141558923; p. 5: Archivo Federal de Alemania N 1576 Foto-003 / Bridgeman GBW3246158; p. 6: AP Images 815469598014 / dominio público; p. 7: dominio público / AP Images 421124036; p. 8: Museo Imperial de la Guerra (Londres) D 9785 / dominio público; p. 9: archivo de imágenes de las Fuerzas Armadas de Suecia / archivo de imágenes de las Fuerzas Armadas de Suecia; p. 10: Museovirasto (Agencia del Patrimonio Museístico de Finlandia) HK19810422 35 / Museovirasto HK7744 771; p. 11: dominio público / AP Images 421108134 / AP Images 4211260114; p. 12: *Süddeutsche Zeitung* 02892645 / Archivo Federal de Alemania 101II-MW-3762-10; p. 13: dominio público / dominio público; p. 14: AP Images 4211161205 / dominio público; p. 15: Getty Images 464049410 / dominio público; p. 16: dominio público / dominio público / dominio público.

Segundo cuadernillo de imágenes

P. 1: dominio público; p. 2: Getty Images 524813782 / *Süddeutsche Zeitung* 02887555; p. 3: *Süddeutsche Zeitung* 00013742 / Alamy PMA9DH; p. 4: dominio público / Instituto Leo Baeck, Europeana; p. 5: dominio público; p. 6: dominio público / AP Images 4211190196; p. 7: dominio público; p. 8: Centro Conmemorativo de Guerra Australiano 151032; p. 9: dominio público / dominio público; p. 10: dominio público / dominio público; p. 11:

Getty Images 540781668; p. 12: Sociedad Histórica de Georgia, Savannah (Estados Unidos) 1360-30-08-04/ AP Images 4205210109; p. 13: Museo Imperial de la Guerra (Londres) RUS 4149 / dominio público; p. 14: editorial Ullstein 01665576 / BPK Bildagentur 30031476; p. 15: Getty Images 525511648 / AKG 353597; p. 16: Topfoto CPA0031907.

TERCER CUADERNILLO DE IMÁGENES

P. 1: dominio público / dominio público / dominio público; p. 2: Topfoto hip1276685 / Roger Viollet 37806-8; p. 3: Roger Viollet 36790-15 / Roger Viollet 37805-14; p. 4: Sputnik 2522618 / Getty Images 170973803; p. 5: dominio público / dominio público; p. 6: dominio público / archivo de imágenes de las Fuerzas Armadas de Suecia JSdia285; p. 7: Museo Imperial de la Guerra (Londres) TR188; p. 8: *Süddeutsche Zeitung* 00079371; p. 9: Topfoto HIP2548307; p. 10: BPK Bildagentur 50073624; p. 11: AKG 1634700 / dominio público; p. 12-13: AP Images 882150308134; p. 14: Mirrorpix 01459005 / Museo Imperial de la Guerra A 12017 / Museo Imperial de la Guerra FL 12412; p. 15: dominio público / *Süddeutsche Zeitung* 00071911; p. 16: dominio público / dominio público.

Índice alfabético

penguinlibros.club

«Para viajar lejos no hay mejor nave que un libro».

EMILY DICKINSON

Gracias por tu lectura de este libro.

En **penguinlibros.club** encontrarás las mejores
recomendaciones de lectura.

Únete a nuestra comunidad y viaja con nosotros.

penguinlibros.club

 penguinlibros

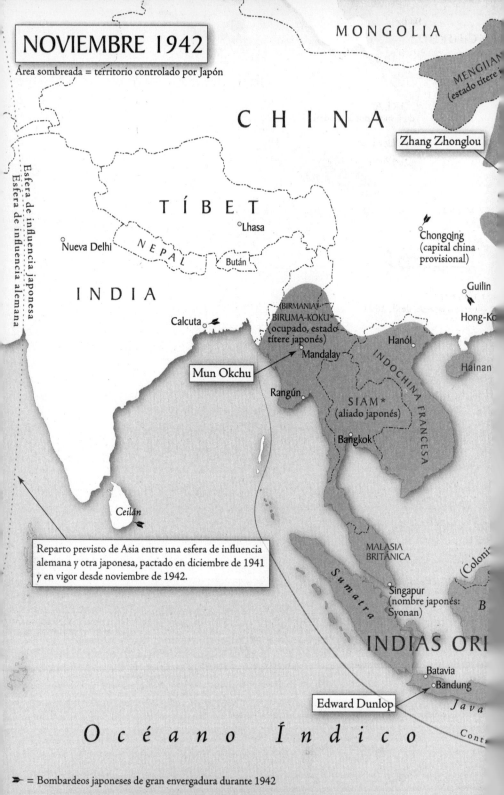

NOVIEMBRE 1942

Área sombreada = territorio controlado por Japón

MONGOLIA

MENGJIANG (estado títere)

CHINA

Zhang Zhonglou

TÍBET

Esfera de influencia japonesa
Esfera de influencia alemana

Chongqing (capital china provisional)

Lhasa

Nueva Delhi

NEPAL

Butián

Guilin

Hong-Ko

INDIA

Calcuta

BIRMANIA/ BIRUMA-KOKU* (ocupado, estado títere japonés)

Hanói

INDOCHINA FRANCESA

Hainan

Mun Okchu

Mandalay

Rangún

SIAM * (aliado japonés)

Bangkok

Ceilán

MALASIA BRITÁNICA

(Coloni

Reparto previsto de Asia entre una esfera de influencia alemana y otra japonesa, pactado en diciembre de 1941 y en vigor desde noviembre de 1942.

Sumatra

Singapur (nombre japonés: Syonan)

B

INDIAS ORI

Batavia
Bandung

Java

Edward Dunlop

Cont

Océano Índico

= Bombardeos japoneses de gran envergadura durante 1942

* = Miembros de la llamada Esfera de Coprosperidad de la Gran Asia Oriental, de dominio japonés. Más tarde se le agregaría Azad Hind (gobierno indio en el exilio), Kampuchea, Vietnam y Laos (Reino de Luang Prabang), todos ellos estados títere japoneses.

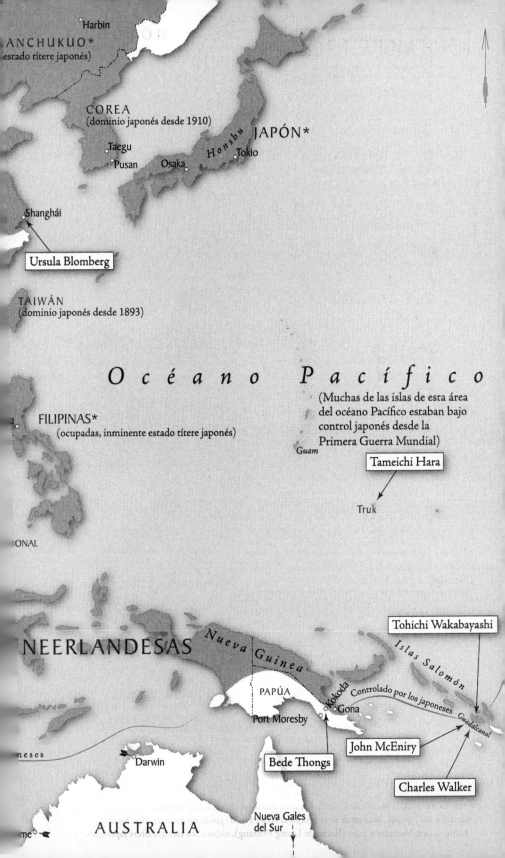

Harbin

MANCHUKUO*
(estado títere japonés)

COREA
(dominio japonés desde 1910)

Taegu

Pusan   Osaka

Honshu   JAPÓN*

Tokio

Shanghái

Ursula Blomberg

TAIWÁN
(dominio japonés desde 1893)

O c é a n o   P a c í f i c o

(Muchas de las islas de esta área
del océano Pacífico estaban bajo
control japonés desde la
Primera Guerra Mundial)

FILIPINAS*
(ocupadas, inminente estado títere japonés)

Guam

Tameichi Hara

Truk

ONAL

NEERLANDESAS   *Nueva Guinea*

Tohichi Wakabayashi

Islas Salomón

PAPÚA   Kokoda   Controlado por los japoneses

Port Moresby   Gona   Guadalcanal

John McEniry

neses

Darwin

Bede Thongs

Charles Walker

AUSTRALIA

Nueva Gales
del Sur